本书是2018年度教育部人文社会科学研究□□□□□□
"非洲语言类型学研究"（项目批准号18YJC740□□

本书的出版还得到华中师范大学2022年度中央高校基本科研业务费资助项目
"高水平后期资助项目培育专项项目"和华中师范大学文学院中国语言文学一流学科建设经费资助。

African Languages:
a Typological Study

非洲语言
类型学研究

吴桐 著

WUHAN UNIVERSITY PRESS
武汉大学出版社

图书在版编目(CIP)数据

非洲语言类型学研究/吴桐著. —武汉：武汉大学出版社,2023.6
ISBN 978-7-307-23303-4

Ⅰ.非… Ⅱ.吴… Ⅲ.非洲语言—研究 Ⅳ.H81

中国版本图书馆 CIP 数据核字(2022)第 163171 号

责任编辑：宋丽娜　　　　责任校对：李孟潇　　　　版式设计：马　佳

出版发行：**武汉大学出版社**　　(430072　武昌　珞珈山)
　　　　　(电子邮箱：cbs22@ whu.edu.cn　网址：www.wdp.com.cn)
印刷：湖北恒泰印务有限公司
开本：787×1092　1/16　印张：36.75　字数：754 千字　插页：1
版次：2023 年 6 月第 1 版　2023 年 6 月第 1 次印刷
ISBN 978-7-307-23303-4　　定价：146.00 元

版权所有，不得翻印;凡购我社的图书，如有质量问题，请与当地图书销售部门联系调换。

前　言

这是一部以语言类型学为框架的非洲语言研究著作。

语言类型学是当今语言学界的一门显学，从事这方面研究的国内外学者人数众多，而且不断有新鲜血液补充进来，今后一定还会有更多的同行加入其中，这不能不说是一件幸事。而非洲语言研究则完全不同，国内外学界的情况可谓是冰火两重天了：在国内，非洲语言研究绝对是小众中的小众，虽然中国高校中的非洲留学生人数众多，且近几年来呈不断增加的趋势，但所有在国内高校开设的非洲语言都只能算是非通用语（即所谓的"小语种"）中的"小老弟"，远远不及法语、德语、西班牙语、日语等语言；反之，在国际学界，非洲语言是语言学研究中的一块重镇，不仅研究人数多，而且知名学者多，例如著名类型学家 Bernard Comrie 就进行过很多非洲语言的研究，而当代类型学的创始人 Greenberg 更是对非洲语言研究起到了奠基性的重要作用。国际上研究非洲语言的语言学协会主要有Association of Contemporary African Linguistics、Linguistics Society of Southern Africa、Linguistics Association of Ghana、Council of the West African Linguistic Society 和 African Language Association of Southern Africa，都是世界知名的研究机构和中心。非洲语言学的国际期刊被 SSCI 和 A&HCI 收录的有 Africana Linguistica（比利时中非皇家博物馆出版）、Journal of African Languages and Linguistics（De Gruyter Mouton 出版）、Language Matters（Routledge 出版）和 Southern African Linguistics and Applied Language Studies（南非国家咨询服务中心）等。如果将非洲语言学也称作当今语言学界的一门显学似乎亦并不为过。而我们在此为读者呈现的这本小书不敢奢望能够缩小国内和国际学界在非洲语言研究上的差距，而仅仅希望是一滴水，这一滴可以引来更多的点点滴滴，假以时日汇成涓涓细流，滔滔江水，最后汇入汪洋大海。如果拙作能够有幸成为引出美玉的那块"砖"，我就足以暗自窃喜了。

既然本书是一本非洲语言的类型学研究著作，那么就需要读者具备一定的语言学知识，最好是中等程度的类型学知识，对非洲语言是否了解则并无大碍。如果读者既不了解类型学又缺乏相应的普通语言学知识，那么或许还是先找一本语言学的入门书然后再重新阅读本书吧——工欲善其事，必先利其器。

本书是 2018 年度教育部人文社会科学研究青年基金项目"非洲语言类型学研究"（项目批准号 18YJC740115）的结项成果。特此感谢教育部人文社会科学研究基金的资助。本书的出版还得到华中师范大学 2022 年度中央高校基本科研业务费"高水平后期资助项目培育专项项目"和华中师范大学文学院中国语言文学一流学科建设经费的资助。特此一并表示感谢！

目　　录

第1章　非洲语言、非洲语言学和类型学概述

在本章中我们将做一个整体性的介绍，具体分为四部分，其中两个重点部分。第一个重点部分是针对非洲语言进行的总论，旨在提供非洲语言和非洲语言学研究的整体背景，其中将对非洲语言的四大语系分别进行介绍，随后对非洲语言学的研究历史和研究现状进行评介。第二个重点部分则讨论本书的理论框架，即语言类型学（Linguistic Typology），讨论的重点是蕴含共性（implicational/restricted[①] universals）和跨语言比较的对象。第三部分对非洲语言学的类型学特点进行总览，同时还将指出非洲语言在类型学上的独特之处。最后一部分介绍本书的范围和随后各章的内容。

1. 非洲语言和非洲语言学

1.1　非洲语言总论

据不完全统计，非洲语言有 2000 种以上，大约占全世界自然语言的 1/4（Diamond，1997：377；Heine & Nurse，2000b：1）[②]。然而，非洲语言诚然数量众多，但在很多情况下很难区分语言和方言，某些语言虽然各自名为"语言"，但却可以互相通话，而某些方言之间的差异却很大，甚至无法通话[③]。这十分类似于汉语中方言分类的情况。我们的研究没有办法深入讨论这些问题，而只能依照学界基本公认的分类进行研究。此外，本书的重点并不是语言系属分类和历时重构，而是共时视角下的类型学研究及其与汉语的比较研究，因此后文不再讨论此问题。[④]

---

①　后一个术语较少见于文献，但 Velupillai（2012：§2.3.2）使用该术语，旨在将其区别于所谓的无条件共性（unrestricted universals）（Velupillai，2012：§2.3.1）。无条件共性与蕴含共性一样，又分为绝对共性（absolute universals）和概率性共性（statistical universals）。详见下文讨论。

②　Dimmendaal & Vossen（2020：1）给出的比例更高，即 1/3。

③　关于非洲方言研究，可参见 Lafkioui（2020）及其参考文献。

④　另一种更折中的做法或许是 Hayward（2000：76）所采取的办法，即使用 variety"变体"代替语言和方言这两个标签，但是这种做法其实反而会使人更加混淆"语言"和"方言"，而且也不符合我国学界的研究习惯以及国际上大部分非洲语言学者的研究惯例，因此我们未予采纳。

　　非洲语言的系属分类是一个十分复杂的问题（Gerhardt，2020）。一直到 21 世纪初期，学界都普遍认为非洲语言主要属于四大语系（language family）①，即阿非罗-亚细亚语系（Afro-Asiatic）、尼罗-撒哈拉语系（Nilo-Saharan）、尼日尔-刚果语系（Niger-Congo）和柯伊桑语系（Khoesan，或 Khoisan）。该发生学（genetic）分类②是建立在 Greenberg 的 *The Languages of Africa*③ 的基础上，后经学者不断完善为学界所接受的体系。其方法论基础主要是学术界主流研究历来所采用的语言比较，特别是 Greenberg 首创的大量比较法（mass comparison）（Mutaka，2000：11、245-247；Dimmendaal，2011：§3.4）。由于很多非洲语言的研究还很不全面又欠深入，因此各个语系内部到底有多少分支、多少语言、哪些分支、哪些语言，等等，学界依然有很多争议，主要的参考依据是第二十版的 Ethnologue（包括其网站）。然而，近几年来学界对于柯伊桑语系的存在提出了诸多质疑，理由就是所谓的柯伊桑语系语言缺乏足够的比较语言学证据，因此目前学界倾向认为柯伊桑语系并不成立，原来属于柯伊桑的语言分属不同的语系（详见下文）。

　　单纯就数量而言，非洲语言在很多方面表现出了巨大的差异。首先，就语言数量而言，非洲语言阿非罗-亚细亚语系有 300 多种语言，包括 Arabic 语④、Amharic 语、Hausa 语、Oromo 语、Somali 语等；尼罗-撒哈拉语系有 80 种左右语言，包括 Kanuri 语等；尼日尔-刚果语系有 1500 种左右语言，主要有 Bambara 语、Swahili 语、Wolof 语、Yoruba 语、Zulu 语，以及数量众多的 Bantu 诸语。其次，非洲语言的使用人数也呈现巨大的差异，尼日尔-刚果语系共计 4 亿左右的人使用者，Arabic 语（包括各种变体/方言）的使用者（不包括西亚）也数以万计，而某些“小语种”只有几百人，甚至濒临消失。最后，在地理分布上，北非、索马里（主要是 Arabic 语）等少数地区和国家语言情况较单一，只有几种非洲语言，而喀麦隆西北部和尼日利亚沿海地区的语言情况则很复杂，在一个国家之内能够找到数十种甚至上百种非洲语言。

　　我们根据 Ethnologue 的资料，分别根据国别对非洲语言进行了整理。⑤ 详见表 1-1。

---

　　① 或称“语群（phylum）”。

　　② 或称“谱系（genealogical）分类”。

　　③ 该书原来是 Greenberg 于 1949—1954 年在 *Southwestern Journal of Anthropology* 发表的论文的合集，结集之后又多次修改并改版重印。

　　④ 前文已述，本书中所有的非洲语言——哪怕是众所周知的非洲语言——我们也只给出英语名称，而不提供汉语翻译。

　　⑤ 鉴于非洲语言数量庞大，系属分类庞杂，而我们的研究篇幅有限，因此未列出所有非洲语言的系属分类。读者可参考本章第一节语系分论中提供的基本信息，更详细的信息请参考 Ethnologue 及其网站。

（1）　　　　　　　　　表 1-1　非洲国家和主要语言

国家	主要非洲语言①
阿尔及利亚	Arabic, Chenoua, Kabyle, Korandje, Tachawitt, Tachelhit, Tagargrent, Tamahaq, Tamazight, Tarifit, Taznatit, Tumzabt
埃及	Arabic, Bedawiyet, Coptic, Mattokki, Nobiin, Siwi
埃塞俄比亚	Aari, Afar, Alaba-K'abeena, Ale, Amharic, Anfillo, Anuak, Arbore, Argobba, Awngi, Baiso, Basket, Bench, Berta, Borna, Burji, Bussa, Chara, Daasanach, Daats'iin, Dawro, Dime, Dirasha, Dizin, Dorze, Gamo, Ganza, Gayil, Gedeo, Geez, Gofa, Gumuz, Gwama, Hadiyya, Hamer-Banna, Harari, Hozo, Inor, Kachama-Ganjule, Kacipo-Balesi, Kafa, Kambaata, Karo, Kistane, Komo, Konso, Koorete, Kunama, Kwegu, Libido, Majang, Male, Màwés Aas'è, Me'en, Melo, Mesmes, Mesqan, Mursi, Nayi, Nuer, Nyangatom, Ongota, Oromo, Oyda, Qimant, Rer Bare, Saho, Sebat Bet Gurage, Seze, Shabo, Shekkacho, Sheko, Sidamo, Silt'e, Somali, Suri, T'apo, Tigrigna, Tsamai, Weyto, Wolane, Wolaytta, Xamtanga, Yemsa, Zay, Zaysete
安哥拉	Cokwe, Dhimba, Gciriku, Himba, Holu, Khongo, Khwedam, Kibala, Kikongo, Kilari, Kimbundu, Kung-Ekoka, Kuvale, Kwadi, Kwandu, Kwangali, Luba-Kasai, Lucazi, Luimbi, Lunda, Luvale, Makoma, Mashi, Mbangala, Mbukushu, Mbunda, Mbwela, Ndombe, Ngandyera, Ngendelengo, Nkangala, Nkumbi, Northwestern ! Kung, Nyaneka, Nyemba, Nyengo, Oshiwambo, Ruund, Sama, Songo, Suku, Umbundu, Yaka, Yauma, Yombe
贝宁	Aguna, Aja, Anii, Anufo, Baatonum, Biali, Boko, Dendi, Ditammari, Ede Cabe, Ede Idaca, Ede Ije, Ede Nago, Fon, Foodo, Fulfulde, Gbe, Gen, Gourmanchéma, Gun, Hausa, Ifè, Kabiyè, Kyanga, Lama, Lukpa, Mbelime, Miyobe, Mokole, Nago, Nateni, Ngangam, Notre, Tchumbuli, Tem, Waama, Yom, Yoruba
博茨瓦纳	‖Ani, Birwa, Chichewa, ‖Gana, Gciriku, ǀGwi, Hai‖Om, Herero, ǂHua, Juǀ'Hoansi, Kalanga, Kgalagadi, Khoekhoe, Khwedam, Kua, Kuhane, Kung-Ekoka, Lozi, Mbukushu, Nambya, Naro, Ndebele, Setswana, Shua, Tsoa, Tswapong, ǃXóõ, Yeyi, Zezuru
布基纳法索	Biali, Birifor, Bisa, Bobo Madaré, Bolon, Bomu, Buamu, Bwamu, Cerma, Dagarri Dioula, Dagara, Dogon, Dogosé, Dogoso, Dyan, Dzùùngoo, Fulfulde, Gourmanchéma, Hausa, Jalkunan, Jowulu, Jula, Kaansa, Kalamsé, Karaboro, Kasem, Khe, Khisa, Konabéré, Koromfé, Kpeego, Kusaal, Lobi, Lyélé, Marka, Moba, Mòoré, Natioro, Ninkare, Nuni, Paleni, Pana, Phuie, Samo, Seeku, Sénoufo, Siamou, Sininkere, Sissala, Songhay, Tamasheq, Téén, Tiéfo, Toussian, Turka, Viemo, Wara, Winyé, Zarma

---

① 不包括其他语系的语言(如英语、法语、汉语等)，以及皮钦语(pidgin)和克里奥尔语(creole)。

续表

国家	主要非洲语言
布隆迪	Rundi, Swahili
赤道几内亚	Batanga, Benga, Bube, Fa d'Ambu, Fang, Gyele, Kombe, Kwasio, Molengue, Seki, Yasa
多哥	Adangbe, Adele, Aguna, Aja, Akaselem, Akebu, Anii, Anufo, Bago-Kusuntu, Biali, Bissa, Delo, Ditammari, Éwé, Fon, Fulfulde , Gbe , Gen, Ginyanga, Gourmanchéma, Ifè, Igo, Ikposo, Kabiyè, Konkomba, Kpessi, Kusaal, Lama, Lukpa, Mampruli, Mbelime, Miyobe, Moba, Mòoré, Nago , Nawdm, Ngangam, Ntcham, Tem, Wudu
厄立特里亚	Afar, Arabic, Bedawiyet, Bilen, Dahalik, Geez, Kunama, Nara, Saho, Tigré, Tigrigna
佛得角	Kabuverdianu
冈比亚	Jola-Fonyi, Karon, Mandinka, Mandjak, Maninkakan, Pulaar, Serahule, Serer-Sine, Wolof
刚果	Aka, Akwa, Beembe, Bekwel, Bobangi, Bomitaba, Bomwali, Bongili, Bonjo, Bwisi, Dibole, Doondo, Fang, Gbaya, Kaamba, Kako, Kituba, Koongo, Kota, Koyo, Kunyi, Laari, Likuba, Likwala, Lingala, Lobala, Lumbu, Mbandja, Mbangwe, Mbere, Mboko, Mbosi, Moi, Monzombo, Mpyemo, Ndasa, Ngbaka, Ngbaka Ma'bo, Ngom, Ngundi, Ngungwel, Njebi, Njyem, Ombamba, Pomo, Punu, Suundi, Teke-Eboo, Teke-Fuumu, Teke-Ibali, Teke-Kukuya, Teke-Laali, Teke-Nzikou, Teke-Tege, Teke-Tsaayi, Teke-Tyee, Tsaangi, Vili, Wumbvu, Yaka, Yombe
刚果民主共和国	Alur, Amba, Asoa, Aushi, Avokaya, Babango, Baka, Bali, Baloi, Bamwe, Banda, Bangala, Bangba, Bangi, Bangubangu, Barambu, Beeke, Bemba, Bembe, Bendi, Bera, Bhele, Bila, Binji, Boguru, Book, Bolia, Boloki, Bolondo, Boma, Bomboli, Bomboma, Bozaba, Budu, Budza, Buraka, Bushoong, Buyu, Bwa, Bwela, Bwile, Chokwe, Dengese, Ding, Dongo, Dzando, Efe, Enya, Foma, Fuliiru, Furu, Gbanziri, Gilima, Gobu, Hamba, Havu, Hema, Holoholo, Holu, Hunde, Hungana, Joba, Kabwari, Kaiku, Kakwa, Kaliko, Kango, Kango①, Kanu, Kanyok, Kaonde, Kari, Kela, Kele, Kete, Kinyarwanda, Kituba, Komo, Kongo, Konzo, Koongo, Kpala, Kusu, Kwami, Kwese, Lala-Bisa, Lalia, Lamba, Langbashe, Lega-Mwenga, Lega-Shabunda, Lele, Lendu, Lengola, Lese, Libinza, Ligenza, Lika, Likila, Lingala, Logo, Lombi, Lombo, Lonzo, Luba-Kasai, Luba-Katanga, Lugbara, Luna, Lunda, Lusengo, Lwalu, Ma, Mabaale, Mamvu, Mangbetu, Mangbutu, Mayeka, Mayogo, Mba, Mbala, Mbandja, Mbesa, Mbo, Mbole, Mfinu, Mituku, Moingi, Mongo-Nkundu, Mono, Monzombo, Mpuono, Mündü, Mvuba, Nande, Ndaka, Ndo, Ndobo, Ndolo, Ndunga, Ngando, Ngbaka, Ngbaka Ma'bo, Ngbandi, Ngbee, Ngbinda, Ngbundu, Ngelima, Ngiti, Ngombe, Ngongo, Ngul, Ngundu, Nkutu, Ntomba, Nyali, Nyanga,

---

① 此为两个同名为 Kango 的不同语言。

国家	主要非洲语言
刚果民主共和国	Nyanga-II, Nyindu, Nzadi, Nzakara, Ombo, Omi, Pagibete, Pambia, Pelende, Phende, Poke, Round, Sakata, Salampasu, Samba, Sanga, Sango, Seba, Sengele, Sere, Shi, So, Sonde, Songe, Songo, Songomeno, Songoora, Suku, Swahili, Taabwa, Tagbu, Talinga-Bwisi, Teke, Tembo, Tetela, Tiene, Vanuma, Wongo, Yaka, Yakoma, Yamongeri, Yango, Yansi, Yela, Yombe, Yulu, Zande, Zimba
吉布提	Afar, Arabic, Somali
几内亚	Badyara, Baga Kaloum, Baga Koga, Baga Manduri, Baga Pokur, Baga Sitemu, Baga Sobané, Bassari, Bullom So, Dan, Jahanka, Kakabe, Kissi, Kla-Dan, Kono, Kpelle, Kuranko, Landoma, Lele, Limba, Mandingo, Maninka, Mano, Manya, Mbulungish, Mogofin, Nalu, Pulaar, Pular, Susu, Toma, Wamey, Yalunka, Zialo
几内亚比绍	Badyara, Bainouk-Gunyuño, Balanta-Kentohe, Bassari, Bayot, Biafada, Bidyogo, Crioulo, Jahanka, Jola-Felupe, Jola-Fonyi, Kasanga, Kobiana, Mandinka, Mandjak, Mankanya, Mansoanka, Nalu, Papel, Pulaar, Pular, Soninke
加纳	Abron, Adangbe, Adele, Ahanta, Akan, Akposo, Animere, Anufo, Anyin, Avatime, Awutu, Bimoba, Birifor, Bias, Buli, Chakali, Chala, Cherepon, Chumburung, Dagaare, Dagbani, Dangme, Deg, Delo, Dompo, Dwang, Éwé, Farefare, Fulfulde, Ga, Gikyode, Gonja, Gua, Hanga, Hausa, Jwira-Pepesa, Kabiyè, Kamara, Kantosi, Kasem, Konkomba, Konni, Kplang, Krache, Kulango, Kusaal, Lama, Larteh, Lelemi, Legbi, Logba, Mampruli, Nafaanra, Nawdm, Nawuri, Nchumbulu, Nkami, Nkonya, Ntcham, Nyangbo, Nzema, Paasaal, Safaliba, Sehwi, Sekpele, Selee, Sisaala, Siwu, Tafi, Tampulma, Tem, Tuwuli, Vagal, Wali, Wasa
加蓬	Baka, Barama, Bekwel, Benga, Benga, Bubi, Bwisi, Duma, Eviya, Fang, Kande, Kaningi, Kélé, Kota, Lumbu, Mahongwe, Mbangwe, Mbere, Myene, Ndambomo, Ndasa, Ndumu, Ngom, Njebi, Pinji, Punu, Sake, Samay, Sangu, Saki, Sighu, Simba, Sira, Tchitchege, Teke-Tege, Tsaangi, Tsogo, Vili, Vumbu, Wandji, Wumbvu, Yasa
津巴布韦	Barwe, Birwa, Chichewa, Dombe, Kalanga, Kunda, Lozi, Manyika, Nambya, Ndau, Ndebele, Nsenga, Setswana, Shona, Tonga, Tsoa, Tsonga, Tswa, Venda
喀麦隆	Afade, Aghem, Ajumbu, Akoose, Akum, Ambele, Arabic, Atong, Awing, Babanki, Bafanji, Bafaw-Balong, Bafia, Bafut, Baka, Bakaka, Bakoko, Bakole, Baldemu, Balo, Bamali, Bambalang, Bambili-Bambui, Bamenyam, Bamukumbit, Bamun, Bamunka, Bana, Bangandu, Bangolan, Bankon, Barombi, Bassa, Bassossi, Bata, Batanga, Bati, Beba, Bebele, Bebil, Beezen, Befang, Bekwel, Bikya, Bishuo, Bitare, Bokyi, Bomwali, Bonkeng, Bubia, Buduma, Bulu, Bum, Bung, Busam, Busuu, Buwal, Byep, Caka,

续表

国家	主要非洲语言
喀麦隆	Chungmboko, Cuvok, Daba, Dama, Dek, Denya, Dii, Dimbong, Doyayo, Duala, Dugun, Dugwor, Duli-Gey, Duupa, Ejagham, Elip, Eman, Esimbi, Eton, Evant, Ewondo, Fali, Fang, Fang①, Fe'fe', Fulfulde, Gavar, Gbaya, Gbaya-Mbodomo, Ghomálá', Gidar, Gimme, Gimnime, Giziga, Glavda, Gude, Gvoko, Gyele, Hausa, Hdi, Hijuk, Hya, Iceve-Maci, Ipulo, Isu, Isu②, Iyive, Jimi, Jina, Jukun Takum, Kako, Kamkam, Kanuri, Karang, Kare, Kasabe, Kemedzung, Kendem, Kenswei Nsei, Kenyang, Kera, Kol, Kolbila, Kom, Koma, Koonzime, Korop, Koshin, Kuk, Kung, Kuo, Kutep, Kwa', Kwaja, Kwakum, Kwanja, Kwasio, La'bi, Lagwan, Laimbue, Lamnso', Lefa, Leti, Lidzonka, Limbum, Longto, Mada, Mafa, Majera, Makaa, Malgbe, Malimba, Mambai, Mambila, Manta, Masana, Maslam, Matal, Mazagway, Mbembe, Mbo', Mbonga, Mbudum, Mbuko, Mbule, Mbum, Medumba, Mefele, Mendankwe-Nkwen, Mengaka, Mengisa, Menka, Merey, Mesaka, Meta', Mfumte, Mina, Mmaala, Mmen, Mofu, Mofu-Gudur, Mokpwe, Moloko, Mon Jango, Mono, Mpade, Mpiemo, Mpumpong, Mser, Mundabli, Mundang, Mundane, Mungaka, Mungbam, Musey, Musgu, Muyang, Naami, Nagumi, Naki, Ncane, Ndai, Nda'nda', Ndemli, Ndoola, Ngamambo, Ngambay, Negmba, Ngie, Ngiemboon, Ngomba, Ngombale, Ngoshie, Ngwe, Ngwo, Nimbari, Njen, Njyem, Nkongho, Nomaande, No One, Nubaca, Nugunu, Nyokon, Nyong, Nzakambay, Nzanyi, Oblo, Oku, Oroko, Osatu, Pam, Pana, Parkwa, Peere, Pévé, Pinyin, Pol, Psikye, Samka Leko, Sari, Sharwa, Suga, Supapya, Swo, Tibea, Tikar, Tiv, To, Tsuvan, Tuki, Tunen, Tuotomb, Tupuri, Twendi, Usaghade, Vame, Vemgo-Mabas, Vengo, Vute, Wandala, Wawa, Weh, Wumboko, Wushi, Wuzlam, Yamba, Yambeta, Yangben, Yasa, Yemba, Yeni, Yukuben, Zhoa, Zizilivakan, Zulgo-Gemzek, Zumaya
科摩罗	Arabic, Comorian
科特迪瓦	Abé, Abidji, Abron, Abure, Adioukrou, Aizi, Alladian, Anyin, Anyin Morofo, Attié, Avikam, Bakwé, Bambara, Baoulé, Beng, Bété, Beti, Birifor, Cerma, Doho-Doo, Dan, Deg, Dida, Ebrié, Ega, Fulfulde, Gban, Glio-Oubi, Godié, Grebo, Guébie, Guro, Hausa, Jeri Kuo, Jula, Khisa, Kla-Dan, Kodia, Koro, Kouya, Koyaga, Krahn, Krobu, Krumen, Kulango, Ligbi, Lobi, Loma, Mahou, Mbato, Mbre, Mwan, Nafaanra, Neyo, Ngen, Nyabwa, Nzema, Sénoufo, Téén, Tonjon, Toura, Wan, Wané, Wè, Wojenaka, Worodougou, Yaouré

---

① 此为两个同名为 Fang 的不同语言。
② 此为两个同名为 Isu 的不同语言。

国家	主要非洲语言
肯尼亚	Arabic, Aweer, Borane, Bukusu, Burji, Chichonyi-Chidzihana-Chikauma, Chidigo, Chiduruma, Daasanach, Dahalo, Dawida, Dholuo, Ekegusii, El Molo, Gichuka, Gikuyu, Gujarati, Kalenjin, Kamba, Keiyo, Kiembu, Kigiryama, Kumĩĩru, Kipfokomo, Kipsigis, Kitharaka, Kiwilwana, Konkani, Kuria, Luidakho-Luisukha-Lutirichi, Lukabaras, Lulogooli, Lutachoni, Maasai, Markweeta, Mwimbi-Muthambi, Nandi, Nubi, Nyala, Okiek, Olukhayo, Oluulyia, Olumarachi, Olumarama, Olunyole, Olusamia, Olushisa, Olutsotso, Oluwanga, Omotik, Orma, Pökoot, Punjabi, Rendille, Sabaot, Sagalla, Samburu, Singa, Somali, Suba, Swahail, Taveta, Terik, Teso, Tugen, Turkana, Waata, Yaaku
莱索托	Phuthi, Sotho, Xhosa, Zulu
利比里亚	Bandi, Bassa, Dan, Dewoin, Gbii, Glaro-Twabo, Glio-Oubi, Gola, Grebo, Kisi, Klao, Kpelle, Krahn, Krumen, Kuwaa, Loma, Maan, Maninka, Manya, Mende, Sapo, Tajuasohn, Vai
利比亚	Arabic, Awjilah, Ghadamès, Nafusi, Sawknah, Siwi, Tamahaq, Tedaga
留尼旺	无①
卢旺达	Kinyarwanda
马达加斯加	无②
马拉维	Chichewa, Kacchi, Kokola, Lambya, Lomwe, Ndali, Nyakyusa-Ngonde, Nyiha, Nyika, Sena, Tonga, Tumbuka, Yao, Zulu
马里	Arabic, Bamananka, Bangime, Bankagooma, Bolon, Bomu, Bozo, Dogon, Duungooma, Fulfulde, Jahanka, Jalunga, Jowulu, Jula, Kagoro, Konabéré, Koromfé, Maninkakan, Marka, Mòoré, Pana, Pulaar, Pular, Samo, Sàmòmá, Sénoufo, Songhay, Soninke, Tadaksahak, Tamajaq, Tamashek, Tamasheq, Tondi Songway Kiini, Xaasongaxango, Zarmaci
毛里求斯	Arabic, Hassaniyya, Pulaar, Soninke, Wolof, Zenaga
毛里塔尼亚	Arabic, Hassaniyya, Pulaar, Soninke, Wolof, Zenaga
摩洛哥	Arabic, Ghomara, Senhaja Berber, Tachelhit, Tamazight, Tarifit, Taznatit
莫桑比克	Barwe, Chopi, Chuwabu, Dema, Kokola, Koti, Kunda, Lolo, Lomwe, Maindo, Makhuwa, Makhuwa-Marrevone, Makuwa-Meetto, Machuwa-Moniga, Makhuwa-Saka, Makhuwa-Shirima, Makonde, Makwe, Manyawa, Manyika, Marenje, Mwani, Nathembo, Ndau, Ngoni, Nsenga, Nyanja, Nyungwe, Phimbi, Ronga, Sena, Swahili, Swati, Takwane, Tawara, Tewe, Tonga, Tasonga, Tswa, Yao, Zulu

---

① 在留尼旺境内使用的语言有法语、留尼旺克里奥尔语和泰米尔语(Tamil),无一属于非洲的几大语系。

② 在马达加斯加境内使用的语言有英语、法语和马尔加什语(Malagasy),无一属于非洲的几大语系。

续表

国家	主要非洲语言
纳米比亚	Few, Gciriku, Hai ǁ Om, Herero, Ju ǀ 'Hoansi, Khoekhoe, Kuhane, Kung-Ekoka, Kwambi, Kwangali, Kwanyama, Lozi, Mashi, Mbalanhu, Mbukushu, Naro, Ndonga, Northwestern ǃ Kung, Setswana, ǃ Xóõ, Yeyi, Zemba
南非	Birwa, Camtho, Khoekhoe, Korana, Kung-Ekoka, Ndebele, N ǀ U, Ronga, Seroa, Setswana, Sotho, Swahili, Swati, Tsonga, Tswa, ǂUngkue, Venda, ǀ Xam, ǁ Xegwi, Xhosa, Xiri, Zulu
南苏丹	Acholi, Aja, Anuak, Arabic, Avokaya, Bai, Baka, Banda, Banda-Mbrès, Banda-Ndélé, Bari, Belanda Bor, Belanda Viri, Beli, Boguru, Bongo, Didinga, Dinka, Dongotono, Feroge, Fulfulde, Gbaya, Homa, Indri, Jumjum, Jur Modo, Kacipo-Balesi, Kakwa, Keliko, Komo, Lango, Lokoya, Lopit, Luwo, Mabaan, Ma'di, Mandarin, Mangayat, Mittu, Mo'da, Morokodo, Moru, Mündü, Murle, Narim, Ndogo, Njalgulgule, Nuer, Nyamusa-Molo, Olu'bo, Otuho, Päri, Reel, Shilluk, T'apo, Tennet, Thuri, Togoyo, Toposa, Uduk, Yulu, Zande
尼日尔	Arabic, Dazaga, Fulfulde, Gourmanchéma, Hausa, Kanuri, Tagdal, Tamahaq, Tamajeq, Tasawaq, Tedaga, Tetserret, Zarma
尼日利亚	Abanyom, Abon, Abua, Abureni, Acipa, Adara, Aduge, Afade, Agatu, Agoi, Agwagwune, Àhàn, Ahwai, Ajawa, Ajiya, Ake, Akpa, Akpes, Akuku, Akum, Alago, Allege, Alumu-Tesu, Ambo, Amo, Anaang, Áncá, Arabic, Arigidi, Ashe, Asu, Atsam, Awak, Ayere, Ayu, Baan, Baangi, Baatonum, Bacama, Bade, Bakpinka, Bali, Bangwinji, Bankal, Basa, Basa-Gumna, Basa-Gurmana, Bassa-Kontagora, Bata, Batu, Bauchi, Beele, Bekwarra, Bena, Berom, Bete, Bete-Bendi, Bille, Bina, Biseni, Bitare, Bo-Rukul, Boga, Boghom, Book, Bokobaru, Bokyi, Bole, Bu, Bukwen, Bumaji, Bura-Pabir, Burak, Bure, Buru, Busa, Cahungwarya, Cakfem-Mushere, Cara, Cen, Cicipu, Cineni, Cishingini, Ciwogai, c'Lela, Como Karim, Cori, Daba, Dadiya, Damakawa, Dass, Defaka, Degema, Dendi, Deno, Dera, Dghwede, Dibo, Dikaka, Diri, Dirim, Doka, Doko-Uyanga, Dong, Duguri, Duhwa, Dulbu, Dungu, Duwai, Duya, Dza, Ebira, Ebughu, Edo, Efai, Efik, Efutop, Eggon, Ehueun, Ejagham, Ekajuk, Eki, Ekit, Ekpeye, Eleme, Eloyi, Emai-Luleha-Ora, Engenni, Enwan, Enwan①, Epie, Eruwa, Esan, Esimbi, Etebi, Etkywan, Etsako, Etulo, Evant, Ezaa, Fali, Fali Of Baissa, Fam, Firan, Fulfulde, Fum, Fungwa, Fyam,

---

① 此为两个同名为 Enwan 的不同语言。

续表

国家	主要非洲语言
尼日利亚	Fyer, Gaa, Ga'anda, Gade, Galambu, Gamo-Ningi, Ganang, Gbagyi, Gbari, Gbaya, Geji, Gengle, Gera, Geruma, Ghotuo, Gibanawa, Giiwo, Glavda, Goemai, Gokana, Gude, Gudu, Guduf-Gava, Gun, Gupa-Abawa, Gurmana, Guruntum-Mbaaru, Govko, Gwa, Gawk, Gwamhi-Wuri, Gwandara, Gyem, Gyong, Hasha, Hausa, Hide, Holma, Hōne, Horom, Hun-Saare, Hwana, Hya, Hyam, Ibani, Ibibio, Ibino, Ibuoro, Iceve-Maci, Idere, Idesa, Idoma, Igala, Igbo, Igede, Iguta, Igwe, Ihievbe, Ija-Zuba, Ijo, Ika, Iko, Ikpeshi, Iku-Gora-Ankwa, Ikulu, Ikwere, Ikwo, Ilue, Isekiri, Isoko, Iten, Ito, Itu Mbon Uzo, Ivbie North-Okpela-Arche, Iyayu, Iyive, Izere, Izii, Izon, Izora, Janji, Jara, Jere, Jiba, Jibu, Jilbe, Jimi, Jiru, Jju, Jorto, Ju, Jukun Takum, Kaan Kaivi, Kakanda, Kalabari, Kam, Kamantan, Kami, Kamo, Kamuku, Kamwe, Kanufi, Kanuri, Kapya, Karekare, Kariya, Khana, Kholok, Kibaku, Kinuku, Kiong, Kir-Balar, Kirike, Kirya-Konzel, Koenoem, Kofa, Kofyar, Kohumono, Koma, Kono, Koro Wachi, Korop, Kpan, Kpasham, Kpati, Kubi, Kuce, Kudu-Camo, Kugama, Kugbo, Kukele, Kulere, Kulung, Kumba, Kupa, Kurama, Kushi, Kutep, Kutto, Kuturmi, Kwa, Kwaami, Kyak, Kyanga, Labir, Laka, Lala-Roba, Lamang, Lame, Lamja-Dengsa-Tola, Lamnso', Laru, Leelau, Legbo, Lemoro, Lenyima, Lere, Leyigha, Lidzonka, Lijili, Limbum, Lokaa, Longuda, Loo, Lopa, Lubila, Lufu, Luri, Maaka, Mada, Mafa, Mághdì, Mak, Mala, Mama, Mambila, Nigeria, Mangas, Marghi Central, Marghi South, Mashi, Mawa, Mbat, Mbe, Mbembe, Mboi, Mbongno, Mbula-Bwazza, Mburku, Mgbolizhia, Mingang Doso, Miship, Miya, Mom Jango, Montol, Moo, Mumuye, Mundat, Mvanip, Mwaghavul, Nde-Gbite, Nde-Nsele-Nta, Ndoe, Ndoola, Ndunda, Ngamo, Ngas, Nggwahyi, Ngizim, Ngwaba, Nikyob-Nindem, Ningye, Ninzo, Njerep, Nkari, Nkem-Nkum, Nkoroo, Nkukoli, Nnam, Nshi, Numana-Nunku-Gbantu-Numbu, Nungu, Nupe-Nupe-Tako, Nya Huba, Nyam, Nyankpa, Nyong, Nzanyi, Obanliku, Obolo, Obulom, O'chi'chi', Odual, Odut, Ogbah, Ogbia, Ogbogolo, Ogbronuagum, Oko-Eni-Osayen, Okobo, Okodia, Okpamheri, Okpe, Okpe①, Oloma, Olulumo-Ikom, Oring, Oro, Oruma, Ososo, Otank, Pa'a, Panawa, Pangseng, Pangu, Pe, Peere, Pero, Piti, Piya-Kwonci, Polci, Psikye, Putai, Pyapun, Rang, Reshe, Rigwe, Rogo, Ron, Ruma, Samba Daka, Samba Leko, Sambe, Sanga, Sasaru, Saya, Sha, Shall-Zwall, Shama-Sambuga, Shamang, Shanga, Shau, Sheni, Shiki, Shoo-Minda-Nye, Shuwa-Zamani, Siri, Somyev, Sorko, Sukur, Sur, Surubu, Tal, Tala, Tamajaq, Tawallammat, Tambas,

① 此为两个同名为 Okpe 的不同语言。

续表

国家	主要非洲语言
尼日利亚	Tangale, Tanjijili, Tarjumo, Tarok, Tedaga, Tee, Teme, Tera, Tha, Tita, Tiv, Toro, Tsikimba, Tsishingini, Tso, Tsucuba, Tsuvadi, Tugbiri-Niragu, Tula, Tumi, Tunzuii, Tyap, Ubaghara, Ubang, Uda, Uhami, Ukaan, Ukpe-Bayobiri, Ukpet-Ehom, Ukue, Ukwa, Ukwuani-Aboh-Ndoni, Ulukwumi, Umon, Uneme, Urhobo, Usaghade, Ut-Ma'in, Utugwang-Irungene-Afrike, Uvbie, Uzekwe, Vaghat-Ya-Bijim-Legeri, Vemgo-Mabas, Viti, Vono, Voro, Vute, Waja, Waka, Wandala, Wannu, Wapan, Wãpha, Warji, Wom, Yace, Yala, Yamba, Yangkam, Yedina, Yendang, Yoruba, Yotti, Yukuben, Ywom, Zangwal, Zari, Zarma, Zeem, Zhire, Ziriya, Zizilivakan, Zumbun
普林西比	无①
塞拉利昂	Bassa, Bom-Kim, Bullom So, Gola, Kisi, Kissi, Klao, Kono, Krio, Kuranko, Limba, Loko, Maninkakan, Mende, Pular, Sherbro, Susu, Themne, Vai, Yalunka
塞内加尔	Badyara, Bainouk-Gunyaamolo, Bainouk-Samik, Balanta-Ganja, Bandial, Bayot, Crioulo, Ejamat, Fulah, Gusilay, Hassaniyya, Jalunga, Jola-Fonyi, Jola-Kasa, Karon, Kerak, Kobiana, Kuwaataay, Laalaa, Mandinka, Mandjak, Maninkakan, Mankanya, Ménik, Mlomp, Ndut, Noon, Oniyan, Paloor, Pulaar, Pular, Saafi-Saafi, Serer-Sine, Soninke, Wamey, Wolof, Xasonga
塞舌尔	无②
圣多美	无③
斯威士兰	Swati, Tsonga, Zulu
苏丹	Acheron, Afitti, Aka, Ama, Andaandi, Arabic, Baygo, Bedawiyet, Berta, Birked, Burun, Dagik, Dair, Daju, Dilling, El Hugeirat, Fulfulde, Fur, Gaam, Ganza, Gbaya, Ghulfan, Gula, Gule, Gumuz, Hausa, Heiban, Jumjum, Kadaru, Kanga, Kanuri, Karko, Katcha-Kadugli-Miri, Katla, Keiga, Kelo, Ko, Koalib, Komo, Krongo, Lafofa, Laro, Logol, Logorik, Lumun, Masalit, Midob, Molo, Moro, Nding, Ngile, Nobiin, Otoro, Shatt, Shwai, Tagoi, Talodi, Tama, Tegali, Temein, Tese, Tigré, Tima, Tira, Tocho, Torona, Tulishi, Tumtum, Uduk, Wali, Warnang, Yulu, Zaghawa
索马里	Arabic, Boon, Dabarre, Garre, Jiiddu, May, Mushungulu, Oromo, Somali, Swahili, Tunni

---

① 在普林西比境内使用的语言有葡萄牙语和 3 种克里奥尔语，无一属于非洲的几大语系。
② 在塞舌尔境内使用的语言有英语、法语和 1 种克里奥尔语，无一属于非洲的几大语系。
③ 在圣多美境内使用的语言有葡萄牙语和 3 种克里奥尔语，无一属于非洲的几大语系。

坦桑尼亚	Aasáx, Akie, Alagwa, Arabic , Asu, Bembe, Bena, Bende, Bondei, Bungu, Burunge, Datooga, Dhaiso, Digo, Doe, Fipa, Gogo, Gorowa, Gujarati, Gusii, Gweno, Ha, Hadza, Hangaza, Haya, Hehe, Ikizu, Ikoma-Nata-Isenye, Iraqw, Isanzu, Jita, Kabwa, Kacchi, Kagulu, Kahe, Kamba, Kami, Kara, Kerewe, Kimbu, Kinga, Kisankasa, Kisi, Konongo, Kuria, Kutu, Kw'adza, Kwaya, Kwere, Lambya, Langi, Logooli, Luguru, Luo, Maasai, Machame, Machinga, Magoma, Makhuwa-Meetto, Makonde, Malila, Mambwe-Lungu, Manda, Maraba, Matengo, Matumbi, Mbugu, Mbugwe, Mbunga, Mochi, Mpoto, Mwera, Mwera①, Ndali, Ndamba, Ndendeule, Ndengereko, Ndonde Hamba, Ngasa, Ngindo, Ngoni, Ngoreme, Ngulu, Nilamba, Nindi, Nyakyusa-Ngonde, Nyambo, Nyamwanga, Nyamwezi, Nyaturu, Nyiha, Nyika, Pangwa, Pimbwe, Pogolo, Rombo, Rufiji, Rungwa, Rwa, Safwa, Sagala, Sandawe, Sangu, Segeju, Shambala, Shubi, Suba-Simbiti, Sukuma, Sumbwa, Swahili, Temi, Tongwe, Vidunda, Vinza, Vunjo, Vwanji, Wanda, Yao, Zanaki, Zaramo, Zigula, Zinza
突尼斯	Arabic, Sened, Shilha
乌干达	Acholi, Adhola, Alur, Amba, Aringa, Bari, Bukusu, Chiga, Fumbira, Ganda, Gungu, Gwere, Ik, Kakwa, Kenye, Konzo, Kumam, Kupsapiiny, Lango, Lugbara, Ma'di, Masaaba, Ndo, Ndrulo, Ng'akarimojong, Nubi, Nyang'i, Nyankore, Nyole, Nyoro, Pökoot, Ruruuli-Runyala, Saamya-Gwe, Soga, Soo, Swahili, Talinga-Bwisi, Teso, Thur, Tooro
西撒哈拉	Arabic
赞比亚	Aushi, Bemba, Bwile, Chichewa, Chokwe, Ila, Kaonde, Khwedam, Kuhane, Kunda, Lala-Bisa, Lamba, Lambya, Lenje, Lozi, Luchazi, Lunda, Luvale, Luyana, Mambwe-Lungu, Mashi, Mbowe, Mbukushu, Mbunda, Nkoya, Nsenga, Nyamwanga, Nyiha, Nyika, Sala, Shona, Simaa, Soli, Swahili , Taabwa, Tonga, Totela, Tumbuka, Yao, Yauma
乍得	Amdang, Arabic, Assangori, Bagirmi, Barein, Bedjond, Berakou, Besme, Bidiyo, Birgit, Bolgo, Bon Gula, Boor, Bua, Buduma, Buso, Dagba, Daju, Dangaléat, Day, Dazaga, Disa, Fania, Fongoro, Fulfulde, Fur, Gabri, Gadang, Gidar, Gor, Goundo, Gula, Gula Iro, Gulay, Hausa, Herdé, Horo, Jaya, Jonkor Bourmataguil, Kaba, Kaba Démé, Kaba Naa, Kabalai, Kajakse, Kanembu, Kanuri, Karang, Karanga, Kendeje, Kenga, Kera, Kibet, Kim, Kimré, Koke, Kujarge, Kulfa, Kuo, Kwang, Laal, Lagwan, Laka, Lele, Lutos, Maba, Mabire, Majera, Malgbe, Mambai, Mango, Mararit, Marba, Marfa, Masalit, Masana,

---

① 此为两个同名为 Mwera 的不同语言。

续表

国家	主要非洲语言
乍得	Maslam, Masmaje, Massalat, Mawa, Mbara, Mbay, Mesme, Migaama, Miltu, Mogum, Morom, Mpade, Mser, Mubi, Mukulu, Mulgi, Mundang, Musey, Musgu, Muskum, Naba, Nancere, Ndam, Ngam, Ngambay, Ngete, Niellim, Noy, Nzakambay, Pana, Pévé, Runga, Saba, Sango, Sar, Sarua, Sinyar, Sokoro, Somrai, Surbakhal, Tama, Tamki, Tedaga, Tobanga, Toram, Tumak, Tunia, Tupuri, Ubi, Zaghawa, Zan Gula, Zerenkel
中非	Ali, Banda, Banda-Bambari, Banda-Banda, Banda-Mbrès, Banda-Ndélé, Banda-Yangere, Bhogoto, Birri, Bodo, Bofi, Buraka, Dagba, Dendi, Fulfulde, Furu, Ganzi, Gbanu, Gbanziri, Gbaya, Gbaya-Bozoum, Gbayi, Geme, Gubu, Gula, Gundi, Kaba Démé, Kaba Naa, Kabba, Kako, Kara, Kare, Kpagua, Kpatili, Laka, Langubashe, Limassa, Lutos, Mandja, Mbangi, Mbati, Mbay, Mbum, Monzombo, Mpiemo, Ngam, Ngando, Ngbaka Ma'bo, Ngbaka Manza, Ngombe, Nzakara, Pana, Pande, Runga, Sango, Sara Kaba, Suma, To, Ukhwejo, Vale, Yaka, Yakoma, Yulu, Zande

1.2　非洲语系分论

1.2.1　阿非罗-亚细亚语系

阿非罗-亚细亚语系或许是所有非洲语言中研究历史最悠久、研究最为深入和争议最小的语系，某些 Semitic 语言的文字记录可以上溯到四五千年前（如 Akkadian 语（Huehnergard，2011）），比汉语的甲骨文还要更早一些。因此，对阿非罗-亚细亚语系的研究也是始于对 Semitic 语言的研究，Postel（1538）就对某些 Semitic 语言亲属关系进行了分析，而 Semitic 这个名称则是 von Schlözer 在其 1781 年发表的研究成果中提出的。在 Champollion 对于古埃及语具有跨时代意义的研究中也将这门古老的语言纳入了 Semitic 语言，但随后的研究证明其与 Semitic 语言的关系要比当初所认为的更疏远一些。其实，在阿非罗-亚细亚语系提出之前，研究者的普遍做法是将那些或多或少与 Semitic 语言有类似之处的语言都归入 Semitic 语言。换言之，Semitic 其实曾经是整个语系的名称。这种混乱的局面直到 Greenberg 在 20 世纪五六十年代提出非洲语言的新分类之后才得以逐渐结束。Greenberg 认为，Semitic 以及其他四个语族以及其下的语支构成了阿非罗-亚细亚语系。此后的研究都是沿着这一思路，进一步深入开展阿非罗-亚细亚语系内部的分支研究和属于阿非罗-亚细亚语系的语言的确认工作。尽管如此，对于阿非罗-亚细亚语系的研究远远没有完成，依然存在一些争议，尚有语言虽然属于阿非罗-亚细亚语系，但是却尚未归入具体的语支、语族。

阿非罗-亚细亚语系的语言有 300 余种（Hayward，2000；Frajzyngier & Shay，2012a；Simons & Fennig，2018），其中使用人数较多的语言包括 Hausa 语、Arabic 语、Amharic 语、Oromo 语、Somali 语等，Ethnologue 给出的分类如下（https：//www. ethnologue. com/subgroups/afro-asiatic），括号内为语言数量。

（2）Afro-Asiatic（377）

    Berber（27）

        Eastern（3）

        Northern（18）

        Tamasheq（4）

        Zenaga（2）

    Chadic（193）

        Biu-Mandara（79）

        East（36）

        Masa（8）

        West（70）

    Cushitic（45）

        Central（4）

        East（33）

        North（1）

        South（7）

    Egyptian（1）

        Coptic

    Omotic（31）

        North（26）

        South（5）

    Semitic（79）

        Central（58）

        South（21）

    未分类（1）

阿非罗-亚细亚诸语具有如下结构特点（Frajzyngier，2012；Ekkehard Wolff，2018；Pat-El，2019；Porkhomovsky，2020）。

①在语音音系方面，阿非罗-亚细亚诸语普遍具有咽音（pharyngeal）擦音（fricative）（［ħ］和/或［ʕ］）。很多语言除了清音和浊音之外，还有一套所谓的强化音（emphatic），其具体的语音表现可能是小舌化（uvularized）（如标准 Arabic 语中的［sᵡ］、［dᵡ］、［tᵡ］、［ðᵡ］、［lᵡ］）、咽音化（pharyngealized）（如标准 Arabic 语中的［tˤ］、［dˤ］、［qˤ］、［sˤ］、［ðˤ］）、腭化（velarized）或外挤气音（ejective）等。很多阿非罗-亚细亚语言（如 Chadic 诸语、Cushitic 诸语和 Omotic 诸语）为重音型声调（pitch-accent）语言。

②在形态方面，阿非罗-亚细亚诸语具有典型的根与式（root and pattern）结构，即一个稳定的辅音序列（所谓的"根"）出现在若干音段形状不同的相关词内，其中的元音构成"式"，表达不同的语法范畴，也可以对"根"的意义进行一定程度的改变。某些语言还会在根与式的基础上使用词缀。词缀是常见的形态手段。名词一般有性（gender）范畴，大多分为阳性（masculine）和阴性（feminine）；也有数（number）的范畴，有单数（singular）和复数（plural），双数（dual）也较常见。与名词相关的词类（如代词、限定词等）也都会表达相应的性和数。名词的复数形式（包括双数和多数）基本都是通过加后缀表达的，在某些语言中的阴性名词也是通过在阳性名词上加入后缀构成的，但是名词的性和数这两个范畴之间没有相互的影响。阿非罗-亚细亚诸语关于性范畴最为"奇特"的结构表现在交错配合（chiastic concord），即 2 以上的、形态上为阴性的基数词修饰阳性名词，而没有所谓性标志的基数词则修饰阴性名词。为 10 的倍数的基数词也是在相应的 3~9 这 7 个基数词的基础上加上复数后缀构成的，而 20 则一般是 10 的双数形式。

③在句法层面，名词和动词的区别明确，形容词在某些语言中（如 Berber 诸语和某些 Cushitic 语言）不是独立的词类。介词也是阿非罗-亚细亚诸语所共有的词类，一般用来表达各种旁格（oblique）语法关系和间接宾语，但在某些语言中直接宾语之前也带有特定的介词。阿非罗-亚细亚语系语言都是主宾格局（nominative-accusative alignment）语言，但在不同的语言中主语和宾语都可能有或者没有格（case）标志（即主语和宾语都无标记、都有标记、仅主语有标记和仅宾语有标记四种情况）。阿非罗-亚细亚语系语言的语序有 VSO（如 Classic Semitic 诸语和某些 Chadic 语言）、SOV（Cushitic 诸语、Omotic 诸语）和 SVO（Chadic 诸语）。否定句的构成多样，包括动词形态变化、否定标志（一个或多个、位置变化）和语序。一般疑问句都可以通过语调表达，但不同语言中一般疑问句的语调并不完全相同；其他的手段包括疑问句标志（位置多样）、语序和特殊结构（特别是焦点化结构）。特殊疑问句在某些语言中跟肯定陈述句或一般疑问句结构相似，而在其他语言中则颇为不同，主要包括特殊疑问词的位置（原位、句首、焦点位置）和疑问标志。特殊疑问词一般表达［＋人］、［－人］和［方位］等

语义特征,而所提问对象的语法关系则通过格标志、介词或语序指明。信息结构(information structure)是决定句子结构的重要因素。

1.2.2 尼罗-撒哈拉语系

在尼罗-撒哈拉语系的谱系研究中,有跨时代意义的是 Greenberg 在 20 世纪五六十年代进行的系列研究,特别是 Greenberg 的 *The Languages of Africa*,基本确定了当前为学界所公认的非洲语言的谱系分类便包括尼罗-撒哈拉语系。后人的研究都是在此基础上的修补和细化,其中 Bender 在 20 世纪 90 年代的系列研究,以词汇、音段音系和语法语素为基础,提出了一个比较完整的分类体系。尽管如此,该方面的研究依然有待深入,目前争议依然较多。

尼罗-撒哈拉语系的语言与邻近的其他语系(阿非罗-亚细亚语系和尼日尔-刚果语系)的语言接触频繁,不可避免地在语言接触的过程中逐渐发生变化,因而有时候很难判断某些尼罗-撒哈拉语系的语言特点究竟是其本身的固有特点还是语言接触的结果。尽管尼罗-撒哈拉语系的语言之间在语音/音系、语法、词汇方面还是具有一定的共同之处(Bender,2000;Dimmendaal,2017、2020),但尼罗-撒哈拉语系的分类和具体所归属的语言存在较大的争议。就目前已经确认的 200 余种尼罗-撒哈拉语言而言(Bender,1996、2000;Simons & Fennig,2018),使用人数较多的有 Acholi 语、Dinka 语、Lugbara 语、Luo 语、Kanuri-Kanembu 语、Songhay 语、Teso 语等(Bender,2000)。根据 Bender(2000:51)的估算,尼罗-撒哈拉语系的使用者应该在 3000 万人左右。Ethnologue 给出的分类如下(https://www.ethnologue.com/subgroups/nilo-saharan),括号内为语言数量。

(3)Nilo-Saharan(205)

    Kuliak(3)

        Ik(1)

        Ngangea-So(2)

  Saharan(10)

      Eastern(2)

      Western(8)

  Satellite-Core(183)

  Core(106)

    B'aga(2)

    Eastern Sudanic(93)

    Kadugli-Krongo(6)

　　Koman（5）

Satellites（77）

　　Berta［wti］（Ethiopia）

　　Central Sudanic（64）

　　Fur（2）

　　Kunama（1）

　　Maban（9）

Songhai（9）

　　Korandje

　　Northern（2）

　　Southern（6）

　　尼罗-撒哈拉诸语主要具有如下结构特点。

　　①在语音音系系统方面，尼罗-撒哈拉诸语的一大特点是元音和谐现象（Mutaka，2000：40；Dimmendaal，2017），在最典型的情况下，词内的全部元音共享某些特征（Clements，2000：§6.4.1，Mutaka，2000：§1；Childs，2003：§3.5；van der Hulst & van de Weijer，2006；Archangeli & Pulleyblank，2007；Rose & Walker，2011；Dimmendaal，2017）。大部分尼罗-撒哈拉语言有声调，但是声调系统的复杂程度不一，最复杂的可以有4个声调。

　　②在形态方面，尼罗-撒哈拉诸语的名词的性范畴不广泛(2~3个)，不同的语言通过派生（如 Southern Nilotic 和 Western Nilotic 诸语）或屈折（如 Eastern Nilotic 语言）手段标志不同的性（Goodman & Dimmendaal，2017）。数的形态变化有 3 种情况，即单数屈折变化、复数屈折变化和单复数都有屈折变化（Creissels et al.，2008：118；Goodman & Dimmendaal，2017），总体而言是非洲语言中最为复杂的数范畴的形态变化（Creissels，2000：247）。形态格存在于某些尼罗-撒哈拉语言中，但不普遍（Creissels，2000：234）。动词形态变化更为复杂，通常会在动词上表达人称（如非常常见的单数第一人称的前缀 a- 和单数第二人称的前缀 i-）、数、时态（tense）、体貌（aspect）（其中完成体（perfective）/未完成体（imperfective）的对立见于很多语言）、语态（如使役式（causative））等语法范畴（Dimmendaal，2017；Goodman & Dimmendaal，2017）。

　　③在语序方面，尼罗-撒哈拉语言中常见的语序（Watters，2000：197-198；Bender，2000；Dimmendaal，2017；Goodman & Dimmendaal，2017）为 SVO、SOV 和 VSO，其中 SOV 似乎最多见，而三种语序（即 VOS、OSV 和 OVS）则很少见。连动式结构（serial verbs/verb serialization)普遍存在于尼罗-撒哈拉语系的语言中。

1.2.3 尼日尔-刚果语系

尼日尔-刚果语系是非洲诸语系中研究较深入的语系，也是最早被描写的语系之一。尽管尼日尔-刚果语系的特点比较鲜明，但该语系的提出和为学界所承认却经历了比较漫长的过程。1659 年 Giacinto Brusciotto 发表的关于 Kongo 语的研究开了研究撒哈拉以南非洲语言之先河。而 1854 年 Sigismund Koelle 发表的 *Polyglotta Africana* 一书更是将尼日尔-刚果语系的系属分类研究向前推进了一大步。尼日尔-刚果语系的最终确立则是 Greenberg 在 20 世纪四五十年代的研究成果之一①。可以说，尼日尔-刚果语系的整体研究肇始于 Greenberg，他的一系列文章和书籍虽然在当时颇具争议，但在此基础上的后续研究使得学界最终承认了尼日尔-刚果语系的地位。

尼日尔-刚果语系内部的语族、语支和语言的研究程度不一，差距也较大，Benue-Congo 语支是最早为学界深入研究的语支，而其内部的 Bantu 诸语更是在非洲语言研究中独占鳌头，在某些方面(例如声调、名词类别系统(noun class system))的深度和广度甚至超过了具有悠久研究历史和传统的 Semitic 语言。或许正是因为最早为语言学家所了解和深入研究的尼日尔-刚果语系是 Bantu 诸语，因此，尼日尔-刚果语系的分类和重构也是从 Bantu 诸语开始的。

尼日尔-刚果语系有 1500 种语言左右(Bendor-Samuel & Hartell，1989；Williamson & Blench，2000：11；Dimmendaal & Storch，2016；Bendor-Samuel，2018；Simons & Fennig，2018；Good，2020)，应该是世界上包含语言最多的语系之一，其中使用人数较多的语言包括 Wolof 语、Fulfulde 语、Bambara 语、Akan 语、Yoruba 语、Igbo 语、Lingala 语、Swahili 语、Zulu 语等。此外，尼罗-撒哈拉语系中还有数量众多的 Bantu 语言(包括 Lingala 语、Swahili 语、Zulu 语等)。尽管如此，在尼日尔-刚果语系内部的具体分类和语言的具体归属还存在一定的争议。这对于一个有着上千种语言的庞大语系而言也是很正常的现象。根据 Williamson & Blench(2000：11)的估算，尼罗-撒哈拉语系的使用人数应该在 4 亿人左右。Ethnologue 给出的分类如下(https：//www. ethnologue. com/subgroups/niger-congo)，括号内为语言数量。

---

① Greenberg 最初将尼日尔-刚果语系称为 Niger-Kondofanian，Williamson(1989)将其更名为 Niger-Congo，并逐渐代替 Niger-Kondofanian 为学界所接受。尼日尔-刚果语系内部诸语族、语支，特别是具体的语言也都经历过更名的过程，虽然有了很大程度的统一，但依然可以在不同的文献中见到不同的名称，时常给(入门的)研究者造成一定的困扰。

（4）Niger-Congo（1540）

　　Atlantic-Congo（1442）

　　　　Atlantic（62）

　　　　　　Bijago（1）

　　　　　　　　Northern（44）

　　　　　　　　Southern（17）

　　　　　Ijoid（10）

　　　　　　　　Defaka（1）

　　　　　　　　Ijo（9）

　　　　　Volta-Congo（1370）

　　　　　　　Benue-Congo（976）

　　　　　　　Dogon（19）

　　　　　　　Kru（40）

　　　　　　　Kwa（80）

　　　　　　　North（255）

　　　　　　　　　Adamawa-Ubangi（158）

　　　　　　　　　Gur（97）

　　Kordofanian（23）

　　　　Heiban（10）

　　　　　　Eastern（2）

　　　　　　West-Central（8）

　　　　Katla（2）

　　　　Rashad（2）

　　　　Talodi（9）

　　Mande（74）

　　　　Eastern（20）

　　　　　　Eastern（9）

　　　　　　Southeastern（11）

　　　　Western（54）

　　　　　　Central-Southwestern（41）

　　　　　　Northwestern（13）

　　未分类（1）

尼日尔-刚果语言之间在语音/音系、形态、句法等方面具有明显的共同之处（Williamson & Blench，2000；Dimmendaal & Storch，2016；Bendor-Samuel，2018）。

①在语音/音系方面，元音系统具有对称性，在 Bantu 诸语中尤其明显，常见的情况是由一个央（central）、低（low）元音和同等数量的前（front）、不圆唇（unrounded）和后（back）、圆唇（rounded）元音组成，数量为 5、7、9 不等。很多尼日尔-刚果语系的元音有长短之分（Welmers，1973：24；Mutaka，2000：37），以及口元音和鼻化元音之分（Welmers，1973：30）。尼日尔-刚果语系的另一个特点是元音和谐（Welmers，1973：§2.11-2.15；Mutaka，2000：40-42；Williamson & Blench，2000：36；Dimmendaal & Storch，2016），即在最典型的情况下，词内的全部元音共享某些特征（Mutaka，2000：§1；Childs，2003：§3.5；van der Hulst & van de Weijer，2006；Archangeli & Pulleyblank，2007；Rose & Walker，2011）。在辅音方面（Williamson & Blench，2000：37；Dimmendaal & Storch，2016；Good，2020），最常见的发音部位为唇音（labial）、齿音（dental）、齿龈音（alveolar）、硬腭音（palatal）、软腭音（velar）和唇软腭音（labial-velar），爆破音总是有清浊之分，内爆音（implosive）浊音居多，唇音化（labialization）、腭音化（palatalization）和鼻音化（nasalization）常见，/f、s、v、z、l、r、j、w/ 是常见的音素。声调是尼日尔-刚果语系特别是 Bantu 诸语的最大特点之一，而关于 Bantu 诸语的声调研究应该是所有非洲语言中研究最深入的。尼日尔-刚果语系的声调基本都是平调型，声调具有相当的灵活性（即浮动性（floating）声调，详见第 2 章），且可以互相影响（如降阶（downstep），详见第 2 章），亦存在降调（depressor）辅音，导致声调的降低（详见第 2 章）。

②在形态方面，名词类别系统是尼日尔-刚果语系语言最大的特点之一（Creissels，2000：242-243；Williamson & Blench，2000：12-13；Childs，2003：§4.2；Creissels et al.，2008：§4.4.1；Dimmendaal & Storch，2016；Bendor-Samuel，2018；Good，2020）。名词类别系统比常见的名词的性系统更为复杂，一般通过词缀（通常为前缀）在形式上将名词区分为若干个亚类，同时会在名词及其所支配的成分（如形容词）之间有配合关系。该现象尤见于 Atlantic 诸语和 Bantu 诸语。尼日尔-刚果语系语言的名词类别系统比欧洲语言和阿非罗-亚细亚诸语中常见的性范畴更加复杂，不仅因为分类标准多样，而且还因为具体的类别数量也大大增加，最多可达到 30 余个。语义在一定程度上可以作为参考性的分类标准，其中最常见的语义特征为：人、非人、有生物、非生物。由于名词类别系统的存在，数范畴在这些语言中的表达也是十分复杂的。数的范畴（一般为单数和复数）在名词类别中有着特殊的作用，在形式上一般无法单独分离出表达数的语素，而是同一个名词的单数和复数分属为两个不同的名词类别。尼日尔-刚果语言中主语和宾语基本都没有形态格

（Creissels，2000：233）。形容词类在尼日尔-刚果语言中通常是一个封闭的词类系统，非派生的基础形容词很少，一般不超过 10 个（Creissels，2000：249），而其他的类似于欧洲语言用形容词表达的概念一般都是通过动词表达的（Welmers，1973：250）。

③在语法层面，Williamson & Blench（2000：12-14，38-41）和 Dimmendaal & Storch（2016）提出了尼日尔-刚果语系语言的两个主要特点。其一，也是最大的特点，为名词类别系统，不赘。第二，尼日尔-刚果语系语言中具有丰富的动词扩展操作，可以借此改变动词的配价（valency），从动词的基本配价派生出被动（passive）、使役、双系（applicative）等不同配价结构。尼日尔-刚果语系语言中有 SVO 和 SOV 两类语序的语言（Watters，2000：197-198；Williamson & Blench，2000：39；Dimmendaal & Storch，2016），前者更常见。而且在 Atlantic 诸语和 Benue-Congo 诸语中有 SVO、SVOX、前置介词、N+修饰语共现的语序关联关系。Bendor-Samuel（2018）还将动词连动式归为尼日尔-刚果语系语言的句法特点之一，尤见于 Kwa 诸语和 Benue-Congo 诸语（Creissels，2000：240）。

④在词汇方面，尼日尔-刚果语系的词汇也具有相当的共性，一些基本词汇在尼日尔-刚果语系的很多语言中反复出现，而且明显区别于其他语系的语言。

1.2.4 其他

本节简介的语言是以上三个语系之外的非洲语言，从 Greenberg 在 20 世纪四五十年代提出非洲语言的系属分类以来，在很长一段时间内被统一归为柯伊桑语系。有鉴于此，我们在此将这些语言一同进行讨论。这一做法的另一个原因是这些语言在语音-音系、语法、词汇等方面都存在一定的共性。[①]

总体而言，对于这些语言的研究在非洲所有语言中是比较欠缺的，虽然在某些方面（特别是语音方面）有着较深入的研究，但是在整体上跟其他三大语系的研究有着不小的差距，即使是在语言描写方面也还有很多工作亟需开展。这也在某种程度上造成了学界对于这些语言的系属关系一直都争论不休。虽然 Greenberg 提出的柯伊桑语系在几十年间为大多数学者采纳——并不是"接受"，但是却一直没有令人信服的证据可以证明该语系的存在也与其他三个语系一样是无可争议的（Güldemann & Vossen，2000：99，101-102；Honken，2013a；Traill & Köhler，2016；Honken，2020），甚至连基本的语音对应和词汇对应都较难建立。以 Traill & Köhler（2016）给出的基本词汇的对应情况就可以表明在这些语言之间建立明确的系属关系的难度，见表 1-2。

---

① 这也是 Greenberg 以降都将这些语言归为柯伊桑语系的原因之一。

（5）   表 1-2　基本词汇对应情况

词汇	Sandawe	Hadza	Khoe	Ju	!Xóõ
person	ǀnomese	ʼúnù	khoe	ʒú	tâa
man	ǀnomese	ɫeme	k'ákhoe	!hõá	tâaáa
child	‖noó	wa'a	ǀūá	dama	⊙àa
ear	kéké	fiatʃʼpitʃʼi	ǂée	ǀhúí	ǂnùhā
eye	ǀgweé	ʼákhwa	ǂxái	ǀgà'á	!ʼūī
ostrich	sa'ùtà	kénàngu	ǀgáro	dsùú	qûje
giraffe	ts'ámasu	ts'ókwàna	!nábe	ǂoah	‖qhūū
buffalo	ǀeu	nák'óma	ǀâo	ǀâò	ǀqhái
to hear	khé'é	‖ná'e	kúm	ts'à'á	táa
to drink	ts'ee	fá	kx'âa	tʃìi	kx'āhā

有鉴于此，越来越多的学者倾向于认为原来所谓的"柯伊桑语系"其实并不存在（Vossen，2013：4-5；Honken，2013a），而原来所谓的"柯伊桑语系语言"其实应该划分为三个独立语系(乔-夸迪(Khoe-Kwadi)语系、图(Tuu)语系和克夏(Kx'a)语系)以及 Hadza 语和 Sandawe 语两个暂无系属归属的语言（Güldemann & Vossen，2000：99；Honken，2013a；Simons & Fennig，2018）。Ethnologue 给出的分类如下，括号内为语言数量。

（6）Khoe-Kwadi（13）

    Khoe（12）

        Kalahari Khoe（8）

        Khoekhoe（4）

    Kwadi（1）

（7）Kx'a（4）

    Hua［huc］（Botswana）

    !Kung（3）

（8）Tuu（6）

    !Ui（5）

    Taa（1）

在地理分布上，这些语言主要分布在博茨瓦纳和纳米比亚以及安哥拉、赞比亚、津巴布韦和南非等国的某些地区（Vossen，2013：2；Traill & Köhler，2016），但是具体的使用人数很难确定，Vossen（2013a：2）认为是 30 万人，而 Güldemann & Vossen（2000：104）给出的人数是 20 万人，Traill & Köhler（2016）给出的人数则更低。

这些语言之间在语音/音系、语法、词汇方面具有一定的相同之处（Güldemann & Vossen，2000；Vossen，2013a：6-7；Güldemann，2013a）。

①在语音-语系方面，倒吸气音（click）的存在是这些语言的共性，也是相对于全世界其他语言的独特之处（Güldemann & Vossen，2000：101；Vossen，2013a：6；Traill & Köhler，2016），主要包括双唇音（bilabial）[⊙]、齿音[ǀ]、齿龈音[!]、腭音[ǂ]和边音（lateral）[ǁ]（郭锦桴，1993：136；Laver，1994：174-179；Clements，2000：§6.6.4；Güldemann & Vossen，2000：105-106；Childs，2003：§3.1；Ashhy & Maidment，2005：110-113；Ladefoged & Maddieson，2007：Chapter 8；Anyanwu，2008：§4.3；Reetz & Jongman，2009：§6.1.2；Ladefoged & Johnson，2011：143-147；Maddieson，2013b；Vossen，2013a：6；Traill & Köhler，2016）。此外，阻塞音（obstruent）在这些语言中也有特殊的分布（Güldemann & Vossen，2000：101）。在元音方面，大多数语言是五元音系统，同时鼻音化很常见，声门化（glottalization）、气声（breathy）和咽音化也较常见（Traill & Köhler，2016）。声调也是重要的区别特征，存在于所有的语言中，载调单位（tone bearing unit，TBU）是元音或鼻辅音（Vossen，2013a：6；Traill & Köhler，2016）。

②在形态方面（Güldemann & Vossen，2000；Vossen，2013a：6；Traill & Köhler，2016），总体而言，Khoe 诸语形态较丰富，而其他语言则更偏向于分析型形态。在 Khoe 诸语中，派生和屈折都是构词的重要手段，主要表现为加后缀，例如词的基本形态标志带有人称-性-数的后缀——三性（阴、阳、中）三数（单、复、双）。不同类型的词缀（动词性后缀 vs 名词性后缀）可以附着于相同的词根之上，构成名词或动词。名词表达性和数范畴，而且与名词相关的限定修饰成分（如形容词、数词、指示词、主有词、限定词等）都与名词中心语进行配合。格范畴基本不存在，因此名词和代词几乎没有格变化。动词有时态和体貌的表达，同时可以带有主语人称标志、宾语人称标志、语态等后缀。动词扩展形式可以表达跟配价相关的各种操作，如使役式、自反式、相互式等。非 Khoe 诸语则形态相对简单，黏着语素（bound morpheme）不多，且能够表达的语法范畴有限。名词和动词基本可以较明确地进行区分，但是并不完全对应于印欧语言中所谓的名词和动词，特别是动词，也包含西方语言中所谓的形容词词类。某些语言有名词类别系统，但是具体的分类标准较难确定，基本无法从语义和语音进行解释或预测，因此与 Bantu 诸语中的名词类别系

统有较大的差别。数范畴的表达形式多样，包括词缀、词根替换和超音段音位，以及重叠形式（reduplication）；虽然在无生性名词中不发达，但是在语言系统的整体中有着一定的作用，不仅在其他名词上有所表达，而且还会体现在动词形式上。

③在句法方面（Güldemann & Vossen，2000；Vossen，2013a：7；Güldemann，2013a；Traill & Köhler，2016），这些语言的共性则较弱，这也是这些语言属于同一个语系所面临的最大的难题。名词和动词存在于所有的语言中。名词一般都有性/名词类别和数范畴，动词有配价操作、时态、体貌等语法范畴。语序一般为 SOV（Khoe 诸语和 Sandawe 诸语）或 SVO，只有坦桑尼亚的 Hadza 语为 VSO。Khoe 语言基本语序为 SOV，但是信息结构可以影响语序，如 OSV 一般用于强调宾语。非 Khoe 语言中语序是重要的语法手段，基本语序为 SVO，表达时态-体貌-语气、否定、焦点等的功能语类多出现在主语和动词之间。在名词短语内为中心语-修饰成分的语序。连动式结构很常见，通常是多个动词词根相连，之间甚至都没有任何功能语类。动词的及物性是重要的语法范畴，如果动词本身不要求宾语（即句子结构为 SV），那么该动词后若有其他成分（宾语或旁语），则动词需要经过特殊的形态变化，或通过连动式结构引入可以带有宾语的动词。旁语经常由一个通用的功能语类引出，因此该功能语类并不能具体标明该旁语的语义角色或句法角色，而只说明该旁语并不是动词的配价所要求的。此外，很多旁语型的语法关系都是通过名词的并置实现的，而名词并置更可以组成复合词。

1.3 非洲语言（学）简史①

非洲语言和非洲语言学研究真正意义上的发展是在 20 世纪后期，与当代语言学的蓬勃发展不无关系。

在历史上，阿非罗-亚细亚语系，特别是 Arabic 语（Hetzron，1997：Chapter 3）、Hebrew 语（Téné，1995；Hetzron，1997：Chapter 4；Zwiep，2006）等 Semitic 语言有着悠久的研究历史，这与这些语言保留有大量的文字资料有关，例如 Eblaite 语和 Akkadian 语最早的文字资料可上溯到公元前 2000 多年（Dimmendaal，2011：81-82；Hetzron，1997：Chapters 5 & 6）。最早与非洲语言进行接触的欧洲学者是葡萄牙人，对非洲语言进行了一定规模的记录，而意大利人 Giacinto Brusciotto 在 1659 年发表了第一部有关非洲语言（Kongo 语）的语法专著。18 世纪随着罗马天主教廷传教士进入非洲，非洲语言的描写工

---

① 本章讨论主要参考了 Berry & Greenberg（1971）、Heine & Nurse（2000a）、Mutaka（2000：244-245）、Childs（2003：§1.2）、Ekkehard Wolff（编）（2019）（特别是第一章，同为该书编者所著），篇幅所限不一一提供出处。如无特别标注，则皆来自以上参考文献。

作(语法、词典)才得以真正开展。受当时学术环境和水平的制约，以及进行工作的人员的目的(并非为了语言学研究，而是为宗教、政治目的服务)影响，非洲语言研究或许还不是真正意义上的"语言学研究"。直到 18 世纪末，最突出的贡献就是多语种比较性词汇表的编撰工作。从 19 世纪开始，非洲语言的系属分类工作取得了一定的进展，对 Bantu、Semitic 等语支的研究逐渐深入。该时期的某些语言学家(特别是法国的 Delafosse、Lilias Homburger 等学者)产生了非洲语言发生学同出一源(错误①)的想法。随着研究人员的增加(德国学者一枝独秀的垄断状态逐渐消失)和分散，在欧洲和世界其他地区越来越多的国家建立了非洲语言研究中心(见下文)。

　　非洲语言学早期的研究主要体现在三位学者的工作中：Sygismund Wilhelm Koelle (1823—1902)、Diedrich Westermann(1875—1956) 和 Clement Doke(1893—1980)。Koelle 搜集了上百种非洲语言的语料，发表了 Vai 语和 Kanuri 语的语法，以及一些其他著作。Westermann 在 1902—1956 年半个多世纪的时间里发表了 200 余种论文专著，绝大部分是非洲语言学的主题(包括语法(例如 Shilluk 语、Gola 语和 Éwé 语)、词典、比较性研究等)。Doke 对于 Bantu 诸语研究贡献尤多，而且摆脱当时西方盛行的欧洲中心主义的研究思路实属难得，可以在真正意义上探索适合 Bantu 语言语法的研究思路，其研究成果包括语法、词典、比较研究等。

　　Greenberg 作为语言类型学的奠基人之一，对于非洲语言学的贡献也是跨时代的，其对非洲语言的分类研究(1948、1955/1963/1966/1970②)在当时的学术界引起了巨大的震动和反响，但实践证明了其观点的正确性和超前性。

　　当代非洲语言学大家辈出，推动了(非洲)语言学的发展。William Welmers 是一位著述颇丰的非洲语言学专家，对尼日尔-刚果语言的研究颇为深入，描写和分析了 Fanti 语、Efik 语、Mande 语等语言。Lionel Bender 专攻阿非罗-亚细亚语系和尼罗-撒哈拉语系，是埃塞俄比亚语言研究最重要的学者之一。Gerrit Dimmendaal 在非洲语言的历史和拟构 (reconstruction)方面做出了重要的贡献。Bernd Heine 以研究非洲语言为基础，为语法化研究奠定了基础。Denis Creissels 从研究非洲语言入手，转而进行类型学研究，提倡 Haspelmath(2010a、2010b)的中性(即不特别涉及某个框架或理论)的语言描写(Creissels,

---

　　①　限于当时的研究水平和资料，这些学者认为非洲语言都是由古埃及语或古希伯来语演变而来的，但不可否认的是，认为非洲语言有发生学关系的总体上为后来学者，特别是 Greenberg，打开了思路、奠定了基础。

　　②　即 *The Languages of Africa*，该书原来是 Greenberg 于 1949—1954 年在 *Southwestern Journal of Anthropology* 发表的论文的合集，结集之后又多次修改并改版重印。

2006：§0.2.3；Ni 'générativiste', ni 'fonctionaliste'①）。Christopher Enret 对非洲语言的历史、分类和人类语言学多方面研究都有所贡献。Tucker Childs 在非洲语言（特别是濒危非洲语言）的描写、韵律（prosody）（特别是声调）的分析、语言接触、语言变化、方言学等方面都有突出贡献，于 2017 年获得了美国语言学协会（Linguistic Society of America）颁发的 Kenneth L. Hale Award 奖项。

1.4 非洲语言研究现状

1.4.1 国际研究

国际上的非洲语言研究成绩斐然，但不同语言和不同领域发展程度不一。

阿非罗-亚细亚语系文字资料最多，研究历史较长、程度较深，Arabic 语（Versteegh，1997）、Hebrew 语等都有自身的研究框架和传统（Hetzron，1997：Chapters 3-4）；对 Bantu 诸语的研究亦较深入（Nurse & Philipson，2003）；Swahili 语、Hausa 语、Yoruba 语、Zulu 等"通用语"由于其自身非语言学的因素引起研究者的关注也并非非洲语言（学）（研究）特有的现象。一些使用人数少甚至濒临灭绝的语言则为学界了解不多，甚至尚未进行过基本的语言学描写。

非洲语言（学）的研究主要有语言描写和理论化两个方向，对其内在各方面的研究都有程度不均的现象（Childs，2003：11），以语音、音系和形态学的研究最为深入，句法次之，而语义和语用则较少，主要有以下几方面（Bresnan，1990；Childs，2003；Henderson，2011）。

(9) 语音/音系：倒吸气音、协同发音（double articulation）的辅音、声调、舌根元音和谐（tongue root vowel harmony）、鼻音化、自主音段表征（autosegmental representation）、CV 音系学（CV phonology）、非系连音系学（non-concatenative phonology）、特征理论（feature theory）。

形态学：名词类别、动词结构（动词扩展和曲折变化）、体时式（TAM）。

句法：连动式、信息结构（主题（topic）、焦点（focus）、分裂结构）、话语指代（logophoricity）、主语性（subjecthood）、配合现象（agreement）、论元的非对称现象（argument asymmetries）、语法关系（grammatical relation）。

语言习得：声调习得、名词类别习得。

历史比较语言学：语言发生学分类、类型学、声调起源（tonogenesis）、语法化

---

① "既非生成，亦非功能"。

（grammaticalization）、拟构。

语言接触：皮钦语（pidgin）、克里奥耳语（creole）、语言接触与融合（多语现象（multilingualism）、语码转换（codes witching）、语言迁徙（shift）与消亡（death））。

语言意识形态：语言政策与计划（language policy and planning）、语言态度（attitude）、扫盲与教育（literacy and education）。

　　语言描写工作方面，欧洲语言学家贡献尤为突出，这或许跟欧洲与非洲的接触历史有关：最初进入非洲的欧洲传教士和殖民者出于传播宗教和管理当地人民的需要，在一定程度上必须了解甚至是学习当地语言，因此必然需要最基本的语言资料（例如基础单词表、日常表达手册、简单的入门语法等）。这种做法奠定了之后在欧洲的非洲语言学研究，直至今日，英、法、德等语言学大国每年依然培养出大量精于非洲语言描写的语言学家。例如位于法国里昂、属于法国顶级实验室（Laboratoire d'Excellence）的"语言动力"（Dynamique du Langage）语言学实验室在语言描写、类型学、心理语言学、认知科学等各个方面都取得了引人注目的成绩，其前身是一所非洲语言学研究中心，专攻非洲语言描写，如果没有研究非洲语言的积累，或许很难取得今日的成就。时至今日，非洲语言描写依然是该研究中心的核心活动之一。类似的研究机构在欧洲还有很多（例如伦敦的亚非学院（School of Oriental and African Studies）、荷兰的莱顿大学（Leiden University）、德国的科隆大学（Cologne University）、比利时的中非皇家博物馆（Musée Royal de l'Afrique Centrale）等），为非洲语言的研究做出了重要的贡献。关于非洲语言的研究很大程度上涉及未知语言的描写，这似乎可以解释为何功能学派（functionalism）（特别是类型学）在非洲语言研究中占据重要地位。上文所列举的非洲语言学家大部分都或多或少进行过类型学研究。然而，这并不意味着形式学派从未进行过非洲语言的描写工作，Williamson（1965）就写过一部很早的在生成语法框架下的参考语法，至今依然具有相当的参考价值。

　　与欧洲语言学家把更多的精力放在了语言描写工作上不同，美国语言学家更专注非洲语言的理论化和对于语言理论的证实或修正作用[①]。在语音学/音系学方面，非洲语言对于韵律学（特别是声调方面）的贡献或许是世界所有语言中最多最大的；如果没有对非洲语言的研究，自主音段音系学（autosegmental phonology）或许很难出现（Fromkin，1978；Clements & Goldsmith，1984；Hyman & Kisseberth，1998；Yip，2002；Childs，2003：Chapter 3）。自主音段音系学又衍生出了韵律形态学（Prosodic morphology），也是为了分析

_____

　　① 不过美国学术界第一部关于非洲语言的研究是 Watkins（1937）的《描写语法》（*A Grammar of Chichewa*），其导师是当时芝加哥大学的萨丕尔（Sapir）。

阿拉伯语等语言中非系连(non-concatenative)类型的形态学结构(McCarthy，1981)。美国的形式学派，特别是生成语法，对于非洲语言学的贡献更多的是在理论化方面①。Marantz(1984)研究语法关系的专著和 Baker(1988)研究组合结构(incorporation)的专著以 Chichewa 语语料为基础，秉持生成语法的基本精神，将复杂的动词形式(例如非洲语言的动词扩展结构)的生成(例如双系式、使役、被动等)归于句法部分，例如通过中心语移位(head movement)生成。更重要的是，他们的研究使后人认识到某些派生性(derivational)的构词方式必须要涉及句法，而不能完全在词库(lexicon)内完成。Marantz 的研究更是促成了之后的分布词形学(Distributed Morphology)的诞生(Halle & Marantz，1993)。

有关非洲语言和非洲语言学的入门书籍包括 Welmers(1973)、Creissels(1973、1991)、Heine & Nurse(2000)、Mutaka(2000)、Childs(2003)等。Dimmendaal(2011)从历史比较语言学角度介绍非洲语言②。除了针对单门非洲语言的描写语法，还有大量就非洲语言某个结构的跨语言专门研究，例如形态学(Kaye，2007a(编))和格(König，2008b)。Caron(2000)和 Fiedler & Schwarz(2010)专门研究非洲语言的信息结构，特别是主题和焦点结构，对汉语相关结构的研究不无启发。Fardon & Furniss(1994)、Batibo(2005)和 Heine & Nurse (2000：Chapter 12)从社会、政治等角度研究非洲语言的兴衰存亡，对于我国当前语言政策的制定、方言的保护等多方面都有一定的借鉴意义。

非洲语言学的国际期刊有 SSCI 和 A&HCI 收录的 *Africana Linguistica*(比利时中非皇家博物馆出版)、*Journal of African Languages and Linguistics*(De Gruyter Mouton 出版)、*Language matters*(Routledge 出版)和 *Southern African Linguistics and Applied Language Studies*(南非国家咨询服务中心)等。此外，*Studies in African Linguistics* 是由 Childs 主编的一本免费的以数字化形式发表为主的期刊，也具有相当的影响力。当然，在其他语言学期刊上也能够经常见到研究非洲语言或引用非洲语言语料的文章。https：//www. ajol. info/index. php(African Journals Online (AJOL))网站提供了相当数量的非洲语言(语言学、文学、文化等)研究的期刊。Childs(2003：§6.1)提供了其他的电子资源。

非洲语言(学)的主要国际会议有：World Congress of African Linguistics (WOCAL)、Colloquium on African Languages and Linguistics (CALL)、Annual Conference on African Linguistics (ACAL)、Afro-Asiatic Congress 和 North American Conference on Afroasiatic Linguistics (NACAL)，主要是在欧美或非洲举行，也在亚洲国家举办过(第八届 WOCAL

---

① 但是也进行过语言描写工作，例如上文提及的 Williamson(1965)。

② 可结合参考 Ethnolgoue 网站及出版物所提供的非洲语言分类。前文所列举的非洲语言(学)入门书籍也都有非洲语言的分类介绍，但若要对非洲的语言(特别是非洲的"小语种")有更全面的认识和了解，Ethnologue 还是首选。

于 2015 年在日本召开），似乎尚未在我国举办过。

研究非洲语言的语言学协会主要有 Association of Contemporary African Linguistics、Linguistics Society of Southern Africa、Linguistics Association of Ghana、Council of the West African Linguistic Society 和 African Language Association Of Southern Africa，会员包括全世界各地的学者，但是我国学者却屈指可数。

1.4.2　国内研究

目前，国内关于非洲语言基本以语言教学为主，无论是语言描写还是理论性的本体研究都几乎为零，研究人员少，研究机构更少。我们在中国知网的检索只找到了梶茂树 & 徐微洁(2016)的一篇探讨非洲语言(及其社会状况)的专门性研究。此外有少量针对非洲学生学习汉语的二语习得研究和非裔/黑人英语的论文(文献略)。以教学为导向的非洲语言语法研究有张培智(1990)、程汝祥(1997)、陈中耀(2000)、徐向群(2006)等。可以说，我国和世界的差距是很大的。这主要是一些客观原因造成的。中非距离遥远，虽在历史上有过一定的交流，但大层面的深度交流也只是中华人民共和国成立之后才开始的，而且也以经济、政治为主。相比而言，欧美与非洲的交流在近一两百年内持续不断，涵盖面非常广，其中就包括科学研究。因此，非洲语言研究才得以融入以西方传统为主流的当代语言学界。虽然我国境内的语言学研究已经取得了一定的成就，语言描写和理论研究齐头并进，但不可否认，由于中非空间距离的原因，中国学者赴非洲难度较大，而欧洲学者则具有得天独厚的地理优势。美国虽然距离非洲也较远，但美国境内有大量非洲移民(及移民后裔)和暂住者，所以也能够为研究非洲语言提供方便，而我国境内虽然也有一定数量的非洲人士(如留学生、商人等)，但数量还是很有限。因此，语言资料的搜集整理相对困难，这也造成了我国学者对于非洲语言研究的困难。

2. 语言类型学

2.1　何为类型学

学术界普遍认为现代类型学[①]的奠基人是格林伯格(Greenberg)，其 1963 年的论文"Some Universals of Grammar with Particular Reference to the Order of Meaningful Elements"奠定了现代类型学的基础。半个多世纪以来，语言类型学已经有了长足的发展。

---

① 有关类型学历史的更详细的介绍，可参见 Ramat (2011)、Graffi (2011)、Velupillai (2012：§1.1)、刘丹青(2017：§2.1)等。

Croft(2003：1-2)从多方面对语言类型学进行了定义：

（10）a. classification of structural types across languages

b. study of patterns that occur systematically across languages

c. approach or theoretical framework to the study of language that contrasts with prior approaches, such as American structuralism and generative grammar

Whaley(1997：7、8、11)也提出了类似的定义：

（11）a. Typology involves cross-linguistic comparison

b. A typological approach involves classification of either (a) components of languages or (b) languages

c. Typology is concerned with classification based on formal features of language

Croft(14. a)和 Whaley(15. a、b)的观点认为，类型学是针对语言中结构类型的分类研究，或者更确切地说，是根据结构特征对语言进行非发生学的、与语言系属关系无关的分类。另参见 Velupillai（2012：§2.2）的论述。这是类型学最基本的目标，从施莱格尔（Schlegel）、洪堡特（Homboldt）到萨丕尔（Sapir）所逐渐建立完善的语言形态分类就是类型学将语言进行分类的一个最初的尝试。而现代类型学依然还在沿着这一思路开展研究。以类型学最大的语料库 The World Atlas of Language Structures（简称 WALS）（https：//wals. info/）为例，其最基本的做法就是围绕着一系列的语言特征，将所搜集到的语言进行分类，如特征 82A 主语和动词的相互位置为例，有以下 3 种语言类型，见表 1-3。

（12）

表 1-3 主语（S）和动词（V）的语序类型（摘自 WALS 查询工具）

	语序类型	语言数量
●	主+动	1193
●	动+主	194
●	双语序	110
	总计	1497

由上表统计的结果可以得知，在所涉及的 1497 种语言中，绝大部分都是 SV（即主语-

谓语语序)。但这种做法仅仅是从方法论角度而言，具有一定的价值，而并没有对分类进行解释。其实 Hengeveld(2006：46)更明确地将类型学定义为"发现语言共性的首要方法"("the primary method used in uncovering language universals")。进行类型学研究必然要采纳类型学的研究方法。陆丙甫、金立鑫(2015：§1.3)对此进行了较详细的论述。

(13) i. 根据某些引起研究者兴趣的语言现象、参照已有的研究文献确定研究目标(目的)、预计研究结果；

ii. 确定研究思路：从范畴出发，还是从形式出发；

iii. 搜集样本：根据研究目标和语言共性建立鉴别样本的标准、确定样本范围，跨语言搜集样本；

iv. 整理和描写样本，用语义图、数据矩阵或蕴含命题表达描写结果，该结果呈现人类语言存在某种共性或特殊性，对假设的共性进行验证或论证；

v. 寻求共性或特殊性(现象)的动因。

以上是类型学研究最一般的方法，可以称为"问题驱动"的研究方法，即先确定问题，再选定语言，最后提出模型进行解释。与此相比，还存在"语料驱动"的研究方法，即已有明确的所要研究的语言群，然后确定研究的结构，随后根据该结构对语言进行分类，最后提出模型进行解释，具体如下。

(14) i. 确定样本，按照区域或系属分类选定语言；

ii. 参照已有的研究文献确定研究目标(目的)、预计研究结果；

iii. 确定研究思路；

iv. 整理和描写样本，按照所研究的结构或特征对语言进行分类，找出其存在的共性或特殊性，对假设的共性进行验证或论证；

v. 寻求共性或特殊性(现象)的动因。

这一方法尤其适用于针对某一地区、某一语系或语族的语言初步类型学研究。例如在理论上，我们可以对非洲的所有语言进行类型学研究①，因此所研究的语言的范围是预先设定的。随后，我们在前人对非洲语言研究的基础上，挑选出非洲语言最具特色——既从

---

　① 当然，实际上这是绝对不可能的，因为还有很多非洲语言尚未进行过描写。这种外在的局限并不能妨碍我们尽量追求理论上的研究目标。

人类语言的共性而言，又从非洲语言的特性出发——的结构特征，如语音/音系系统中的声调系统、形态句法中的名词类别系统、语序、信息结构等，进行深入研究，将原本属于非洲不同语系的语言按照结构特点重新分类，例如可以按照声调分为有声调和无声调两大类，而前者更可以细分为若干亚类。随后参照世界语言的声调系统，对非洲语言的声调类型学进行解释。

由此可见，类型学研究可以采取"问题驱动"的研究方法和"语料驱动"的研究方法。当然，这两种研究方法并不是对立的，而是互补的。以问题驱动的研究必然要考虑到在搜集样本过程中所涉及的语言选定的问题，即 Comrie（1989：10-12）和 Velupillai（2012：§3.2.2）所强调的系属分类、分布区域、语言类型、文献局限、文化因素等所造成的偏颇（"genetic bias" "areal bias" "typological bias" "bibliographical bias" "cultural bias"）。这些问题，特别是系属分类和分布区域造成的偏颇，在"语料驱动"的研究中在根本上是无法避免的，但只要是研究语言的数量足够大（如非洲的上千种语言），则类型学的特性反而能够突破语言系属和区域的局限凸显出来，进而使得研究结果具有更特殊的意义和价值。除了这种扩大语言数量以避免以上问题的做法之外，还有一种可能性就是"穷尽式"的类型学研究，即

(15) i. 确定所要研究的结构,搜集具有该结构的所有语言;

　　 ii. 整理和描写样本,找出所研究的结构在所有这些语言中的特点;

　　 (iii. 比较该结构和类似结构的同异);

　　 v. 寻求动因,进行解释。

从根本上说，这种方法依然还是"问题驱动"的。但与一般意义上的"问题驱动"的类型学研究不同，"穷尽式"的类型学研究没有语料采样的问题，或者说，"穷尽式"的类型学研究的语料是事先就确定了的、给定的，无需再进行人为的筛选和圈定。很显然，这一研究方法并不适用于大部分"问题驱动"的类型学研究，因为无论是从人力、物力还是从语料的可及性而言，若要对上千种语言进行研究毫无疑问是不现实的，但"穷尽式"的类型学研究对于那些只存在于少数语言中的结构而言不仅是完全可能的，而且与一般的以采样为基础的类型学研究相比还具有更大的优势。由此可见，"穷尽式"的类型学研究的前提就是所涉及的语言数量要很少，理想化的情况下可能只有十几种或几十种，最多也需要控制在500 种以内①。诚然，虽然越来越多的语言被发现和被描写，的确有可能出现新的语料需

---

① WALS 中大部分类型学研究都是在 500 种语言左右，所以 500 种并不是不可能的。

要融入之前的"穷尽式"的类型学研究，但这并不是影响"穷尽式"类型学研究的方法论因素，而只可能影响之前的"穷尽式"类型学研究的结论以及解释动因。

除了可以将类型学视为一种研究方法，Croft(14. c)还将类型学定义为一种研究的理论框架，例如跟结构主义、形式主义相对。关于这一点，学者们的争议则较大。最常见的做法——似乎也是很多类型学研究者的默认观点，即类型学本质上是功能主义的，如 Croft (2003：2)所言：

(16)[T]ypology in this sense[i. e. linguistic structure should be explained primarily in terms of linguistic function]is often called the (functional-)typological approach, and will be called so here. More precisely, we may characterize this definition of typology as functional-typological explanation.

相类似的观点也见于 Comrie(1989)，即将类型学和生成语法对立起来。或许我们可以用类型学中常用的"蕴含共性"来表达这一观点：

(17)类型学 → 功能主义

而反之则不然(即 * 功能主义→类型学)，如 S. C. Dik(1997)提出的功能主义框架可以认为丝毫没有类型学方面的考虑①。

Boeckx et al. (2009：196)则从生成语法的角度阐释了类型学研究的非功能主义观点：

(18) In fact, generativists conceived of universals as basically properties of universal grammar (UG)… We cannot expect universals to be necessarily found on the surface of all languages…[T]he list of universals that we will reach as syntacticians and grammarians will be very refined and abstract…[and]the study of syntactic or linguistic universals has run through various stages in generative grammar…

另参见 Newmeyer(2005)，其中有诸多例子证明类型学完全可以从形式主义的角度进行研究。诚然，从生成语法的发展来看，类型学也并非命中注定一定会与生成语法交融 (Newmeyer，2005：28)：

---

① 但这并不意味着其研究完全没有采纳上文讨论过的类型学的研究方法。

(19) Questions of language typology did not occupy center stage in the first couple of
decades of work in generative syntax. The earliest work for the most part tended to be
in-depth studies of some particular construction or set of constructions in one
particular language, with the goal of motivating or providing additional support for
some abstract grammatical principle... Therefore in the early stages of the theory, the
most important task was seen to be to focus on the properties of English or French or
Hidatsa or some other particular language, and to leave typological studies for a later
date.

上文描述的这一阶段是生成语法发展过程中所谓的纵向发展。在此之后，生成语法迎
来了在广度上的扩展(Haegeman，1994：18-19)：

(20) When we look at the development of generative syntax in the last twenty-five years
one important tendency that can be isolated is a marked return to comparative
approaches... Comparative studies of language will play a crucial role towards
providing us with answers to these questions, i. e. what is a universal and what is
language-specific.

更公允的观点见于 Creissels(2006：§0. 2. 3)：

(21)……我也不认为一个类型学家一定是功能主义阵营里的人,所以一定要反对形式
主义。

……

我觉得,如果从字面意义上理解形式主义(即旨在提出尽可能精确明确和逻辑
上一致的描写),那么很难说有谁会是反对形式主义的。如果按照 Givón 的方式比
较形式主义和功能主义,则表面上水火难容的观点其实在我看来是互补的,我在这
些理论中只是看到不同的研究策略,每一种策略都以其独特的方式作出贡献,让我
们更好地理解究竟何为人类语言。

……

对于很多语言学家而言,自称是生成语法学派的人,就意味着承认乔姆斯基的
观点,即人类的认知能力包括一个特殊的模块,使得语言习得成为可能,同时也是

所有的语言共性的根本原因;而自称是功能学派的人,则意味着要否认普遍语法的存在,不承认其是基因库的一部分,反之把人类的语言行为解释为是认知功能适应的结果,比天赋论假设提出的认知功能的特异性要弱得多。

……

就我个人而言,我的观点如下(Sag & Wasow,1999 的表述已经相当清楚明确):一方面,基于目前对于语言所积累的知识;另一方面,根据人类认知的工作原理,语言学家能够为语言研究做出贡献的最好的方式莫过于发展对天赋论观点采取中立态度的理论。

陆丙甫、金立鑫(2015:6)也认为"语言类型学并不像形式语言学和功能语言学有着比较明确的语言观……语言之间的差别和共性,受制于不同的因素或条件。其中有语言系统本身的因素,也有语言系统之外的因素"。前者主要包括说话人的心理、生理机制,而后者所涉及的范围则更广。因此,简单地将类型学和功能主义配对,同时将类型学和形式主义对立是一种过于极端的做法,在很大程度上并无真正的科学依据。Velupillai(2012:16)也仅仅是将类型学定义为对语言类型、语言系统的类型进行研究和解释的学科,关注的是语言间的结构共性和不同。

我们同意 Creissels、Velupillai 和陆丙甫、金立鑫等学者的观点,认为类型学研究并不应局限于功能主义或形式主义。诚然,很多学者之所以认为类型学和形式主义(特别是生成语法)难以相容,或许在很大程度上是因为"类型学也不像形式学派采用演绎法或一套程序化的操作方法,它更多地倾向采用科学归纳法(注意,不是简单归纳法,科学归纳法需要在归纳所得到的结论性命题的前项和后项之间寻求出内在的必然相关性,只有得到该内在必然相关性,该归纳才得以成立)"(陆丙甫、金立鑫,2015:7)。这一做法最明显的体现或许莫过于前文屡次提及的"蕴含共性"。

综上所述,我们对于类型学的观点是比较中性的,并不认为类型学一定要依附形式主义或功能主义。类型学作为语言研究的方法和策略,有其自身的独特性,是其他研究方法和策略所无法比拟的。这才是类型学真正得以存在的依据和关键。

2.2　蕴含共性①

Greenberg(1963)是首个提出"蕴含共性"的研究,其基本的表达方式为:

---

① 关于类型学共性的详细论述,可参见 Comrie(1989:Chapter 1)、Croft(1990:Chapter 3)、Velupillai(2012:§2.3)、刘丹青(2017)等。

(22) 如果在某语言中有现象 P, 则有现象 Q。

　　蕴含共性不是可以从单个语言的结构中看出来的, 也不是多个语言对比就可以自然显现的, 而是需要通过科学的归纳法才能发现。蕴含共性有些是放之四海皆准而没有反例的, 而有些则是概率性的。随着对于蕴含共性的不断深入研究, 概率性蕴含共性似乎是主流的情况, 而很多绝对性蕴含共性被陆陆续续证明为存在反例, 即被证明为并非绝对性蕴含共性, 而是概率性蕴含共性。因此, 概率性蕴含共性对于类型学研究形成了挑战, 因为类型学需要解释为何在众多正面例子的情况下, 存在少量的例外。而这方面的工作开展得似乎并不顺利。

2.2.1 概率性蕴含共性中的例外

　　前文已述, 大部分蕴含共性都是概率性的, 即存在例外。这些例外给类型学家造成了相当大的困扰。如何处理这些例外无非有两种方法, 即解释和消除。解释在于说明这些例外的存在有自身的原因, 需要用特殊的机制(历时或共时的)加以解释。类型学家基本都是沿着这一思路处理概率性蕴含共性中的例外的。但其实还有另外一个思路, 即概率性的蕴含共性既然是概率性的, 那么跟科学中所有涉及概率统计的现象一样, 必然存在例外, 因此无需提出特殊的解释。换言之, 例外本身就是概率性蕴含概率的一部分。

　　当代科学——不论是自然科学还是人文科学——所研究的很多现象都是概率性的, 或者说, 都不是必然的、绝对的。那么如何从统计学角度对这些概率性的事件进行分析和预测便是一个不得不面对的问题。以 $\sqrt{n}$ 律为例, 薛定谔的《生命是什么》第一章 §10 对其进行了讨论:

(23) ……但是关于任何一个物理学定律都会有的不准确性, 我想补充一点非常重要的、定量的说明, 即所谓的 $\sqrt{n}$ 律。我先用一个简单例子来说明, 然后再进行概括。

……

如果我告诉你, 某一种气体在一定的压力和温度下具有一定的密度, 以及如果我换一种说法, 即在这些条件下, 在一定的体积内(体积大小适于实验需要)正好有 n 个气体分子, 那么你可以确信, 如果你能在某一瞬间检验我的说法, 你将会发现它是不准确的, 偏差将是 $\sqrt{n}$ 的量级。因此, 如果数目 n = 100, 你将发现偏差大约是 10, 于是相对误差 = 10%。可是, 如果 n = 1000000, 你多半会发现偏差大约是 1000, 相对误差 = 0.1%。粗略地说, 这个统计学定律是很普遍的。物理学和物理化学定律的不准确性在 $1\sqrt{n}$ 这一可能的相对误差之内, 此处的 n 是某些理论考虑或某些特定实验中, 在有重要关系的空间或时间(或两者)的范围内使该定律产生作用,参与合作的分子数目。

这一统计规律更技术性的表达见于朗道、栗弗席兹的《统计物理学 I》第 113 节:

(24)……粒子数的相对涨落等于粒子平均数平方根的倒数:

$$N = \sqrt{<(\Delta N)^2>} = 1/\sqrt{n}$$

(25)另:相对涨落

　　……我们来考察属于某个宏观物体或它的某一部分的任意一个物理量 f。该物理量随时间变化,在其平均值附近摆动。现在我们引进一个量,用它来量度这种变化的平均幅度……

换言之,物理学中对于粒子数的相对涨落允许存在一定的偏离,如果统计的粒子数为 100,则偏离的概率为 10%,如果粒子数上升到 1000000,则相对误差 = 0.1%。有鉴于自然界中粒子数的数量是非常巨大的,因此相对误差基本可以忽略不计。如果我们相信薛定谔的表述,则 $\sqrt{n}$ 律可以用于任何涉及大数量统计的现象。那么可否认为任何语言共性只要存在不多于 $1/\sqrt{n}$ 的例外就是“好”的语言共性呢?

我们假定人类语言总数在 3600 和 6400 之间(便于计算),根据 $\sqrt{n}$ 律,任何一条“好”的语言学规律/共性只能最多有 $1/\sqrt{3600}$ 或 $1/\sqrt{6400}$(不超过 1.25% 或 1.67%,即 60~80 种语言)的例外。以蕴含共性名词前关系从句→OV 语序为例,三个不同的研究找到了数量不一的例外,即

(26)Greenberg(1963):1/29(3.4% < 18.5%)

　　WALS:7/115(6% < 9%)

　　Wu(2011, 2012):8/186(4% < 7.3%)

虽然例外的数量在增加,但其实际的偏差值(即 3.4%、6%、4%)基本保持稳定,而且理论所允许的偏差值(18.5%、9%、7.3%)之间的差距在逐步缩小。因此,根据 $\sqrt{n}$ 律的一般性要求(即存在不多于 $1/\sqrt{n}$ 的偏差/例外),我们可以认为这是一条“好”的语言共性,但是为何语言学家都觉得这条共性(以及其他类似的很多共性和规律)还是不够好呢?

这是类型学家“好上加好”“精益求精”的心理在作祟吗? 或者说语言学家比自然科学家(如物理学家)和其他人文科学家更不能容忍例外吗? $\sqrt{n}$ 律的提出正是为了解决“物理学定律的不准确性”,特别是微观层面的物理量随时间变化,在其平均值附近摆动这一普

遍现象。因此，物理学家对于"不准确性""误差"已然习以为常了吗？抑或因为表面的"不准确性"其实不能掩盖大数据下的统计概率显示出来的趋势或规律？再以物理的粒子为例，克洛斯的《反物质》第2.2节有如下描述：

(27) 单个原子的行为可能看起来是随机的，但实际上它并不是这样。描述原子行为的法则称为"量子力学"，它可以预言出某个特定原子进行某种行为的概率。……我不能准确预言单个原子受碰撞时会发生什么情况，……当考虑到大量的原子时，牛顿确定性定律就会从潜在的量子准则里浮现出来。

相比起来，单个语言的变化可能看起来是随机的，但实际上并非如此。"描述语言变化的法则称为'语法化'，它可以预言出某个特定语言进行某种变化的概率。……不能准确预言单个语言进行变化时会发生什么情况，……当考虑到大量的语言时，语法化规律就会从潜在的语言演化里浮现出来。"这是 Hock(2001)提出的语言变化的类型，即可能的/自然的变化（possible/likely（"natural"））和不可能的/不自然的（impossible/unlikely（"unnatural"））变化。因此，语言的演化和粒子行为之间存在着一定的共性和差异，见表1-4、表1-5：

(28)　　　　　　　　　　**表1-4　单个语言演化和粒子行为的关系**

	单个语言的演化	单个粒子的行为
空间	与其他语言接触发生变化 → 不可预测(是否发生变化,哪方面发生变化,变化的程度)	与其他粒子接触发生行为的改变 → 不可预测(是否改变,发生何种改变,改变的程度)
时间	历时变化 → 不可预测(是否发生变化,哪方面发生变化,变化的程度)	随时间发生行为的改变 →不可预测(是否改变,发生何种改变,改变的程度)

(29)　　　　　　　　　　**表1-5　大量语言演化和粒子行为的关系**

	大量语言的演化	大量粒子的行为
空间	与其他语言接触发生变化 → 可预测(是否发生变化,哪方面发生变化)也不可预测(变化的程度)	与其他粒子接触发生行为的改变 → 可预测(是否改变,发生何种改变,改变的程度)
时间	历时变化 → 可预测(是否发生变化,哪方面发生变化)也不可预测(变化的程度)	随时间发生行为的改变 → 可预测(是否改变,发生何种改变,改变的程度)

由此，我们发现存在一个悖论，即语言学规律/共性符合统计规律，但是统计规律不适用于语言学规律/共性。我们认为，这种情况的存在原因是多方面的，例如：

原因一：语言数量太少，跟物理学的粒子相比简直是九牛一毛，根本达不到统计学大数据的下限。

原因二：语言演化太慢，以微观时间计几乎是静止的，而且目前掌握的历时资料太少；而粒子的运动和变化常态，只有在理论的绝对零度的情况下才会出现粒子停止运动和变化的情况，但这在自然界中是不可能的。

原因三：语言演化的方向性是单一的（即语法化的单向性（unidirectionality），尽管有例外（degrammation, deinflectionalization, debonding），但是同一种语言的演化基本不会走回头路），而粒子的行为变化并不是单向的，可以走回头路。

原因四：人的因素，即人可以参与、影响语言的变化，但粒子的运动和变化在整体上是独立于人而发生的。

我们还可以从另一方面将类型学和物理学进行对比。根据诺特定理，对物理系统呈现的每一种对称性，皆存在一个与之对应的守恒可观察量。

(30)……所有物理定律都被认为对空间和时间平移不变,必有四个量保持不变(对空间平移的每个独立维一个,加上对时间平移的一个)。([美]布鲁斯·舒姆著,潘士先译:《物质深处:粒子物理学的慑人之美》,清华大学出版社 2016 年版,第 128 页)

反之，语言之间的对比无法参照这种物理上的空间和时间平移不变。众所周知，语言演变是和时间与空间紧密联系在一起的，同一门语言在不同的地区就会产生不同的演变方式和路径，从而产生各种变体——如方言或新的语言；而且即使是同一个地区的语言，在不同的历史发展阶段也会产生不同的变化。由此可见，物理定律四个量保持不变的特性就语言学规律而言是不适用的。或者说，语言的演变随时而异、随地而异。

综上所述，语言学中的定律、规律和物理学以及其他自然科学中的定律、规则有着本质上的差异。这或许可以解释为何语言学规律/共性符合统计规律，但并不意味着相应的统计规律适用于语言学，更不意味着可以对语言学规律/共性进行提出解释。因而，对于语言学规律和统计规律之间的关系还需要更深入的探讨。

2.2.2　蕴含共性对于推理规则的挑战

蕴含共性除了对现代科学普遍采用的统计学提出挑战，也是某些推理规则的例外情况。我们这里所涉及的推理规则是 Armstrong 公理系统中的传递律（transitive law）。Armstrong 公理是一系列推理规则，可以从已知的一些函数依赖推导出另外一些函数依赖，分别为传递律、自反律和增广律。传递律可表述为：若 a→b 且 b→c 在 R 上成立，则 a→c 在 R 上成立，a、b、c 为关系项，R 为关系词，即

(31) 若 a → b，且 b → c（i.e. R = → ），则 a → c

或

(32) $((a \to b) \land (b \to c)) \to (a \to c)$

可通过真值表加以表征和验证，见表1-6。

(33)   表 1-6　真值表

a	b	c	a → b	b → c	a → c
0	0	0	1	1	1
0	0	1	1	1	1
0	1	0	1	0	1
0	1	1	1	1	1
1	0	0	0	1	0
1	0	1	0	1	1
1	1	0	1	0	0
1	1	1	1	1	1

Comrie(1989：§1.2.2)和 Croft(2003：第三章)讨论蕴含共性时都简单提及了蕴含共性之间存在传递关系(transitivity)的可能性，但都未加以严格的论证。而详细讨论并证明传递律在统计蕴含共性中是否成立是有必要的。我们的讨论不涉及无条件共性(unrestricted universals)/绝对共性(absolute universals)[1](即无例外、普世的共性(Whaley，1997：32；Croft，2003：52-53；Velupillai，2012：§2.3.2))，因为此类共性十分罕见，且其重要性对于类型学研究相对次要(Comrie，1989：19)。以 Dryer(2007)提出的蕴含共

---

① 另参见本书第 1 页脚注①。

性为基础，我们可以通过传递律得到更多蕴含共性：关系从句(relative clause)-名词→ 后置介词(postposition)、关系从句-名词→ 领属语(possessor)-中心语、关系从句-名词→ 副词性/状语(adverbial)从句连词在句末、关系从句-名词→ 比较词在形容词前、关系从句-名词→ 名词-复数标志，即

> (34) 若关系从句-名词→ OV,且 OV →后置介词,则关系从句-名词 →后置介词
>
> (35) 若关系从句-名词→ OV,且 OV →领属语-中心语,则关系从句-名词 →领属语-中心语
>
> (36) 若关系从句-名词→ OV,且 OV →副词性从句连词在句末,则关系从句-名词 →副词性从句连词在句末
>
> (37) 若关系从句-名词→ OV,且 OV →比较词在形容词前,则关系从句-名词 →比较词在形容词前
>
> (38) 若关系从句-名词→ OV,且 OV →名词-复数标志,则关系从句-名词 →名词-复数标志

例(34)～例(38)中作为前提的两个蕴含共性取自 Dryer(2007),而结论不见于任何文献,因此有待证实。我们采用了 WALS 软件的双特征组合功能对以上结论进行了核查,发现全部成立：在98个有[关系从句-名词]语序的语言中,94个有后置介词(95.92%)、4个有前置介词(preposition),故例(34)中关系从句-名词 →后置介词成立；在107个有[关系从句-名词]语序的语言中,106个为领属语-中心语(99.07%),1个为中心语-领属语,故例(35)中关系从句-名词 →领属语-中心语成立；在37个有[关系从句-名词]语序的语言中,32个的副词性从句连词在句末(86.49%),5个在句首,故例(36)中关系从句-名词 →副词性从句连词在句末成立；在55个有[关系从句-名词]语序的语言中,47个的比较词在形容词前(85.45%),8个在形容词后,故例(37)中关系从句-名词 →比较词在形容词前成立；在69个有[关系从句-名词]语序的语言中,67个的复数标志在名词后(97.10%),2个在名词前,故例(38)中关系从句-名词 →名词-复数标志成立。尽管如此,以上结论只能证明在关系从句-名词和 OV 的语言中,传递律成立。在例(34)～例(38)中,OV 为两个前提所共有(即例(31)～例(32)中的 b 变量)。选择 OV 而不是 VO 是基于该两种语序与其他语序的对应关系。VO 虽然与前置介词、形容词后比较词和句首的副词性连词之间存在蕴含关系,但无法得知前置介词、形容词后比较词和句首的副词性连词之间有何蕴含关系。此外,VO 与领属语和中心语没有蕴含关系：领属语-中心语和中心语-领属语几乎平均分配于 VO 语言中。因此,相比 OV,与 VO 相关的蕴含共性较少,且不稳定。

除了 OV 之外，我们还找到了其他支持传递律的情况。如 321 个有中心语-领属语的语言中，306 个为前置介词(95.33%)、15 个为后置介词，即

(39) 中心语-领属语→ 前置介词

而在 388 个有后置介词的语言中，373 个为领属语-中心语(96.13%)，15 个为中心语-领属语，即

(40) 后置介词→ 领属语-中心语

在 256 个有前置介词的语言中，254 个的连词在句首(99.22%)、2 个在句末，即

(41) 前置介词→ 句首连词

而在 82 个句末连词的语言中，80 个有后置介词(97.56%)、2 个有前置介词，即

(42) 句尾连词 → 后置介词

若例(39)中心语-领属语 → 前置介词，且例(41)前置介词→ 句首连词，则中心语-领属语 →句首连词。得证：216 个中心语-领属语的语言中，214 为句首连词(99.07%)。若例(42)句尾连词 → 后置介词，且例(40)后置介词→ 领属语-中心语，则句尾连词 → 领属语-中心语。得证：在 78 个句尾连词的语言中，76 个为领属语-中心语(97.44%)。

另一例，在 451 个名词-数词的语言中，418 个为名词-形容词(92.68%)，即

(43) 名词-数词 → 名词-形容词

而在 257 个形容词-名词的语言中，224 个为数词-名词(87.16%)，33 个为名词-数词，即

(44) 形容词-名词 → 数词-名词

在 377 个名词-形容词的语言中，352 个为名词-关系从句(93.37%)、25 个为关系从句-名词，即

（45）名词-形容词 → 名词-关系从句

若例（43）名词-数词 → 名词-形容词，且例（45）名词-形容词 → 名词-关系从句，则名词-数词 →名词-关系从句。得证：在 269 个名词-数词的语言中，233 个为名词-关系从句（86.32%）、36 个为关系从句-名词。

以上这些例子至少都证明传递律在语序蕴含共性的适用性。语序之外的蕴含共性较少，但我们发现声调的存在和元音、辅音数量之间存在一定的关系。其证明过程不同于以上诸例。在例（33）中，传递律在两种情况下不能成立，见表 1-7。

（46）
表 1-7　传递律不成立情况

a	b	c	a → b	b → c	a → c
1	0	0	0	1	0
1	1	0	1	0	0

在蕴含共性中，a 和 b 肯定都为真（即 a → b 成立），而如果 c 为假（即 b → c 和 a → c 都不成立），则例（47）中的情况也可以从反面证明传递律在蕴含共性中成立，见表 1-8。

（47）
表 1-8　传递律在蕴含共性中成立

a	b	c	a → b	b → c	a → c
1	1	0	1	0	0

例如，根据 WALS 的统计，在 101 个声调语言中，91 个的元音数量为多（90.10%）[1]，即

（48）声调 → 元音多

而在 81 个元音少的语言中，71 个无声调（87.65%），即

（49）元音少 → 无声调

---

[1]　关于元音数量多寡的确定，请参见 WALS 相关条目的解释。

反之，在元音数量和辅音数量之间不存在明显蕴含关系，即(表1-9)

(50)
表 1-9 元音和辅音数量

	元音少	元音多
辅音少	30	31
辅音多	33	45

根据例(47)，不论是例(48)或例(49)与例(50)交叉，都会得到声调和辅音数量无关的结论，且得证，见表1-10。

(51)
表 1-10 声调和辅音数量

	辅音多	辅音少
有声调	67	71
无声调	85	108

换言之：

(52)若有声调 → 元音多，且¬（元音多 → 辅音多），则¬（声调 → 辅音多）。

同样，例(50)和例(49)结合可得到，辅音数量与声调之间无蕴含共性（见例(51)），即

(53)若¬（辅音少→元音少），且元音少→无声调，则¬（辅音少→无声调）。

例(52)、例(53)从反面证明了传递律在蕴含共性中可成立。我们没有发现 a → b(a 与 b 相关)，且¬（b → c)(b 与 c 不相关)，但 a → c(a 与 c 相关)的情况，而且表1-7也证明该情况在逻辑上不成立。

综上所述，自然语言的实例证实了传递律在蕴含共性中成立，具体为三种情况：

(54)若 a → b，且 b → c，则 a → c。

(55)若 a → b，且¬（b → c)，则¬（a → c)。

（56）若￢（a → b），且 b → c，则￢（a → c）。

例（57）、例（58）不成立：

（57）＊若 a → b，且￢（b → c），则 a → c。
（58）＊若￢（a → b），且 b → c，则 a → c。

需注意的是，若 a 与 b 无蕴含关系，b 与 c 无蕴含关系，a 与 c 是否有蕴含关系则不确定。例如，在 465 个名词-数词的语言中，238 个为 VO，227 个为 VO，即￢（名词-数词→OV）。而在 200 个 OV 语言中，108 个为关系从句-名词、92 个为名词-关系从句，即￢（OV→关系从句-名词/名词-关系从句）。但是，在 269 个名词-数词的语言中，36 个为关系从句-名词，233 个为名词-关系从句（86.62%），即

（59）若￢（名词-数词→OV），且￢（OV → 关系从句-名词），则￢（名词-数词→关系从句-名词）
（60）若￢（名词-数词→OV），且￢（OV → 关系从句-名词），则名词-数词→名词-关系从句

可说明

（61）若￢（a → b），且￢（b → c），则 a ？c

例（61）的情况也无法从例（34）中得证。其结论的不确定性是由于前提涉及否定（￢），而蕴含共性本身只说明两结构之间存在蕴含关系，却从不涉及两结构之间不存在蕴含关系的情况①，故传递律不成立是完全正常的。

然而，上文的分析并没有特别强调所有涉及的语言共性都是概率性的，而传递律本身则不考虑概率，因此，对于传递律在类型学在蕴含共性中是否成立的讨论必须将概率纳入其中才具有实际（而不是"理论"）意义。换言之，例（31）中的 a→b 和 b→c 应该重新表述为：

---

① 其实两结构之间无蕴含关系是语言中普遍的情况，随处都可以发现，这种看似存在其实并不相关的伪"蕴含共性"不仅没有研究的价值，更因为其数量过多而毫无意义。

(62) a → m%b (0≤m≤100)

(63) b → n%c (0≤n≤100)

m 和 n 代表概率(或"量化"),这一变量的引入必然会导致需要重新证明传递律在蕴含共性中的有效性。虽然上文的蕴含共性的确有概率性,而且传递律被证明成立,但这并不意味着例(62)、例(63)中的 m 和 n 的取值不影响传递律的成立。上文的蕴含共性中传递律成立或许仅因为 m 和 n 的取值较大,换言之,我们可以假设,m 和 n 的取值越大,则传递律成立的可能性就越高;而如果低于某个下限阈值,则传递律不再成立。此阈值不可能先验地确定。上一节中的蕴含共性出现的概率都高于85%(即 a → 85%b,b → 85%c),最低者为例(37)中的85.45%(即在55个关系从句-名词语序的语言中,47个的比较词在形容词前)。阈值低于85%的情况不明。我们认为可以通过以下公式计算传递律在统计蕴含共性中是否成立:

(64) 若 a → m%b,且 b → n%c,则 a → (m% × n%) c (0≤m≤100, 0≤n≤100)

假设某语料库有1000种语言(即 a=1000),都有结构 C_a,且 m = 75,则只有750种语言有结构 C_b,即

(65) a → 75%b(即在1000种有 C_a 的语言中,750种有 C_b)

同理,若 n = 74,则有

(66) b → 74%c(即在750种有 C_b 的语言中,555种有 C_c)

换言之,在1000种有 C_a 的语言中,只有555种有 C_c,即

(67) a → 55.5% c(即 55.5% = 75% × 74%)

由此可见,m 和 n 的下限阈值应该接近70,即70% × 70% = 49%;如果两者之一高于80,另一个可以接近60,即80% × 60% = 48%。

以上论证需要一个重要的前提条件,即参与统计的语言的语言库必须是封闭的(即不

能有新的语言在随后的计算中被加入），而且是完全的（即所有这些语言都必须参与所有的计算）。这仅仅是理想化的情况。可以设想，在一个有 1000 种语言的语料库中，900 种语言有结构 C_a（如 $L_{101\text{-}1100}$），而 810 种语言有结构 C_b（如 $L_{1\text{-}810}$），这样便无法保证是这 900 种有 C_a 的语言中的 810 种有 C_b（即 $L_{101\text{-}1100}$ 和 $L_{1\text{-}810}$ 的交集包含小于 810 种语言）。在此类情况下，还需在例（64）的公式中加入一个权数 W_i，用以衡量在 a、b、c 中都出现的语言的比例。在实际操作中（如上文的实例），该权数基本可忽略不计。大部分类型学研究的语料库都是封闭的，而且参与统计的语言都是完全的。例如 Greenberg（1963）虽然只有 30 种语言，但是其统计结果都是在这 30 种语言基础上进行的，因此无需权数 W_i。尽管该研究语言数量很少，但是丝毫不会影响传递律的成立。诚然，类型学语料库的建立自有其规范性（Comrie，1989：10-12），理想的情况下可以包括所有的人类语言，因此例（64）的公式足矣。

上文的分析仅仅涉及了只有两个前提（即，若 a → b，且 b → c）的情况下传递律的成立。理论上，传递律可以有 n 个前提（n≥2）。若这些前提都无概率关系，则传递律永远成立。而概率的存在会对传递律造成很大的影响，前提越多，对于概率下限阈值的要求就越高。在一般只有两个蕴含共性为前提的情况下，阈值要高于 70%，即 $70\%^2 = 49\%$；以此类推，在有三个蕴含共性为前提时，阈值需上升至 80%，即 $80\%^3 = 51.2\%$；而若涉及四个蕴含共性为前提，则至少为 85%。其实，在实际操作中，很少会涉及多于两个蕴含共性作为前提的情况。

在理论上，蕴含共性本身成立与否跟所涉及语言的数量有一定的关系。Greenberg（1963）中的某些蕴含共性就为之后的研究证明并不成立，如共性 17（在绝大多数情况下，VSO 语言的形容词在名词后）经 Dryer（2007）证实，并不准确，因为名词-形容词的语序在 OV 和 VO 语言中总是多于形容词-名词的语序。然而，语料库本身所包含的语言的数量与传递律是否成立没有必然联系，而仅仅与语料库本身是否封闭和周全有关。尽管 Greenberg（1963）只有屈指可数的 30 种语言，但是传递律的效力丝毫没有被削弱，例如关系从句-名词 → OV 的蕴含共性其实并未明确见于 Greenberg（1963），但可以通过其共性 3、4、24 利用传递律推导而来。[①] 而正是由于这三个蕴含共性的概率很高[②]，因此没有影响传递律的效果。尽管如此，当今类型学的语料库的建立趋势是包含越来越多的语言，这无疑对于传递律的使用是有利的。

---

① 关系从句-名词 → OV 最早明确见于 Vennemann（1972）、Lehmann（1973）和 Mallinson & Blake（1981），亦参见 Dryer（1991、2013g）。

② Greenberg 的原文是"with overwhelmingly more/greater than chance frequency" "always"。

最后需要注意的一点是，传递律本身的成立与否跟蕴含共性的合理性无关，后者是一个十分复杂的问题（吴建明、金立鑫，2017）。一般而言，属于同一个层面（语音/音系、词汇、语法等）的蕴含共性比跨界的共性更有可能成立，但是这并不意味着"伪蕴含共性"一定不遵守传递律（Baker，2009：294）。例如，根据 WALS 的统计，134 个声调语中有122 个为 SV（91.04%），即

(68) 声调→SV

另，在 173 个 SV 的语言中，147 个能产性地使用重叠形式（84.97%），即

(69) SV→重叠结构

通过传递律可得到：

(70) 若例(66)声调→SV，且例(69)SV→重叠结构，则声调→重叠结构

得证：在 36 个声调语中，35 个能产性地使用重叠结构（97.22%）。以上推理在逻辑上虽然可以成立，且具有事实基础，但例(68)～例(70)对于语言学研究毫无价值，因此三者缺乏合理的根据，无法进行解释，诸如此类的蕴含共性和传递律的应用不仅不能对语言的共性研究有所贡献，更有可能是误导性的。此外，我们还会发现，例(70)中作为结论的蕴含共性（声调→重叠结构）的概率（97.22%）竟然高于前提中两个蕴含共性的概率（分别为91.04%和84.97%），这与前文的论述相违背（参见例(69)的公式），是不可能的。由此亦可见例(70)的不合理性。

通过传递律的例子，我们有理由对一般性推理规则在类型学（以及总体而言的语言学）中的作用持谨慎的保留态度。这在很大程度上是由于语言学的特殊性，即其与真正意义上的自然科学和真正意义上的人文科学之间的"暧昧"关系（景代洪，1987；潘文国，2006；张瑾，2006；李玉才、戴卫平，2008）。对于数学、物理这些真正意义上的自然科学，推理规则的使用是毫无保留的，而在真正意义上的人文科学中，推理规则的使用①则是有限

---

① 推理规则的使用和推理这一研究方法本身的使用是不同的，任何科学都需要推理（演绎、归纳、类比）的方法，但是具体的推理规则需要在某个特定的体系内进行操作，如传递律是 Armstrong 公理系统的一部分。

的。语言学介于两者之间，而且根据理论框架和研究内容的不同，推理规则的适用性也会有较大的差别。偏于形式的流派（如生成语法（李玉才、戴卫平，2008））应该更适合推理规则作用的发挥，Kayne（1994）的研究中就多次涉及了传递律的使用。而推理规则在不同理论框架、针对不同研究内容的可适用度问题将是我们今后的研究重点。

2.3　跨语言比较的对象：语法范畴和语法结构

跨语言比较的对象无非是范畴和结构，两者虽然在不同的层面有不同的表现形式和操作手段，但基本都是大同小异。例如在语音/音系层面，范畴之间的比较可以涉及声调，而结构的比较可以涉及音节结构，等等。而范畴和结构的比较在形态句法层面更为常见，几乎不可避免——这在我们下文对非洲语言的形态和句法研究的章节中会有具体的体现，特别是针对语法范畴（grammatical category）的比较（例如性、数、格、时态、体貌，等等），当然也会有语法结构的比较（例如疑问句、关系从句结构，等等）。因此，我们有必要在此对语法范畴和语法结构的跨语言比较进行一些说明和讨论。

2.3.1　语法范畴和跨语言比较

语言中存在语法范畴基本已经成为学界共识，而且对于这个概念的定义也基本大同小异，例如根据梅德明主编的《语言学与应用语言学百科全书》中"语法范畴"的定义（第 594 页），是"指某一特定语言中履行相同或类似功能的一类或一组语言项目的归类"。而且还强调"语言的表达形式是确定其语法范畴的重要根据，一种语言如果某种语法意义只用词汇手段来表示，那么其相应的语法范畴就不存在"。同样，根据 2011 年语言学名词审定委员会公布的《语言学名词》中"语法范畴"的定义（第 59 页，词条 04.109），语法范畴是"指由词的变化形式表示的语法意义类型"。Crystal 编辑的 *A Dictionary of Linguistics and Phonetics*（第五版）中认为语法范畴是"the defining properties of these general［classificatory］units"。Matthews 主编的 *Oxford Concise Dictionary of Linguistics*（第二版）（第 164 页）将语法范畴定义为"a category of elements with grammatical meaning"。从以上几个定义可以看出，语法范畴的定义和具体语法范畴的确定需要参考至少两个标准，即形式的（形态、句法）和非形式的（语义、语用）。这也是 Brown & Miller 主编的 *Concise Encyclopedia of Grammatical Categories* 中的"Introduction"中的基本观点，而且还认为具体的语法范畴的数量和性质取决于这些标准的应用（"The number and nature of the categories that are identified depends on the criteria used for their classification—morphological, syntactic, semantic and pragmatic or some combination of these"）。而这正是语法范畴在跨语言比较中引发的争议的来源（之一）。

　　语法范畴在跨语言比较中的重要性不言而喻，但也存在相当大的争议，至少涉及两点。其一，语法范畴的确定是否需要形式证据。罗仁地（Randy LaPolla）教授曾在 2017 年 7 月上海外国语大学召开的第三届语言类型学国际学术研讨会进行了题为 "The debate on comparative categories（concepts）in Typology and possible reasons for the different positions" 的主旨报告，追述了若干位类型学家在 2016—2017 年就类型学跨语言比较中范畴或概念的性质、地位和可操作性等问题进行的激烈争论，以及随后发表在 *Linguistic Typology* 第 20 期第 2 号专刊上的论文。关于该论战的过程和各方观点，罗仁地教授在其报告中已有详述，不赘。诚如罗仁地在其报告最后的总结，争论双方的焦点问题之一就是在跨语言比较中是否一定需要考虑所分析的范畴的形态句法的具体形式。如果忽略在特定语言中某个结构或范畴的形态句法表现形式，则可以提出比较抽象的、跨语言比较的范畴或概念，这是 Martin Haspelmath 和 Matthew Dryer 的观点；而罗仁地则认为，必须要考虑形态句法的表现形式，否则范畴或概念便无从谈起。Martin Haspelmath 和 Matthew Dryer 认为，无需一定要考虑相关范畴或概念具体的形态句法表现形式。如此一来，跨语言范畴或概念只能以意义为基础，否则跨语言范畴或概念便失去了一切存在的根基和判断的标准。而罗仁地之所以强调必须要考虑到形态句法的实现形式，也正是由于对只以意义为基础的跨语言范畴或概念的不信任。其实进行语言研究意义和形式都不能忽视，但孰轻孰重、孰先孰后则见仁见智。诚然，最为妥善的做法是两者兼顾，但在不同的层面有不同的侧重点。具体而言，类型学研究所涉及的跨语言比较范畴或概念需要合适的定义，特别是要求范畴或概念的定义具有可操作性。而大部分范畴或概念则尚需完善，但完善的具体方向由于研究者的观点不同则难免存在争议，这也是跨语言比较范畴的争论的缘起之一。双方的分歧如果从更广、更高的角度来看其实还是语言共性和特性之争。类型学研究之所以可行便是由于人类语言的共性，但随着越来越多的语言得以描写、越来越深入的分析得以展开，语言间的差异日益明显。所以如何在语言差异性的基础上进行类型学研究是类型学家们必须面对的问题。① 语言的差异无非是形式层面（形态、句法）和非形式层面，后者主要涉及意义。如果认为从更广的角度——例如认知层面——去理解"意义"而不是局限在语言层面，那么我们或许更倾向认为人类在认知层面的"意义"的共性远远大于特性，或者说"认知范畴"（而

---

　　① 其实这一问题也表现在其他理论框架中，例如生成语法从管约论到最简方案的转向其实在一定程度上也是描写充分性（descriptive adequacy）和解释充分性（explanatory adequacy）之间的张力造成的（Chomsky，2000、2004）：描写充分性强调个别语言的特性，因此会导致纷繁复杂的规则系统；而解释充分性强调人类语言的共性，要求语言结构除了个别的、边缘性的差异必须是统一的，因此两者在某种意义上是不可调和的。

不是"语法范畴")是人类认知活动的共同之处①，而且语言中的"语义范畴"应该是以"认知范畴"为基础的。这也可以解释为何 Martin Haspelmath、Matthew Dryer 一方和罗仁地一方争论的焦点是语法范畴的确定是否需要考虑形态句法的表现形式，而不是是否需要参考"语义范畴"或"认知范畴"。尽管后两者是必不可少的，但这也绝不意味着绝对不需要其他的标准——例如形式标准。而由于形式标准本身的"次要性"——当然是相对"语义范畴"或"认知范畴"而言的相对的"次要性"，不同的学者就产生了不同的观点。我们倾向于坚持罗仁地的观点，即必须要考虑形态句法的表现形式。我们将在下文的讨论中逐步给出具体的原因。

　　语法范畴在跨语言比较中的第二个争议点其实也和意义紧密相关。如前所述，判断一个语法范畴是否存在肯定需要参考语法意义，但语法意义的确定也离不开语法范畴的确定。一个认知范畴可能和语法范畴所表达的意义一样，但只有在语法范畴内才能谈论语法意义，而脱离了语法范畴的意义只可能是认知范畴。两者其实是"鸡生蛋，蛋生鸡"的关系。这种循环论证的局面似乎无法摆脱。我们认为如果采用现象学的悬置和还原的方法其实是可以跳出这一困境的。所谓"悬置"，就是"加括号"，要终止对于存在物的一般设定，是实现还原的手段；或者说，"'悬置'就像一道围墙把我们暂时不该关心的领域，把我们已经熟悉的领域圈在里面，让我们不去过问"（汪堂家，1993：9-10）。而对于科学现象进行悬置（例如"语法范畴"）就是要"不介入任何客观科学的认识，不对任何客观知识的真假表态"（汪堂家，1993：10）。我们将"语法范畴"和"语法意义"悬置起来就是暂且不对其真假表态。而还原则"有追根溯源之意，其主旨就是要找到我们的知识和信念的最终基础……大致分为三步：心理学的还原……先验的还原……本质还原"（汪堂家，1993：11-12），逐步将注意力从外在事物转向我们的意识本身，排除经验因素，最终实现从特殊性向本质的过程。我们对于"语法范畴"和"语法意义"的还原暂且停留在心理学的还原阶段，即看一下这两个外在事物到底是如何在语言学家的意识中产生的。语言学家在对一门未知的语言进行描写和分析的时候无非有两种心理状态：要么根据之前对于人类语言的了解，对可能存在于这门语言中的语法意义和语法范畴有所期待——我们可以称之为"预判型"路径；要么与此相反，对这门语言中可能存在的语法意义和语法范畴不进行任何预判，甚至可以有些"极端"地认为这种语言中没有语法意义而只有词汇意义，因此也没有语法范畴，而只存在认知范畴——我们可以称其为"佛系"路径。这两种观点各有利弊，持第一种观点的"预判型"语言学家或许可以较快地展开分析（例如很快找出表达性、数、体貌等语法意义的语法范畴），但由于其总是在这种新的语言中迫切寻找存在于其他语言中的语法意义

---

① 甚至可以说，某些认知范畴是所有动物——包括人类——认知活动的基础和共性。

和语法范畴，因此有可能会"强人所难"地提出本来不存在于该语言中的某些语法意义和语法范畴，特别是如果这些语法意义和语法范畴普遍存在于人类语言中的情况下，这种愿望可能会更强烈——因此他们需要注意的问题是"过犹不及"。而持第二种观点的语言学家（即对新语言的语法意义和语法范畴不抱任何希望的"佛系"语言学家们）则很可能在描写和分析的初期进展很慢，但应该不会犯"强人所难"的毛病，而只可能漏掉本来存在于这种语言中的语法意义和语法范畴。实际上，大部分语言学家应该都是处于"预判型"和"佛系型"之间，即对某些语法范畴有所期待（如动词的"体貌"），而对于其他的语法范畴期待较小（如动词的"示惊性"（mirative））①，因为专业的语言学家在一定程度上清楚"先入之见"对于语言描写和分析的害处。为了"安全起见"，语言学家都需要尽可能客观地对待语料，因此更接近于"佛系型"路径。我们也暂且采取佛系语言学家的思路，而且采取比较极端的"佛系型"路径，即认为这种语言中没有语法意义，因此也没有语法范畴，即所有的意义都是认知层面的"意义"，因此只存在认知范畴。假定语言学家 G 已经彻底描写并分析了语言 L 的语音/音系系统，并记录了一定数量的单词②（即掌握了一定数量的能指和所指的对应关系），同时可以将某些词组合在一起构成更大的单位——如短语，句子等。例如，G 将意义为"一"的词和意义为"人"的词③组合构成等于汉语中表达"一个人"意义的短语，而且也经过语言 L 的母语者判断无误；随后，又将意义为"二"的词和意义为"人"的词组合构成了等于汉语中表达"两个人"意义的短语，交给语言 L 的母语者进行判断，结果发现，在该复合结构中，不仅仅有数词的变化，而且"人"这个词本身也发生了变化（例如加入了词缀，或声调变化，或形式完全不同，等等）。那么最合理的假设就是，在语言层面，数词的变化与"人"这个词的形式变化是相关的；而在认知层面，则体现了数量这个认知范畴的变化情况（即"1"和"大于1"）。随后，G 再将其他的数词与意义为"人"的词进行组合逐一测试，可能得到的最极端的结果就是每一个数词与意义为"人"的词组合时意义为"人"的这个词的形式都不同，这至少进一步说明了在语言层面，数词的变化与"人"这个词的形式变化是相关的，而在认知层面，则体现了数量这个认知范畴。之后，G 使用其他名词重复以上步骤，依然还可以假设最极端的情况是每一个名词和每一个数词结合时形式都不同（即假设一共有 10 个名词、10 个数词，因此名词的形式一共有 100 个）。这至少依然可以证明"数量"这个认知范畴在语言层面是有所表现的。但以上局面不能确定"数量"

---

① 当然，这也要取决于该语言的系属分类和所在的地区。我们姑且假设这是一种无系属归类的、位于一个孤岛之上的语言。

② 因此我们也必须假定在这种语言中的确存在"词"这个范畴，或许最简单的办法就是让这种语言的母语者指着身边的事物说出其名称——由此得到的语言形式至少是可以独立出现的形式，在很大程度上有可能是"词"。

③ 出于简单性的考虑，我们姑且假设这是两个词（即可以单独使用）。下文同。

这个认知范畴在该语言中是"语法范畴",因为完全有可能这些意义都(或多或少)是"人"的词其实是不同的词,需要根据具体的数量而使用,即语言 L 中没有真正意义上对应于汉语中的"人"的词,而只有"(一个)人""(两个)人"……"(n 个)人"这些词,因此这些词都是不同的词,那么"数量"这个认知范畴其实是通过不同的词表达的;换言之,在语言 L 中,意义为"(一个)人"的词和意义为"(两个)人"的词之间的对立是词汇层面的,类似于"男"和"女"这两个词之间的对立——虽然可以认为都有共同的义素"人",但归根到底还是不同的词。因此,G 得到结论认为"数"这个语法范畴不存在于语言 L 中,但也不否认"数量"这个认知范畴是存在的。当然,还可以有其他情况,例如类似于汉语,"数词+名词"的组合中只有数词发生变化,而名词永远都是一种形式,那么这也是采用词汇手段表达"数量"这个认知范畴的情况之一。不同之处在于,在汉语中,"数词+名词"的组合中的数量表达只涉数词,而在语言 L 中所涉及的是数词和名词。还存在另一种可能性,即在意义为"(一个)人"和"(n(n>1)个)人"的这两个复合结构中,除了数词的变化,"人"这个词的基本形式不变,只是在"(n(n>1)个)人"的结构中比原来的发音①多了一个元音 V,且元音 V 总是加在"人"这个词之后,而且也总是加在其他所有"n(n>1)+名词"结构中的名词之后。对于此种情况,最合理的假设就是,元音 V 的出现与使用不同的数词(即"一"和其他数词)有关,反映了认知层面"数量"这个范畴。换言之,在语言层面,"数量"这个认知范畴表现在数词的不同(词汇层面)和名词后是否有元音 V。G 进一步发现并确认,元音 V 不能出现在任何其他词类的词之后(或者即使出现在其他词类的词之后也与"数量"这个认知范畴无关),而且元音 V 不能脱离名词单独出现而表达"数量"这个认知范畴。综合以上证据,G 可以断定元音 V 在语言 L 中不是表达"数量"这个认知范畴的词汇手段。这个非词汇手段应该是大于"一"的数词和名词组合之后的产物,而且表达了"数量"这个认知范畴,即一方面有固定的形式 F(即元音 V),另一方面形式 F 对应于且只对应于一个认知范畴(即"数量"),那么 G 就可以认为"数量"这个认知范畴在语言 L 中有了非词汇的表现形式,即语法②的表现形式③。换言之,"数量"这个认知范畴在语言 L 中是"语法化"④了的,即"数量"这个认知范畴进入了语言 L 的语法,而不仅仅只表现在词汇层面。因此,在语言 L 中,"数量"这个认知范畴可以被认定为一个"语法范畴"(即名词的"数"),其意义(大

---

①　姑且假设这门语言没有文字。

②　我们在此姑且不考虑到底是形态还是句法。

③　当然,既然这个语法表现形式是一个元音,那么"数量"这个认知范畴在语言 L 中也有语音表现形式。但是,既然语言注定有语音这种形式手段,那么所有的认知范畴只要在语言中有所体现,就都必然具有语音形式。因此,认为非词汇的表现手段是语音的而不是语法的其实只是"废话"。

④　我们此处的"语法化"和一般意义上的 grammaticalization 其实不同,仅仅指"具有语法形式",而不涉及该形式的来源和途径。

致)对应于"数量"这个认知范畴,形式是加在名词之后的元音 V。此时,"数"这个"语法范畴"也必然有了相应的"语法意义",(大致)对应于"数量"这个认知范畴。

综上所述,我们通过现象学悬置和心理学还原的方法,考察了"语法范畴"和"语法意义"这两个外在事物究竟是如何在语言学家的意识中产生的。我们发现,两者在发生学层面的确是同时出现、彼此依赖的,但并非是循环论证/定义的关系。发生学层面的同时出现、彼此依赖着重的是过程的考察,是动态的,而循环论证/定义则更关注静态的结果。换言之,如果先验地认定"语法范畴"和"语法意义"必然是客观存在的,然后再对其进行定义,那么永远都无法逃出循环论证/定义的困局。但是如果从发生学角度对这两个概念/实体进行现象学的悬置和心理学还原,考察其从无到有的过程,就很容易跳出循环论证/定义的怪圈。打个比方,自行车不能没有车轮(或者说没有车轮的自行车不是真正意义上的自行车),而车轮只有在自行车上才是真正意义的车轮(即才能发挥车轮的作用),因此自行车和车轮似乎也是循环定义的关系。但如果从自行车的制造过程来看,我们就会发现,只有当自行车安装上了车轮①之后才能是自行车,而且只有当车轮被安装到自行车上的时候才是真正意义上的车轮。两者在发生学层面的确是同时出现、彼此依赖的,但并非是循环定义的关系。这跟"语法范畴"和"语法意义"这两个概念之间的关系是类似的。诚然,以上分析过于简单,但这个思想实验(thought experiment)基本符合语言学家的分析思路,完全可以扩展到更复杂的情况,基本的结论不会发生根本的改变。而且上述语言 L 中的"数"范畴的语法形式和英语最常见的复数标志-s 也基本大同小异。此外,以上的假设性分析还可以解决金立鑫(1993a、1993b)所提及的语法意义和语法形式循环定义的困境。金立鑫(1993a、1993b)认为语法意义是一种关系意义,是语法单位实体和语法单位实体在组合的过程中必然会产生的、且原来的单个语法单位实体所没有的、表达语法单位实体之间某种依存关系的意义②;而语法形式则是语言的形式操作所反映出的表现形式。因此,作者认为语法形式不等同于语法意义的表现形式,因为后者可以表现为语法形式、词汇形

---

① 我们假设自行车的制造过程的最后一步是安装车轮。

② 但是,在随后的论证中,作者似乎混淆了"语法意义"和我们前文所谓的认知层面的"意义"。例如作者例举了英语中 and、but、or、both、when、why 等词,认为其属于词汇范畴,但功能不是指示某种实体意义,而是将语法单位组织起来并且表示这些语法单位之间的组织类型(即某种特定的关系类型)(金立鑫,1993b:48)。但是,根据上文对于"语法意义"的定义,语法意义固然是关系意义,但不应该是语法单位本身所具有的,而是在组合的过程中才产生的。如果认为 and、but、or、both、when、why 等词本身就表达了某种关系类型,那么就是认为在没有发生组合的时候这些词就已经具有了关系意义。这意味着关系意义可以是语法意义,也可以是词汇意义。因此,我们觉得作者在此其实将语法意义和认知层面的意义(或者说逻辑意义)混淆了。and、but、or、both、when、why 等词固然表达了关系意义,但这些关系意义是逻辑层面的,并没有进入语法,成为语法范畴,因此也没有必要谈论这些词的语法意义。这些词只有词汇意义——不论是指示某种实体意义还是更为抽象的关系意义。而且我们认为也不能先验地认定词汇意义一定要指示某种实体意义。

式、语音形式。换言之，语言的表现手段包括词汇手段、语音手段(轻重音、语调、声调等超音段音位)和语法手段(语序、词缀等音段音位变化)，而只有语法手段才是严格意义上的语法形式，但三者都可以是语法意义的表现形式(即语言的表现手段)。我们发现，词汇手段、语音手段和语法手段三分对立的分类法在非洲语言的某些语言现象面前会出现问题，因为很多非洲语言中的声调具有语法功能，可以表达格、数、定指性(definiteness)、时态、体貌等语法范畴，而这些的确是通过语法单位实体(例如"词")的组合才能得以表现。例如在 Laari 语中，声调①可以用来表达名词的语法关系(Blanchon，1998：21)，见表1-11。

(71)　　　　　　　　　　表 1-11　声调表达名词的语法关系

名词	引用形式	主语	其他成分
蚊子	lùbú	lùbù	lùbú
老人们	bìnùnú	bìnùnù	bìnùnú
天空	màzúlù	màzúlù	màzúlù
黑暗	bùlǒːmbì	bùlòːmbì	bùlǒːmbì

在 Kisi 语中，声调表达时态-体貌(Childs，1995：220)：

(72) ò cìmbù

　　3. 单数②离开．现在时．习惯体

　　"他经常离开"

(73) ò cìmbú

　　3. 单数离开．过去时．完成体

　　"他离开了"

由此可见，我们不能先验地认为超音段音位必然是而且只能是语音手段。除此之外，我们

---

　　①　下例中声调的标注方式是非洲语言学界统一采纳的国际音标的平调声调的标记系统，即 ′(类似于汉语拼音中二声声调的标志)为高调 H、ˉ(类似于汉语拼音中一声声调的标志)为中调 M、ˋ(类似于汉语拼音中四声声调的标志)为低调 L，如 á、ā、à。曲拱型声调则通过以上三个标志的结合，即升调为ˇ(类似于汉语拼音中三声声调的标志)、降调为 ^，如 ǎ、â。关于该系统的细节和非洲语言声调系统的讨论，详见第 2 章相关章节。

　　②　关于该例和本章下文中出现的例子的呈现方式以及注释和翻译，详见本章最后一节。

基本同意金立鑫(1993a、1993b)所提出的语法意义的定义。或许大致可以认为，语法意义＝语言中的全部意义－词汇意义①，而且语法意义都是具有认知基础的②，可以对应于"认知范畴"。根据我们上文对"语法范畴"和"语法意义"的还原以及发生学的考察，我们可以发现，"语法范畴"和"语法意义"是同时出现、彼此依赖的，而且"语法范畴""语法意义"和"语法形式"三者也是同时出现、彼此依赖的。同样，"语法范畴"和"语法意义"并不注定是循环论证/定义的，而且"语法范畴""语法意义"和"语法形式"三者也不是循环论证/定义的。只有先验地认为"语法范畴""语法意义"和"语法形式"是客观存在，才会导致循环论证/定义的问题。由此，我们也为"语法范畴的确定是否需要形式证据"这个争议点提出了我们的观点和解释，即语法范畴的确定必须要考虑形态句法的表现形式，这是语法范畴发生的必然。

2.3.2 语法结构和跨语言比较

语法结构在跨语言比较中的争议似乎较小，至少与跨语言比较中语法范畴的争议点不尽相同。我们认为，跨语言比较中涉及的语法结构方面的争议主要是某种语法结构是否存在于某个语言中——例如在非洲语言中双系式③(详见第4章第3节)是一个非常常见的结构，虽然有研究将其用于分析汉语的某些结构，但并未系统性地证明这些结构的确就是所谓的双系式，而我们则会从语法层面通过这些结构的具体特征证明双系式结构的确存在于汉语中(普通话和古汉语皆有)。这一分析的合理性固然取决于对于具体语料的分析，但在根本上则涉及了语法结构的跨语言比较的可能性和合理性。在逻辑上，对于任何事物、概念、范畴、结构的定义无非是从外延或内涵进行的。类型学跨语言比较的概念、范畴、结构显然无法从外延进行定义，而只能从内涵入手。一般来说，内涵反映了事物本质属性的总和。因此，就语言类型学研究而言，最理想、最完美的定义是"当且仅当有如下属性 P 才是结构 C"，换言之，只要有如下属性 P 就是结构 C，而且只有结构 C 才有如下属性 P。就目前而言，能够达到这一定义的结构或概念即使存在也是很少的。因此，我们暂且不得不假设可以放松一下对于类型学跨语言比较结构的充要条件定义的要求。具体做法如下：作为必要条件的定义("只有结构 C 才有如下属性 P")可用于跨语言比较，其所涉及的属

---

① 词汇意义暂且认为是一种语言中词典上所能找到的词的意义。

② 其实所有的意义——包括词汇意义——都是具有认知基础的。

③ 双系式是动词论元结构变化机制之一，一般是将宾语(直接宾语或间接宾语)这个句法角色指派给一个本来不能做宾语的名词项——如果动词不是双系式形式，则该名词项不能做宾语，更不可能是主语，而只有可能是旁语。在语义角色(semantic role)上，双系式中做宾语的名词性成分不能是受事，而经常为方位/地点、伴随者等旁语角色。此外，值得注意的是，不同研究对于英语术语 applicative 的翻译不同，如"增元结构"(程杰、温宾利，2008；程杰，2009)、施用结构(孙天琦、李亚非，2010)等。

性 P 是相关结构在人类语言中的共性；而作为充分条件的定义（"只要有如下属性 P 就是结构 C"）则用于某种特定语言的描写或分析，其所涉及的属性 P 是相关结构在该语言中的特性。这意味着，第一，必要条件的定义所涉及的属性 P 和充分条件的定义所涉及的属性 P 不一定是（或者很可能不是）同样的属性，这是否会造成新的问题需要具体问题具体分析，详见下文；第二，必要条件的定义要以逻辑语义为基础，因为这是人类语言最核心的部分，而充分条件的定义则需要参照具体语言的形态句法形式，因为不同语言在形式上的差别是最为显著的。这一较弱版本的充要条件定义法是否可行需要具体的案例加以证明。我们将以关系从句结构①为例具体说明如何对类型学跨语言比较结构进行充要条件式的判定。

前人的很多研究只是默认关系从句这个结构的存在而没有对其进行严格的定义，这对于关系从句的跨语言类型学研究是一大障碍，某些研究者甚至认为在某些语言（如瓦尔皮里（Walpiri）语）中不存在关系从句结构。由此可见，关系从句结构作为跨语言比较结构的确需要进行明确的、严格的定义。我们认为关系从句的必要条件定义如下：

（74）a. 关系从句是一个从句（subordinate clause）

　　　b. 在关系从句和主句之间存在一个语义支点（semantic pivot）

两个关键概念——从属（subordination）和语义支点——一个涉及语义一个涉及句法，旨在从人类语言共性的角度定义关系从句。根据 Creissels（2006，vol. 2：189）的观点，从属关系的要点是一个句子结构是另一个句子结构的成分。同样，Feuillet（2006：479）也谈到"功能依存"（"dépendance fonctionnelle"）。我们认为，最需要明确的一点是从属关系并不一定意味着"内嵌"（embedding），换言之，"从句"最重要的特点是从句的作用类似于一个依存于主句的成分的角色。这种句法上的非独立性/依存性可表现在若干个方面，例如话语类型（sentence type）受限、语序的相对严格化和特殊的动词形式等（参见 Lehmann，1988；Creissels，2006，vol. 2：189-190；Feuillet，2006：481-485 等）。例如，在英语中，一个独立句可以分为以下四种话语类型，即陈述句例（75）、疑问句例（76）、祈使句例（77）和感叹句例（78）：

（75）The boy runs fast.

（76）Does the boy run fast?

---

①　有关关系从句的具体分析，详见第 4 章第 3 节。

(77) Run faster!

(78) How the boy runs fast!

在这四个句子中，话语类型是通过语序(例(75) vs 例(76))、动词屈折变化(例(75) vs 例(77))以及语调(如例(76)、例(78))等多种形式手段进行表达和区分的。然而，在一个从句中，以上这些手段并非都可以使用，而且以上四类话语类型并非都存在，例如：

(79) The boy[who runs fast]is Tom.

(80) * The boy[who does he run fast]is Tom.

(81) * The boy[who run faster]is Tom.

(82) * The boy[who how he runs fast]is Tom.

因此可见，关系从句的话语类型受限是由于其句法层面的依存性。至于语序的严格化和特殊的动词形式这两个特点，在某些语言中表现得尤为明显。例如在巴斯克语(Basque)中，关系从句必须严格遵守动词在末位的限制(Oyharçabal，2003：766-767)：

(83) [Altubekkontutan   hartu   ez   zuen]   oinarrizko
    (人名).作格   考虑.方位格   采取   否定.助动词.标句词   基本的
    partiketa   batekin   egin   dut   topo
    区分   冠词.随格   做   助动词   遇到
    "我遇到了一个Altube没有考虑在内的基本的区分"

而在独立句中，虽然SOV是最常见的中性语序，但其他的语序也是可以的，特别是出于信息结构的要求调整语序的情况并不罕见(Ortiz de Urbina，2003：448)。

(84) [Ene   aitak]   [amari]   [gona   gorria]   [ekarri   dio].
    主有.1父亲.作格   母亲.与格   裙子   红色的.定指   带来   助动词
    "我的父亲给母亲带来了一条红裙子。"

此句中用[ ]圈定的四个成分可以任意互换位置，一共产生24(4×3×2×1＝24)种语序，得到的句子都是合法的。在土耳其语(Turkish)中，名词前的关系从句必须使用所谓的分词形式(Göksel & Kerslake，2005：438、441、442、443)：

（85）oyuncak-lar-ɪn-ɪ　　　　　　　　　　kɪr-an　　　（küçük）　　kɪz

玩具-复数-领属者标志 . 3 单数-宾格　　弄坏-分词　　年幼的　　　女孩

"弄坏了玩具的小女孩"

（86）her　　gün　　okul-da　　　　　gör-düg-üm　　　　　　　kɪz

每个　　天　　学校-方位格　　　看到-分词-领属者标志 . 1 单数　　女孩

"我每天在学校见到的那个女孩"

（87）anne-si-yle　　　　　　　　　　　　tanɪş-acağ-ɪm　　　　　　kɪz

母亲-3 单数 . 领属者标志-随格　　见面-分词-领属者标志 . 1 单数　　女孩

"我要去见她的母亲的那个女孩"

（88）kitap　　　　imzala-n-an　　　　　　yer

书　　　　　签名-过去时-分词　　　　地方

"签书处"

（89）Turhan-ɪn　　　　et-i　　　　kes-eceğ-i　　　　　　bɪçak

（人名）-属格　　肉-宾格　　切-分词-领属者标志 . 3 单数　　刀子

"Turhan 切肉的刀子"

以上几个例子中的动词形式都是分词形式，分别带有分词后缀-an、-düg-、-acağ-、-an、
-eceğ-。以最后一句为例，与该关系从句相对应的独立句（"Turhan 用刀切肉"）为例（90），
其中 kesecek"切"为定式动词形式：

（90）Turhan eti bɪçakla kesecek

以上巴斯克语和土耳其语的例子说明，（关系）从句中语序和动词形式都与独立句有别。这
些可以作为判断这两种语言（以及其他类似的语言）中从句结构的依据。需要注意的是，不
同语言的形态句法特点不同，因此可能会造成某些判断标准无法用于某些语言。以汉语为
例，动词形态这一标准肯定是失效的，因为汉语作为孤立语，没有动词形态变化。但是，
话语类型受限和语序的严格化这两个现象在汉语的从句中是有所体现的。首先，疑问句和
祈使句不能进入关系从句：

（91）a. 我认识的那个人

　　　b. ＊我认识吗的那个人

(92) a. 把那本书给我！

     b. * 把(它)给我的那本书

其次，语序的自由度大大降低：

(93) a. 昨天的作业, 我已经交给老师了。

     b. */?? 昨天的作业我已经交给了的那个老师

综上所述，从属关系是定义关系从句的必要属性，是关系从句的句法属性。

至于第二个属性，即语义支点，自从关系从句的早期研究以来，就一直被认为是关系从句必不可少的性质，例如 Keenan & Comrie(1977：63-64)和 Creissels(2006, vol. 2：205-206)都有类似的表述：

(94) ... an RP［i. e. relative proposition］... specifies a set of objects（perhaps a one-member set）in two steps：a larger set is specified, called thedomain of relativization, and then restricted to some subset of which a certain sentence, the restricting sentence, is true.

(95) ... le référent du constituant nominal［i. e. le terme relativisé］appartient à un ensemble caractérisé par une conjonction de propriétés... ou si on préfère à l'intersection de deux ensembles...

"语义支点"是指"指称依存"（referential dependency），也就是说，在语义上，有一个元素既在主句又在关系从句中被解释。该元素在文献中通常称为"名词中心语"（head noun）。例如，

(96) I still remember the man that I met yesterday.

其中，主句 I still remember 和从句 that I met yesterday 之间的语义支点是两个命题的唯一共同参照物，即"the man"的所指对象。由此，我们可以说关系从句 that I met yesterday 的中心语是 the man。换句话说，关系从句是一个开放的、非完整的命题；在逻辑上，是一个从句子派生而来的谓词，是一个属性，因此可以表征为：

(97) $\lambda x[x\backslash\backslash P]$, i. e. 是 x, x 具有性质 P, 同时 x 是一个变量

如果 x 没有被约束，是自由的，则例(97)表达的是一个性质，换言之，是一个开放的、非完整的命题；例如 that I met yesterday，可以根据例(97)表征为：

(98)λx[x\\I met yesterday]

如果关系从句与先行词通过语义支点相连，则变量 x 被约束，即

(99)λx[man'(x)∧met (I', x)]

换言之，关系从句所表达的属性是例(99)这个名词性成分的一部分，其外延构成的集合是整个名词性成分外延所构成的集合的子集。这可以解释为何以下句子是不符合语义的：

(100)#the clever boy who is stupid

根据上文的分析，关系从句表达一个属性、性质，该属性、性质是语义支点(即名词短语 clever boy)所表达的客体的属性、性质的一部分；但是在这些属性中有"clever"，这与关系从句所表达的"stupid"的属性相矛盾①。恰恰是两个相互矛盾的属性才造成语义解释无法顺利进行。应该注意的是，一个属性，或关系从句，可以具有不同功能。如例(100)中的限定性(restrictive)关系从句旨在从语义支点所指涉的客体集合中选择一个客体，即"stupid"所表达的属性是次要属性，并不一定专属于语义支点所指涉的客体"boy"：一个男孩本质上无所谓是否聪明，但在上下文中，作为谈论对象的男孩是聪明的。而所谓的非限定性(non-restrictive)关系从句所表达的属性则是先行词的本质属性，如：

(101)#the clever boy, who is stupid

关系从句 who is stupid 是 the clever boy 的本质属性，而不是次要属性，不过由于例(101)中 clever 和 stupid 依然还是互相矛盾的——不论是本质属性还是次要属性，两个都是矛盾的，因此例(101)依然无法顺利阐释。解决以上矛盾的方法(之一)可以是将两个属

---

① 确切地说，类似于 clever 和 stupid 的反义词并非互相矛盾，而是互补关系，即两者的交集为空集。这种更精确的表述同样可以说明为何例(104)无法进行合理的语义阐释。

性明确地区分为永久(individual-level)属性和临时(stage-level)属性，如：

（102）the clever boy（，）who is being stupid

即 clever 是永久属性，而 stupid 是临时属性。换言之，这个男孩"聪明一世，糊涂一时"是完全可能的，因此可以得到合理的语义阐释。

综上所述，我们通过"从属"和"语义支点"对关系从句进行了定义。如果一个结构是关系从句，那么必然要满足这两个条件。然而，我们发现，某些结构也满足以上两个条件，但却并不应该是关系从句：

（103）I did not meet Mary，because she was not at home.

这句话的确也满足以上两个条件。首先，because she was not at home 为一个从句，从属于主句 I did not meet Mary。根据上文提出的判定从句的标准，我们发现 because she was not at home 也的确可以满足至少其中的某些标准，如话语类型的制约：

（104）*I did not meet Mary，because was she not at home?
（105）*I did not meet Mary，because be at home!

以及语序变化受限：

（106）?? / *I did not meet Mary，because at home she was not.

这些都说明 because 所引导的句子是一个从句。其次，I did not meet Mary 和 because she was not at home 之间也存在语义支点，即主句中的 Mary 和从句中的 she[1]。根据前文对"语义支点"的定义，"语义支点"是"指称依存"，要求在语义上有一个元素既在主句又在从句中被解释，因此 Mary 和 she 之间毫无疑问存在指称依存[2]。或许可以提出异议，认为 Mary 和 she 之间的指称依存不同于关系从句中的指称依存，如：

---

　　[1]　我们暂且认为在这句话中两者必须同指(coreferential)，虽然也可以不同指，但不同指会造成句子的语义可接受度大为降低。

　　[2]　我们在此只关注是否存在指称依存，而暂且不考虑指称依存的具体表现形式。在英语中，关系从句和主句之间的指称依存在形式上可能跟其他类型的从句与主句之间的指称依存的具体形式不同，但也不能排除在有的语言中完全相同的可能性。

61

（107）I did not meet the girl who was not at home

　　语义依存是 girl 和 who 之间的关系，其中 who 是一个关系（代）词，而不是人称代词。这一反驳其实是将语义依存默认为只能存在于名词性成分和关系（代）词之间，即存在于两类特殊的词类之间，但根据我们所定义的指称依存，丝毫没有这一限制条件。指称依存只是一种语义关系，而不涉及这种语义关系的表现形式。换言之，指称依存可以存在于名词-名词、代词-代词、名词-代词等各种词类之间。因此，girl 和 who 之间的指称依存关系与 girl 和 who 之间的指称依存在根本上是一样的。由此可见，例（103）的确满足关系从句定义的两个条件，即从属和语义支点。但是这并不意味着我们需要将例（103）类的句子也归入关系从句。其实我们上文给出的关系从句的定义所包含的两个条件仅仅是定义关系从句的必要条件，而不是充分条件，即如前文所述，如果一个结构是关系从句，那么必然要满足这两个条件，反之则不然：

（108）从属+语义支点 ← 关系从句
（109）* 从属+语义支点 → 关系从句

　　因此，认为满足了从属和语义支点这两个条件就必然是关系从句的观点是错误的。这种错误观点才导致了上文将例（107）类状语从句误认为了可能是关系从句。对于英语等研究较深入、有比较成熟的语法传统的语言而言，关系从句的存在是不争的事实。但是，对于那些尚未描写或研究较少的语言而言，如何确定关系从句结构的确存在则并不是一个简单的问题，例如汉语中：

（110）昨天来的那个人（今天又来了）
（111）我教过的学生（都非常优秀）
（112）张三唱歌的声音（很优美）
（113）他睡觉的时候（经常打鼾）

　　如果前两句还可以参照英语的（翻译和结构），认为是关系从句，而后两句则似乎不满足"语义支点"这个条件①。但是的确有研究将两者都归为一个大类②（参见完权，2018；

---

① 除非提出更为抽象的"语义支点"。
② 不过给出的名称（或标签）不同。

Matsumoto et al.，2017 等），而且这也更加符合汉语母语者的语感。这些问题说明，如果在一门语言中确立关系从句，必须要考虑到这门语言的特殊性。或者说，我们可以默认关系从句是一个普世的结构，作为跨语言比较结构具有类型学上的共性，但这并不意味着关系从句在个别语言中没有特性。如果类型学上跨语言的共性是关系从句的必要条件，那么其在个别语言中的特性就是定义关系从句的充分条件。只有从这两方面考虑（即跨语言的共性和个别语言的特性），我们才能得到定义关系从句的充要条件，才能保证关系从句作为跨语言比较范畴存在的合理性和可靠性。以英语为例，从属和语义支点这两个共性毫无疑问是定义英语关系从句的必要条件，而英语关系从句还需要满足一系列充分条件，例如关系从句的位置（在先行词后）、关系从句的引导成分（所谓的关系代词和标句词（complementizer），以及在一些情况下的零成分①）、关系从句内的空位（gapping）等。这些充分条件和两个必要条件相结合，便可以毫无疑义地确定英语的关系从句结构了：

> （114）在英语中，关系从句是一个从句，在关系从句和主句之间存在一个语义支点，关系从句在先行词之后、有特定的引导成分、在关系从句中有空位，等。

根据例（114），我们就可以毫无疑义地将类似于例（103）的结构排除在关系从句结构之外了。可以看到，定义关系从句的充分条件主要涉及英语关系从句的形态结构特征。这再一次支持了上一节提及的罗仁地的观点，证明了跨语言比较范畴中具体的形态句法表现形式的重要性。语言间的差异很大一部分表现在形式层面，而且当今语言学比较公认的观点是没有表现形式的语法范畴不能称其为语法范畴（详见上节）——所以英语、汉语虽然在语义层面都可以区分"性别"（sex），但作为语法范畴的"性"（gender）却不存在于这两种语言中。关系从句的定义亦如是。不过，也应该看到，我们的观点与罗仁地的不同之处就在于，罗仁地只是笼统地提出了不能忽视跨语言比较范畴中具体的形态句法表现形式，但却没有进一步区分作为人类语言共性的形式和存在于特殊语言中的作为特性的形式。"从属"属于前者，而关系从句与名词中心语的位置关系、引导成分和空位等则属于后者。进行跨语言比较不能没有前者，也不能忽视后者，两者缺一不可，否则便都失去了跨语言比较的意义。然而这并不意味着作为共性的形式和作为特性的形式完全可以等同视之而不加区分。我们上文通过关系从句的充分条件定义和必要条件定义说明了两者的关系。混淆两者其实就是混淆了充分条件与必要条件。这在逻辑上是不可接受的。

综上所述，必要条件的定义保证可以进行跨语言比较，而充分条件的定义保证可以在

---

① 如 the boy I know 和 the boy learning Chinese。

具体的语言中确定何为关系从句。因此，充要条件的定义既可以用作跨语言比较，也可以只限于研究某一门语言。尽管如此，我们还是会发现上文提出的充要条件定义也有无法解决的问题。其实这些问题的存在跟关系从句的充要条件定义本身无关，而是由于涉及其他的结构间接影响了关系从句结构。厘清这些问题对于进行充要条件定义也是必不可少的。特别是我们不能排除关系从句和其他类型的从句(特别是状语从句)系统性地存在歧义的可能性。这导致某些研究者认为在此种情况下这些语言是没有关系从句结构的。Creissels (2006：§37.2)进行了专门的论述，其核心观点认为这种情况是不同语言间关系从句结构专门化程度的不同造成的。以澳大利亚的瓦尔皮里语为例，某些学者认为该语言没有专门用于关系从句结构的句法结构，而关系从句结构的典型的意义仅仅是一种语义效果，是由在某些条件下具有更一般性意义的从句结构所表达的，例如：

(115) Ngarrkangku　　　ka　　　　marlu　　　luwarni

男人．作格　　　　助动词　　　袋鼠　　　射击

kuja　　　　ka　　　marna　　ngarni

关联词　　　助动词　草　　　吃

1. "男人射击袋鼠，袋鼠在吃草"
2. "男人射击正在吃草的袋鼠"

　　其实既然例(115)类的句子总是有状语从句和关系从句两种解读，不论认为哪一种语义解读所对应的句法结构不存在都暗示了两种语义解读所对应的两种结构有主次之分。认为关系从句不存在就是默认了状语从句结构为主，而关系从句结构为次，但是这种主次之分其实是没有任何依据的。我们也可以主观地认为在瓦尔皮里语中没有状语从句，而只有关系从句，后者可以在一定的语境下被理解为表达了其他语言中状语从句的意义。瓦尔皮里语与其他语言的不同之处在于，瓦尔皮里语中这种错位是系统性的、无法排除的。不过这并不能作为绝对的证据，说明瓦尔皮里语没有关系从句。Creissels 也认为，只是笼统地说某个语言有关系从句或没有关系从句是毫无意义的。语言中的差异表现在关系从句表达形式中所涉及的句法结构的专门化程度的不同。此外，关系从句结构的研究传统只关注那些只能用于表达关系从句的结构，因此有研究者便认为歧义的存在是不正常的，同时也忘记了在很多语言中，有两类结构共存：虽然有专门用于表达关系从句的结构，从来不会造成歧义，但还有其他一些结构，表达更一般意义上的从属，而在某些条件下可以被理解为表达关系从句类的逻辑操作。所谓的没有关系从句的语言，或许更应该被认为是没有专门用于表达关系从句的结构的语言的极端情况。这些语言虽然有关系从句的表达机制，但总是

通过具有更一般意义的从属结构来表达关系从句，因此需要在某些条件下才能被理解为表达关系从句。

上文通过分析关系从句结构这一跨语言比较范畴，具体说明了处理类型学跨语言比较结构的一种新方法，即通过充要条件定义和判定跨语言比较的结构。作为必要条件的定义（"只有结构 C 才有如下属性 P"）所涉及的属性 P 是相关结构在人类语言中的共性；而作为充分条件的定义（"只要有如下属性 P 就是结构 C"）所涉及的属性 P 是相关结构在具体语言中的特性。如此可以兼顾语言的共性和特性。总体而言，我们对于跨语言比较的结构的这种定义也和我们上文对于跨语言比较的范畴的观点是一致的，基本都比较接近罗仁地的看法，即在跨语言比较中不能不考虑所分析的结构或范畴的形态句法的具体形式，但是与之不同的是，我们不是笼统地处理形态句法的具体形式，而是将其分为两类，根据其体现人类语言的共性抑或是具体语言的特性而进行不同的处理。这种处理方式至少对于关系从句结构而言是行之有效的。同时，我们也指出了关系从句充要条件定义所不能解决的问题，但这些问题并不是因为充要条件定义本身存在缺陷，而是源于与关系从句结构有间接联系的其他结构。厘清此类问题对于跨语言比较也是至关重要的。诚然，上文仅仅通过关系从句一个结构为例证明了充要条件定义对于处理类型学跨语言比较范畴或概念的有效性，但我们相信这一做法完全可以扩展到更多跨语言比较结构的研究中去。这也将是我们今后研究的方向。

3. 非洲语言的类型学特点

非洲的类型学研究虽然为国内学界了解较少，但在语言类型学的发展中也起到了重要的作用。Vossen（2020）对非洲语言的类型学研究进行了整体梳理，提出之前的研究主要在三个范式下进行，即理想类型（ideal type）、典型类型（protytype）和离散类型（discrete type），其中离散类型范式下的研究最为重要。就所关注的现象的范围而言，还可以分为全系统型（full-system）的类型学研究和部分型（partial-system）的类型学研究。

总体而言，非洲语言的类型学特征既体现了人类语言的共性，也有非洲语言的特性，我们在此节仅简要介绍非洲语言中所体现的人类语言的共性，而将非洲语言的特性留在下一节讨论。关于这两个方面更具体的分析详见第 2、3、4 章。

3.1 语音/音系特点

元音系统方面，北非 Arabic 诸语和 Berber 诸语的数量最少，为/i，u，a/三个；但五元音系统（即/i，u，e，o，a/）最为常见。尼日尔-刚果语系语言普遍有奇数个元音，呈现一定的对称性(一个中元音+相同数量的前元音和后元音),但一些西非的尼日尔-刚果语系语言有偶数个元音。元音一般分长短,亦有鼻化现象(nasalisation)和元音和谐(vowel harmony)(特别是 ATR(Advanced Tongue Root)和谐、元音高度(height)和谐和元音圆唇(round)和谐)。原属柯伊桑语系的语言一般是五元音系统。这些特点常见于世界各地不同语系的语言中。

大部分非洲元音的音节结构为(C)V(C),在世界语言中钟爱开音节和闭音节的语言都很常见。

声调(tone)是非洲语言的普遍特征,也存在于世界很多语言之中,尤见于亚洲和美洲。除了少数例外,撒哈拉以南非洲的语言都有声调,阿非罗-亚细亚语系内部的 Cushitic 诸语也基本都是声调语,故声调具有音系地位。

3.2　词类特点

跟世界上绝大部分语言一样,名词和动词在非洲语言中普遍存在。名词和动词在形态上以及所表达的语法范畴上也基本呈现类型学的特性。例如名词中"性"范畴很常见,一类为阿非罗-亚细亚语系的阴/阳双性系统(Lipiński,2001:235-242),一类为尼日尔-刚果语系(特别是 Bantu 诸语)独特而复杂的名词类别系统(Corbett,1991:Chapter 3;Vossen,2020)。"数"范畴普遍存在于非洲语言中,一般通过黏着语素(bound morpheme)表达。非洲语言动词比其他词类的曲折变化都复杂,这也完全是类型学的大趋势。大部分语言中动词跟主语进行性、数、人称的配合。

3.3　形态学特点

非洲语言形态差异较大,但总体上还是可以根据形态类型学的普遍分类归为分析型(analytic)和综合型(synthetic)两大类语言。阿非罗-亚细亚语系是比较典型的非系连性/非连续性(non-concatenative/discontinuous)形态变化语言,屈折变化很复杂,是典型的综合型语言。同样,原属柯伊桑语系的 Khoe 诸语词形丰富,派生(derivation)和曲折(inflection)变化都很多。而其他语言曲折变化却很少,更多地表现出分析型特性。

3.4　句法特点

主语和宾语一般无格标记,或只有宾格(accusative)标记;与此相关,非洲语言基本都是主宾走向,只有极少数(很可疑的)施通(absolutive-ergative)走向(König,2008a、2008b)。

大部分非洲语言的语序为 SVO,SOV 较少,VSO 很少(Heine,1976),基本跟语序的类型学规律相吻合。阿非罗-亚细亚语系语言的语序有 VSO（如 Classic Semitic 诸语和某些 Chadic 语言）、SOV（Cushitic 诸语、Omotic 诸语）和 SVO（Chadic 诸语）。尼日尔-刚果语系有 SOV 和 SVO 两种语序，尼罗-撒哈拉语系有 SVO、SOV、VSO 三种语序，其他语言的语序有 SVO 和 SOV（Heine & Nurse，2000b：§5.6）。

句子构成方面，一般疑问句通常使用在句首或句尾的问句标志/语素（question marker/morpheme）而不改变陈述句语序；特殊疑问词多在原位；从句一般有特殊的动词形式和/或专门的连接词/语素。

信息结构方面（Caron，2000；Fiedler & Schwarz，2010），焦点（化）（focus/focalization）通常使用类似英语的分裂（cleft）结构，但大部分语言还有其他表达方式（语调、语序、焦点小词（particle）等）。

4. 非洲语言的独特性：语言区域类型学

以上列举的特点基本是人类语言的共性，也或多或少存在于各个非洲语言之中。但是，我们也可以将整个非洲大陆视为一个语言区域（linguistic area）（Heine & Nurse，2008：Chapter 2），而在这个大的语言区域内，还可以划分为若干个小的语言区域，并不完全与语系的范围相吻合，其中研究最多、最有名的莫过于埃塞俄比亚语言区（Leslau，1945；Greenberg，1959：24；Ferguson，1970、1976；Heine，1975：41；Zarborski，1991、2003、2010；Bender，2003；Bisang，2006；Crass & Meyer，2008；Heine & Nurse，2008：Chapter 7；Wu，2012）。语言区域研究的一般思路为，提出专属于该语言区的语言的结构特征——不论这些特征来自发生学/谱系学遗传还是语言接触。因此，非洲语言学家格外关注非洲语言的特殊性。学界一般认为，非洲语言的独特性主要表现在以下几个方面。

在语音/音系方面，就辅音系统而言，阿非罗-亚细亚语系语言常有声门（glottal）塞音和声门化和/或咽音化辅音（Lipiński，2001：148-157）。原属柯伊桑语系的语言和 Bantu 诸语有协同发音的塞音（doubly articulated stops）（例如 [k͡p]、[g͡b]）、内爆音（例如 [ɓ]、[ɗ]）和倒吸气音（主要有双唇音 [ʘ]、齿音 [ǀ]、齿龈音 [!]、腭音 [ǂ]、边音 [ǁ]）。只有非洲语言有吸气辅音。世界上音素最多的语言是非洲的！Xóõ 语①。

非洲语言的声调系统也有很强的地域性，主要具有以下特点（Yip，2002：Chapter 6）：位置的灵活性（mobility），例如从一个语素（morpheme）扩展或移动到另一个语素，可细分

---

① 具体数量尚有争议，Heine & Nurse（2000：106）给出的是 83 个倒吸气音、43 个其他辅音，以及 44 个单元音。

为扩展(spreading)和转换(shift);两分性,即高声调 H 和低声调 L;罕见真正的曲拱(contour)声调(例如汉语类型的声调),一般都是 H 和 L 的不同组合(HL、LH、LHL 等);载调单位 TBU 多样性,可为莫拉(mora)、音节或其他单位;下漂现象(downdrift),即在 L 后的 H 会降低;降阶现象,即由漂移性的 L 导致 H 的降低;降调辅音,即由声调和喉音(laryngeal)特征的互动导致 H 降低或扩展;词缀(affix)的声调与词根(root)声调相反,呈现反向性(polarity)。

在形态上,最具特色的是尼日尔-刚果语系(特别是 Bantu 诸语)独特而复杂的名词类别系统(Corbett,1991:Chapter 3),最复杂的系统将名词分为 20 余个类别,在形式上用前缀加以区分,一般为单复数配对。虽然存在一定的语义基础,但没有绝对的形、义相关。动词的形态以其动词扩展(verbal extension)(词根+后缀(suffix)构成新的词干(stem))结构为特色,具有多种功能,例如尼日尔-刚果语系通过该类扩展性后缀表达各类配价(例如使役、被动、双系式等)。而且还有语言(如 Omotic 诸语)使用动词变位表达肯定、疑问和否定,例如(Hayward,2003:247)(表 1-12):

(116) **表 1-12 Gamo 语中 ʔutt-"坐"未完成体(imperfect)变位**

人称	肯定陈述形式	否定陈述形式	肯定疑问形式
1 单数	ʔutt-a-i-s	ʔutt-i-kke	ʔutt-a-inaa
2 单数	ʔutt-a-a-sa	ʔutt-a-kka	ʔutt-a-i
3 单数.阳性	ʔutt-i-e-s	ʔutt-e-enna	ʔutt-i-z-ee
3 单数.阴性	ʔutt-a-u-s	ʔutt-u-kku	ʔutt-a-z-ee
1 复数	ʔutt-i-o-s	ʔutt-o-kko	ʔutt-i-z-onii

可以看到,该动词屈折变化的范式很难分析,除词根 ʔutt-外的部分显得杂乱无章,无论如何分析似乎都无法在彼此之间建立联系,而且与主语人称代词也没有形式上的联系,这无疑对该类范式的习得和历史发展提出了难题。

某些非洲语言使用零形式宾语和特殊的带有标志形式的主语(König,2008a、2008b),这在类型学上十分罕见,例如在 Tennet 语中,主格有后缀-ɪ、宾格零形式(König,2008b:139):

(117) akat   lowor-ɪ   yoma

       刺.完成体   (人名)-主格   (人名).宾格

       "Lowor 刺了 Yoma。"

(118) ʊk   manyudi-ɪ   mginɑɑtɪ

去．完成体   松鼠-主格   那里

"松鼠去了那里。"

在句法层面，埃塞俄比亚语言区是全世界除了亚洲之外唯一名词前关系从句集中存在的语言区域(Wu，2012)，但是却跟东亚(特别是汉语)的名词前关系从句非常不同，例如东亚语言中关系词(relativizer)一般为零形式，如例(119)，或位于关系从句和名词中心语之间的非零形式，如例(120)：

(119) 昨天来那人(今天又来了)

(120) 昨天来的①人

但某些埃塞俄比亚语言区语言的关系词以前缀形式依附在动词上(例(121)、例(122) Tigré 语(Palmer，1961：24))或具有形式变化(性、数或者时态等)(例(123)～例(125) Baiso 语(Hayward，1979：116)，其中 ka[+阳、+单]、ta[+阴、+单]、o[+复])：

(121) ʾäb   la   wädäya   ḥäram

父亲   关系词   做过去时．主语.3单数．宾语.3单数   罪

"一位父亲犯下的罪"

(122) la   šäfättit   wäddəwo   la

定指   索马里匪徒   做．分词．主语.3复数．宾语.3.单数   关系词

ʿäläw   ämäṣ

助动词．主语.3.复数   罪②

"索马里匪徒犯下的那些罪行"

(123) íso   ka   ayeeseran   híʔi

3.复数   关系词．单数．阳性   说．现在时.3单数   语言

"他们说的语言"

(124) ker   ta   abate   féro

狗   关系词．单数．阴性   咬．过去时.3单数   手指

---

① 我们此处姑且把"的"处理为关系词。详见下文分析。

② 读者或许注意到 ḥäram 和 ämäṣ 的中文翻译相同，其实前者更接近英语的 sin，后者则类似于英语的 crime。

"狗咬过的手指"

（125）o　　　　　　　　iminamen　　　　　　　　keferroo

关系词.复数　　　买.被动.过去时.3.复数　　　拖鞋

"被人买走了的拖鞋"

再如，某些埃塞俄比亚语言区的语言大量使用复指代词（resumptive pronoun），从直接宾语到附加语，比汉语还要更依赖复指代词，如 Amharic 语（Leslau，1995：102、99；Hudson，1997：482）：

（126）yä-mätta-hu-t　　　　　　　　　　　　　　　　säwəyye　wändəmme　näw

关系词-打.完成体-主语.1.单数-宾语.3.单数.阳性　男人　我的兄弟　系词

"我打（他）的那个男人是我的兄弟。"

（127）wändəmmočč u əzzih　yä-näbbär-u-t　　　　　　　　　　　　　ləǧ　tamari　näw

他的兄弟们　　这里　关系词-系词.完成体-主语.3.复数-冠词　男孩　学生　系词

"他的兄弟们在这里的那个男孩是学生。"

（128）ya　　　　yä-tä-wälläd-ku-bbä-t　　　　　　　　　　　　　bet　　　näw

指示词　关系词-中动-出生.完成体-主语.1.单数-方位格-冠词　房子　系词

"那是我（在那里）出生的房子。"

又如，汉语中带有关系从句的整个名词短语有［限定词-关系从句-名词中心语］和［关系从句-限定词-名词中心语］两种语序，类似 Afar 语和 Amharic 语，但目前尚不清楚在这两种语言中该名词短语中的不同语序是否跟关系从句的语义（即前文已经提及的限定性和非限定性）有关。以上这些特点都为名词前关系从句的分析带来了新的挑战。

诚然，以上仅仅列举了非洲语言诸多特性的很少一部分，具体的分析将在随后的论述中深入展开。

5. 研究意义、范围、结构及其他

5.1　研究意义

研究非洲语言对于我国语言研究和汉语研究具有重要意义，能够带来新的视角和启发，仅举四例。第一，汉语是世界语言中为数很少的孤立语（isolating），而非洲的 Mande

语也是孤立语[1]，但跟汉语不同，Mande 语具有严格的 SOV 语序，且不是代词脱落（pro-drop）语言（Creissels，2009b）。由此可见，语言的形态学类型与语序和代词脱落现象没有必然的联系。汉语虽然一般认为是 SVO 语言，但学界普遍承认汉语的信息结构是决定语序的最重要因素，而汉语类的代词脱落语言（即话语类代词脱落（discourse pro-drop））一方面要求无动词配合，另一方面也取决于信息结构（特别是主题的连续性）。Mande 语的发现迫使我们重新考量以上分析思路，我们觉得或许信息结构才是解释以上问题的关键所在，关于这一方面的探索可以在 Chomsky（2005）提出的第三因素层面上进行。第二，类似汉语，非洲语言也有连动式（Mutaka，2000：227-232；Childs，2003：§5.5；Aikhenvald & Dixon，2006a；Heine & Nurse，2008：§4.3.6）。之前对于汉语的研究提出了各种各样的存在动因，如汉语为孤立语、弥补汉语词汇方面的不足、结构的经济性，等等，以上分析如果应用到非洲语言的连动式分析就会显现出解释力不足的问题：非洲语言中的连动式不仅存在于孤立性语言中、能够构成连动式的动词也跟汉语不尽相同，而且有时候并不表现出结构的经济性。我们觉得，连动式的动因或许是单个语言本身的特性所决定的，并不能通过语言共性进行解释，尽管中、非语言都在句法层面表现为连动式，但这并不意味着可以一概而论。第三，前文已述，埃塞俄比亚语言区是除了东亚之外，名词前关系从句语言分布密集的区域，但是跟汉语的名词前关系从句有很多的不同之处。第四，非洲语言之间接触频繁，语言之间互相影响，随着现在非洲各国各民族之间交往加强，这种语言接触所导致的变化更加明显。这类似于我国各个方言之间、普通话和方言之间以及不同语言之间由于互相接触而导致的变化，一方面，上位层（superstratum）语言"碾压"下位层（substratum）语言；另一方面，下位层语言也会影响上位层语言，这种双向的互动在中、非语言之间有共性也有特性，互相有借鉴意义。

在理论研究方面，Childs（2003：14）指出，非洲语言学家的视野有限，通常只局限于非洲和非洲语言，而大部分非洲语言学家都在一定程度上继承了西方学术传统。这两点造成了对非洲语言学的研究有"西方+非洲"的双重局限。如果中国学者可以为非洲语言学提供一个新的理论视角，并带来新的语料，那么对非洲语言的研究和非洲语言学的发展一定大有裨益。

5.2 研究范围

首先需要指出，我们基本只关注非洲语言结构的共时研究，而几乎不关心历时重构。

---

[1] 诚然，语言的孤立性无法确切量化，而且同为孤立性的语言也只是具有一定/相当程度的孤立性，而不是绝对的或者同等的孤立性。笔者个人觉得汉语的孤立性程度高于 Mande 语。

后一方面的研究在严格意义上属于历史语言学，而不是语言类型学。因此，我们的研究应该称作"非洲语言历时研究"或许更合适。

还需要说明的是，我们的研究对象诚然是非洲语言，但并不是非洲大陆的所有语言，也不是狭义的地理意义上的"非洲语言"。我们所谓的"非洲语言"是从地理和语言发生学的系属关系两个方面定义的。从地理上而言，我们不考虑存在于非洲大陆其他语系的语言（如作为很多非洲国家的官方语言或通用语的印欧语系的诸多语言——英语、法语等），而且也不考虑非洲的皮钦语和克里奥尔语。后两者虽然跟非洲语言有一定的渊源，但是从根本上而言，这些语言并不是真正意义上的非洲语言。而且国际上对于非洲语言的研究一般也是将这些语言排除在外。这种排除是以非洲语言的系属分类为依据的。而从语言发生学的系属关系而言，我们则必须要将通用于西亚的 Arabic 语的各种变体考虑在内，虽然北非有大面积的 Arabic 语使用区，但是由于 Arabic 语内部差异很大，所谓的"方言"其实更类似于语言（即之间（几乎）不能通话），因此，我们在分析 Arabic 语的时候如有需要会专门指出是某个国家或地区的 Arabic 语方言/变体（如第 2 章 3.1.2 节），将西亚的 Arabic 语变体纳入我们的研究范围并不与"非洲语言"矛盾。同样的问题也涉及以色列的 Hebrew 语。

在语料的取舍上，前文已述，某些非洲语言研究历史悠久，语料丰富，而大部分非洲语言则没有这方面的优势，而且还有一些非洲语言至今只积累了很少研究素材、甚至尚未进行过全面系统的描写。有鉴于此，我们一方面尽量采用语料比较翔实、研究成果比较丰富的非洲语言以确保研究的可靠性；另一方面也不会忽视那些语料少、研究少的非洲语言。我们的研究目的是从总体上对非洲语言进行一个类型学的梳理和总览，而不是专门针对某个语系、语族或某种语言。因此，对于类似 Arabic 语、Hebrew 语、Swahili 语等语言的取舍（应该说"舍"多于"取"）或许对于某些读者而言有失偏颇，但这是为了整个研究整体上的平衡而做出的不得已之举。大部分非洲语言的描写工作依然还很不够，诚如 Childs（2003：6）等都指出，还有大量非洲语言（有些濒临消失）亟待描写，甚至还有大片区域的语言状况尚且不明，原属柯伊桑语系的语言的研究也很不够。众多的非洲语言依然有着消失的危险，更可怕的是，相比对于美洲土著语言的保护，非洲语言所处的危险境地却很少为学界所意识到。Kandybowicz & Torrence（2017）进行了这方面为数不多的研究，疾呼保护非洲语言是当务之急，跟其他地区对于语言保护所采取的措施相比还非常不够，有 300 多种非洲语言受到威胁，而 200 多种已经消亡！

除了语料的取舍，我们的研究还需要对所研究的语言现象和结构进行取舍。前文已述，非洲语言在语音/音系、形态、句法、词汇、语用等方面的研究程度不一，语音/音系和形态最为深入，句法次之，词汇较少，而语用几乎为零。这也在很大程度上制约了我们的研究：我们不可能对每一门非洲语言的每一个语法现象进行同等程度的研究。此外，由于我们的研究是针对母语为汉语的中国学者，因此难免会特别关注与汉语和汉语方言相关的语言现象。这是我们针对所研究的语言现象和结构进行取舍的第二个原因。有鉴于此，我们仅仅挑选了非洲语言中语音/音系、形态、句法三个层面中的某些结构和现象进行了程度不一的研究和分析。

5.3 研究结构

具体而言，本书的结构如下。

第 2 章针对语音和音系，首先在整体上讨论和分析非洲语言的语音/音系系统的特色，目的是突出非洲语言的"同"；随后进行了分语系讨论，旨在强调各语系之间的"异"；然后是个案研究，按照语系挑选了 30 余种非洲语言，对其语音/音系系统进行了详细的介绍，具体分为元音系统、辅音系统、韵律系统和音节模式，随后还对超音段系统(主要是声调)进行了一个详细深入的个案分析，旨在进一步指出非洲语言声调系统的特色和与汉语语言声调的差异；最后是类型学分析，在类型学这个更高的角度对非洲语言的辅音系统、元音系统、声调系统和音节结构进行了分析与对比，同时也进行了一定程度的汉非语言对比。

第 3 章讨论非洲语言的形态结构，在结构上基本与第 2 章类似。第一部分为总论。第二部分为分语系的分论，分别着重非洲语言形态结构上的"同"和"异"。第三部分的个案研究不再以语言为标准，而是分为名词形态、动词形态和形容词形态三个部分，针对这三个词类的语法范畴的形式表达进行论述。第四部分的类型学分析也是针对这三个词类进行的，同时还讨论了形态类型学和重叠构词法。形态类型学是类型学的最早成果之一，而重叠构词法则是汉语中常见的形态手段。这两方面的讨论既兼顾了类型学又考虑到了汉语和非洲语言在形态上的联系。

第 4 章的主题为句法，同样也是以总论和语系分论开篇。总论部分讨论词类和语法范畴，语系分论还是按照阿非罗-亚细亚语系、尼罗-撒哈拉语系、尼日尔-刚果语系和其他语言分别进行。个案研究部分一方面讨论了与独立句结构相关的语序、连动结构、双系式结构、疑问句和信息结构(主题化(topicalisation)结构和焦点化结构)，选取这五个句法现象的标准是类型学的研究传统或热点(如语序和疑问句结构)以及与汉语句法的关系(如连动结构、双系式结构和信息结构(特别是主题化结构))；另一方面讨论了以名词前关系从句为代表的从句结构，就名词前关系从句这一类型学上比较罕见的从句结构进行了中非语言的对比分析。需要说明的是，与前两章不同，我们在本章中将类型学分析融入了个案分析所涉及的每一个句法结构的分析，这主要是考虑到所分析的句法结构相对较为复杂，因而如果将类型学分析独立出去可能会对阅读造成不必要的困扰。

5.4　其他

　　文中所引用的非洲语言之外的其他语言，如果其名称已经有约定俗成或规范的翻译，我们尽皆采用，而且如果是耳熟能详的语言就不再给出相应的英语，例如法语、英语、土耳其语、匈牙利语等。如果该种语言还不为人熟知，但其中文名称已经为国内学界所规范化，我们则给出相应的英语名称，例如巴斯克语(Basque)。而对于所有的非洲语言——哪怕是众所周知的非洲语言，我们也只给出英语名称，而不提供汉语翻译，例如 Arabic 语。这种做法固然麻烦，但考虑到绝大部分非洲语言的名称在国内还没有固定的翻译，所以与其勉强译成汉语还不如保留国际上通用的英语名称：不论是汉语译名还是英语名称，其实都不是所引用的非洲语言的"原名"(或"真名")，但是英语名称一方面在学界广为接受，另一方面也方便查询，有鉴于此，我们决定仅提供所有非洲语言的英文名称。这样做的另一个优点在于，可以方便读者区分非洲语言(只有英文名称)和非洲之外的语言(汉语名称(+英语名称))。尽管如此，非洲很多语言有不止一个英语名称，这在很大程度上是由研究传统的不同和研究者的个人"好恶"造成的，我们则统一参考了 Ethnologue 的资料，只采用 Ethnologue 确定的"官方名称"——这样做固然有些武断，但也是下策中的上策。我们也对所引用的材料中的语言和非洲语言的名称按照以上方式进行了统一处理，因此会导致本书中出现的语言和引用的材料中的语言名称不一致的现象，特提请读者注意和谅解。

　　有鉴于本书涉及的语言众多，而且参考语法和论文的作者对于语料的标注、格式等不尽相同，因此非常有必要对所有的语料进行统一。我们的注释和标志采纳国际通用的莱比锡标注系统(The Leipzig Glossing Rules，参见 https：//www. eva. mpg. de/lingua/resources/glossing-rules. php)[1]，主要的语法范畴及其缩写，见表 1-13。

(129)　　　　　　　**表 1-13　莱比锡标注系统的语法范畴及其缩写**

英文缩写	英文术语	汉化缩写
1	first person	1
2	second person	2
3	third person	3
A	agent-like argument of canonical transitive verb	施事
ABL	ablative	夺格

---

　　① 有关该系统的汉化(及其在汉语语法研究中的应用)，可参见陈玉洁等(2014)。另参见陈玉洁、王健、金立鑫(2015：§12.3.4)的讨论。

英文缩写	英文术语	汉化缩写
ABS	absolutive	通格
ACC	accusative	宾格
ADJ	adjective	形容词
ADV	adverb(ial)	副词、状语
AGR	agreement	配合
ALL	allative	向格
ANTIP	antipassive	反被动
APPL	applicative	双系式
ART	article	冠词
AUX	auxiliary	助动词
BEN	benefactive	受益者
CAUS	causative	使役
CLF	classifier	量词
COM	comitative	随格、伴随者
COMP	complementizer	标句词
COMPL	completive	补语从句
COND	conditional	条件句标志
COP	copula	系词
CVB	converb	副动词
DAT	dative	与格
DECL	declarative	陈述句
DEF	definite	定指
DEM	demonstrative	指示词
DET	determiner	限定词
DIST	distal	远指
DISTR	distributive	分配
DU	dual	双数
DUR	durative	延续体
ERG	ergative	施格
EXCL	exclusive	排外
F	feminine	阴性

续表

英文缩写	英文术语	汉化缩写
FOC	focus	焦点（标志）
FUT	future	将来时
GEN	genitive	属格
IMP	imperative	命令式
INCL	inclusive	包容
IND	indicative	直陈式
INDF	indefinite	不定指
INF	infinitive	不定式
INS	instrumental	工具格
INTR	intransitive	不及物
IPFV	imperfective	未完成体
IRR	irrealis	非现实
LOC	locative	方位格
M	masculine	阳性
N	neuter	中性
N–	non-(e. g. NSG nonsingular, NPST nonpast)	非
NEG	negation, negative	否定（标志）
NMLZ	nominalizer/nominalization	名物化（标志）
NOM	nominative	主格
OBJ	object	宾语
OBL	oblique	旁语、旁格
P	patient-like argument of canonical transitive verb	受事
PASS	passive	被动
PFV	perfective	完成体
PL	plural	复数
POSS	possessive	领属者标志
PRED	predicative	谓语、表语
PRF	perfect	完成体
PRS	present	现在时
PROG	progressive	进行体
PROH	prohibitive	禁止式

续表

英文缩写	英文术语	汉化缩写
PROX	proximal/proximate	近指
PST	past	过去时
PTCP	participle	分词
PURP	purposive	目的
Q	question particle/marker	疑问句标志
QUOT	quotative	引语标志
RECP	reciprocal	相互
REFL	reflexive	反身
REL	relative	关系从句
RES	resultative	结果体
S	single argument of canonical intransitive verb	不及物结构中的唯一论元
SBJ	subject	主语
SBJV	subjunctive	虚拟式
SG	singular	单数
TOP	topic	主题(标志)
TR	transitive	及物
VOC	vocative	呼格

对于此表中没有涉及的语法范畴,我们酌情采纳所引用的文献的原作者的标签。

所引用的例子都进行了字对字/词对词的注释,且有中文翻译。注释使用中文而不是英文,同时为了节省字数,只注释相关的语法信息,如上义例(128):

(130) ya　　　　　　yä-tä-wälläd-ku-bbä-t　　　　　　　　　　　bet　　näw
　　指示词　关系词-中动-出生.完成体-主语.1.单数-方位格-冠词　房子　系词
　　"那是我(在那里)出生的房子。"

指示词 ya、名词 bet 都未标出性、数,系词 näw 也没有给出人称、时态等信息,但这丝毫不会影响这个例子展示 Amharic 语的关系从句结构,而作为从句的 yä-tä-wälläd-ku-bbä-t 则进行了语素的切分,而且详细注明了各个语素的语法信息。

除此之外,文中出现的术语也都给出了相应的英语。由于很多术语——特别是非洲语言学特有的术语——在国内的学界还没有统一的翻译，而且由于传统不同，同样的语言现象和结构在不同的非洲语言中所对应的汉语翻译有时也会不尽相同。因此，我们并不拘泥于某个非洲语言的传统术语，如果传统术语可用、适用则用，否则就尽量考虑某一术语在学术圈内的普遍用法或根据手头的参考书(主要有戴维·克里斯特尔(沈家煊译)(2002)、林焘(2002)、王德春、许宝华(2003)、赵忠德(2004)、劳允栋(2005)、哈杜默德布斯曼(编译主编：陈慧瑛)(2007)、戴炜华(2007)、陈晓红、张荣根(2010)、语言学名词审定委员会(2011))"择优录取"，尽管有时会和传统的用法或翻译不同，但却可以方便读者今后在更广的学术范围内使用。诚然，有些选择难免会因为个人的好恶和理解而采纳学界同仁觉得陌生或者奇怪的翻译，希望不会给阅读造成过大的困难。

第2章　语音和音系

从本章开始，我们将具体分析非洲语言中的语言结构和现象，而本章的主题是语音和音系。当代语言学研究基本将语音学和音系学作为两门独立的学科，但也不否认两者之间千丝万缕的联系。我们在此不对语音学和音系学的联系与区别进行讨论，仅仅承认这是两门独立的、但是又紧密联系的语言学分支学科。在下文的论述和分析中，如有必要则会特别强调所涉及的是语音现象(例如声调的调值、调形)还是音系学现象(例如作为音位存在的调位)。

我们的考察着重语音描写，而音系分析则位于其次。这是因为，其一，语音描写是音系分析的基础，不详尽甚至是错误的描写只会误导分析，由于非洲语言对于国内学界还是比较陌生的领域，因此急于提出分析而未将基本的语料描述清楚只能是本末倒置、舍本逐末的做法；其二，语音描写相对而言争议较小，而音系分析则见仁见智，哪怕是在同一个理论框架下的不同学者之间也可能会对同一个语料提出差别很大的分析。而我们的研究并不是为了对这些理论分析进行评价或加以褒贬，而更着重给出一个公允和中性的介绍，这也决定了我们只能重语音描写而"轻"音系分析；其三，音系学发展至今出现了诸多理论和学说(赵忠德 & 马秋武，2011)，这无疑增加了理论分析的难度。不论我们采纳何种理论和框架都难免会有厚此薄彼的嫌疑，给那些不熟悉该理论的读者造成阅读的困难。唯一可取的做法或许就是对所采纳的理论和学说进行一定的铺垫，随后再进行语料的分析。然而，就我们所知，至今还没有一种音系学理论或学说可以为非洲语言的音系现象提供整体的分析。一般都是某个理论适用于分析某些现象，而对其他的现象则无能为力。这就要求我们采纳多个理论框架来分析不同的语言现象。但这种做法不仅超出了我们本身的能力，也超出了大部分读者的能力，而且还会造成偏离本书的主题——非洲语言类型学研究，而不是音系学理论介绍。这样做只能是费力不讨好的笨办法。综合以上三点考虑，本章的研究重点是非洲语言的语音系统，而音系分析只占据相对较小的部分，基本上局限于那些为学界所公认的基础性理论分析。

本章分为五个部分。总论部分从整体上对非洲语言的语音-音系系统进行类型学介绍，对元音系统、辅音系统、声调系统和音节系统进行讨论，重点在于声调系统，因为这是非洲语言与汉语语言最明显的共同之处，也是最重要的类型学特征。第二部分为语系分论，通过更为详细的、分语系的讨论，突出非洲语言之间的差异性。第三部分为个案分析，从非洲语言中选取了 30 余种具有代表性的非洲语言，按照语系归类，进行讨论；每一种语言都分别给出了元音系统、辅音系统、韵律系统和音节系统。这一部分旨在对前两个部分比较笼统的讨论提供具体的例子，使读者能够对非洲语言的语音-音系系统有一个更为直观的印象。有鉴于声调是汉语语言和非洲语言的共同之处，我们在个案分析这一部分还特别以 Xhosa 语为例提供了一个超音段系统、深入的个案分析，希望可以进一步对非洲语言的声调系统给予说明。本章第四部分为类型学分析，对非洲语言的辅音系统、元音系统、声调系统和音节结构系统进行类型学讨论，同时也进行一定程度的汉非语言对比。最后为结论部分。

1. 总论

语音和音系系统是非洲语言的描写和研究最深入的部分，最早的系统性研究见于 20 世纪 30 年代（Ward，1933、1936）。而非洲语言的语音-音系系统的特殊性为音系学理论的发展做出了巨大的贡献（Childs，2003：55；赵忠德、马秋武，2011：234-235），如 Goldsmith（1976a、1976b）通过研究非洲语言的声调提出了自主音段音系学（Autosegmental phonology）、McCarthy（1979）在研究 Semitic 语言音变规律的基础上提出了三维音系学（Three Dimensional Phonology），以及 Clements & Keyser（1983）提出 CV 音系学（CV phonology）等。除了理论贡献，研究非洲语言的语音-音系系统还可以加深我们对人类语言的共性和普世性的理解，为类型学研究提供新的素材和语料。此外，这方面的研究对于人口的迁移、语言的演变、语言的接触等多方面都具有重要的意义（Clements & Rialland，2008：36）。

非洲有数千种语言、分属于若干个语系，虽然语音-音系系统不无相同之处，但似乎没有属于所有非洲语言的共性（Clements & Rialland，2008：36）。尽管如此，我们如果按照语系考察非洲语言在语音和音系上的特点，还是可以发现很明显的"家族相似性"（family resemblance）①。在此基础上，我们再将不同语系的特点进行比较和综合，便基本可以看到非洲语言在语音-音系层面的特点。这种"特点"是相对于非洲之外的语言而言，

---

①　我们在此借用了维特根斯坦的术语，只是为了说明属于同一个语系的语言可能会表现出 AB、BC、CD 类的相似，｛A、B、C、D｝可能是该语系语言共有的特征集合，但或许没有一种语言具有所有这些特征。此外，"家族"和"语系"在英语中都是 family，也是"十分有趣的巧合"。

而不是非洲所有语言或所有语系的共性。这种从语系共性出发再到非洲语言特点的研究方法可以保证对比的有效性和合理性。

总体而言，非洲语言在元音、辅音、韵律三个子系统的普世性上存在不同程度的差异，可以认为元音系统的共性最不明显，而声调作为非洲语言的特点最为突出，辅音子系统内部亦有若干辅音是非洲语言所特有的。这种等级不一的特征存在规律大致符合人类语言语音-音系类型学的整体趋势。

1.1　元音系统

在目前所有已经发现并有所记载的非洲语言中，都存在[i]①、[a]、[u]三个元音（Kenstowicz，2020：16），但这应该并不是非洲语言的特性，而是人类语音-音系系统共有的特点（Gordon，2016：49）。五元音系统（即/i，u，e，o，a/）在非洲语言中最为常见（Kenstowicz，2020：16）。Mutaka(2000：33)给出了出现在绝大部分非洲语言中的元音总表(表 2-1)：

（1）

表 2-1　非洲语言元音总表

音高	前		央		后	
	不圆唇	圆唇	不圆唇	圆唇	不圆唇	圆唇
高	i	y	i‐	ʉ	ɯ	u
	ɪ		I‐	ʊ‐	ʊ	
半高	e	ø			ɣ	o
			ə			
半低	ɛ	œ			ʌ	ɔ
	æ					
低			a		ɑ	ɒ

语音系统不等同于音系系统，因此有可能语音系统中的元音音素的数量会多于音系系统中元音音位的数量，这是因为多个元音音素可能是某个元音音位的变体。以 Efik 语为例（Welmers，1968），一般情况下②，[e]出现于词首位置、[ɛ]只出现于辅音后，因此可以认为两者是一个音位的条件变体(allophone)。在 Bantu 诸语中，并非所有的元音可以出现

---

① 我们遵循学界的惯例，方括号[ ]内为音素，双斜线//内为音位。

② 存在少量例外。

在所有的环境中(词根、词缀等),例如在 Swahili 语中,只有[a]和[e]可以作为动词的最后一个元音(Mutaka,2000:35)。Clements(2000:125)给出了非洲语言中常见的元音系统,较之例(1)更简单,见表 2-2:

(2)
表 2-2 非洲语言常见元音系统

音高	前	央	后
高	i		u
半高	e		o
半低	ɛ		ɔ
低		a	

即使我们暂时不考虑语音和音系系统的区别,以上两个表格都在一定程度上显示出了非洲语言的一个显著特点,即元音系统的对称性(Mutaka,2000:32-33;Clements,2000:135;Anyanwu,2008:279)。这在某些语系、语族、语支内部尤其明显,例如 Guthrie(1948:12)就认为 Bantu 诸语的特点之一是对称的("symmetrical")元音系统,即一个央(central)、低(low)元音和同等数量的前(front)、不圆唇(unrounded)和后(back)、圆唇(rounded)元音,如:

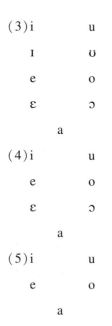

(3) i   u
    ɪ   ʊ
    e   o
    ɛ   ɔ
         a
(4) i   u
    e   o
    ɛ   ɔ
         a
(5) i   u
    e   o
         a

类似的元音结构在西非的尼日尔-刚果语系中非常常见（Welmers，1973：21，Anyanwu，2008：§15.4.1）：Jukun 语和 Nupe-Nupe-Tako 语中为五元音系统例（5），Yoruba 语、Bokobaru 语、Sénoufo 语、Bambara 语、Mende 语、Loma 语、Kpelle 语等语言中为七元音系统例（4），而更复杂的九元音系统例（3）也不罕见。其他非洲语言的元音系统也大致如此，阿非罗-亚细亚语系多为五元音系统、尼罗-撒哈拉语系多为七元音系统；但是尼罗-撒哈拉语系亦有一些语言有九元音系统，而阿非罗-亚细亚语系中某些语言还有更简洁的三元音/i/、/u/、/a/系统（Clements，2000：135）。也有某些非洲语言的语音-音系系统为不对称的，如 Dan 语为 10 元音（Welmers，1973：20；Mutaka，2000：34；Anyanwu，2008：280）：

(6) i　　ɨ　　u

　　e　　ɪ-　　o

　　ɛ　　ə　　ɔ　　ɜ

　　　　　a

非洲语言中元音还有长短之分（Anyanwu，2008：§15.4.3），如 Hausa 语（Schuh & Yalwa，1999）：

(7) i/i:　　　u/u:

　　e/e:　　　o/o:

　　　　a/a:

此类元音系统在 Cushitic 诸语中很常见（Mous，2012：353）。一般而言，长元音没有音系学地位（即不是音位），而通常被认为是由两个短元音构成的，因为曲拱（contour）声调出现在长元音上，平调只出现在短元音上。而曲拱声调一般是由若干个平调构成的，因此作为曲拱声调载体的长元音应该也是由两个相同的短元音构成的。但元音的长度也会与其所在的位置有关，特别是倒数第二位的元音经常为长元音，不过在此种情况下，元音的长度也没有音系学地位，仅仅是语音现象。此外，两个词之间也有可能发生元音融合现象（即_V1 # V2_→_V:_），导致长元音的出现。

与元音系统的对称性相关的另一个现象是元音和谐（vowel harmony）（Childs，2003：§3.5；van der Hulst & van de Weijer，2006；Clements & Rialland，2008：§3.2.6；

Anyanwu，2008：§15.5；Kenstowicz，2020），在最典型的情况下，韵律词（prosodic word）①内的全部元音共享某些特征（Mutaka，2000：§1；Childs，2003：§3.5；Clements，2003：§6.4.1；van der Hulst & van de Weijer，2006；Archangeli & Pulleyblank，2007；Rose & Walker，2011），其中最常见的为 ATR（Advanced Tongue Root）特征，van der Hulst & van de Weijer(2006：§2.1)更认为这是非洲语言的一个区域性特征，基本的机制为前移舌根会造成咽腔的扩张，反之亦然（Clements，2000：137；Casali，2008；Clements & Rialland，2008：52），故/i/、/u/、/e/、/o/一般具有[+ART]特征，而/ɪ/、/ʊ/、/ɛ/、/ɔ/则具有[−ART]特征。该现象主要见于尼罗-撒哈拉语系和尼日尔-刚果语系②，详见下文。另一类元音和谐以 RTR（Retracted Tongue Root）为基础，例如 Archangeli & Pulleyblank(1989)认为，Yoruba 语中的元音和谐即如此，因为/e/、/o/两个元音不能与/ɛ/、/ɔ/同现，而且/ɛ/、/ɔ/只能出现在高元音之前，换言之，[RTR]特征从右向左扩散，而/i/和/u/没有相对应的[RTR]音素，因此是晦暗的（opaque）③。Archangeli & Pulleyblank 的观点虽然可以解释 Yoruba 语的元音和谐现象，但并非唯一的分析，因为 van der Hulst & van de Weijer(2006：§2.2)指出，这一元音和谐也可以是以特征[+低]的扩散为基础的，因为低元音和谐的确也存在于某些非洲语言中，如 Bantu 诸语（Clements，1991）中词根的第一个元音会决定词根中其他元音和后缀中元音的选择，而决定的条件就是元音的高低，即只有低元音才能同现。与此相反的则是以[+高]（high）特征为基础的元音和谐，如 Kinande 语（Clements，1991）中，在词根中的元音/i/和/u/之前的元音要比这两个元音的舌位高一个等级，例如/ɪ/之前出现/i/、/ʊ/之前出现/u/等。

　　除了基本的口元音，鼻（化）元音也不罕见（Anyanwu，2008：§15.4.2；Vossen，2020），尤其常见于除 Bantu 诸语之外的西尼日尔-刚果语言（Welmers，1973：30；Mutaka，2000：39），主要分布于非洲中部（Clements & Rialland，2008：45）。与鼻音化相关的另一个常见于撒哈拉以南非洲语言的现象是前鼻音化（prenasalization）（Herbert，1986；Childs，2003），主要表现为前一个（鼻）元音（或辅音）将[鼻音]这一特征传递到下一个音段。

1.2　辅音系统

　　Mutaka(2000：45)给出了在绝大部分非洲语言中常见的辅音总表，见表 2-3。

---

　　①　而不是形态句法意义上的"词"（morphological word），具体区别和这一区分的必要性可参见 van der Hulst & van de Weijer(2006：§1.1)。

　　②　此外亦有零星的 Cushitic 语言（如 Somali 语）和 Chadic 语言（如 Kera 语）（van der Hulst & van de Weijer，2006：511-512)。

　　③　简言之，在非线性音系学中指那些不允许同化规则应用的音段。

（8）　　　　　　　　　表 2-3　非洲语言中常见的辅音

	双唇音	唇齿音	齿音	齿龈音	齿龈后音	腭音	软腭音	小舌音	咽音	声门音	唇软腭音
爆发音	p b		t d				k g	qɢ		ʔ	kp gb
鼻音	m			n		ɲ	ŋ				ŋm
颤音				r				R			
擦音	ɸ ß	f v	θ ð	s z	ʃ ʒ		xɣ	χʁ	ħ	h	xɸɤß
边擦音			ɬ ɮ								
边音				l							
内破音	ɓ			ɗ			ɠ				
塞擦音	pf bv	tf dv	ts dz			cɟ	kx gɣ				kf gv
通音						y					w

非洲语言的辅音系统比元音系统具有更鲜明的地域特色。

首先，在非洲语言中存在着在类型学上非常罕见的三类辅音，即协同发音（doubly articulated/double articulation）的辅音（特别是爆发音（stop））、内爆音（implosive）和倒吸气音（click）（Welmers，1973：46；Mutaka，2000：45-47；Anyanwu，2008：§15.6；Vossen，2020）。

协同发音的辅音由两个发音部位不同的辅音构成（如两个爆发音），两个辅音同时阻塞和除阻，气流从肺部呼出，因此不同于两个独立辅音的发音的叠加（郭锦桴 1993：136-137；Laver，1994：§11.1；Mutaka，2000：45；Childs，2003：65-66；Ladefoged & Maddieson，2007：§10.2；Anyanwu，2008：§6.2.1；Clements & Rialland，2008：§3.2.4；Maddieson，2013c）。

由于协同发音的爆发音需要在口腔内的两个不同部位成阻，这会导致吸音（suction）的形成，吸音越强烈，则除阻时的"爆破"效果越明显。根据 Welmers（1973：46）的研究，Loma 语中的除阻"爆破"效果很明显，而 Kpelle 语的则弱很多，甚至会造成［k͡p］与［p］、［g͡b］与［b］较难分清的情况，Bokobaru 语的吸音效果则更为微弱，如果不通过观察发音者的口型，则几乎很难分辨［k͡p］与［p］。Etsako 语的 Ekpei 方言则是另一个极端，因为其吸音作为区别特征可以区分清（voiceless）爆发音和浊（voiced）爆发音。非洲语言中最常见的协同发音的辅音涉及软腭（velar）爆发音和双唇（bilabial）爆发音（Clements & Rialland，2008：42），如 Eggon 语中协同发音的爆发音［k͡p］、［g͡b］，此外还有鼻音［ŋ͡m］。根据 Welmers（1973：47-48）和 Clements & Rialland（2008：43）的统计，存在协同发音的爆发音的语音一般分布在从大西洋到中非共和国的一条带状区域，横跨西非高地并稍微向东，所涉及的语族和语支有 Atlantic、Bantu、Central Sudanic、Nilotic 和 Chadic。

内爆音也是一种利用特殊气流机制发音的非肺部音，是吸入的气流通过阻碍发出的。发音时，口腔发音部位和声门同时形成阻碍，喉头下降，造成口腔内气压略降低；在除阻时，由于口腔内的气压略低于口腔外，于是产生气流由口腔外向口腔内倒流的缩气现象（林焘、王理嘉，1992：74-76；Laver，1994：172-173；Mutaka，2000：47；Ashhy & Maidment，2005：108-110；Ladefoged & Maddieson，2007：82-90；Anyanwu，2008：§ 4.2.2；Clements & Rialland，2008：55-56；Reetz & Jongman，2009：92-93；Ladefoged & Johnson，2011：140-143）。在波形图（waveform）（图 2-1）和频谱仪图（图 2-2）中可看出内爆音［ɓ］与相同部位的爆发音［b］之间的区别（Ladefoged & Maddieson，1996：84；Ashhy & Maidment，2005：109）：

（9）

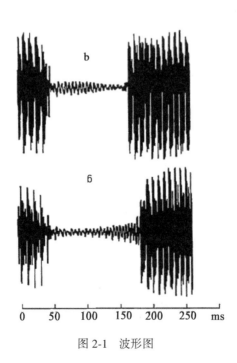

图 2-1　波形图

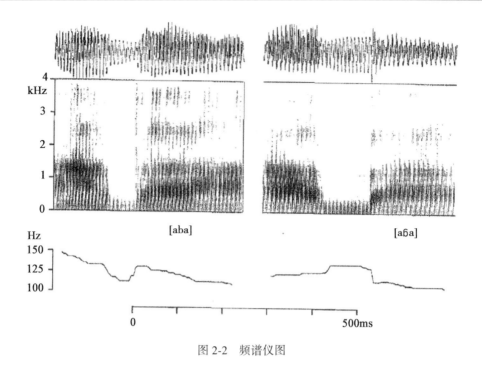

图 2-2　频谱仪图

　　内爆音主要包括浊双唇内爆音[ɓ]、浊齿内爆音[ɗ̪]、浊齿龈内爆音[ɗ]、浊卷舌内爆音[ᶑ]（非国际音标符号）、浊硬腭内爆音[ʄ]、浊软腭内爆音[ɠ]、浊小舌内爆音[ʛ]等，在非洲语言中都有发现，其中双唇内爆音[ɓ]似乎最为常见（Welmers，1973：48；Clements & Rialland，2008：57），但是在埃塞俄比亚、索马里和肯尼亚的某些语言中，唯一的内爆音是[ɗ]（Clements & Rialland，2008：57）。Clements（2000：132）指出，内爆音在很多方面与响音（sonorant）（如鼻音、流音（liquid）、通音（glide）等）十分类似，如在鼻音化元音的影响下可以鼻音化，不能出现在鼻音群，排除在降调（depressor）辅音（详见下文）之外，与响音具有一定的互补性（complementary）分布，最常见的为浊音。类似的观点也大致见于更早的 Creissels（1994）等。传统认为内爆音只有浊音，但是清音（化）的内爆音也确有发现，如 Igbo 语（Ladefoged et al.，1976）和 Lendu 语（Demolin，1995）。就语言系属而言（Clements & Rialland，2008：59），内爆音见于尼日尔-刚果语系的 Atlantic、Kru、东南 Mende、东 Ijoid、南 Edoid、南 Igboid、Cross-River、Adamawa-Ubangi、北 Bantu 诸语中；尼罗-撒哈拉语系的中 Sudanic 诸语、东 Sudanic 诸语和某些东 Sudanic 语言；在阿非罗-亚细亚语系中，尤见于 Chadic 诸语和某些 Omotic、Cushitic 语言中。以上语言在地理区域上基本都位于非洲中部，逐渐向东、西两侧扩展，但是在西非科特迪瓦中部和尼日利亚中部地区内爆音很罕见（Clements & Rialland，2008：57-59）。

　　倒吸气音主要包括双唇音［⊙］、齿音（dental）［|］、齿龈音（alveolar）［!］、腭音（palatal）［ǂ］和边音（lateral）［‖］。发音时，口腔内某部位（如软腭、双唇、舌尖等）成阻，导致气流在口腔内回转向内扩展，随后回转至成阻部位；当成阻部位除阻时，又吸入少量空气（由此所谓"倒吸气音"），以便继续使成阻部位有规律地发出倒吸气音（郭锦桴，1993：136；Laver，1994：174-179；Clements 2000：§6.6.4；Güldemann & Vossen，2000：105-106；Childs，2003：§3.1；Maddieson，2003：32-33、2013c；Ashhy & Maidment，2005：110-113；Canepari，2005：207-210；Ladefoged & Maddieson，2007：Chapter 8；Anyanwu，2008：§4.3；Reetz & Jongman，2009：§6.1.2；Ladefoged & Johnson，2011：143-147）。倒吸气音本身可以为清音、浊音、送气、不送气、鼻音化、声门化（glottalization）等不同类别（Traill & Köhler，2016），例如（Childs，2003：59-60）（表 2-4）：

　（10）　　　　　　　　　　　　　　表 2-4　倒吸气音

清音倒吸气音	浊音倒吸气音	送气倒吸气音	鼻音倒吸气音
［⊙］	［g⊙］	［⊙ʰ］	［ŋ⊙］
［|］	［g|］	［|ʰ］	［ŋ|］
［‖］	［g‖］	［‖ʰ］	［ŋ‖］
［ǂ］	［g ǂ］	［ǂʰ］	［ŋ ǂ］
［!］	［g!］	［!ʰ］	［! ŋ］

　　根据 WALS 的统计，有倒吸气音的语言，主要分布在非洲南部，见于 Bantu 诸语和三大语系之外的其他语言（Maddieson，2003：§5；Clements & Rialland，2008：62-63），但是一般的观点认为倒吸气音源于不属于三大语系的、位于非洲南部的那些语言（即原来所谓的柯伊桑语系的语言），而 Bantu 诸语中的倒吸气音是通过长期的语言接触才逐渐进入这些语言的（Maddieson，2003：§5；Traill & Köhler，2016）。

　　除了以上三类非常特殊的辅音，还有其他一些辅音在非洲语言中也具有一定的特殊性和集中性。其一，唇闪音［ⱱ］，主要集中在非洲中部地区，涉及 Chadic、Central Sudanic 和 Adamawa-Ubangi 诸语（Clements & Rialland，2008：41）。其二，喉咽音（guttural）（主要包括小舌、咽、声门三个部位的辅音/ħ/、/ʕ/、/h/、/ʔ/、/χ/、/ʁ/）普遍存在于阿非罗-亚细亚语系（Anyanwu，2008：§15.6.5）。与之类似，相关的声门（化）尤见于 Simitic 语言和尼日尔-刚果语系的某些语言中（Mutaka，2000：47,）。其三，外挤气音（ejective），如［t'］、［c'］、［k'］、［s'］等。发音时两处成阻，即喉门关闭，同时上声道内例如软腭成阻。软腭处除阻后喷音爆发，然后喉塞无听感除阻（Ashhy & Maidment，2005：105-108；

Canepari，2005：205-206）。

外挤气音尤见于东非的语言（Clements & Rialland，2008：60），在非洲南部则见于Bantu 诸语和其他三大语系之外的语言中。

虽然在一般意义上可以认为非洲语言中的辅音丛较少见，但也并非绝对不存在（Clements，2000：§6.6），最常见的是流音丛（liquid cluster）（如 Ma'di 语中的［tɽ］、［dɽ］）、鼻音丛（nasal cluster）和阻爆发音丛（obstruent cluster）（如［px］、［ps］、［pʃ］、［fx］、［fs］、［fʃ］）。需要注意的是，辅音丛是由两个或更多单独的辅音构成的，因而与协同发音的辅音不同，后者是一个辅音，因此［bg］和［g͡b］、［ŋm］和［ŋ͡m］是不同性质的辅音：前者都是辅音丛，而后者则是上文分析过的协同发音的辅音。此外，辅音丛和协同发音的辅音作为音节首和音节尾的能力也是不同的：协同发音的辅音多出现在音节首的位置，而辅音丛则不可以（Clements & Rialland，2008：42），相反，协同发音的爆发音似乎从来不出现在音节的末位（Mutaka，2000：46）。

就非洲语言辅音系统总体而言，也具有一定的对称性，如较常见的爆发音、擦音、塞擦音（affricate）等都成对出现，但是也不无例外，如标准 Arabic 语（详见下文）中，只有一个双唇爆发音［b］、一个软腭爆发音［k］和一个小舌爆发音［q］，以及一个唇齿擦音［f］和一齿音后擦音［ʃ］与一个齿龈后塞擦音［ʤ］。Clements & Rialland（2008：§3.2.9）也讨论了某些非洲语言中不存在［p］音的情况，特别提及了标准 Arabic 语。［p］的缺失造成了辅音系统的不对称。从世界语言的整体情况来看，没有［p］的非洲语言比非洲之外的语言比例高很多，其中北部非洲和东部非洲的语言又占据了所有没有［p］的非洲语言的 2/3 左右。

Clements（2000：125）给出的辅音音系系统则更加简单，基本包括存在于非洲语言中的典型的辅音音位，见表2-5。

（11）　　　　　　　　　　　　表 2-5　非洲语言辅音系统

	双唇音	唇齿音	齿音	齿龈音	齿龈后音	腭音	软腭音	声门音	唇软腭音
爆发音	p b		t d				k g		
鼻音	m		n			ɲ	ŋ		
颤音			r						
擦音		f		s z	ʃ			h	
边擦音									
边音			l						
塞擦音				cɟ					
通音						y			w

其还对非洲语言的辅音的音系系统进行了特征(feature)化分析，认为以下几个特征可以定义非洲语言的音系系统：

(12)唇音性(labial)

　　双唇音性，如/ɸ/、/ß/、/m/

　　唇齿音性(labiodental)，如/ɱ/、/v/

　　唇软腭音性(labial-velar)，如/f/、/v/、/w/、/k͡p/、/g͡b/、/ŋ͡m/

舌前性(coronal)

　　尖音性(strident)

　　前部性(anterior)

　　舌尖性(apical)，如/t̪/、/ɖ/

舌背性(dorsal)，如/q/、/ɢ/、/χ/

喉音性(laryngeal)，如/ʔ/、/h/、/ɦ/

咽音性(pharyngeal)，如/ħ/、/ʕ/

声门收紧性(constricted glottis)，如/ɓ/、/ɗ/、/ʃ/、/ɠ/

响音性

下文个案研究中通过具体分析非洲语言的语音-音系系统，会更加详细地给出辅音系统以及相关的特征。

1.3　声调系统

根据《国际语言学手册》的定义，声调(tone)是可以区别词的音高变化。声调语言(tone language)就是音高能够区分词的语言。非洲语言的声调标记一般采纳国际音标的平调声调的标记系统，即′(类似于汉语拼音中二声声调的标志)为高调 H、ˉ(类似于汉语拼音中一声声调的标志)为中调 M、ˋ(类似于汉语拼音中四声声调的标志)为低调 L，如 á、ā、à。曲拱型声调则通过以上三个标志结合，即升调为ˇ(类似于汉语拼音汉语拼音中三声声调的标志)、降调为^，如 ǎ、â。因此这套系统对于只熟悉汉语拼音声调标注系统的中国人来说特别容易混淆。有鉴于此，对于汉语(方言)声调的标注，我们放弃汉语拼音的系统，而采纳五度标记法，即 ā=a^{55}、á=a^{35}、ɑ=a^{214}、à=a^{51}。①

---

① 有关不同声调语言中不同的声调标注系统的详细解释，可参见 Yip(2002：§2.2)。

非洲语言，特别是撒哈拉以南非洲语言的另一个显著的特点，就是声调的存在（Welmers，1973：78；Childs，2003：§3.7；Odden，2006；Dimmendaal & Storch，2016）。

阿非罗-亚细亚语系中的声调语言占少数，主要分布在非洲北部、东部和西部边缘地带，包括 Chadic 诸语、以及 Cushitic 诸语中的 Somali 语（Puglielli，1997；Canepari，2005：375）。尼日尔-刚果语系中，Wolof 语、Serer-Sine 语、Fulah 语、Swahili 语等 Atlantic 语言为没有声调的特例（Dimmendaal & Storch，2016）。其他语系的非洲语言基本都是声调语。

尽管声调普遍存在于非洲语言之中，是大部分非洲语言语音-音系的突出特点之一，但非洲语言的研究还是相对晚近的事情。这或许一方面是由于语料最丰富、研究历史最长、传统最悠久且最为人所熟知的非洲语言（如 Arabic 语、Hebrew 语）都不是声调语言，而另一方面，最早关注非洲语言（及其研究）的学者都来自母语没有声调的欧洲，因而对于声调现象的重视程度不够，远远逊于对元音和辅音的研究。对于非洲语言声调的研究经历了一个从无到有、从分歧到基本一致的过程，从早期的多种观点并存（Welmers，1973：84-86）到对于声调的性质和分析逐渐趋同。目前就非洲语言声调系统基本取得了较一致的观点，认为非洲语言的声调系统具有以下几大特点（Yip，2002：§6.2；Childs，2003：§3.7；Clements，2003：§6.7；Odden，2006；Anyanwu，2008：§14.6-§14.7；Clements & Rialland，2008：70-74；Odden，2020）。

①两分性，即大部分语言只有两个平调，高调 H 和低调 L，少数语言只有一个声调（即所谓的声调重音型（pitch-accent）语言）或多于两个的平调，最多为 6 个平调（Kyoli 语）。这或许并不完全符合在很多非洲语言中直接观察到的语言事实，如以下 Yoruba 语的句子（Ogunbowale，1970：68），其中既有高平调（如 é）、低平调（如 ì），还有升调（如 ǒ）：

(13) Àwa akékǒ wà ní ílé-ìwé

其实进一步深入细致地分析可以证明，升调其实是低平调+高平调的组合，因而与两个平调的地位是不同的：平调是基础声调，或底层（underlying）声调，具有音系学地位；而升调则是组合声调，或表层声调，只具有语音学地位。Yoruba 语声调的这种特性其实在非洲语言中具有一定的代表性。一般而言，在非洲语言中罕见真正的曲拱声调（如升调、降调，以及更复杂的升降调、降升调等），语音上的曲拱声调一般都是高调 H 和低调 L 的不同组合，再如 Mende 语（Clements，2000：152）：

(14) k ɔ́（高调 H）、kpà（低调 L）、mbû（降调 HL）、mbǎ（升调 LH）、mbǎˋ（升降调 LHL）

例外的情况似乎也有发现，例如 Newman(1986)分析认为，在 Grebo 语中，表层的两个声调并不是该语言中四个平调组合的结构，而是源自底层的曲拱声调。诚然，在语音层面出现的声调越多、类型越复杂，那么音系分析就会越困难。所以类似于 Grebo 语的复杂个案的分析与一般只有两个声调的系统的分析相偏离也并非完全出乎意料。不过类似的复杂情况在非洲语言中实属少数，声调的两分性特征还是占据主流的。

对于非洲语言声调两分性的音系学分析一般认为，在大部分只有两个声调的语言中，在音系层面的对立是高调 L 和无调 Ø(而不是低调 L)，换言之，只有高调 H 需要赋值，如果没有特别赋值为高调 H，则在语音层面实现为低调 L，所以低调 L 是一个缺省的调(Pulleyblank，1986；Hyman，2001)。这种分析虽然并非一家独大，但的确可以解释更多的语言现象。例如在 Bantu 诸语中，两个相邻的高调 HH 会变为高调 H+低调 L(即所谓的莫森法则(Meeussen's Rule)，大致类似于强制曲拱原则 OCP(Obligatory Contour Principle)，即不允许同一个表征式中出现两个相同的邻接成分，如两个高调 *HH)，而两个低调 LL 相邻则保持不变。如果认为低调 L 只是音系层面无调情况在语音层面的缺省表达形式，则很容易解释以上看似矛盾的现象：音系层面同调相邻是禁止的，所以两个高调 H 不能在语音层面实现为双高 *HH；但音系层面无调的单位当然可以相邻，因而其在语音层面实现为双低 LL 完全合法。此外，高调 H 出现的频率低于低调 L，在词中可出现的位置也少于低调 L，这也可以认为低调 L 是缺省的、非标记的(non-marked)，因而使用更多，出现的场合也更多。尽管如此，某些语言的语料的确证明高调 H 和低调 L 之间的关系远非如此简单：Clark(1990)证明 Igbo 语中低调 L 是需要赋值的，而高调 H 则是缺省的；而根据 Cahill(1999)的分析，高调 H 和低调 L 都是需要赋值的。对于有更多声调(平调或曲拱声调(例如汉语类型的声调))的非洲语言，情况就会更加复杂。

②机动性(mobility)①，例如声调可以从一个语素(morpheme)扩展或移动到另一个语素，该现象尤见于 Bantu 诸语，可细分为扩展(spreading)和转换(shift)。扩展即声调的拷贝，如 Odden(2015)分析的 Kerewe 语、Shona 语和 Shambala 语：

(15) Kerewe 语

　　kubala "数"

　　kubala Magajáne "数 Magajáne"

---

① 也可以称其为独立性(independence)(Clements，2000：152)，因为独立才能机动。与非洲语言的声调不同，汉语中的声调不具有独立性(即需要紧密依附在载调单位 TBU(tone bearing unit)(一般是音节))之上，因此也没有机动性。

kubalana"互相数"

kuballilana"为了对方而数"

kulúma"咬"

kulúmá Magajáne"咬 Magajáne"

kulúmána"互相咬"

kulúmílana"为了对方而咬"

(16) Shona 语

Kutórá"拿"

Kutórésá"使(某人)拿"

Kutórésérá"使(某人)为了(某人)拿"

Kutórésérana"使为了对方而拿"

(17) Shambala 语

kuɣoʃoa"做"

kuvíɣóʃóa"做它们"

ní kúɣóʃóa"需要去做"

这三种语言中的扩展现象都只涉及高调 H,但程度不一:在 Kerewe 语中,只能向原高调 H 所在的音节右侧且不是最后一个音节的音节进行扩展;在 Shona 语中,只能向原高调 H 所在的词的内部且位于原高调 H 所在的音节之后的两个音节进行扩展;而在 Shambala 语中,扩展可以无限延续,直到倒数第二个音节。因此,Anyanwu(2008:261-262)将扩展分为了部分扩展和完全扩展:

(18)部分扩展:L H → L LH;H L → H HL

(19)完全扩展:L H H → L L H;H L L → H H L

转换则是声调位置的改变,最常见的是移动到原声调(一般也都是高调 H)右侧的下一个非末位音节上,如在 Jita 语中即如此(Downing,1990)。更远距离的转换也并非不可能,如右向移动跨越若干个音节亦有可能,如 Kisseberth(1992)分析的 Zigula 语:

(20)kudamaɲa"做"

kudamaɲiza"为……而做"

kudamaɲizana"为了对方而做"

kulombéza "问"

kulombezéza "为了……而问"

kulombezezána "为了对方而问"

nahugusahugusa "我不停地剥皮"

ahugusahugúsa "他不停地剥皮"

kuguha matuŋgud³a "拿西红柿"

kufisa matuŋgúd³a "藏西红柿"

下划线的元音为声调的起始位置，其右向转换可跨越 4 个音节之多。

以上扩展和转换都是从左向右进行，反方向的扩展和转换十分罕见，如 Totela 语 (Crane，2011)。

③变调，即声调之间的相互影响。例如在 Bokobaru 语中 (Welmers，1973：119)，中高调在低调 L 前变为高调 H；中调 M 在除了低调 L 的任何声调之前都变为低调 L，而在低调 L 前变为中高调；如果中高调在高调 H 后，则也变为高调 H；在句末的中高调如果在低调 L 后则变为中调 M。再如在 Bambili-Bambui 语中，/nìbɯ́ː/→[nībɯ́ː]（即 nì 中的低调 L 受 bɯ́：中高调 H 的影响，实际发音变为了中调 nī），即 (Anyanwu，2008：260)：

(21) L→ M/_H

最常见的情况是在前的低调 L 对于其后的高调 H 的影响 (Gussenhoven，2004：98-108)，一方面会造成下漂 (downdrift)，即在低调 L 后的高调 H 降低；另一方面会导致降阶 (downstep)，即由漂移性 (floating) 的低调 L 导致的高调 H 降低，由于低调的漂移性（这也是声调机动性的表现之一），虽然在高调 H 前没有显性的低调 L，但高调 H 依然会降低。发生下漂或降阶的高调 H 的具体调值只是相对于原来的高调 H 的调值而言有所降低，而不是跟该语言中存在的中调 M 或低调 L 的调值相比，因此即使发生下漂或降阶的高调 H 调值接近中调 M 甚至低调 L，也不能认为其是中调 M 或低调 L。

下漂或降阶最常出现于有两个平调的非洲语言中。Welmers(1973：93) 提出，降阶只出现在有下漂的语言中，反之则不然。这或许是因为下漂是一种语音上自然的趋势，即在句首、词首的声调要高于在句尾、词尾的声调，这完全符合人们说话的正常习惯，而降阶则是下漂的语法化 (grammaticalized) 的结果，是某些语言特有的现象，因此不能从语音层面进行预测 (Childs，2003：90-91)。但是 Badejo(1995) 则认为在 Kanuri 语中只有降阶而无下漂，这或许是因为在该语言中，下漂全部都语法化为了降阶。此外，虽然在前的高调 H 也会对其后的低调 L 产生影响（例如与降阶相反的升阶（upstep）（Gussenhoven，2004：§6.3.7；Odden，2020：§3.4），用↑表示），但远不如下漂和降阶常见，Thomas（1974）描写了 Engenni 语中的升阶现象：

(22)/úŋwónì ólíló/→[ú↑ŋwónólíló]"瓶子口"

　　/óvúmùópílópó/→[ó↑vúmópílópó]"她将要把猪肉弄干。"

④载调单位 TBU（tone bearing unit）多样，包括莫拉（mora）μ、音节或其他单位。虽然非洲语言的节律（metrical）结构并不发达，但是莫拉在某种程度上也是一个不可缺少的韵律单位，可用来分析声调（和元音的延长）现象。Connell et al.（2000）的分析证明，在 Kunama 语中，载调单位 TBU 应该为莫拉，三个声调（高调 H、中调 M 和低调 L（Canepari，2005：376））以莫拉为单位，从左至右依次匹配。

需要注意的是，载调单位 TBU 和一个词中声调的数量并没有直接的、必然的联系。例如一个语言的载调单位 TBU 为音节，但这并不意味着该语言中的每个词（或大部分词）中的每个音节都有声调。Anyanwu（2008：§14.3.4）讨论了所谓的有限声调系统（restricted tone system），援引 Iraqw 语为例，演示了该语不论单词中的音节数量为多少，只有最后一个音节带有两个区别性声调中的一个。换言之，Iraqw 语的载调单位 TBU 为音节，但每个词只能有一个声调。因此，载调单位 TBU 和单词中声调的多寡并非有绝对的关联性。

⑤降调辅音，即由声调和喉音特征的互动导致高调 H 降低或高调 H 的扩展受阻（Beach，1924；Hyman，1973；Hyman & Schuh，1974；Hombert，1978）[1]。以 Geji 语为例（Caron，2009），某些动词的第一个辅音是降调辅音，因此其第一个声调只能为低调 L，而其他动词的第一个辅音不是降调辅音，其第一个声调都不是低调 L，由此可见，降调辅音和低调 L 的必然性联系；就名词而言，中调 M 可出现在降调辅音或非降调辅音之后，因此降调辅音的作用不仅仅局限于将高调 H 降低为低调 L，而且还将高调 H 降低为中调 M 以及分配缺省的低调 L。仅从以上两个语言事实便可以发现，降调辅音的作用就是使其之后的声调降低，如高调 H 变为中调 M 或直接变为低调 L——具体细节取决于该语言中平调的数量，而更极端的方式就是降调辅音使其后声调尽可能低，即无调的载调单位 TBU 都被赋予了低调 L。

---

① 我们在此不讨论这种现象的发声机制方面的动因，可参见 Moreton（2006）。

⑥具有语法功能。非洲语言声调可以区别不同的词义，这类似于汉语声调的功能（Anyanwu，2008：§14. 3. 1），见表 2-6、表 2-7、表 2-8。

(23)   **表 2-6 Igbo 语**

声调	词例	汉译
HH	ɔ́kʰɔ́	火,热
HL	ɔ́kʰɔ̀	健康
LH	ɔ̀kʰɔ́	种植者
LL	ɔ̀kʰɔ̀	嗝

(24)   **表 2-7 Etulo 语**

声调	词例	汉译
L-HL	ùtɔ̂	木灰
M-M	ūtɔ̄	湖
L-L	ùtɔ̀	头领

(25)   **表 2-8 Buduma 语**

声调	词例	汉译
H	fú	村子
L	fù	身体
H-H	bóbí	老鼠
H-L	bóbì	泥块
L-H	kəlí	狗
L-L	kəlì	网

非洲语言中的声调不仅可以区分不同的词义，还可以表达一定的语法范畴，例如名词的语法关系（grammatical relation）（或所谓的"格"（case））、定指性（definiteness）、数（number）、主有关系（possession）、伴随关系（associative）（即类似于连词"和"和介词"跟"所表达的概念关系）、时态-体貌-语气等。在 Laari 语中，声调可以用来表达名词的语法关系（Blanchon，1998：21），见表 2-9。

（26）　　　　　　　　表 2-9　Laari 语中声调表达名词语法关系

词汇	引用形式	主语	其他成分
蚊子	lùbú	lùbù	lùbú
老人们	bìnùnú	bìnùnù	bìnùnú
裂缝．复数	bìpàːkú	bìpàːkù	bìpàːkú
男人．复数	bàbàkàlá	bàbàkàlà	bàbàkàlá
天空	màzúlù	màzúlù	màzúlù
黑暗	bùlǒːmbì	bùlòːmbì	bùlǒːmbì
棕榈树．复数	màbá	màbá	mábà
村子．复数	màɤátà	màɤàtá	máɤàtà
被劈开的树枝	màɤáːlà	màɤàːlá	máɤàːlà
孙辈们	bàtékòlò	bàtèkòló	bátèkòlò

在 Yombe 语中，声调可表达定指性（Blanchon，1998：3），见表 2-10。

（27）　　　　　　　　表 2-10　Yombe 语中声调表达定指性

词汇	定指	不定指
嘴	múnù	mǔmù
老人	kínúnù	kìnǔnù
男人，男孩	líbák ɔ́lə̀	lìbàk ɔ́lə̀
女人．复数	ŋ́kyěːntù	ŋ̀kyéːntù
肋骨	lúbâːnzì	lùbâːnzì
树．复数	mítí	mìtí

在 Kisi 语中，声调表达时态-体貌（Childs，1995：220）：

（28）ò　　　cìmbù

　　3.单数　离开．现在时．习惯体

　　"他经常离开"

（29）ò　　　cìmbú

　　3.单数　离开．过去时．完成体

　　"他离开了"

在 Igbo 语中, 声调①可以表达不同的句子话语类型以及成分结构(Anyanwu, 2008: 255):

(30) ɔ́-gàrà (H-L-L)"他/她去了。"

ɔ̀-gàrà (L-L-L)"他/她去了吗?"

(31) ófédìɔ́kʰ ɔ́ (H-H L H-H)"汤是热的。"(陈述句)

ófédíɔ́kʰ ɔ́ (H-H H H-H)"热的汤"(名词短语)

由此可见, 非洲语言中声调的功能比汉语声调的功能更为丰富。需要注意的是, 在类型学中和在非洲语言中, 词汇层面的声调和语法(形态和句法)层面的声调之间似乎都不存在绝对的相关性, 因为存在以下四种可能性, 见表 2-11。

(32)   **表 2-11 词汇和语法层面声调**

类型	无语法声调	有语法声调
无词汇声调	英语、Arabic	Cushitic 诸语(Mous, 2012: 351)
有词汇声调	汉语	大部分非洲声调语言

⑦反向性(polarity), 即词内的不同构成部分之间的声调会彼此相异, 可以表现在词缀(affix)的声调与词根(root)相反, 如 Dagaare 语(Bodomo, 1997: 16):

(33) wìr-rí "马"

yí-rì "房子"

再如, 在 Glavda 语(Buba & Owens, 2007: §5.8.7)中, 动词扩展形式(详见第 3 章 3.2 节)总要和 R 类词根或主语人称标志的声调相反, 如:

(34) ɬəg-dá 高调 H-ɬəga 低调 L

推-动词扩展-词根

"他正在推走"

---

① 不是"语调"(intonation), 参见第 5 章相关内容。

（35）ɬág-da_{低调 L}-ɬágá_{高调 H}

推．复数-动词扩展-词根

"他正在把很多（东西）推走"

Hausa 语中系词（copula）/联结动词（linking verb）的声调也要取决于前面的词的声调，总要与之相反（Newman，2000：160）：

（36）wánnàn jáákíí nèè

wánnàn dóókì néé

wánnàn bààbûr néé

wánnàn rììgáá cèè

wánnàn táágàà céé

wánnàn tààsî céé

其中第一个形式①为指示词"这是"，第二个形式为名词，末尾的声调不同，第三个词形式 nee 和 cee 为所谓的系词/联结动词，其声调总是与第二个形式的末尾声调相反。

综上所述，非洲语言中的声调具有强烈的地域特色和系属特性，具有以下特点：机动性、两分性、罕见真正的曲拱声调、载调单位 TBU 多样、下漂、降阶、降调辅音、反向性。这些特点的机制和动因尚未完全了解，对于具体显现的音系学分析也还未统一，因此这方面的研究还有很多不足之处。

1.4　音节结构

音节是根据语音响度组织音段成分的音系单位（赵忠德 & 马秋武，2011：282）。

在非洲语言中，音节一般都包含一个响度顶峰的 V（单元音、双元音或可以成音节的辅音），前后可以有一个辅音或辅音群作为音节首（onset）和音节尾（coda），即（C）V（C）（Clements，2000：140）。诚然，这种规律性也要服从语言的特性，而且在一种语言中，词根和词缀也要服从不同的合适性条件（well-formedness condition）。以阿非罗-亚细亚语系为例，音节结构多样，包括 CV、CVC、CVV、CVVC、CCVC、CCVCC 等（Frajzyngier，2012：511）。而 Arabic 语的音节的基本结构（Watson，2002：§4.2-§4.3）也表现出一定

---

① 我们在此不详细指明这三个形式到底是词还是词缀，具体分析可参见 Newman（2000）的讨论。

的特性，虽然最常见的为 CV、CVV 和 CVC，但还有更为复杂的音节结构如 CVVC、CVCC 和 CVCCC，而且 CVCCC 结构只存在于中东地区的 Arabic 语的标准变体中，不见于北非的 Arabic 语的标准变体。

2. 语系分论①

2.1　阿非罗-亚细亚语系

阿非罗-亚细亚语系辅音系统最大的特点为存在一系列咽（化）音（pharyngeal(ized)）和声门（化）音（glottal(ized)）（Welmers，1973：49-50，Mutaka，2000：47；Hoberman，2006：§1；Frajzyngier，2012：508）。其发音机制为（郭锦桴，1993：134-135；罗常培 & 王均，2004：134-135；Maddieson，2013a、2013b）：咽（化）音发音时，上喉壁（即咽腔壁）肌肉紧缩，形成狭窄的通道，气流从其中挤出，声带震动为浊音，不震动为清音。最为常见的咽音是咽擦音（fricative）（[ħ]和/或[ʕ]）（Ekkehard Wolff，2018）。声门（化）音发音时，声门闭合成阻，后除阻使气流通过，声带震动为浊音，不震动为清音；或喉腔下壁直至声门收缩，形成狭窄的管道，气流挤出产生摩擦，声带震动为浊音，不震动为清音。标准 Arabic 中存在两类辅音：咽音 [ħ]，咽化音 [tˤ]、[dˤ]、[sˤ]、[ðˤ]、[lˤ]、[ʔˤ]和声门音[ʔ]、[h]。声门音普遍存在于 Cushitic 诸语中（Mous，2012：355）。Chadic 诸语中也有声门（化）辅音，如 Hausa 语中的[ʔ]、[h]、[ts']、[ʧ']、[j']、[k']、[kʲ']、[kʷ']。

外挤气音普遍存在于埃塞俄比亚的 Semitic 语言中，也见于 Cushitic 和 Omotic 诸语。Chadic、Berber 和 Cushitic 诸语中存在声门化的外挤气音。

很多语言除了清音和浊音之外，还有一套所谓的强势音（emphatic），其具体的语音表现可能是小舌化（uvularized）（如标准 Arabic 中的/sᵡ/、/dᵡ/、/tᵡ/、/ðᵡ/、/lᵡ/）、咽音化（如标准 Arabic 中的[tˤ]、[dˤ]、[qˤ]、[sˤ]和[ðˤ]）、腭化（velarized）或外挤气音等。

辅音群较常见。与丰富且复杂的辅音系统相比，阿非罗-亚细亚语系的语言元音系统都相对贫乏且简单，一般在 2~7 个元音（Frajzyngier，2012：209）。元音和谐现象见于

---

①　我们在此以及在随后的章节中都按照语系的分类对所研究的现象和结构进行具体的分述，而 Clements & Rialland（2008）的做法则是将非洲划分为六大区域进行分别研究。这也不失为一种研究策略。不过问题在于，该划分方法只是针对语音–音系研究有效，而对于其他层面的研究未必合理。有鉴于此，我们才未予采纳。

Berber、Cushitic、Semitic、Chadic 诸语中，但具体的语音效果和触发机制不同（Frajzyngier，2012：517）。元音长短的（系统性或非系统性）区别存在于很多 Chadic 语言中，其决定因素多样，包括元音位置（长元音尤见于倒数第二位），两个短元音相连、相邻的词的末位和首位元音融合，以及中元音和半元音的融合（Anyanwu，2008：§15.4.3）。

就韵律特征而言（Frajzyngier，2012：513），很多阿非罗-亚细亚语系的语言（如 Cushitic 诸语和 Omotic 诸语）为重音型声调语言，即并非每个音节上都有声调。而在 Chadic 诸语中（Frajzyngier & Shay，2012b：§5.4.3）存在声调，大多为双调系统（即高调 H 和低调 L），载调单位 TBU 为音节，因此不属于重音型声调。声调的作用体现在词汇和语法两个方面，即区别不同的词汇和表达语法范畴（例如体貌、语式、语法关系等）。在 Cushitic 诸语中（Mous，2012：351），声调的作用几乎只局限于形态和句法层面，而词汇层面具有区别功能的声调很少，因为声调只在最末音节有一定的区别功能。Omotic 诸语中声调在词汇和语法两个层面的功能更为均衡（Ahma，2012：437）。

一般而言，阿非罗-亚细亚语系语言中音节结构多样，包括 CV、CVC、CVV、CVVC、CCVC、CCVCC 等（Frajzyngier，2012：511），很明显可以看到，以辅音在首位居多（Welmers，1973：39；Frajzyngier，2012：511）。

2.2　尼罗-撒哈拉语系

Bender（1997：§40.3）认为，尼罗-撒哈拉语系的语言共有的元音为：

(37) i/iː   u/uː

　　e/eː   o/oː

　　　　a/aː

这也可以看作非洲语言中常见的五元音系统（见上文）的一个变体。

尼罗-撒哈拉语言中存在元音和谐现象（Mutaka，2000：40；Anyanwu，2008：§15.5；Dimmendaal，2017；Goodman & Dimmendaal，2017）。在最典型的情况下，词内的全部元音共享某些特征（van der Hulst & van de Weijer，1995、2006；Mutaka，2000：§1；Childs，2003：§3.5；Clements，2003：§6.4.1；Archangeli & Pulleyblank，2007；Rose & Walker，2011；Dimmendaal，2017），如果元音和谐既出现在词根中又出现在词缀内（一般为后缀，很少为前缀），则是优势（dominant）和谐；而如果元音和谐只限于词根，则是词根控制（root-controlled）和谐。前者见于 Jola-Fonyi 语（Sapir，1965）（表 2-12）：

（38）   表 2-12 Jola-Fonyi 语元音

i u e o ə	ɪ ʊ ɛ ɔ ɑ
ɟitum	bɑɟ
ɟitum-en	bɑɟ-ɛn
ni-ɟitum-en-u	nɪ-bɑɟ-ɛn-ʊ
ɟitum-ul	bəɟ-ul
ni-ɟitum-ul-u	ni-bəɟ-ul-u

在左列中，词根内部的元音为 i、u，符合元音和谐的要求；后缀内部的元音为 e、u，也符合要求。右列中的元音则为 ɑ、ɛ、ʊ，也符合要求。

Dholuo 语的元音和谐似乎混合了以上两套系统①（Welmers，1973：37），9 个元音分为两组：

（39）i   ɪ

　　　e   ɛ

　　　u   ʊ

　　　o   ɔ

　　　　　　　　　ɑ

在词缀中 a 可不考虑词根中元音所属的组别而随意与两组元音搭配。除了这一例外的元音，其他的元音都需要按照自身所属的组别出现在词根或词缀中，而不能越组搭配：词根中一般只能出现 i、e、u、o 或 ɪ、ɛ、ʊ、ɔ，词缀中除了 a 可不受元音和谐的限制，其他元音必须按照 i、e、u、o 或 ɪ、ɛ、ʊ、ɔ 相应组合。

以上两例都是非洲语言元音和谐中最常见的情况，即共享特征为 ART（Advanced Tongue Root）特征，具体机制为前移舌根会造成咽腔的扩张，反之亦然（Clements，2000：137；van der Hulst & van de Weijer，2006；Casali，2008）。此类元音和谐尤见于尼罗-撒哈拉语系的语言（Childs，2003：71；van der Hulst & van de Weijer，2006：§2.1）。

某些尼罗-撒哈拉语系的语言中一类特殊的"气声"（breathy）元音（记作[V̤]）。以 Dinka 语为例，其元音系统为（Anderson，1987；Malou，1988）（表 2-13）：

---

① 可对比参见下文 Fante 的元音和谐。

（40）　　　　　　　　　　　表 2-13　Dinka 元音系统

音高	前		央		后	
	非气声	气声	非气声	气声	非气声	气声
高	i	i̤			u	ṳ
半高	e	e̤			o	o̤
半低	ɛ	ɛ̤			ɔ	ɔ̤
低			a	a̤		

Welmers（1973：52）和 Bender（1997：§40.3）给出了尼罗-撒哈拉语系语言典型的辅音系统：

（41）p θ t c k

　　b ð d j g

　　w l r y ɣ

　　m n ŋ

该系统具有较好的对称性，发音部位和发音方法的匹配度也较高，但具体的语言会有差异，不能认为这一系统必然存在于尼罗-撒哈拉语系的具体语言中。辅音出现的位置较自由，词首辅音是常见的情况，词尾辅音也不罕见（Welmers，1973：39）。尼罗-撒哈拉语系的语言中存在辅音群，但是否常见还存在争议。

大部分尼罗-撒哈拉语系的语言具有声调，但是声调系统的复杂程度不一，最复杂的可以有 4 个声调（Dimmendaal，2017；Goodman & Dimmendaal，2017），基本都符合前文所分析的非洲语言声调的总体特征，不赘。

2.3　尼日尔-刚果语系

前文已述，Bantu 诸语中典型的对称型元音系统在西非的尼日尔-刚果语系中非常常见（Anyanwu，2008：§15.4.1；Bendor-Samuel，2018），由一个央、低元音和同等数量的前、不圆唇和后、圆唇元音组成，数量为 5、7、9 不等。但是在 Bantu 诸语中也存在偶数个元音的系统，如 Dan 语有 10 个元音（Welmers，1973：20；Mutaka，2000：34）：

(42) i　　i-　　u

　　　e　　ɪ-　　o

　　　ɛ　　ə　　ɔ

　　　　　　a

　　这应该算是尼日尔-刚果语系中比较复杂的元音系统了，但是仍不失其对称性，因为前/不圆唇和后/圆唇之间的对称关系保持完好，因此可以认为是从更基本、更简单的奇数个元音系统发展而来的，是个别语言的创新。

　　类似偶数个元音的系统还有 Tiv 语和 Éwé 语的六元音系统以及 Igbo 语的八元音系统（Mutaka，2000：34）：

(43) i　　　　u

　　　(ɪ　　　ʊ)

　　　e　　　　o

　　　a　　　　ɔ

　　其实也可以看作单数个元音系统的增减。

　　很多尼日尔-刚果语系的语言的元音有长短之分（Welmers，1973：24；Mutaka，2000：37），但就音系学角度而言，长元音并没有音系地位，而是两个相邻的短元音的结合。最主要的证据是长元音所带有的声调基本都伴有声调的滑动（glide）现象，该声调现象在短元音中是不存在的，故此类长元音可以认为是两个相同的短元音的叠加。另一个长元音经常出现的环境是句子的倒数第二个元音，这显然也与音系规则无关。然而，一般认为 Hausa 语中的长元音和短元音则都应该具有音位地位，即（Schuh & Yalwa，1999）

(44) i/iː　　　u/uː

　　　e/eː　　　o/oː

　　　　　a/aː

　　鼻化元音也常见于西尼日尔-刚果语系的语言（Bendor-Samuel，2018），但在 Bantu 诸语中却较罕见（Welmers，1973：30）。常见的情况是语素的最后一个元音鼻化，但是也有可能涉及两个元音（特别是可以分析为两个短元音的长元音）或更多元音的元音群。以 Jukun 语为例（Welmers，1973：32）①：

———————————

①　此处忽略元音的长短之分。

(45) i/ĩ   u/ũ

ε/ε̃   ɔ/ɔ̃

a/ã

即每一个鼻化元音都有一个相对应的非鼻化元音。而 Kpelle 语所代表的系统更为典型（Welmers，1973：32）：

(46) i/ĩ   u/ũ

e   o

ε/ε̃   ɔ/ɔ̃

a/ã

即鼻化元音数量少于非鼻化元音。但是罕有鼻化元音作为音位的尼日尔-刚果语系的语言，Jukun 语亦如是，其音系系统只有 5 个元音音位，鼻化元音的出现与鼻音辅音的存在有着密切的关系。

尼日尔-刚果语系语言的另一个特点是元音和谐（Welmers，1973：§ 2.11-2.15；Mutaka，2000：40-42；Williamson & Blench，2000：36；van der Hulst & van de Weijer，2006；Anyanwu，2008：§ 15.5；Dimmendaal & Storch，2016），即在最典型的情况下，词内的全部元音共享某些特征（van der Hulst & van de Weijer，1995、2006；Mutaka，2000：§ 1；Childs，2003：§ 3.5；Archangeli & Pulleyblank，2007；Rose & Walker，2011）。在尼日尔-刚果语系的语言中，最常见的共享特征为 ART（Advanced Tongue Root）特征，因为前移舌根会造成咽腔的扩张（van der Hulst & van de Weijer，2006；Casali，2008）。以 Igbo 语为例（Welmers，1973：34-35），其 8 个元音根据特征［ART］可分为两组：

(47) +ART   -ART

i   ɪ

e   a

u   ʊ

o   ɔ

除了很少的例外，词内的元音必须属于同组。换言之，几乎不可能在一个词内同时出现 i-a-u-ɔ，而只能出现 i-e-u-o，或者更极端的情况是只有 i、e、u、o 元音。动词和名词的词根基本都是单音节，因此一般只有一个元音，该元音决定名词和动词的前缀中的元音的组别。例如，如果词根中的元音为 o，则前缀中的元音不能为 ɪ、a、ʊ、ɔ。跟 Igbo 较典型的元音和谐相比，Akan 中的元音和谐则表现得"不太和谐"，以其 Fante 方言为例（Welmers，1973：35-37），其元音为 9 个，也分为两组：

(48) i   ɪ

     e   ɛ

     u   ʊ

     o   ɔ

     a   a

[i、e、u、o]组中的[a]只出现在词根末位，且前面必须有 i 或 u。而第二组中的 a 可随意出现在词根或前缀中，没有限制。一般而言，前缀中的元音受限于词根中的第一个元音。因此，如果词根中的第一个元音为 i，则前缀中的元音只能为 i、e、u、o 中的某个，而该组中的 a 只能出现在词根中，而且前面必须有 i 或 e，因此在这种情况下，该词内的最后一个元音可以为 a，但是前缀中不能出现 a。反之，如果某词根中的第一个元音为 a，则在前缀和词根中只能出现第二组中的元音。

　　Mongo-Nkundu 语中的元音和谐更加偏离典型的元音和谐（Welmers，1973：39），因为 ɛ 和 ɔ 和 e 和 o 可共现，但是 ɛ、ɔ 都不能与 e、o 同现，此外，i、u、a 可随意与以上四个元音搭配。

　　除了常见的以 ART 特征为基础的元音和谐现象，在某些 Bantu 语言中还有以舌位高低和是否圆唇为基础的元音和谐（Mutaka，2000：57-59；Childs，2003：69-70），其系统（Clements & Rialland，2008：53），见表 2-14。

(49)　　　　　　　　　　　　　表 2-14　元音系统情况

类型	元音系统	变化关系	变化条件
a	iuɪʊɛɔa	ɪ→i	在有 ɛ、ɔ 的词根后
		ʊ→ɔ	在有 ɔ 的词根后
b	iueoɛɔa	e→ɛ，o→ɔ	在有 ɛ、ɔ 的词根后

类型	元音系统	变化关系	变化条件
c	iuɛɔa	i→ɛ	在有 ɛ、ɔ 的词根后
		u→ɔ	在有 ɔ 的词根后
d	iuɪʊeoɛɔa	ɛ→e，ɔ→o	在有高元音的音节之前

例如，在 Haya 语中（Byamshengo，1975），使役（causative）和双系式（applicative）的词缀都有根据舌位高低的变体，涉及 e 和 i 两个音的替换：i 出现在有 i、u 等高舌位元音的词根后，而 e 出现在 o、e 等低舌位元音的词根后。在 Nande 语中，不仅舌位高低会制约元音和谐，而且如果是高舌位的圆唇元音在 o 后会变为 ɔ，可以认为是[圆唇]特征在发挥作用（Mutaka，2000：58-59）。

就辅音而言，Welmers（1973：52）和 Williamson & Blench（2000：37）给出了一个典型的尼日尔-刚果语言的辅音系统：

(50) p t k kp

　　 b d g gb

　　 f s h

　　 v z

　　 w r l j

　　 m n ñ

当然，具体到个别的尼日尔-刚果语系的语言，总是会和以上的系统或多或少有差别。在实际的尼日尔-刚果语系的语言中，最常见的发音部位为唇音、齿音、齿龈音、硬腭音、软腭音和唇软腭音，爆发音总是有清浊之分，内爆音浊音居多，唇音化（labialization）、腭音化（palatalization）常见（Williamson & Blench，2000：37）。在某些语言中存在声门（化）音（Mutaka，2000：47）。协同发音的辅音常见于撒哈拉以南非洲的尼日尔-刚果语言中。倒吸气音只出现在数量有限的 Bantu 语言中，因此某些学者认为（Welmers，1973：50）其源于语言接触（参见本章第二节）。某些尼日尔-刚果语言还有卷舌音（retroflex）/ɖ/和/ʈ/（Anyanwu，2008：§15.6.4），Schadeberg（1987）和 Clements & Rialland（2008：§3.2.10）也讨论了非洲语言（主要位于苏丹东部的语言）中的卷舌音，主要为卷舌塞擦音或颤音。

元音和辅音的分布都有一定的限制。如果以词为单位，则一方面只有很少的词（如某些代词）以元音开始（Welmers，1973：39），另一方面辅音群较少见（Anyanwu，2008：

§15.6.9）。

　　绝大部分尼日尔-刚果语系的语言都是声调语，声调的数量从 2 个到 5 个不等，基本都是平调（Dimmendaal & Storch，2016），而 Bantu 诸语的声调研究应该是所有非洲语言中研究最深入的。Cassimjee & Kisseberth（1999：261-262）给出了 Bantu 语典型的声调系统：只有一个（底层的）高音 H 莫拉和一个无调莫拉，而且只有高调 H 才在音系系统中是活跃的；动词词根为高调和无调的对比，其具有语法功能的声调由形态分配；名词词根可以为高调 H 和无调莫拉之间的区别；词缀上的声调具有词汇功能。需要特别指出的是，就声调的数量而言，虽然普遍的观点认为原始 Bantu 语只有高调 H 和低调 L 两个声调，但是在当今的 Bantu 诸语中有了不同程度的发展，某些语言依然还只有两调，而其他的语言发展出了第三个声调，即中调 M，而根据 Coupez（1980）的统计，至少有 10 种 Bantu 语言没有声调，其中包括 Swahili 语（Contini-Morava，1997）。除了前文已经讨论过的在非洲语言中较普遍的声调现象，Bantu 诸语的声调系统还具有自身的特点。

　　①声调的类型与词类之间具有一定的关系，换言之，声调可以作为判断词类的形式标准。在 Bantu 诸语中，底层声调的分布在某些词类中非常受限，这尤其表现在动词词根上。根据 Mutaka（2000：85-88）的分析，Bantu 诸语中动词只能有两个或三个声调，在两声调的动词词根中，只能有高调 H+低调 L 或高调 H+无调 Ø 两种情况，而三调语言在某些分析中也可以划归为两调语言的高调 H+低调 L 或高调 H+无调 Ø 这两种情况。

　　②第二位元音（V2）与声调有特殊联系，该现象可以认为是非洲语言中声调机动性这一整体特征的具体表现之一。在某些 Bantu 语言中，词根第二个元音特别吸引声调，如 Lunganda 语（Mutaka，2000：95）：

　　（51）a-sib-á

　　　　　a-lagí-r-a

　　　　　a-tekémuk-a

　　　　　a-sumúlukuk-a

　　在以上这些形式中（姑且不论其意义为何），中间的词根-sib-、lagí-、-tekémuk-、-sumúlukuk-只在第二个元音上有声调，因此-sib-无声调，而其他三个则有声调（在第二个元音）。

2.4　其他语系与语言

　　在语音-语系方面，倒吸气音的存在是这些语言在全世界语言中的独特之处

（Güldemann & Vossen，2000：101；Vossen，2013a：6；Güldemann，2013a，Traill & Köhler，2016），主要包括双唇音［⊙］、齿音［ǀ］、齿龈音［!］、腭音［ǂ］和边音［ǁ］（郭锦桴，1993：136；Laver，1994：174-179；Ladefoged & Maddieson，1996：Chapter 8；Clements，2000：§6.6.4；Güldemann & Vossen，2000：105-106；Childs，2003：§3.1；Ashhy & Maidment，2005：110-113；Anyanwu，2008：§4.3；Reetz & Jongman，2009：§6.1.2；Ladefoged & Johnson，2011：143-147；Maddieson，2013b；Vossen，2013a：6；Traill & Köhler，2016）。

辅音的分布具有一定的规律性。在很多语言中，辅音在词首，特别是倒吸气音较常见（Welmers，1973：39；Mutaka，2000：47；Traill & Köhler，2016）。除了 Hadza 语和 Sandawe 语之外的其他语言中，倒吸气音和大部分非倒吸气音必须出现在词首位置，后面必须有一个元音。在词中的两个元音之间，只有少量辅音（如 b、m、n、l、r）才能出现。词尾辅音只能是 m 或 n（以及作为语法后缀的 p、ts、s）。阻爆发音（obstruent）在这些语言中也有特殊的分布（Güldemann & Vossen，2000：101）。

在元音方面，大多数语言是五元音系统，同时鼻音化很常见，声门化、气声和咽音化也较常见（Traill & Köhler，2016）。声调也是重要的区别特征，存在于所有的语言中，TBU 是元音或鼻辅音（Vossen，2013：6；Traill & Köhler，2016）。

3. 个案研究

3.1 阿非罗-亚细亚语系

阿非罗-亚细亚语系是非洲语言中研究较为深入的语系，因此在国际语音协会手册（Handbook of International Phonetic Association）中作为语例的 29 种语言就有 3 种阿非罗-亚细亚语系的语言，即 Amharic 语、Arabic 语和 Hebrew 语，系属分类分别为：

（52）Afro-Asiatic

    Semitic

        Central

            South

                Arabic

                    Standard Arabic

                Canaanite

                    Hebrew

South

Ethiopian

South

Transversal

Amharic-Argobba

<u>Amharic</u>

但是这三种语言并不能代表所有的阿非罗-亚细亚语系语言，因此我们还会给出其他语言的语音-音系系统作为例子。

3.1.1　Amharic[①]

Amharic 语的辅音系统如下：

(53) 爆发音：/p/、/b/、/t/、/d/、/k/、/g/、/bʷ/、/kʷ/、/gʷ/

鼻音：/m/、/n/、/ɲ/、/mʷ/

颤音：/r/

擦音：/f/、/s/、/z/、/ʃ/、/ʒ/、/h/、/fʷ/、/hʷ/

边通音：/l/

通音：/w/、/j/

塞擦音：/tʃ/、/dʒ/

外挤气音：/p'/、/t'/、/k'/、/pʷ'/、/tʷ'/、/kʷ'/、/tʃ'/、/s'/

/p/、/p'/、/pʷ'/三个音位一般只出现在外来词中。除了/p/、/pʷ'/、/tʷ'/、/h/、/hʷ/之外，其他辅音音位都有相应的叠音（geminate）。/p/、/t/、/tʃ/、/k/、/kʷ/发音时伴有送气现象。浊塞音在清塞音前有清化现象，而/h/在元音间会浊化。辅音丛不超过三个辅音。

Amharic 语的元音系统一共有 6 个元音：/a/、/e/、/ɨ/、/ə/、/u/、/o/，其中/ɨ/、/ə/分别存在变体[i]、[ʊ]和[ɛ]、[ɔ]：

---

① 　另参见 Cohen（1936：29-68）、Leslau（1995、1997、2000）、Hudson（1997）、Canepari（2005：375-376）。

(54)/ɨ/→[i]/齿龈后辅音、硬腭辅音_____

/ɨ/→[ʊ]/唇辅音、/w/_____

/ə/→[ɛ]/齿龈后辅音、硬腭辅音_____

/ə/→[ɔ]/唇辅音、/w/_____

双元音[aɪ]、[aʊ]、[ɪ]、[əʊ]并没有音系地位，而是由基础的元音前后相随构成复合序列。同样类似的是在非韵尾开音节和单个辅音结尾的闭音节中的长元音[iː]、[uː]、[eː]、[oː]，也不具备音系地位。

此外，Amharic 语中没有超音段音位：重音(stress)不发达，也不是声调语。

Amharic 语音节结构多样，包括 V、VC、VCC、CV、CVC、CVCC 等，可以作为单独的词出现，也可以出现在多音节单词中。词首可以为任意辅音或元音，但/ɲ/、/p/、/p'/和/pʷ'/相对罕见。/ə/不可出现在词首，作为词尾元音也仅仅出现在疑问小词[nə]之后或在诗体语言中。

3.1.2 Arabic[①]

根据国际语音协会手册的描写，Arabic 语辅音系统为：

(55)爆发音:/b/、/t/、/d/、/k/、/q/、/ʔ/

鼻音:/m/、/n/

颤音:/r/

擦音:/f/、/θ/、/ð/、/s/、/z/、/ʃ/、/x/、/ɣ/、/ħ/、/h/

通音:/w/、/j/

边通音:/l/

塞擦音:/dʒ/

咽化音:/tˤ/、/dˤ/、/sˤ/、/ðˤ/、/lˤ/、/ʕˤ/

Arabic 语辅音的不对称性较明显，如缺少与/b/、/k/、/q/、/f/、/ʃ/、/dʒ/相对应的清音或浊音，而且咽化音也没有和/sˤ/、/ðˤ/相对应的咽化擦音，尽管/z/和/θ/作为擦

---

① 关于 Arabic 语语音-音系的参考资料非常多，可参见 Deniel L. Newman 教授开列的书单(https://community.dur.ac.uk/daniel.newman/bib1.pdf)。除了国际语音学会手册，我们主要参考了 Kaye(1997)、陈中耀(2000)、Watson(2002)、Holes(2004)、Canepari(2005:376-379)、Ryding(2005)、Abu-Chacra(2007)、Mustafawi(2018)。

音本身的确存在。不对称性还表现在/t/和/k/的发音伴随送气，而咽化的/tˤ/却不送气。强势音会对前后音节中的音造成影响，使其带有协同发音的效果(见上文)。

根据国际语音协会手册的描写，Arabic 语基本元音只有/a/、/i/、/u/，但结合而成长元音及双元音为/ij/(或/iː/)、/aa/(或/aː/)、/uw/(或/uː/)、/aj/、/aw/。/a/有两个条件变体，即

(56)/a/→[ɑ]/__舌根后缩(retracted tongue root)辅音

　　/a/→[ɒ]/__#

其他元音的条件变体还包括：

(57)/i/→[ɨ]/__舌根后缩辅音，咽音辅音

　　/ij/→[ɨ]/__舌根后缩辅音，咽音辅音

　　/u/→[ʊ]/__舌根后缩辅音，咽音辅音

　　/uw/→[ɣ]/__舌根后缩辅音，咽音辅音

这些元音音位的变体都体现了强势音的影响(以及出现在词中的位置的制约)。

Arabic 语的重音都落在语素的末尾重音节(即长元音音节或(C)VCC 类的音节)上。

Arabic 语音节的基本结构为 CV、CVV 和 CVC，但还有更为复杂的音节结构，例如 CVVC、CVCC 和 CVCCC。

由于 Arabic 语使用范围很广，地跨西亚北非，因此存在很多所谓的"方言"，而这些方言之间的差异其实非常大，有些甚至都无法互相通话，十分类似于我国汉语很多方言间的情况。Arabic 语两个公认的方言中心是大叙利亚区和埃及地区，基本可以认为是标准 Arabic 语的代表。关于标准 Arabic 语音-音系系统的描写，参考资料很多，其中对于辅音系统的描写有一定的出入，而对于元音系统的看法则相对一致。国际语音协会手册中就 Arabic 语描写的一章开篇就指出，"推荐任何标准或古典阿拉伯语口语形式的文本都带有倾向性"。感兴趣的读者可进一步比较关于标准 Arabic 语的描写分析。关于 Arabic 诸方言语音和音系系统的更多情况，可参见 Kaye & Rosenhouse(1997：268-281)。

在中东的阿拉伯语方言中，以黎巴嫩的 Arabic 语①为例(Abdul-Karim，1979；Makki，

① 这并不意味着黎巴嫩境内只有一种 Arabic 语变体，其实在每一个阿拉伯语国家境内还存在很多变体。我们这里所谓的黎巴嫩 Arabic 语只是一般意义上的"标准黎巴嫩 Arabic 语"。

1983），其辅音系统为：

(58) 爆发音：/p/ 、/b/ 、/t/ 、/d/ 、/k/ 、/g/ 、/ʔ/
　　鼻音：/m/ 、/n/
　　擦音：/f/ 、/v/ 、/s/ 、/z/ 、/ʃ/ 、/ʒ/ 、/x/ 、/ɣ/ 、/ħ/ 、/ʕ/ 、/h/
　　塞擦音：/tʃ/
　　颤音：/r/
　　通音：/j/ 、/w/
　　边通音：/l/
　　咽化音：/tˤ/ 、/dˤ/ 、/sˤ/ 、/zˤ/

例(58)与例(55)相比，最明显的区别就是对称性的强化，即与/b/、/k/、/f/、/ʃ/相对应的清音或浊音的出现，但也应该指出，/p/、/g/、/v/三个音位只出现在外来词中。黎巴嫩的 Arabic 语中咽化音也完全对称，但数量变少了。

元音系统为/æ/、/e/、/ɪ/、/i/、/ʊ/、/uː/、/ɛː/、/eː/、/ɔː/、/iː/、/eɪ/、/oʊ/，也比标准语稍显复杂，特别是出现了/æ/、/e/、/ɛː/、/eː/、/ɔː/、/eɪ/、/oʊ/等音，而/a/以及由其组成的/aː/、/aj/、/aw/则不存在了。

北非的 Arabic 各方言中，以摩洛哥的方言①变化最大（Ernest，1982；Dominique，1993；Heath，1997；Canepari，2005：360-361）。辅音系统为：

(59) 爆发音：/p/ 、/b/ 、/t/ 、/d/ 、/k/ 、/g/ 、/q/
　　鼻音：/m/ 、/n/
　　擦音：/f/ 、/v/ 、/s/ 、/z/ 、/ʃ/ 、/ʒ/ 、/χ/ 、/ʁ/ 、/ħ/ 、/ʕ/ 、/h/
　　闪音：/ɾ/
　　通音：/j/ 、/w/
　　边通音：/l/
　　咽化音：/bˤ/ 、/tˤ/ 、/dˤ/ 、/fˤ/ 、/sˤ/ 、/zˤ/ 、/mˤ/ 、/rˤ/ 、/lˤ/ 、/mˤʷ/ 、/bˤʷ/ 、/fˤʷ/

与例(55)相比，例(59)也体现出了更强的对称性，这一点与例(58)相类似，但是例

_____

① 如前文所述，摩洛哥境内也存在诸多变体，并非只有一种摩洛哥 Arabic 语变体。可参见埃及 Arabic 语（Canepari，2005：376-377）。

(59)与例(58)的区别还是比较明显的，特别是擦音/x/、/ɤ/的消失和/χ/、/ʁ/的出现①。此外，例(59)中的咽化音比例(55)和例(58)中的都要多，其中/mˤʷ/、/bˤʷ/、/fˤʷ/只以叠音的形式存在，且几乎总是出现在词首。/p/、/v/、/ʕ/基本只出现在外来词中。

摩洛哥 Arabic 变体的元音系统相对简单，为六元音系统，即/i/、/u/、/e/、/ə/、/o/、/a/，几乎每个音位都有两三个变体，如/i/在/x, ɤ, q, ħ, ʕ/的环境中实现为音素[e]，/u/在/q/的环境中实现为音素[o]、在/x, ɤ, ħ, ʕ/的环境中为音素[ʊ]等。

此外，在不同的方言中，重音的地位也有所不同，与标准 Arabic 语的情况也不尽相同。例如在巴勒斯坦方言中可以找到最小区别对(Kaye & Rosenhouse，1997：280)：

(60)'axádna"我们拿了"vs 'axadnáa"我们拿了它"

　　'ábila"在她前面"vs 'abíla"接她！"

在那些重音不具备音位地位的方言中，重音的位置经常位于长音节之上，特别是词的末尾音节和倒数第二个音节。似乎东部诸方言和西部诸方言在重音位置方面有着系统性的区别，例如(Kaye & Rosenhouse，1997：280)：

(61)东部诸方言 kátab"他写了"vs 西部诸方言 ktáb"他写了"

但在某些方言中，这两种重音模式也会共存。这方面的描写和分析还有待深入。

3.1.3　Hebrew②

官方提倡的 Hebrew 语发音以所谓的东方式(Oriental)发音为基础，与非东方式发音存在细微的差别(如/ħ/、/ʕ/是否存在)。根据国际语音协会手册的描写，东方式发音的辅音系统为：

(62)爆发音:/p/﹑/b/﹑/t/﹑/d/﹑/k/﹑/g/﹑/ʔ/
　　鼻音:/m/﹑/n/
　　颤音:/r/﹑/χ/

---

① 或者说前两者演变为了后两者。

② 关于 Hebrew 语语音-音系的研究非常多，我们还参考了 Rosén(1977)、Glinert(1989)、Berman (1997)、Bolozky(1997)、Schwarzwald(2001)、Canepari(2005：379，382)、Coffin & Bolozky(2005)。

擦音：/f/、/v/、/s/、/z/、/ʃ/、/ʒ/、/ħ/、/h/

通音：/j/、/ʕ/

边通音：/l/

塞擦音：/ts/、/tʃ/、/dʒ/

可以看到，当代 Hebrew 语已基本失去了咽化音。在仔细发音或慢速发音时，叠音较明显。清爆发音一般都伴随送气，其中/k/的送气最明显。浊爆发音为全浊音。/χ/为小舌清擦颤音。/h/在元音间有浊化现象。

元音系统为/i/、/e/、/a/、/o/、/u/组成的常见的五元音系统，二合元音可处理为连续音段，而不具有音系地位。元音在重读音节中可发作长音，但音长本身并没有音系地位。

重音一般出现在末位音节或倒数第二位音节上，前者更常见。外来词的重音可能会出现在其他音节上。由于当代 Hebrew 语中叠音和长元音都没有音系地位，因此重音的分布失去了曾经的依据，转而变为具有一定的音系地位，即少数成对的单词以重音相别，如/'jeled/"男孩子"vs/je'led/"生(孩子). 将来时"。

当代 Hebrew 语的音节类型包括 CV、CVC、CVCC、CCV 等，都可以出现在单音节和多音节词中。

3.1.4 Tachelhit[①]

Tachelhit 语位于摩洛哥境内，系属为：

(63) Afro-Asiatic

    Berber

        Northern

            Atlas

                Tachelhit

Tachelhit 语的辅音系统为：

(64) 爆发音：/b/、/t/、/d/、/k/、/g/、/q/、/kʷ/、/gʷ/、/qʷ/

    鼻音：/m/、/n/

---

① 参见 Soutsane(2008)、Roettger(2017)。

颤音:/r/

擦音:/f/、/s/、/z/、/ʃ/、/ʒ/、/χ/、/ʁ/、/ħ/、/ʕ/、/h/、/χʷ/、/ʁʷ/

通音:/w/、/j/

边通音:/l/

咽化音:/tˤ/、/dˤ/、/sˤ/、/zˤ/、/rˤ/、/lˤ/

　　长辅音(或辅音叠音)也具有音系地位,不仅可以区分不同的词,而且也在名词和动词的形态变化(如数、时态)中发挥作用。

　　该语言只有 3 个元音,即/i/、/a/、/u/,应该是非洲语言里元音最少的语言(Kossmann,2012:28)。前文已述,在目前所有已经发现并有记载的非洲语言中,都存在[i]、[a]、[u]三个元音,但这应该并不是非洲语言的特性,而是人类语音-音系系统共有的特点。同样是人类语言共性的是,Tachelhit 语的三个元音表现出差异很大的变体,如/a/有两个自由变体[a]、[æ];而在咽音化的辅音环境中,这些元音都体现出了不同程度的央化,即/a/→[ɐ]、/u/→[ɤ]、/i/→[ɪ]。此外,在某些外来词中可能存在其他的元音。在两个辅音或三个辅音构成的音节首之后经常会出现过渡性元音,其具体音值不固定,也并不总是[ə]。

　　Tachelhit 语基本没有任何意义上的重音——至少没有充足的证据可以证明在语音或音系层面存在词重音。同样,声调也没有音系学地位。

　　Tachelhit 语的音节结构除了常见的 V、CV、VC、CVC 等类型,还有很特殊的无元音音节,如(Roettger,2017:38):

(65)/tfttʃtsskkχtkkstʃʃkk/"你检查了签出的货币。"

　　Tachelhit 语是否有无元音音节在语音学家中还有一定的争议。一方认为并不是真正没有元音,而是存在一个很弱的混元音(schwa)[ə];另一方则坚持认为看似无元音的音节实际上就是没有元音的。有关这方面的研究还有待深入。

3.1.5　Hausa[①]

　　Hausa 语也是阿非罗-亚细亚语系中使用人数较多、地域范围较广、研究较深入的语言,系属分类为:

————————————————

　　① 参见 Smirnova(1982)、Newman(1995、1997)、Canepari(2005:365)。

（66）Afro-Asiatic

    Chadic

       West

         A

          A. 1.

            Hausa

辅音系统为：

（67）爆发音 :/b/ 、/t/ 、/d/ 、/c/ 、/ɟ/ 、/k/ 、/g/ 、/ʔ/ 、/kʷ/ 、/gʷ/

    鼻音 :/m/ 、/n/

    颤音 :/r/ 、/ɽ/

    擦音 :/ɸ/ 、/s/ 、/z/ 、/ʃ/ 、/h/

    通音 :/j/ 、/w/

    边通音 :/l/

    塞擦音 :/tʃ/ 、/dʒ/

    内爆音 :/ɓ/ 、/ɗ/

    外挤气音 :/c'/ 、/k'/ 、/kw'/ 、/ts'/ 、/tʃ'/

    Hausa 语如 Hebrew 语，也没有咽化音，但是有内爆音和外挤气音。/k、g、k'/ 、/c、ɟ、c'/ 和 /kʷ、gʷ、kʷ'/ 三组舌背音对应整齐，但分布有限：三组音都可以出现在 /a(ː)/ 之前；后两组可出现在前元音前；第三组还出现在圆唇元音前。/j/ 经常发音为哑嗓音（creaky voiced）[j̰]。

    Hausa 语的元音系统为 5 个短元音 /i/、/e/、/a/、/o/、/u/，5 个长元音 /iː/、/eː/、/aː/、/oː/、/uː/，和 4 个双元音 /ai/、/au/、/iu/、/ui/，是阿非罗-亚细亚语系语言中比较复杂的元音系统，但其实还是可以看到常见的五元音系统的影子。

    Hausa 语跟大部分 Chadic 语言类似，是声调语。Hausa 语有高调 H 和低调 L，还有一个降调 HL。前文已述，非洲语言声调的特点之一就是两分性，即大部分语言只有两个平调，高调 H 和低调 L，而曲拱声调（如降调 HL）一般都是高调 H 和低调 L 的不同组合。Hausa 语的降调在某些方面的确可以证明是高调 H 和低调 L 的组合，例如降调 HL 只能出现在重音音节（即两个莫拉的音节）上（因为有两个载调单位 TBU）、漂移性的低调 L 附着在某些语素上产生降调 HL 等(Newman,1995:763-764)。Hausa 语中无升调 LH,因为升调 LH 会实现为高调 H,如(Newman,1995:765):

(68) * ɗwǎi (=/<ɗòoyíi) → ɗwái

　　 * jǎnjàmíi (< * jàmíjàmí) → jánjàmíi

　　 * cǎn → cán

　　 * ɗǎukàa → ɗáukàa

声调还会影响元音音位的具体音素形式,以/ai/为例(Newman,1995:700)(表 2-15):

(69)　　　　　　　　　　　　　　**表 2-15　/ai/声调**

类型	高调 H	低调 L	降调 HL
/ai/	[ei]或[ee](或[eː])	[ei]或[ee](或[eː])	[ai]

Hausa 语中的声调还表现出反向性,即词缀的声调与词根相反,如用于表达判断或辨别意义的 nee/cee 总是与前面词的最后一个声调相反,如(Newman,1995:772):

(70) Jàakíi nèe

　　 Rìigáa cèe

　　 Kèekè née

　　 ʔílmìi née

3.1.6　Sidamo[①]

Sidamo 语与 Amharic 语一样,都是埃塞俄比亚境内的语言,但两者在阿非罗-亚细亚语系内的系属分类不同:

(71) Afro-Asiatic

　　　　Cushitic

---

① 　参见 Kawachi(2007)。

East

Highland

Sidamo

该语言的辅音系统为:

(72) 爆发音:/b/、/t/、/d/、/k/、/g/、/ʔ/

鼻音:/m/、/n/、/ɲ/

颤音:/r/

擦音:/f/、/s/、/z/、/ʃ/、/h/

通音:/j/、/w/

边通音:/l/

塞擦音:/tʃ/、/dʒ/

内爆音:/ɗ/

外挤气音:/p'/、/t'/、/k'/、/tʃ'/

该辅音系统存在一定的不对称性,例如/p/和浊外挤气音的缺失。这种不对称性在之前举例的几种阿非罗-亚细亚语系的语言中也或多或少都存在,但具体的表现有所不同。外挤气音的存在是 Cushitic 语言共同的特点之一,内爆音/ɗ/亦如此。所有的辅音都有叠音形式。存在辅音群,主要是响音-阻爆音(如/mb/、/nd/、/rg/、/lf/)和声门爆发音-响音(如/ʔm/、/ʔn/、/ʔl/、/ʔr/)。但三个辅音相连则不可以,因此会插入元音/i/,而同样的插入音/i/也见于两个阻爆音相连的情况。

Sidamo 语的元音系统为常见的 5 个短元音/i/、/e/、/a/、/o/、/u/和 5 个长元音/iː/、/eː/、/aː/、/oː/、/uː/。

关于 Sidamo 语的超音段音位,分歧在于该语言到底是重音语言还是声调语言,这方面的研究还有待深入。相关的超音段音位都是位于倒数第二个音节(元音)上,但是某些名词的变格形式和某些动词的变位形式要求相关的超音段音位落在最后一个音节(一般都是后缀)(元音)上。

Sidamo 语基本的音节结构为 V(V)、V(V)C、CV(V)、CV(V)C,在音节首和音节尾的位置不能出现辅音群。

3. 1. 7　Wolaytta[①]

Wolaytta 语也是埃塞俄比亚境内的一种语言，其系属分类为：

（73）Afro-Asiatic

  Omotic

   North

    Gonga-Gimojan

     Gimojan

      Ometo-Gimira

       Ometo

        Central

         Wolaytta

其辅音系统为：

（74）爆发音：/p/、/b/、/t/、/d/、/k/、/g/、/ʔ/

  鼻音：/m/、/n/

  颤音：/r/

  擦音：/s/、/z/、/ʃ/、/ʒ/、/h/、/h̃/

  通音：/j/、/w/

  边通音：/l/

  塞擦音：/tʃ/、/dʒ/

  内爆音：/ɗ/

  咽化音：/pˤ/、/tˤ/、/kˤ/、/tʃˤ/、/dˤ/、/lˤ/、/mˤ/、/nˤ/

Wolaytta 语的辅音系统对称性较好，但咽化音存在较明显的不对称性，且某些描写认为咽化音为外挤气音，不过 Wakasa（2008）特别强调这几个辅音的外挤气效果很弱，与该地区常见的外挤气音存在较大差别，因此将其处理为咽化音似乎更为合理。鼻化擦音/h̃/十分罕见，也很少见于之前的描写，有待进一步考察。存在辅音群，如响音-阻爆音

---

  ①　参见 Hayward（1993）、Lamberti & Sottile（1997）、Wakasa（2008）。

（如［mb］、［nd］、［rg］、［ls］）等。

　　Wolaytta 语的元音系统除了包括常见的 5 个短元音/i/、/e/、/a/、/o/、/u/和 5 个长元音/iː/、/eː/、/aː/、/oː/、/uː/，还有 4 个双元音/ai/、/au/、/oi/和/ui/，但是具体的语音实现形式在不同的描写中存在一定的分歧，如/ai/的语音值有［ee］和［ei］等不同的描写。

　　音高是重要的超音段音位，但某些描写也认为是重音。不论是音高还是重音，其位置变化都非常复杂，不仅与整个句子的音调有关，而且还与词的形态变化相关。这方面的描述还不够完善，对于 Wolaytta 语的超音段音位的了解还有待深入。

　　Wolaytta 语基本的音节结构为 CV(V)(C)，元音可以出现在任何位置，但/ui/似乎只能出在词首音节中，而且也不见于辅音群之前。长元音也几乎不见于辅音群之前。辅音在音节中和词中出现的位置限制较多，如/ɲ/、/ʒ/、/dˤ/、/lˤ/、/mˤ/、/nˤ/不能出现在词首。

3.2　尼罗-撒哈拉语系

3.2.1　Ik[①]

　　Ik 语是乌干达境内三个尼罗-撒哈拉语言之一，系属分类如下：

（75) Nilo-Saharan

　　　　　Kuliak

　　　　　　　　Ik

　　　　　　　　　　Ik

辅音系统为：

（76）爆发音：/p/、/b/、/t/、/d/、/k/、/g/
　　　鼻音：/m/、/n/、/ɲ/、/ŋ/
　　　颤音：/r/
　　　擦音：/f/、/s/、/z/、/ʃ/、/ʒ/、/h/、/ɦʲ/
　　　边擦音：/ɬ/、/ɮ/

---

① 参见 Schrock（2014、2017）。

通音 :/j/、/w/

边通音 :/l/

塞擦音 :/ts/、/dz/、/tʃ/、/dʒ/

内爆音 :/ɓ/、/ɗ/、/ʃ/

外挤气音 :/ts'/、/tl'/、/k'/

Ik 语辅音系统对称性较好，爆发音、擦音、边擦音和塞擦音几乎都成对出现。内爆音系列也较整齐。受相邻元音清化的影响，清爆发音存在无听感除阻现象、浊爆发音有清化现象；类似的清化现象亦见于内爆音的发音，以及浊塞擦音、通音的发音。外挤气音在该区域的其他语言中罕见，很可能受 Cushitic 语言的影响，而且似乎正在趋于消失，如/ts'/为/ʃ/所代替，/tl'/更是绝迹了。外挤气音/k'/的变体之一为/ɠ/，也证明/ts'/为/ʃ/所代替的趋势是一种类比的趋势。擦音/ɦʲ/具体的音值似乎很难确定，如[ɦ]、[hj]或[j]。

Ik 语中有特殊分布的辅音为鼻音、声门擦音、塞擦音/dʒ/，以及内爆音和外挤气音。鼻音若在另一个辅音前，则两个辅音必须是同部位音的(homorganic)，因此 *[md]或 *[n ɓ]是不可能的。声门擦音/h/和/ɦʲ/只出现于词首。塞擦音/dʒ/不能出现于词尾，而且只见于非常少的词中。内爆音和外挤气音不能同现于有相同发音部位的爆发音的词根中，但/ɗ/和/d/是例外。

Ik 语的元音为九元音系统，即

(77) i/ɪ　　　　　u/ʊ

　　 e/ɛ　　　　　o/ɔ

　　　　　a

每一个元音都有相应的长元音，而且具有区别功能，可以处理为单独的元音音位，但是也可以处理为在两个音节中相邻的短元音(即/V-V/，而不是/Vː/)。如果采取后一种分析，那么 Ik 语中也没有双元音，而是两个相邻的元音，如[ia]、[ai]、[oe]、[ue]等，但某些元音组合不存在，如 *[ie]、*[uo]、*[ɔɛ]等。元音在停顿之前都具有清化现象，因而也会影响之前的辅音产生无听感除阻或清化现象。

除了/a/之外，其他八个元音根据 ATR 特征分为了四对，并以此为基础表现出明显的元音和谐，但具有自身的特性。首先，在只有/a/的词根和词缀中，/a/的 ATR 特征可有可无(即不影响其他元音的出现，也不受其他元音的影响)。其次，Ik 语的元音和谐在词汇层面和后词汇层面都有所表现，即词根和词缀都要受制于 ATR 特征。再次，[+ART]特征明显占优，例如含有[+ART]特征的元音的后缀也会影响词根中元音的发音(如 bɛr-+ í + ím → beríím)。

Ik 语也是声调语言，在单独的词内表现为两个平调 H 和 L、两个降调 HL 和 LL，以及一个升调 MH。一种分析可以将以上几种声调化繁为简，只承认两个声调 H 和 L 是超音段音位，其他声调都是在特殊语音环境下这两个声调的条件变体，如 HL 出现在降调辅音(见上文)前，而 LL 则出现在最后一个载调单位 TBU 中，且后面没有漂移性高调 H 的情况下。这一分析可以说明为何在三音节的词根中，理论上的八种声调组合都存在(即 HHH、HHL、HLH、HLL、LLL、LLH、LHL、LHH)。但是在四音节或更多音节的词根中，并不是所有的声调组合都存在。Ik 语中的降调辅音为/b/、/d/、/dz/、/g/、/z/、/ʒ/、/dʒ/和/h/，也见于其他非洲语言中。降调辅音的效果之一为降阶，产生降调 HL。但是降阶也可能是漂移性低调 L 的存在导致的。与此相反，下漂只发生在显性的低调 L 之前。降调辅音的另一个效果是，如果一个载调单位 TBU 的尾音为降调辅音，则该 TBU 不能被分配高调 H，原本分配在其上的高调 H 将向左推移至前一个载调单位 TBU 之上。

Ik 语音节结构简单，为(C)V。

3.2.2 Dazaga[①]

Dazaga 语是乍得境内的一种语言，系属分类为：

(78) Nilo-Saharan

   Saharan

     Tebu

      Dazaga

辅音系统为：

(79) 爆发音:/b/、/t/、/d/、/k/、/g/

  鼻音:/m/、/n/、/ɲ/、/ŋ/

  颤音:/ɾ/

  擦音:/f/、/s/、/z/、/ʃ/、/h/

  通音:/j/、/w/

---

① 参见 Walters(2015、2016)。

　　边通音:/l/

　　塞擦音:/tʃ/、/dʒ/

　　Dazaga 语的辅音系统与前几种语言相比相对简单，缺少非洲语言所谓的"典型辅音"（如内爆音、外挤气音、咽化音等），总体而言具有一定的对称性，但是由于缺少/p/、/v/、/ʒ/，因此也有不对称的一面。/p/作为音位不存在，但[p]作为/b/的条件变体存在，分别出现在鼻音后（同时伴有清化现象）和阻爆发音后的同化。尽管存在辅音群，但几乎只限于鼻音/流音+阻爆发音的类型，响音+响音的情况非常少。辅音群多出现在词中，词首相对较少。

　　Dazaga 语的元音系统与 Ik 语类似，也是九元音系统，即

（80）i/ɪ　　　　　u/ʊ

　　　e/ɛ　　　　　o/ɔ

　　　　　　a

　　元音可以有鼻音化现象，如[ĩ]、[ũ]等，但这些鼻音化元音并不具有音系地位，而是原来两个元音间鼻辅音/m/脱落造成的，即

（81）V m V→ Ṽṽ

　　除了/a/之外，其他八个元音根据 ATR 特征分为了四对，并以此为基础表现出明显的元音和谐。但 Dazaga 语元音和谐的机制与 Ik 语有差异。首先，/a/明显被处理为[−ATR]，因此不能与[+ATR]的元音出现在同一个词根中。绝大部分词缀都要受词根中元音的 ATR 特征所制约，表现出元音和谐，如：

（82）形容词后缀-rE:[nùgòò-ré]vs[àmpà-rɛ́]

　　　属格后缀-rU:[kírú-rù]vs[àgírʊ́-rʊ̀]

　　　定指性后依附形式(enclitic)-U:[bòt-ú]vs[kàl-ʊ́]

　　除了 ATR 特征外，圆唇也在一定程度上是决定元音和谐的特征，特别表现在名词、形容词和副词的词根中，如：

(83)［búsù］"布"　　［tògú］"白骆驼"　　［bɔ̀sú］"鱼"

　　　［tʃúɾò］"工作"　　［gògó］"后"　　　［súgɔ̀］"桩"

Dazaga 语也是声调语，有高调 H、低调 L、降调 HL 和升调 LH 四个声调。高调是底层(或缺省)的声调，只有在没有高调的情况下才会自动分配低调，因此不存在只有低调的词。降调只见于词尾音节中((C)VC 或(C)V 类型)，因此应该是在音节删除后遗留的低调 L 依附在之前有高调 H 的音节上造成的，如：

(84)［gúɾò］"能够"vs［gûr］"不能够"

　　　［búɾò］"很"vs［bûr］"很"

　　　［jálì］"孩子"vs［jâl］"孩子"

类似的机制也可以解释升调 LH。这说明只有高调 H、低调 L 才具有音系学地位。下漂现象也见于 Dazaga 语，无特殊之处，从略。

Dazaga 语的音节结构也相对简单，为(C)V(V)(C)，但词首的鼻音[n]也可以自成音节，且带有声调。

3.2.3　Dinka[①]

Dinka 语是南苏丹共和国境内的一种语言，系属分类如下：

(85)Nilo-Saharan

　　　　Satellite-Core

　　　　　Core

　　　　　　Eastern Sudanic

　　　　　　　Southern

　　　　　　　　Nilotic

　　　　　　　　　Western

　　　　　　　　　　Dinka-Nuer

　　　　　　　　　　　Dinka

Dinka 语有多个方言，而且并不存在所谓的"官方 Dinka 语"或"标准 Dinka 语"。对于

---

① 参见 Remijsen & Manyang(2009)。

Dinka 语的描写也是针对某个方言而言，我们此处所描写的为 Luanyjang 方言。

Dinka 语的辅音系统为：

(86) 爆发音：/p/ 、/b/ 、/t̪/ 、/d̪/ 、/t/ 、/d/ 、/c/ 、/ɟ/ 、/k/ 、/g/

鼻音：/m/ 、/n̪/ 、/n/ 、/ɲ/ 、/ŋ/

颤音：/r/

通音：/w/ 、/j/ 、/ɰ/

边通音：/l/

总体而言，Luanyjang Dinka 语辅音系统较简单，数量也不多，特别是完全没有擦音，在全世界语言中实属罕见。另一个比较罕见的特点是齿音化作为区别特征存在于爆发音和鼻音中。此外，爆发音和鼻音呈现出了完整的对应，每一个发音部位(唇、齿、齿龈、硬腭、软腭)都有一对爆发音和一个鼻音。清音爆发音在发音中经常呈现弱化趋势，实际发音为相应的浊爆发音或相同发音部位的擦音或通音。所有的辅音都可以出现在音节首，但/ɰ/不能出现在音节尾，而且在音节尾的位置，清浊爆发音中和，都倾向发成浊爆发音，这正好与标准德语相反。

元音系统为/i/ 、/e/ 、/ɛ/ 、/a/ 、/ɔ/ 、/o/ 、/u/。所有的元音都有三度音长，在词汇和语法两个层面具有区别功能，可以处理为短元音、长元音和超长元音。/ɔ/ 、/o/ 、/u/的语音形式都为气声。元音和谐似乎不如上文讨论的语言严格。

Luanyjang Dinka 语也同样有四个声调：高调 H、低调 L、降调 HL 和升调 LH。载调单位 TBU 为音节。在语素内，声调从最右侧的音节为起点进行分配，从而保证每一个语素有一个声调。如果高调 H 在另一个高调 H 之后，则前者变为低调 L。由此可以证明，降调 HL 和升调 LH 其实是高调 H 和低调 L 的组合形式。

Luanyjang Dinka 语的音节结构为 C(w)(j)V(V)(V)C，即以闭音节为主，词首辅音群必须有一个通音。

3.2.4　Kakwa[①]

与 Dinka 语相比，在乌干达境内同属 Nilotic 语支的 Kakwa 语的语音-音系系统则复杂很多，其系属分类为：

----

① 参见 Onziga & Gilley(2012)。

（87）Nilo-Saharan

Satellite-Core

Core

Eastern Sudanic

Southern

Nilotic

Eastern

Bari

Kakwa

其辅音系统为：

（88）爆 发 音：/p/、/b/、/ᵐb/、/t/、/d/、/ⁿd/、/ʈ/、/ɖ/、/ⁿɖ/、/ɟ/、/ⁿɟ/、/k/、/g/、/ᵑg/、
/k͡p/、/g͡ɓ/、/ᵑᵐg͡ɓ/

鼻音：/m/、/n/、/ɲ/、/ŋ/、/ŋ m̂/

颤音：/r/

擦音：/s/、/z/、/ⁿz/

通音：/j/、/w/

边通音：/l/

内爆音：/ɓ/、/ɗ/、/ʄ/

Kakwa 语有数量众多的爆发音，占据了辅音系统的一半还要多。这些爆发音按照发音部位基本都可以分为三个一组，即清音、浊音和前鼻音化音。此外，还有协同发音的爆发音。协同发音辅音是 Kakwa 语辅音系统的特点之一，除了协同发音的爆发音，还有协同发音的鼻音。鼻音数量也较多，基本与爆发音的发音部位一一对应，唯一的例外是卷舌音。内爆音也没有卷舌音，同时也没有软腭音和协同发音的内爆音。擦音较少，但依然是清音、浊音和前鼻音化音三个一组。总之，与上节讨论的 Dinka 语相比，Kakwa 语虽然有 Dinka 语所没有的协同发音的辅音和内爆音，但总体上辅音的音系结构与 Dinka 语具有一定的类似性，特别是爆发音和鼻音相对数量大，且擦音很少。

Kakwa 语的元音系统为/i/、/ɪ/、/e/、/ɛ/、/a/、/ɔ/、/o/、/u/、/ʊ/，即以 ATR 特征为基础的九元音系统，其中/ɪ/、/ɛ/、/ʊ/、/ɔ/、/a/为[-ATR]，其余为[+ATR]，

基本与常见的元音和谐模式相同。元音长度也具有音系学地位，但是也可以处理为两个短元音相连融合而成。

　　Kakwa 语有 3 个声调，即高调 H、低调 L 和降调 HL。降调既可以出现在短元音上（如 kâ "下来（副词）"），也可以出现在长元音（或双元音）上（如 ⁿdoô "桶"），但经常出现在词的末尾音节。其存在降阶现象。

　　基本的音节结构为（C）V，单词可有多个音节。

3.2.5　Tadaksahak[①]

　　Tadaksahak 语是马里境内游牧民族 Idaksahak（或 Dausahak）的语言，系属分类为：

（89）Nilo-Saharan

　　　　　Songhai

　　　　　　　Northern

　　　　　　　　Tadaksahak

其辅音系统为：

（90）爆发音：/b/、/t/、/d/、/tˤ/、/dˤ/、/k/、/g/、/q/

　　　鼻音：/m/、/n/、/nˤ/、/ŋ/

　　　颤音：/r/、/rˤ/

　　　擦音：/f/、/s/、/z/、/sˤ/、/zˤ/、/ʃ/、/ʒ/、/x/、/ɣ/、/ħ/、/ʕ/、/h/

　　　通音：/j/、/w/

　　　边通音：/l/、/lˤ/

　　　塞擦音：/tʃ/、/dʒ/

　　Tadaksahak 语与前两节讨论的 Dinka 语和 Kakwa 语的辅音系统有着明显的不同，一方面是咽化音系列，即齿音都有非咽化音和咽化音两套；另一方面是擦音数量的不同，Tadaksahak 语的擦音数量明显多于其他辅音，这跟 Dinka 语和 Kakwa 语正好相反。在词中只能有 /s/、/z/、/sˤ/、/zˤ/、/ʃ/、/ʒ/ 中的一个，这也可以看作某种辅音和谐。/ʕ/、/h/ 不能出现在词尾，/r/ 很少在词首。Songhai 诸语中常见的鼻音+辅音构成的辅音群不见

---

　　① 参见 Christiansen-Bolli（2010）。

于 Tadaksahak 语，这或许是因为 Tadaksahak 语不允许词首辅音群的存在。/ɣ/、/ħ/、/ʕ/、/h/ 之外的其他辅音都有叠音形式。

元音系统为六短五长的十一元音：

(91) i   u
     e   ə   o
             a
     iː   uː
     eː   oː
             aː

长元音只能出现在非词尾的开音节中，而闭音节和词尾位置则只能出现短元音。与前面讨论的语言不同，Tadaksahak 语中没有元音和谐现象，在单词内部任何元音之间的组合出现都是可能的。

Tadaksahak 语不是声调语，而有词汇重音，无法通过语音或音系规则进行描写。每个词汇单位至少有一个重音，而三个音节以上的则可以有次重音。

Tadaksahak 语音节结构为 CV(V)(C)。

3.3 尼日尔-刚果语系

3.3.1 Wolof[①]

Wolof 语是非洲使用人数较多、范围较广的语言之一，使用者主要分布在冈比亚、塞内加尔、毛里塔尼亚等国家和地区，因此 Wolof 语内部变体之间的差异比较明显。其系属分类为：

(92) Niger-Congo
        Atlantic-Congo
            Atlantic
                Northern
                    Senegambian

---

① 参见 Diagne(1971)、Diouf(2003)、Ngom(2003)、Canepari(2005：361-362)。

Fula-Wolof

Wolof

Wolof

其辅音系统为：

(93) 爆发音：/p/、/b/、/ᵐb/、/t/、/d/、/ⁿd/、/c/、/ɟ/、/ⁿɟ/、/k/、/g/、/ᵑg/、/q/、/ʔ/

     鼻音：/m/、/n/、/ɲ/、/ŋ/

     颤音：/r/

     擦音：/f/、/s/、/x/

     通音：/j/、/w/

     边通音：/l/

    鼻音、普通爆发音和前鼻音化爆发音根据发音部位有较好的对应关系，是 Wolof 语辅音系统最大的特点。除了 /ʔ/ 之外，所有的辅音都有叠音形式，而 /q/ 则只有叠音形式 [qq]。爆发音在词尾由于浊化现象而使得清音和浊音中和，只实现为浊音音素，类似于前文分析的 Luanyjang Dinka 语。

    元音系统为：

(94) i/iː   u/uː

    e/eː   ə o/oː

    ɛ/ɛː   ɔ/ɔː

        a/aː

    除了 /ə/ 之外，其他七个元音都有长元音和短元音的音系学区分。同时所有的元音也根据 ATR 特征分为了两组，/i/、/iː/、/u/、/uː/、/e/、/eː/、/ə/、/o/、/oː/ 为 [+ATR]，其余为 [-ATR]。在词根内只能出现相应组的元音，而不能跨组出现。因此，词根也可以根据 ATR 特征分为两类。而且词根的 ATR 特征也决定后缀内的元音的 ATR 特征。[i]、[u] 和 [aː] 三个元音是例外。[i] 和 [u] 本身永远带有 [+ATR] 特征，但不影响其后的元音的 ATR 特征，换言之，这两个元音对于元音和谐而言是透明的，对于元音和谐现象没有任何的影响。而 [aː] 则相反，永远带有 [-ATR] 特征，而且随后的元音也都必须带有[－ATR]特征，换言之，[aː]是"凌驾于"元音系统总的元音和谐的规则之上的，而具有特殊的强制性。

Wolof 语跟大部分撒哈拉以南非洲的语言不同，不是声调语。

3.3.2 Ijo①

Ijo 语是尼日利亚境内的语言，系属分类为：

（95）Niger-Congo

　　　　Atlantic-Congo

　　　　　　Ijoid

　　　　　　　　Ijo

　　　　　　　　　East

　　　　　　　　　　Ijo

其辅音系统为：

（96）爆发音:/p/、/b/、/ᵐp/、/ᵐb/、/t/、/d/、/ⁿd/、/k/、/g/、/ᵑk/、/ᵑg/、/k͡p/、/g͡ɓ/、/ᵐg͡ɓ/

鼻音:/m/、/n/、/ŋ/

颤音:/r/

擦音:/f/、/v/、/s/、/z/、/h/

通音:/j/、/w/

边通音:/l/

总体而言，Ijo 语的辅音系统相对简单，主要特点是有协同发音的爆发音/k͡p/、/g͡ɓ/，前鼻音化的爆发音(也见于 Wolof 语)和擦音/v/。擦音/v/在前文讨论的诸多语言中很少出现，这也是非洲语言的特点之一。常见的辅音组合有爆发音+响音、爆发音+爆发音、擦音+响音、响音+响音、爆发音+擦音。辅音常见鼻音化现象。

Ijo 语的元音系统为：

---

① 参见 Williamson(1965)。

(97) i　　　　　u

　　　 ɪ　　　　ʊ

　　　 e　　　　o

　　　 ɛ　　　　ɔ

　　　　　a

　　元音无长短之分，也没有双元音，连续的多个元音分属不同的音节，各自带有声调。鼻音化是元音常见的语音现象，即元音出现在鼻音辅音前后都会鼻音化，但鼻化元音并没有音系学地位，而只是口元音的条件变体。除了/a/之外，其他八个元音根据 ATR 特征分为了两组，即/i/、/u/、/e/、/o/为[+ATR]，其余为[-ATR]，并以此为基础表现出明显的元音和谐。在语素或词内部只有具有相同的 ATR 特征的元音可以同现，但/a/不受限制。

　　Ijo 语也是声调语，有高调 H 和低调 L 两个声调，载调单位 TBU 为音节。由于相邻的元音分属不同的音节，因此表面上看似在一个长元音或双元音之上的降调 HL 或升调 LH，其实是前一个音节中的元音上的高调 H 或低调 L 与后一个音节中的元音上的低调 L 或高调 H 的组合。

　　基本的音节结构为(C)V，闭音节很少，多出现于外来词中。

3.3.3　Bantu 诸语

　　Bantu 语言是非洲研究比较深入的语支之一。一方面是因为其语言众多、使用者多、使用地域广，另一方面则是由于其语言结构的独特性——不仅涉及语音-音系，还包括形态句法。Nurse & Philippson(2003)是关于 Bantu 诸语的最新的综合性介绍，其中可以找到关于 Bantu 诸语的基本信息(语言数量、使用者数量、使用地域、分类标准①、基本类型学特征等)。本节只关注 Bantu 诸语的语音-音系特点。

　　就元音系统而言(Hyman，2003；Maddieson，2003；Nurse & Philippson，2003：§3.2；Anyanwu，2008：279)，大部分 Bantu 语言有 5~7 个元音：

(98) i　　　　　u

　　　 e　　　　o

　　　　　a

---

　　① 即非常奇特的字母+数字的分类方式(如 R.11、S.41、A.57 等)，这套系统最初是由 Guthrie 创制的，一直为后世学者所承袭采用。

(99) i   u

　　e   o

　　ɛ   ɔ

　　　　a

　　某些有鼻元音、长元音等。元音音高和谐较常见，无太多特殊之处，从略。

　　在辅音方面（Hyman，2003；Maddieson，2003；Nurse & Philippson，2003：§3.2），在七元音的语言中，辅音区分 3~4 个发音部位，且区分清辅音和浊辅音，具有鼻音群和同部位音的鼻音和爆发音丛，但没有擦音。而有 5 个元音的语言多发展出了擦音。此外，常见的语音现象还有送气、弱化（lenition）、腭音化、擦音化（spirantization）、鼻音后的浊化和鼻音和谐等。

　　绝大部分 Bantu 语言为声调语（Kisseberth & Odden，2003；Maddieson，2003；Nurse & Philippson，2003：§3.2），都有高调 H 和低调 L，但在音系上则分析为高调/H/和无调 Ø 的对立，即在没有高调的载调单位 TBU 上自动用低调 L 进行填充。曲拱声调一般都可以分析为高调 H 和低调 L 的组合。降阶、扩展（高调 H 从基本的载调单位 TBU 向右侧的一个或多个载调单位 TBU 扩展）、转换（高调 H 不在其基本的载调单位 TBU 之上，而是在该载调单位 TBU 右侧的某个载调单位 TBU 之上）、强制曲拱原则 OCP（即禁止高调 H 相连）、避免曲拱声调、声调拉平（plateau）（即避免 HØH 形声调，而变为 HHH）等都是常见的声调现象。Bantu 诸语似乎并没有共同的载调单位 TBU，而是体现出了语言之间的差异，可以是音节或莫拉。不同的词类也有不同的声调类型。就名词而言，名词类别前缀一般无声调，在名词类别（noun class）[①]前缀之前的前前缀（pre-prefix）多为高调 H，而双音节名词的声调类型一般为 HH、LL、HL 和 LH 四种，但具体语言之间会存在复杂多样的差异。动词的声调类型则更为复杂，一般而言，词根都有一个高调 H，多见于词根的第一个载调单位 TBU 之上。语法语素自带声调或无声调，高调为具体的语法范畴所决定或取决于词根的声调。

　　其音节多为开音节（(N)CV、NV、V）。

　　下文将就具体的 Bantu 语言的语音-音系系统进行举例分析。

---

　　① 名词类别系统一般是名词依靠词缀（通常为前缀）区分为若干个亚类，同时会在名词及其所支配的成分（如形容词、限定词）之间有配合关系。该现象尤见于 Atlantic 诸语和 Bantu 诸语。详见第二章相关章节讨论。

3.3.3.1　Xhosa[①]

Xhosa 语是被定为官方语言的非洲本土语言之一，是南非共和国和津巴布韦的官方语言之一，有大量的母语人士和二语使用者[②]。其系属分类为：

（100）Niger-Congo

　　　　Atlantic-Congo

　　　　　Volta-Congo

　　　　　　Benue-Congo

　　　　　　　Bantoid

　　　　　　　　Southern

　　　　　　　　　Narrow Bantu

　　　　　　　　　　Central

　　　　　　　　　　　S

　　　　　　　　　　　　Nguni（S. 41）

　　　　　　　　　　　　Xhosa

根据国际语音学会手册的描写，Xhosa 语的辅音系统为：

（101）爆发音 :/p/ ₎/b/ ₎/t/ ₎/d/ ₎/c/ ₎/ɟ/ ₎/k/ ₎/g/ ₎/ʔ/

　　　鼻音 :/m/ ₎/n/ ₎/ɲ/ ₎/ŋ/

　　　颤音 :/r/ ₎/R/

　　　擦音 :/f/ ₎/v/ ₎/s/ ₎/z/ ₎/ʃ/ ₎/x/ ₎/ɤ/ ₎/h/ ₎/ɦ/

　　　边擦音 :/ɬ/ ₎/ɬʒ/

　　　通音 :/j/ ₎/w/

　　　边通音 :/l/

　　　塞擦音 :/ts/ ₎/dz/ ₎/tʃ/ ₎/dʒ/ ₎/dɬʒ/ ₎/kx/

---

① 参见 Sands（1989）、Claughton（1992）、Canepari（2005：369-370）、van der Stouwe（2009）、Scaraffiotti（2011）、Oosthuysen（2016）。

② 南非共和国前总统曼德拉的母语就是 Xhosa 语，漫威电影《黑豹》中非洲语言的对白也是 Xhosa 语。

内爆音：/ɓ/

外挤气音：/p'/、/t'/、/c'/、/k'/、/tɬ'/、/ts'/、/kx'/

倒吸气音：/ǀ/、/ǀʰ/、/ŋǀ/、/ŋǀˤ/、/ŋǀˀ/、/gǀ/、/ǃ'/、/ǃʰ/、/ŋǃ/、/ŋǃˤ/、/ŋǃˀ/、/gǃ/、/ǁ'/、/ǁʰ/、/ŋǁ/、/ŋǁˤ/、/ŋǁˀ/、/gǁ/

Xhosa 语辅音系统最大的特点是数量众多的倒吸气音、外挤气音，以及一个内爆音。倒吸气音的存在显然是跟南部的原属于科依桑语系语言接触的结果。

爆发音、鼻音、擦音在发音部位上有较好的对应。清爆发音和塞擦音都伴有送气，而浊爆发音和塞擦音都有一定程度的清化。鼻音、颤音、擦音、边通音等都有气声化。

Xhosa 语的元音系统相比辅音系统则简单很多，是 Bantu 语中常见的五元音系统：

（102）i　　　u

　　　e　　　o

　　　　　a

每个元音音位都有长短两个音素，长音音素基本都是在倒数第二个音节中。但是在名词类别标志中，[i]和[iː]却具有区别功能。

关于 Xhosa 语声调系统的讨论和分析，详见本章 3.5 节。

3.3.3.2　Zulu[①]

Zulu 语也是南非共和国的官方语言之一，有数以千万的使用者，是 Bantu 诸语中使用范围较广、人数较多的语言之一，其系属分类为：

（103）Niger-Congo

　　　　　Atlantic-Congo

　　　　　　　Volta-Congo

　　　　　　　　　Benue-Congo

　　　　　　　　　　　Bantoid

　　　　　　　　　　　　　Southern

---

① 参见 Cope（1966）、Khumalo（1981）、Canonici（1996）、Poulos & Bosch（1997）、Canepari（2005：370-371）等。

Narrow Bantu

Central

S

Nguni（S. 42）

Zulu

其辅音系统为：

（104）爆发音：/p/、/b/、/t/、/d/、/k/、/g/

鼻音：/m/、/n/、/ɲ/、/ŋ/

颤音：/r/

擦音：/f/、/v/、/s/、/z/、/ʃ/、/h/、/ɦ/

边擦音：/ɬ/、/ɬʒ/

通音：/j/、/w/

边通音：/l/

塞擦音：/dʒ/

内爆音：/ɓ/、/ɠ/

外挤气音：/p'/、/t'/、/k'/、/tʃ'/、/ts'/、/kx'/

倒吸气音：/ǀ/、/ǀʰ/、/ŋǀ/、/gǀ/、/! '/、/!ʰ/、/ŋ!/、/g!/、/‖'/、/‖ʰ/、
/ŋ‖/、/g‖/

Zulu 语辅音系统最大的特点是存在一系列倒吸气音，这显然是跟南部的原属于科依桑语系语言接触的结果。

Thomas Vilakazi(1999、2000)对于 Zulu 语倒吸气音的描写和分析是关于 Bantu 语言倒吸气音最为详尽深入的，证明了 Zulu 语中倒吸气音发音的软腭成阻早于前部成阻，且时长最长。作者还使用了电腭图为倒吸气音提供了更直观的演示，并测量了倒吸气音成阻的能量，这些对于研究倒吸气音都是很难得的资料。除了倒吸气音，Zulu 语还有内爆音和外挤气音两套特殊发音机制的辅音。此外，爆发音、鼻音、擦音等在发音部位上都有较好的对应。清爆发音和清塞擦音都实现为送气音素，而浊爆发音、浊擦音、浊塞擦音、鼻音、通音、边音都带有气声化，这些都是降调辅音，会造成声调降低。

其元音系统为：

（105）iu

  eo

   a

  每个元音音位都有长短两个音素形式，长音音素一般出现在倒数第二个音节上。音长和重音紧密相连，重音也经常在倒数第二个音节上，但在某些特殊的词类（如象声词（ideophone）[①]）中重音的分布有自身的规律。

  Zulu 语也是声调语言，有高调 H 和低调 L，组合可以形成曲拱声调。载调单位 TBU 是语素，因此曲拱声调的分布在语素内有明显的制约条件，即降调 HL 只能出现在倒数第二个音节上，而双高调 HH、高调 H+降调 HL、降调 HL+高调 H 则是被禁止的。Zulu 语中也存在扩展、转换、下漂、降阶、降调辅音等常见于非洲语言声调系统的声调现象，基本符合非洲语言声调类型学的规律，从略。此外，Zulu 语还有低调 L 升阶（即低调 L 在显性高调 H 之前变为高调 H）和上浮（updrift）（低调 L 在隐性高调 H 之前变为高调 H）。

  其音节结构为（C）V，鼻音可以为单独成音节。

3. 3. 3. 3 Shona[②]

  Shona 语是津巴布韦境内的 Bantu 语言，也具有相当数量的使用者，其中很大一部分是 Shona 语的母语人士。其系属分类为：

（106）Niger-Congo

  Atlantic-Congo

   Volta-Congo

    Benue-Congo

     Bantoid

      Southern

       Narrow Bantu

        Central

         S

  [①] 关于非洲语言象声词的详细分析，参见第四章相关章节。象声词是非洲语言中最具有地域性特色的词类，在语音-音系、形态句法各层面都具有独特之处。

  [②] 参见 Stevick(1965)、Fortune(1967)、Pongweni(1977)、Myers(1987)、Brauner(1995)、Beckman(1997)、Mawadza(2003)。

Shona（S. 10）

Shona

其辅音系统为：

（107）爆发音：/p/ 、/b/ 、/ᵐb/ 、/p f̂/ 、/b v̂/ 、/t/ 、/d/ 、/ⁿd/ 、/k/ 、/g/ 、/ᵑg/

　　　鼻音：/m/ 、/n/ 、/ɲ/ 、/ŋ/

　　　颤音：/r/

　　　擦音：/f/ 、/v/ 、/ᵐv/ 、/s/ 、/z/ 、/ⁿz/ 、/ʂ/ 、/ʐ/ 、/ⁿʐ/ 、/ʃ/ 、/ʒ/ 、/ɦ/

　　　边擦音：/ɬ/ 、/ɬʒ/

　　　通音：/ʋ/ 、/j/ 、/w/

　　　边通音：/l/

　　　塞擦音：/ts/ 、/dz/ 、/t ʂ/ 、/dʐ/ 、/tʃ/ 、/dʒ/

　　　内爆音：/ɓ/ 、/ɗ/

　　Shona 语辅音系统最大的特点是拥有数量众多的协同发音辅音，不仅有两个爆发音构成的协同发音辅音，还有前鼻音化的爆发音，此外爆发音和鼻音还有唇音化的音素（如［pʷ］、［bʷ］等）。但是 Shona 语没有 Xhosa 语和 Zulu 语中的外挤气音。爆发音、鼻音、擦音和塞擦音在发音部位上有较好的对应。浊爆发音、浊擦音、浊塞擦音和鼻音在发音时都伴有气声化现象。

　　Shona 语的元音系统是非洲语言中最常见的五元音系统，即/a/、/e/、/i/、/o/、/u/，一般在倒数第二个音节中的元音为长元音。词内存在根据舌位高低和圆展唇两个特征的元音和谐现象，如后缀-isa/-esa 两个变体，前者用于有高元音/i/、/u/的词根后，后者用于有中元音/e/、/o/的词根后；而低元音则会阻碍元音和谐，因此在低元音/a/后允许高元音出现。

　　Shona 语也有高调 H 和低调 L 两个声调，曲拱声调是这两个声调的组合。Shona 语声调系统的扩展现象比较特殊，高调 H 从基本的载调莫拉向右侧的一个或多个莫拉扩展，这取决于形态。声调扩展在前缀之间是无限制的（见例（108）），而在前缀和词根之间则是有限制的（见例（109））（Kisseberth & Odden，2003：69）：

（108）mu#chero“水果树”

　　　　sá“主人”+ mu#chero → sá-mú#chéro“水果树的主人”

（109）ku#bikira"为……做饭"

　　mú"他．宾语"＋ku#bikira → ku-mú#bíkira"为他做饭"

更为特殊的是，在词根内部(而且仅限于词根内部)，词首(不包括前缀)的高调 H 仅仅右向扩展到两个载调单位 TBU 之上(Kisseberth & Odden，2003：69)：

（110）ku#tóreseserana→ ku#tóréséserana

Shona 语的声调与形态句法密切相关，如否定和从句中的动词时态永远都是高调 H，例如(Kisseberth & Odden，2003：68)：

（111）独立句/主句：á-ká#bíka"他做了饭"、á-chá#bíka"他将做饭"

　　从句：á-ká#bíká"他做了饭"

　　否定：ha-á-chá#bikí"他将不做饭"

独立句 á-ká#bíka"他做了饭"和从句 á-ká#bíká"他做了饭"的区别在于最后一个莫拉(也是音节)上的声调。而 ha-á-chá#bikí"他将不做饭"和 á-chá#bíka"他将做饭"相差的否定前缀 ha 虽然在 ha-á-chá#bikí"他将不做饭"中没有声调，但其实是因为前文提及的强制曲拱原则 OCP 禁止高调 H 相连造成的无调，其孤立形式也带有高调 H，即 há。

Shona 语音节为(C)V。

3.3.3.4　Fang[①]

该 Fang 语是加蓬共和国和赤道几内亚的主要语言之一，系属分类为：

（112）Niger-Congo

　　　　Atlantic-Congo

　　　　　　Volta-Congo

　　　　　　　　Benue-Congo

　　　　　　　　　　Bantoid

　　　　　　　　　　　　Southern

---

① 参见 Medjo(1993)、Mékina(2012)。

Narrow Bantu

Northwest

A

Ewondo-Fang（A. 75）

Fang

其辅音系统为：

（113）爆发音：/b/ ，/ᵐb/ ，/t/ ，/d/ ，/ⁿt/ ，/ⁿd/ ，/g/ ，/ᵑk/ ，/ᵑg/ ，/kp̂/ ，/ᵑk p̂/ ，/ᵑgɓ̂/

鼻音：/m/ ，/n/ ，/ɲ/

擦音：/f/ ，/v/ ，/ᵐf/ ，/ᵐv/ ，/s/ ，/ⁿs/ ，/ⁿz/ ，/ʃ/ ，/ʒ/ ，/ⁿʃ/

通音：/j/ ，/w/ ，/ⁿj/ ，/ⁿw/

边通音：/l/ ，/ⁿl/

塞擦音：/ts/ ，/dz/ ，/ⁿts/ ，/ⁿdz/

Fang 语辅音系统最大的特点就是前鼻音化现象，见于爆发音、擦音、通音、边通音和塞擦音中，与鼻辅音在发音部位上的对应较好。除了前鼻音化音，还有协同发音的辅音。只有少数辅音(如/b/、/t/、/k/、/n/、/l/等)可以出现在元音之间和单词末位。

其元音系统为：

（114）i/iː　　　　u/uː

e/eː　　　　o/oː

ɛ/ɛː　　　　ɔ/ɔː

a/aː

该十四元音系统可以看作 Bantu 语中常见的七元音系统的扩展，即 Fang 语只有 7 个元音，每一个元音音位都有 3 个音素实现形式，即短元音、长元音和鼻元音。鼻元音出现于鼻音之前。此外还存在双元音，但是可以分析为任意两个元音的组合。

Fang 语有高调 H 和低调 L，组合可以形成曲拱声调，如声调 LH 和降调 HL。

Fang 语的音节结构为 CV（C）。

3.3.3.5 Lingala[①]

Lingala 语主要分部在刚果民主共和国、刚果共和国、安哥拉和中非共和国，使用这一语言的人口估计超过 1000 万人，其系属分类为：

(115) Niger-Congo

        Atlantic-Congo

            Volta-Congo

                Benue-Congo

                    Bantoid

                        Southern

                          Narrow Bantu

                            Northwest

                              C

                                    Bangi-Ntomba（C. 30）

                                    Lingala

Lingala 语的辅音系统为：

(116) 爆发音：/b/、/p/、/ᵐb/、/ᵐp/、/t/、/d/、/ⁿt/、/ⁿd/、/g/、/k/、/ᵑk/、/ᵑg/

     鼻音：/m/、/n/、/ɲ/

     擦音：/f/、/v/、/s/、/z/、/ⁿs/、/ⁿz/、/ʃ/

     通音：/j/、/w/

     边通音：/l/

该辅音系统相对简单，唯一的特点是前鼻音化的辅音。但是前鼻音化音在词首位置经常可以跟相应的爆发音和擦音自由替换，即三者互为自由变体。

Lingala 语有 7 个元音，即

(117) i   u

① 参见 Meeuwis（1998）、Etsio（2003）。

```
        e            o
        ɛ            ɔ
            a
```

音长不是区别特征,元音的鼻音化非常罕见,也不是音系过程。/e/、/o/、/ɛ/、/ɔ/、/a/都可以出现在/i/之前,构成双元音,但是双元音也可以分析为两个音节内的单元音相连。元音表现出一定程度的和谐现象,即/e/和/o/跟/ɛ/和/ɔ/不能同时出现在词内。

Lingala 语也有高调 H 和低调 L 两个声调,组合形成升调 LH 或降调 HL。声调具有词汇和语法双重功能(例如区分时态-体貌-语气等):

(118) nabétaka yé "我经常打他"(习惯体)vs nabétáká yé "我很久以前打过他"(远过去时)

tómela "让我们喝吧"(命令式)vs tomelá "我们喝过"(近过去时)

其音节结构为 CV。

3.3.3.6 Fang[①]

该 Fang 语与本章 3.3.3.5 节所讨论的 Fang 语是两种不同的 Bantu 语言,是位于喀麦隆西北部地区的 Fang 村所讲的语言,使用人数也比另一个 Fang 语少很多。其系属分类为:

(119) Niger-Congo

Atlantic-Congo

Volta-Congo

Benue-Congo

Bantoid

Southern

Yemne-Kimbi

Fang

---

① 参见 Mve(2013)。

其辅音系统为:

(120) 爆发音:/b/ ﹑/ᵐb/ ﹑/t/ ﹑/d/ ﹑/ⁿt/ ﹑/g/ ﹑/k/ ﹑/ᵑk/ ﹑/ᵑg/ ﹑/kp̂/ ﹑/gb/ ﹑/ᵑkp̂/

　　　鼻音:/m/ ﹑/n/ ﹑/ɲ/ ﹑/ŋ/ ﹑/ᵖm/

　　　擦音:/f/ ﹑/ᵐf/ ﹑/s/ ﹑/ʃ/ ﹑/ʒ/

　　　通音:/j/ ﹑/w/

　　　边通音:/l/

　　　塞擦音:/ts/ ﹑/dz/ ﹑/ⁿts/ ﹑/tʃ/ ﹑/dʒ/ ﹑/ⁿtʃ/ ﹑/ⁿdʒ/

该 Fang 语虽然也有一定数量的前鼻音化音,但明显少于前节介绍的 Fang 语的前鼻音化音。尽管如此,两者在总体上而言,辅音系统的相似性还是比较明显的,因为两者的系属关系毕竟比较近(都是 Southern Bantoid 语言)。

其元音系统为:

(121) i/iː　　　　u/uː

　　　e/eː　ə/əː　o/oː

　　　ɛ/ɛː　　　　ɔ/ɔː

　　　　　a/aː

该系统也跟上文的 Fang 语非常类似,只是多了一对中元音。此外,/i/ 和 /u/ 也都存在中元音的音素变体[ɨ]、[ʉ]。

该 Fang 语有 3 个声调,即高调 H、平调 M 和低调 L,组合可以形成曲拱声调,如升调 LH 和降调 HL。声调具有词汇和语法双重功能,名词和动词表现出不同的声调类型。高调 H 跟其他两个声调相比,表现出了比较特殊的声调过程,包括:

(122) 高调插入:将一个高调 H 分配给原来没有声调的、动词的最后一个元音;

　　　声调同化/替换/扩展:高调 H 影响其周围的声调,方向是从左至右;但是该声调过程也存在于低调 L 中。

　　　声调简化:升调 LH 或降调 HL 简化为高调 H。

Fang 语的音节结构为(C)V、CVC、CC_{边通音}V(C)。

3.3.4　Igbo[①]

Igbo 语也是广泛使用的非洲语言之一，是尼日利亚的官方语言之一，使用人数众多，有大量的母语人士，其系属分类为：

（123）Niger-Congo

　　　　Atlantic-Congo

　　　　　　Volta-Congo

　　　　　　　　Benue-Congo

　　　　　　　　　　Igboid

　　　　　　　　　　　　Igbo

　　　　　　　　　　　　　　Igbo

其辅音系统为：

（124）爆发音：/p/ 、/b/ 、/t/ 、/d/ 、/k/ 、/g/ 、/kʷ/ 、/gʷ/ 、/k͡p/ 、/g͡b/

　　　　鼻音：/m/ 、/n/ 、/ɲ/ 、/ŋ/ 、/ŋʷ/

　　　　颤音：/ɹ/

　　　　擦音：/f/ 、/v/ 、/s/ 、/z/ 、/ʃ/ 、/ɣ/ 、/ɦ/

　　　　通音：/j/ 、/w/

　　　　边通音：/l/

　　　　塞擦音：/ʧ/ 、/ʤ/

Igbo 语辅音系统相对简单，主要的特点是唇化效果，存在于三个软腭辅音中，还有两个协同发音的辅音。

其元音系统为比较特殊的八元音：

（125）i　　　　　　u

　　　　ɪ　　　　　　ʊ

---

① 参见 Ringen（1979）、Nolue Emenanjo（1987）、Clark（1990）、Ikekeonwu（1993）、Canepari（2005：363-364）、Eme & Uba（2016）。

e   o

a   ɔ

Igbo 语也有以 ATR 特征为基础的元音和谐现象，以上 8 个元音分为两组：

(126)[+ATR]:/i/ ╲/u/ ╲/e/ ╲/o/

       [−ATR]:/ɪ/ ╲/ʊ/ ╲/a/ ╲/ɔ/

除了少数的外来词和复合词中，以上两组元音不能同时出现在同一个词之内，词根元音的 ATR 特征决定词缀的 ATR 特征，因此 Igbo 语的 ATR 特征向前后(或左右)控制前缀和后缀的 ATR 特征，具有双向性。但左向控制明显强于右向控制，因为某些后缀不遵守元音和谐规则，而且/a/可以出现在后缀中而不受元音和谐的控制。

Igbo 语也是声调语言，有高调 H 和低调 L 两个声调，可以组合形成曲拱声调。下漂、降阶等常见的声调过程也见于 Igbo 语。声调具有词汇和语法双重功能。

音节结构为(C)V。鼻辅音也可以单独成音节。

3.3.5 Yoruba①

Yoruba 语是西非广泛使用的一门语言，尼日利亚、贝宁和多哥都将其定为官方语言，有数以千万计的使用者。其系属分类如下：

(127) Niger-Congo

    Atlantic-Congo

        Volta-Congo

            Benue-Congo

                Defoid

                    Yoruboid

                        Edekiri

                          Yoruba

---

① 参见 Ward(1952)、Bamgbose(1966)、Rowlands(1969)、Awobuluyi(1978)、Laniran & Clements (2003)、Przekziecki(2005)、Canepari(2005:364-365)、Eme & Uba(2016)。

其辅音系统为：

(128) 爆发音：/b/、/t/、/d/、/k/、/g/、/k͡p/、/g͡b/

　　　鼻音：/m/、/n/、/ŋ/

　　　颤音：/ɾ/

　　　擦音：/f/、/s/、/ʃ/、/h/

　　　通音：/j/、/w/

　　　边通音：/l/

　　　塞擦音：/ʤ/

应该说 Yoruba 语的辅音系统是非洲语言中最简单的系统之一，同一发音部位清浊辅音的不配对现象很明显，除了两个协同发音的辅音之外，没有其他显著的特点。或许正是辅音系统的简单性导致了 Yoruba 语元音系统的相对复杂，其包括 7 个口元音和 5 个鼻元音，见表 2-16。

(129)

表 2-16　Yoruba 语元音系统

类型	口元音		鼻元音	
	前	后	前	后
高	i	u	ĩ	ũ
半高	e	o		
半低	ɛ	ɔ	ɛ̃	ɔ̃
低	a	ã		

7 个口元音是非洲语言常见的七元音系统，而鼻元音虽然也见于非洲语言（特别是口元音受鼻辅音影响而鼻音化的情况），但作为音位存在还是相对少见。元音长度不是区别特征，也不存在双元音，而是不同音节中的元音相连造成的。元音之间有和谐的倾向，例如在多音节的、非派生而来的名词中，如果第一个音节只有一个元音/o/，则第二个元音不能为/ɛ/或/ɔ/，而如果第一个元音是/ɔ/，则第二个元音不能为/e/或/o/。在某些方言中，元音和谐的现象更为明显和规律，如 Akure 方言中，ATR 特征发挥作用，即在一个音系词（phonological word）之内，如果一个非低元音在一个［－ATR］元音之前则变为［－ATR］；Moba 方言也与之类似，但不同的是，高元音不参与元音和谐（即本身不受其影响，而且也不能触发元音和谐）。

Yoruba 语有 3 个声调，即高调 H、中调 M 和低调 L，曲拱声调也是高调 H、中调 M 和低调 L 组合的结果。载调单位 TBU 为音节，因此长元音上的曲拱声调也可以证明表面上的长元音其实是两个相同的元音分属不同的音节，每个音节自带声调。但高调不能出现在由单独一个元音构成的多音节词词首音节中，而中调 M 和低调 L 则没有该限制。较低的声调在较高的声调之前会造成后者的下漂。高调 H 的替换现象尤其表现在动词+名词的结构中，名词首音节的声调被动词最后一个音节的高调所替换。下漂和替换更是可以共存，即在中调 M 后的高调 H 下漂为中调 M，随后替换掉一个低调 L，形成三个中调相连的情况。

音节结构为(C)V。鼻辅音可以自成音节，因此也带有声调。

3.3.6 Dogon[①]

Dogon 语是马里东南部的语言，有数千万名使用者，系属分类为：

（130）Niger-Congo

   Atlantic-Congo

    Volta-Congo

     Dogon

      Dogon

Dogon 语内部有诸多方言，方言之间基本可以通话，虽然有些方言的地位比较重要，但并没有所谓的"标准 Dogon 语"。

（131）Dogon, Ampari

   Dogon, Ana Tinga

   Dogon, Bankan Tey

   Dogon, Ben Tey

   Dogon, Bondum Dom

   Dogon, Bunoge

   Dogon, Dogul Dom

---

① 参见 Plungian（1995）、Hantgan（2007）、Heath（2008、2009、2010、2017）、McPherson（2011、2014）、Blench（2012a、2012b）等。

Dogon, Donno So

Dogon, Jamsay

Dogon, Mombo

Dogon, Nanga Dama

Dogon, Tebul Ure

Dogon, Tene Kan

Dogon, Tiranige Diga

Dogon, Tommo So

Dogon, Tomo Kan

Dogon, Toro So

Dogon, Toro Tegu

Dogon, Yanda Dom

就辅音系统而言，Dogon 诸方言之间有着较明显的相似之处。
Ben Tey 方言：

（132）爆发音：/p/、/b/、/t/、/d/、/k/、/g/

鼻音：/m/、/n/、/ɲ/、/ŋ/

颤音：/r/、/r̃/

擦音：/s/

通音：/j/、/j̃/、/w/、/w̃/

边通音：/l/

塞擦音：/ʧ/、/ʤ/

Bondum Dom 方言：

（133）爆发音：/p/、/b/、/t/、/d/、/k/、/g/

鼻音：/m/、/n/、/ɲ/、/ŋ/

颤音：/r/

擦音：/s/

通音：/j/、/w/

边通音：/l/

塞擦音 : /ʤ/

Bunoge 方言 :

(134) 爆发音 : /p/ ✓/b/ ✓/t/ ✓/d/ ✓/k/ ✓/g/

　　　鼻音 : /m/ ✓/n/ ✓/ɲ/ ✓/ŋ/

　　　颤音 : /r/

　　　擦音 : /s/

　　　通音 : /j/ ✓/j̃/ ✓/w/ ✓/w̃/

　　　边通音 : /l/

　　　塞擦音 : /ʧ/ ✓/ʤ/

Tebul Ure 方言 :

(135) 爆发音 : /p/ ✓/b/ ✓/t/ ✓/d/ ✓/k/ ✓/g/

　　　鼻音 : /m/ ✓/n/ ✓/ɲ/ ✓/ŋ/

　　　颤音 : /r/

　　　擦音 : /s/ ✓/z/ ✓/ɤ/ ✓/h/

　　　通音 : /j/ ✓/w/

　　　边通音 : /l/

　　　塞擦音 : /ʧ/ ✓/ʤ/

Tommo so 方言 :

(136) 爆发音 : /p/ ✓/b/ ✓/ⁿb/ ✓/t/ ✓/d/ ✓/ⁿd/ ✓/ɟ/ ✓/ⁿɟ/ ✓/k/ ✓/g/ ✓/ⁿg/ ✓/ʔ/

　　　鼻音 : /m/ ✓/n/ ✓/ɲ/ ✓/ŋ/

　　　颤音 : /r/

　　　擦音 : /s/ ✓/h/

　　　通音 : /j/ ✓/w/

　　　边通音 : /l/

Toro Tegu 方言 :

（137）爆发音：/p/﹑/b/﹑/t/﹑/d/﹑/k/﹑/g/

　　　鼻音：/m/﹑/n/﹑/ŋ/

　　　颤音：/r/﹑/r̃/

　　　擦音：/s/

　　　通音：/j/﹑/j̃/﹑/w/﹑/w̃/

　　　边通音：/l/

　　　塞擦音：/ʧ/﹑/ʤ/

Yanda Dom 方言：

（138）爆发音：/p/﹑/b/﹑/t/﹑/d/﹑/k/﹑/g/

　　　鼻音：/m/﹑/n/﹑/ɲ/﹑/ŋ/

　　　颤音：/r/

　　　擦音：/s/﹑/z/﹑/h/

　　　通音：/j/﹑/w/

　　　边通音：/l/

　　总体而言，Dogon 语诸方言都有 6 个爆发音（/p/、/b/、/t/、/d/、/k/、/g/）、3 个鼻音（/m/、/n/、/ŋ/）、1 个颤音（/r/）、2 个通音（/j/、/w/）和 1 个边通音（/l/）；某些只出现于外来词中的音位（如/ʃ/、/ʒ/等）均未列入其中。擦音差别最大，共有的擦音为/s/，Ben Tey 方言、Toro Tegu 方言等仅有这一个擦音，而 Tebul Ure 方言还有/z/、/ɣ/、/h/。Tommo so 方言最为复杂，有 22 个辅音音位，包括前鼻音化的爆发音和叠音鼻音以及叠音、边通音。前鼻音化的爆发音只是作为条件变体出现在其他方言中。Bunoge 方言和 Toro Tegu 方言还有鼻音化的通音。

　　在元音方面，Bunoge、Tebul Ure、Yanda Dom 等方言具有非洲语言常见的七元音系统：

（139）i　　　　　u

　　　e　　　　o

　　　ɛ　　　　ɔ

　　　　　a

每个元音音位都有长短两个音素形式，但在 Ben Tey 方言和 Bondum Dom 方言中音长为区别特征(即 7 个短元音和 7 个长元音)。元音鼻音化也不同程度存在，在 Tommo so 方言中则是区别特征(即有 5 个鼻元音/ĩ/、/ũ/、/ɛ̃/、/ɔ̃/、/ã/)。Toro Tegu 方言中音长和鼻音化都是区别特征(即 21 个元音音位)。

以上诸方言中都有基于 ATR 特征的元音和谐，即/ɛ/和/ɔ/两个[−ATR]的元音不能与/e/和/o/这两个[+ATR]的元音出现在词根内；在某些方言中 ATR 特征还会影响某些后缀的形式(如 Bunoge 方言中完成体主语第三人称复数标志有-jɛ 和-je 两个变体，分词式有-ga、-go 和-gɔ 三个变体)。

Dogon 语诸方言基本都是声调语，有高调 H 和低调 L 两个声调，可组合形成曲拱声调。词根内至少有一个高调 H。声调兼具词汇和语法功能。扩展等声调过程也有所发现，在各个方言之间大同小异。Dogon 各方言声调系统最大的特点是所谓的声调覆盖(tonal overlay)现象，即在某些形态语法环境中，词的词汇声调完全被语法声调所替换(或覆盖)。例如在 Tommo so 方言中，例(140)a 句中主句/独立句中未完成体肯定式的动词词根声调为降调 HL，而不是动词词根本身的声调，因为后者被前者所替换/覆盖。这种覆盖现象不发生在例(140)b 句的关系从句中。

(140) a. jóbɔ̀-dɛ "他/她/它跑着"

b. jɔ̀bɔ́-dɛf "跑着的(人/东西)"

同样在该方言中，名词如果被形容词修饰也会发生声调覆盖现象：

(141) a. gìnɛ́ pɛ́lu "十间房子"

b. gìnɛ̀ pílu "白房子"

例(141)a 句中 gìnɛ́ 为名词，带有原本的声调 L-H，而例(141)b 句中则为发生声调覆盖后的声调 gìnɛ̀(即 L-L)。该现象涉及的因素较多，不仅跟词类有关(并不是所有的词都触发声调覆盖或其声调被覆盖)，还跟具体的句法结构相关(某些句法结构就不会受到声调覆盖现象的影响)，而且各个方言之间尽管大致相同，但也存在细微却不可忽视的差异。

Dogon 语诸方言的音节结构为 V 或 CV(C)。

综上所述，虽然 Dogon 语的方言众多，但方言之间的差别相对有限，而相似之处是非常明显的。在辅音和元音中，某一语音特征是否作为区别特征是造成方言间差别的主要原因。而声调上的差异主要表现在其与具体的语法结构之间的关系。

3.3.7　Sénoufo

Sénoufo 语类似于 Dogon 语，有着诸多方言：

（142）Niger-Congo

　　　　Atlantic-Congo

　　　　　Volta-Congo

　　　　　　North

　　　　　　　Gur

　　　　　　　　Senufo

　　　　　　　　　Kpalaga（1）

　　　　　　　　　　Sénoufo，Palaka

　　　　　　　　　Senari（3）

　　　　　　　　　　Sénoufo，Cebaara

　　　　　　　　　　Sénoufo，Senara

　　　　　　　　　　Sénoufo，Syenara

　　　　　　　　　Suppire-Mamara（5）

　　　　　　　　　　Sénoufo，Mamara

　　　　　　　　　　Sénoufo，Nanerigé

　　　　　　　　　　Sénoufo，Shempire

　　　　　　　　　　Sénoufo，Sìcìté

　　　　　　　　　　Sénoufo，Supyire

　　　　　　　　　Tagwana-Djimini（3）

　　　　　　　　　　Sénoufo，Djimini

　　　　　　　　　　Sénoufo，Nyarafolo

　　　　　　　　　　Sénoufo，Tagwana

这些不同的方言分布于科特迪瓦、马里、布基纳法索和加纳，但使用人数比 Dogon 语要少很多，估计只有几百万人。我们以 Supyire 方言（Carlson，1994）为例，其辅音系统为：

（143）爆发音：/p/ 、/b/ 、/t/ 、/d/ 、/k/ 、/g/ 、/ʔ/

鼻音：/m/、/n/、/ɲ/、/ŋ/

擦音：/f/、/v/、/s/、/z/、/ʃ/、/ʒ/

通音：/j/、/w/

边通音：/l/

塞擦音：/ʧ/、/ʤ/

Supyire 方言的辅音系统也相对简单，几乎没有非洲语言的特色音素（如协同发音的辅音、前鼻音化辅音、内爆音等），而且跟前文讨论的 Dogon 语诸方言十分类似，只不过比 Dogon 语诸方言的辅音系统具有更强的对称性，爆发音、鼻音和擦音都具有几乎相同的发音部位，而且所有发音部位都是清音-浊音配对。

元音系统为 7 个口元音和 5 个鼻元音，与 Dogon 语的 Tommo so 方言一样：

（144）i   u

       e   o

       ɛ   ɔ

           a

（145）ĩ   ũ

       ɛ̃   ɔ̃

          ã

Supyire 方言的元音和谐现象有一定的特殊性，虽然都是发生在词根内部或词根与某些后缀之间，但需要考虑重音，即在一个节律音步（metrical foot）内的非重读音节与词首的重音音节发生元音和谐，后者决定前者。具体情况为：第一，末位的非重读元音不能为高元音，故和谐模式为[i]~[e]、[u]~[o]；第二，在鼻辅音后的[ɛ]要求末位的元音为[e]/[i]、在鼻辅音后的[ɔ]要求末位的元音为[o]/[u]；第三，在某些位置的非重读元音倾向发音为[ə]或[a]，则不受元音和谐的控制。

Supyire 方言有四个声调，一个高调 H、一个低调 L 和两个中调 M（分别为弱中调和强中调），载调单位 TBU 为音节，因此元音和自成音节的鼻辅音可以带有声调。非洲语言中常见的声调的机动性、变调（下漂和降阶）等也存在于 Supyire 方言中。除此之外，还存在声调的上浮，主要包括：第一，弱中高调在中调 M 后变为高调 H；第二，低调 L 在中调 M 后变为高调 H；第三，弱中调在高调 H 后也变为高调 H。这三类声调的上浮都出现在比较严格的句法环境中，这也是与下漂和降阶的不同之处。如低调 L 在中调 M 后变为高调

H 只出现在属格结构中以及名词与其后的数词之间。因此，声调的上浮更类似于一种形态-句法手段，用于表达在同一个成分内的元素之间的句法关系。

3.3.8 Bambara[①]

Bambara 语是马里的一门通用语，使用人数数以千万，其中有大量的母语者，系属分类为：

(146) Niger-Congo

   Mande

     Western

       Central-Southwestern

        Central

         Manding-Jogo

          Manding-Vai

           Manding-Mokole

            Manding

             Manding-East

              Northeastern Manding

               Bamana

Bambara 语的辅音系统为：

(147) 爆发音：/p/、/b/、/t/、/d/、/k/、/g/

  鼻音：/m/、/n/、/ɲ/、/ŋ/

  颤音：/r/

  擦音：/f/、/s/、/z/、/ʃ/、/ɣ/、/h/

  通音：/j/、/w/

  边通音：/l/

  塞擦音：/ʧ/、/ʤ/

---

① 参见 Courtenay（1974）、Rialland & Badjimé（1989）、Maiga（2001）、Dumestre（2003）、Green（2010）等。

Bambara 语的辅音系统跟之前讨论的几种尼日尔-刚果语系语言的辅音系统十分类似，都是比较简单的，没有太多非洲语言的特色。元音系统为 21 个元音，即以下 7 个口元音：

(148) i　　　　u
　　　e　　　　o
　　　ɛ　　　　ɔ
　　　　　a

以及与之相对应的 7 个长元音和 7 个鼻元音。与上文 Dogon 语的 Toro Tegu 方言相同。

Bambara 语也有两个声调，高调 H 和低调 L，组合可以形成升调 LH 或降调 HL。Bambara 语声调系统是非洲语言中研究较早、比较深入的，比较充分地体现了非洲语言声调系统的基本特点，如例(149)所示(Clements，2000：153-157)(表 2-17)：

(149)　　　　　　　　　　　　表 2-17　声调系统特点

定指性引用形式	__dòn(这是……)	__tɛ́(这不是……)
bâ"那条河流"	bá dôn"这是一条河" bá dòn"这是那条河"	bá tɛ́"这不是一条河" báˈtɛ́"这不是那条河"
bà"那只山羊"	bà dôn"这是一只羊" bǎ dòn"这是那只羊"	bà tɛ́"这不是一只羊" bǎˈtɛ́"这不是那只羊"
bálâ"那个乐器"	bálá dôn"这是一个乐器" bálá dòn"这是那个乐器"	bálá tɛ́"这不是一个乐器" báláˈtɛ́"这不是那个乐器"
bàlâ"那只豪猪"	bàlà dôn"这是一只豪猪" bàlá dòn"这是那只豪猪"	bàlà tɛ́"这不是一只豪猪" bàláˈtɛ́"这不是那只豪猪"

首先，如果比较第二列每组的两句话，可以看出 Bambara 语名词的定指范畴只是通过声调表达的，这就是上文提及的非洲语言中声调可以具有语法功能的一个例子。

其次，如果不考虑定指，则名词的声调类型有两类，即高调 H 类和低调 L 类："河"和"一种乐器"为高调 H 类，"山羊"和"豪猪"则为低调 L 类。

再次，如果比较 dòn 及其在句中的形式 dôn，则发现后者多出一个高调 H，而此高调 H 并不出现在名词为定指的情况下（如 bá dòn"这是那条河"），故合理的假设是，每一个名词词素都具有一个漂移性的高调 H，可以实现在该词素定指性形式之上或该词素后面的词上。

最后，综合以上三点，特别是第三点，我们可以确定表达定指范畴的声调为一个漂移性的低调 L，因此"河流"本身为高调 bá，且作为词素还有一个漂移性的高调 H，那么"那条河流"就是 bá+H+L，即 bâ；同理，"山羊"本身为低调 bà，且作为词素还有一个漂移性的高调 H，那么"那只山羊"就是 bà+H+L，即 bǎ。而且该漂移性的低调 L 还可以解释如 bá¹té"这不是那条河"中出现的降阶（即¹）。

Bambara 语的这个例子很好地诠释了本章 1.3 节讨论所涉及的声调系统的大部分特点，如两分性（高调 H 和低调 L）、机动性（如转换）、变调（如降阶）、载调单位 TBU 为音节、具有语法功能（即表达定指性范畴）。

3.3.9　Mandinka[①]

Mandinka 语是西非使用广泛的一门语言，地跨塞内加尔、冈比亚、几内亚比绍和几内亚，有着众多的母语使用者，其系属分类为：

（150）Niger-Congo

  Mande

   Western

    Central-Southwestern

     Central

      Manding-Jogo

       Manding-Vai

        Manding-Mokole

         Manding

          Manding-West

           Mandinka

其辅音系统为：

---

① 参见 Camara(1999)、Dramé(2003)、Creissels(2009b)。

(151) 爆发音:/p/ 、/b/ 、/t/ 、/d/ 、/k/ 、/g/

　　　鼻音:/m/ 、/n/ 、/ɲ/ 、/ŋ/

　　　颤音:/r/

　　　擦音:/f/ 、/s/ 、/h/

　　　通音:/j/ 、/w/

　　　边通音:/l/

　　　塞擦音:/tʃ/ 、/dʒ/

　　Mandinka 语的辅音系统也比较简单,跟 Dogon 语和 Sénoufo 语诸方言比较类似,而没有太多非洲语言的特色。其元音系统也相对简单:

(152) i　　　　u

　　　　e　　　　o

　　　　　　　a

　　音长在大部分方言中为区别特征,但在 Kita 方言中不是。元音在以鼻音结尾的音节中表现为鼻音化的变体。

　　Mandinka 语有高调 H 和低调 L 两个声调,也存在下漂和降阶等声调过程。声调具有词汇和语法双重功能,也跟介绍过的非洲语言大致类似。

　　其音节结构为 CV(N)。

3.4　其他语言

3.4.1　ǃXóõ[①]

ǃXóõ 语是博茨瓦纳和纳米比亚的一门语言,系属分类为:

(153) Tuu

　　　　　Taa

　　　　　　　　ǃXóõ

---

① 参见 Trail(1985、1994)、Güldemann(2013b)、Miller(2013c)。

!Xóõ 语是世界上具有最多音位，特别是辅音音位的语言，其辅音系统如下：

(154) 爆发音：/p/ ✓/pʰ/ ✓/b/ ✓/t/ ✓/tʰ/ ✓/d/ ✓/dʰ/ ✓/k/ ✓/kʰ/ ✓/g/ ✓/q/ ✓/qʰ/ ✓/ɢ/

　　　　鼻音：/m/ ✓/n/ ✓/ˀm/ ✓/ˀn/

　　　　擦音：/s/ ✓/x/ ✓/χ/ ✓/ʁ/

　　　　边通音：/l/

　　　　塞擦音：/ts/ ✓/tsʰ/ ✓/dz/ ✓/dzʰ/ ✓/qχ/ ✓/ɢʁ/

　　　　外挤气音：/t'/ ✓/k'/ ✓/q'/ ✓/ts'/ ✓/dz'/ ✓/kx'/ ✓/gʁ'/

以上系统之所以复杂，是对于送气/不送气、清/浊等特征对的充分利用，而且各个发音部位在发音方法上都有较好的对应性，特别是爆发音、塞擦音和外挤气音在发音部位上基本都可以形成对应。此外，还有一系列倒吸气音，依然体现了发音部位和发音方法的充分利用和对应性，见表 2-18：

(155) 　　　　　　　　　　　　　表 2-18　!Xóõ 倒吸气音

双唇音	齿音	边音	齿龈音	腭音
kʘ	kǀ	kǁ	kǃ	kǂ
kʘʰ	kǀʰ	kǁʰ	kǃʰ	kǂʰ
gʘ	gǀ	gǁ	gǃ	gǂ
gʘh	gǀh	gǁh	gǃh	gǂh
ŋʘ	ŋǀ	ŋǁ	ŋǃ	ŋǂ
ŋ̊ʘ	ŋ̊ǀ	ŋ̊ǁ	ŋ̊ǃ	ŋ̊ǂ
↓ŋ̊ʘʰ	↓ŋ̊ǀʰ	↓ŋ̊ǁʰ	↓ŋ̊ǃʰ	↓ŋ̊ǂʰ
kʘˀ	kǀˀ	kǁˀ	kǃˀ	kǂˀ
ˀŋʘ	ˀŋǀ	ˀŋǁ	ˀŋǃ	ˀŋǂ
qʘ	qǀ	qǁ	qǃ	qǂ
ɢʘ	ɢǀ	ɢǁ	ɢǃ	ɢǂ
	ɢǀh		ɢǃh	ɢǂh
kʘˣ	kǀˣ	kǁˣ	kǃˣ	kǂˣ
gʘx	gǀx	gǁx	gǃx	gǂx
qʘ'	qǀ'	qǁ'	qǃ'	qǂ'
kʘ'q'	kǀ'q'	kǁ'q'	kǃ'q'	kǂ'q'
gʘq'	gǀq'	gǁq'	gǃq'	gǂq'

!Xóõ 语的基本元音为/a/、/i/、/e/、/o/、/u/，但几乎每一个元音都有多种类型的嗓音发声（phonation），这是造成!Xóõ 语元音系统复杂性的主要原因：

(156) 鼻化音:/ĩ/、/ã/、/ũ/、/õ/、/ẽ/

哑嗓音:/a̰/、/ḭ/、/ṵ/、/o̰/、/ḛ/

气声:/a̤/、/i̤/、/ṳ/、/o̤/、/e̤/

咽音:/aˤ/、/uˤ/、/iˤ/、/oˤ/、/eˤ/等

此外，还有送气音和声门化音，以及以上几种类型的嗓音发声的叠加，如 o̰ʰ a̰ʰ ṵʰ。元音亦有长短之分，但不具备音位地位；反之，存在双元音音位，如/ai/、/ae/、/ao/、/au/、/oi/、/oe/、/oa/、/ou/、/ui/、/ue/、/ua/等。

!Xóõ 语有 4 个声调，即高调 H、中调 M、低调 L 和降调 HL。声调具有词汇和语法功能。

其基本的音节结构为 CV(C)。

3.4.2　Ju|'hoansi[①]

Ju|'hoansi 语也是纳米比亚的一门语言，使用者只有几千人，比!Xóõ 语更少，其系属分类为：

(157) Kx'a

!Kung

Ju|'hoansi

Ju|'hoansi 语的辅音系统也十分复杂，跟!Xóõ 语不无相似之处：

(158) 爆发音:/b/、/p/、/pʰ/、/b p͡ʰ/、/d/、/t/、/tʰ/、/tχ/、/d t͡ʰ/、/dt͡χ/、/g/、/k/、/kʰ/、/g k͡ʰ/、/ʔ/

鼻音:/m/、/mʰ/、/n/、/ŋ/

---

① 参见 Dickens(2005)、Miller(2013a、2013b)。

擦音：/f/、/s/、/z/、/ʃ/、/ʒ/、/x/、/ɦ/

塞擦音：/dz/、/ts/、/tsʰ/、/dtsʱ/、/dtsχ/、/dʒ/、/tʃ/、/tʃʰ/、/dtʃʱ/、/dtʃχ/

外挤气音：/tχ'/、/ts'/、/dts̃'/、/tʃ'/、/dtʃ'/、/ʔk'/、/kχ'/、/gk̃χ'/

我们再次看到，送气/不送气、清/浊、小舌音化、外挤气等特征的充分利用，以及不同发音方法在唇、齿和软腭等发音部位上的较好的对应性，都是 Juǀ'hoansi 语辅音系统复杂的原因。Juǀ'hoansi 语也有多套倒吸气音，但少于!Xóõ 语的倒吸气音，具体见表 2-19：

（159）　　　　　　　　　**表 2-19　Juǀ'hoansi 语的倒吸气音**

齿音	边音	齿龈音	腭音
ǀ	ǁ	!	ǂ
gǀ	gǁ	g!	gǂ
ŋǀ	ŋǁ	ŋ!	ŋǂ
ǀʰ	ǁʰ	!ʰ	ǂʰ
gkǀʰ	gkǁʰ	gk!ʰ	gkǂʰ
ŋ̊ǀʰ	ŋ̊ǁʰ	ŋ̊!ʰ	ŋ̊ǂʰ
ŋǀʱ	ŋǁʱ	ŋ!ʱ	ŋǂʱ
ŋǀʔ	ŋǁʔ	ŋ!ʔ	ŋǂʔ
ǀχ	ǁχ	!χ	ǂχ
gkǀχ	gkǁχ	gk!χ	gkǂχ
ǀχ'	ǁχ'	!χ'	ǂχ'
gkǀχ'	gkǁχ'	gk!χ'	gkǂχ'

Juǀ'hoansi 语元音系统也与!Xóõ 十分类似，即基本元音为/a/、/i/、/e/、/o/、/u/，兼有鼻音化、咽音化、气声等多种类型的嗓音发声，以及以上几种发声的组合情况，而且/a/和/o/还特别有咽音化和声门化变体。元音音长也是区别特征，这是与!Xóõ 语的不同之处。两个单元音相连可以分析为双元音或分属于两个音节的单元音。

Juǀ'hoansi 语也有四个声调，两个低调 L 和两个高调 H，兼具词汇和语法功能。在词汇层面，有七种调型，即除了以上四种基本的平调，还有三种曲拱声调（即超低-低、低-高和高-低），其中高-低型只出现于双音节的名词中。载调单位 TBU 多样，包括莫拉、音节和词根。

其音节结构为 CV(C)。

3.4.3 Khoekhoe[①]

Khoekhoe 语也是纳米比亚的一种语言，其系属分类为：

(160) Khoe-Kwadi

      Khoe

           Khoekhoe

                Nama

                      Khoekhoe

Khoekhoe 语的辅音系统为：

(161) 爆发音：/p/、/t/、/k/、/ʔ/

    鼻音：/m/、/n/

    颤音：/ɾ/

    擦音：/s/、/x/、/h/

    塞擦音：/ts/、/kx/

其倒吸气音，见表 2-20。

(162)   **表 2-20　Khoekhoe 语的倒吸气音**

齿音	边音	齿龈音	腭音
ǀ	ǁ	ǃ	ǂ
ŋǀ	ŋǁ	ŋǃ	ŋǂ
ŋ̊ǀʰ	ŋ̊ǁʰ	ŋ̊ǃʰ	ŋ̊ǂʰ
ŋ̊ǀʔ	ŋ̊ǁʔ	ŋ̊ǃʔ	ŋ̊ǂʔ
ǀχ	ǁχ	ǃχ	ǂχ

送气作为语音现象较常见，如[kʰ]、[tsʰ]等。/x/的具体发音也较多变化，甚至可以

---

① 参见 Canepari(2005：367)、Brugman(2009)、Haacke(2013a、2013b)。

有变体[χ]。与 Ju∣'hoansi 语相比，Khoekhoe 语的倒吸气音系统简单很多，主要是因为缺乏清浊对立，这也体现在非倒吸气音的辅音中。而且 Khoekhoe 语的倒吸气音虽然有鼻化现象，但并不具有音系特征的地位。

Khoekhoe 语的基本元音为/a/、/i/、/e/、/o/、/u/，和对应的 5 个长元音，以及 3 个鼻元音/ĩ/、/ã/、/ũ/。此外还有若干双元音，双元音也有鼻化音：

(163)/əi/、/əu/、/ui/、/ae/、/ao/、/oe/、/oa/

　　　/ə̃ĩ/、/ə̃ũ/、/ũĩ/、/õã/

Khoekhoe 语有 3 个声调(高调 H、中调 M 和低调 L)，但在具体发音中会出现曲拱声调，一般都分析为三个基本声调的组合，如降调为 ML、升调为 MH，以及类似于汉语的三声为 HMH。此外，曲拱声调也与出现的位置有关，即(表 2-21)

(164)　　　　　　　　　　　　　**表 2-21　典拱声调位置**

孤立形式	语流音变	倒吸气音
ML、MH、HMH、ML-L	L-ML、ML-L	L-ML

其基本的音节结构为(C)V(N)。

3.4.4　Naro[①]

Naro 语是博茨瓦纳的一门语言，其系属分类为：

(165)Khoe-Kwadi

　　　　　Khoe

　　　　　　　　Kalahari Khoe

　　　　　　　　　　　Southwest

　　　　　　　　　　　　　Naro

Naro 语的辅音系统为：

---

① 参见 Visser(2013a、2013b)。

(166)爆发音:/b/、/d/、/t/、/tʰ/、/g/、/k/、/kʰ/

　　鼻音:/m/、/n/

　　擦音:/s/、/x/、/h/

　　塞擦音:/dz/、/ts/、/tsʰ/、/tx/、/tsx/、/kx/

　　外挤气音:/t'/、/ts'/、/kx'/

其倒吸气音,见表2-22。

(167)　　　　　　　　　　　**表 2-22　Naro 语的倒吸气音**

齿音	边音	齿龈音	腭音
ǀ	ǁ	!	ǂ
ǀg	ǁg	!g	ǂg
ǀn	ǁn	!n	ǂn
ǀ'	ǁ'	!'	ǂ'
ǀh	ǁh	!h	ǂh
ǀx	ǁx	!x	ǂx
ǀx'	ǁx'	!x'	ǂx'

　　Naro 语的辅音系统比 Khoekhoe 更复杂一些,倒吸气音虽然也是 4 个发音部位,但发音方法更多。只有/m/、/n/、/b/可以出现在词根中间位置,/d/如果出现在词根中间位置则发音为[r]。

　　Naro 语的基本元音也是/a/、/i/、/e/、/o/、/u/,但没有长元音,还有 3 个鼻元音/ẽ/、/ã/、/õ/。此外还有两个咽化元音/aˤ/和/oˤ/。

　　Naro 语有 3 个声调,高调 H、中调 M 和低调 L,可以组合成为曲拱声调,如升调(LH、LM)和降调(HL、ML)。

　　Naro 语基本的音节结构为 CV、V、N、CVN、NCV,其中成音节的鼻辅音以及在词首的鼻辅音结构 NCV 只能出现在疑问词中。

3.5　超音段系统个案分析:以 Xhosa 语为例[①]

　　前文的个案研究中对于所涉及的语言的韵律系统——特别是声调——都进行了简单的

---

① 参见 Claughton(1992)、Cassimjee & Kisseberth(1998)。本节语例和分析如无特殊指明,皆出于这两个研究。鉴于篇幅所限,不一一指明章节和页数。

介绍，基本呈现了非洲语言的超音段系统的特性和共性，进一步说明了上文第一节讨论所涉及的声调系统的大部分特点，如两分性(高调 H 和低调 L)、机动性(如转换)、变调(如降阶)、载调单位 TBU、声调的语法功能等。鉴于非洲语言声调系统的特殊性和复杂性，我们在本节将更进一步深入讨论这一问题，通过 Xhosa 语这门 Bantu 语言语料的个案研究，详细分析非洲语言超音段系统的独特之处。

前文已述，Xhosa 语是一门声调语言，一般分析为高调 H 和低调 L，其他类型的表层声调都是两者结合而成，例如降调 HL 为高调 H 和低调 L 的结合。

Xhosa 语声调的功能多样，一方面类似于汉语，具有词汇功能，可以区分不同的词：

(168) úkúsinda"用牛粪将地面弄脏"

úkusînda"超过(某人的力量极限)"

úkusínda"逃跑"

以上三个动词形式仅仅通过第二个音节和第三个音节的声调不同加以区分。另一方面，Xhosa 语的声调还有语法功能，例如可以表达动词的时态-体貌-语气等：

(169) íbéthê"他打了"

íbethé"(虚拟语气)他打"

以上两例中有高调 H(如 ú、í、é)，有降调 HL(如 î、ê)，未标注声调的元音都带有低调 L。

Xhosa 语中常见的声调过程有扩展、降阶、下漂、上浮等。扩展表现在，不在最后三个音节上的高调 H 可以扩展到倒数第三个元音，前提是两者之间没有其他高调 H，例如：

(170) bá-phos-is-a→ bá-phós-is-a

bá-ya-phos-is-a→ bá-yá-phós-is-a

降阶表现在一个高调 H 之后的高调 H 或降调 HL 的音高低于正常的高调 H(例如跟第一个高调 H 相比)或成为降调 HL，这种情况也能够跟两个正常的高调 H 相连的情况形成最小对，如 íCáwa"周日"是两个正常的高调 H，而如果第二个为降阶调，则为一个地名。降阶只能出现在高调 H 之后，而不能出现在低调 L 后或词首、句首的位置。与降阶不同，下漂出现在低调 L 后导致高调 H 或降调 HL 音高降低，因此很明显是高调 H 或降调 HL 之前的低调 L 造成的。低调也会受到之前的高调的影响，产生上浮，即高于正常的低调 L 的音高，这种情况在倒数第二个音节位置由于元音的延长表现得特别明显，故上浮的低调 H 与降调 HL 的语音效果相类似。此外，受降调辅音的影响，高调 H 和降调 HL 都会产生一定的音高降低，前者实现为升调 LH 而后者则是 LHL。

非洲语言声调系统与语法紧密相关的表现之一是不同的词类有不同的声调模式，Xhosa 语在这方面的特征十分明显。就名词而言，单音节名词有高调 H 型和低调 L 型，而双音节名词则有 H-H、H-L、L-H 和 L-L 四种可能，更多音节的名词以此类推（即理论上，声调类型为音节数 n 的平方，$N_{声调} = n^2$）。但在实际上，情况可能会复杂，例如除了 H-H、H-L、L-H 和 L-L 四种调型，还存在降调 HL 和低调 L 的双音节名词，不过这种 HL-L 型的名词通常都是某种原因（例如低调 L 的左侧扩展）造成了首音节的高调 H 变为了降调 HL，因此 HL-L 其实是 H-L 的条件变体。名词前缀也有特殊的声调型。以双音节前缀为例，规律为：

（171）HH+L

HL+H/HL

即只有 HH 和 HL 两种声调型前缀，HH 型只出现在第一个音节为低调 L 的名词词根上，而 HL 型则出现在第一个音节是高调 H 或降调 HL 的名词词根上。由此可见，前缀的第一个音节都是高调 H。但也存在少量例外情况，如：

（172）ama+dódana（即 LL+H）

可以认为，以上三种名词前缀的模式（即 HH 型、HL 型和 LL 型）都是高调 H 的扩展造成的。对于 HH 型和 HL 型前缀，高调抑或没有扩展（即 HL），或只扩展到随后的一个音节上（即 HH），而 LL 则是高调 H 扩展到了最后的两个音节上，同时高调 H 的起始音节和随后的一个音节上的高调 H 消失。换言之，名词前缀的高调扩展有两种情况：第一，不扩展或扩展一个音节时，高调都保留，形成 HL 或 HH；第二，扩展到两个音节时，则只保留最后一个音节上的高调，即 LL-H。然而，依然还有少数的例外情况无法用以上方式进行分析，如：

（173）ílí+wá（HH+H）

或许可以认为，此类名词前缀本身没有声调，其高调来自词根第一个音节上的高调 H，因而这是一种左向扩展的情况，即如果名词前缀无声调，则词根第一个音节上的高调 H 左向扩展。综上所述，可以认为 Xhosa 语名词前缀总体分为两类，有调类和无调类，有调类的高调 H 右向扩展，而无调类的前缀通过词根左向扩展获得声调。

按照 Bantu 语言学的研究传统，动词一般都分为无声调词根和高调词根，这一区分是从底层声调的角度进行区分的。而在表层，我们会发现情况更为复杂琐碎。如果以动词词根的音节数和声调的类型为依据，则动词可以分为以下几类：

(174) 单音节：H、L

双音节：HH、HL、LL

三音节：HLL、HHL、LLL

四音节：HHLL、LLLL

五音节：HHHLL、LLLLL、LLHLL

此外，在某些音节上还会有降调 HL，但按照之前的分析，降调应该都是声调过程作用的结果，而不是具有独立地位的声调。以上的声调型都是动词词根所带有的词汇声调。如果动词进入语法结构，则需要表达各种语法范畴，所涉及的声调是为语法声调。以无调词根 -lwa"殴打"为例，其部分时态-体貌的变化形式为：

(175) 不定式：肯定形式 kulwa 和 ukúlwa①、否定形式 ukúngalwí。

直陈式：现在时第二人称复数肯定形式 nilwa、否定形式 anílwí；

完成体第二人称复数 nilwê；

过去时第二人称复数肯定形式 nâlwá、否定形式 anilwánga。

分词式：现在时第二人称复数 nisílwa；

完成体第二人称复数肯定形式 nilwîle、否定形式 níngalwánga。

虚拟式：现在时第二人称复数 nílwe；

过去时第二人称复数肯定形式 nálwa、否定形式 anâlwá。

命令式：复数 yilwáni。

---

① 关于 Bantu 语的动词形态，详见第 3 章。

如果带有宾语人称标志(例如-wa-①)，则整个动词形式的声调还会发生变化：

(176) 不定式：肯定形式 kulwáwa 和 úkuwálwa、否定形式 ukúngawálwí。
　　　 直陈式：现在时第二人称复数肯定形式 niwálwa、否定形式 aniwálwí；
　　　　　　　 完成体第二人称复数 niwalwê；
　　　　　　　 过去时第二人称复数肯定形式 nâwálwá、否定形式 aniwalwánga。
　　　 分词式：现在时第二人称复数 niwálwa；
　　　　　　　 完成体第二人称复数肯定形式 niwalwîle、否定形式 níngawálwánga。
　　　 虚拟式：现在时第二人称复数 níwalwé；
　　　　　　　 过去时第二人称复数肯定形式 náwálwa、否定形式 anâwálwá。
　　　 命令式：复数 wálwéni。

不同的词缀会有不同的声调类型，触发不同的声调过程。依然以现在时为例：

(177) ndi-ya-shukumisa "我摇晃(某物)"
　　　 li-ya-shukúmisa "他摇晃(某物)"
(178) ndi-ya-wabethísisa "我使得他们彻底打碎(某物)"
　　　 lí-ya-wabethísisa "他使得他们彻底打碎(某物)"

如果单纯从语音形式分析，则例(177)和例(178)不得不让我们认为动词"摇晃"有两种不同的声调类型(即 LLLL 和 LHLL)，而动词"使……彻底打碎"则只有一个声调类型 LLHLL。而且第三人称的代词性人称标志有低调 li 和高调 lí 两种形式。如果按照这种方法进行分析，Xhosa 语中的动词形式数量和各种词缀的数量会大大增加，每个动词形式和词缀都会有多个变体。但是如果借助更加抽象的分析，并且结合声调过程进行分析，就会简单得多。若要简化例(177)和例(181)中动词和前缀的声调类型，只需要以下两个声调扩展规律：

(179) 不在最后三个音节上的高调 H 可以扩展到倒数第三个元音,前提是扩展到的音节本身没有高调 H。
(180) 声调扩展到两个音节及以上时,只保留最后一个音节上的高调 H。

---

① wa 是名词类别第6类的宾语标志。关于非洲语言中的名词类别系统，详见第4章。

这两条规律在上文都有所提及，互相结合便可以解释例（177）和例（178）中的声调分布现象。对于例（177）而言，我们发现 li-ya-shukúmisa "他摇晃（某物）" 中，唯一的高调 H 恰恰就在倒数第三个音节上，这应该就是例（179）中声调扩展的结果。但若果真如此，则例（177）本该为例（178）中的某个形式：

（181）li-ya-shúkúmisa

　　　 li-yá-shúkúmisa

　　　 lí-yá-shúkúmisa

换言之，高调 H 是从 kú 之前的某个音节扩展至 kú 音节的。比较例（177）和例（178）中的四个形式，我们发现前缀-ya-都是低调 L；同时 ndi-ya-shukumisa 中没有一个声调是高调 H，说明词根 shukumisa 应该不带有高调。以上两点暗示只有可能是前缀 lí-带有高调 H。则例（179）本该为例（182），即例（181）中的第三个形式：

（182）lí-yá-shúkúmisa

再根据例（180），声调扩展到两个音节及以上时，只保留最后一个音节上的高调 H，因而只能保留倒数第三个音节上的高调 H，而之前的高调 H 都要被删除，语音上实现为低调 L，才有了例（177）中的 li-ya-shukúmisa "他摇晃（某物）"。而 ndi-ya-shukumisa 之所有只有低调 L，是因为 ndi-为低调 L、-ya-为低调 L，词根也为低调 L。

再看例（178）中的形式 lí-ya-wabethísisa "他使得他们彻底打碎（某物）"，前缀 lí-为高调 H，正好证明上文分析的合理性。根据例（179），lí-ya-wabethísisa "他使得他们彻底打碎（某物）" 本应该为 li-ya-wabethísisa，而不是前缀带有高调 H、倒数第三个音节带有高调 H。但是依然根据例（179），声调扩展的前提是扩展到的音节本身没有高调 H，否则就不能发生扩展。由此看来，表达 "使得他们彻底打碎（某物）" 的动词形式的词根是 wabethísisa（即调型为 LLHLL），而不是 wabethisisa（即 LLLLL），即倒数第三个音节上的高调 H 不是扩展而来，而是词根本身的高调 H。前缀上的高调 H 并不是扩展造成的，因为 lí-ya-wabethísisa 形式的倒数第三个音节本身就是高调 H，禁止扩展。对比例（178）中的两个形式也能证明词根的确是 wabethísisa、前缀 ndi-为低调 L、lí-为高调 H、-ya-为低调 L。

以上的这个例子证明，Xhosa 语（以及其他非洲语言）的声调分析不能单纯以声调本身的静态形式为依据，而更要从声调过程出发去把握声调的动态变化。这正是非洲语言声调系统的独特之处。

4. 类型学分析

类型学上对于语音-音系的研究较多，最直观的做法就是 Maddieson 的系列研究，以统计为主要方法，计算语言中音位和超音位特征的比例。

4.1 辅音的类型学分析

Maddieson（2013a）研究了 563 种语言中的辅音数量，统计结果见表 2-23。

（183）   **表 2-23   Maddieson 研究辅音数量**

辅音数量	语言数
少量（6~14）	89
较少（15~18）	122
中等（19~25）	201
较多（26~33）	94
多（> 33）	57
总数	563

可以看到，大部分语言的辅音数量为 15~25 个（即较少和中等数量），其中有 19~25 个辅音（即中等数量）的语言最多。陆丙甫、金立鑫（2015：28）也提出，在其所统计的语言中，辅音音位的平均数量为 22±3 个。非洲语言也大致符合以上规律，但也不无例外。如 Amharic 语有 36 个辅音、Arabic 语有 29 个辅音，而!Xóõ 语和 Ju ǀ ʼhoansi 语的辅音数量规模之大是世界上语言中十分罕见的。反之，也有非洲语言的辅音数量少于 19 个，但是前节个案研究中所列举的语言中辅音数量最少的为 19 个，如 Mandinka 语、Yoruba 语等。

Velupillai（2012：§4.1.1.1）通过 The UCLA Phonological Segment Inventory Database（简称 UPSID）语料库的统计，得到以下 25 个辅音在其所统计的语言中最为常见：

（184）/m/ √、/k/ √、/j/ √、/p/ √、/w/ √、/b/ √、/h/ √、/g/ √、/ŋ/ √、/ʔ/ √、/n/ √、/s/ √、/tʃ/ √、/ʃ/ √、/t/ √、/f/ √、/l/ √、/ɲ/ √、/d/ √、/dʒ/ √、/t̪/ √、/kʰ/ √、/pʰ/ √、/r/ √、/v/

以上 25 个辅音中，最少见于非洲语言的是/t̪/、/kʰ/、/pʰ/，/t̪/见于 Dinka 语（详见本章

3.2.3 节），而/kʰ/、/pʰ/是否作为独立的音位存在于非洲语言中尚不确定，因为送气在绝大部分非洲语言中并不是区别特征，但作为不送气的清辅音/k/和/p/则见于很多非洲语言。而汉语爆发音多送气，而且在音系层面是一个区别特征。送气爆发音在非洲较罕见，只在非洲南部的 Bantu 诸语和其他三大语系之外的某些语言中存在，且具有音位地位（Clements & Rialland，2008：61）。

目前，类型学对于辅音数量的解释似乎还没有定论，尚未发现某一种因素可以对辅音数量的多寡起决定性作用。如果单纯从经济性和辅音系统本身的完整性来看，过多和过少的辅音都是不利的。但是我们无法先验地得知某种语言是如何在经济性和辅音系统的完整性之间寻求平衡的。从理论角度来看，"完美"的辅音系统需要具备高度的对称性，即所有的语音-音系特征都得到充分的利用，因此例如 Arabic 语中爆发音为/b/、/t/、/d/、/k/、/q/、/ʔ/就很不经济，因为语音-音系特征的利用率很低，每个发音部位都只有一个辅音。造成这种局面的原因除了 Arabic 语言本身的历时、共时的各种因素之外，还需要从系属分类和区域类型学的角度去分析。

在全球范围内，辅音数量中等的语言几乎分布于全世界各处，从北至南、从东到西都有。而辅音数量多的语言则表现出很强的集中性，除了欧洲和非洲的几种语言比较分散之外，其他的语言都相对集中。这种十分明显的区域集中性很可能是语言系属或语言接触的结果。

就非洲语言而言，辅音数量为中等的语言主要在中北非，特别是中非赤道地带；同样大量出现于中北非、特别是赤道地带的语言是辅音数量较少的语言。南部非洲是辅音数量最多的语言的密集区域，这些语言主要是阿非罗-亚细亚语系、尼罗-撒哈拉语系和尼日尔-刚果语系之外的语系的语言，其中包括上文讨论的!Xóõ 语和 Juǀ'hoansi 语等语言。这些都证明了可以将非洲作为一个语音-音系区域来处理。还有更多的语音-音系现象支持这一观点。

第一个现象是辅音系统中的空位，主要涉及/p/、/b/，/t/、/d/，/k/、/g/这三对爆发音。我们在第三节的个案研究中已经多次见到非洲语言爆发音系列存在非对称性（即空位），如 Arabic 语的爆发音为/b/、/t/、/d/、/k/、/q/、/ʔ/，缺少/p/和/g/。拥有以上三对爆发音的语言很多，分布于全世界各地，只有在澳大利亚比较少见。而另一方面，非洲地区——尤其是北非——是缺少/p/最为集中的地区，这些语言从系属分类来看主要是阿非罗-亚细亚语系和尼罗-撒哈拉语系的语言。我们不能排除语言接触的可能性，特别是阿非罗-亚细亚语系的语言对于尼罗-撒哈拉语系的语言的影响。即便如此，我们依然还是可以将该地区看作一个语言区，因为语言区的特点之一就是其中的语言共享某些结构特征，而这些共享的结构特征可能是由于存在亲属关系或长时间的语言接触造成的

（Emeneau，1956；Ferguson，1970、1976；Masica，2001）。除了北非是缺少/p/的语言的集中区域之外，非洲南部还相对集中了缺少/b/、/t/、/d/、/k/四个爆发音中的某（几）个音的语言，但数量相对较少，因此作为语言区争议更大。此外，陆丙甫、金立鑫（2015：30）提出，就辅音系统而言，一般浊辅音蕴含清辅音，而缺少/b/、/d/却有/t/、/k/的非洲语言则是明显的反例，目前来看也无法得到合理的解释。

第二个相关的现象是声门化辅音。前文已述，Chadic、Berber 和 Cushitic 诸语中存在声门化的外挤气音。当然，除了非洲之外，这些特殊的辅音也存在于其他语言中，但非洲毫无疑问是这些特殊辅音相对集中的区域。就非洲而言，中部非洲地区的情况最为复杂。该地区集中了具有内爆音和/或外挤气音的语言，这是世界上其他地区所没有的。南亚地区集中了具有内爆音的语言和具有内爆音以及共鸣音（resonant）的语言。

根据 Maddieson（1984）的统计，世界语言中有 10.1%的语言存在内爆音。我国境内的侗台诸语（侗语、壮语、布依语、水语、傣语等）和汉语东南方言（吴语、闽语、粤语等）有浊内爆音，最常见的是/ɓ/和/ɗ/（宋益丹，2014），这与非洲语言中内爆音的存在完全一样，其最常见的也是/ɓ/和/ɗ/两个内爆音。而美洲则是多为拥有外挤气音以及外挤气音与共鸣音的语言。换言之，我们可以认为共鸣音是南亚和美洲语言的特点，而两者的不同之处在于内爆音和外挤气音。相比而言，非洲语言的特色则是内爆音和/或外挤气音。这也再次证明了非洲作为语言区的合理性。

第三个现象是特殊辅音的分布。中非地区的语言几乎是世界上唯一集中了唇-软腭发音的辅音，即前节所述的协同发音的辅音（如/k͡p/、/ɡ͡b/等）的语言。这是非洲语言辅音系统的一大特色，也是世界上其他语言所不具备的。协同发音的爆发音虽然不存于汉语中，但却存在于某些藏缅（Tibeto-Burman）语言中（Hajek，2006），不过也是比较特殊的情况。Velupillai（2012：75）还指出，罕见的双唇颤音/ʙ/也见于一些非洲语言中（如 Etkywan语、Kom 语、Babanki 语、Ngwe 语、Mangbetu 语、Dahalo 语、Hadza 语、Sandawe 语）。这个证据比前两个证据更为有力地证明了非洲作为语言区的合理性。

综上所述，非洲语言的辅音系统不失类型学上的共性，但地域性的特点更为明显，特别是辅音系统中的空位、声门化辅音和特殊辅音的分布这三个特点，可以将非洲从世界其他区域中独立出来，作为一个特殊的语言区进行研究。

4.2 元音的类型学分析

Maddieson（2013d）统计了 564 种语言中元音的数量，见表 2-24。

（185）　　　　　　　　　　　　**表 2-24　Maddieson 研究元音数量**

元音数量	语言数
少(2~4)	93
中(5~6)	287
多(7~14)	184
总数	564

非洲语言在元音系统方面并没有太明显的地域性特色。首先，亚热带地区聚集了大量元音数量众多的语言，这在全世界范围内和非洲都是如此。而中等数量元音的语言分布则较分散，几乎遍布全球和全非洲。具体而言，Maddieson 将 5~6 个元音确定为中等数量，而不是平均数量。van der Hulst(2017：§2.3.2)提出的平均值为 5~6 个元音。陆丙甫、金立鑫(2015：28)的统计认为，人类语言中元音的平均数量为 6 个，最少为 3 个，多则超过 20 个。陆丙甫、金立鑫还认为，最常见的 3 个基本元音为[a]、[i]/[u]、[e]/[o]，而如果是 5 个元音，则就是以上的 5 个元音。Velupillai(2012：§4.1.1.1)通过 UPSID 语料库的统计，得到以下 6 个最为常见的元音：

（186）/i/ /a/ /u/ /ɛ/ /o/ /e/

可以看到，不论是五元音还是六元音，都是非洲语言中极为常见的元音系统，因此在非洲语言中常见的元音也多常见于世界语言中，而且元音系统的对称性在世界语言中也不罕见，元音和谐更不是非洲语言所特有的现象，但以 ATR 特征为基础的元音和谐则在非洲大陆之外的语言中较罕见。这似乎是非洲语言元音系统的唯一特殊之处。

其次，陆丙甫、金立鑫(2015：28)还提出以下三条蕴含共性：

（187）中元音→高元音,高元音→低元音

（188）前圆唇元音→后圆唇元音

（189）低元音区分前后→中元音/高元音区分前后

根据例(187)的蕴含共性，不能存在只有低元音的语言，这在非洲语言中没有反例；根据例(188)的蕴含共性，不能存在只有后圆唇元音的语言，非洲语言亦如此；根据例

（189）的蕴含共性，不能存在只有中元音和/或高元音区分前后的语音，非洲语言也符合这一规律。此外，某些非洲语言中存在鼻化元音（如!Xóõ 语、Ju丨'hoansi 语、Khoekhoe 语等），但同时都有非鼻化元音，这也符合陆丙甫、金立鑫（2015：29）的观察。

4.3 声调的类型学分析

前文已述，声调语言是通过音高能够区分词①的语言。而声调根据不同的标准可以分为不同的类型。一种最为常见的区分就是平调声调和曲拱型声调两类；第二种分类根据声调在语言中的数量，下限为两个声调，而最多的则可以有数十种。这两种分类可以互相交叉，在不同的语言中形成不同的声调系统。

Maddieson（2013e）统计了声调在世界语言中的分布，见表2-25。

（190）　　　　　　　　　　　**表 2-25　Maddieson 统计声调数量**

声调类型	语言数
无声调	307
简单声调（高+低）	132
复杂声调	88
总数	527

首先，在全世界范围内，无声调语言略多于声调语言，但是在非洲则截然相反，只在北非有数量有限的非声调语，而撒哈拉以南非洲的语言几乎都是声调语。其次，在全世界范围内，简单型声调语言多于复杂型声调语言，在非洲亦如此。前文已述，非洲语言声调系统的特点之一就是两分性，即大部分语言只有两个平调，高调 H 和低调 L。而最复杂的平调声调系统应该莫过于 Rapold（2006）描写的 Bench 语，其有 5 个平调：

（191）kar[11]:（某些热带国家男子的）缠腰布,遮羞布;

　　　　kar[22]:黄蜂;

　　　　kar[33]:绕圈,缠绕;

---

① 需要注意的是，这里所谓的"能够区分词"不仅是能够区分词的词汇意义（例如汉语），而且还可以区分词的语法意义（例如上文给出的很多非洲语言的例子）。换言之，声调可以区分词位（lexeme）或词形式（word form）。

kar[44] : 芭蕉树叶；

kar[55] : 清楚的。

再次，在非洲的声调语中，简单声调的语言分布相对分散，位于撒哈拉以南非洲地区，从中部非洲到南部非洲都有发现，而复杂声调语言则相对集中在中部非洲。复杂声调语言在亚洲的分布也体现出了一定的集中性。复杂声调语言的这种特性似乎尚无合理的解释。虽然语言接触和语言系属可以为该现象提供一定的解释，但是亚洲的复杂声调语言并非属于同一个语系，因此或许只有语言接触可以提出一个统一的解释。不过这也并非十分令人信服。如果比较非洲和亚洲的复杂声调语言的分布，我们可以发现，复杂声调语言主要分布在热带地区。美洲的复杂声调语言亦基本都出现在赤道附近。这一现象到底是巧合还是有背后更深层次的原因，目前尚无法定论。一个较有价值(但也存在一定争议)的观点是，声调与湿热气候相关(朱晓农，2009、2010)，不过这种相关性的真实性尚需进一步论证。

声调还可以根据载调单位 TBU 进行分类。如前所述，非洲载调单位 TBU 多样，目前公认的观点认为至少包括莫拉和音节。汉语则是以音节为载调单位 TBU(罗常培，1956：1)(或如陆丙甫、金立鑫(2015：36)所谓的"字调语言")，而日语是词调语言。不同的载调单位 TBU 是否与具体语言中存在的声调类型有关似乎尚无专门的研究。非洲语言载调单位 TBU 是莫拉或音节，而大部分非洲语言只有两个平调，高调 H 和低调 L，少数语言只有一个声调(即所谓的声调重音型语言)或多于两个的平调，最多为 5 个平调；汉语普通话和各方言都是字调语言，声调多为混合型，即朱晓农(2014)总结的低、平、升、凹、降五类；日语作为词调语言，以曲折调为主(陆丙甫、金立鑫，2015：36)，即升、降、升平、降平、升降平、升平降、升平降平等。由此可见，声调类型和载调单位 TBU 之间没有必然的联系。反之，声调的数量与音段的数量之间似乎存在一定的相关性。Maddieson(2013e)指出，复杂的声调系统通常见于音段系统也比较复杂的语言中，但反之未必。在非洲语言中，这一趋势似乎比较明显，尤其表现在!Xóõ 语和Ju∣'hoansi 语中。

汉非语言在语音-音系层面最大的特点莫过于声调。总体而言，非洲语言和汉语语言属于两类不同的声调语言(包智明、侍建国 & 许德宝，1997：127；Yip，2006；Clements & Rialland，2008：69)，见表 2-26。

(192)   **表 2-26　非洲语言和汉语语言比较**

类别	曲拱声调语言(汉语语言)	平调语言(非洲语言)
曲拱声调的地位	基本型	派生型,组合型
曲拱声调可否分解为平调	不可	可以
与载调单位 TBU 的对应关系	一对一	一对多
分布位置	无特殊限制	一般在词的边缘(词首或词尾)①
机动性(自由度)	很弱	较强,存在漂移性声调

我们还可以补充 4 个不同点。其一,汉语的声调更多(Yip,2002:132),而非洲语言中大多数为双声调系统,曲拱声调基本都可以分析为基本的平调的组合,而在汉语中——至少在普通话中,曲拱声调具有独立的音位地位,但在某些方言中——例如上海话——升调、降调的确可以分析为平调的组合(端木三,2019:128)。其二,载调单位 TBU 不同(Childs,2003:78),汉语声调的载调单位 TBU 为音节,而非洲语言声调具有机动性,载调单位 TBU 更多样,因此汉语声调的音段性更强,而非洲语言声调的超音段性更明显。②其三,非洲语言中的声调还可以作为词、词素分类的标准,这在汉语中基本是不存在的。如在 Loma 语中(Welmers,1973:122-123),所有的词根都可按照声调变化的情况归类为 A 组和 B 组。A 组中所有的词根如果多个相连,则第二个词根的中高调变为低调 L,而如果是 A 组和 B 组相连(不论先后顺序),则没有以上的变调现象。与此类似,后缀也根据其变调情况分为两类:甲类后缀在 A 类词根后为低调 L,而在 B 类词根后为中高调;而乙类后缀则拷贝前面的元音的声调。其四,汉语的声调一般只具有词汇功能,虽然某些多音字的不同声调对应于不同的词类,如普通话的"中^{55}. 名词(如'中学')"与"中^{51}. 动词(如'中奖')"的对立、天津方言中"多^{21}. 形容词"与"多^{45}. 副词"的对立(如"多^{45}多^{21}"(意为"很多"))、"光 21. 名词"与"光 45. 副词"(意为"仅仅、只")的对立,但这种现象只是零星的、不具有系统性或能产性。而在很多非洲语言中,前文已经多次分析了声调的形态音系(morphophonological)功能(Childs,2003:77)。例如在 Yoruba 语中(Rowlands,1969:19-20),第三人称单数的宾语人称代词本身只由一个声调构成,只有在与动词结合之后才通过拷贝(或延长)该动词词尾的元音的方式进入结构,而该声调则会根据所依附的动词的声调发生音变,即高调 H+中调 M 或中调 M/低调 L+高调 H。Kpelle 语中亦有类似现象

---

① 可参见本章例(12)。

② 这或许可以在一定程度上解释为何汉语音韵学、语音学对于声调的研究历史悠久、成果累累,而自主音段音系学却是在研究非洲语言声调的基础上提出的。

(Thach & Dwyer，1981：60)，即第三人称属格的表达形式只是一个低调 L，直接加在名词上①。Kisi 语的声调则可区分不同的语式、时态(Childs，2003：77)：

(193)sáá"抓住．命令式(即,你抓住!)"

　　　sáà"抓住．祈使式(即,让他抓住!)"

(194)sàá"抓住．完成体"

　　　sàà"抓住．惯常体"

　　除了以上的不同点，汉、非语言中声调系统的最大共同点或许就是相邻声调的相互影响。在汉语中主要是研究颇多的著名的连续变调现象(陈忠敏，1993；Chen，2000；李如龙，2002；徐越，2003；张岚，2017)。此类现象也存在于非洲的声调语言中，如前文已经反复讨论的下漂、降阶、上浮等，不赘。汉语普通话中两个三声相连产生的变调可以看作异化(dissimilation)的一种，而异化也存在于一些非洲中，如在 Hausa 语中，在词的交界处如果有两个低调 L 的音节、且后一个音节中有一个长元音，则其上的低调 L 实际发音变为高调 H(Anyanwu，2005：264)。但是，总体而言，汉、非语言中相邻声调的相互影响异大于同。非洲语言中独特的变调现象还导致出现了一个基本不存在于汉语中的难题，即如何确定基本声调(或原声调，即在变调环境之外的声调)。这就需要从具体语言的声调系统出发进行整体考察，首先决定该语言中声调的数量，随后才能进一步判断所有的声调是否都具有独立的音系地位，抑或是其中某(几)个声调是其他声调的变体。然而，具体操作的难度要比理论上大很多。其实类似的现象也并非完全不存于汉语中，如联绵词"傀儡"的读音为 kui^{35}lei^{214}，即第一个音节为二声，但是根据最新版《新华词典》的标注却为 kui^{214}lei^{214}，由于"傀儡"一词是联绵词(即"傀"和"儡"仅用于此词中，而不能单独出现)，因此根本无法判断"傀"字在孤立情况下的发音，那么其到底为二声还是三声其实并非绝无争议。但是由于汉语有着丰富的历时语料和方言语料，因此可以借助这些材料判断其声调，然而这些证据几乎不存在于非洲语言之中，因此几乎只能通过语言学家的(理论)分析得出结论，有时也无法完全避免武断情况的存在。

4.4　音节结构的类型学分析

　　毋庸置疑，世界上不存在只允许辅音构成音节的语言，但的确存在要求音节中必须有

---

①　有些名词的词首辅音会发生替换现象(syncretism)，但是与表达第三人称单数的属格声调无关。参见 Welmers(1973：129)的分析。

元音（即（C）V）的语言，如前文分析的 Yoruba 语（Bamgbose，1966：6、9）。Zec（2007：§8.3.1）研究了自然语言中可能存在的音节结构的类型，列举了几种情况，见表 2-27。

（195）　　　　　　　　　**表 2-27　自然语言中的音节结构类型**

音节首的辅音	音节尾的辅音	音节首的辅音丛	音节尾的辅音丛	类型
必有	可有	可有	可有	（C）CV（C）（C）
			不可有	（C）CV（C）
		不可有	可有	CV（C）（C）
			不可有	CV（C）
必有	不可有	可有	—	（C）CV
		不可有	—	CV
可有	可有	可有	可有	（C）（C）V（C）（C）
			不可有	（C）（C）V（C）
		不可有	可有	（C）V（C）（C）
			不可有	（C）V（C）
可有	不可有	可有	—	（C）（C）V
		不可有	—	（C）V

在非洲语言中虽然最为常见的音节类型是 CV，但以上几种音节类型基本都可以找到，只是在不同语言中的分布有着较大的差异；而且即使是在同一种语言中，其出现的频率也不同。这方面的研究可以参考 Maddieson（2013f）的类型学统计与分析，见表 2-28。

（196）　　　　　　　**表 2-28　Maddieson 关于 CV 类型统计**

音节类型	语言数
简单型（（C）V）	61
较复杂型（CCVCC）	274
复杂型（CCCVCCC）	151
总数	486

即世界上大部分语言的音节结构为 CCVCC，更复杂的 CCCVCCC 反而比最简单的（C）V 要多。这或许是因为简单型的音节结构不足以使语言能够具有足够多的形式表达，而复杂型的音节结构又使提供的表达的可能性大于语言的实际所需，因此，CCVCC 才是真正适

合自然语言的"中庸之道"。

大部分非洲语言的音节结构属于中等复杂型，即在一个音节内音节首和音节尾允许有由两个辅音构成的辅音群存在。而北非的语言则允许更复杂的音节结构。因此，非洲语言中音节类型分布似乎就是全球语言中音节类型分布的翻版。这种分布上的特殊性似乎也还没有合理的解释。而 Velupillai（2012：82）指出，声调系统的复杂性和音节结构的复杂性成反比，这或许可以提供一个解释，见表 2-29。

（197）　　　　　　　　　　**表 2-29　声调系统的复杂性**

类型	无声调	简单声调系统	复杂声调系统
简单型（（C）V）	21	21	16
较复杂型（CCVCC）	126	74	54
复杂型（CCCVCCC）	109	16	9

如果将较复杂型音节和复杂型音节语言合并、无声调和简单声调系统语言合并，则音节的复杂程度和声调系统的复杂程度成反比的趋势则更为明显，见表 2-30。

（198）　　　　　　**表 2-30　无声调和简单声调系统合并的复杂性**

类型	无声调+简单声调系统	复杂声调系统
简单型（（C）V）	42（＝21+21）	16（3.59%）
较复杂型（CCVCC）+复杂型（CCCVCCC）	325（＝126+109+74+16）（72.87%）	63（＝54+9）

然而，就非洲语言而言，既存在复杂音节结构和复杂声调系统的语言（6 种），又有简单音节结构和复杂声调系统的语言（8 种），还有复杂音节结构和简单声调系统的语言（5 种）。这种复杂的局面似乎说明非洲语言声调系统和音节系统之间的关系并不是如此简单。

Easterday（2019）特别针对高度复杂的音节结构进行了类型学研究。其所谓的"高度复杂的音节"是在音节首或音节尾具有三个阻爆发音或任何四个及以上的辅音，抑或/以及词的边缘处有三个或以上的阻爆发音构成的成音节的阻爆发音丛。换言之，Easterday 所研究的高度复杂的音节比上文 Maddieson（2013f）研究的复杂型音节更为复杂。具体而言，Easterday 的研究采样的语言有 100 种，来自世界六大洲的多个语系，其中包括 17 种非洲语言（Hadza 语、Southern Grebo 语、Yoruba 语、Ma'di 语、Southern Bobo Madaré 语、Kambaata 语、Ewe 语、Fur 语、Kanuri 语、Mpade 语、Jola-Fonyi 语、Lunda 语、Dizin 语、Gaam 语、Tachelhit 语、Doyayo 语、Bench 语[①]），旨在回答的根本问题之一是具有高度复杂的音节结构的语言是否具有其他的语音-音系方面的共同之处。[②] 所考察的具体参数包括：

（199）音节模式：

最大音丛的大小、位置、语音形态和形态复杂性；

核心模式，包括成音节的辅音；

成音节的辅音的形态模式；

语言中高度复杂的音节模式的相对突出性；

大型音丛的语音特性。

（200）音段库存：

辅音音素库存大小；

存在的辅音发音模式；

元音核心的库存大小；

元音对比的模式。

（201）超音段的性质：

是否存在声调和单词重音；

单词重音位置的可预测性；

重读和非重读音节之间的音系不对称性；

受重音影响的语音过程；

重音的语音相关因素。

其中跟我们的研究最为相关的就是辅音音素库存大小、元音核心的库存大小以及是否存在声调。首先，就元音的数量和音节复杂程度的相关性而言，有以下结果（Easterday，2019：119），见表 2-31。

---

① Esterday（2019）给出的语言名称与此名单中的语言名称不尽相同，我们根据 Ethnologue 进行了调整，以保证与本书其他之处一致。

② 除此之外，作者还对高度复杂的音节进行了历时方面的考察，由于与我们的研究无关，故不论述。

（202）
表 2-31　元音数量和音节复杂程度

元音数量	音节复杂程度			
	简单	中等	复杂	高度复杂
平均值	5.8	6.2	6.2	5.3
中等	5	6	5	5
范围	4~9	3~13	4~10	2~9

　　前文已述，非洲语言中元音系统具有一定的对称性，以 3~9 元音系统最为常见，如阿非罗-亚细亚语系多五元音系统，尼罗-撒哈拉语系多七元音系统，而元音最多的语言则是三大语系之外的语言，如本章 3.4 节中所列举的 3 种语言。对应上表的总结，我们发现非洲语言与之相当吻合，即第一列中 4~9 个元音的语言一般具有比较简单的音节结构，而且元音数量较多的非洲语言的音节结构也并非十分复杂，即符合第二列中的规律。这说明，非洲语言的元音数量和音节复杂程度的相关性是符合类型学规律的，而且也说明 Easterday 统计结果的有效性。

　　其次，就辅音数量和音节复杂程度的相关性而言，有以下结果（Easterday，2019：127），见表 2-32。

（203）
表 2-32　辅音数量和音节复杂程度

辅音数量	音节复杂程度			
	简单	中等	复杂	高度复杂
平均值	20.8	21.7	21.8	26.1
中等	17	21.5	21	23
范围	6~55	11~32	12~40	10~54

　　虽然目前尚无研究就非洲语言中辅音的数量进行统计，但从我们前文举例的非洲语言来看，辅音的数量大多为 19~25 个，但是这个范围可以归入上表中的任何一种情况，因此可以说，非洲语言的辅音数量在类型学上并没有明显的特殊之处。此外，上表中不同音节复杂程度所对应的辅音数量的平均值也相对接近，只有高度复杂的音节类型对应的辅音数量平均值明显高于其他类型的音节。因此，在这方面，非洲语言无法证明或反对以上的类型学统计。

　　最后，就是否存在声调和音节复杂程度的相关性而言，有以下结果（Easterday，2019：

191），见表 2-33。

（204）   表 2-33　声调和音节复杂程度

有否声调	音节复杂程度			
	简单	中等	复杂	高度复杂
有	13	9	9	6
无	11	17	16	19

就非洲语言而言，音节的复杂程度和是否有声调的相关性不是非常明显，这基本符合上表的统计结果。阿非罗-亚细亚语系中的大部分语言都没有声调，但是可以具有较复杂的音节结构（如 Arabic 语），也可以有较简单的音节结构（如 Sidamo 语）；同样，在声调普遍存在的尼罗-撒哈拉语系和尼日尔-刚果语系的语言中，同样兼有音节结构简单和复杂的语言。因此，就声调而言，其与音节复杂程度的相关性似乎不明显，这不仅体现在上表中，也表现在非洲语言的整体趋势上。或许应该更细致地考察不同声调的类型和音节复杂程度的关系，因为 Easterday 的统计仅仅考虑语言中是否存在声调，而没有具体考虑声调系统的类型（Yip，2007：§10.1.1.1）。前文已述，大部分非洲语言只有两个平调：高调 H 和低调 L。而亚洲大部分声调语言的声调系统则复杂得多，而且多具有曲拱声调。将这两类声调系统混为一谈或许是造成统计结果失效的原因之一。这将是以后研究的方向。

5. 结论

本章讨论了非洲语言的语音-音系系统。

第一部分从总体上对非洲语言的元音系统、辅音系统、声调系统和音节结构进行了介绍。元音系统最大的特点是对称性，最重要的现象是元音和谐，两者都体现了非洲语言的特性。辅音系统的特点更为突出，主要表现在协同发音、内爆音和倒吸气音这三个方面。而非洲语言最为独特之处则是声调，具有两分性、机动性、变调、载调单位 TBU 的多样性、降调辅音、功能多样性、反向性等特点，使得非洲语言不同于世界其他地区的语言。与以上三方面的特点相比，非洲语言的音节结构独特性不明显。

第二部分按照系属分类对非洲语言的语音-音系系统进行了更详细的分析：阿非罗-亚细亚语系的咽（化）音和声门（化）音、尼罗-撒哈拉语系和尼日尔-刚果语系的元音和谐与声调系统，以及其他语系语言中的倒吸气音等都是不同语系最为突出的特点。虽然语言接触和融合在非洲语言中非常频繁且深入，但我们还是可以看到不同语系自身的独特之处。

第三部分的个案分析列举了 30 余种语言，旨在进一步演示不同语系语言的特点，以及同一语系内部不同语言的异同。有鉴于声调在非洲语言中的重要性和声调现象对于汉语的相关性，我们对 Xhosa 语的声调系统进行了单独的分析，特别就扩展、降阶、下漂、上浮等常见于非洲语言而不见于汉语的声调过程进行了演示，同时还特别针对 Xhosa 语声调的音系形态功能进行了讨论，说明了扩展、降阶、下漂、上浮等声调过程与声调的语法功能相结合，会造成非常复杂的声调现象，只有进行剥丝抽茧般的细致的分析，才能"拨云见日"找出"真相"。

第四部分对元音系统、辅音系统、声调系统和音节结构进行了类型学分析，主要涉及辅音数量、特殊类型的辅音分布、元音数量、声调类型、音节结构类型几大方面，同时也进行了一定程度的汉、非语言对比，一方面将非洲语言放到世界语言的大框架中考察非洲语言的特性和共性；另一方面，也从汉语的角度来审视非洲语言（也可以说，从非洲语言的角度来审视汉语），为研究非洲语言（和汉语）提供新的视角。

诚然，非洲有数以千计的语言，语音-音系系统千差万别，现象丰富且复杂，不可能用区区几万字便可以一言以概之，因此我们的分析难免会挂一漏万。我们只能希望前文的讨论和分析可以比较客观、忠实地反映非洲语言语音-音系系统的特点，同时也从类型学角度对于某些现象进行了一定程度的解释。或许唯一的不足之处就是汉、非语言的对比不够深入，但一方面篇幅有限，另一方面研究的主题所限，我们只能将这方面的研究留待今后再深入开展了。

第3章 形　　态

　　形态学(morphology)是语言学中研究词的结构、形式的分支，是语言学中各个分支中诞生较早的一个分支，在西方语言学的研究中占据着举足轻重的地位。这诚然有着所研究语言结构特殊性的原因——例如形态学从来就没有在汉语这个典型的孤立(isolating)语(详见下文)的研究中占据过重要的地位，但也不应该忽视形态学本身的重要性；而且在很多情况下，音系、形态和句法三者彼此关联、纠缠不清，很难说清在一个具体的语言现象中到底是哪一个发挥了更重要的作用。因此，我们虽然在此章中只研究非洲语言的形态，但这只是语言学研究的一贯做法，其实在下文的论述中我们也会涉及音系(如声调)和句法(如语法范畴)两方面的问题。对于前者，我们已经在第2章进行了详细的分析和讨论，因此在本章中不再对具体的音系现象做深入的分析，而仅限于从音系手段如何作为形态的表现方式这个方面对非洲语言中的某些音系现象进行考察；就句法而言，为了避免与下一章论述重复，在本章中仅仅限于句法范畴的形式表现(即"能指"的层面)，而不过多涉及句法范畴的"所指""所用"的问题(例如动词形态和主句/从句之间关系的问题)，这些将在第4章详细讨论。

　　本章的组织如下。首先，从整体上介绍非洲语言的形态特点，即复杂性、多样性、区域性。随后，将按照语系分类从语言系属入手对非洲语言进行发生学层面的分析，旨在强调非洲语言形态的很多特点需要结合具体语言所在的语系进行考察才能有更好的理解；诚然，不同语系的研究程度不一，因此会不可避免地造成对于某些语系的分析较为深入，而其他语系(和语言)则言之欠详。再次，为个案研究，从名词形态、动词形态和形容词形态三个方面对非洲语言中形态最为丰富的三个词类进行讨论，所涉及的具体的形态现象既有非洲语言中所特有的(如名词类别(noun class)、极性(polarity))，也有常见于世界语言中的。最后，将从类型学角度对前文的分析结果进行整合，旨在从类型学的大视野下衡量非洲语言在人类语言中的地位，一方面强调其特性，另一方面指出其普遍性。

1. 总论

总体而言，非洲语言的形态十分复杂，涉的形态手段多样，而且不同语系特点各异。

首先，从语素的划分难易度来看，非洲语言之间就有很大的差异。Swahili 语是比较简单的语言之一，见表 3-1。

（1）　　　　　　　　　　　**表 3-1　Swahili 语动词变位**

人称	现在时	完成体
1 单	ni-me-ji-funza	n-a-ji-funza
2 单	u-me-ji-funza	w-a-ji-funza
3 单	a-me-ji-funza	a-ji-funza
1 复	tu-me-ji-funza	tw-a-ji-funza
2 复	m-me-ji-funza	mw-a-ji-funza
3 复	wa-me-ji-funza	w-a-ji-funza

通过对比 Swahili 语以上两个动词变位的范式，我们可以很容易地得到现在时人称标志前缀（ni-、u-、a-、tu-、m-、wa-）、现在时前缀（me-）、完成体人称标志前缀（n-、w-、Ø①、tw-、mw-、w-）、完成体前缀（a-），以及词根 ji-funza。如果进一步对比现在时人称标志前缀和完成体人称标志前缀，还可以发现两者之间也存在一定的共性，可以进一步认为是同一个语素的变体。相对而言，阿非罗-亚细亚诸语的语素划分则复杂很多，表现出了典型的根与式（root and pattern）结构②（详见本章 2.1 节），以现代 Hebrew 语为例，见表 3-2。

（2）　　　　　　　　　　　**表 3-2　"成长,变大"（动词）**

人称	现在时	过去时
1 单数 . 阳性	məgaˈdːel	giˈdːalti
2 单数 . 阳性	məgaˈdːel	giˈdːalta

---

① 即零形式。

② 即一个稳定的辅音序列（所谓的"根"（root））出现在若干音段性状不同的相关词内，其中的元音构成"式"（pattern），表达不同的语法范畴，也可以对"根"的意义进行一定程度的改变。

人称	现在时	过去时
3 单数 . 阳性	məgaˈdːel	giˈdːel
1 单数 . 阴性	məgaˈdːelet	giˈdːalti
2 单数 . 阴性	məgaˈdːelet	giˈdːalt
3 单数 . 阴性	məgaˈdːelet	gidː(ə)ˈla
1 复数 . 阳性	məgadː(ə)ˈlim	giˈdːalnu
2 复数 . 阳性	məgadː(ə)ˈlim	gidːalˈtem
3 复数 . 阳性	məgadː(ə)ˈlim	gidːəˈlu
1 复数 . 阴性	məgadː(ə)ˈlot	giˈdːalnu
2 复数 . 阴性	məgadː(ə)ˈlot	gidːalˈten
3 复数 . 阴性	məgadː(ə)ˈlot	gidːəˈlu

对比该动词以上的变化形式，似乎其共同的部分只是 g-d-l 三个辅音（即词根）。在现在时中，带有前缀 mə-，后缀-et、-im 和-ot，而词根中插入的元音为 a-e 和 a-(ə)（即所谓的式），且重音总是在最后一个音节；在过去时中没有前缀，后缀为-ti、-ta、-t、-Ø、-a、-nu、-tem、-ten 和-u，插入的元音为 i-a、i-e、i-(ə)，而重音则在最后一个或倒数第二个音节上。以 Hebrew 语为代表的阿非罗-亚细亚诸语的形态模式为形态分析带来了很大的难题。

其次，非洲语言形态的复杂性和多样性还体现在所涉及的语素类型层面。除了前文已经见到的前缀和后缀的例子（如例（2）中 Hebrew 语的前缀 mə-，后缀-et、-im 和-ot 等），非洲语言中还存在比较少见的中缀，如 Hausa 语（Dimmendaal，2000：165）：

（3）gúlbíí"河流 . 单数"vs gúl-àà-béé"河流 . 复数"
　　wúríí"地方 . 单数"vs wúr-àà-réé"地方 . 复数"

我们基本可以认为，在以上两例所代表的该类名词中，复数构成规则涉及加入中缀-àà-。

第 2 章中讨论了非洲语言声调的音系形态功能，因此在很多非洲语言中有必要承认超音段语素的存在，如第 2 章已经提及的 Laari 语（Blanchon，1998：21），见表 3-3。

（4）
表 3-3　Laari 语音系形态

类别	引用形式	主语	其他成分
蚊子	lùbú	lùbù	lùbú
老人们	bìnúnú	bìnùnù	bìnùnú
裂缝．复数	bìpà:kú	bìpà:kù	bìpà:kú
男人．复数	bàbàkàlá	bàbàkàlà	bàbàkàlá
天空	màzúlù	màzúlù	màzúlù
黑暗	bùlǒ:mbì	bùlò:mbì	bùlǒ:mbì
棕榈树．复数	màbá	màbá	mábà
村子．复数	màɣátà	màɣàtá	máɣàtà
被劈开的树枝	màɣá:là	màɣà:lá	máɣà:là
孙辈们	bàtékòlò	bàtèkòló	bátèkòlò

即使仅以这几个词为例，我们也不得不承认超音段语素的存在，即词根本身最后两个音节都没有声调，引用形式的超音段音素为低调 L+高调 H、高调 H+低调 L 或低调 L+低调 L；主语的超音段音素为低调 L+低调 L、高调 H+低调 L 或低调 L+低调 L；其他成分的超音段音素为低调 L+高调 H、高调 H+低调 L 或低调 L+低调 L；且三种形式的超音段音素都不完全一样。此种情况不同于汉语或常见的欧洲语言中的语素，即在非洲语言中声调具有形态功能，而且不同词类的声调模式也是不同的。

非洲语言更为奇特的一点是存在没有意义只有形式的"准语素"。语素一般定义为最小的音义结合体。而没有意义只有形式的"语素"在本质上不应该被称为"语素"，或许笼统地称其为"构形成分"（formative）更为合适，如 Shi 语（Bynon-Polak，1975：150-151）：

（5）-súnìk-"推"vs -pásh-ìk-"能够-中动．被动"

如果根据-pásh-ìk-"能够-中动．被动"认为-ìk-在-súnìk-中也表达"中动．被动"范畴则不正确，因为 *-sún-并不存在。在 Shi 语中需要区分一类特殊的形式，由词根和后缀（或扩展形式）构成，与一般的 CV（V）C 的词根模式不同。这些后缀有的与其他后缀同形，但没有具体的意义（如-ìk-）；还有一些则与其他任何后缀无关（如-um-、-in-、-ut-等）。此类构形成分如何处理在学界尚无定论。

再次，各类词缀还体现出了复杂的变体也是造成形态丰富的原因之一。如上文 Swahili 语中现在时人称标志前缀和完成体人称标志前缀可以进一步认为是同一个语素的变体，见表 3-4。

（6）　　　　　　　　　　　　　表 3-4　Swahili 语中词缀

人称	辅音前	元音前
1 单	ni–	n–
2 单	u–	w–
3 单	a–	Ø
1 复	tu–	tw–
2 复	m–	mw–
3 复	wa–	w–

抑或可以分析为（表 3-5）：

（7）　　　　　　　　　　　　表 3-5　Swahili 语中语素变体

人称	语素	辅音前变体	元音前变体
1 单	nI–	ni–	n–
2 单	U–	u–	w–
3 单	A–	a–	Ø
1 复	tU–	tu–	tw–
2 复	m–	m–	mw–
3 复	wA–	wa–	w–

第 2 章中提及的元音和谐现象也是制约同一语素的不同变体出现的重要条件，如在 Dazaga 语中，词缀都要受词根中元音的 ATR 特征所制约进行音系形态变化：

（8）形容词后缀-rE：［nùgòò-ɾé］vs［àmpà-ɾɛ́］
　　属格后缀-rU：［kíɾú-ɾù］vs［àɡɪɾʊ́-ɾʊ̀］
　　定指性后依附形式-U：［bòt-ú］vs［kàl-ʊ́］

这类受语音条件限制的条件变体在非洲语言中很常见。除此之外，还有一定数量的词汇变体，如 Turkana 语中（Dimmendaal，2000：166），见表 3-6。

（9）
表 3-6 Turkana 语中词汇变体

词汇意义	形容词	名词
"红"	réŋ	á-réŋ-ìs(í)
"咸"	bábár	á-bábár-(ú)

类似于"红"的 CVC 型词根构成名词需要加后缀-ìs(í)（以及表达阴性范畴的前缀 a-），而类似于"咸"的 CVCVC 型词根构成名词需要加后缀-(ú)（以及表达阴性范畴的前缀 a-）。

此外，前文提及的 Shi 语中存在的特殊"构形成分"除了其归类是一个问题之外，其使用条件也很难确定，因为似乎无法通过任何音系或形态规则对其进行预见和解释，而只能认为是词汇性的。此类现象在非洲语言中似乎颇为常见。Dimmendaal（2000：188）指出，在例如 Okpe 语中，动词变化形式的交替不能用单纯的形态规则或音系规则解释或预测，见表 3-7。

（10）
表 3-7 Okpe 语中动词变化形式

词汇意义	命令式	过去时.3 单
"弄满"	se	o seri
"偷"	so	o sori
"吃"	re	ɔ rere
"唱"	so	ɔ soro

诚如 Dimmendaal 所言，虽然可以为"吃"和"唱"这两个动词提出相对抽象的底层形式，但这还是无法解决前缀 o 和 ɔ 的交替以及后缀 ri、re、ro 交替的问题。类似于 Okpe 语中的此类现象尤见于在历时上经历了元音系统从九元音或十元音缩减为七元音的语言中，由此导致出现了某些语素不规则变体的出现。

然后，形态手段丰富是形态丰富的另一个原因。除了上文提及的加词缀（前缀、后缀、中缀）以及声调，常见的还有重叠（reduplication）构词法（详见本章 4.5 节分析），例如 Turkana 语使用重叠派生构成名词（Dimmendaal，2000：166）：

（11）"粗糙":ŋáráb vs á-ŋáráb-áb

此类重叠只重复了词根的一部分，属于部分重叠。完全重叠则见于 Ewe 语

（Dimmendaal，2000：167）：

　　（12）súbɔ́"祈祷．动词" vs súbɔ́-súbɔ́"祈祷．名词"

异干交替也零星见于诸多语言，如 Hausa 语（Dimmendaal，2000：174）：

　　（13）àkwíyàà"山羊．单数" vs áwáákíí"山羊．复数"

　　此类情况多见于高频词汇，这一趋势是普世的，也见于英语（如 be 动词的变化）。没有一种非洲语言只使用一种形态手段。如果按照形态学中传统的做法区分派生和屈折变化，则需要更详细地考察不同词类的形态变化。前文的例子涉及的多为屈折变化，如动词变位（Swahili 语例（1）、Hebrew 语例（2））、名词变格（Laari 语例（4））、名词数的变化（Hausa 语例（3）），但也有派生（Turkana 语例（8）、例（9）和 Ewe 语例（10））。

　　最后，另一个复杂的问题是所谓的形态类型学（morphological typology）。这方面研究是类型学最早的成果之一，可以上溯到 19 世纪初期。施列格尔首次提出把世界诸语言分为三大类型，即孤立型、黏着型和屈折型。后来洪堡特①又增加了编插语（或称多式综合语）。孤立型语言以汉语为代表的，其主要特征为，实词通常不带语法标志，句法关系主要靠词序表明。黏着型包括蒙古语、日语、芬兰语、匈牙利语、土耳其语等语言，最典型的特征是一个词根（或词干）前后有一串表示语法关系的词缀，每个词缀只表示一个语法意义，每个语法意义也只用一个词缀表示，词缀同词缀之间在语音上界限分明，不溶合在一起。屈折型包括拉丁语、希腊语、Arabic 语等，其特征是用词形的变化（即屈折）表示语法关系，而且往往一个词尾表示几个语法意义。编插语的特点是把主语、宾语和其他语法项结合到动词词干上，以构成一个单独的词，但表达一个句子的意思，例如因纽特语等语言。Sapir（1921）（参见 1985 年版汉译本）提出，将这种分类代之以形式程序和概念类型这两个参数，即例（1）中词和根本成分的对应关系和例（2）中词内部概念的复杂程度。根据前一个参数，语言可以分为孤立型、黏着型、溶合型和象征型；而根据后一个参数，则分为分析型、综合型和多重综合型。这两个参数虽然不能完全合二为一，但也绝对不是毫无联系的，例如根据 Sapir（1921：130-131）所列举的作为例子的语言，不存在孤立-综合型的语言——因为这在逻辑上也是无法成立的。在可能的情况下，两个参数交叉混合，并结合

---

　　① ［德］W. V. 洪保特著，姚小平译：《论人类语言结构的差异及其对人类精神发展的影响》，商务印书馆 1999 年版。

第三个参数——综合程度——可以将语言分为四类，即简单纯关系的、复杂纯关系的、简单混合关系的、复杂混合关系的。Greenberg(1960)是 Sapir 研究方向的延伸，通过将形态类型学量化，更加精确地考虑到了语言分类的非离散性特点，如按照词的综合程度，Swahili 语的系数为 2.55，而英语则为 1.68。其他指标还有黏着程度、复合(compounding)程度、派生程度、总体屈折程度、前缀使用程度、后缀使用程度、孤立程度、单纯屈折程度、配合程度，因此一共有 10 个指标(Greenberg，1960：187)。具体到非洲语言，这方面的研究较少，综合性的研究似乎只有 Beyer(2020)。该研究指出，传统意义上的孤立型、黏着型和屈折型都存在于非洲语言中，其中孤立型语言数量最少，基本都集中在西非地区，特别是 Kwa 和 Mande 诸语，如 Mandinka 语是非洲语言中为数不多的孤立语①，具有孤立语的基本特点，即实词通常不带语法标志，句法关系主要靠词序表明，如(Childs，2003：109)：

(14) wulɔ　　 yɛ　 ɲamɔ　 tee
　　 狗　　 完成体　 草　 切割
　　 "狗已经割了草"

(15) lamin　　 kari　　 ɲambo　 sɛnɛ
　　 (人名)　 未完成体　 木薯　 种植
　　 "Lamin 种木薯"

(16) lamin　　 buka　　 ɲambo　 sɛnɛ
　　 (人名)　 否定　 木薯　 种植
　　 "Lamin 不再种木薯了"

(17) jaba　　 suna　　 ta
　　 (人名)　 悲伤的　 完成体
　　 "Jaba 伤心了"

(18) Jaba　 yɛ　 lamin　 suna　 ndi
　　　　　　　　　　　　　　 使役
　　 "Lamin 伤了 Jaba 的心"

我们可以看到，在以上例子中，表达体貌、极性和使役的语素都不是依附在动词上

---

① 这并不意味着 Mandinka 语是"典型"的孤立语，而只是说 Mandinka 语的孤立语性质是非洲语言中比较显著的。

的，因此不可能是黏着语素①，这充分体现了孤立语的特性。

黏着型和屈折型语言在非洲更常见，如上文提及了 Arabic 语是屈折型。Swahili 语根据 Greenberg 的分类是黏着型，而 Hausa 语根据萨丕尔的分类则是溶合（fusional）-黏着型，并些微带有象征型特征。

非洲语言的形态类型学将在本章第 4 部分第一小节再进行详细讨论。

2. 语系分论

2.1 阿非罗-亚细亚语系

在形态方面（Ekkehard Wolff，2018），阿非罗-亚细亚诸语具有典型的根与式结构，即一个稳定的辅音序列（所谓的"根"）出现在若干音段性状不同的相关词内，其中的元音构成"式"，表达不同的语法范畴，也可以对"根"的意义进行一定程度的改变。某些语言还会在根与式的基础上使用词缀。上节 Hebrew 的例子已经在一定程度上演示了此种形态结构，而 Classical Arabic 语（Kaye，2007b）的形态系统可以被认为是此类结构几乎完美的例子（Anderson，1985：34-36）：

（19）kitaab"书"

　　katab"写"

　　kaatab"写给……"

　　ʔaktab"使……写"

　　takaatab"互相写给对方"

　　ktatab"被记录下来"

　　staktab"要求……写……"

我们可以看到，k-t-b 作为词根，不仅是派生变化（如名词、动词）的基础，而且也是动词配价操作的根本。而所插入的不同的元音则一般称为模板（template），模板本身也可能受制于韵律或音系条件。依然以 Classical Arabic 语名词的复数形式和指小形式（diminutive）为例（Childs，2003：98），见表 3-8。

---

① 还有一种可能就是这些语素依附在与之相邻的名词性成分上，但这一假设更加令人匪夷所思。

（20）　　　　　　　　表 3-8　Classical Arabic 语名词复数和指小形式

单数名词	复数	指小形式
ħukm"判断"	ħakaam	ʕukaym
ʕinab"葡萄"	ʕanaab	ʕunayb
ʃaaɣil"肥料"	ʃawaaɣil	ʃuwayɣil
jundub"蝗虫"	janaadib	junaydib
sulṭaan"苏丹"	salaaṭiin	sulayṭiin

模板基本的韵律模式为 a-aa 和 u-ay，即构成一个轻音节和一个重音节。

根与式结构并不妨碍阿非罗-亚细亚语系语言有多种形态手段（Frajzyngier，2012：529-530），除了常见的加词缀（前缀、后缀、中缀）之外，还有元音延长、元音缩减、辅音延长、重叠、声调变化等。这些手段都可以表达多种语法范畴，而语法范畴和具体的形态手段之间的关系很复杂，需要逐一分析，无法一概而论。

就名词系统而言（Welmers，1973：239；Kaye & Rosenhouse，1997：281-285；Creissels et al.，2008：§4.4.1；Rubin，2010：§3.2.1；Frajzyngier，2012：§8.3.4、§8.5；Ekkehard Wolff，2018；Pat-El，2019：82-85），一般有性范畴，分为阳性和阴性，阴性多通过后缀表达；也有数的范畴，一般为单数和复数，双数也存在于某些语言中，双数和复数基本都是通过加后缀、元音插入、辅音重复等手段构成的。名词的性和数两个范畴之间一般不会相互影响。与名词相关的词类（如代词、限定词等）也都会表达相应的性和数，即所谓的配合现象（agreement/concord），而阿非罗-亚细亚诸语关于性范畴最为"奇特"的结构表现在交错配合（chiastic concord）（Rubin，2010：§3.3），即 2 以上的、形态为阴性的基数词修饰阳性名词，而没有所谓性标志的基数词则修饰阴性名词。为十的倍数的基数词也是在相应的 3~9 这七个基数词的基础上加上复数后缀构成的，而 20 则一般是 10 的双数形式。

就格标志而言（Creissels，2000：233-243；Frajzyngier，2012：§8.5.2），Semitic、Berber、Cushitic 和 Omotic 诸语中名词有格标志，例如在标准 Arabic 语中（Kaye，2007b：§6.2），主格、宾格、属格分别有后缀-un、-an 和-in。在某些语言中限定性的直接宾语会有一个前置标志，如 Hebrew 语（Berman，1978：120）：

（21）david　　　　natan　　　et　　　　ha　　　matqnq　　lə　　　rina

　　　（人名）给 . 过去时　宾语标志　定冠词　礼物　介词　（人名）

　　　"David 把礼物给了 Rina。"

Hebrew 语的这一现象在阿非罗-亚细亚语系中并非孤例，也存在于 Semitic、Cushitic 和 Omotic 的其他语言中。阿非罗-亚细亚语系在格标志系统中还有两个类型学上的与众不同之处，即其一，属格、与格、方位格等旁语格标志比主格和宾格更加常见；其二，某些语言中（例如 Cushitic 诸语）主格为标记形式，而宾格没有标记。

Semitic 诸语中名词和依附于名词的名词性修饰成分之间有特殊的形式变化，即所谓的构造形（construct form/state）（Kaye & Rosenhouse，1997：285；Rubin，2010：§3.2.3；Frajzyngier，2012：§8.5.1）[①]。如 Arabic 语中（Kaye & Rosenhouse，1997：299-230；Holes，2004：§6.1.3），构造形结构中的第二个名词为属格，可以为定指或非定指，而第一个名词只能为非定指，如：

(22) madiːntu dimašq "大马士革城"

　　finjaːlu qahwa "一杯咖啡"

　　sayyaːratu lmudiːr "老板的车"

　　wusuːlu lmalik "国王的到来"

在 Hebrew 语中（Schwarzwald，2001：22），构造形结构中的第二个名词为独立形式，而第一个名词发生形式变化，但跟 Arabic 语类似，定指标志只出现在第二个名词上，如：

(23) bet séfer "学校" < bet "房子"（独立形式为 bayit）+ séfer "书"

　　xadar hamorim "教师休息室" < xadar "屋子"（独立形式为 xédér）+ha-mor-im "定冠词-教师-阳性.复数"

在 Hausa 语中（Creissels，2006：§3.3.4.3），带有一个属格依附成分的构造形名词的标志为后缀-n 或-r̃（-r̃ 为阴性单数，-n 为阳性单数和阴阳性复数）。该后缀也出现在名词跟第一人称单数之外的主有性词缀结合的情况。

---

① 虽然构造形常见于 Semitic 诸语，但在阿非罗-亚细亚语系的其他语言中亦有类似的现象，如 Iraqw 语（Creissels et al.，2008：122）：

(1) suma　　　　fas-u　　　nijaay　　wu　　ñuul
代词.1.单数　马-构造形　叔叔　　量词　黑色的
"我叔叔的黑马"

(24) a. kàre-n   Daudà

　　　狗-构造形.单数.阳性　（人名）

　　　"Dauda 的狗"（参见 kàree "狗"）

　　b. saanìya-r̃   Daudà

　　　牛-构造形.单数.阴性　（人名）

　　　"Dauda 的牛"（参见 saanìyaa "牛"）

　　c. kàree-naa "我的狗"　saanìyaa-taa "我的牛"

　　　kàre-n-kà "你的（阳性）狗"　saanìya-r̃-kà "你的（阳性）牛"①

　　　kàre-n-kì "她的（阴性）狗"　saanìya-r̃-kì "她的（阴性）牛"

　　　kàre-n-sà "他的（阳性）狗"　saanìya-r̃-sà "他的（阳性）牛"

　　　kàre-n-tà "她的（阴性）狗"　saanìya-r̃-tà "她的（阴性）牛"

　　　kàre-n-mù "我们的狗"　saanìya-r̃-mù "我们的牛"

　　　kàre-n-kù "你们的狗"　saanìya-r̃-kù "你们的牛"

　　　kàre-n-sù "他／她们的狗"　saanìya-r̃-sù "他／她们的牛"

需要注意的是，构造形与格标志是不同的现象，虽然在某些语言中有相同或类似的形态标志，但在大部分语言中基本在形态上都是互相独立的。

就动词系统而言（Frajzyngier，2012：§8.3.6、§8.7、§8.15-8.19），很多阿非罗-亚细亚语言的动词具有区别于其他词类的音系、形态特征，但在不同语言中的表现不同。动词的屈折和派生变化的手段包括比较常见的叠音（gemination）（如 Semitic 诸语、Chadic 诸语）、重叠（如 Cushitic 诸语、埃塞俄比亚的 Semitic 诸语、Chadic 诸语）、加词缀（特别是加后缀，几乎见于所有阿非罗-亚细亚语言）。这些形态变化可以表达多种语法范畴，例如人称、性、数、动词配价变化（如被动（passive）、使役（causative）、中动（middle voice）等）、时态-体貌-语气等：

(25) 人称、数：Kafa 语（Frajzyngier,2012:589）

　　gàf-óc-é   hàmmítè

　　村子-方位格-介词　离开.3.单数

　　"他从村子里面出来了。"

---

① Hausa 语的领有者词缀根据拥有者的性不同而变化,涉及第二、三人称单数。

（26）性、数、时态：Hebrew 语（Berman，1997：326）

> ha   xaruz   ha   gadol
> 定冠词　珠子.阳性.单数　定冠词　大的.阳性.单数
> ha-ze   nofel
> 指示限定词.阳性.单数　落下.现在时.阳性.单数
> "这颗大珠子在下落。"

（27）

> ha   kubiya   ha   gdola
> 定冠词　障碍物.阴性.单数　定冠词　大的.阴性.单数
> ha-zot   nofélet
> 指示限定词.阴性.单数　落下.现在时.阴性.单数
> "这个大障碍物在下落。"

（28）

> ha   kubiyot   ha   gdolot   ha-éyle
> 定冠词　障碍物.阴性.复数　定冠词　大的.阴性.复数　指示限定词.复数
> noflot
> 落下.阴性.复数
> "这些/那些大的障碍物在下落。"

（29）动词配价变化：

> 使役：Kafa 语（Cerulli，1951：218）：bego"看到"vs beqqiyo"出示（即，使……看到）"
> 被动：Ghadamès 语（Kossmann，2007：441）：ann"杀死"vs mmənn"被杀死"
> 中动：Bedawiyet 语（Appleyard，2007a：466）：tam-sam"相互吃、一起吃"

就形容词系统而言（Frajzyngier，2012：§8.6），形容词作为独立的词类只存在于少数阿非罗-亚细亚语言中（Frajzyngier，2012：§8.3.7），而且数量也不多，但在某些语言中的确体现出区别于其他词类的形态特点，而且某些语言中还有专门的派生后缀可以派生形容词。在的确有形容词这个词类的阿非罗-亚细亚语言中，形容词通常具有与名词（大致）相同的语法范畴的屈折表达，特别是性/名词类别、数和格。例如在 Hebrew 语中形容词有性、数的变化（Berman，1997：326）：

（30）

> ha   xaruz   ha   gadol
> 定冠词　珠子.阳性.单数　定冠词　大的.阳性.单数
> ha-ze   nofel
> 指示限定词.阳性.单数　落下.现在时.阳性.单数
> "这颗大珠子在下落。"

（31）ha　　　　kubiya　　　　　　ha　　　　gdola

定冠词　　　障碍物.阴性.单数　定冠词　大的.阴性.单数

ha-zot　　　　　　　　　　nofélet

指示限定词.阴性.单数　　落下.现在时.阴性.单数

"这个大障碍物在下落。"

（32）ha　　　　kubiyot　　　　　　ha　　　　gdolot

定冠词　　　障碍物.阴性.复数　定冠词　大的.阴性.复数

ha-éyle　　　　　noflot

指示限定词.复数　落下.阴性.复数

"这些/那些大的障碍物在下落。"

在 Wolaytta 语中的形容词有格的变化（Frajzyngier，2012：539）：

（33）woggá-y　　　　　　　　kúnd-iísi

大的-阳性.主格　　　落下-3.阳性.单数.完成体

"大的那个在下落。"

此外，在阿非罗-亚细亚语系中还可以根据形态（和语义）普遍独立出代词、介词和副词等词类。

2.2　尼罗-撒哈拉语系

尼罗-撒哈拉语系中名词和动词在形态上区别明显。

名词的性（一般为 2~3 个）范畴不广泛，不同的语言通过派生（如 Southern Nilotic 和 Western Nilotic 诸语）或屈折（如 Eastern Nilotic 语言）手段标识不同的性（Goodman & Dimmendaal，2017）。数的形态变化总体而言是非洲语言中最为复杂的（Creissels，2000：247），共有三种情况，即单数屈折变化、复数屈折变化和单复数都有屈折变化（Creissels et al.，2008：118；Goodman & Dimmendaal，2017），第一种和第三种在类型学上是最为特殊的，而第二种则也常见于较熟悉的欧洲语言中。形态格存在于某些尼罗-撒哈拉语言，但不普遍（Creissels，2000：234）。

动词形态变化更为复杂，通常会在动词上表达人称（如非常常见的单数第一人称的前缀 a-和单数第二人称的前缀 i-）、数、时态、体貌（其中类型学上常见的完成体（perfective）/未完成体（imperfective）的二元对立系统最为基本，但很多语言在此基础上进一步发展出了更为复杂的时态-体貌-语气系统）、语气（如使役式）等语法范畴

（Dimmendaal，2017；Goodman & Dimmendaal，2017）。在所有的 Saharan 语言中，动词都（历时地或共时地）分为三个类别，其中第一类和第二类的区别主要在主语语素的表现形式上，第三类是从第一类派生而来的。

形容词在形态上类似于名词或动词，只有很少语言在形态上可以独立区分出形容词这个词类。除此之外，具有形态变化的词类还有代词、指示词等。

2.3 尼日尔-刚果语系

尼日尔-刚果语系在形态上也可以明确区分名词和动词。

就名词的形态而言，名词类别系统（noun class system）是尼日尔-刚果语系语言最大的特点之一（Creissels，2000：242-243；Williamson & Blench，2000：12-13；Childs，2003：§4.2；Creissels et al.，2008：§4.4.1；Dimmendaal & Storch，2016；Bendor-Samuel，2018），尤见于 Atlantic 诸语和 Bantu 诸语。尼日尔-刚果语系语言的名词类别系统比欧洲语言和阿非罗-亚细亚诸语中常见的性范畴更加复杂，一般是名词依靠词缀（通常为前缀）区分为若干个亚类，同时会在名词及其所支配的成分（如形容词）之间有配合关系。名词类别系统不仅分类标准多样（语义、形态、句法），而且具体的类别数量更大，最多可达到30余个。语义在一定程度上可以认为是分类标准，其中最常见的语义特征为：人、非人、有生物、非生物。由于名词类别系统的存在，数范畴在这些语言中的表达也是十分复杂的。数范畴（一般为单数和复数）在名词类别中有着特殊的作用，一般无法单独分离出表达数范畴的语素，而是同一个名词的单数和复数归为两个不同的名词类别。尼日尔-刚果语言中主语和宾语基本没有形态格（Creissels，2000：233）。

在动词形态方面，大部分尼日尔-刚果语言具有比较鲜明的黏着型特点，尤以 Bantu 诸语为代表（Childs，2003：103）。动词复合体的基本形式为（Childs，2003：104）：

(34)（否定标志-）主语标志-时态/体貌/语式-（宾语标志-）词根-（动词扩展标志）-末尾元音

例如在 Swahili 语中（Childs，2003：104）：

(35) juma　　　　　a-li-m-pik-a　　　　　　　　　　　　ahmed　ugali
　　（人名）主语标志-过去时-宾语标志-烹饪-使役标志-直陈式　（人名）　粥
　　"Juma 给 Ahmed 煮了粥。"

如果是否定句，则可以在主语标志 a-之前加入否定标志 h-。主语标志 a-标识动词与主语在人称、数、名词类别上配合，同样宾语标志 m-标识与宾语（即 ugali'粥'）配合。表达使役的词缀-pik-是动词扩展词缀之一，其他动词扩展词缀也基本表达动词配价变化操作（被动、中动、双系式(applicative)①等）。-a 作为末位元音，在例（35）中是语式的标志，但其他末位元音还有其他功能。Bantu 诸语之外的尼日尔-刚果语言的动词形态结构基本也与此类似，都是围绕着一个词根通过前缀和/或后缀表达人称、名词类别、数、时态-体貌-语式、语气、论元结构、动词扩展等语法范畴。当然，声调在这些语言中都能够发挥音系形态功能——这已经在第 2 章有所介绍，例如在 Grebo 语（Innes，1966）中，五个语式（直陈式、虚拟式、条件式、结果式、命令式）是通过主语人称代词和/或动词本身的声调型表达的。如何分析声调表达形态变化比较棘手，但至少不能认为是黏着型的形态，而更类似于使用重音表达形态变化的屈折手段。除了具有这两类形态特征的语言，某些 Kru 语言和 Mande 语言在动词形态上体现了比较明显的孤立型特征，例如 Mandinka 语（Childs，2003：109）：

（36）wulɔɔ　　　yɛ　　　　ɲamɔ　　　tee
　　　狗　　　完成体　　草　　　　切割
　　　"狗已经割了草。"

（37）lamin　　　kari　　　　ɲambo　　　　sɛnɛ
　　　（人名）　未完成体　木薯　　　种植
　　　"Lamin 种木薯。"

（38）lamin　　　buka　　　ɲambo　　　sɛnɛ
　　　（人名）　否定　　木薯　　种植
　　　"Lamin 不再种木薯了。"

（39）jaba　　　suna　　　　ta
　　　（人名）　悲伤的　　完成体
　　　"Jaba 伤心了。"

（40）jaba　　　yɛ　　　　lamin　　　suna　　　ndi
　　　（人名）　完成体　（人名）　悲伤的　使役标志
　　　"Lamin 使 Jaba 伤心了。"

可以看到，其中的动词形式只有一个词根而没有任何表达动词语法范畴的词缀，表达

---

① 双系式的具体分析详见第 4 章。

完成体(如 yɛ)、否定(如 buka)和使役(如 ndi)的语素也不是依附在动词上的,这跟汉语十分类似。

形容词类在尼日尔-刚果语言中通常是一个封闭的词类系统,非派生的基础形容词很少,一般不超过 10 个(Creissels,2000:249),其他类似于欧洲语言通过形容词表达的概念一般都是通过动词表达的(Welmers,1973:250)。

其他具有形态变化的词类包括代词、限定词等,基本跟动词和/或形容词的形态变化类似,特别是名词类别的表达是一大特色。

2.4 其他语言

在形态方面(Güldemann & Vossen,2000;Vossen,2013a:6;Güldemann,2013a;Traill & Köhler,2016),Khoe 诸语形态较丰富,而其他语言则更偏向于分析型形态。

在 Khoe 诸语中,派生和屈折都是构词的重要手段,主要表现为加后缀,例如词的基本形态标志就是人称-性-数的后缀——三性(阴、阳、中)三数(单、复、双)。不同类型的词缀(动词性后缀 vs 名词性后缀)可以附着于相同的词根之上,构成名词或动词。名词表达性和数范畴,而且与名词相关的限定、修饰成分(如形容词、数词、指示词、主有词、限定词等)都与名词中心语进行配合。格范畴基本不存在,因此名词和代词几乎没有格变化。动词有时态和体貌的形态表达,同时可以带有主语人称标志、宾语人称标志、语态等后缀。动词扩展形式可以表达跟配价相关的各种操作,如使役式、自反式、相互式等。

Khoe 诸语之外的语言则形态相对简单,黏着语素(bound morpheme)不多,且能够表达的语法范畴有限。名词和动词基本可以较明确地进行区分,但是并不完全对应印欧语言中所谓的名词和动词,特别是动词也包含西方语言所谓的形容词词类。某些语言有名词类别系统,但是具体的分类标准较难确定,基本无法从语义和语音进行解释或预测,因此与 Bantu 诸语中的名词类别系统有较大的差别。数范畴虽然在无生性名词中不发达,但是在语言系统的整体中有着一定的作用,不仅在其他名词上有形式表达,而且还会体现在动词的表达形式上。数范畴的表达形式多样,包括词缀、词根替换和超音段音位,以及重叠派生。

在构词方面,这些语言的单词结构主要为 CVCV、CVV 和 CVN(Güldemann & Vossen,2000:101;Vossen,2013a:6),典型的词根形式为:

(41) C(C1)　　　V1　　　　　　　　　　C2　　　　　　　　V2

　　强塞音　短元音、后元音、口元音　响音或前送气塞音　短元音、口元音

3. 个案研究

3.1　名词形态

在世界语言中，最常见的有形式标志的名词性语法范畴有性、数和格，而非洲语言最突出的特点则是名词类别系统，本节将分别讨论。

3.1.1　性范畴和名词类别系统

非洲语言在整体上都不同程度地将名词分成不同的亚类，阿非罗-亚细亚诸语和尼罗-撒哈拉诸语一般是一分为二的"性"系统，而尼日尔-刚果语系的语言则是将名词分为更多亚类，即前文所谓的名词类别系统（Welmers，1973：Chapter 6；Creissels，1991：81-85；Williamson & Blench，2000：12-13；Creissels，2000：242；Childs，2003：§4.2；Creissels et al.，2008：§4.4.1；Dimmendaal & Storch，2016；Bendor-Samuel，2018）。需要注意的是，某些非洲语言（如 Kanuri 语（Cyffer，2007：§2.1））既没有性范畴也没有名词类别系统，但这些语言实属例外。

3.1.1.1　性系统

根据 Corbett（1991）的分类，在非洲语言中的性范畴可以分为以语义为基础的性范畴和以形式标记为基础的性范畴，但是这两类性范畴通常会相互渗透。换言之，纯粹以语义为基础的性范畴很少，而纯粹以形式标记为基础的性范畴很可能根本就不存在。但是，不论何种类型的性系统都需要有形式上的表现，即在形态上体现在名词和代词以及跟名词（性成分）相关的修饰、限定成分上，例如在 Hebrew 语中（Berman，1997：319）：

（42）ha　　xéder　　　　　ha　　　gadol
　　　定冠词　房间.阳性.单数　定冠词　大的.阳性.单数
　　　"那个大房间"

（43）ha　　tmuna　　　　　ha　　　gdola
　　　定冠词　画.阴性.单数　定冠词　大的.阴性.单数
　　　"那幅大的画"

Hebrew 语的定冠词只有一个，没有性和数的变化，但指示限定词则有性、数的不同形式，即 ha-ze"阳性．单数"、ha-zot"阴性．单数"、ha-éyle"复数"①。此外，Hebrew 语动词的屈折变化也有阴阳性的区别(Berman，1997：326)：

(44) ha　　xaruz　　　　　　ha　　　gadol
定冠词　珠子．阳性．单数　定冠词　大的．阳性．单数
ha-ze　　　　　　　　　　　nofel
指示限定词．阳性．单数　　　落下．现在时．阳性．单数
"这颗大珠子在下落。"

(45) ha　　kubiya　　　　　　ha　　　gdola
定冠词　障碍物．阴性．单数　定冠词　　大的．阴性．单数
ha-zot　　　　　　　　　　　nofélet
指示限定词．阴性．单数　　　落下．现在时．阴性．单数
"这个大障碍物在下落。"

(46) ha　　kubiyot　　　　　　ha　　　gdolot
定冠词　障碍物．阴性．复数　定冠词　　大的．阴性．复数
ha-éyle　　　　　noflot
指示限定词．复数　落下．阴性．复数
"这些/那些大的障碍物在下落。"

就非洲语言而言，Corbett(1991：11-12)列举了 Dizin 语和 Defaka 语作为以语义为基础的性系统的代表语言，因为在这两种语言(以及类似的语言)中，名词的性只与意义相关。例如在 Dizin 语中，阴性名词为指涉女性人物或雌性动物的名词，以及指小的名词；其他名词都是阳性。在 Defaka 语中，阳性名词指涉所有的男性、阴性名词指涉所有的女性、中性名词为阳性和阴性之外的所有名词。需要注意的是，即使是完全以语义为基础的性系统也一般都有形态标志，如 Dizin 语的阴性名词带有后缀-e 或-in。

与(主要)以语义为基础的性范畴不同，在以形式标记为基础的性系统中全部或绝大部分名词的性跟名词本身的意义之间的关系是任意的，换言之，前者不以后者为根据。但是，在此类性系统中，语义并不是完全失效的：至少在当今发现的具有性系统的所有语言中，语义——特别是自然性别——还是发挥了一定的作用。在以阿非罗-亚细亚语系为代

---

① 在 Hebrew 语中，以上三个形式也可以分析为定冠词+指示词(即 ha+ze/zot/éyle)，但无论如何分析，haze、hazot 和 haéyle 三个形式只能用作指示限定词。

表的性系统中（Frajzyngier，2012：522-523），名词一般分为两性，即所谓的阴性和阳性，对于表达有生物的名词而言，一般都是按照其自然的性别归为阳性（如男性和雄性动物）和阴性（如女性和雌性动物），但表达无生物的名词的性则基本没有任何语义理据性可言。这是以形式标记为基础的性系统的典型情况。具体而言，Semitic 诸语的性系统都比较类似，为二分的阴阳性，带有不同的形态标志（Kaye & Rosenhouse，1997：281-282；Rubin，2010：§3.2.1；Pat-El，2019：83），例如在 Hebrew 语中，阴性名词多带有后缀-a、-it、-et。与研究较多的 Arabic 语（Kaye & Rosenhouse，1997：281-282）、Hebrew 语（Berman，1997：318-319）等 Semitic 语言不同，Tigrigna 语性范畴的形态标志比较特殊，但依然具有一定的代表性（Leslau，1941；Welmers，1973：231-233；Kogan，1997：388、431），一方面名词本身没有显性的性范畴形态标志，即使是 Semitic 诸语中普遍存在的性范畴标志在 Tigrigna 语中也不具有能产性；另一方面，名词的性只能通过其与表语或定语的配合来判断，例如（Kogan，1997：431）：

(47) ʼətu　　　　　　　wɔddi/sähay

定冠词．阳性．单数　男孩/太阳

(48) ʼəta　　　　　　　gʷal/wɔr ḥi

定冠词．阴性．单数　女孩/月亮

Berber 诸语的性系统也大致如此（Kossmann，2007：§3.1，2012：§2.5.2），即阴性（可有前缀 t-）和阳性名词都具有相应的形态标志，例如 Tamajaq 语（Kossmann，2012：52），见表 3-9。

(49)

表 3-9　Tamajaq 语的性系统

类别	单数		复数	
	独立形式	依存形式	独立形式	依存形式
阳性	a-	ă-	i-	ə-
	e-	ă-	i-	ə-
	ă-	ă-	ə-	ə-
阴性	ta-	tă-	ti-	tə-
	te-	tă-	ti-	tə-
	tă-	tă-	tə-	tə-

　　而其中亲属名词是比较特殊的(Welmers，1973：226)，表现在：其一，跟其他名词以元音开始不同，亲属名词的第一个音是辅音；其二，亲属名词本身没有性的形式标志。Chadic 诸语也是二分的性系统。例如在 Hausa 语中，阴性名词几乎都是以 -a 结尾，否则为阳性名词(Welmers，1973：234)。在 Cushitic 诸语中一般也都是二元对立的性系统，而且大部分名词的性无法从语义得知。例如在 Saho 语中(Welmers，1952)，阳性名词一般带有重音，或没有重音但以辅音结尾；阴性名词没有重音或以元音结尾；不过都存在例外。其他 Cushitic 语言虽然在具体细节上跟 Saho 语有所不同，但性范畴的情况基本与之类似，但 Somali 语(Saeed，2007：§ 2.1.1)的情况更为复杂一些：例如 nín"男人"为阳性、náag"女人"为阴性的确是以名词的意义(和所指对象)为基础的，但集合名词 hawéen"女人们"却是阳性。此外，大部分名词在单数和复数时的性相反，如 abtí"舅舅·单数"为阳性，而 abtiyó"舅舅·复数"却是阴性；hóoyo"母亲·单数·阴性"，而 hooyóoyin"母亲·复数·阳性"。以上几个例子同时也表明了在 Somali 语中，性通常是通过重音这个形式手段标记的，而且还可以找到最小对：

（50）inán"女孩"vs ínan"男孩"

　　　matáan"女性双胞胎"vs matàan"男性双胞胎"

只有那些通过重叠和加后缀构成复数的少量阳性名词在单数和复数时同为阳性，如：

（51）wán"撞锤·阳性·单数"vs wanán"撞锤·阳性·复数"(重叠)

　　　dhéri"瓦罐·阳性·单数"vs dheryó"瓦罐·阳性·复数"(后缀)

在 Khoekhoe 语(Haacke，2013c：§ 3.2.1.2.1)中有三个性，具有一定的语义基础，但也跟数范畴相互纠葛，见表 3-10。

（52）　　　　　　　　　　　表 3-10　Khoekhoe 语的三个性

类别	有生	无生
阳性	生理性别	大的或长的物体
阴性	生理性别	小的、短的或圆的物体
中性	性别不明、非定指、非单数的集合名词	

类似的分类也见于 Naro 语(Visser，2013c：§ 3.2.5.1.4)。

前文已述，在有性范畴的语言中，性可以表现在配合现象中，主要是名词与限定和/或修饰成分之间的配合、主语与动词的配合等方面，即性范畴的形式标志不仅仅关系到名词本身，还会表现在相关的词类上：

(53) 名词与限定词的配合：Tigrigna 语（Kogan，1997：431）：

'ətu　　　　　　　　wɔddi/sähay

定冠词．阳性．单数　　　男孩/太阳

'əta　　　　　　　　gʷal/wɔr ḥi

定冠词．阴性．单数　　　女孩/月亮

(54) 主语与动词的配合：Hebrew 语（Berman，1997：326）：

ha　　xaruz　　　　　　ha　　　gadol

定冠词　珠子．阳性．单数　定冠词　　大的．阳性．单数

ha-ze　　　　　　nofel

指示限定词．阳性．单数　落下．现在时．阳性．单数

"这颗大珠子在下落。"

ha　　kubiya　　　　　ha　　　gdola

定冠词　障碍物．阴性．单数　定冠词　　大的．阴性．单数

ha-zot　　　　　　nofélet

指示限定词．阴性．单数　落下．现在时．阴性．单数

"这个大障碍物在下落。"

总体而言，配合现象虽然跟形态有关，但基本属于句法现象，在此不再深入讨论。

3.1.1.2　名词类别系统

在名词类别系统中，名词通过词缀被区分为若干个亚类，同时会在名词及其所支配的成分（如形容词）之间存在配合关系。该现象尤见于 Atlantic 诸语和 Bantu 诸语。

在 Bantu 诸语中，名词的基本结构为（Mutaka，2000：150）：

(55)（附加性前缀（augment）/第二（secondary）前缀+）前缀+词根

不同语言中名词的结构不尽相同。首先，位于首位的附加性前缀基本分为三类，即（Mutaka，2000：54）

(56) 有多个附加性前缀,都与前缀元音相同:u-mu-ntu"人"、a-ba-ntu"人．复数"(Zulu语);

有多个附加性前缀,都与前缀元音不同:o-mu-ntu"男人"、e-mi-ti"树．复数"(Ganda 语);

只有一个形式不变的附加性前缀:o-mu-ndu"男人"、o-va-ndu"人们"(Herero 语)。

其次,居于第二位的第二前缀大多表达情感性的语义,根据其与前缀的关系具体分为两类(Mutaka,2000:54):

(57) 第二前缀替代前缀:ki-toto"小孩子"(参见 m-toto"孩子"(Swahili 语));

第二前缀不替代前缀:kaa-mu-ntu"没用的人"(参见 mu-ntu"人"(Songe 语))。

最后,就前缀而言,虽然并不是全部具有名词类别系统的非洲语言都有附加性前缀和/或第二前缀,但所有具有名词类别系统的非洲语言中名词都有前缀,因此前缀是识别名词类别的最根本的形态依据,例如以下三种 Bantu 语言中名词类别前缀如下(Welmers,1973:165;Mutaka,2000:151),见表3-11。

(58)　　　　　　　　表 3-11　三种 Bantu 语言名词类别前缀

名词类别	Zulu 语	Setswana 语	Luganda 语
1 单①	um-	mo-	omu-
1a 单	u	ø-	ø-
2 复			ava-
2a 复			va-
2b 复	oo-	bo-	
3 单	om-	mo-	omu-
4 复	imi-	me-	emi-
5 单	i-	le-	
6 复	ama-	ma-	ama-
7 单	isi-	se-	eki-
8 复			evi-

① 按照非洲语言的研究惯例,名词类别是通过阿拉伯数字标志的。该方法最早见于 Bleek(1862/1971)和 Meinhof(1899/1932)等。

名词类别	Zulu 语	Setswana 语	Luganda 语
8x 复	izi-	li-	
9 单	iN-	N-	eN-
10 复	iziN-	liN-	eN-
11 单	u-	lo-	olu-
12 单			aka-
13 复			out-
14 单/复	uBu-	bo-	ovu-
15 中	uku-	xoO-	ku-
16 中	pha-	Fa-	wa-
17	ku-	xo-	ku-
18		mo-	mu-
19 单/复			
20 单			ogu-
21 单			
22 复			aga-
23 中	e-, o-		e-
24			

由此可见，以 Bantu 诸语为代表的尼日尔-刚果语系语言的名词类别系统比欧洲语言和阿非罗-亚细亚诸语中常见的性范畴更加复杂，不仅因为分类标准多样，而且还因为具体的类别数量也大大增加（最多可达到 30 余个），且不同语言中名词类别的数量也会有差异。此外，在上表中还可以看出，数的范畴（一般为单数和复数）在名词类别中有着特殊的作用，一般是将同一个名词的单数和复数处理为两个不同的名词类别（如类 1 和类 2、类 3 和类 4 等都是相对应的同一类名词的单复数形式），而且一般无法单独分离出表达数范畴的语素，再如 Swahili 语（Childs，2003：101）：

（59）ki-tu 　　　hi-ki 　　　ki-kubwa 　　　　ki-lianguka
　　　东西 　　　指示词 　　　大的 　　　　　　掉落
　　　"这个大东西掉了。"

（60）vi-tu 　　　　　　hi-vi 　　　　　　vi-kubwa 　　　　vi-lianguka
　　　东西.复数 　　　指示词.复数 　　　大的.复数 　　　掉落.复数
　　　"这些大东西掉了。"

在以上两例中的标志 ki-和 vi-分别是 Swahili 语第七类名词和第八类名词，前者为单数，后者为复数。

某些前缀还存在音系形态变体，主要取决于词根的第一个元音，如 Swahili 语（Welmers，1973：169），见表 3-12。

（61）　　　　　　　表 3-12　Swahili 语前缀及变体

名词类别	前缀及其变体
1	m-/_辅音、u、o mu-/_u、h mw-/_a、o、e、i、u
2	wa- w-/_a wa+i→ we
3	m-/_辅音、u、o mu-/_u、h mw-/_a、o、e、i、u
4	mi-
5	ji-/_辅音 j-/_元音 Ø/_元音
6	ma-/_i 之外的元音 ma+i→ me
7	ki-/_辅音 kj-/_元音
8	vi-/_辅音 vj-/_元音
9	
10	N- Ø/_清爆破音、清擦音、辅音 m-/_b、v n-/_d、j、g、z nj-/_元音 N-+ w→ mb N-+ l/r→ nd N-+ y→ nj

续表

名词类别	前缀及其变体
11	u-/_辅音 w-/_元音
14	u-/_辅音 w-/_元音

除了前缀这个形态标志，语义在一定程度上也可以视为分类标准，其中最常见的语义特征为人、非人、有生物、非生物。一般而言，名词类别所表达的语义（Welmers，1973：§6.7；Mutaka，2000：151-152），见表 3-13。

（62）　　　　　　　　　　　　　**表 3-13　名词类别的语义**

名词类别	语　　义
1 单	人，以及少数有生物
1a 单	
2 复	
2a 复	
2b 复	
3 单	树木、植物以及无生物
4 复	
5 单	小件物品以及指大词缀（augmentative）
6 复	
7 单	小件物品，指大词缀，指小词缀 表达方式、方法的名词
8 复	
8x 复	
9 单	大部分动物、无生物和少数表达人的名词
10 复	
11 单	长、细的物体，抽象事物，衰减（attentuative）词缀
12 单	指小词缀
13 复	
14 单/复	复数名词，抽象事物
15 中	动词不定式

名词类别	语 义
16 中	
17	表达方位的词
18	
19 单/复	指小词缀
20 单	指大词缀,指小词缀
21 单	指大词缀,贬义词缀
22 复	类 5 和类 20 的复数
23 中	表达方位的词
24	表达方位的词

前文已述,在有性范畴的语言中,性可以表现在配合现象中,主要是名词与限定和/或修饰成分之间的配合以及主语与动词之间的配合等方面。根据 Greenberg(1978:150)和 Corbett(1991:4)的观点,不论是"性"还是"名词类别",在根本上都是对名词进行分类,而这一分类不论是以语义还是以形态为基础,都要不仅表现出"分类"("classification"),而且还要有相关的配合现象。因而,名词类别的形态除了表现在依附于名词之上的前缀之外,还表现在与名词相关的其他词类上,以 Swahili 语和 Limba 语为例(Childs,2003:100):

(63) ki-tu   ki-kubwa   hi-ki   ki-lianguka

     东西   大的   指示词   掉落

     "这个大东西掉了。"

(64) ŋa-yen   ŋa-sɔnwunthe   ŋa-lɔhɔi   ŋa   ŋa   thimo-yii   ŋa…

     板子   六   好的   定冠词 关系词 寻找.2单数 定冠词

     "你正在寻找的那六块好板子"

在以上两例中,我们可以看到同一个形态标志(即 Swahili 语例(63)的 ki-和 Limba 语例(64)的 ŋa-)几乎反复出现在句中的每一个成分前,特别是跟名词相关的成分(如形容词、指示词、冠词以及动词等)。这一特点吻合 Greenberg(1978)的观察,即形态标志依附在名词上(在名词前或后)或/和出现在与之相关的限定和/或修饰成分上。但是,配合标志并不总是与名词的类别标志前缀相同,如 Swahili 语(Welmers,1973:171):

（65）m-tu　m-moja"一个人"

　　　m-tu　w-a Utete"一个 Utete 的人"

　　　m-tu　yu-le"那个人"

　　　m-tu　ali-y-ekuja"来的那个人"

　　　m-tu　a-likuja"一个人来了"

基本可以总结，见表 3-14（Welmers，1973：172）：

（66）　　　　　　　　**表 3-14　Swahili 语名词类别与配合标志前缀**

名词类别	名词类别前缀	配合标志前缀
1	mi-	u-、yu-、a-、m-
2	wa-	wa-
3	m-	u-
4	mi-	i-
5	Ø/ji-	li-
6	ma-	ya-
7	ki-	ki-
8	vi-	vi-
9	N-	i-
10	N-	zi-
11/14	u-/m-	u-
15	ku-	ku-
16		pa-
17		ku-
18		m-

　　这是因为跟名词类别一样，配合标志也会受到语义的制约和影响。因而，在 Swahili 语中，除了类别 1 中的名词的配合标志前缀为 u-、yu-、a-、m-，类别 7、8、9、10 中表达动物和人的词也采用此套配合标志前缀，因为这几个类别中的词都是表达有生物的。

　　除了名词以及与名词有配合关系的成分表现出名词类别之外，代词也相应地根据不同的名词类别有不同的形式，例如在 Bafut 语中（Mutaka，2000：197）（表 3-15）：

(67)

表 3-15 非人的主语人称代词

名词类别	代词形式
1	à
2	bɨ
3	ɨ̀
5	nɨ
6	mɨ
7	à
8	jɨ
9	yì
10	jí
19	fɨ̀

综上所述，Bantu 诸语的名词类别系统非常具有代表性。而其他具有名词类别系统的非洲语言也另有独特之处，主要表现在三个方面：第一，名词类别的形态表现方式不同，即通过后缀或前缀+后缀的方式，而不是通过前缀标识名词类别系统；第二，名词类别的具体数量；第三，每个名词类别所包含的具体的名词。

首先，就名词类别的标志而言，Fulah 诸语一般通过后缀而不是前缀表达。例如在冈比亚的 Firdu-Fula 方言中(Gamble、Salmon & Baldeh，1993：10-26)(表 3-16)：

(68)

表 3-16 Firdu-Fula 方言中名词类别

名词类别	单数	复数
1	-o	-ɓe
2	-o	-di/-ji/-je
3	-nde	-ɗe
4	-ndi	-ɗi
5	-ndu	-ɗi
6	-ŋge	
7	-ŋgo	
8	-ŋgii	
9	-ŋgu	-ɗi
10	-ŋgal	-ɗe

续表

名词类别	单数	复数
11	-ŋgɛl	-ony
12	-ŋgol	-i
13	-ka	
14	-ko	
15	-ki	-ɗe
16	-am	-e
17	-a	-di
18	-kal	

在 Tiv 语中，则既有前缀又有后缀(Abraham，1934)(表 3-17)：

（69）　　　　　　　　　　　表 3-17　Tiv 语中词缀

名词类别	词缀标志
1	Ø
2	ù-/mbà-
3	ù-/Ø
4	í-
5	í-
6	á-
7	í-...-γ
8	í-...-v
9	í-
14	-v
15	-γ

就第二个问题(即名词类别的具体数量)而言，前文已述，最多可达到 30 余个，而最少的也有 4 个，因此普遍多于前节讨论的性系统中性范畴的数量(2~3 个)。名词类别系统的消失和简化 Creissels(2006；§6.2.5)有所论述，其认为尼日尔-刚果语系在这个问题上提供了有价值的证据。学界普遍认为名词类别系统应该在尼日尔-刚果语系的语言中存在了很久，而如果某些尼日尔-刚果语系的语言没有名词类别系统，则其消失的年代也应该

是很久远的。此外，在尼日尔-刚果语系的语言中，有证据证明虽然该系统如此古老、如此复杂，且语法化程度如此之深、语义动因也变得无法明确，但在某些语言中名词类别系统依然能够进一步简化并再次确立语义动因。例如某些尼日尔-刚果语系语言的系统虽然保留了系统中早先的形态标志，但却将整个系统简化为四个配合类别，明显地反映了有生/无生(或人/非人)以及单数/复数的区别——Igo 语即如此。词类演变的端倪还可见于 Swahili 语，其中指涉有生生物的名词在形态(保留了之前的类别前缀)和配合特征(不论其前缀所代表何种类别，大部分情况下单数只进行类 1、复数只进行类 2 的配合)上跟其他词有所不同。名词类别系统虽然在某些语言(如 Mande 诸语)中已经发生了相当程度的简化，但在很多语言中依然相当稳固，证据之一就是外来词依然要遵守名词类别系统的要求(Creissels，2006. vol I：103)：

(70) 外来词如何融入这些语言倒是可以为性系统或名词类别系统的语义动因的不同程度提供有价值的提示：合理的想法是，强语义动因应该表现为外来词趋向于采纳与其在语义上相近的名词的配合特征。Setswana 语中的情况便是如此，mo-fine"酒"(19 世纪从荷兰语借入)的前缀和配合特征跟 mo-re"药物或有魔力的东西"、mo-tsoko"烟草"、mo-tokwane"大麻"等词一样。但是，在大部分的情况下，Setswana 语中大部分外来词的处理方式跟这些词的所指性质没有任何关系，而只能从便于形态处理的角度进行解释：例如 bo-rotho"面包"(来自荷兰语 brood)、bo-rogo"桥"(来自荷兰语 brug)和 bo-rokgwe"裤子"(来自荷兰语 broek)被归为类 14，仅仅因为荷兰语的原词中的首字母 b 可以被重新分析为类 14 的前缀，而且构成的复数是 ma-rotho、ma-rogo 和 ma-rokgwe。同样，se-peke"船"(复数 di-peke，来自荷兰语 schip)、se-kolo"学校"(复数 di-kolo，来自荷兰语 school)以及 se-kere"剪刀"(复数 di-kere，来自荷兰语 scheer)归为类 7，仅仅因为荷兰语原词的首字母 s 可以重新分析为类 7 的前缀。

就第三个问题而言，虽然名词类别系统的定义性条件是形态，但某个名词具体归入哪一类则有着语义、形态和句法诸多方面的动因，几乎没有非洲语言的名词类别可以通过单一的动因解释。在语义层面，Creider & Denny(1975)提出形状、体积、构成方式等可以作为名词类别系统的语义基础，这基本可以为 Bantu 诸语中的名词类别系统进行大致的解释。例如在很多语言中，有专门的名词类别用于表达"指小"的名词，其中包括本身体积就(相对)较小的物体，或是被说话者临时认为比较小的物体。在 Swahili 语中(Childs，2003：103)，"孩子"是 m-toto[①]，而"婴儿"则是 ki-toto，后者中有上文例(63)中的名词类

---

① ki-jana 的意思也是"孩子"。

别标志 ki-。但是，Swahili 语中所有带有该标志的名词并不都表达"指小"的意义，因为表达有肢体残疾的人的名词也带有该标志，以及 ki-twana"奴隶"。由此可见，语义并不能对名词类别系统进行全面的解释，这也造成了不同语言中意义相同或相近的词属于不同的名词类别。

3.1.2　名词内的其他语法范畴：数、格

3.1.2.1　数

只有很少的非洲语言在名词上几乎没有数范畴的表达。例如 Igbo 语中只有少数亲属名词有单数和复数的区别（Creissels，2000：243），而其他一切名词都没有数的形式表达；换言之，数作为语法范畴（几乎）不存在于 Igbo 语中（Nolue Emenanjǫ，1987：222）。再如 Ngiti 语中数范畴的表达也很有限，只有人和有生名词有数的形式表达（Kutsch Lojenga，1994：§5.3）。不过这两门语言都是"例外"，因为除了这些极少数的个别语言之外，在绝大部分非洲语言中数范畴都有形式表达（Creissels，2000：§9.4.3），而且总体可以根据在具体的语言中是否存在性范畴和名词类别系统而分为两类（Creissels，2000：§9.4.3；Creissels et al.，2008：119）。第一类为没有性范畴或名词类别系统的非洲语言，数范畴通常通过单一的词缀表达（如 Glavda 语的后缀 ax 和 Kanuri 语的后缀-wá（详见下文）），但在具体用法上并非完全等同于英语的复数后缀-s（及其变体）是机械性的，而要参照语境和交流的需要，即只有在复数概念跟交流的情景是相关的情况下，而且无法从语境中推测出来的时候，该复数词缀才必须使用。这仅仅涉及复数词缀的使用条件，不会影响复数后缀的形式。第二类为有性范畴或名词类别系统的非洲语言，如前文所述，数范畴可能与表达性范畴或名词类别的形式发生溶合，而无法独立出表达数的形态标志。换言之，性不同或属于不同名词类别的名词的复数表达形式是不同的。复数标志的使用条件是以语义为基础的（即只要涉及了"多于一"的意义就使用数标志）。

就数范畴所表达的数的种类而言，二分的系统（即单数 vs 复数）是最常见的，如 Glavda 语（Buba & Owens，2007：§3.2.1），其数范畴的形态表达也是最简单的，即单数+ax→复数，如：

（71）uf-ax-n　　　　　　　　　çáx-çáx-əna ~ çáx-çáx-áx-əna
　　　树-复数标志-定指标志　　　细的-细的-定指标志
　　　"细细的树"

Kanuri 语（Cyffer，2007：§2.1.1）也是通过在单数名词上加后缀-wá，但要求单数名词调型为低调 L，如：

（72）táda + wá→ tadawá

　　　kərî + wá→ kəriwá

　　　kúlwú + wá→ kulwuwá

以上两种语言都没有性范畴和名词类别系统，因此数的形式表达很简单。而在 Semitic 诸语中，名词具有性范畴，因此会影响数范畴的表达，但总体而言，其复数构成也是非洲语言中比较简单的，例如 Hebrew 语、Amharic 语等语言的复数构成就相对简单，除了少数例外，绝大部分名词都是通过加后缀的方式由单数变为复数的。在 Hebrew 语中阳性单数名词加后缀-im、阴性单数名词加后缀-ot，如（Berman，1997：319）：

（73）阳性名词：sal-im"书包-复数"、amud-im"枕头-复数"

　　　阴性名词：mit-ot"床-复数"、tmut-ot"画-复数"

但也有一定数量的例外，如（Berman，1997：319）：

（74）阳性名词：šulxan-ot"桌子-复数"、av-ot"父亲-复数"

　　　阴性名词：mil-im"词-复数"、šan-im"年-复数"

而在同为 Semitic 语言的 Tigrigna 语中，复数的构成更为复杂，规律性更差，主要有以下方式（Kogan，1997：§2.4）（表3-18）：

（75）

表 3-18　Tigrigna 语复数的构成

复数构成法	复数形态标志	示例
加后缀	-(t)at	säb-at"男人" ʔqbbo-tat"父亲"
	-a/-ay→-ot	gwasa、gwasot"牧羊人" tästay、tästot"母牛"
	-i/-ay→ o	käfati、käfato"开门人"
元音插入（并伴有词根元音变化）	-a-	mänbär、mänabər"座位" märäṣṣan、märäṣaṣən"镜子"
前缀	ʔa-	bərki、ʔabrak"膝盖"

以上各种复数构成机制还可以叠加出现，如 kälbi"狗．单数"通过前缀+词根元音变化+后缀获得复数形式 ʔa-kaləb-ti。Kogan（1997：388）的结论是 Tigrigna 语的复数构成模式规律性较差，因此从根本上来说是词汇性的。

Hausa 语（Welmers，1973：234-239；Newman，2007：§1.1.1）是 Chadic 诸语中比较特殊的，其名词复数构成的特殊之处在于单数名词的音段和声调特征制约并决定复数的构成方式，具体可以分为六种情况，见表3-19：

（76）　　　　　　　　　　表 3-19　Hausa 语名词复数构成

单数名词形式特点	复数形式	示例
双音节、高低调 HL、-à结尾	-ōc'ī	hanyà、hanyōyī"道路" mōtà、mōtōcī"机动车"
双音节、低高调 LH、不以 a 结尾	-uCà（C = n、k、w）	rǐga、rīgunä"男子长袍" zaurè、zaurukà"入口小屋" gàrī、garūruwà"城镇"
三音节、以-ū 结尾	-ai、-ū、-ī，且除了词尾都是低调 L	jàkī、jàk(k)ai"驴" takàrdā、tàkàrdū"纸" tàbarmā、tàbàrmī"棕榈叶垫"
	-ū、-ī、-ā，且词尾为高调	yātsà、yātsū"手指" bāwà、bāyī"奴隶" arnē、arnā"异教徒"
双音节，双高调 HH	-àkū、-àkī，且除了词尾都是低调 L	rānā、rànàkū"太阳" gōnā、gònàkī"农庄"
双音节，低高调 LH	-ànnī	gwàfā、gwàfànnī"分叉的柱子"
三个及以上辅音，高调 H	-aC'ī，且伴有元音插入和/或辅音重复	k'aryā、k'aràirayī"谎言"
双音节	-à C V̄（C = y 或单数最后的辅音，V̄ = ē、ā、ū）	zōmō、zōmàyē"兔子" k'asā、k'asàshē"土地" birnī、birànē"有城墙的城市" zōbè、zôbbā"环" sirdì、siràdā"鞍" dūtsè、duwàtsū"石头"

当然，以上几种复数构成方式都有例外。总而言之，Hausa 语名词的复数构成以加后缀最为常见，但内部元音替换、元音插入和辅音重复作为复数的构成机制也并不罕见，而且基本没有规律性，只能通过单数名词的形式大致推测其复数形式的可能的构成方式，即所谓的"词汇性"特征，而不是以规则为基础的①。

Berber 诸语中复数的构成相对简单（Welmers，1973：227-229；Kossmann，2007：§3.3），基本包括前缀名词替换、加后缀、词根元音替换和辅音松紧音（tense-lax）交替，而且四种机制可以混搭。

在 Cushitic 诸语中，Somali 语（Saeed，2007：§2.1.2）普通名词的复数构成也十分复杂，手段十分多样，例如包括：

(77) 重音变换:àwr"公骆驼．单数" vs áwr"公骆驼．复数"

重叠:áf"嘴．单数"vs fáf"嘴．复数"

后缀:xudúud"边界．单数"vs xuduudó"边界．复数"

其中，后缀数量众多。而在上文提及过的 Saho 语中（Welmers，1952），数的范畴虽然也是常见的单数和复数的对立，但复数的构成比以上列举的语言都要复杂，方式都更多。第一类通常通过内部的元音替换实现，例如（表 3-20）：

(78)   表 3-20　Saho 语复数内部元音替换

数	复数	示例
a、o	a	arat、árot"床"
a、o	u、i、e	waraqat、waráqit"纸"

可能还伴有结尾元音脱落，如：

(79) wagaba、wágob "嘴唇"

bakkéla、bákkel "兔子"

---

① 需要注意的是，Hausa 语名词复数虽然是词汇性的而不是规则性的，但这并不意味着其复数构成的方式是无限的，或者每个名词的复数构成都是不同的。换言之，Hausa 语名词构成的方式是有限的（而且数量也并不多，详见下文），但却没办法提出类似于英语复数构成的规律，而只能通过在词库中列出（或死记硬背）的方式处理。

还有元音插入：

（80）bab、báob "门"

　　　sar、sáur "羊皮水袋"

以及元音插入和元音脱落：

（81）sarba、sárob "小腿"

　　　bírta、bírit "铁块"

第二类通过加入后缀-it，此类名词单数时都以元音结尾：

（82）alfénta、alféntit "盖子"

　　　maxadda、maxáddit "枕头"

第三类通过后缀-a 变为复数，可能伴有词根元音的变化，只限于阴性名词：

（83）qaalib、qaaliba "烟斗"

　　　gulub、guluuba "膝盖"

　　　akat、akoota "绳子"

　　　káre、karua "狗"

第四类方式是加中缀-á-/-áa-，可能伴有词根元音的变化：

（84）maqdet、maqádet "镰刀"

　　　muftah、mufátih "钥匙"

　　　bismar、bisáamir "指甲"

　　　faanus、foánus "灯"

除了以上四类相对规则的复数变化形式，还存在少量不规则的、通过异根式进行复数变化的名词，如：

（85）áwka、irri "男孩"

　　　saga、láa "母牛"

以上语言中的数范畴都是单数、复数的二元对立系统，而单数、复数、双数三重对立的系统也不罕见，尤见于 Semitic 诸语（Kaye & Rosenhouse，1997：283；Rubin，2010：34-36；Frajzyngier，2012：§8.5.3）和 Central Khoesan 诸语。某些 Semitic 语言还保留了早先的双数，但基本没有能产性，而一般只能用在本来就成双成对的事物的名词中（如身体部位、衣服等），不过表达形式会区别于单数和复数，例如在 Hebrew 语中（Berman，1997：319）（表 3-21）：

（86）　　　　　　　　　　**表 3-21　Hebrew 语双数后缀**

名词类别	复数后缀	双数后缀
阳性名词	-im	-ayim
阴性名词	-ot	

但是双数只限于少数名词，而除此之外的形容词、动词、代词等词类只有单数、复数的形式区别，而没有双数：

（87）mishqaf-ayim　　　　　　yəaqr-im

　　　眼镜-双数标志　　　　　贵的-复数标志

　　　"贵的眼镜"

Arabic 语中的双数范畴更加系统、能产性更高，例如在埃及的开罗方言中（Kaye & Rosenhouse，1997：283）：

（88）walad"男孩子"vs waladeen"男孩子．双数（即两个男孩子）"

　　　širka"公司"vs širkiteen"公司．双数（即两家公司）"

相应的表达结构在 Hebrew 语中不能使用双数后缀，而只能使用复数后缀①。在标准 Arabic

---

①　如果非要勉强使用复数后缀，则会产生类似于汉语"一对、一幅"的意义，即两者成双成对在一起才是完整的，所以"男孩"一词还可以勉强使用双数后缀（即两个不分离的好朋友，或者两个男生组成的歌唱组合等），而"公司"一词的双数表达则很奇怪（例如"一对公司"）。

语中，名词的数和性、格、定指互相影响，形成的系统更加复杂（Kaye，2007b：231），
见表 2-22：

（89）　　　　　　　　　　表 2-22　标准 Arabic 语中"教师"表达

类别	主格		宾格		属格	
	非定指	定指	非定指	定指	非定指	定指
单数．阳性	muʃallimun	almuʃallimu	muʃalliman	almuʃallima	muʃallimin	almuʃallimi
单数．阴性	muʃallimatun	almuʃallimatu	muʃallimatan	almuʃallimata	muʃallimatin	almuʃallimati
双数．阳性	muʃallimāni	almuʃallimāni	muʃallimayni	almuʃallimayni	muʃallimayni	almuʃallimayni
双数．阴性	muʃallimatāni	almuʃallimatāni	muʃallimatayni	almuʃallimatayni	muʃallimatayni	almuʃallimatayni
复数．阳性	muʃallimūna	almuʃallimūta	muʃallimīna	almuʃallimīna	muʃallimīna	almuʃallimīna
复数．阴性	muʃallimātun	almuʃallimātu	muʃallimātin	almuʃallimāti	muʃallimātin	almuʃallimāti

除了单数-复数-双数的三数系统，在其他某些非洲语言中，数范畴虽然也是一分为三，
但却不是单数-复数-双数，而是单数-复数-集合复数，后两者形式表达不同，如 Turkana 语
（Dimmendaal，2000：190）：

（90）í-twáánì"人．单数"　ŋí-tʊ́ŋá"人．复数"　ŋ(í)-tʊ́ŋà-sínéí"人．集合复数"

此外，还存在一些更特殊的数范畴，如 Baiso 语中的"少数"（paucal）（Hayward，
1979：§3.1.2.1.2.），只限于 2~6 个个体的复数形式，通过后缀-jaa、-jejaa、-ejaa 表达，
例如：

（91）min-jejaa/-jaa"房子．少数"
　　　gees-ejaa"年．少数"

这些比较罕见的"数"范畴将在本章 4.2.2 节结合类型学发现再进一步进行深入讨论。

3.1.2.2　格

一般认为形态格①是名词性成分（包括代词）的语法关系（grammatical relation）（或称句

---

①　我们此处不考虑某些语言理论——例如生成语法——提出的所谓的抽象意义上的"内在格"
（Case）。

法角色(syntactic role))的标志特征(coding property)。就语法关系总体而言，主语和宾语这两个句法关系在非洲语言中基本是有效的，只有很少的非洲语言为施通格(ergative-absolutive)格局(Creissels，2000：234)(详见下文)，因此在形态标志上基本都是主语(即主格(nominative))和/或宾语(即宾格(accusative))带有形态标志。属格也是非洲语言中常见的形态格(Creissels et al.，2008：§4.4.6)，甚至会出现在那些没有主宾格标志的语言中，例如Lele语(Frajzyngier，2001)：

(92)kulba   canige   ke-y

    奶牛   (人名)   属格标志-3. 阳性 . 单数

    "Canige 的奶牛"

(93)gurbalo   karma   ke-ge

    衣服   孩子们   属格标志-3. 复数

    "孩子们的衣服"

然而，就具体的"格"标志而言(Creissels et al.，2008：§4.2.1)，绝大部分的非洲语言并没有主语和宾语的形态标记(例如词缀、介词、韵律特征等)(Creissels，2000：§9.2.1；König，2008a、2008b)，特别是除了阿非罗-亚细亚语系、尼罗-撒哈拉语系和尼日尔-刚果语系三大语系之外的语言中格标志基本不存在，而这三个语系之间和语系内部也存在较大的差异。尼罗-撒哈拉语系中(Creissels et al.，2008：§4.2.1；König，2008a、2008b)，Saharan、Maban、For、东 Sudanic 诸语中普遍存在格标志，无太多特殊之处，不赘。尼日尔-刚果语系中只有很少的语言有主语和/或宾语标志，值得一提的是，西部Bantu 诸语通过声调表达"格"，如 Nyemba 语(Maniacky，2002)：

(94)kanike   námonó   kaθúúmbi

    12. 孩子 . 主语   看到 . 完成体   12. 母鸡 . 独立格

    "孩子看到了母鸡。"

即 kanike 的独立形式为 kánike，而在上例中为主语，因此在声调上有所不同。

阿非罗-亚细亚语系的情况最为复杂，其中 Chadic 诸语基本没有格标志，但 Berber、Omotic、Cushitic、Semitic 诸语中一般都有名词的形态格(Creissels et al.，2008：§4.2.1；König，2008a、2008b；Frajzyngier，2012：§8.5.2)，如下面 Male 语例中的 na-att-á 和 na-att-ó 在形态上不同对应于主语和宾语区别，是比较简单的格系统(Amha，

2001：56-58）：

(95) na-att-á　　　　　　　　　bayi　　　　　yenk'áne

孩子-复数标志-主语标志　　　牛.独立形式①　　放养.未完成体

"孩子们放牛。"

(96) ʔézé　　　　　　　　　　na-att-ó　　　　　naʃkáne

代词.3单数.阳性.主语　　孩子-复数标志-独立形式　　喜欢.未完成体

"他喜欢孩子。"

标准 Arabic 语（Kaye，2007b：§6.2）中有三个格，即主格、属格（genitive）和宾格，如：

(97) 主格：kitābun "书"

　　属格：kitābin

　　宾格：kitāban

Berber 诸语中一般有两个格，在形态上有不同的前缀，但是其具体的功能却跟常见的任何格系统都不尽相同（Kossmann，2007：§3.2），传统上将这两个格分别称为自由态（état libre）和依附态（état d'annexion）②，两个形式所对应的名词的用法分别为：

(98) 自由态：非动词句的一部分；直接宾语；某些介词后；在句首（故也在动词前）做主题；做表语；引用形式；

　　依附态：在动词后做主语；在大部分介词后；在某些成分后；在数词后。

由此可见，Berber 诸语中的格系统与任何已知的语言的格系统都不同。如果仅仅考虑到自由态形式有直接宾语、表语、引用形式三个功能，则与非洲语言中常见的宾语形式经常与独立形式同形（详见下文）这个特点有相似之处；但另一方面，名词的格也与其和动词的位置相关，即在动词后和在动词前是不同的格形式，而与其具体为主语或宾语无关，这似乎说明该格系统最初是从与信息结构（information structure）相关的语用角色（pragmatic role）演化而来的，不过这种假设还有待进一步核实。但类似的历时演化为

---

①　关于此"独立形式"，见下文。

②　这两个术语为法语，但是这两个标签远不能涵盖这两个形式的所有用法。

Tosco(1994：234-236)所发现：在 Highland Easten Cushitic 诸语和 Omotic 诸语中存在类似的语法化过程——例如在 Basket 语和 Dawro 语中，后缀-i 是主题标志，而在 Wolaytta 语和 Gamo 语中同形的后缀是主语标志，这可以为以上的语法化假说提供一定的证据。

阿非罗-亚细亚语系中的 Somali 语(Saeed，2007：§2.1.3)有四个格，即独立格(用于名词单数形式、做动词宾语和介词宾语，以及做焦点)、主格、属格和呼格(vocative)，是阿非罗-亚细亚语系中较复杂的格系统。而且 Somali 语的最特殊之处在于，各个格一般都是通过重音表达的，但普通名词还会涉及词缀(特别是后缀)，例如(表 3-23)：

(99)   表 3-23 Somali 语格及名词

类别	专有名词 Faadumo(人名)	普通名词"女人"
独立格	Faadúmo	náag
主格	Faadumo	naagi
属格	Faadumó	naagéed
呼格	Fàadumo	náagyahay

此外，呼格还涉及中性和敬称两种，且受制于音系规则，即(表 3-24)

(100)   表 3-24 呼格的中性和敬称

类别	敬称	中性
阴性．单数	-èey/-àay/-òoy	-yahay
阳性．单数/复数	-òw	-yohow

综上所述，在有格标志的非洲语言中，加词缀是很常见的形态手段，但词缀通常是依附在整个名词性短语之上，而不是依附在名词上(Creissels，2000：247-248)，因此此类后缀格标志更类似于附着成分(clitic)，而跟欧洲语言中所谓的格缀不尽相同。声调也是格标志常见的形态手段之一(Creissels，2000：234、248；König，2008b)，上文 Nyemba 语即是一例。Turkana 语似乎是非洲语言中使用声调作为格标志的语言中区分最多格的语言，多达 7 个，而其他声调格语言一般只有 3~4 个格。

就格的数量而言，非洲语言之间也存在很大差异，Mandinka 是典型的孤立语，名词没有任何格标志(Creissels，2009b)；而根据 Appleyard(2007b)的描写，Bilen 语中有 7 个形态格（即主格、宾格、属格、与格（dative）、随格（comitative）、方位格（locative）和夺格（ablative）①），应该是非洲语言中最复杂的格系统②。每个格的具体用法也与这些术语在欧洲语言中惯常命名的格的用法不尽相同，例如主格用于主语和非定的宾语，而宾格只用于定指的宾语。除了主格和随格之外，其他 5 个格都有性（和数）的变化，而且也会根据所依附的名词（或名词词组）有不同的变体（例如属格有 -Ø、-i、-a 和 -ər 四个变体）。

非洲语言格标志系统最大的特殊之处是所谓的宾格形式经常与独立形式同形，换言之，主格名词不是独立形式，而是标记形式（Creissels，2000：234；König，2008a、2008b）。在世界语言中，如果是主宾格格局③，则最常见的情况是主格名词（或做主语的名词）也是名词脱离句法环境、用于引用（如在词典中）的形式（即独立形式）——这是欧洲语言的典型情况。而非洲语言中最常见的情况则是名词的独立形式也是宾语形式，如上文例（95）、例（96）所示。这就造成了做主语的名词性成分在形态标志上比名词的宾语形式（也是独立形式）更复杂，这种情况尤见于东北部非洲语言中（如 Nilotic、Surmic、Omotic、Cushitic 诸语中）。以 Cushitic 诸语为例（Sasse，1984；Owens，1985：98-102；Mous，2012：§6.12），主格带有形态标志，而零标志形式通常称为通格（absolute）④，尤其用于名词的引用形式、表语形式、呼语形式，而且也可能是其他形态派生的基础形式，以 Oromo 语为例（Mous，2012：370-372），以下环境都要使用零标志的通格：

（101）表语：

xun　　bishaan　　kurshaashaa
指示词　　水　　脏的
"这是脏水。"

（102）直接宾语：

húrrée-n　　arká　　d'olki-t-i
雾-主格标志　　视线　　阻止-阴性-未完成体标志
"雾挡住了视线。"

（103）方位：

magalqáa　　deema
市场　　去

① 需要注意的是，这些格的命名并不完全对应印欧语系语言中相应的格的用法，需要具体分析。
② 另有 Turkana 语也有七个格，而且使用声调作为格标记。见前文。
③ 施通格格局语言的形态标志与此不同。
④ 与施通格语言中的"通格"是同一个术语，但所描述的语法现象明显不同。

"他将要去市场。"

（104）时间：

| inníis | aa'aa | afur si | bóodá | maná | tur-é |

3. 单数 . 阳性　小时　四　2. 单数　在……后　房子　待-过去时标志

"他待在家里，比你落后了四个小时。"

（105）介词宾语：

| innní | xeesúmmáa | sun | bírá | jira |

3. 单数 . 阳性　客人　指示词　近处的　存在

"他离那位客人很近。"

带有形态标志的主格出现在以下结构中：

（106）主语：

| híd'ii-n | díim-tuu |

嘴唇-主格标志　红色的-阴性

"嘴唇是红色的。"

（107）haat-tíi　okkótée　goot-t-i

母亲-主格标志　罐子　做-阴性-未完成体标志

"母亲在做饭。"

（108）作为焦点的宾语：

| nyaan-níi | ní | nyaatama |

食物-主格标志　焦点标志　吃 . 过去时

"食物都吃了。"

类似 Oromo 语的零标志宾格与标记主格的系统在非洲语言中是普遍现象，比世界其他地区有此类现象的语言要更多，这是非洲语言格形态标志最为突出的区域特色。

此外，在非洲语言中还会见到格标志（特别是宾格）与名词的限定性（definiteness）①相互影响（Creissels，2000：234；König，2008b：§5.2），如在 Amharic 语、Tigré 语等语言

---

① 定冠词在非洲语言中比较普遍（Creissels，2000：243）。

中，只有限定性的宾语才有宾格标志(Leslau，2000：§40)：

(109) wəšša　　　bäqlo　　　näkkäsä

　　　狗　　　　骡子　　　　咬

　　　"一条狗咬了一头骡子。"

(110) addaň-u　　　　anbässa-w-ən　　　　gäddälä

　　　猎人-定冠词　　狮子-定冠词-宾格标志　　杀死

　　　"那个猎人杀了那头狮子。"

在例(109)中，bäqlo 为非限定的，因此没有宾语的标志-(ə)n，而该标志见于例(110)中的限定性名词宾语 anbässa-w-ən 中。Koorete 语的情况更为特殊，主语和宾语都只有在限定性的情况下才能有格变化(Woldemariam，2004：§3.2.4)：

(111) šééo　　　gáárma-kko　　　émíne

　　　鳄鱼　　　狮子-焦点标志　　吃.过去时

　　　"一条鳄鱼吃了一只狮子。"

(112) gáárma　　　šééo-kko　　　émíne

　　　狮子　　　鳄鱼-焦点标志　　吃.过去时

　　　"一只狮子吃了一条鳄鱼。"

(113) gaarmá-z-i　　　　　　deyššá-z-a-kko　　　　　　　　émíne

　　　狮子-定冠词-主格标志　山羊-定冠词-宾格标志-焦点标志　吃.过去时

　　　"那只狮子吃了那只山羊。"

在例(111)、例(112)中，主语和宾语都是非定指的，因此没有格标志；而在例(113)中，主语和宾语都有定指标志-z-，因此同时也分别带有格标志-i 和-a。

　　　前文已述，施格标志在非洲中很少见(König，2008b)，仅见于西 Nilotic 诸语，如 Päri 语、Jur Modo 语、Shilluk 语等极少数语言中。其中 Päri 语和 Jur Modo 语为分裂施格(split ergativity)，即同一个格标志既用于标记施格，又用于标记主格，这取决于句子的类型。而 Shilluk 语的施格标志只用于动词后的名词性成分。具体而言，Päri 语的格标志极为特殊(Anderson，1988)，结合了后缀和声调，例如(表 3-25)：

（114）　　　　　　　　　　表 3-25　　Päri 语的格标志

词汇意义	通格	施格
矛	tɔ́ŋ	tɔ́ŋŋ-ì
舌头	lɛ́ɛp	lɛ́ɛp-ì
石头	kìd-í	kíd-î
鸟	wìɲ-ɔ́	wìɲ-ɛ̂
水牛	jóob-ì	jòob-ì

前文已经提及的 Nyemba 语也是施通格形态标志系统，且格标志的变化十分复杂，涉及声调的变化（高调 H 和低调 L 都存在不变化和变成相应的低调 L 和高调 H 的情况），所加施格后缀以带有低调 L 的-i 最为常见（但也要参考通格内的元音和元音和谐）。此外还存在施通格同形的名词，如 pàl-ɛ̀"刀子．复数"。

最后需要注意的是，虽然很多非洲语言的名词系统没有格标志，但格范畴却更常见地见于代词系统，例如在 Bafut 语中，表达人的人称代词分为了主语、动词宾语和介词宾语三类，基本对应于主格、宾格和旁格（Mutaka，2000：196-198）（表 3-26）：

（115）　　　　　　　　表 3-26　　Bafut 语中人称代词的对应格

人称	主语/主格		动词宾语/宾格		介词宾语/旁格	
	简单型①	复合型	简单型	复合型	简单型	复合型
1. 单数	mə̀		ghâ		mə̀	
2. 单数	o		ghô		ghò	
3. 单数	à		yí		yú	
1. 复数	sɨ̀/bìʔyú	bìʔì/bíʔnə̀/bìʔbó②	yíʔò/yíʔyú	yíʔí/yíʔnə̀/yíʔbò	bìʔó/bíʔyú	bìʔì/bíʔnə̀/bíʔbó
2. 复数	bóyú	nɨ̀/bùbó	ghǔyú	ghúû/ghûbó	bùyú	bù/bùbó
3. 复数			wàáyú	wáâ		bó

Tigrigna 语的情况更特殊，名词本身没有形态格，语法关系通过前置介词表达（Kogan，

---

　　① 简单型指代单数名词或单数名词组成的短语；复合型指代由一个单数名词和一个复数名词构成的短语。

　　② 第一人称复数的代词多于一个，分别表达我们（＝我和第三人）、咱们（＝我和你）以及咱们所有人（＝我、你、第三人）。

1997：§2.5)，因此可以认为名词系统本身没有格范畴的形态变化①。但是代词却分为主格、宾格、与格和属格四种形态(Kogan，1997：382-384)(表 3-27)：

（116）　　　　　　　　　　表 3-27　Tigrigna 语中代词形态

人称	主格	宾格	与格	属格
1. 单数 . 阳性	ʔanä	-ni	-läy	-äy
1. 单数 . 阴性				
2. 单数 . 阳性	nəssəka	-ka	-lka	-ka
2. 单数 . 阴性	nəssəki	-ki	-lki	-ki
3. 单数 . 阳性	nəssu	-o	-lu	-u
3. 单数 . 阴性	nəssa	-a	-li	-a
1. 复数 . 阳性	nəhɲa	-na	-lna	-na
1. 复数 . 阴性	nəssatna			
2. 复数 . 阳性	nəssəkatkum	-kum	-lkum	-kum
	nəssatkum	-katkum	-lkatkum	
2. 复数 . 阴性	nəssəkatkən	-kən	-lkən	-kən
	nəssatkən	-katken	-lkatkən	
3. 复数 . 阳性	nəssatom	-om	-latom	-om
	nəssom	-atom		
3. 复数 . 阴性	nəssatän	-än	-latän	-än
	nəssän	-atän		

可以看到，除了主格形式为独立的代词之外，其他三个格都是代词性人称标志后缀，分别用于动词(宾格和与格)和名词(属格)之后，类似的代词系统也存在于其他的 Semitic 语言中。

3.2　动词形态

在世界范围内，动词的形态变化一般是所有词类中最为复杂的。这一规律在非洲语言中也是成立的，因为只有极少数的非洲语言(几乎)没有动词形态变化(Creissels，2000：

---

① 但是，诚如 Creissels(2006：§14.5)指出，格标志和介词的区分并非总是显而易见的，因为介词可能会失去音系和句法层面的独立性而不再是独立的"词"，转而变为附着形式依附在名词性成分的第一个词(特别是前置介词)或最后一个词(特别是后置介词)之上。这其实使得介词更类似于词缀。

238)，例如上文提及的 Mandinka 语(参见例(36)~例(40))。总体而言，非洲语言的动词形态可以从两方面考察：其一，整个动词复合体的构成，即动词是通过何种形态手段构成的；其二，动词的形态变化以及所表达的相应的语法范畴(如人称、时态-体貌-语气、论元结构、配价变化等)(Vossen，2020)。

3.2.1　动词复合体的构成模式

不同的非洲语言的动词形态类型差别很大。前文已述，阿非罗-亚细亚诸语具有典型的根与式结构，同时也使用各类词缀，可以认为是典型的屈折语，如 Arabic 语(Kaye，2007b：219)(表3-28)：

(117)　　　　　　　　　　　　　表 3-28　**Arabic 语动词形态**

人称	完成体	未完成体
1. 单数	katabtu	ʔaktubu
2. 单数 . 阳性	katabta	taktubu
2. 单数 . 阴性	katabti	taktubīna
3. 单数 . 阳性	kataba	yaktubu
3. 单数 . 阴性	katabat	taktubu
1. 复数	katabnā	naktubu
2. 复数 . 阳性	katqbtum	taktubūna
2. 复数 . 阴性	katabtunna	taktubuna
2. 双数	katabtumā	taktubāni
3. 复数 . 阳性	katabū	yaktubūna
3. 复数 . 阴性	katabna	yaktubna
3. 双数 . 阳性	katabā	yaktubāni
3. 双数 . 阴性	katabatā	

同为阿非罗-亚细亚语言的 Somali 语则是以词缀派生为基础构成复杂的动词变化系统(Saeed，2007：§4.2)，一个动词复合体的基本结构为：

(118)主语人称标志-宾语人称标志-动词性介词-sóo/síi-wada/kala-宾语人称标志-动词

在末位的动词可以是基本动词形式或派生动词形式，而后者包括起始体(inchoative)

动词、感知(experience)动词、使成(factitive)动词、被动、使役动词、中动动词。反之，Berber 诸语则更多地使用前缀表达各种与动词配价相关的派生操作，主要包括(Kossman，2012：§2.4.2)：

(119)使役:ss-

中动:mm-/nn-

被动:tt-/ttwa-

以 Tamajaq 语为例(Kossman，2012：38)：

(120)əgru"明白,懂得"

sə-gru"使役-明白"

təwə-gru"被动-明白"

nă-gru"中动-明白"

mə-sə-gru"中动-使役-明白"

sə-nnə-mə-gru"使役-中动-中动-明白"

nə-mə-təwə-sə-ssə-gru"中动-中动-被动-使役-使役-明白"

而人称、数和性则通过前缀与后缀共同表达，例如 Ghadamès 语(Kossman，2012：45)(表3-29)：

(121)

表 3-29　Ghadamès 语人称表达

人称	命令式	将来时
1. 单数		Ø
2. 单数	Ø	t-
3. 单数 . 阳性		y-
3. 单数 . 阴性		t-
1. 复数		n-
2. 复数 . 阳性	-ăt	t-…-ăm
2. 复数 . 阴性	-măt	t-…-măt
3. 复数 . 阳性		-ăn
3. 复数 . 阴性		-năt

尼日尔-刚果语系中 Bantu 诸语的动词形态是典型的黏着型(Nurse，2008：§2.1)。传统上将 Bantu 诸语中的动词结构表征为(Mutaka，2000：173；Childs，2003：104；Nurse，2008：§2.2.6-§2.3)：

(122)(否定标志)-主语标志-时态-体貌-语气-(宾语标志)-词根-(扩展标志)-词尾元音

如 Swahili 语：

(123)Juma a-li-m-pik-i-a Ahmed ugali
　　 "Juma 给 Ahmed 煮粥。"
(124)Juma h-a-ku-m-pik-i-a Ahmed ugali
　　 "Juma 没给 Ahmed 煮粥。"
(125)wa-toto wa-ta-wa-pik-i-a wa-tu ugali
　　 "孩子们给大家煮了粥。"
(126)wa-pishi wa-ta-wa-pik-i-i wa-tu ugali
　　 "孩子们应该给大家煮粥吗？"

可以看到，以 Swahili 语为代表的语言大量使用派生手段丰富动词系统，以例(123)~例(126)四个例子中的动词复合形式为例，可以具体分析为(表3-30)：

(127)　　　　　　　　　　表3-30　带有词根-pik-的动词形式

否定标志	主语标志	时态-体貌-语气	宾语标志	词根	扩展标志	词尾元音
h	a	li(过去时)	m	pik	i (双系式)	a (直陈式(indicative))
		ku(过去时否定)				
	wa	ta(将来时)	wa			i (虚拟式(subjunctive))

即时态-体貌-语气标志根据句子为肯定或否定有不同的形式，扩展标志主要标识动词的配价变化(如使役、双系等)，而词尾元音则表达语式。当然，并非所有的 Bantu 语言都完全遵循例(127)中的线性序列，例如在 Setswana 语中，主语标志和宾语标志前后相随位于词根之前，而时态标志却在词根后(Creissels，1998：157)：

（128）kì-　　　dí-　　rékís　　-íts　　　　　-é　　　dikgomo

　　　主语标志　宾语标志　卖　完成体．肯定　词尾元音　　牛

　　　"我把牛卖给了他们。"

Mandjak 语中的扩展标志更为丰富（Karlik，1972：195、245）（表 3-31）：

（129）　　　　　　　　　　表 3-31　Mandjak 语中扩展标志

词根	-ax "动词性" -a "中性"	-el "相互（reciprocal）" -and "重复"	-es "相反（reversive）" -enk "方式"	-na "工具"	-and "使成" -ar "受益（benefactive）" -a "使役" -an "被动"	-ax "屈折词缀"	-i "邻近（approximating）"	宾语人称代词

可以看到，其中大部分词缀用于表达动词的配价变化。当然，每一个位置上的词缀不能同现，因为其之间的关系是聚合性的可替换关系①。但是在某些语言中，多个表达动词配价变化的词缀可以叠加使用，表达相当复杂的形式-语义关系，如 Chichewa 语（Mchombo，1997：188）（表 3-32）：

（130）　　　　　　　　表 3-32　Chichewa 语动词配价变化

结构	词例	汉译
	meny-a	"打"
相互	meny-an-a	"相互打"
使役	meny-an-its-a	"使……相互打"
双系	meny-an-its-ir-a	"使……为了……而相互打"
被动	meny-an-its-ir-idw-a	"被……使得为了……而相互打"②

除了阿非罗-亚细亚、尼罗-撒哈拉和尼日尔-刚果三大语系之外的语言，Khwedam 语（Vossen & Schladt，2013）的动词完整结构为：

---

① Childs（2003：112-113）指出，以上扩展标志的序列中屈折词缀-ax 并不是位于全部派生词缀之后，而是在表达"邻近"的派生词缀之前。

② 类似于汉语的"张三和李四被弄得为了一个高级职称而大打出手"。

（131）词根-派生性后缀-音渡/被动-时态/体貌-否定

其中，派生性后缀有很多，可以表达的语义-语法范畴包括使役、重复、自反、相互、与格、否定、方位、随格等；音渡（juncture）只用于将前后的词缀连接起来，但也存在一系列的音系-形态变体；否定后缀只有一个-bé(é)。类似的结构亦见于‖Gana 诸语（Vossen，2013b：§3.2.6.8）。Glavda 语中的动词扩展不仅可以表达配价变化、人称、体貌等常见于非洲语言的语法范畴，而且也可以表达空间概念（Buba & Owens，2007：§5.6），如：

（132）łəg-a-ł ə́gá

推-3-词根

"他刚才正在推。"

（133）łəg-a-dá-łəga

推-3-动词扩展-词根

"他已经推走了。"①

类似的还有-ant-、-arʒ-、-ɣera-、-im-、-dəm-等，表达"脱离/远离""通过""在内/往内""在下"等，还有更为特殊的 dí-t"向上、从东到西"、-ii"向下、从西到东"、-a-'"纵向、从北到南、从南到北"。

综上所述，非洲语言中动词复合体的构成以词缀的作用最为突出，而且以上所列举的语言的例子中词缀的划分都比较清楚，但是在某些黏着性特点较弱而曲折性特点较强的语言中，动词扩展标志的切分会有一定的难度，而且动词内部的音系形态变化也会加大难度，如 Wolof 语（Ka，1994：48）：

（134）jubbëntééndóówóón ← jub-anti-andoo-oon "直立-矫正（corrective）-伴随（comitative）-过去时"

jéémëntuwaaleeti ← jéém-antu-aale-ati "尝试-贬低（depreciative）-协同（associative）-反复（reiterative）"

---

① 动词扩展-dá-也表达了体范畴,这是 Glavda 语常见的现象,即一个不可再分的动词扩展形式表达多个语法范畴。

此类现象并不罕见，主要是因为某些非洲语言中有复杂的音系形态规律，加之声调的存在，更是使得形态变化愈加复杂。

与以上语言中的动词派生现象十分丰富不同，Ewe 语等非洲东北部和中北部的语言则几乎没有动词派生手段，复合则被充分利用。常见的模式是（Creissels et al.，2008：106-107）一个没有形式变化的非动词性部分表明整个复合词的语义，加上通常本意是"说"或者"做"的意义的动词的屈折变化形式表达语法范畴，如 Setswana 语：

（135）nótsʰí　　 já-mù-rì　　　　　　　　　　　　　　pó　mó　tsèbé-ŋ
　　　　9:蜜蜂 主语标志 .3-连动式标志-宾语标志 3:1-说 象声词① 介词　耳朵-方位格标志
　　　　"蜜蜂叮了他的耳朵。"
　　　　直译："蜜蜂在他的耳边说 pó。"

虽然可以认为直译对于此例的表达方式更好，但并非所有类似的结构都可以有此种直译法，因为此类结构中没有形式变化的非动词性部分并不能总是明确地表明整个复合词的语义，换言之，语法化程度越深，这些词的语义就越模糊，最后可能完全没有任何实在的意义，而仅仅作为一个必不可少的形式存在而已。后一种情况 Creissels et al.（2008：103-104）有所讨论，即非洲语言中一类特殊的动词构成，如 Zarma 语（Oumarou Yaro，1993）中：

（136）muusaa　　　*（na）　　　feejoo　　　wii
　　　　（人名）　　完成体 . 肯定　　羊 . 定指　　杀死
　　　　"Muusaa 杀了羊。"

动词形式 wii 为主动词，但 na 却不是一般意义上的助动词，因为在 Zarma 语中所有的动词都必须带有类似于 na 的语法词表达时态-体貌-语气、极性等语法范畴。此外，在例（136）中，na 和 wii 被宾语 feejoo 所分隔，说明两者并不是一个词，na 也不能是前缀。有此种结构的语言多见于西非和东北非。在相关的研究传统中，类似于 na 的语法词习惯上被称为谓语标志（predicative marker）。这些谓语标志不能单独使用，因此在这些语言中，谓语一

---

　　① 非洲语言中的象声词具有别的语言的象声词所没有的特性（Creissels et al.，2008：126-127），其中包括可以跟"是""做""说"等动词一同使用，构成复合谓语结构，"是""做""说"等动词失去本意，整个谓语结构的意义由象声词决定。详见第 4 章第 1 节论述。

般都是由谓语标志和主动词这两部分构成的，而且可以在这两部分之间出现如宾语之类的其他成分。这些谓语标志在共时层面无法得到合理的分析，而在历时层面可以想见应该是语法化的结果。

3.2.2　动词所表达的语法范畴及与之对应的形态表达手段

非洲语言动词形态变化所涉及的语法范畴主要包括论元标志（人称、性、数）、时态-体貌-语气以及在其他语言中一般不通过动词形态变化来表达的极性（Creissels et al.，2008：§4.3.2）。

3.2.2.1　论元标志

所谓论元标志，就是动词通过形态变化所反映的与其论元结构相关的论元表现形式，例如英语现在时第三人称单数-s、法语的依附形式 me/te/le/la/lui/leur 等。不同语言在动词形式上的论元标识方式相差很大，从汉语类孤立语的没有任何标志到巴斯克语（Basque）的主语、宾语、间接宾语等都可以标识出来，其间还有很多其他标志类型，有的只标识人称、有的只标识性、数，等等。论元标志充分体现了动词形态变化的复杂性和多样性。

首先，就人称表达而言（Creissels，2000：§9.2.2；Creissels et al.，2008：§4.2.3），大部分非洲语言中的动词都有代词性人称标志（pronominal referencing coding），这些标志与主语（和/或宾语）进行配合。Hebrew 语现在时的主语人称标志系统很简单，只能表达性和数的范畴，即-Ø"阳性.单数"、-et/a"阴性.单数"、-im"阳性.复数"、-ot"阴性.复数"，因此需要带有主语代词，即 Hebrew 语现在时不允许主语代词脱落（pro-drop），而直接宾语人称标志则总是可以标识人称、性、数，因此允许代词脱落，即（Schwarzwald，2001：40）（表3-33）

（137）　　　　　　　　　**表 3-33　Hebrew 语直接宾语人称标志**

人称	直接宾语人称标志
1. 单数	-ni
2. 单数.阳性	-xa
2. 单数.阴性	-x
3. 单数.阳性	-o/-hu/-v/-nu
3. 单数.阴性	-a(h)/-ha/-na
1. 复数	-nu

续表

人称	直接宾语人称标志
2. 复数 . 阳性	-xem
2. 复数 . 阴性	-xen
3. 复数 . 阳性	-m
3. 复数 . 阴性	-n

此类代词性人称标志允准名词性或代词性论元不出现在句子中，从而使得整个句子可以只有一个复杂的动词形式，这在非洲语言中很常见，再如 Setswana 语（Creissels et al.，2008：93）：

（138）kì-χʊ̀-bídítsè

　　　主语标志 . 1. 单数-宾语标志 . 2. 单数-叫

　　　"我叫你呢。"

（139）kì-bídítsè　　　　　　　wɛ̀ná

　　　主语标志 . 1. 单数-叫　代词 . 2. 单数

　　　"我叫的是你。"

这两个例子很明显地说明，带有代词性人称标志的动词形式无需主语成分和宾语成分就可以表达完整的意义，而代词主语和宾语的使用一般都取决于句子特殊的信息结构（如焦点化（focalisation））。再以 Belin 语为例（Appleyard，2007：§3.2），论元根据人称、性、数、时态-体貌、极性、独立句/从句等参数构成了复杂的论元标志系统，比 Hebrew 语和 Setswana 语都要复杂，见表 3-34：

（140）　　　　　　　　　　表 3-34　Belin 语论元标志系统

人称	从句	主句未完成体肯定和完成体肯定	主语将来时肯定	主句将来时否定
1. 单数	-Ø	-Ø...-n	-r/-y	-Ø...-i
2. 单数	-r/-d	-r/-d	-t	-C
3. 单数 . 阳性	-Ø	-Ø	-r	-Ø
3. 单数 . 阴性	-r/-d	-Ø...-ti	-t	-C

续表

人称	从句	主句未完成体肯定和完成体肯定	主语将来时肯定	主句将来时否定
1. 复数	-n	-n…-n	-n	-C…-i
2. 复数	-dVn	-dVn	-tVn	-dVn…-i
3. 复数	-Vn	-Vn	-dVn	-Vn…-i

其次，就代词性人称标志的数量而言，由于非洲语言中存在具有高度能产性的动词配价操作(见前文)，因此在动词形式中可以带有多个人称标志，如 Kinyarwanda 语中最复杂的动词形式可以有多达六个人称标志(Creissels et al. , 2008：92)：

(141)y-aa-bi-ha-yi-mu-mu-h-er-e-ye

　　直译:"他为了他从她那里把它在那里给了它。"

即其中的论元标志包括主语论元标志、直接宾语论元标志、间接宾语论元标志，以及作为受益者的论元标志、表达来源的论元标志和表达地点的论元标志。此外，在某些语言中多个人称标志相连的情况下还会出现融合现象(syncretism)。与此相关的是，在某些非洲语言中可以有两个相等地位的宾语代词人称标志，如(Creissels et al. , 2008：101)：

(142)kì-fílé　　　　　　　　　　bàná　　　　lùkwálɔ̀

　　主语标志 . 1. 单数-给 . 完成体　2:孩子　　11:灯

　　"我把灯给了孩子。"

(143)kì-lù̀-bà-fílé

　　主语标志 . 1. 单数-宾语标志 . 3:11-宾语标志 . 3:2-给 . 完成体

　　"我把它给了他。"

例(143)中-lù̀-和-bà-并非一个代表直接宾语，另一个代表间接宾语，而仅仅表示该动词有两个宾语，其中第一个为 11 类名词(即第一个例子中的 lùkwálɔ̀"灯")、另一个为 2 类名词(即第一个例子中的 bàná"孩子")。这是因为在很多非洲语言中，类似于"给"等的双及物动词所带的两个宾语并不是像英语一样被区分为直接宾语和间接宾语。换言之，在这些非洲语言中，直接宾语和间接宾语的地位是(几乎)等同的。Creissels(2006：§17.4)详细讨论了语义三价动词(即双及物动词)的结构，总结出了三种可能的模式，即第一，表达给予物的项跟典型及物结构中表达类受事项的标记相同(不论两者是标记相同，或是都无标

记)，而接受者有一个不同的标志；第二，表达接受者的项跟类受事项的标记相同，而表
达给予物的项的标记不同；第三，表达接受者和给予物的两个项都跟表达类受事项的标记
相同，而且有可能三者都为零标记。第一种模式最常见于欧洲语言中(如英语)，也见于很
多阿非罗-亚细亚语系，如 Hebrew 语(Schwarzwald，2001：40，44)(表3-35)：

(144)   表3-35 Hebrew 语的宾语

人称	直接宾语	间接宾语
1. 单数	-ni	li
2. 单数 . 阳性	-xa	lexa
2. 单数 . 阴性	-x	lax
3. 单数 . 阳性	-o/-hu/-v/-nu	lo
3. 单数 . 阴性	-a(h)/-ha/-na	la(h)
1. 复数	-nu	lanu
2. 复数 . 阳性	-xem	laxem
2. 复数 . 阴性	-xen	laxen
3. 复数 . 阳性	-m	lahem
3. 复数 . 阴性	-n	lahen

直接宾语是作为人称代词后缀依附在动词上①，而间接宾语则是独立的词，不依附在
动词上。第二种模式散见于一些非洲语言中，如 Yoruba 语以及其他一些尼日尔-刚果语系
的语言：

---

① 此外，Hebrew 语中还有一套独立的直接宾语代词，即

1. 单数	ot-i
2. 单数 . 阳性	ot-kha
2. 单数 . 阴性	o-takh
3. 单数 . 阳性	o-to
3. 单数 . 阴性	o-ta
1. 复数	o-ta-nu
2. 复数 . 阳性	et-khem
2. 复数 . 阴性	et-khen
3. 复数 . 阳性	o-tam
3. 复数 . 阴性	o-tan

（145）a. Òjó   fún   ìyá   ní   owó
　　　　Ojo   给   母亲   介   词钱
　　　"Ojo 给了他母亲一些钱。"

b. Òjó   fún-un   ní   owó
　　Ojo   给-宾语标志.3.单数   介词   钱
　　"Ojo 给了他一些钱。"

第三种模式在欧洲相对罕见，但在世界其他地区则有很明显的优势，例如在撒哈拉以南非洲绝大部分地区，经常称其为多重宾语（multiple object）结构，即例（142）、例（143）所演示的。类似的例子还有 Setswana 语（Creissels，2006：§17.4.2）：

（146）a. Ke   file   bana   dikwalo
　　　　主语.1.单数   给.完成体   2孩子   8/10书
　　　　"我把书给了孩子们。"

b. Ke   ba   alafile
　　主语.1.单数   宾语3:2   照顾.完成体
　　"我照顾了他们。"

c. Ke   ba   file   dikwalo
　　主语.1.单数   宾语3:2   给.完成体   8/10书
　　"我把书给了他们。"

d. Ke   di   lerile
　　主语.1.单数   宾语3:8/10   带来.完成体
　　"我把它们带来了。"

e. Ke   di   file   bana
　　主语.1.单数   宾语3:8/10   给.完成体   2孩子
　　"我把它们给了孩子们。"

f. Bana   ba   filwe   dikwalo
　　2孩子   主语3:2   给.过去时.完成体   8/10书
　　直译："孩子们被人给了书。"

g. Dikwalo   di   filwe   bana
　　8/10书   主语3:8/10   给.过去时.完成体   2孩子

直译:"书被给了孩子们。"

动词 fa"给"的结构是 N1 fa N2 N3"N1 把 N3 给 N2",但表达接受者的 N2 和表达被给予物的 N3 并没有格标记或介词使用上的不同(见例(146)a 句),而且两者都可以通过相同代词性人称词缀在动词上得以表达①(见例(146)b~e 句),都可以做被动语态的主语(见例(146)f~g 句)。然而,Creissels 也指出,如果进行更加详细的分析,则可以发现 N2 和 N3 的细微差别,特别是被动语态的一些结构细节表明,只有表达接受者的项 N2 跟典型的动作类动词的受事完全一样,因此可以将其称为主要宾语(primary object),而代表被给予物的项 N3 则被称为次要宾语(secondary object)。

前节讨论动词格标志时曾经指出,在某些非洲语言中格标志(特别是宾格)与名词的限定性会相互影响(Creissels,2000:234;König,2008b:§5.2),即只有限定性的宾语才有格标志。这也反映在动词的代词性人称标志的使用上,即代词人称标志的使用可能会取决于所指涉的所指对象是否为定指,只有在名词论元是定指的情况下动词才能带有相应的人称标志,如 Swahili 语(Creissels et al.,2008:94):

(147) u-me-leta chakula

　　 主语标志.2.单数-过去时标志-带来 7.食物

　　 "你带来吃的了吗?"

(148) u-me-ki-leta chakula

　　 主语标志.2.单单数-过去时标志-宾语标志.3:7-带来　7.食物

　　 "你把那个吃的带来了吗?"

例(148)中的动词形式带有与宾语配合的人称标志(即单数第三人称宾语名词类别 7 的代词性人称标志-ki-),因为其名词宾语论元为定指(虽然在形式上与第一句中的宾语名词论元没有任何区别)。类似的情况也见于某些 Chadic 语言中。

Mwaghavul 语的情况更为特殊,即第三人称非人的宾语代词性人称标志的使用取决于时态:过去时不能使用,而将来时则必须使用(Frajzyngier,1993),这在非洲语言和世界语言中都是比较罕见的现象。

最后,在没有任何配合现象的非洲语言中(如一定数量的尼日尔-刚果语言和某些尼罗-撒哈拉语言(Watters,2000:201)),需要使用代词明确表达论元,因此这些语言与

---

① 　这些词缀也用于表达典型动作类动词的受事。

汉语不同，虽然都没有代词性人称标志，但汉语是代词脱落语言，而这些非洲语言则不是。

3.2.2.2 时态-体貌-语气

我们在此节不深入分析非洲语言中有多少不同的时态、体貌和语气，也不讨论到底何为时态、体貌、语气（可参见 Comrie，1976、1985；Chung & Timberlake，1985；Dhal，1985；Palmer，1986；Bhat，1999 等，以及任何一本类型学专著的相关章节①）。我们在此只是将时态、体貌、语气等语法范畴默认做前理论概念，同时认为只要一种语言中有表达时态、体貌、语气的形态手段，那么就可以认为这些语法范畴在该语言中存在。所以，我们在此不讨论不同的非洲语言中具体的时态-体貌-语气在语义、语用层面的不同，而更多关注时态-体貌-语气范畴的表现形式，考察非洲语言中关于时态、体貌、语气的形态表达手段。总体而言，Creissels et al.（2000：239、2008：104）指出，非洲语言在时态-体貌-语气方面的表达十分复杂，无法总结出所谓的"非洲模式"。这种复杂性一方面体现在不同的语言（不同系属、不同区域）所表达的具体的时态-体貌-语气是不同的；另一方面，表现在表达相同的或类似的时态-体貌-语气范畴的手段是不同的。例如在 Chadic 诸语中，语气一般直接表现在动词上，而时态和体貌则可以表现在动词本身之上、动词之前或动词之后的成分上。因此，我们只能看一下类型学上已经发现的时态、体貌、语气的形态表达手段是否也存在于非洲语言中，以及非洲语言中的时态、体貌、语气的形态表达手段是否有其特殊之处。

首先，就时态而言，使用独立语素和非独立语素表达时态的非洲语言都存在，但前者似乎更多（Mutaka，2000：184）。下例中，Swahili 语就使用词缀（动词前缀）表达时态：

(149) tabu   a-na-ogopa

    （人名）   3. 单数 . 阳性-现在时标志-害怕

    "Tabu 现在很害怕。"

(150) jogoo   a-li-wika   mara   tatu

    公鸡   3. 单数 . 阳性-过去时标志-叫   次   三

    "公鸡叫了三次。"

---

① 另 Robert Binnick 主持的 Project on an Annotated Bibliography of Contemporary Research in Tense, Grammatical Aspect, and Related Areas 项目提供了一份有 6000 余种文献的书目，很有参考价值。

（151）rafiki　　　　　zangu　　　wa-ta-panga　　　　　　nyumbahii

朋友．复数　　我的　　3．复数-将来时标志-租　　房子　指示词

"我的朋友们要租这所房子。"

而用独立语素表达时态、体貌、语气的非洲语言，有前文提及的 Zarma 语（Oumarou Yaro，1993）：

（152）muusaa　　　　　na　　　　feejoo　　　wii

（人名）　　完成体．肯定　　羊．定指　　杀死

"Muusaa 杀了羊。"

动词形式 wii 为主动词，但 na 却不是一般意义上的助动词，因为在 Zarma 语中所有的动词都必须带有类似于 na 的语法词表达时态-体貌-语气、极性等语法范畴。na 和 wii 被宾语 feejoo 所分隔，说明两者并不是一个词，na 也不能是前缀，只能是一个独立语素；类似的独立语素还有 mana"完成体标志．否定"、ga"未完成体标志．肯定"、si"未完成体标志．否定"等。

再以阿非罗-亚细亚语系为例，过去、现在、将来的三分对立时态系统最为常见（Frajzyngier，2012：§8.17）——例如在当代以色列 Hebrew 语中便是这种三分的系统（Bolozky，1997：283-284），基本都是通过后缀表达的①：

（153）现在时：-Ø、-et/a、-im、-ot

过去时：-ti、-nu、-ta、-t、-tem、-ten、-Ø、-a、-u

将来时：V-、nV-、tV-+-i、tV-+-u、yV-、tV-、yV-+-u

但是也有语言只有现在和过去两个时态，例如 Tigrigna 语（Kogan，1997：§6.4）。虽然传统的分类为完成（"perfect"）、未完成（"imperfect"）和分词（"gerund"），但就其所表达的意义来看，其实与这三个标签所描述的印欧语言中的相应结构并不完全对应：所谓的完成时态主要表达历史/叙述过去时，即与现在没有联系的过去；未完成用于表达现在的动词；而分词时态如果单独使用则表达过去动作的结果，其实才是真正意义上的完成体。由此可见，Tigrigna 语中并没有专门用于表达将来的时态。Somali 语（Saeed，2007：§4.4）也与

---

① 而且表达时态的后缀也同时表达不同的人称或性、数。

之类似，没有专门用于表达将来的时态，但现在时和过去时都有进行时（确切地说，应该是未完成体的一种）。不论阿非罗-亚细亚语系语言的时态有何差别，时态的区分总是以形态为依据（之一）的。

其次，就体貌而言（Creissels，1991：331-336；Mutaka，2000：185-189），大部分非洲语言通过后缀表达，最常见的体貌对立为完成体（perfect）和未完成体（imperfect），如在 Akoose 语中（Mutaka，2000：185-186）：

(154) ŋg ɔmé   à   wònè   mɔté
    （人名）   代词.3.单数.阳性   洗.完成体   衣服
    "Gnome 已经洗完衣服了。"

(155) ŋgòmɛ́   à   chògɛ̀   futbɔl
    （人名）   代词.3.单数.阳性   玩.未完成体   足球
    "Gnome 在玩足球。"

Belin 语（Appleyard，2007b：§3.3）也是以完成体和未完成体二元对立构成了体貌系统。除此之外，还有一些其他类型的体貌，如在 Bafut 语中（Mutaka，2000：186-189）：

(156) nótɘ́   mɨlùʔù   myá
    喝.衰减体   酒   定冠词
    "喝一点这个酒"

(157) sùù   kɨ   wòkɘ́   mánji
    （人名）   前缀   跌倒.反复体   路
    "Suu 在路上摔倒了几次"

(158) bɛ̀ntɘ́   tsɨʔɨ   já
    悬挂.数量体   衣服.复数   定冠词
    "把那些衣服逐一挂起来"

(159) bɨlzín   byá   dùmmè
    老人   定冠词   呻吟.同时体
    "那个老人同时在呻吟"

(160) àláʔá   yá   ghɔ̀ɔ̀ŋkɘ́   nɨ   fíbà
    村子   定冠词   生病.分散体   由于   发烧
    "村子里一些人陆陆续续发烧病倒了"

（161）bì　　　　kɨ　　　　tsùʔúl　　　nsòò　　　wá

（人名）　前缀　　耕种.偶然体　　农场　　定冠词

"Bi 偶尔耕地"

Bafut 语以上的这些体貌并不都存在于所有非洲语言中，而且对于某些体貌的描写和定义还存在争议。这无疑说明了非洲语言中体貌的复杂性和多样性，但不可否认的是，Bafut语中的这些不同的体貌都有不同的形态表达，因此有理由认为其是成立的，而具体的语义、语用价值还有待深入研究。

再次，就语气而言（Mutaka，2000：189），大部分非洲语言都是通过自由语素（特别是一个独立的词项）表达语气的，经常位于句首或动词之前。只有很少的非洲语言使用动词词缀表达语气。在阿非罗-亚细亚诸语中（Frajzyngier，2012：§8.19），最常见的语气范畴为认识（epistemic）情态和义务（deontic）情态，前者一般是无标记的，是基本的陈述句所表达的语气，但某些语言可以借助形态变化表达怀疑、迟疑等认识情态；后者一般具有专门的形态变化，而且可以区分命令式（针对第二人称）、祈愿式（针对第三人称）和鼓励式（cohortative）（针对第一人称），但也有语言三者同形。Arabic 语命令式、祈愿式的两分对立是阿非罗-亚细亚语系中最常见的情况（Kaye，2007b：221）：

（162）yʻuktub "写！" vs aktub "让他写！"

而且在 Semitic 诸语中（Rubin，2010：§3.4.4），虽然命令式普遍存在，但没有否定形式。所谓的"否定命令式"一般是通过非过去时的动词形式的否定或祈愿式的否定表达的，因此在形态上并没有独立的表现形式。

3.2.2.3　极性

所谓极性，是语言中肯定和否定构成的对立系统，这当然是一个语义，甚至是逻辑层面的问题，但我们只关注极性对立的形态表达，而且只考虑句子层面的极性对立的形态表达。换言之，词汇、短语中表达极性的形态手段（如英语表达反义的前缀 un、dis、non-等）不在我们的研究范围之内。

总体而言，在非洲语言中，极性对立通过动词的屈折变化表达是十分常见的情况，而且极性的表达经常与时态-体貌-语气的表达融合，因而无法将其独立区分开来。如上文已经提及的 Zarma 语（Oumarou Yaro，1993）：

（163）muusaa   na   feejoo   wii

     （人名）   完成体.肯定   羊.定指   杀死

     "Muusaa 杀了羊"

（164）muusaa   mana   feejoo   wii

     （人名）   完成体.否定   羊.定指   杀死

     "Muusaa 没杀羊"

（165）muusaa   ga   feejoo   wii

     （人名）   未完成体.肯定 羊.定指   杀死

     "Muusaa 要杀羊"

（166）muusaa   si   feejoo   wii

     （人名）   未完成体.否定 羊.定指   杀死

     "Muusaa 不会要杀羊"

其中 na、mana、ga、si 四个语素既表达时态-体貌，又表达极性，而且无法将这些语法范畴的表达形式进一步区分。这种情况在非洲是十分典型的。再如 Belin 语（Appleyard，2007b：§3.5），情况也与之类似，但相对更为简单，即在主句动词现在时、将来时和过去时的情况下使用后缀-la，位于人称标志之前；其他时态则使用中缀-Vg-（完成体为-äg-、未完成体为-(ə)g(ə)-)，也位于人称标志之前。唯一的复杂情况是后缀-la 与某些动词的人称标志发生融合。此类依靠动词形态变化表达极性的表达方式不仅出现在类似于上例的独立句中，也见于从句中，如 Male 语（Amha，2001：161）：

（167）miná   haiss-ó   na-att-ó-m   keezz-uwá

     古老的   话语-独立形式   孩子-复数-独立形式-与格   讲述-未完成体.否定

     gabáró-ntsí

     农民-定指.复数.主格

     "不给孩子们讲故事的农民们。"

（168）miná   haiss-ó   na-att-ó-m   keezz-ibá

     古老的   话语-独立形式   孩子-复数-独立形式-与格   讲述-完成体.否定

     gabáró-ntsí

     农民-定指.复数.主格

     "没给孩子们讲故事的农民们。"

后缀-uwá 和-ibá 也都是同时表达时态-体貌和极性的后缀。

    极性对立的第二类表达手段为否定小词，类似于英语的 not 和汉语的"不"。对于此类使用表示否定的小词表达否定的非洲语言，主要的形式差异性表现在，第一，否定小词的位置，例如在 Omotic 诸语中（Frajzyngier，2012：599），某些语言中的否定小词在动词后、句子末位的位置，而在其他语言中则在动词前。第二，否定小词的数量，有类似于 Hebrew 语只有一个否定小词 lo 的语言①，也有同时使用两个否定小词表达否定（而不是双重否定表达肯定）的语言，如 Hdi 语（Frajzyngier，2012：600）和 Mwaghavul 语（Frajzyngier，2012：599）：

(169) dzángà-ŋ-á-í　　　　　　　　　　　tá　　dzángà　kɗá　　wà

学习-动词扩展标志-否定标志-1. 单数　宾语　学习　　去年　　否定标志

"去年我没有试着学习。"

(170) (ba)　　　mo　　　kɔ́　　　se　　kop　　kas

否定标志　　3. 复数　习惯体标志　吃　　继承　　否定标志

"他们不继承。"

两种语言虽然都有两个表达否定的小词，但 Hdi 语中两者都是必须的，而 Mwaghavul 语的 ba 否定标志可以不用。第三，否定小词的形态句法属性，即某些否定小词为词缀（如例(169)中 Hdi 语的-á-），某些为独立的词（如 Hebrew 语中的 lo，可以单独成句，用来回答问题），而某些则独立的动词，意义为"缺乏、拒绝、不存在、不是"等（Frajzyngier，2012：599）。

　　此外，非洲语言中主句、关系从句（relative clause）和/或其他类型从属结构中可能有不同的否定形态表达（Nurse，2008：§5.2.3）。最简单的情况是单一的否定表达形式用于所有类型的句子中，如 Fuliiru 语只有一个否定前缀-ta-用于所有类型的句子，总是在主语前缀之后。类似的情况还有 Hebrew 语的否定小词 lo。第二类语言则有两种否定构成方式分别用于主句和从句结构，如 Tongwe 语和 Nande 语（Nurse，2008：186）（表 3-36、表3-37）：

(171)　　　　　　　　　　　　表 3-36　Tongwe 语

类别	肯定	否定
主句和关系从句	tw-â-ghula"我们买了。"	té-tw-q-ghula"我们没买。"

---

　　①　但是 Hebrew 语中还有极少数词通过形态变化表达否定，例如表示存现意义的 yesh "有"和 eyn "没有"。

续表

类别	肯定	否定
关系从句之外的从属结构	tu-Ø-ghúl-e"让我们买吧。"①	tú-si̱-ghúl-í"别让我们买。"/"让我们别买。"

（172）　　　　　　　　　　表 3-37　Nande 语

类别	肯定	否定
主句	tu-ká-gula"我们正在买。"	sí-tu-li-gula"我们不是正在买。"
关系从句	ba-limu-gula"已经开始买了的（那些人）"	ba-te̱-Ø-gula"还没有开始买的（那些人）"

Tongwe 语中主句和关系从句使用同一个否定标志，而与其他从属结构中的否定标志不同；在 Nande 语中关系从句使用特殊的否定标志，不同于其他句子的否定标志。但比较两种语言的否定标志便会发现都是 te-和 si 两个语素，这并非巧合，而应该是不同的语法化过程的结果。具体讨论可参见 Nurse(2008：§5.2.8)。比以上两种都复杂的语言有 Mwani 语，有三个否定标志用于三类句子中，如(Nurse，2008：186)(表 3-38)：

（173）　　　　　　　　　　表 3-38　Mwani 语否定标志

类别	肯定	否定
主句	wá-Ø-fisa	a-wa-Ø-físa
关系从句	wa-Ø-físa	sá-wá-Ø-físa
其他从属结构	tu-Ø-fulat-e	tu-si̱-Ø-fúlat-e

可以看到，在三个不同的句子中，否定语素不仅形式不同，而且位置也发生了变化。②

3.2.2.4　其他现象

首先，在某些 Omotic 语言中，一般疑问句也是通过特殊的动词屈折变化表达的，而且与类型学所发现的总的趋势相反，即在这些语言中，一般疑问句的屈折变化反而比陈述

---

① 虽然此句语义类似于汉语独立的祈使句，但其实只能用于从句之中，例如"他告诉我们……"
② 此外，动词形式——主要是声调——也不尽相同。

句所涉及的语素要少，如 Dime 语（Ahma，2012：494-495）（表 3-39）：

（174）　　　　　　　　　　表 3-39　Dime 语疑问句屈折变化

人称	过去时 . 肯定陈述句	过去时 . 一般疑问句
1. 单数	ʔád-i-t	ʔád-í
2. 单数	ʔád-i-n	ʔád-áá
3. 单数 . 阳性	ʔád-i-n	ʔád-í
3 单数 . 阴性	ʔád-i-n	ʔád-í
1. 复数	ʔád-i-t	ʔád-í
2. 复数	ʔád-i-n	ʔád-áá
3. 复数	ʔád-i-n	ʔád-í

一般而言，通过在陈述句上加入额外的成分构成一般疑问句是人类语言中最为常见的现象，如汉语的"吗"和法语的"est-ce que"都是直接加在陈述句上构成一般疑问句的。而 Dime 语的陈述句反而比相应的一般疑问句多了一个后缀，是很少见的现象，但是这在非洲语言中并非孤例。

其次，在最近关于示证性（evidentiality）的研究中发现该范畴也存在于极少数非洲语言中，如 Shilluk 语（Miller & Gilley，2001：51-52）：

（175）d̪yàŋ　　á-'kwâi　　　　　　　　yī　　　cūl

　　　　奶牛　　过去时标志 . 示证性标志-偷　　施格标志　（人名）

　　　"cūl 偷了一头牛。"（我可以证实,因为我看到了）

（176）d̪yàŋ　　ú-'kwālɔ̄　　　　　　　　yī　　　cūl

　　　　奶牛　　过去时标志 . 非示证标志-偷　　施格标志　（人名）

　　　"cūl 偷了一头牛。"（虽然我没有看到,但是有人跟我保证说他偷了）

此类现象还有待进一步深入研究，因为也有学者将这种示证性表达归类为情态范畴（类似于汉语的"他来了"和"他应该来了"的对立）。

再次，Creissels et al.（2008：104-105）指出，在部分非洲语言中（主要是尼日尔-刚果诸语和 Cushitic 诸语），焦点化（及其相关现象）也是通过动词屈折变化表达的，这在非洲之外的语言中十分罕见，如 Wolof 语：

（177）gis　　　　na　　　　　　　　　yaayam

看见　　　完成体 . 主语 . 3. 单数　母亲 . 3. 单数

"他看见了他的母亲。"

（178）moo　　　　　　　　　gis　　　yaayam

焦点标志 . 主语 . 3. 单数　看见　母亲 . 3. 单数

"是他看见了他的母亲。"

（179）yaayam　　　　la　　　　　　　　　　gis

母亲 . 3. 单数　焦点标志 . 主语标志 . 3. 单数　看见

"他看见的是他的母亲。"

（180）dafa　　　　　　　　gis　　yaayam

焦点标志 . 主语 . 3. 单数　看见　母亲 . 3. 单数

"他的确看见了他的母亲。"

如果不考虑语序的变化，以上四例中的后三例都是在动词前有一个焦点标志，而且该焦点标志根据焦点成分的不同而形式不同：moo"主语焦点标志"、la"宾语焦点标志"、dafa"动词焦点标志"。此外，这些焦点标志还表达了主语第三人称单数，且与第一个例子中非焦点标志 na 的位置不同。

最后，除了以上具有形态变化的动词形式之外，在某些非洲语言中也存在类似于欧洲语言的"非定式"（non-finite）形式（即缺乏一般的形态变化的动词形式），但这些形式却可以直接进入句中做谓语。第一类情况如前文所见的 Zarma 语（Oumarou Yaro，1993）中，动词本身没有形态变化，而形态变化表现在一个独立的语法词上，参见例（163）~ 例（166）。第二类情况出现在所谓的连动式（serial verb）结构中（详见第 4 章 3. 1. 2 节分析），如 Akan 语（Bamgbose，1982：5）：

（181）kofi　　yɛɛ　　　　adwuma　　maa　　amma

Kofi　做 . 过去时　工作　　　给　　Amma

"Kofi 给 / 为 Amma 做了工作。"

Akan 语的这个例子和汉语的相应结构十分类似，但 maa 在 Akan 语中的确是一个动词而不是介词，不过 maa 能有任何形态变化。第三类情况多见于阿非罗-亚细亚语系和尼罗-撒哈拉语系，即使用从动词（converb）形式，如 Male 语（Amha，2001）：

（182）ʔìʒì　　　　　　　　　mís-ó　　　tik'-áʔʔo　　　makiin-aa

　　3. 阳性 . 单数 . 主语　树-独立形式　砍-从动标志　车-方位格标志

c'aan-é-ne

装载-完成体标志-肯定

"砍了树之后，他把树装上了车。"

　　需要注意的是，这些非洲语言中所谓的"非定式"形式并不完全等同于印欧语言中的
"非定式"（或"不定式"），因为要确定动词的形式类别，必须要在具体的语言中进行分
析。例如汉语动词都没有任何人称、时态-体貌-语气等的变化形式，但如果认为汉语所
有的动词都是"不定式"，那一定是错误的，因为"不定式"一定是相对"定式"动词而言
才会成立，汉语没有"定式"动词，那又何来"不定式"动词呢？因此，在非洲语言中的
"非定式"只是相对于非洲语言中有屈折变化的动词而言是"非定"的，例如缺少人称、
时态-体貌-语气、极性等对应于某语法范畴的屈折变化，因此，更恰当的标签应该是
"非完全定式"。

　　与这个现象相关的另一个现象是，很多非洲语言中主句/独立句和从句使用不同的动
词形式，既不同于上文讨论的非定式，也不同于例如罗曼语族中普遍存在的虚拟式
（subjunctive mood）。例如在 Somali 语（Saeed，2007：§4.5）中，主句动词和从句动词之
间的区别表现在重音模式和曲折变化两方面，例如：

（183）wùu　　　　　　　　　　　keenaa

　　waa+uu　　　　　　　　　　keenaa

　　陈述句标志+代词 . 3 单数 . 阳性　带来 . 独立句动词 . 现在时 . 3 单数 . 阳性

　　"（独立句）他带来了它。"

（184）ínuu　　　　　　　　　　　keenó

　　ín-uu　　　　　　　　　　　keenó

　　标句词-代词 . 3 单数 . 阳性　　带来 . 从句动词 . 现在时 . 3 单数 . 阳性

　　"（从句）他带来了它。"

比较上面两个例子，首先，可以看到 wùu 和 ínuu 使用了不同的句类标志（即 waa 和 ín），
同时重音也不同；其次，keenaa 和 keenó 这两个动词形式的变化也不同。如，在 Kanuri 语
（Cyffer，2007：§3.3）中，主句动词以体貌为基础，分为完成体和未完成体，未完成体可
以表达现在或将来的时态，完成体表达过去时态；但在从句中，则是以现在和过去为对立

的时态二元对立系统。此外，独立句和从句结构中的否定表达也不同，见表3-40：

（185）　　　　　　　　　表 3-40　Kanuri 语独立句和从句结构中否定表达

类别	时态	肯定	否定
独立句	未完成体	-in ci-/ca-...-o	in+bâ ci-/ca-...-o+（n）nyí
	完成体	-na/-í/-o ci-/ka-...-o	-o+nyí/ndé
从句	将来时	-íya	
	过去时	ci-/ca-...-o/（n）nyâ	

除了补语从句，关系从句也表现出同样的模式。按照关系从句动词形态变化与主句/独立句之间的区别大致可以分为三类，即时态-体貌-语气缩减类、极性导向类和位置导向类。第一类，类似英语中的分词类关系从句（如 the man looking at me、the man beaten by Tom），即关系从句中的动词形式跟独立主句的动词形式相比，所表达的时态-体貌-语气较少，如 Dizin 语（Beachy，2005：125、129）：

（186）dadu　　　　tamɨr-s-da-z/-jn
　　　　孩子　　　　学习-使役式标志-关系词-阳性/阴性
　　　　"让孩子学习的人"（即"教师"）

（187）a:j　　　　　gab-i-z
　　　　水　　　　　创造-插入性成分-阳性
　　　　"造水的"

可以看到，其中的动词类似于欧洲语言中的不定式，缺少人称、时态-体貌-语气等标志。而 Dizin 语也有定式动词的关系从句，可以表达时态-体貌-语气等会语法范畴，如（Beachy，2005：127、129、131）：

（188）bolɨm-ki-d-a
　　　　被推倒-完成体标志-关系词-限定性标志
　　　　"被推倒了的"

(189) i-kot-n-dɛ-ki   jɑːb-e-n

    3. 单数 . 阴性-等待-被动语态标志-未完成体标志-完成体标志   人-限定性标志-阳性

    直译:"被等待的女人"

以上两例中动词的变化完全与独立主句中的动词形式变化一样,表达人称、时态-体貌-语气以及配价变化(Beachy, 2005:§3.8.3.2)。

    第二类,极性导向类,可细分为三个亚类。亚类一以 Qimant 语为代表,只在肯定关系从句中使用有别于肯定独立主句的动词形式(Appleyard,1975:337-339),有些类似于上文 Nande 语的例(172);亚类二以 Afar 语为代表,只在否定关系从句中使用有别于否定独立主句的动词形式,如:

(190) 否定独立主句:ma-(Bliese,1981:84)。

    soo'l-e   'w-aa-m

    站立-不定式标志   否定标志-1. 单数 . 完成体标志-主格标志

    'ma-fa:d-a

    否定标志-想要-1. 单数 . 完成体标志

    "我不想站着。"

(191) 否定关系从句:waa/wee(Simeone-Senelle,2008:5)。

    biyaakitaksugé-wee   idaltí

    生病 . 分词-助动词 . 否定 . 宾格 . 3. 单数 . 阳性   老年人

    "没有生病的老年人"

亚类三以 Kambaata 语为代表,即关系从句中的动词形式总是有别于独立主句的动词形式,而且肯定和否定也不相同(Treis,2008:166):

(192) 独立主句:重音总在动词的非末位音节。

    adab-óo   dagújj-o.

    男孩-阳性 . 主格标志   跑-3. 阳性 . 完成体标志

    "男孩子跑了。"

(193) 肯定关系从句:重音总在动词的末位音节。

    dagujj-ó   adab-áa

    跑-3. 阳性 . 完成体标志   男孩-阳性 . 宾格标志

"跑走了的男孩子"

第三类，位置导向类，主要根据名词中心语在关系从句中做主语或不做主语选用不同的动词形式。Qimant 语和 Xamtanga 语在关系从句中使用两个系列的动词：主语关系从句形式和旁语（即非主语）关系从句形式，但极性也起着重要作用。根据 Appleyard（1975：337-339）的分析，在 Qimant 语中肯定主语关系从句，第一、二人称仅具有单数的阳性标志，而没有复数的性范畴标志，第三人称有性和数的标志，但没有人称标志。在肯定旁语关系从句中，第一、二人称具有性和数的标志，并且可以但非必须使用-ər 标志，但没有人称标志；第三人称有性、数和人称标志。而否定的关系从句动词形式与独立句中的动词形式相同。在 Xamtanga 语（Appleyard，1987：483-486）中，肯定关系从句动词形式没有时态-体貌标志。主语形式第一、二人称有人称和数的标志、第三人称有性的标志。旁语形式具有人称标志，其后是与中心语名词有配合关系的性标志。否定关系从句的动词形式有体貌方面的差异，与独立句中的动词形式几乎相同，只有否定主语形式不同，即缺少前附着形式（enclitic）-əm。另见 Bedawiyet 语（Appleyard，2007a：474）和 Bilen 语（Appleyard，2007b，§3.6.2）。Bantu 诸语中也有根据进入关系从句的语法关系而使用特殊动词形式的现象，在文献中经常区分主语（或直接）关系从句和非主语（或间接）关系从句（Doke，1954；Zeller，2004；Henderson，2007；Downing et al.，2010），关于这一部分的内容，将在第4章句法部分结合关系从句结构进行深入讨论，不赘。

3.3 作为独立词类存在的形容词及其形态

形容词作为一个单独的词类，并没有名词和动词所具有的普世性，因此在不同的非洲语言中，如果形容词不是作为一个独立的词类存在，而是作为名词或动词的亚类，则在形态上应该也类似于名词或动词，这正是大部分非洲语言的情况（Creissels，1991：第七章；Creissels et al.，2008：§4.6）。在某些非洲语言中，形容词更类似于名词，而在另外的非洲语言中，形容词更像动词。这两类语言在非洲都普遍存在，似乎平分秋色、不分伯仲。在形态上，类似于名词或动词的形容词一般都与动词或名词表达的语法范畴相同或十分接近，如性、数、格、人称等。例如在有名词类别和性系统的语言中，形容词也通常具有与名词类别系统和性系统（大致）相同的语法范畴的屈折表达，特别是性/名词类别、数和格，阿非罗-亚细亚诸语便是很好的例子（Frajzyngier，2012：§8.6）。前文已演示了 Hebrew 语形容词性的、数的变化，可以说明其与名词的相似之处（Berman，1997：326）：

(194) ha   xaruz   ha   gadol
　　 定冠词   珠子.阳性.单数   定冠词   大的.阳性.单数

ha-ze 　　　　　　　　　nofel

指示限定词.阳性.单数　　落下.现在时.阳性.单数

"这颗大珠子在下落。"

（195）ha 　　kubiya 　　　　　　　　ha 　　　　gdola

定冠词　障碍物.阴性.单数　　定冠词　　大的.阴性.单数

ha-zo 　　　　　　　　　tnofélet

指示限定词.阴性.单数　　落下.现在时.阴性.单数

"这个大障碍物在下落。"

（196）ha 　　kubiyot 　　　　　　　　　ha 　　　　gdolot

定冠词　障碍物.阴性.复数　　　定冠词　　大的.阴性.复数

ha-éyle 　　　　　　noflot

指示限定词.复数　　落下.阴性.复数

"这些/那些大的障碍物在下落。"

Wolaytta 语中的形容词有格的变化（Frajzyngier, 2012:539）：

（197）woggá-y 　　　　　kúnd-iísi

大的-阳性.主格　　落下-3.阳性.单数.完成体

"大的那个在下落。"

Laughlin（2004）专门研究了 Wolof 语的形容词，并将其与动词相比，结果见表 3-41（Laughlin，2004：261）：

（198）　　　　　　　　**表 3-41　Wolof 语的形容词和动词对比**[①]

类别	形容词	动词
时态屈折变化	是	是
体貌屈折变化	是	是
语气屈折变化	是	是
带有动词扩展成分	是	是
构成复合词	是	是

---

①　这里只摘取了与形容词形态有关的参数,而忽略了形容词和动词在句法方面的异同。感兴趣的读者可参见 Laughlin 的原著。

从这几个方面看来，Wolof 语中的形容词十分类似于动词，因此作者认为形容词其实是形容动词（"adjectival verb"）。这种情况在类型学研究中也见于其他语言（详见下文）。

即使在某些非洲语言中的确存在形容词这个独立的词类，其数量也是相当有限的，而不是类似于欧洲语言中有数量较大的形容词。尼日尔-刚果语系诸语就是如此。一般认为，如果形容词的确是一个独立的词类，则应该能在形态上区别于名词和动词，但具体的表现形式则要根据不同的语言而具体情况具体分析。例如在上文提及的 Hebrew 语中，形容词和名词有基本相同的屈折变化（Bolozky，1997：284），见表 3-42：

（199）   表 3-42　Hebrew 语屈折变化

人称	阳性	阴性
单数	-Ø	-a/-it/-et/-at/-t
复数	-im/-aim	-ot

虽然以上的屈折变化在形容词和名词中都有例外，但名词的例外远多于形容词。这可以看作两类词的区别性标志之一。此外，还有形容词的派生词缀，如-i"带有……属性/性质的"，一般可以从名词派生出形容词。类似的情况还见于 Tigrigna 语。形容词跟名词至少有三方面的区别，即形容词有自身的根与式，不同于名词；形容词有派生词缀（如-am、-ay、-äyna、-äñña、-əñña、-an）；大多数形容词有专门的、具有能产性的阴性单数后缀（-t）。再如 Kanuri 语（Cyffer，2007：1093、§2.4）中，虽然在形态上名词和形容词无法区分，但绝大部分形容词不能表达数范畴，只有 ganá"小的"和 kúra"重要的"有复数形式 sənaná 和 wúru/kurawá/wurawá。以上这几种语言是否可以根据这些形态特征划分出形容词这个独立的词类尚存争议，虽然一些传统的教学或描写语法都另辟一章讨论形容词，但这其实是受了西方语言学传统的影响，并不一定合理。这方面的研究还有待深入。

而在其他一些非洲语言中，形容词这个词类的存在似乎是比较公认的观点。总体而言，在这些语言中，形容词词类是一个封闭的系统，不仅数量少，而且不能容纳新成员。例如在 Igbo 语中，只有很少的几个形容词（Nolue Emenanjọ，1987：§5.2）：ajọ̄/ajọọ̄/ọjọọ̄"坏的"、ọma"好的、美的"、ọcha"白色的"、ojiī"黑色的"、ukwu"大的"。这些词一般都用在名词后（只有 ajọ̄/ajọọ̄/ọjọọ̄"坏的"在名词前）；修饰名词时与其他成分修饰名词不同，不会导致名词的声调发生变化、不能用在-dị"具有……的特征/属性/形式"之后，而且在整个名词短语内最靠近名词。这些特点都是其他词类所不具备的。再如 Bambara 语中（Dumestre，2003：§11），形容词的数量在 40~50 个，但也是一个封闭的词类。这些形容词可以做表语或定语：

（200）à ká nyì"（直译）这是好的"

òlu ká júgu"他们是恶毒的"

（201）fɛ́n gírin"重的东西"

só kɔ̀rɔ"老房子"

以上两种语言的情况都是比较典型的非洲语言形容词系统。还有一些非洲语言中形容词系统的封闭性相对较自由，例如 Somali 语（Saeed，2007：§3）中基本的形容词有 40 个左右，但还有派生得到的形容词。不论是哪一类形容词，都可以做名词后修饰成分和系词的表语，而且做表语的形容词在过去时必须要与系词发生溶合，如 wanaagsán aháa → wanaagsanaa"是好的（过去时）"，由此可以将形容词和做谓语的动词区分开来。其实形容词做表语和动词做谓语在形态上的不同是区分两者的一个很有效的标准。在!Xóõ 的东部方言中（Honken，2013b：§3.4.3），形容词跟动词有两个明显的不同之处：其一，形容词不能带有现在时持续体标志 'a 和完成体后缀-a；其二，形容词复数标志为 kí。再如 Khoekhoe 语（Haacke，2013c：§3.2.1.3）中的动词、形容词和名词，虽然都可以做谓语/表语，但在表达的体貌方面有明显区别，见表 3-43：

（202）

表 3-43　Khoekhoe 语表达体貌

类别	动词	形容词	名词
起始体/进行体	+	+	+-
静止体	-	+	-
完成体	+	+	

此外，形容词的构成可以是简单型、复合型或派生型。存在派生形容词，说明形容词这个词类的开放性，同时也可以从形态（即派生手段）上将形容词与名词、动词区分开来。如在 Kpelle 语中（Welmers，1973：§9.2），绝大部分形容词都是通过加后缀的方式从动词派生而来的：

（203）-ɔ/ŋ_

-ɔ、-ɛ、-a/V_

如果词根是高调 H 或中调 M，则后缀为高调 H；如果词根为低调 L，则后缀也为低调 L：

(204) a kétɛì "它变大了(动词)。"

'kétɛi "它是大的(形容词)。"

上例也说明,由动词派生而来的形容词和原动词在句法结构上也有差别。例如 Tigrigna 语,形容词的模式基本为以下几类(Kogan,1997:433):

(205) CäCCiC、CəCuC、CəCCuC、CäCaC、CäCCaC

此外,还有一系列常见的形容词后缀可以从别的词类派生出新的形容词:

(206) -am、-ma、-ay、-away、-awi、-äyna、-aññа、-əñña、-an

"级"(degree)范畴(主要是所谓的"比较级"(comparative)和"最高级"(superlative))虽然可以在非洲语言中表达,但基本都是通过分析型手段(即类似于英语的 more/most + 形容词)而不是屈折手段(类似于英语的 better/best 或加后缀-er/-est),例如在 Hebrew 语中,比较级通过 yoter(在形容词后)构成、最高级通过 hahi(在形容词前)或 beyoter(在形容词后)构成①。而 Arabic 语则是少数的例外情况,因为形容词的级通过所谓的离格(elative)形式表达(Kaye,2007b:§6.12),见表3-44:

(207) **表 3-44　Arabic 语形容词级表达**

意义	原级	elative
"大的"	kubrā	ʔakbaru
"新的"	jadīd	ʔajaddu
"少的"	qalīl	ʔaqallu

4. 类型学分析和语言比较

4.1　形态类型学

前文已述,形态类型学的研究是类型学最早的成果之一,可以上溯到 19 世纪初期。

---

① 在书面 Hebrew 语中还有其他较少使用的方式。

施列格尔首次提出把世界诸语言分为三大类型，即孤立型、黏着型和屈折型。后来洪堡特①又增加了编插语(或称"多式综合语")。Sapir(1921)(参见 1985 年版汉译本)提出，将这种分类代之以形式程序和概念类型这两个参数，即(1)词和根本成分的对应关系和(2)词内部概念的复杂程度。根据前一个参数，语言可以分为孤立型、黏着型、溶合型和象征型；而根据后一个参数，则分为分析型、综合型和多重综合型。两个参数交叉混合，并结合第三个参数——综合程度——将语言分为四类，即简单纯关系的、复杂纯关系的、简单混合关系的、复杂混合关系的。Greenberg(1960)是 Sapir 研究方向的延伸，通过将形态类型学量化，从而更加精确地考虑到了语言分类的非离散性特点、黏着程度、复合程度、派生程度、总体屈折程度、前缀使用程度、后缀使用程度、孤立程度、单纯屈折程度、配合程度，共计 10 个指标(Greenberg，1960：187)，计算结果如下(Greenberg，1960：193)(表 3-45)：

(208)　　　　　　　　　　　表 3-45　形态类型学指标

形态类型	比例
综合	2.55
黏着	0.67
复合	1.00
派生	0.07
总体屈折	0.80
前缀	1.16
后缀	0.41
孤立	0.40
单纯屈折	0.19
配合	0.41

以上研究虽然涉及一些非洲语言(除了 Swahili 语，还有 Arabic 语、Hausa 语等)，但并不能在总体上为非洲语言的形态类型提供一个基本的总览。Dimmendaal(2000：176)提出了一个特别需要注意的问题，即很多非洲语言使用声调(参见第 2 章论述)表达语法范畴，而这一现象是以上这些研究都没有注意到的。这便导致了某些研究忽略了非洲语言的这一语法表达方式，从而认为这些非洲声调语都是类似于汉语的孤立语。但实际上，如第二章和

---

①　《论人类语言结构的差异及其对人类精神发展的影响》，姚小平(译)，商务印书馆 1999 年版。

本章诸多例子所示，如果声调的确表达了名词的性、数、格和/或动词的人称、时态、体貌、语气等语法范畴，则应该是一种内部曲折，因此有这些语法表达形式的语言应该在一定程度上归类为屈折型语言。Dimmendaal（2000：177）还强调，以上研究提出的分类基本都是（除了 Greenberg（1960））典型性分类的做法，但是很少有语言完全属于某一类型，例如 Swahili 语，根据 Greenberg 的分类就是黏着型、配合型（concordial）语言，而 Hausa 语根据萨丕尔的分类则是溶合-黏着型，并些微带有象征型特征。

Bickel & Nichols（2013a）是迄今为止较大规模的形态类型学研究，涉及诸多非洲语言，而且在参数设计上避免了 Dimmendaal（2000：176）提出的忽略声调表达语法范畴的问题。该研究关注的形态现象是溶和（fusion），即语法标志在音系学上与核心词（host word）或词根（stem）的结合程度，区分了孤立、系连（concatenative）和非线性（nonlinear）三种情况。孤立型构形成分本身就是一个音系词；系连型构形成分在音系上不能独立，需要依附在别的形式上与其一同构成音系词；而非线性型则包括元音交替（ablaut）和声调（tonal）两种机制。在非洲语言中，以上三类构形成分都存在。以 Hebrew 为例，我们可以在 Hebrew 语中找到孤立型构形成分、系连型构形成分和元音交替（表 3-46）：

（209）孤立型构形成分

　　　gadɔl"大的"　　jotɛr gadɔl"更大"　　paʕɔt gadɔl"（直译）更不大"

（210）　　　　　　　　**表 3-46　系连型构形成分和元音交替**

人称	现在时	过去时
1. 单数 . 阳性	məgaˈdːel	giˈdːalti
2. 单数 . 阳性	məgaˈdːel	giˈdːalta
3. 单数 . 阳性	məgaˈdːel	giˈdːel
1. 单数 . 阴性	məgaˈdːelet	giˈdːalti
2. 单数 . 阴性	məgaˈdːelet	giˈdːalt
3. 单数 . 阴性	məgaˈdːelet	gidː(ə)ˈla
1. 复数 . 阳性	məgadː(ə)ˈlim	giˈdːalnu
2. 复数 . 阳性	məgadː(ə)ˈlim	gidːalˈtem
3. 复数 . 阳性	məgadː(ə)ˈlim	gidːəˈlu
1. 复数 . 阴性	məgadː(ə)ˈlot	giˈdːalnu
2. 复数 . 阴性	məgadː(ə)ˈlot	gidːalˈten
3. 复数 . 阴性	məgadː(ə)ˈlot	gidːəˈlu

在例(209)中，构成比较级的两个语法标志 jotɛr 和 paʔɔt 本身就是音系词，是孤立型构形成分；在例(210)中，前缀 mə-，后缀-et、-im 和-ot 等都是系连型构形成分，需要依附在词根上，而插入词根的 a-e、i-a 则是典型的元音交替。而声调作为形态标志手段更是非洲语言的一大特点，前文已多有举例，不赘。

分属七种形态类型的语言(即①完全系连型；②完全孤立型；③完全声调型；④声调-孤立混合型；⑤声调-系连混合型；⑥元音交替-系连混合型；⑦孤立-系连混合型)在世界语言中的分布是十分不均衡的，最多的是完全系连型，在全部162种所统计的语言中占到了3/4还要多，而最为罕见的是声调-孤立混合型，只有一种语言。如果按照孤立、系连和非线性将7种类型进行合并，则结果如下①：

(211) 孤立：16+1+13 = 30

系连：122+2+5+13 = 142

非线性：3+1+2+5 = 11

这一新的统计结果显示，系连型还是最多的，而且其比例还上升到了 77.6% (即 142/183)；第二位的则是孤立型语言，远多于非线性语言。这一结果跟 Bickel & Nichols(2013a)所提出的参数是有关的，因为形态类型学研究的结果给人的印象之一就是孤立型语言在世界语言中是最少的，这在 Bickel & Nichols(2013a)之前的研究中的确反复得以证实，但 Bickel & Nichols(2013a)的结果表明，虽然都是有形态变化的语言，但使用声调和元音交替的语言其实更少。

非洲语言具有该类型学中的全部七种类型的语言，这首先再一次证明了非洲语言形态类型的复杂性和多样性。其次，虽然以上七种类型全部存在，但在数量上存在显著的差异，如完全系连型最多(10种语言)、完全孤立型和元音交替-系连混合型居其次(各5种语言)，而声调-孤立混合型只有一种语言。再次，这些形态类型在地域分布上有较大的差异性，完全系连型散布于非洲大陆，而完全孤立型则集中在西非地区，元音交替-系连混合型集中在北非地区，声调-系连混合型也相对集中。最后，就语言系属而言，不同的形态类型也表现出了一定的集中性，如元音交替-系连混合型基本在阿非罗-亚细亚语系中，孤立型、完全声调型和声调-系连混合型在尼日尔-刚果语系中。由此可见，非洲语言在形态类型学方面既体现了人类语言整体的共性，又有着强烈的语系和地域特点。

---

① 需要注意的是，混合型语言都进行了两次计算(如声调-孤立混合型分别计入了孤立型和非线性两个类型)。

4.2 名词形态

4.2.1 性范畴和名词类别系统

前文已述，在类型学上，性范畴和名词类别在本质上都是对名词系统的分类，而且都表现出配合现象（即名词和其他词类——如形容词、限定词、动词等——在形式上的一致性连带变化关系）。但习惯上还是将性范畴和名词类别系统区别对待，一般的做法是将少于 4 个分类的系统称为性，而多于 4 个的是名词类别。有关性和名词类型系统的类型学研究主要关注：①性范畴和名词类别的具体数量；②性范畴和名词类别的语法、语义基础；③性范畴和名词类别的与自然性别的关系。这三方面的问题是 Corbett（2013a、2013b、2013c）的系列类型学研究所关注的焦点。①

首先，就性范畴和名词类别的具体数量而言，第一，在研究所涉及的 256 种语言中，大多数语言没有性范畴或名词类别。这一结果或许跟人们印象中的比例不同，这是因为判断性范畴和名词类别系统的标准是配合，即形态表现，而如果仅仅是单纯地将名词分类——不论具体的分类基础是什么，这在全世界所有语言中都是存在的——例如（几乎）所有语言都可以将名词根据语义（和形态）标准分为专有名词（如人名）和普通名词——因此也失去了类型学研究的意义和价值。第二，有大约 1/5 的语言有两个性，例如很多欧洲语言和一部分非洲语言（主要集中在撒哈拉沙漠以北地区）。第三，多于四个的性范畴（其实应该称作名词类别系统）几乎都集中在撒哈拉以南非洲地区，在世界其他地区的语言中只是零星可见。具体到非洲语言，见表 3-47。

(212)　　　　　**表 3-47　有性范畴和名词类别系统的非洲语言**

性范畴	数量
没有性范畴或名词类别系统	10
2 个性	18
3 个性	4
4 个性	1
> 5 个性	16

没有性范畴或名词类别系统以及只有两个性的语言基本都集中在撒哈拉沙漠以北地区，主

---

① 这三个研究中采样的都是同一批 256 种语言，因此可以互相参照，很有价值。

要出现在阿非罗-亚细亚语系和尼罗-撒哈拉语系中,而尼日尔-刚果语系语言几乎全部是性范畴和名词类别系统较复杂的语言。由此可见,在非洲语言中,性范畴和名词类别系统的语言系属分布与地域分布是相关联的。

其次,就性范畴和名词类别的基础而言,前文已述,根据 Corbett(1991)的观点,性范畴和名词类别系统可以分为以语义为基础和以形式标记为基础两类,但是这两类性范畴通常会相互渗透,其中纯粹以语义为基础的很少,而纯粹以形式标记为基础的(很可能)根本就不存在。根据 Corbett(2013b)的类型学研究统计,在所涉及的 256 中语言中,少于半数的语言有性范畴或名词类别系统,而在这 112 种语言中,以语义作为分类基础的有 53个,以语义和形式为双重基础的有 59 个,虽然后者略多,但不具有统计学意义,因此单纯就数量而言,在世界语言中,两类不同基础的系统大致旗鼓相当。而且从地域分布来看,除了非洲之外的世界其他地区基本都有数量大致相当的这两类语言,依然是难分伯仲。而具体到非洲语言,则结果完全不同,见表 3-48:

(213)　　　　表 3-48　非洲语言中不同分类基础的性范畴和名词类别系统

分类基础	数量
语义	5
语义+形式	34

在数量上,以语义和形式为双重基础的性系统和名词类别系统占据了绝对的优势,这种优势不仅体现在绝对数量上,而且还表现在地域分布和语言系属两方面,可以说此类的性范畴和名词类别系统见于非洲大陆各个地区和各个语系、语族,是非洲语言中性范畴和名词类别系统的主流。另一方面,单纯以语义为基础的性范畴和名词类别系统都集中在非洲中部,而且其中的四种语言(即 Koromfé 语、Grebo 语、Defaka 语、Zande 语)都是尼日尔-刚果语系的大西洋-刚果语族(Atlantic-Congo)的语言,只有 Dizin 语是阿非罗-亚细亚语系的语言。这一局面似乎很难从共时角度给出合理的解释,而如果从历时演变来看,似乎最可能的情况是,这五种语言中的性范畴和名词类别系统是简化的系统,是在原先较复杂的基础上简化而来的,而原先较复杂的系统依然保留在大部分非洲语言中。有关这个问题,Creissels(2006:§6.2.5)也持同样的观点,认为重构的原始 Bantu 语的名词类别系统相当复杂,而且应该存在了很久,但一个如此古老且语法化程度如此之高的系统在达到了一定程度的复杂化和语义动因的不明确性之后依然还可以通过重新确立语义动因而发生简化,于是重新出现了单纯以语义为基础的新的名词类别系统——的确有一些尼日尔-刚果语系

语言的名词类别系统虽然保留了该系统早先的形态标志，但却将整个系统简化为四个配合类别，明显地反映了有生/无生(或人/非人)以及单数/复数的区别。

最后，就性范畴和名词类别与自然性别的关系而言，这应该只涉及有一定程度的语义基础的性范畴和名词类别系统，但前文已述，迄今为止尚未发现一门语言的性范畴或名词类别系统完全以形式为基础(即完全与语义无关)，因此性范畴和名词类别与自然性别的关系其实涉及所有具有性范畴和名词类别系统的语言。在大部分有性范畴或名词类别系统的语言中，自然性别对于性或名词类别的分类起到了非常重要的作用，这一结果并非完全出乎意料。虽然在非洲语言中以自然性别为基础的语言依然在数量上占优势，但远远低于世界上以自然性别为基础的语言所占的比例。

综上所述，如果我们把以上三个类型学研究结合起来，比较非洲语言中性范畴和名词类别系统的特点，便会发现，有名词类别系统的语言(即名词的分类多于 5 个)、语义和形式为基础的语言以及不以自然性别为基础的语言基本都是同样的语言，数量分别为 16、34、17，其中有十几种语言应该是有名词类别系统、名词类别系统以语义和形式为基础、且不以自然性别为基础，因此我们可以认为，这些语言中的名词类别系统应该是非洲语言中名词类别系统的典型情况，而且这些语言大部分都是尼日尔-刚果语系中的语言，特别是 Bantu 语言。由此，我们与前人的研究结论不谋而合，即 Bantu 语言中的名词类别系统是非洲语言名词类别系统最具代表性的。另一方面，如果我们把性范畴语言(即名词的分类少于 5 个)和以自然性别为基础的名词分类方式进行比较，也会发现两者在数量上大致相当(分别为 23 和 21)；而单纯以语义为基础的非洲语言只有 5 个，且前文已述，其中 4 个属于尼日尔-刚果语系、1 个属于阿非罗-亚细亚语系，因此暂不考虑。总之，我们至少可以大致认为，在有性范畴的语言中，自然性别是一个关键的语义因素，对于性范畴的确立起到了很重要的作用。这一结论其实并非完全出乎意料。

4.2.2 数范畴①

自然语言中的数范畴并不等同于数学意义上的数量概念，也不是后者简单的、忠实的反映。就类型学针对数范畴的研究而言，主要关注点在数范畴的具体划分数量、表达形式，以及与其他语法、语义范畴的关联性。

4.2.2.1 数范畴的具体划分数量

就数范畴的具体划分而言(Corbett，2000：§2.2)，英语中的单数、复数二元对立系

---

① 本节讨论主要参考 Corbett(2000)。

统或许是最为熟悉的，也是十分常见的系统。前文已述，在很多非洲语言（如 Glavda 语、Kanuri 语、Saho 语）中也有发现，不赘。

三分的数范畴系统会涉及双数或少数。双数在非洲语言中有所发现，尤见于 Semitic 诸语，例如 Hebrew 语（Berman，1997：319）（表 3-49）：

（214）

表 3-49　Hebrew 语后缀

类别	复数后缀	双数后缀
阳性名词	-im	-ayim
阴性名词	-ot	

但除了名词之外，形容词、动词等只有单数、复数的区别，而没有双数：

（215）Mishqaf-ayim　　　　　yəaqr-im

　　　眼镜-双数标志　　　　贵的-复数标志

　　　"贵的眼镜"

"少数"，顾名思义用于表达数量较少的复数，虽然下限为 2，但具体的上限在不同的语言中是不同的。"少数"尤见于 Oceanic 诸语和澳大利亚语言中，而在非洲语言中很罕见，但 Baiso 语的确有"少数"这个数范畴（Hayward，1979：§3.1.2.1.2），只限于 2~6 个个体的复数形式，例如（Hayward，1979：102）：

（216）lúban"狮子"

　　　lubanjool"狮子.复数"

　　　lubanjaa"狮子.少数"

　　　lubántiti"一头狮子.单数"

此外，还有更为复杂的数系统，如三数（trial）、四数（quadral）等（Corbett，2000：21、26）：

（217）duma　　hima　　aridu　　naʔa　　拉里克（Larike）语

　　　房子　　指示词　1.三数　拥有.宾语

"我们三个拥有那个房子。"

(218) gimhat   káwán   苏尔苏伦加(Sursurunga)语

　　1. 四数　舅侄(女)关系

　　"我们四个是舅舅侄子(侄女)关系。"

这些都不见于非洲语言。

　　但是在某些非洲语言中存在"大数复数"(greater plural)(Corbett，2000：§2.2.6)，即除了表达一般意义上的复数，还意味着所涉及的个体数量很大。这在一定程度上可以看作"少数"的对立情况。例如在 Bainouk-Gunyuño 语和 Bainouk-Gunyaamolo 语中，除了单数和一般的复数之外，还有另一个复数，表达无法计数或说话者认为无需计数的情况：

(219) bu-sumɔl"单数-蛇"

　　　 i-sumɔl"复数-蛇"

　　　 ba/ti-sumɔl"大数复数-蛇"

ba/ti-sumɔl 意味着所涉及的蛇的数量要大于 i-sumɔl 所涉及的蛇的数量，而且 ti-sumɔl 所涉及的蛇的数量比 ba-sumɔl 所涉及的蛇的数量还要大。在 Fulah 语中也有类似的区分，见表3-50：

(220)　　　　　　　　　　　　表3-50　Fulah 语单复数

单数	复数	大数复数
ngesa"田野"	gese	geseeli
wuro"牧群"	gure	gureeli

Hamer-Banna 语中的大数复数与以上几种语言都不尽相同，其一般性的复数表达了全体的一部分，而大数复数则有"全部、整体"的意义。例如 k'últa"公山羊．单数"的整体为 k'últono"全部的公山羊"，而一般性的复数 k'úlla 则只是指涉多于一只的一些公山羊。换言之，该语的大数复数其实应该称为"全体性/整体性复数"更为合理。此外，还有 Zulu 语(Doke，1992：79-80)、Setswana 语(Cole，1955：82)等。除了非洲语言之外，该类复数在其他语言中也偶有发现。例如在澳大利亚的卡伊特迪(Kaytetye)语中，名词有两个复数

后缀，-amerne 和-eynenge，前者表达普通的复数，而后者则是"大数复数"。

　　关于以上几种不同的数范畴系统，之前的类型学研究提出过不同的相关性等级序列（Foley，1986：133；Corbett，2000：§2.3.1；Croft，2003：96-97）：

　　（221）单数>复数>双数>三数（即在一种语言中如果有三数，则一定有双数；如果有双数，则一定有复数；如果有复数，则一定有单数）

　　　　　单数>复数>双数>三数/少数（即在一种语言中如果有三数和/或少数，则一定有双数；如果有双数，则一定有复数；如果有复数，则一定有单数）

　　诚如 Corbett（2000：39）所指出的，这些等级序列都存在例外。此外，上文提及的"大数复数"也没有包括在内。根据非洲语言的语料，以及前人提出的等级序列，我认为唯一有绝对关联性关系的是单数和复数，即

　　（222）单数>复数

其他所有数范畴的类型之间无法存在绝对的关联性关系，因此只能归总在一起，即

　　（223）单数>复数>双数/三数/少数/大数复数

这一等级序列似乎具有最大的可预见性，但是却对于双数、三数、少数、大数复数缺乏足够细致的分化。

4.2.2.2　数范畴的表达形式

　　就数范畴的具体表达形式而言，至少要从形态、句法、词汇三方面分别考虑。毫无疑问，任何语言中都有数词或表达数量的词，但这与我们本章所讨论的形态无关，不赘。在句法层面，数范畴的表达主要表现在不同成分的配合，如 Hebrew 语（Berman，1997：326）：

　　（224）ha　　　　kubiya　　　　　　　　ha　　　　　gdola
　　　　　定冠词　障碍物.阴性.单数　　定冠词　　大的.阴性.单数

　　　　　ha-zot　　　　　　　　　　　nofélet
　　　　　指示限定词.阴性.单数　　落下.现在时.阴性.单数

"这个大障碍物在下落。"

（225）ha　　　kubiyot　　　　　　　　　ha　　　　　gdolot

定冠词　障碍物．阴性．复数　　　定冠词　　大的．阴性．复数

ha-éyle　　　　　　　noflot

指示限定词．复数　　　落下．阴性．复数

"这些/那些大的障碍物在下落。"

比较以上两例便可看出，数范畴不仅表现的名词上（即 kubiya"障碍物．阴性．单数"vs kubiyot"障碍物．阴性．复数"），还表现在名词的修饰成分（即 gdola"大的．阴性．单数"vs gdolot"大的．阴性．复数"）和限定成分（即 ha-zot"指示限定词．复数"vs ha-éyle"指示限定词．复数"），以及动词变位（即 nofélet"落下．现在时．阴性．单数"vs noflot"落下．阴性．复数"）上。诚然，Hebrew 语的情况是比较极端的，即数范畴（几乎①）体现在句中所有的词上。数范畴的类似泛化表达也见于非洲语言之外的其他语言，如 Amele 语（Roberts，1987）：

（226）dana　　　（uqa）　　　ho-i-a

男人　　　3. 单数　　来．-3. 单数．-过去时标志

"男人来过了。"

（227）dana　　　（ale）　　　ho-si-a

男人　　　3. 双数　　来．-3. 双数．-过去时标志

"两个男人来过了。"

（228）dana　　　（age）　　　ho-ig-a

男人　　　3. 复数　　来．-3. 复数．-过去时标志

"男人们来过了。"

而另一种极端的情况是，数范畴只表现在名词（和/或代词）上，基本类似于英语的情况②。在非洲语言中，这种情况较为罕见，但也的确存在，例如在 Ngiti 语中，只有人和有生名词有数的形式表达（Kutsch Lojenga，1994：§5.3）。

----

① Hebrew 语的定冠词没有形式变化，无法表达数范畴。

② 英语的动词也在很小的程度上表达数范畴，如-s 为现在时第三人称单数标志，以及 be 和 have 的某些变化形式。

在以上两种极端情况之间，理论上应该存在不同程度的数范畴扩散模式。

首先，名词的数范畴可以扩散至与名词最为相关的依附成分，即名词性成分内的词（例如形容词、限定词）。这不仅存在于非洲语言中，也是类型学上常见的现象，不赘。

其次，数范畴还可以进一步表现在跟名词性质类似的代词或代词性人称标志上，这在非洲语言中十分常见。例如在 Glavda 语（Buba & Owens，2007：§4）中，有多个系列的代词和代词性人称标志表达了数范畴，见表 3-51～表 3-55：

（229）　　　　　　　　　　表 3-51　主语人称代词

人称\数	单数	复数	
1	-an	包容的（"咱们"）	iyam
		不包容的（"我们"）	ámd ~ əmd
		双数	ii
2	(ˈ)-ɣ	am	
3	a ~ Ø ~ ɣ	ar	

（230）　　　　　　　　　　表 3-52　名词性动词主语代词

人称\数	单数	复数	
1	ín	包容的（"咱们"）	k-íyám
		不包容的（"我们"）	k-ə́m
		双数	k-íi
2	aɣ	ám	
3	Ø ~ in	ár	

（231）　　　　　　　　　　表 3-53　独立代词（与标志 n-连用）

人称\数	单数	复数	
1	k-áyá	包容的（"咱们"）	k-ə́mí(ámá)
		不包容的（"我们"）	k-ə́-md
		双数	k-íi
2	k-ɣ	ám	
3	iin	ár	

（232） 表 3-54　独立代词（出现在动词后）

人称\数	单数			复数
1	ŋ-áy	包容的（"咱们"）		míi-y
		不包容的（"我们"）		nə́-md
		双数		m-íiy
2	nə-ŋ			n-úur
3	n-íin			n-iítr

（233） 表 3-55　宾语人称代词

人称\数	单数			复数
1	-k-wá ~ wi	包容的（"咱们"）		k-íyám
		不包容的（"我们"）		kə́-md
		双数		k-íi
2	-ák ~ k-ak			k-úr
3	Ø			tə́r

前文已述，Glavda 语中数范畴是最简单的二元对立系统（即单数 vs 复数）（Buba & Owens，2007：§3.2.1），而在代词中还区分双数。换言之，在 Glavda 语中，数范畴在代词中的表达要比在名词中的表达更为复杂。这完全符合类型学的发现，即如果一门语言中的名词（性成分）有数范畴的表达，则代词也必然有数范畴的表达；而反之则不一定。如果一门语言中名词（性成分）和代词都有数范畴的表达，则代词中数范畴的表达可能要比名词（性成分）中数范畴的表达更复杂。这种复杂性主要表现在两个方面：其一，代词中数范畴的分类（单数、复数、双数、三数、少数等）比名词中的更丰富，例如 Glavda 语代词中有双数，而名词（性成分）中没有；其二，代词中的数范畴所涉及的形态比名词（性成分）中的形态表现会呈现更多的不规律性：依然以 Glavda 语为例，前文已述，在名词（性成分）中数范畴的形态表达很简单，即单数+ax→复数。与此相比，以上五个代词系列中单数和复数之间的对应关系远没有如此简单，甚至可以认为几乎毫无任何规律可言。以上这几条类型学规律在非洲语言中普遍存在，至少我们尚未发现任何反例。而纵观世界语言，这些规律也是普遍成立的。以英语为例，数范畴只表现在可数名词上，而在代

词上则更为系统①，且代词中数范畴的表达并不能通过任何类似于名词(性成分)中数范畴表达的规律(例如，单数+(e)s→复数)进行总结。再以汉语为例，代词中的复数表达(我 vs 我们、你 vs 你们，等等)是强制性的，而在名词(性成分)中则并不是机械性地使用(* 三个同学们、* 这些老师们，等等，都不可以)。②

再次，在有主语-动词配合的语言中，数范畴表现在动词变位上也是意料之中的现象。前文已述，Arabic 语动词变位就可以区分人称和数(Kaye，2007b：219)，见表 3-56。

(234)　　　　　　　　　　　**表 3-56　Arabic 语动词变位**

人称	完成体	未完成体
1. 单数	katabtu	ʔaktubu
2. 单数 . 阳性	katabta	taktubu
2. 单数 . 阴性	katabti	taktubīna
3. 单数 . 阳性	kataba	yaktubu
3. 单数 . 阴性	katabat	taktubu
1. 复数	katabnā	naktubu
2. 复数 . 阳性	katqbtum	taktubūna
2. 复数 . 阴性	katabtunna	taktubuna
2. 双数	katabtumā	taktubāni
3. 复数 . 阳性	katabū	yaktubūna
3. 复数 . 阴性	katabna	yaktubna
3. 双数 . 阳性	katabā	yaktubāni
3. 双数 . 阴性	katabatā	

这种可以表达数范畴的动词变化范式在非洲语言中很常见，经常通过代词性人称标志表达，即数范畴不是单独表达的，而是与人称同时表达的，抑或是与其他语法范畴同时表达

---

　　①　或许唯一的例外就是第二人称代词 you，没有单数和复数的形式区别。但这是由于英语经历了复数第二人称代词 you 替代单数第二人称代词 thou 的过程，由此造成了这一例外。该现象不见于其他日耳曼语，因此在例如德语中，du 和 ihr(以及其他三个格)依然还是在形式上区分单数和复数。
　　②　关于汉语普通话"们"的研究很多，有兴趣的读者可自行参阅任意一本汉语语法书。

的，例如在 Hebrew 语中，动词现在时的变化同时表达性和数，即（表 3-57）

（235）　　　　　　　　　　表 3-57　"成长，变大"（动词）

人称	动词
单数．阳性	məgaˈdːel
单数．阴性	məgaˈdːelet
复数．阳性	məgadː(ə)ˈlim
复数．阴性	məgadː(ə)ˈlot

由此可见，数范畴在动词上的表达似乎是居于次位的，总是要依附在其他语法范畴的表达上，而不能作为一个独立的语法范畴出现在动词上。因此，在动词上的数范畴的地位跟名词（性成分）和代词上的数范畴是不同的，不宜混为一谈、相提并论。

4.2.2.3　数范畴的形式表现

在形态方面需要考虑的是数范畴的形式表现。前文已述，非洲语言中数范畴的形态表现形式丰富多样，几乎涵盖了类型学所发现的数范畴的所有表现形式，例如加前缀（Tigrigna 语（Kogan，1997：§2.4））、加中缀（Saho 语（Welmers，1952））、加后缀（Glavda 语（Buba & Owens，2007：§3.2.1）、Somali 语（Saeed，2007：§2.1.2））、词根内部的元音变换（替换、插入等）（Saho 语（Welmers，1952）、Tigrigna 语（Kogan，1997：§2.4）、Hausa 语（Welmers，1973：234-239；Newman，2007：§1.1.1））、重叠（Somali 语（Saeed，2007：§2.1.2））、异根形（Saho 语（Welmers，1952））、超音段手段（重音、声调）（Somali 语（Saeed，2007：§2.1.2），以及以上各种表现形式的结合形态（如 Kanuri 语（Cyffer，2007：§2.1.1）加后缀-wá 并要求单数名词调型为低调 L）。

非洲语言以上的数范畴表现形式基本符合类型学的发现。Corbett（2000：§5.3）将数范畴的形式表达分为屈折类、词根类、零形式类和多重标记类。

第一，屈折类，主要表现为使用词缀，这在世界语言中非常常见，例如英语-(e)s，不赘（另见下文）。

第二，词根类，表现有韵律、词根内部变换和重叠等几类。第一个亚类（即韵律类）可以包括重音、声调等，其中声调用于表达复数似乎尤见于非洲语言，前文已经多有举例（另见下文）。第二个亚类（即词根内部变换）的例子有马其顿（Macedonian）语和英语：

（236）马其顿语：uč enik"学生．单数"vs uč enici"学生．复数"

　　　英语：foot vs feet

这两类变化其实并不相同。在类似于马其顿语复数变化语言中，变化的条件是音系形态因素，而在英语类的变化中则只是词汇因素。因此，前一类的变化可以具有一定的规律性（即出现在特定的音系形态环境中），而后一类变化则基本没有规律可言（英语中类似于foot 类复数构成的名词还包括 goose，但却没有 room——这至少在共时角度是无法解释的）。第三个亚类（即重叠）的例子有迪尔巴尔（Dyirbal）语和伊洛卡诺（Ilocano）语：

（237）迪尔巴尔语：ɲalŋga-ŋgu"姑娘-施格"vs ɲalŋga ɲalŋga-gu"姑娘．复数-施格"

　　　伊洛卡诺语：kaldíŋ"山羊．单数"vs kal-kaldíŋ"山羊．复数"

类似于迪尔巴尔语的是完全重叠类的复数表达，而伊洛卡诺语则是部分重叠类的复数表达。除了以上三类词根型的复数表达之外，Corbett（2000：150）还认为，应该有一类减损（subtractive）的形态表现形式，例如德语的黑森方言中：

（238）hond"狗．单数"vs hon"狗．复数"

　　　viend"风．单数"vs vien"风．复数"

不过 Corbett 对此类复数表达是否真的存在持怀疑态度。然而在以 Saho 语（Welmers，1952）为代表的少数非洲语言中，的确存在此类复数构成方式，例如：

（239）wagaba"嘴唇．单数"vs wágob"嘴唇．复数"

　　　bakkéla"兔子．单数"vs bákkel"兔子．复数"

诚然，以上两个例子中除了结尾元音脱落，还伴有其他形态变化。此外，此类减损型的复数变化的能产性值得怀疑。

　　第三，零形式类，例如英语的 sheep 单复数同形，这在某些语言中偶有发现，但绝对不是复数的主要表现形式。①

　　第四，多重标记类，显而易见是使用以上提及的多个形式表达数范畴，例如英语中

---

　　①　当然，不能认为没有数范畴表现形式的语言系统性地使用零形式表达复数，这就好比不能认为没有性范畴表现形式的语言系统性地使用零形式表达性范畴。这两种观点都不合理。

child 的复数 children，既有词根内部变化，又使用后缀。

Corbett 以上的类型学发现跟我们在非洲语言中的发现基本吻合，但不足之处在于无法看出数范畴不同的表现形式在全世界语言中的分布。Dryer（2013a）则是对这一不足的弥补。根据该研究的统计，在取样的 957 种语言中，除去 86 种语言没有复数表达，略多于一半的语言（495/957 = 51.72%）使用复数后缀，其次是表达复数概念的独立的词（plural word）、复数前缀和复数依附形式（plural clitic），但也只占了全部取样语言的 1/3 多一点（34.17%）。涉及词根本身变换的只有 13 种语言，比混合（即多重）标志型的语言还要少。而最少的则是使用声调的两种语言（Gworok 语和 Ngiti 语），全部在非洲，但根据我们的统计，应该还有更多的非洲语言（只）使用声调表达数范畴。

非洲大陆的语言情况，见表 3-58。

（240）　表 3-58　非洲语言中的复数表达方式及分布（引自 WALS 软件）

类别	数量	所占比例
复数前缀	79	30.04%
复数后缀	101	38.40%
复数词根变换	3	1.14%
复数声调	2	0.76%
复数完全重叠	0	0
混合形态复数	17	6.43%
复数词	24	9.13%
复数依附形式	25	9.51%
无复数	12	4.56%

总体而言，虽然复数表达手段之间的多寡顺序在非洲语言中跟在全世界语言中差不多，但具体的比例相差较大，如复数后缀为 38.40%、复数前缀为 30.04%，都跟世界语言中的比例有一定的差距。此外，该统计也存在一定程度的失准，例如前文已述，应该有多于两种非洲语言（只）使用声调表达数范畴。此外，在非洲也存在使用完全重叠表达复数的语言，如 Somali 语（Saeed，2007：§2.1.2）

（241）重叠：áf"嘴．单数"vs afáf"嘴．复数"

这方面的研究还有待深入。

4.2.2.4　数范畴与其他语法、语义范畴的关联性

最后，与数范畴有关联的其他语法、语义范畴，主要涉及名词类别/性、格和有生（animacy）特征。

就名词类别而言，前文已述，按照惯例，同一个名词的单数和复数一般处理为不同的名词类别，以 Bantu 诸语为例（Welmers，1973：165；Mutaka，2000：151）（表 3-59）：

（242）
表 3-59　Bantu 诸语名词

名词类别	Zulu 语	Setswana 语	Luganda 语
1 单	um-	mo-	omu-
1a 单	u	ø-	ø-
2 复			ava-
2a 复			va-
2b 复	oo-	bo-	
3 单	om-	mo-	omu-
4 复	imi-	me-	emi-
5 单	i-	le-	
6 复	ama-	ma-	ama-
7 单	isi-	se-	eki-
8 复			evi-
8x 复	izi-	li-	
9 单	iN-	N-	eN-
10 复	iziN-	liN-	eN-
11 单	u-	lo-	olu-
12 单			aka-
13 复			out-
14 单/复	uBu-	bo-	ovu-
15 中	uku-	xoO-	ku-
16 中	pha-	Fa-	wa-
17	ku-	xo-	ku-
18		mo-	mu-
19 单/复			

名词类别	Zulu 语	Setswana 语	Luganda 语
20 单			ogu-
21 单			
22 复			aga-
23 中	e-, o-		e-
24			

由于名词类别是非洲语言特有的现象，因此数范畴和名词类别之间的互动现象也只见于非洲语言。数范畴和性范畴之间相互关联则更为常见，例如在 Hebrew 语中，一般为阳性单数名词加后缀-im、阴性单数名词加后缀-ot（Berman，1997：319）：

(243) 阳性名词：sal-im "书包-复数"、amud-im "枕头-复数"

　　　阴性名词：mit-ot "床-复数"、tmut-ot "画-复数"

与此类似，在意大利语中，阳性和阴性名词的复数是通过不同的词尾表达的，最常见的模式为：

(244) 以 o 结尾的阳性名词，o → i：un cornetto "一个面包" vs due cornetti "两个面包"

　　　以 a 结尾的阴性名词，a → e：una pizza "一个比萨" vs due pizze "两个比萨"

　　　以 e 结尾的阳性阴性名词，e → i：una lezione "一节课" vs due lezioni "两节课"

这种现象见于很多语言之中，不赘。

　　另一个跟数范畴有关联性的是±有生这个语义特征，主要的类型学发现是以下有生等级序列（Smith-Stark，1974；Allan，1987：57；Comrie，1989：185-200；Nichols，1992：143-152、160-163；Corbett，2000：55-66）：

(245) 第一人称>第二人称>第三人称>亲属>人>有生>无生（即如果表达无生命物的名词有数范畴，则表达有生命动植物的名词也有数范畴；如果表达有生命动植物的名词有数范畴，则表达人的名词也有数范畴；以此类推）

其中，第一人称、第二人称、第三人称基本只涉及代词（性成分）：前文已述，代词中数范畴的分类(单数、复数、双数、三数、少数等)比名词中的更丰富,数范畴所涉及的形态比名词(性成分)中的形态表现呈现更多的不规律性,这基本就是有生等级序列中"第一人称>第二人称>第三人称"所反映的情况,不赘。我们所关心的是等级序列中"亲属>人>有生>无生"的部分。首先,在非洲的确存在只有亲属名词有单数和复数区别的个别语言,如 Igbo 语(Nolue Emenanjo,1987:222)。其次,在非洲还有只有人和有生名词有数范畴表达的语言,如 Ngiti 语(Kutsch Lojenga,1994:§5.3)。在世界语言中,"亲属>人>有生>无生"也是有效的:例如在科邦(Kobon)语(Davies,1981:147-148、154)和卡尔卡屯古(Kalkatungu)语(Blake,1979:31-32、34-37、80-81)中,都是只有(代词和)亲属名词才有数范畴;在马亚利(Mayali)语中(Evans,1995:213),只有表达人或与人有关的被认为具有高度有生特征的名词(如"灵魂")才有复数的表达;在马林德(Marind)语(Foley,1986:78、82-83)中,只有表达有生物的名词才有复数。综上所述,不论是在非洲语言中,还是在世界语言中,有生等级序列都是成立的。

Haspelmath(2013)则对±有生这个语义特征和复数的表达之间的关联性进行了统计学的类型学研究。在所统计的 290 种语言中,有接近一半(45.86%)是必须总是要在所有名词上表达复数的;55 种(18.97%)则是可以表达复数但非必须;还有 15 种可以选择性地在无生名词上表达复数(即有生名词必须有复数)。此外,59 种(20.34%)只在表达人的名词上有复数,1/3 为非必须的复数表达,2/3 必须表达复数。如果将范围缩小到非洲语言,结果见表 3-60。

(246)　　**表 3-60　非洲语言中不同语义类型的名词的复数表达及相关语言的分布**

类别	数量
无名词复数	1
表达人的名词非必须使用复数	1
表达人的名词必须使用复数	6
所有名词,总是非必须使用	6
所有名词,无生名词非必须使用复数	3
所有名词必须使用复数	45

两相对比,我们发现,不论是在非洲还是在全世界,大部分语言都是要在名词上必须表达复数。而具体到有生特征和复数之间的相互影响关系,我们发现有生特征在非洲语言中似乎比在全世界语言中的影响要小一些,不论是表达人的名词是否有复数还是表达有生的名词是否有复数,所占的比例要小于世界语言中的统计比例。

4.2.3 形态格

就格范畴的类型学研究而言，一般而言关注的焦点是：①格的数量；②格的意义（或者说什么语法关系表现为格）；以及③格和其他语法范畴之间的相互影响。其实格这个语法范畴不仅是形态学研究的重点，亦是句法学研究的内容，因为名词性成分（包括代词）的格并不是该成分本身的特性，而是名词性成分和句中其他成分（如动词、介词等）互动的结果，所以例如涉及格的意义其实不能单纯地考虑名词性成分，而要考虑名词性成分所在的整个结构，这需要更多地进行句法分析，而不是简单地进行形态学分析便可以解决的问题。我们在此暂且将涉及句法部分的格范畴的问题悬置起来，而只关注格范畴在形态方面的特性。

首先，就格范畴在世界语言中具体的数量而言，人类语言表现出了极大的差异性，从完全没有形态格的语言到多达十几个形态格的语言都有发现（Iggesen，2013）。如果我们暂且不考虑格标志体现在整个成分上（而不是在整个成分内的名词或代词上）——因为这主要涉及格标志的位置，而不是格的数量，那么在 237 种语言中，有多一半的语言有形态格，而且分布在世界各个地区和语系。其次，就这些语言而言，数量最多的是 6~7 个格的语言，其次是 2 个格、8~9 个格和 10 个以上格的语言，3~5 个格的语言最少。这一发现是之前的类型学研究所没有注意到的。具体到非洲语言，见表 3-61：

（247）　　　　　　　　**表 3-61　非洲语言中格范畴的情况**

形态格	数量
没有形态格	23
2 个形态格	4
3 个形态格	2
4 个形态格	2
5 个形态格	0
6~7 个形态格	7
8~9 个形态格	0
多于 10 个形态格	0

在整体上，非洲语言名词性成分的形态格是比较罕见的，统计中所涉及的绝大部分语言没有形态格，少数语言有 2~4 个形态格，而几乎同等数量的语言有 6~7 个形态格。有 6~7 个形态格的语言相对集中在非洲中东部，分别隶属于阿非罗-亚细亚语系和尼罗-撒哈拉语

系，如前文提及的 Kanuri 语、Turkana 语等。如果把所有有形态格的非洲语言都考虑在内，则几乎这些语言都是在非洲中东部，这或许是一种巧合，但也可能是语言接触的结果，至今还有决定性的证据支持这两种观点中的一种。不论是从历时还是从共时角度出发，非洲语言中形态格的分布目前是无法合理解释的。

其次，具体到哪个/哪些语法关系有格标志，这个问题在一定程度上取决于形态格的数量，如果只有两个形态格，那么一般而言都是标记及物动词的两个论元和不及物动词的唯一一个论元，但具体是施通格系统还是主宾格系统则无法先验地得知。如果有 3 个或数量更多的形态格，则可能涉及间接宾语、主有成分修饰语等。根据 Baerman & Brown (2013) 的类型学研究，大部分所涉及的语言都没有形态格标志，而在有形态格的语言中，只有核心项有形态格、核心项以及非核心项都有形态格的语言虽然在数量上有一定的差距，但没有统计学意义，这说明人类语言中什么语法成分有形态格标志几乎是随机的，不能从类型学角度给出合理的解释。此外还应该注意，不同语言中的形态格虽然可能都被冠以同样的标签（主格、宾格、与格、夺格等），但这绝对不意味着有同样标签的形态格在不同的语言中的用法（即出现的句法环境）和意义也完全一样，这在非洲语言中尤为明显。但若要深入讨论这个问题，则需要更多地涉及句法，因此我们只是提出该问题，而不在此章进行深入的讨论分析。具体到非洲语言的形态格类型，见表 3-62。

（248）　　　　　　　　　　　表 3-62　非洲语言中格标志类型

类别	数量
无形态格	28
只有核心项形态格	2（Oromo、Murle）
核心项和非核心项都有形态格	1（Krongo）
无溶合现象	3

在这三种有格标记的语言中，Oromo 语有 6~7 个格、Murle 语有 4 个格、Krongo 语有 6~7 个格，在理论上有多于 3 个形态格的语言中应该都有核心项形态格和非核心项形态格。而只有 3 个形态格的语言则可能会分为两种情况。①核心项（即及物动词的两个论元和不及物动词的唯一一个论元）有两个格标志，第三个格标志用于非核心项（如与格、属格等），具体而言有可能是主宾格标志或施通格标志。不过不论是主宾格系统还是施通格系统，都无法先验地得知到底是主格、宾格、施格、通格中的哪个项的形态标志更复杂。虽然常见的情况是宾格比主格形式复杂、施格比通格形式复杂，但例外亦不少。特别是在非洲语言中，格标志系统的一个特殊之处就是宾语形式经常与独立形式同形，换言之，主格不是独

立形式，而是标记形式（König，2008a、2008b）。在世界语言中，最常见的情况是名词的主格也是名词脱离句法环境、用于引用（如在词典中）的形式（即独立形式）。而非洲语言中最常见的情况则是名词的独立形式是宾格形式，这就造成了做主语的名词性成分在形态标志上比名词的宾语形式和独立形式更复杂，该情况尤见于东北部非洲语言中（如 Nilotic、Surmic、Omotic、Cushitic 诸语中）。这是非洲语言与类型学趋势的不同之处。②及物动词的两个论元和不及物动词的唯一一个论元分别是不同的形态格，这种情况在世界语言中较罕见，但也的确存在，不过在非洲语言中更为常见一些，如 Ale 语、Xamtanga 语、Ik 语等，尤见于 Highland East Cushitic 诸语和 North Omotic 诸语（都属于阿非罗-亚细亚语系）（König，2008b：§4.3）。当然，这种三分标记的系统也可能存在于有 3 个以上形态格的语言中，但绝对不可能存在于只有两个形态格的语言中。

最后，格和其他语法范畴之间可能会相互影响，主要有限定性、有生性和数。限定性是一个很难明确定义的语法、语义范畴，我们这里姑且认为，如果一个名词（性成分）是限定性的，那么应该是可识别的（identifiable）和/或具有指称性（referential）的①。在世界语言中，名词（性成分）的限定性可以有多种表现形式，其中较常见的是通过限定词——如定冠词、指示限定词——表达，例如英语的 the、this、that 等，但根据 Dryer（2013b）的统计，世界上有定冠词（和词缀）和没有定冠词的语言几乎数量相当。在某些语言中，只有定指的名词（性成分）才有格标志，特别是宾格标志，如土耳其语（Blake，2004：119）：

（249）Hasan　　　　　öküz-ü　　　　aldı
　　　　（人名）.主格　牛-宾格标志　买.过去时.3.单数
　　　　"Hasan 买了那头牛。"
（250）Hasan　　　　　bir　　　　öküz(-ü)　　aldı
　　　　（人名）.主格　一　　　牛(.宾格标志)　买.过去时.3.单数
　　　　"Hasan 买了(某)一头牛。"

在第一句中，名词 öküz 虽然没有任何限定标志，但由于带有宾格标志，因此只能被理解为限定性的，而在第二句中如果有数词/不定冠词 bir，则可以理解为限定或非限定的，因此宾格标志也不是必须的。类似的情况在非洲语言中也有所发现（König，2008b），例如 Amharic 语（König，2008b：229）：

---

　①　关于限定性、可识别性、指称性三个概念的深入讨论，可参见 Creissels（2006：§8.1-8.2）。

（251）wəšša-w　　　ləğ　　　　　　　　　näkkäs-ä

　　　狗-定冠词　　孩子　　　　　　　　　咬-3. 单数 . 阳性

　　　"狗咬了一个孩子。"

（252）wəšša-w　　　ləğ-u-n　　　　　　　 näkkäs-ä

　　　狗-定冠词　　孩子-定冠词-宾语标志　咬-3. 单数 . 阳性

　　　"狗咬了那个孩子。"

与 Amharic 语同为 Semitic 语言的埃塞俄比亚语言基本也有类似的现象。

　　[±有生]这个特征前文讨论数范畴的时候已经有所涉及，所提出的类型学规律之一便是[+有生]的名词(性成分)比[-有生](即无生命)的名词(性成分)更倾向有数范畴的形态标志，而这一趋势也表现在格标志上，例如在马拉地(Marathi)语中(Blake，2004：128)：

（253）ti　　　keel₁　　　　khaa-t-e

　　　她　　　香蕉　　　　吃-现在时标志-3. 单数 . 阴性

　　　"她吃一根香蕉。"

（254）ti　　　ravi　　　　laa　chal̡-l̡-a

　　　她　　　(人名)宾格标志　折磨-现在时标志-3. 单数 . 阴性

　　　"她折磨 Ravi。"

非洲语言中的 Kanuri 语也与此类似，即无生的宾语不能有宾格标志(Hutchison，1986：200-201)。

　　数范畴也可以和格标志有不同程度的相互影响，例如在塞尔维亚-克罗地亚(Serbo-Croatian)语中 ptica"鸟"的变格形式中格标志和数标志的混合情况，见表 3-63：

（255）　　　　　　　　　　　表 3-63　ptica"鸟"的变格

类别	单数	复数
绝对形式	ptic-a	ptic-e
宾格	ptic-u	ptic-e
属格	ptic-e	ptic-a
夺格-方位格	ptic-i	ptic-ama
工具格	ptic-om	ptic-ama

其中的后缀表现出了明显的溶合现象。这在很多有形态格的语言中是比较常见的现象，但由于格范畴在非洲语言中较罕见，类似的现象似乎并不多见，但根据 Blake（2004：37），非洲 Masalit 语的格标志在复数时被中和，但这还有待进一步证实。

4.3 动词形态

前文已述，动词是非洲语言中形态变化最为复杂的词类，这其实也大致符合类型学的发现，因为在全世界语言中，动词的形态变化也是最为复杂的。这种复杂性首先表现在一个动词形式内可以表达多个语法范畴，如时态、体貌、语气、配价变化、人称配合等，前文在讨论非洲语言动词的构成模式时已有分析和举例。其实该现象涉及的是动词的屈折程度，即表达语法范畴越多的动词形式屈折程度越高，反之，表达语法范畴越少的动词的屈折程度越低。这在一定程度上跟整个语言的屈折程度是相关的（参见本章4.1节讨论），在例如汉语的孤立语的动词形式中，表达的语法范畴应该是很少的，而在例如 Arabic 的屈折语中表达的范畴则要更多。根据 Bickel & Nichols（2013b）的统计，汉语是在动词形式内表达语法范畴最少的语言之一（0~1 个范畴/词），类似汉语的语言为数不多，同样为数很少的是表达 12~13 个语法范畴的语言（2 个）以及 10~11 个语法范畴的语言（7 个），而最为集中的则是表达 4~5 个语法范畴的语言（52 个）以及 6~7 个语法范畴的语言（31 个）。这个统计结果呈现出了峰状的折线图（图3-1、图3-2），很明确地表明了世界语言所体现出的类型学趋势。

（256）

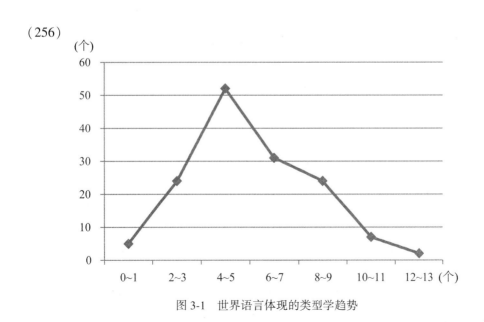

图 3-1　世界语言体现的类型学趋势

（257）

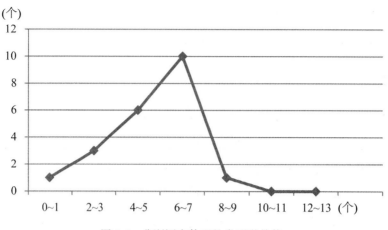

图 3-2　非洲语言体现的类型学趋势

我们看到，非洲语言也基本呈现出了类似的峰状折线图（图 3-2），数量最多的是动词表达 6~7 个语法范畴的语言，且没有非洲语言的动词形式有多于 10 个语法范畴的情况。这说明非洲语言既符合类型学的基本规律，同时又由于大部分非洲语言都是黏着语，所以表现的语法范畴较之屈折语更为有限，体现了非洲语言总体的形态特性。

Dryer（2013c）研究了时态-体貌的形态表达，不过没有具体区分这两个语法范畴。大部分语言都有时态-体貌的形态表达，其中最多的是利用后缀，其次是前缀，再次是混合类型，而单纯使用声调的则最少。在地区分布上，使用后缀的语言见于世界各个地区，而在撒哈拉以南非洲地区却相对罕见；在语言系属分类上，使用后缀的语言见于各个语系，但在非洲尼日尔-刚果语系中相对罕见。具体到非洲语言，见表 3-64：

（258）　　　　　　　表 3-64　非洲语言中动词时态-体貌的形态表达

类别	数量
时态-体貌前缀	71
时态-体貌后缀	70
时态-体貌声调	10
混合型	54
无时态-体貌屈折变化	26

我们可以看到，非洲语言跟世界语言中体现出的类型学趋势有着较大的不同。首先，就是前缀型和后缀型语言几乎数量相当，这跟类型学的通体趋势差距很大；其次，撒哈拉以南

非洲地区基本都是前缀型语言，只有零星的后缀型语言存在；再次，中非地区是无时态-体貌屈折变化语言的集中地区，而这一点十分类似于几乎位于同一纬度的南亚、太平洋地区；最后，从语言系属来看（表 3-65）：

（259）　　　　　表 3-65　非洲语言的类型学趋势

类别	阿非罗-亚细亚语系	尼罗-撒哈拉语系	尼日尔-刚果语系	其他
时态-体貌前缀	6	15	48	2
时态-体貌后缀	19	25	25	1
时态-体貌声调	1	2	7	0
混合型	17	11	24	2
无时态-体貌屈折变化	9	6	8	3
总计	52	59	112	8

由于尼日尔-刚果语系所统计的语言最多，因此几乎在各个形态类型中都有数量最多的语言。

4.3.1　时态

时态并不等同于人类语言对于时间的表达，因为这种表达是所有语言可以通过各种手段实现的。时态一般专门指具有形态表现形式的此类表达，特别是通过动词的形态变化进行的表达。当然，这个问题远不是三言两语便可以彻底解释清楚的，我们在此仅只限于提出以上基本观点，而对于该问题的各种争论暂且不予理会，可参见 Comrie（1985）、Chung & Timberlake（1985）、Dahl（1985），或任何一本类型学的综合性专著的相关章节。

并非所有的语言都有语法化了的时态范畴，例如在大部分非洲语言中时态就没有语法化，而是通过词汇手段来表达的（Mutaka，2000：184）。在具有形态标志的时态的非洲语言中，常见的手段是声调或中缀，如（Mutaka，2000：184）：

（260）Akoose 语：

　　（a）Ngome　　　　à　　　　　　　ndyè

　　　　（人名）　　　3 单数 . 阳性　　吃 . 过去时

　　　　"Ngome 吃过了。"

（b）Ngome　　　　　á　　　　　　　　dyé

（人名）　　　　3 单数 . 阳性　　　吃 . 将来时

"Ngome 将会吃。"

（261）Swahili 语：

（a）Tabu　　　　　a-na-ogopa

（人名）　　　　3 单数 . 阳性-现在时标志-害怕

"Tabu 现在感到害怕。"

（b）jogoo　　　　　a-li-wika　　　　　　　　mara　tatu

公鸡　　　　　3 单数 . 阳性-过去时标志-啼叫　次数　三

"公鸡叫过三次了。"

（c）rafiki　　　　zangu　　wa-ta-panga　　　　　　nyumba　hii

朋友 . 复数　　我的　　3. 复数-将来时标志-租赁　　房子　指示词

"我的朋友们将要租这个房子。"

类型学发现，人类语言中最常见的时态二分法是现在时和过去时，但也可能有多个过去时态来表达过去发生的事件距离现在的远近程度。Dahl & Velupillai（2013a）研究了世界语言中现在时和过去时的情况，虽然类型学发现最常见的时态二分法是现在时和过去时，但依然有语言没有过去时，这主要是因为相比时态而言，体貌是更为常见的动词语法范畴，相当数量的语言并不是通过单独的过去时表达过去发生的事件，而是通过所谓的完成体来表达。当然，若要彻底将完成体和过去时区分开来并非易事，但我们暂且在此遵循 Dahl & Velupillai（2013a）的分析。除了 88 个没有过去时态的语言，剩下的 134 种语言中，多于 2/3 的语言只有一个过去时态，而极少数语言有 4 个及以上的过去时态。具体到非洲语言的情况，见表 3-66。

（262）　　　　　　　　　　表 3-66　非洲语言中现在时和过去时

类别	数量
现在时+1 个过去时	18
现在时+2~3 个过去时	9
现在时+4 个以上的过去时	0
无过去时	20

总体而言，非洲语言跟类型学的规律差别不大，在有过去时的非洲语言中，恰好是 2/3 只

有一个过去时，而 9 种语言有 2~3 个过去时。而且这些语言的分布比较分散，语言系属也没有特别明显的规律，这说明非洲语言的这种情况是符合人类语言的总体规律的。

除了过去时和现在时，另一个常见的时态是将来时。某些语言没有任何纯粹意义上的将来时，所谓的将来的含义，只能通过现在时在特定的语境下才能得到。不过将来时在人类语言中依然相当常见。需要注意的是，如果严格遵守我们上文所提出的形式标准来判定一门语言中是否存在将来时，那么例如英语的语言虽然传统上认为存在将来时，但其实并不能算作真正意义上的将来时态，因为英语所谓的将来时中，动词本身并没有发生形式变化（例如与过去时相比），而只是通过使用助动词来表达将来的含义——相比而言，英语的过去完成时虽然也使用了助动词，但动词本身依然发生了形式变化，因此可以认为是一个时态（和/或体貌）；同样，法语、意大利语等罗曼语族语言的将来时都涉及动词本身的形式变化，因此都应该认为表达了时态范畴。所以，我们有必要将将来时的讨论限制在有动词屈折变化的情况下。Dahl & Velupillai（2013b）便是在这种意义上对将来时进行了类型学的统计。

在所涉及的 222 种语言中，有屈折变化表达将来时的语言和没有屈折变化表达将来时的语言几乎是恰好平分秋色，而且从区域分布和系属分类来看也没有十分突出的特点。这在非洲语言中也基本如是，见表 3-67。

（263）　　　　　　　　　　表 3-67　非洲语言中将来时的形态类型

类别	数量
屈折变化将来时	22
无屈折变化将来时	26

4.3.2　体貌

体貌是比时态更为常见的动词语法范畴，虽然是否存在真正意义上没有时态的语言尚存争议，但可以相对肯定地说，不存在完全没有体貌的语言。体貌可以表现在词汇、形态、句法等不同的层面。在词汇方面，动词本身的意义有可能表达一定的体貌（lexical aspect）（Comrie，1976；Smith，1997；Filip，2012），这种区分不一定通过形态手段得以表现，但也完全可能有形态上的系统区分，例如在俄语等斯拉夫诸语中，动词在形态上一般明确地区分为完整体（perfective）和非完整体（imperfective），两类动词之间存在互相派生的关系，在语义和形态上互相联系（Comrie，1976；Richardson，2007；谢昆，2011；张家骅，2011；金立鑫等，2020）。在非洲语言中，体貌也是常见的动词类语法范畴，通常通过词缀表达，例如（Mutaka，2000：185-189）：

（264）Akoose 语：

　　（a）ŋgɔ̀mɛ́　　　　à　　　　　　　　wòn-ɛ̀　　　　　　　mɔ́té

　　　　（人名）　　　3 单数 . 阳性　　　洗-完成体标志　　　衣服

　　　　"Ngome 洗了衣服。"

　　（b）ŋgɔ̀mɛ́　　　　à　　　　　　　　chòg-ɛ̀ʔ　　　　　　futbɔl

　　　　Ngome　　　　3 单数 . 阳性　　　玩耍-未完成体标志　足球

　　　　"Ngome 正在踢球。"

（265）Bafut 语：

　　（a）mbí　　　　　já　　　　　　　　mɛ́ʔɛ́nɔ́

　　　　山羊 . 复数　定冠词　　　　　　吃草 . 同时体

　　　　"与此同时，山羊在吃草。"

　　（b）sùù　　　　　màŋsɨ-mɔ́　　　　　mɨjɨ　　　　　　　myá

　　　　（人名）　　　干完-完成体标志　食物　　　　　　定冠词

　　　　"Suh 刚刚弄好食物。"

　　在世界语中，最为常见的体貌系统是完成体和未完成体的二分系统，可能有形态区别，也可能没有。Dahl & Velupillai（2013c）进行过类型学统计，在世界语言中，以语法形态标志区分完成体和未完成体的语言略少于没有形态标志区分的语言。当然，后一类语言有其他的手段表达完成体和未完称体的区别。在地域分布上，除了东南亚、巴布亚新几内亚地区和澳大利亚是没有形态标志的体范畴比较集中的区域之外，世界其他地区基本都有这两类体范畴存在。

　　非洲语言的情况，见表3-68。

（266）　　　　　　　表3-68　非洲语言中完成体和未完成体的形态表达

类别	数量
形态标志	30
无形态标志	18

　　有形态标志的语言数量几乎是没有形态标志的语言数量的一倍，这说明完成体和未完成体的区分在非洲语言中比在世界语言中更为系统和稳定。而没有形态标志的体范畴语言基本

集中在非洲中部，恰好跟世界其他地区没有形态表达体范畴的语言的纬度分布（即东南亚、巴布亚新几内亚地区和澳大利亚）基本一致，这或许不是巧合，但就我们所知，至今还没有合理的解释。

Dahl & Velupillai（2013d）更具体地考察了完成体的形态构成。在 Dahl & Velupillai（2013c）中，以形态表达区分完成体和未完成体的情况包括动词屈折变化和迂回结构表达法（例如英语的 have+过去分词），所以 Dahl & Velupillai（2013d）对完成体的形态表达进行了更细致的分析。在具有完成体的 108 种语言中，绝大部分语言（80 种）的完成体结构是不可分析的，因为其中有很大一部分是通过动词本身的屈折变化表达的。非洲语言的情况，见表 3-69。

（267）　　　　　　表 3-69　非洲语言中完成体的表达方式

类别	数量
"有"类完成体	0
"完"类完成体	5
其他类完成体	22
无完成体	21

首先，虽然在世界语言中没有完成体的语言（114 种）多于有完成体的语言（108 种），但在非洲语言中则是相反的（27 vs 21），这再次证实了非洲语言中完成体和未完成体这一区分的系统性。其次，大部分有完成体的非洲语言的完成体构成是不可分析的，这或许跟非洲语言中屈折语和黏着语占优有关，在这些通过屈折变化或加词缀表达完成体的语言中，完成体的形态标志已经没有办法追根溯源了。

4.4　形容词

就形容词的类型学而言（Dixon，2004），特别需要注意的是，该词类在不同的语言中差异较大，比名词和动词的跨语言差异要大。诚如 Welmers（1973：第九章）开篇所强调的，切不可默认为在意义上对应于其他语言（特别是欧洲语言）中形容词意义的词在非洲语言中也是形容词，同时也不能过分夸大非洲语言中形容词作为一个词类的特殊性而提出人为的分类。

前文已述，非洲语言的总体情况是（Creissels，2000：§9.4.6），首先，在的确有形容词这个词类的非洲语言中，非派生的基础形容词很少，一般不超过 10 个，例如在上文提及的 Igbo 语中，形容词就是一个封闭的词类；其次，在很多非洲语言中形容词表现出类似动词或名词的形态句法特征，因而需要进行个案式的分析，才能确定在某种语言中是否的确可以区分出形容词这个词类。例如在 Kpelle 语中（Welmers，1973：§9.2），形容词基本上是从动词派生而来的，常见的手段是加后缀或改变声调，见表 3-70：

（268）　表 3-70　加后缀：在中调 M 和高调 H 后的后缀为高调 H，低调 L 后为低调 L

动词结尾	所加后缀
-ŋ	-ɔ
-i/-e/-ɛ	-ɛ
-a	-a
-ɔ/-o/-u	-ɔ

（269）改变声调：原调→低调 L

这些形容词在名词后做定语基本表达形容词的意义，而做谓语时则一般表达起始体的意义（即"变为……"）。在 Jukun Takum 语中（Welmers，1973：§9.3），所谓的形容词修饰结构其实是关系从句结构（参见第 4 章 3.2 节），在名词后由关系词 à 引导：

（270）pérè à bi kéré ní"来过这里的人"（参见 pérè bi kéré ní"那个人来过这里。"）
　　　 tupkpa à kìkyè"干净的布"（参见 tupkpa kyè ra"这块布是干净的。"）

kìkyè 在做名词修饰语时需要使用重叠形式①，这是与其做谓语在形式上的唯一区别。重叠形式的声调则取决于来源的动词的及物性。在 Akan 语中（Welmers，1973：§9.4），所谓的"形容词"表现出了很多名词性的特征，例如都可以直接为限定词所修饰，但与名词不同的是，这些词也可以为程度副词所修饰，而真正的名词则不可以。两者做表语时更是很难区分到底是形容词还是名词。但是，跟 Jukun Takum 语类似的是，如果是重叠形式，则一般只能表达形容词的意义，例如：

（271）féw"美"、féféw/féfæféw"美丽的"

这其实跟汉语的情况也有些类似，单音节"美"固然表达了英语的"beautiful"概念，但也表达了"beauty"的意义，不过"美美（的）"似乎只能对应于"beautiful"。类似重叠形式用作形

---

　　① 关于重叠构词法，详见下一节。

容词的情况也见于 Yoruba 语（Welmers，1973：§9.5）。

在类型学上，如果按照形容词与名词和动词的关系以及形容词入句的功能将语言进行分类，可以得到以下几种情况：

(272) 分类一：根据形容词与名词、动词是否相似

    a. 一类语言：形容词＝名词；

    b. 二类语言：形容词＝动词，如上文提及的 Wolof 语；

    c. 三类语言：形容词＝动词 & 名词，Omotic 诸语（Amha，2012：§7.4.4）；

    d. 四类语言：形容词≠动词≠名词，Kambaata 语（Treis，2008：256）等。

(273) 分类二：根据形容词的功能

    a. 一类语言：表语、定语；

    b. 二类语言：表语；

    c. 三类语言：定语。

不同的语言可按照以上两个分类方法进行归类，以上两个分类之间也互相有关联。如在分类一的二类语言中，形容词＝动词，由此可以推断出有此类形容词的语言应该肯定是分类二中的二类语言，因为还没有发现有语言中动词不能做谓语，同理，类似于动词的形容词也可以做谓语（predicate）（即出现在表语（predicative）的位置）。

Stassen（2013）具体研究了作为表语的形容词在形态上究竟类似于动词还是与之不同。总体而言，动词性标志表语形容词、非动词性标志表语形容词和混合型标志表语形容词语言之间的差距并不大，虽然具有动词性标志表语形容词的语言还是最多的，但在地域分布上较集中，主要在赤道地区以及北美洲；非动词性标志表语形容词虽然数量略少，但在地域分布上较广，尤见于欧亚和大洋洲地区，美洲和非洲则相对较少。地域分布也在一定程度上跟系属分布有关，即具有动词性标志的表语形容词多见于北美洲、南亚、东南亚等地区的语系，而非动词性标志表语形容词则见于分布于欧亚大陆的语系。具体到非洲语言（表3-71）：

(274)　　　　　　　　　　　　表 3-71　非洲语言中形容词分布

语系	动词性标志 表语形容词	非动词性标志 表语形容词	混合型标志 表语形容词	总计
阿非罗-亚细亚语系	3	7	13	23

续表

语系	动词性标志 表语形容词	非动词性标志 表语形容词	混合型标志 表语形容词	总计
尼罗-撒哈拉语系	8	0	13	21
尼日尔-刚果语系	9	1	26	36
其他	3	0	1	4
总计	23	8	53	

首先，可以看到，这三类形容词在非洲语言中的相对数量关系跟在全世界语言中的统计有明显差距，混合型标志表语形容词最多，远远超过了另外两类的总和，而非动词性标志表语形容词也几乎只有动词性标志表语形容词的 1/3。这种数量关系几乎也见于各个语系之内，特别是尼日尔-刚果语系最为突出。这或许是因为，在很多非洲语言中，形容词作为一个单独的词类只有很少的成员，除此之外，对应于欧洲语言中的形容词的词其实是动词或名词，这便造成了绝大部分所谓的"形容词"只能是作为名词或动词处理，因此导致了混合型标志表语形容词数量最多。其次，在地理分布上，动词性标志表语形容词多见于撒哈拉沙漠以北地区，非动词性标志表语形容词集中在非洲中部地区，而混合型标志表语形容词多见于撒哈拉沙漠以南地区。这种地区分类诚然与不同类别的形容词在不同语系中的分布相关，但也不能排除语言接触相互影响的原因。

类型学和非洲语言学对于形容词的研究也可以为汉语的相关问题带来一定的启示。在汉语中，形容词是否是一个独立的词类也存在不小的争议——其实词性问题一直是汉语语言学的老问题，汉语在整体上缺乏形态变化是这个问题存在的主要原因之一。对于汉语形容词的分析，主要的观点可以分为四派，即例（272）所列出的四种可能性：形容词＝名词、形容词＝动词、形容词＝动词 & 名词、形容词 ≠ 动词 ≠ 名词（范继淹，1958；吕叔湘 & 饶长溶，1981；朱德熙，1956、1984、1993；Paul，2010 等）——上文 Stassen（2013）也认为，汉语形容词做表语时带有动词性标志。而对于汉语"形容词"在句中的功能，学界几乎普遍认为可以做定语和表语。[①]

Paul（2010）针对汉语形容词进行了较新的研究，参考并发展了范继淹（1958）、吕叔湘 & 饶长溶（1981）、朱德熙（1956、1984、1993）等的分析和结论[②]，其认为：第一，形容词在

---

① 在某些特殊结构中（如"他浓浓地泡了一杯茶"）中也可以做状语（董金环，1991；张世才，1999；鄂巧玲，2001；艾彦，2005；刘哲，2010 等）

② 为节省篇幅，下文只引 Paul 的分析，而不进一步一一指出 Paul 的具体分析到底是参考了哪些研究。详情请参考 Paul 的原文，及其 2005 年和 2006 年的两篇文章。

汉语中是一类独立的词类，并非不及物静态动词(intransitive stative verb)的子类；第二，带"的"的形容词不是缩减的定语从句(reduced relative clauses)或小句(small clauses)；第三，汉语形容词从词形句法角度可分为两类，即"简单形容词"和"派生形容词"，两者分别有不同的语义和句法特性。首先，作者将形容词和定语从句区分开来，认为不能笼统地将形容词归为缩减的定语从句。第一个证据来自所谓的非谓形容词，例如"方""绝密""共同"和"原来"。这些词要么不能做谓语，例如"共同"和"原来"(Paul，2010：118)：

(275) * 这个语言(是)共同(的)。

要么在做表语时必须要出现在"是……的"结构中(Paul，2010：118)：

(276)这个盘子是方的。
(277) * 这个盘子方。

这些词在做定语的时候则无以上限制(Paul，2010：118)：

(278)共同的语言
(279)方(的)盘子

"是"不能出现：

(280)(* 是)共同的语言
(281)(* 是)方(的)盘子

所以，这些词不应该是从相应的句子转换来的(缩减的)定语从句。

其次，另一个证据来自动词和形容词完全重叠式①的不同模式，即动词的重叠是AB AB式，而形容词是AABB式(Paul，2010：120)：

(282)让他知道知道/ * 知知道道我的厉害。
(283)干净/干干净净/ * 干净干净的衣服

---

① 关于重叠构词法，详见下一节。

单音节的动词和形容词虽然不能依靠以上方法分辨出来，但是却可以从音调上加以区分，即重叠的第二个形容词可以变为一声，而重叠的第二个动词变为轻声(Paul，2010：120)：

(284) 快 kuài → 快快 kuàikuāi
(285) 看 kàn → 看看 kàn kan

我们有理由认为此处声调的变化并不是简单的语音-音系现象，而可以认为是一种形态表现手段，类似于上文提及的 Kpelle 语，即派生出的形容词具有特殊的声调模式。Paul 提出，形容词和定语从句的第三个不同点在于前者在某些情况下可以不使用"的"，而后者必须要带"的"(Paul，2010：121，124)：

(286) 一件脏/漂亮/干净衣服
(287) 脏了 *(的)衣服

我们认为"的"是否可以进入结构也是形容词的形态特征之一。虽然学界一贯认为"的"是一个助词，但这并没有说明其究竟在形态学层面是何物。由于形容词本身的功能就是定语，因此在做定语时无需其他形态手段进行允准，而句子本身的功能并不是定语，因此如果要做定语，必须要有特殊的形态标志。

在分析了汉语形容词和动词的不同之后，Paul 分析了带"的"的形容词和不带"的"的形容词的不同之处，即如果形容词不带"的"，则该形容词则作为定义性的特征来定义该名词词组，例如：

(288) 高建筑/水平

建筑和水平本身不一定高，所以高不是两者的固然属性。而"高"和"建筑""水平"结合之后形成的名词短语是"建筑"和"水平"的亚类，换言之，"高"在"高建筑""高水平"这两个名词短语中起到定义新的名词词组"高建筑"和"高水平"的作用。此外，没有"的"的形容词和名词组合之后形成的名词短语必须是原来名词的一个语义和语用上都讲得通的亚类。

(289) *聪明动物

（290）＊脏糖

以上两个组合之所以不合语法，就是因为这两个名词短语不是原来名词的一个语义和语用上都讲得通的亚类：动物的亚类可以是"冷血动物""脊椎动物"等，但没有"聪明动物"这一个亚类，同样，"脏糖"也不是"糖"的一个合理的亚类，但是"酸糖"则是"糖"的一个合理的亚类。反之，如果一个形容词已经是该名词本身就包括的必然属性，那么此形容词就不能省略"的"而跟名词组合，这可以解释为什么以下结构不合语法：

（291）＊甜蜂蜜
（292）＊高摩天楼

而以下结合则可以：

（293）淡蜂蜜
（294）新摩天楼

此外，两个以上不带"的"的形容词并列修饰同一个名词会比较奇怪（Paul，2010：133）：

（295）小瘦（?? 黑）胳膊

两个并列的不带"的"的形容词也有排序上的限制（Paul，2010：133）：

（296）大白盘子
（297）＊白大盘子

而带"的"的形容词则没有以上三个限制：

（298）我喜欢绿的裙子,红的也可以。
（299）小的瘦的黑的胳膊
（300）大的白的盘子
（301）白的大的盘子

随后，Paul 提出汉语的形容词可以分作"简单形容词"和"派生形容词"两类，后者包括(部分或全部)重叠式形容词和类似于"通红""笔直""雪白"的偏正结构短语。Paul 指出，这类派生形容词不能被程度副词修饰(Paul，2010：141)：

　　(302)＊他的脸色特别通红。

不能被"不"否定(Paul，2010：141)：

　　(303)＊他不胖胖的。

不能出现在比较句中：

　　(304)＊他的脸色比我的脸色通红。

不能做动词的补语(Paul，2010：142，143)：

　　(305)＊他把桌子擦干干净净了。
　　(306)＊他哭通红了眼睛。

在修饰名词时必须要带"的"(Paul，2010：144)：

　　(307)干干净净＊(的)衣服

而简单形容词则没有以上限制：

　　(308)他的脸色特别红。
　　(309)他不胖。
　　(310)他的脸色比我的脸色红。
　　(311)他把桌子擦干净了。
　　(312)他哭红了眼睛。
　　(313)干净(的)衣服

综上所述，我们认为 Paul 的分析是合理的，但依然存在某些不尽如人意之处，而且汉语内部还有其他的证据支持其观点。首先，我们同意 Paul 的观点，认为不能笼统地把形容词看作缩减的定语从句。除了以上她所给出的证据，还有另一个证据来自"真""挺""很"等副词，这些词在没有主题化(topicalization)或焦点化(focalization)的主谓句中必须出现：

(314) 张三 *(真/挺/很) 聪明。

此时，如果这些副词没有重读，那么它们并没有起到加强形容词的程度的意义(Li & Thompson, 1981: 143-144)①。但是如果这些副词出现在名词前的形容词之前，那么都会起到加强其词义的作用，此外，"真"不能出现在这种情况下：

(315) *真/挺/很聪明的孩子

如果例(315)是从类似例(314)的句子转换过来的，那么就无从解释为什么"真"不能修饰名词前的形容词，也不能解释"挺"和"很"在例(314)和例(315)两结构中的语义差异。其次，Paul 通过比较形容词和动词完全重叠式指出，在语音上，单音节的动词和形容词重叠之后，重叠的第二个形容词可以变为一声，而重叠的第二个动词变为轻声(Paul, 2010: 120)：

(316) 快 kuài → 快快 kuàikuāi
(317) 看 kàn → 看看 kàn kan

除了这点不同，形容词和动词的重叠结构还有另一个不同点，就是前者可以带儿化音，而后者不能：

(318) 快 kuài → 快快 kuàikuāi → 快快儿 kuàikuāiʳ
(319) 看 kàn → 看看 kàn kan → *看看儿 kàn kanʳ
(320) 你慢慢(儿)走，别着急。
(321) 你尝尝(*儿)这道菜。

---

① Li Charles N, Sandra A Thompson. Mandarin Chinese: a Functional Reference Grammar [M]. Berkeley: University of California Press, 1981: 143-144.

儿化也不是一个单纯的语音-音系现象，而是与形态和构词法有着一定程度的联系。最后，Paul 提出，形容词和定语从句的第三个不同点在于前者在某些情况下可以不使用"的"，而后者必须要带"的"。但是，刘丹青（2005）、Wu（2008）则指出，在定语从句中，"的"是可以省略的，但是此时，必须要出现指示限定词"这"或"那"，同时量词也可以省略：

(322) 昨天来那人今天又来了。

虽然有的形容词也可以不带"的"，但是却不要求一定使用指示限定词，同时量词也不能省略：

(323) 著名(的)演员
(324) ＊著名那演员

更确切的说法似乎是，如果形容词在量词的右侧，那"的"可以省略：

(325) 那张新桌子

这一点也适用于定语从句，如例(341)。但是，如果形容词位于指示词和量词左侧，那么一般不能省略"的"，定语从句也是如此：

(326) 新 ＊(的)那张桌子
(327) 那 ＊(个)昨天来的人今天又来了。

我们看到，形容词和定语从句尽管都可以省略"的"，但是两者还是有不同的地方，所以不能完全等同。

此外，Paul 还分析了带"的"的形容词和不带"的"的形容词的不同之处，即如果形容词没有"的"，则该形容词必须是限定性的。她的这个观点可以解释为什么不带"的"的形容词受程度副词的修饰，可接受程度就会下降：

(328) ? 很/?? 太/?? 挺高水平

因为此时的形容词是限定性的，而不是修饰性的，所以就没有程度上的区别。限定词，例如定冠词和指示限定词从来就不能带副词，因为从语义上是不相容的。此外，不带"的"的形容词和不带"的"的定语从句在这一点上是相同的，因为后者也必须是限定性的，而不能是修饰性的：

(329) 李四在法国读书那哥今年回来。

在没有任何上下文的情况下，我们的语感觉得例(329)中暗示李四其实不止一个哥哥，而谈话只是涉及他在法国读书的那个哥哥。相反，在下一句中，李四可以有一个哥哥，也可以有若干个：

(330) 李四在法国读书的哥哥今年回来。

换言之，如果将例(330)翻译为英语，那么则可以翻译为限定性定语从句(restrictive relative clause)，或非限定性定语从句(non-restrictive relative clause)。不带"的"的定语从句的语义特点为 Paul 对于不带"的"的形容词的分析提供了另一个证据。当然，两者在语义上的相似并不一定意味着两者在句法结构上的同源。我们基本还是同意 Paul 的看法，即汉语中的形容词不是定语从句。但是我们认为，形容词是否带"的"体现了象似性原则(iconicity)：结构上的紧密程度反映了语义上的紧密程度。这有点类似于可让渡所属关系和不可让渡所属关系之间的区别。Paul 认为，没有"的"的形容词和名词组合之后形成的名词短语必须是原来的名词的一个语义和语用上都讲得通的亚类，如果一个形容词已经是该名词本身就包括的内在属性，那么此形容词跟名词组合就不能省略"的"，但我们找到了一些例外，比如：

(331) 咸盐

"咸"是"盐"的必然属性，但这个组合可能已经词汇化了。此外，Paul 给出的下例，我们认为不能接受(Paul, 2010：121)：

(332) 一个奇怪现象

我们认为，形容词和名词组合是否带"的"，固然有语义上的解释，但是语音因素似乎也不能完全忽略。

总之，Paul(2010)的分析诚然存在某些不甚妥当之处，但其基本观点(即形容词在汉语中是一类独立的词性，既不同于名词，也不同于动词)还是正确的。这种观点既可以从汉语言内部得到证明，也能从其他方言和语言中得到支持。首先，从汉语内部看，在一些方言中，形容词似乎也异于名词和动词。在粤语中，形容词不能等同于定语从句，因为粤语中的形容词做表语时通常需要一个程度副词"连接"主语和该表语形容词，最常用的是"好"(Matthews & Yip，1994：158)：

(333)你个仔好高。

　　　普通话:你的儿子很高。

此时，这个副词表达程度的意义已经很弱了。但是，作为定语的形容词不需要程度副词修饰，如果有程度副词修饰，那么该副词表达的程度没有弱化(Matthews & Yip，1994：159)：

(334)你妈咪是个好好客嘅人。

　　　普通话:你妈妈是个很好客的人。

(335)聪明嘅学生只知答嘅。

　　　普通话:只有聪明的学生才会回答的。

带有形容词和定语从句的名词词组的结构是：形容词/定语从句+嘅+名词。虽然形容词和定语从句都可以省略"嘅"，但是后者要求必须使用量词(Matthews & Yip，1994，§6.4.2)，而前者不需要(Matthews & Yip，1994：159)。此外，只有当形容词是名词的一个本质属性时，"嘅"才能省略(Matthews & Yip，1994：159)，这一点和 Paul 以上的分析不谋而合。其次，在闽南语中，形容词和动词也不同。两者虽然都能跟"有""无"结合，但是动词跟"有""无"结合表达的是完成体，例如"有买"，意思是"已经买了"或"曾经买过了"(许极燉，1998：331)。而形容词跟"有""无"结合表达的是性质、状态，例如(许极燉，1998：333)：

(336)水有甜。

　　　普通话:水很甜。

但是，如果形容词作为定语修饰名词，"有""无"则不能出现：

(337)(＊有)甜的水

但是动词如果表达完成体，在定语从句中也要出现：

(338)汝有买的花

　　普通话：你买了的花

这个区别也表明闽南语中形容词不是从定语从句转化来的。从语言类型学角度来看，我们也能找到其他语言，形容词和动词的重叠模式不同。例如在跟汉语同属汉藏语系的藏语中，双音节形容词的完全重叠模式有 AABB 和 ABAB(Vollmann，2009：117)：

(339)bsos pa bsos pa"很新鲜的"
(340)ngam ngam shugs shugs"自发的"

但是，双音节动词的重叠模式只有 ABAB 一种(Vollmann，2009：126)：

(341)srungs shig srung shig"保护保护"

这和上面说到的汉语中双音节形容词和双音节动词完全重叠的区别有些相似，即形容词 AABB，动词 ABAB。上文还说道，单音节动词和单音节形容词重叠之后会有不同的音变，即重叠的第二个形容词可以变为一声，而重叠的第二个动词变为轻声。这种音调上的区别在坦桑尼亚的 Kikerewe 语中也有体现①。对于形容词来说，如果原词根本身没有调，那么在重叠后，第一部分的最后一个音节带有高调 H，同时该高调 H 向右传播到第二部分的第一个音节上(Odden，1996：119)：

(342)mu-kokolo"老的"　mu-kokoló-kókolo"有点老的"
(343)ba-zito"重的"　ba-zitó-zíto"有点重的"

---

① 另外可参见 Downing(2005)关于其他非洲语言中的相关现象。

如果形容词词根本身就带有高调 H，那么重叠之后，要么该高调 H 在两部分都不变，同时在重叠的第一部分的最后一个音节添加一个高调 H(Odden，1996：123)：

(344) mi-gúfu"短的"　mi-gúfú-gúfu"有点短的"

(345) lu-háángo"大的"　lu-háángó-háángo"有点大的"

要么重叠后的第一部分上的原高调 H 消失，而最后一个音节添加一个高调 H，第二部分调型不变(Odden，1996：123)：

(346) mu-gúmé"强壮的"　mu-gumé-gúmé"有点强壮的"

(347) mu-zímá"好的"　mu-zimá-zímá"有点好的"

但是，动词的重叠则不同。如果原动词词根没有声调，那么重叠之后也没有声调(Odden，1996：133)：

(348) ku-bala→ ku-bala-bala"数．不定时"

(349) twaa-bazile→ twaa-bazile-bazile"我们数．近过去时"

(350) aka-bala→ aka-bala-bala"他数．远过去式"

如果原动词词根本身有高调 H，那么重叠后可以在第一部分的最后一个音节添加一个高调 H，但是第二部分依然没有声调(Odden，1996：133)：

(351) ku-bála→ ku-bálá-bala"踢．不定式"

(352) twaa-bázíle→ twaa-bázíle-bazile"我们踢．近过去时"

(353) aka-bála→ aka-bálá-bala"他踢．远过去时"

换言之，动词重叠后，重叠的第二部分都没有声调，这不能不让人联想到汉语中单音节动词重叠后第二部分可以变为轻声：

(354) 看 kàn → 看看 kànkan

以上这两种语言都或多或少地体现了汉语中形容词和动词之间重叠式的差别，这说明形容词和动词重叠式的差别并不是汉语中特有的、孤立的现象，而是可以从语言类型学角度找到同类现象，从而支持汉语中形容词是作为不同于动词的独立的词类的观点。

4.5 重叠构词法

上节讨论汉语形容词涉及重叠式现象，本节将就这一形态-词汇现象进行深入分析。作为近来吸引诸多研究的形态学现象，重叠构词法是通过重复词根（root）、词干（stem）或词①的整体或某一部分构成新词的一种手段。

Rubino（2005）从类型学角度对重叠现象进行了研究。在形式上，重叠分为全部重叠和部分重叠，如汉语中"思考思考"相对于"思考"就是全部重叠，而"一点点"相对于"一点"就是部分重叠。一般认为，使用部分重叠的语言也使用全部重叠，但反之则不然。部分重叠的情况很多，不仅取决于原词的形式，而且还取决于语言的音系、形态特点以及词类（某些词类不能重叠，特别是语法词）等，例如在伊洛卡诺语中就有多种部分重叠的模式：-C-、CV-、CVC-、CVC(C)V-、CVC(C)VN-等。重复的部分可能是一部分词根、一部分词干或整个词的一部分，间或有形式上的变化，而重复部分最常见位于新词的词首，但词中和词尾也有可能，甚至可以在重复的部分和原词之间有其他构形成分，例如在阿拉木巴拉克（Alamblak）语中，可以将-ba-插入重复的成分之间表达强化的意义。在功能上，作为构词和/或语法手段的重叠可以表达多种意义，但这取决于原词的词类，例如动词和形容词的重叠可以表达数、论元结构、时态-体貌-语气等，以及形容词的比较级；而名词的重叠则可以表达数、格、定指、指大/指小等概念，数范畴的关系尤为密切，除了复数之外还可以表达集合性（collectivity）（如爪哇（Javanese）语中 sanga-sangane"所有九个"）、分布性（distributivity）（如桑塔利（Santali）语中 ge-geʔ"每十个"）、有限性（limitativity）（如班诗兰（Pangasinan）语中 tal-talora"只有三个"）等。本章 4.2.2 节在讨论数范畴时已经看到，在取样的 957 种语言中有 8 种语言只使用完全重叠表达复数。Gil（2013）具体研究了分布性数词（distributive numeral）（即表达"每 N（个）"的数词）的情况，在采样的 248 种语言中有84 种（33.87%）使用重叠作为构成此类特殊数词的手段，是所有构成分布性复数的构成手段中最为常见的。

Rubino（2013）从能产性方面统计了重叠现象在世界语言中的情况，该统计结果进一步说明了重叠现象是人类语言中普遍存在的，因为只有不到 1/6 的采样语言中重叠构词法不具有能产性，但这也并不意味着在这些语言中重叠现象完全不存在。就非洲语言而言，根据 Rubino（2013）的统计，在 46 种非洲语言中，37 种具有能产性的重叠结构，而 6 种只有

---

① 一般不认为词缀的重复（例如可以有 re-re-do"再再做"）也算作重叠。

全部重叠，3 种语言中重叠不具有能产性。就地区分布而言，3 种无能产性重叠结构的语言都在非洲中部地区，6 种全部重叠的都在撒哈拉以南非洲地区，而 37 种具有能产性重叠结构的语言散见于非洲大陆各处，其中 15 种为阿非罗-亚细亚语系语言、3 种为尼罗-撒哈拉语系语言、18 种为尼日尔-刚果语系语言、1 种为其他语系语言。

　　除了能产性之外，非洲语言中的重叠现象还表现除了其他类型学的共性，但也不失非洲语言的特点（Mutaka，2000：63-66；Beyer，2020：§4.3.4）。首先，在形式上，非洲语言中的重叠构词法既有部分重叠又有全部重叠，而且部分重叠的种类很多：

（355）部分重叠：

　　（a）Kinande 语：

　　　　eri-sek-a“笑”vs eri-sekaseka“笑个不停”

　　　　erí-twa“耕种”vs erí-twatwatwa“一直在耕种”

　　（b）Turkana 语：

　　　　ŋáráb“粗糙的．形容词”vs á-ŋáráb-áb“粗糙．名词”

　　　　súbɔ́“祈祷．动词”vs súbɔ́-súbɔ́“祈祷．名词”

（356）完全重叠：Dholuo 语

　　　　pánda“被分开”vs pándopándo“在固定的距离内”

　　　　mi-sala“肌肉条”vs mi-sala mi-sala“平行地”

在 Dholuo 语中，重复的部分和原词之间可以有其他构形成分，如原词和重复的部分之间可以插入-a-表达弱化的意义（Omondi，1982：87）：

（357）tedo“做饭”vs tedo atédâ“只是做饭”

　　　　nyóro“昨天”vs nyóro anyórâ“只有昨天”

　　　　kúóyô“沙子”vs kúóyô akúóyâ“只是沙子而已”

Dholuo 语还体现了在重叠现象中声调的处理情况。由于声调是非洲语言语音-音系系统的突出特点之一，因此在重叠现象中声调的处理是无声调语言所无法体现的。在上例中，我们看到重叠之后的形式跟原形式的声调之间有三种可能的情况，即完全不同于原形式的声调（tedo“做饭”vs tedo atédâ“只是做饭”）、与原形式声调部分相同（nyóro“昨天”vs nyóro anyórâ“只有昨天”），或与原形式完全同调（kúóyô“沙子”vs kúóyô akúóyâ“只是沙子而已”）。总体而言，重叠形式的声调要遵循该语言的语音-音系系统中声调处理的一般性规律(如两分性、机动性、变调等(参见第 2 章 1.3 节))。与汉语的重叠形式相比较，我们发现这或许是一条相当稳定的类型学规律。除了上节讨论汉语形容词的重叠式结构涉及声调变化现象之外，汉语中三声变调的规律在重叠形式上也依然有效，即抑或重叠之后的形式跟原形式的声调一样，都要遵守三声变调的规则：

(358) 考$^{214 \to 21}$虑^{51} vs 考$^{214 \to 21}$虑^{51}考$^{214 \to 21}$虑^{51}

或是由于三声变调规则，重叠之后得到的形式与原形式的声调不同：

(359) ①—^{51}点^{214} vs —^{51}点^{35}点^{214}

但在汉语中也有特殊的轻声现象和一声变调现象，只见于重叠式结构：

(360) 思^{55}考^{214}vs 思^{55}考^{0}思^{55}考^{0}

(361) 沉甸^{55}甸^{55}

当然，不论汉语和非洲语言在重叠结构中对于声调的处理有何特殊之处，一般都要遵循语言中的音系规律进行处理。而对于没有声调的语言，其重叠结构的形式当然也不会考虑声调问题。

在功能上，非洲语言中的重叠形式基本也符合类型学的规律。最为常见的就是通过重叠手段表达数范畴，如 Somali 语：

(362) wán "撞锤 . 阳性 . 单数" vs wanán "撞锤 . 阳性 . 复数"

　　　 áf "嘴 . 单数" vs afáf "嘴 . 复数"

重叠构词法几乎还是非洲语言中构成分布性数词的唯一的手段(Gil(2013))，在统计所涉及的 30 种非洲语言中，除了 5 种没有分布性数词的语言，其他 25 种(黄色标记)都是依靠重叠构成分布性数词。在动词形态方面，重叠式可以表达体范畴，如 Kinande 语：

---

① 此例中的"一点"意为"少量"，因此"一"为四声;而如果是表示时间(如"下午一点")，则应该为一声。

(363) eri-sek-a "笑" vs eri-sekaseka "笑个不停"

　　erí-twa "耕种" vs erí-twatwatwa "一直在耕种"

重叠式还可以作为词类派生的手段，如 Turkana 语中使用重叠派生名词（Dimmendaal，2000：166）：

(364) ŋáráb "粗糙的．形容词" vs á-ŋáráb-áb "粗糙．名词"

　　súbɔ́ "祈祷．动词" vs súbɔ́-súbɔ́ "祈祷．名词"

Dholuo 语通过重叠派生出副词：

(365) pánda "被分开" vs pándopándo "在固定的距离内"

　　mi-sala "肌肉条" vs mi-sala mi-sala "平行地"

综上所述，重叠构词法是非洲语言中一个非常重要的形态手段。

5. 结论

本章讨论了非洲语言中的一些形态学现象。

从不同的语系来看，非洲语言的形态结构有同有异。阿非罗-亚细亚诸语具有典型的根与式结构，而且形态手段丰富（加词缀（前缀、后缀、中缀）、元音延长、元音缩减、辅音延长、重叠、声调变化等）；名词有性、数、格等范畴的形态表达；动词有人称、性、数、动词配价变化、时态-体貌-语气等范畴的形态表达。尼罗-撒哈拉语系的名词数范畴的形态变化总体而言是非洲语言中最为复杂的，而且有非常罕见的单数屈折变化和单复数都有屈折变化这两类现象。尼日尔-刚果语系最大的特点是名词类别系统，不仅分类标准多样（语义、形态、句法），而且具体的类别数量也较大，且还会与数范畴相互影响；而在动词的形态变化中声调发挥了重要的作用，尤其体现在 Bantu 诸语中。以上这些形态特点表现出了较强的语系、语言内部的特点，虽然语言接触会导致某些现象也跨语系出现，但总体而言，我们可以认为以上这些形态特点是这三大语系的区别性特征。

非洲语言虽然在语系之间区别明显，但若将非洲语言视作一个整体，也不难发现非洲语言的一些共性。在名词形态方面，性范畴和名词类别系统其实都是名词的分类系统，都会涉及语义、形态、句法等多方面的因素；就形态而言，从最简单的阴、阳性的双性系统到多达 30 余个名词类别的复杂系统其实是一个逐渐复杂化的过程，其间存在很多过渡情况——例如三性、四性系统和简化了的名词类别系统。由此，我们完全可以将性范畴和名词类别系统进行统一的分析。同样，名词内的数范畴和格标志系统也可以进行同样的分析。就数范畴所表达的数的种类而言，二分的系统（即单数 vs 复数）是最常见的，可以与性范畴存在或不存在相互影响，而在有名词类别系统的语言中，最复杂的情况是数范畴已经完全融入了名词类别系统，即每一类名词的复数都是一个独立的名词类别。由此，我们再次看到了由简逐渐入繁的渐变性现象。同样，复数的形态表达也可以根据不同的复杂程度进行分析，例如最简单的情况是直接在单数名词上加上标识复数的构形成分，而最复杂的情况则可能需要同时涉及元音替换、加词缀、重音调整等多个形态手段。诚然，不同的语言肯定会利用不同的形态手段，但可以预见的是，没有一种非洲语言所利用的形态手段在其他非洲语言中不存在，这恰恰就证明了非洲语言之间的共性。再以格系统为例，非洲语言最特殊但也很常见的情况是，主格为标记情况，而宾格为零标志。这一现象在世界其他地区的语言中很少见，因此又是一个可以证明非洲语言共性的例子。而且非洲语言的格标志基本都是主宾格系统，几乎没有施通格系统，这种几乎完美的统一性在世界其他大陆是比较罕见的——或许只有欧洲可以与之相比，但法、西边境处的巴斯克语在形态上是典型的施通格语言，而非洲语言中是否有典型的施通格形态语言尚存争议。总之，在名词形态方面，非洲语言之间尽管存在一定的差异，但丝毫不能掩盖作为一个区域性整体所表现出的诸多共性。

在动词的形态方面，除了阿非罗-亚细亚诸语所特有的典型的根与式结构，非洲语言表达动词语法范畴的形态手段主要是加词缀和声调。其中词缀的累加可以使得动词复合体变得非常复杂，表达人称、性/名词类别、数、配价变化、时态-体貌-语气等诸多语法范畴。在人称标志上，非洲语言一般都有表达主语和/或宾语论元的代词性人称标志，但具体数量可以多达若干个（如主语论元标志、直接宾语论元标志、间接宾语论元标志，以及作为受益者的论元标志、表达来源的论元标志和表达地点的论元标志共现），这是和非洲语言种类繁多的动词配价操作紧密相关的，而动词配价操作的形态表达形式也可以多重叠加，构成很复杂的复合型配价操作（如使役+被动+双系）——这两方面都是非洲语言的特点。时态的表达可以使用独立语素和非独立语素，体貌的表达多通过后缀，而语气多是通过自由语素表达，由此可以通过不同的形态表达手段将三者区分开来。而通过动词形态变化表达肯定和否定的极性差别亦是非洲语言的另一大特点，且极性的表达经常与时态-体貌-语气的表达融合在一起，主句、关系从句和/或其他类型从属结构中更是可能有不同的否定形态表达。以上几点都表明，非洲语言在动词的形态方面也非常具有区域性特色，在整体上体现出了较强的一致性，无疑又验证了非洲语言作为一个整体的观点。

形容词作为一个独立的词类在非洲语言中不常见，而在的确有形容词这个词类的非洲语言中形容词的数量一般都很有限，虽然也有非洲语言可以通过派生手段获得新的形容词，但派生得到的形容词一般都和名词或动词的形态有相似之处。这些特点其实都是类型学上所发现的形容词的特点。类型学上可以按照形容词将语言进行如下分类：

(366) 分类一：根据形容词与名词、动词是否相似

    a. 形容词＝名词；

    b. 形容词＝动词：Wolof 语；

    c. 形容词＝动词 & 名词：Omotic 诸语；

    d. 形容词≠动词≠名词：Kambaata 语。

(367) 分类二：根据形容词的功能

    a. 一类语言：表语、定语；

    b. 二类语言：表语；

    c. 三类语言：定语。

非洲语言混合型形态标志的形容词(分类一中的 a、b、c 三类)最多，这也证明了非洲语言形容词作为一个独立词类并不常见。

除了形容词，我们还分别对名词和动词的形态学进行了类型学的整体考察。名词的性范畴/类别系统的类型学研究证实了非洲语言中最常见的为双性系统或 5 个类别以上的名词类别系统，而且都是多以语义+形态标志为分类标准；数范畴的形式表达分为屈折类、词根类、零形式类和多重标记类。动词的时态范畴中现在时和过去时、现在时和将来时都有形态区分的语言，和没有形态区分的语言似乎平分秋色，而在体貌表达方面，有形态标志的完成体更为常见，且很大一部分是通过动词本身的屈折变化表达的。

此外，我们也考察了非洲语言的形态类型学特征和重叠构词法。总体而言，非洲语言形态类型复杂且多样，在地域分布上有较大的差异性，而且不同的形态类型也表现出了一定的系属集中性，因此非洲语言在形态类型学方面既体现了人类语言整体的共性，又有着强烈的语系和地域特点。重叠构词法作为非洲语言中一种非常重要的形态手段，在形式上既有部分重叠又有全部重叠，而且部分重叠的种类很多；在功能上，非洲语言中的重叠形式基本也符合类型学的规律，最为常见的功能是通过重叠手段表达数范畴。这些都是极有价值但又很复杂的现象。

综上所述，非洲语言的形态结构体现出了较强的地域性、系属性特征，但又不失人

类语言的共性。诚然，非洲语言数量众多，形态结构千差万别，具体现象丰富且复杂，不可能用区区几万字便可以一言以概之，因此我们的分析难免会挂一漏万。我们只能希望前文的讨论和分析可以比较客观、忠实地反映非洲语言形态结构的主要特点，同时也从类型学角度对于某些现象进行一定程度的解释和分析。不足之处只能留待今后的研究了。

第4章　句　法

1. 总论

狭义上的句法研究只涉及由词组句所涉及的现象及相关规律。虽然在很多语言中形态学——上一章所讨论的内容——与句法密切相关，但将两者分开讨论自有其必要之处，而且也是可行的。对于非洲语言而言，我们在第3章已经深入讨论了非洲语言中常见的、重要的形态现象，而几乎没有涉及相关的句法结构。在本章中，我们则不再讨论非洲语言的形态，转而研究句法层面的现象及其规律。

非洲语言形态变化丰富，句法结构也十分复杂，而且不同的语系、语族之间差异较大，很难提出一套所谓的"特属于非洲语言的、典型的"句法结构。但是，我们也不能否认，非洲语言的句法结构在很大程度上还是具有明显的类型学共性，这表现在很多方面，例如词类的划分、语法范畴的表达、语序、不同句式的表达方式、复句结构等。有鉴于此，本章的组织结构有别于之前的两章。在本章中，我们首先从总体上对句法研究最重要的两个现象——词类划分和语法范畴进行总论，因为这两个方面既与第3章所分析的形态有关，又是下文讨论的其他句法现象的基础。随后，我们对各个语系进行分别介绍，这是跟之前两章相同的部分。在此之后，我们将直接进入句法结构的个案研究，分别对独立句和从句两个层面中的某些重要现象进行深入讨论——这里所谓的"重要"诚然有主观的取舍，但客观上的选择标准主要是类型学上的研究价值以及与汉语的相关性。语序、疑问句结构和信息结构（information structure）这三方面是句法研究的重点，在各个研究框架中基本都是如此，在类型学中尤为明显，因此不能避而不谈。连动结构（serial verb）和名词前关系从句结构则是体现了汉、非语言的共同之处，因而也是着墨颇多之处。双系式结构是非洲语言的一大特点，虽然在汉语学界少有讨论，但我们发现如果引入这一概念对于分析汉语的某些结构倒是不无裨益。因而，本章具体研究的句法现象包括语序、连动结构、双系式结构、疑问句结构、信息结构和名词前关系从句结构。具体到每一个结构，如果是在类型学层面，则更具价值或研究更深入，我们的讨论更偏重类型学层面的分析，仅仅酌情进行汉、非语言的对比；反之，如果是与汉语密切相关的结构，我们则着重进行汉、非语言比较，并在此基础上进行类型学分析。我们希望这种安排使得形式更好地为内容服务。

1.1　词类

传统的西方语言学研究将词类分为名词、动词、形容词、介词、副词、代词、限定词、连词、叹词等几大词类，但这绝对不意味着这些词类存在于人类所有语言之中，而且传统语言学对于词类的划分基本是语义为主，少参考甚至不参考形式，因此经常是标准不明、划分不清。当代语言学，特别是类型学虽然也没有对词类划分问题给出完全令人满意的答案，但学术界基本取得了比较一致的观点（参见 Schachter，1985；Lemaréchal，1989；Anward、Moravcsik & Stassen，1997；Pullum，1999；Trask，1999；Comrie & Vogel，2000；Evans，2000；Anward，2001；Givón，2001：Chapter 2；Schachter & Shopen，2007；Rauh，2010；Bisang，2011），即人类语言中名词和动词的区分基本是普世的，判断的标准包括语义、形态、句法分布等多方面的因素，要根据不同语言的不同特点进行综合判断。同样，代词——特别是人称代词和指示代词——也普遍存在于人类语言中。除此之外，其他词类的类型学共性则差异很大，例如形容词并不是普世的词类，冠词、量词等更是只存在于少数语言之中。还需注意的是，即使是两种语言拥有相同的词类（如名词、动词、形容词、代词），这也绝不意味着这两种语言中对应的词类所表达的概念也是完全一一对应的，更不能默认为两种语言中相同词类的用法和在句中的功能也是完全一样的。具体讨论可参见上文给出的文献，不赘。

就非洲语言而言，词类的划分既体现了人类语言的共性，也不失非洲语言的特性（Watters，2000）。在共性方面，非洲语言中最重要的两个词类为名词和动词（Creissels，1991：2、3、11 章），与之相关的形态学特点已在第 3 章进行了分析，不赘。与类型学研究相吻合的是，非洲语言中的名词和动词——特别是典型的名词和动词——与类型学上发现的人类语言中名词和动词的最明显的共性在于其进入句子结构中的功能，即名词做论元、动词做谓语；而在非洲语言自身的特性方面，与名词做论元和动词做谓语相关的句法现象主要涉及语序、连动结构、动词配价（valency）操作、主动句等结构，本章下文会逐一加以分析。

就名词而言，在非洲语言中，其主要功能也是充当论元——这与其他语言中名词的功能完全一样。而非洲语言名词入句的特殊之处诚如 Creissels（1991：67）所指出的，在于作为名词的词类抑或本身就可以构成一个名词性成分（即不需要任何其他修饰（如形容词）、限定（如冠词）或附加成分（如词缀）——例如所谓的"专名"以及某些语言中的普通名词（例如汉语、英语等）），抑或这些词一定需要带有某些必不可少的限定或依附性成分才能独立成词——此类名词都是多语素名词,其中有一个语素是词根,其他语素都是屈折性语素,这个特点很明显地存在于很多非洲语言中。例如在 Bantu 诸语中,大部分"名词"必须要带有至少一个前缀,即前文讨论的名词类别词缀。只有相对于名词而言,这些名词类别前缀才是必不可少的,而对于其他词类而言,虽然在一定条件下也能够带有这些前缀(即所谓的"配合"现象),但这些前缀对于这些词而言并不是必不可少的,换言之,这些词即使没有此类前缀依然可以独立成词。再例如 Berber 诸语中名词的词根都不能独立出现,而必须要带有词缀才能使用,即第3章讨论过的自由态(état libre)和依附态(état d'annexion)的区别,而这两个形式具体对应的句法功能却不见于其他语言之中:

(1)自由态:非动词句的一部分、直接宾语、某些介词后、在句首(故也在动词前)做主题、做表语、引用形式;

依附态:在动词后做主语、在大部分介词后、在某些成分后、在数词后。

例如(Kossmann,2012:50)(表4-1):

(2)

表4-1 自由态和依附态

类别	a 类前缀(仅用于单数)		i 类前缀(主要见于复数)	
	自由状态	依附状态	自由状态	依附状态
阳性	a-	w(ə)-/u-	i-	y(ə)-/i-
单数	ta-	t(ə)-	ti-	t(ə)-

当然,不同的非洲语言中名词具有不同的特点,但以上分析总体上适用于所有的非洲语言。

动词的存在在非洲语言中也是毫无疑问的(Creissels,1991:第十一章)。在类型学层面,动词最明显的特点就是做谓语[①]——当然,这并不意味着在所有的语言中所有的动词都可以做谓语,但在所有的语言中绝对有动词可以做谓语。就非洲语言而言(Creissels,1991:第十一章),或许最显著的特点就是动词带有代词性人称标志,特别是通过加前缀的方式标志人称,例如 Setswana 语(Creissels et al.,2008:93):

---

① 当然,这在一定程度上取决于我们如何定义"谓语"。在此我们认为至少可以从普通语言学中一般的用法进行理解。需要注意的是,这个概念不仅是语言学中的术语,也是逻辑学中的重要概念——而且在大部分欧洲语言中,"谓语"和"谓词/谓项"这两个术语都是同一个词(如英语中的 predicate)。更深入的分析可参见 Creissels(2006:§2.2-§2.3)。

（3）kì-χʊ̀-bídítsè

主语．1．单数-宾语．2．单数-叫

"我叫你呢。"

（4）kì-bídítsè　　　　　　　wὲná

主语．1．单数-叫　　代词．2．单数

"我叫的是你。"

Creissels（1991：292）认为，这是撒哈拉以南非洲语言的特点之一，但其实撒哈拉以北的非洲语言也基本上具有此类人称标志，例如 Arabic 语（Kaye，2007b：219）（表4-2）：

（5）　　　　　　　　　　　表4-2　Arabic 语人称标志

人称	完成体	未完成体
1．单数	katabtu	ʔaktubu
2．阳性．单数	katabta	taktubu
2．阴性．单数	katabti	taktubīna
3．阳性．单数	kataba	yaktubu
3．阴性．单数	katabat	taktubu
1．复数	katabnā	naktubu
2．复数．阳性	katqbtum	taktubūna
2．复数．阴性	katabtunna	taktubuna
2．双数	katabtumā	taktubāni
3．复数．阳性	katabū	yaktubūna
3．复数．阴性	katabna	yaktubna
3．双数．阳性	katabā	yaktubāni
3．双数．阴性	katabatā	

不过，也的确存在少量非洲语言具有较明显的孤立语特征，因而在动词上没有任何人称标志，如 Mandinka 语（Creissels，2009b：45）：

（6）sékù　　　　dí　　　　　　　módúhò

（人名）　完成体标志．肯定　（人名）　问候

"Seku 问候了 Modu。"

（7）í　　　　dí　　　　　　　　　　n　　　　　　hò

　　2　　　完成体标志 . 肯定　　1. 单数　　问候

"你问候了我。"

（8）n　　　　　　　　　dí　　　　　　　　　í　　　　hò

　　1. 单数　　　　　完成体标志 . 肯定　　2. 单数　　问候

"我问候了你。"

可以看到，如果不考虑语序的因素，Mandinka 语跟汉语十分类似，动词的形态本身不能表达任何人称范畴，而只能通过代词表达，而且代词也完全没有形态变化，仅仅通过语序标志其所表达的语法关系。但我们也看到，Mandinka 语的动词必须要带有表达体貌和极性的动词前标志成分（即上例中的 dí），再如（Creissels，2009b：44）：

（9）sékù　　　　　bé　　　　　　　　ɲó　　sène

　　（人名）　　未完成体标志 . 肯定　黍、稷　种植

"Seku 将要种黍、稷。"

（10）sékù　　　　taga-da

　　（人名）　　离开-完成体标志 . 肯定

"Seku 离开了。"

Watters（2000：195）提出，非洲语言中动词出现的频率要高于名词，也高于动词在大部分欧洲语言中的使用频率。例如，欧洲语言中很多所谓的"形容词"在非洲语言中其实都是通过动词表达的，即这些动词其实等于英语中"系词+形容词"。除了形容词的用法，非洲语言中的动词还有副词或连词的用法，例如 Ejagham 语（Watters，2000：196）：

（11）à-ny ɔ́nè　　　　　　　à-chòr-á

　　完成体标志 . 3. 单数-继续　习惯体标志 . 3. 单数-说-未完成体标志

"她还在说。"

这在一定程度上解释了我们前文所谓的"即使是两种语言拥有相同的词类（如名词、动词、形容词、代词），这也绝不意味着这两种语言中对应的词类所表达的概念也是完全一一对应的，更不能默认为两种语言中相同词类的用法和在句中的功能也是完全一样的"。

前文已述，形容词作为独立的词类在人类语言中的争议远远大于名词和动词。在非洲语言中，只有少数语言有充足的证据可以证明的确有形容词这个词类存在（Zeller，2020），例如在 Tigrigna 语中形容词跟名词至少有三方面区别：形容词有自身的根与式，不同于名词；形容词有派生词缀（如-am、-ay、-äyna、-änña、-ənña、-an）；大多数形容词有专门的、具有能产性的阴性单数后缀（-t）。再如，在 Kanuri 语（Cyffer，2007：1093，§2.4）中虽然名词和形容词在形态上无法区分，但绝大部分形容词不能表达数范畴，只有 ganá"小的"和 kúra"重要的"有复数形式 sə́naná 和 wúru/kurawá/wurawá。这些都表明形容词不同于名词。尽管如此，在相当多的非洲语言中没有确凿的证据可以证明名词和形容词是两个完全独立的词类（Creissels，1991：178-183）。而同样在一定数量的非洲语言中，所谓的形容词其实更应该分析为"静态动词"（Creissels，1991：183-185），即这些词在整体上具有动词类的形态、句法特征，虽然这些词表达的意义对应于英语等西方语言中的形容词所表达的意义。以 Wolof 语为例，Laughlin（2004）专门研究了 Wolof 语的形容词，并将其与动词相比，结果如下（Laughlin，2004：261）（表4-3）：

（12）　　　　　　　　**表4-3　Wolof 语形容词与动词比较**

类别	形容词	动词
时态屈折变化	是	是
体貌屈折变化	是	是
语气屈折变化	是	是
带有动词扩展成分	是	是
构成复合词	是	是

从这几个方面看来，Wolof 语中所谓的"形容词"其实就是动词。

介词虽然不是普世的词类，但也存在于一定数量的非洲语言中，而且某些非洲语言中的介词本身有多个形式，如 Figuig Berber 语（Kossmann，2012：63）（表4-4）：

（13）　　　　　　　　**表4-4　Figuig Berber 语介词形式**

格	用于词首为辅音的名词前	用于代词后缀前	独立使用
与格	i		dəg
方位格	i	di-	dəg
夺格	si	zzi-	zzəg

续表

格	用于词首为辅音的名词前	用于代词后缀前	独立使用
工具格	s	zzi-	zzəg
参与格(implicative)	s	xf-	xəf
向格	l	ɣr-	ɣər
随格	akəd/d	kid-	kid
属格	n	nn-	

第一列变体的使用条件很明显是语音/音系条件，第二列是形态条件，而第三列则是比较特殊的可以流落(stranded)的介词，类似于英语中介词可以脱离名词性成分的用法(如 the man I spoke to/looked at)，但跟英语不同的是，此种情况下 Figuig Berber 语需要使用特殊的形式。

非洲语言中最具有地域性特色的词类是象声词(ideophone)(Childs，2003：§5.1)：在语音/音系上，这些词与相应语言中的绝大部分词不同，除了可以有特殊的音素/音位、声调之外(如 Wolaytta 语中[ǯ]只见于象声词、Bench 语中修饰形容词的象声词都是最高的五级高调(Amha，2012：482-483))，一般都是双音节，而且其中一个音节中的元音或辅音都为超长音(即长于其他词中的长音元音或辅音)，此外还不会受到该语言的音系规则的制约；在语义上，跟其他语言中的象声词类似，都具有语音层面的象征性，例如在 Ijo 语中(Maduka，1988：107)，[m]在象声词中一般表达"柔软、小、薄"等意义，[kp]表达"大、圆、明显"等意义；类似的现象也见于 Omotic 诸语的象声词(Amha，2012：483)。非洲语言象声词在句法层面的特点是最为独特的(Creissels，2006：§15.5)。例如在 Bambara 语中，象声词是动词的依附成分，因此类似于方式副词，但每个象声词只能修饰一个专门的动词或意思相近的少数几个动词。这一特点使得象声词跟动词构成的结构更类似于同源宾语的结构，例如(Creissels，2006：§15.5)：

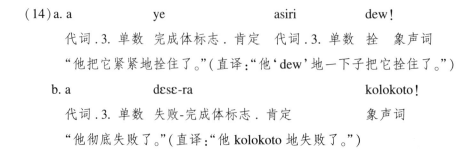

(14) a. a　　　　　ye　　　　　asiri　　　　dew!
　　　代词.3.单数　完成体标志.肯定　代词.3.单数　拴　象声词
　　　"他把它紧紧地拴住了。"(直译："他'dew'地一下子把它拴住了。")

　　 b. a　　　　　dɛsɛ-ra　　　　　　　　　kolokoto!
　　　代词.3.单数　失败-完成体标志.肯定　　　　象声词
　　　"他彻底失败了。"(直译："他 kolokoto 地失败了。")

c. ji　　　　　　wuli-la　　　　　　　　　　　bagibagi!

水　　　　　　沸腾-完成体标志 . 肯定　　　　　象声词

"水沸腾。"(直译:"水 bagibagi 地沸腾了。")①

在 Setswana 语中，所有的象声词都只能跟意义为"做"和"说"的两个动词结合构成一个类似于动词短语的结构，表达其所指涉的事件或状态，但在表达能力上有细微差别(Creissels，2006：§15.5)：

(15)a. o　　　　ne　　　a　　　　　　tsaya　　mmidi　o　　　　　re

主格3:1　助动词　主格3:1. 连动式　拿 . 完成体　3 玉米　宾格3:3　说

goro!　　fa　　fatshe

象声词　　介词　　在地上

"他拿起玉米倒(dào)在了地上"

(直译:"他拿起了玉米然后说 goro,玉米就在地上了")

b. notshe　ya　　　　　　mo　　re po!　mo　tsebeng

9 蜜蜂　主格3:9. 连动式　宾格3:1　说　象声词　介词　9 耳朵 . 方位格

"……然后蜜蜂蜇了他的耳朵"

(直译:"……然后蜜蜂在他的耳边说 po")

此类象声词是谓语性词位，既能够决定结构是否可以带有宾语项，也能够决定指派给主语和宾语(如果有宾语)的语义角色。但这些谓语性词位没有屈折变化，而且只能用在有支持动词的结构中。类似跟表达"说"的意义的动词结合的象声词也见于 Cushitic 诸语(Mous，2012：§6.24)、跟表达"说"和"做"的意义的动词结合的象声词见于 Omotic 诸语(Amha，2012：§7.4.8)。而在 Dangaléat 语中，某些象声词可以直接做谓语(Shay，1999：114)：

(16)ŋàs　　　ŋùu　　　kó　　　kíríŋ-kíríŋ-àkure

3. 阳性　3. 复数　已经　　象声词-象声词-指示词

"他说:'他们挺好的。'"

直译:"他说:'他们 kíríŋ-kíríŋ-àkure 棒。'"

---

① 参见汉语:水哗哗地开着。

综上所述，在非洲语言中，动词和名词的区分是比较明显的，这基本符合类型学上发现的词类划分的总趋势。而象声词则是非洲语言中非常特殊的一个词类，具有类型学上的罕见性和明显的地域性特征。除此之外，其他词类则需要根据具体的语系和语族具体分析，情况更为复杂，若以下面几个语系、语族、语言为例，则确定存在的词类为：

(17) Berber 诸语(Kossmann，2012：34)：名词、动词、代词、副词、介词，而形容词则在不同的 Berber 语言中差异较大，某些语言可以认为没有形容词；

Semitic 诸语(Gragg & Hoberman，2012：§4.5)：名词、动词、形容词；

Cushitic 诸语(Mous，2012：§6.6)：名词、动词、介词、象声词；

Omotic 诸语(Amha，2012：440)：名词、动词；

Hadza 语(Sands，2013)：名词、动词；

Central Khoesan 诸语：动词、名词，某些语言中有形容词。

1.2　语法范畴

一般认为，语法范畴是一定语法形式所表达的语法意义的概括(Croft，1991；Whaley，1997；Brown & Miller，1999)。根据类型学的发现，某些语法范畴几乎是普世的，存在于所有人类语言当中，其中大多是跟名词和动词相关的语法范畴。非洲语言基本也符合类型学规律，就名词和动词而言，普遍存在于非洲语言中的语法范畴包括：

(18) 名词：数、格、性/名词类别系统、定指；

动词：动词配价操作(使役(causative)、中动(middle)、被动、双系式(applicative)等)、人称、性/名词类别、数、时态、体貌、语式、语气。

这些语法范畴的形态表现形式已经在第 3 章进行了讨论，同时也指出了具体的范畴的语法意义。具体而言，在名词方面，类别系统是非洲语言所特有的语法范畴，但也可以在"性"这个更大的语法范畴之内进行考量。第 3 章已经对性和名词类别系统进行了深入的分析，不赘。在动词方面，非洲语言也具有一定的特性。首先，非洲语言中的动词配价操作颇具地域特色，第 3 章在动词构成的部分进行了一定的分析，其中使役、中动、被动、双系式是非洲语言比较常见的，也是类型学上普遍存在的动词配价操作，但 Chadic 诸语都没有被动语态，而且使役结构也仅仅存在于某些语言中(Frajzyngier & Shay，2012：288)。双系式结构应该是非洲语言最具特色的动词配价操作，适用范围广、所具有的语言多，下文将进行详细分析。

非洲语言中还存在一些很独特的动词语法范畴。例如在某些 Chadic 语言中存在特殊的动词后缀表达动词的论元(主要是主语和宾语)受动词所表达的动作影响很深,英语的术语为 affectedness,例如 Hausa 语(见例(19) 中的-u 和例(20) 中的后缀-ř) (Frajzyngier & Shay,2012: §5.16- §5.17):

(19) mutàanee　　　　sun　　　　　　　　　　gàm-u
　　　人们　　　　　完成体标志 . 3. 复数　　　　见面
　　　"大家深入地彼此了解了一下。"

(20) sun　　　　　　　　　　birba-ř　　　wà　　　　manòomi　　　daawàa
　　　完成体标志 . 3. 复数　　　收割　　　介词　　　农民　　　　玉米
　　　"他们为农民把玉米收割了个一干二净。"

上例的中文翻译并不能确切表达此类特殊的语法范畴的意义和功能。应该注意的是,此类结构并不是语境导致的语义差别,因为如果没有相应的动词后缀,词类语法范畴也不复存在,整个句子一般也不会有"受影响很深"的含义,如:

(21) sun　　　　　　　　　girbàa　manà　daawàà, àmma　daawà　taa　　saura
　　　完成体标志 . 3. 复数　收割　　1. 复数　玉米　　但是　玉米　3. 复数　留存
　　　"他们为我们收割了玉米,但是没有全部收割完。"

àmma daawà taa saura 可以接续在没有 ř 后缀的动词的分句后,但绝对不能接续在上文例(20)之后,否则会造成语义的冲突。由此可见,affectedness 这个语法范畴具有核心的、较稳定的语义,且具有相应的形式表达,是符合语法范畴的一般定义的,不过的确是一类很少见、但毫无疑问应该承认其地位的语法范畴。

与之有一定联系的是某些 Chadic 语言中表达论元部分性而不是全部或整体受影响的语法范畴,如 Hdi 语(Frajzyngier & Shay,2012: §5.19):

(22) xnà-á-xnà　　　　tá　　　　ɬú'wí　　　ndá　　　　mángá
　　　切割-部分-切割　宾格标志　肉　　　　随格标志　刀子
　　　"他用刀切了一些肉。"

动词形式 xnà-á-xnà 的中缀即表达了宾语论元部分性地受到动词所表达的动作的影响。

Chadic 诸语中另一个特殊的语法范畴是"主语视角"（Frajzyngier & Shay，2012：§5.22），即要求听者从主语的角度/心情/感受/观点来理解/阐述事件，如 Hausa 语中通过动词的第一个音节上的低调表达此意：

（23）yaaròo　　　yaa　　　　　　　　fìta
　　　男孩　　　　3 完成体标志 . 3. 单数　　出去
　　　"男孩出去了。"

上例很难翻译成汉语（和其他没有此类语法范畴的语言），我们只能理解为"出去"这个动作只能从"男孩"的观点出发。此类结构在表达相互含义的动词的动作中的差别更为明显，例如"我跟她离婚了"和"她跟我离婚了"就是从不同的参与者的角度进行表达的。此外，某些情况下主语视角和上文的 affectedness 在语义上也有一定的相似之处（Frajzyngier & Shay，2012：297）：

（24）kà　　　　　　mt-ú-tá　　　　　　　dá-nì
　　　连续结构标志　死亡-主语视角标志-指涉性　父亲-3. 单数
　　　"而他的父亲却死去了（这件事对他造成了很深的影响）。"

Lele 语的情况更为特殊，主语视角是通过加入身体部位的名词表达的，完成体使用 cà "头"、未完成体使用 kusu"身体"①（Frajzyngier & Shay，2012：298）：

（25）jéè　　dí　　　cà-y　　　kìn　　ódí
　　　扔　　3. 阳性　头-3. 阳性　回去　离开
　　　"他转了转就回去了。"
（26）dàdù　　se　　　　　è　　cánmínè　　ile　　kusu-ro
　　　3. 阴性　起始体标志　去　灌木丛　　哭泣　身体-3. 阴性
　　　"她走进了灌木丛,哭啊哭。"

cà-y 和 kusu-ro 都带有表达主有意义的后缀，而此类 [身体部位名词+主有代词后缀] 还可

---

①　如果从认知角度进行理解，似乎是未完成体比完成体所涉及的对象的范围要"更大"（身体>头）。

以用来表达自反或相互的含义（Frajzyngier & Shay，2012：294），即跟中动（middle）结构有着密切的联系。这或许可以为 Chadic 语言中的主语视角提供一个分析视角，从而将其融入类型学的中动结构研究。根据 Creissels（2006：§22.2.3.6）对于罗曼语言中动结构的分析，某些情况下在原来的动词结构中加入中动标志 se 似乎不会改变动词的结构；而在其他情况下，se 的引入至少可以改变主语的语义角色，此现象在西班牙语中尤为常见，既涉及例如 caer(se)"落下"等不及物动词，也会有 comer(se)类"吃"等及物动词。再如在法语中①：

(27) Il　　　　　　a　　bu　　　cinq　pastis　　d'affilée.
主语.3.阳性.单数　助动词　喝.过去分词　五　茴香开胃酒　接连地
"他一连喝了五杯茴香开胃酒。"

(28) Il　　　　　　s'　est　bu　　　cinq pastis　　　d'affilée.
主语.3.阳性.单数　自反标志　助动词　喝.过去分词　五　茴香开胃酒　接连地
"他一连喝了五杯茴香开胃酒（觉得畅快淋漓）。"

比较这两个句子便可以看到，se 的存在很显然突出了主语的所指对象在事件中的参与程度，即在例(28)中主语论元的所指对象在事件中的作用并不仅限于只是涉及另一个客体的行动的施事。这些不会使动词配价发生明显变化的 se 的用法中至少有一部分可以被合理地确定为自主受益类——既涉及了主语的受影响程度，又表达了主语视角。在其他语言中更有必要承认中动形式的自主受益用法。例如在古希腊语中，表达交易的动词的主语是被传递物的最初的拥有者，例如 δανειζω"我借出"，而中动形式的主语则是得益于转让动作的参与者，δανειζομαι"我借入"。此外，在法语中，例如 Il a loué un appartement"他租了一套单元房"的句子中，主语可以被理解为出租人或承租人，而在 Il s'est loué un appartement"他租住了一套单元房"中，主语只能是承租人。同样，在 Cushitic 诸语中，带有 d 标志的中动动词形式也是兼有自反和自主受益两种用法，说明非洲语言也符合类型学规律。

除了名词和动词之外，代词是另一个普遍存在于非洲语言和人类语言中的词类，主要表达的语法范畴与名词很相似——例如性/类别系统、数、格等，但也有专属于代词的语法范畴，例如定指性和距离，见 Figuig Berber 语（Kossmann，2012：61）（表4-5）：

---

① 这两个句子的微妙差别很难用汉语完全表达出来，基本的差别是，带有 se 的句子更强调主语的动作使得自己受益，因此第二句才翻译为"他一连喝了五杯茴香开胃酒（觉得畅快淋漓）"。

（29）　　　　　　　　　　　**表 4-5　Figuig Berber 语的定指性和距离**

类型	阳性．单数	阴性．单数	复．阳性	复．阴
定指．近指	w-u	t-u	in-u	tin-u
定指．远指	w-ənn	t-ənn	in-ənn、yin-ənn	tin-ənn
不定指	ay、aw			
不定指．近指	ay-u			
不定指．远指	ay-ənn			

2. 语系分论

2.1　阿非罗-亚细亚语系

　　在词类方面（Frajzyngier，2012：§8.3），名词和动词的区别明确，形容词在某些阿非罗-亚细亚语言（如 Berber 诸语和某些 Cushitic 语言）中不是独立的词类。介词也是阿非罗-亚细亚诸语所共有的词类，一般用来表达各种旁格语法关系和间接宾语，但在某些语言中直接宾语之前也带有特定的介词。阿非罗-亚细亚语系语言独有一类所谓的方位系词（locative predicator），用于本来没有任何方位含义的动词（如"唱歌""睡觉""狩猎"）做谓语的句子中，而如果动词本身必然有方位的意义（如表达位移的动词）则不能使用。跟很多非洲语言一样，象声词具有很特殊的形态-语法特性，例如 Chadic 诸语（Frajzyngier & Shay，2012：§5.11）和 Cushitic 诸语中的象声词（参见上文）非常特殊，可以参与结构构造，表达类似于英语中用副词表达的方式、结果、强度、伴随状态等语义。

　　语法范畴方面，名词普遍表达数、格、性（2～3 个）、定指等（Frajzyngier，2012：§8.3.3～§8.3.4、§8.5），动词表达配价、人称、性、数、时态、体貌、语式、语气、极性等语法范畴（Frajzyngier，2012：§8.3.6、§8.7、§8.14～§8.19.4）。动词体貌最常见的对立是完成体和未完成体，但在具体的语言中不尽相同。时态最常见的是过去、现在、将来的三分对立，不过表达的手段是多样的。此外，某些 Chadic 语言中还有两套不同的时态-体貌系统，但具体的机制还尚未十分明了，涉及的因素有独立句-从句、信息结构（特别是焦点化结构）等。最常见的语气范畴为认识（epistemic）情态和义务（deontic）情态，前者一般是无标记的，是陈述句所表达的基本语气，但某些语言可以借助形态变化表达怀疑、迟疑等认识情态；后者一般具有专门的形态变化，而且可以区分命令式（针对第二人称）、祈愿式（针对第三人称）和鼓励式（cohortative）（针对第一人称），但也有语言三者同形。Arabic 语的命令式、祈愿式的两分对立是最常见的（Kaye，2007b：221）：

（30）y'uktub"写！"vs aktub"让他写！"

在有形容词这个独立词类的语言中，形容词表达性、数、格（Frajzyngier，2012：§8.6），即通常所见的配合现象。

在句法层面，阿非罗-亚细亚语系语言都是主宾格局语言，但在不同的语言中主语和宾语都有可能有或者没有格标志，即主语和宾语都无标记、都有标记、仅主语有标记和仅宾语有标记（Frajzyngier，2012：§8.5.2、§8.13）。阿非罗-亚细亚语系语言的语序有VSO（如 Classic Semitic 诸语和某些 Chadic 语言）、SOV（Cushitic 诸语、Omotic 诸语）和SVO（Chadic 诸语）（Watters，2000：197-198；Ekkehard Wolff，2018）。否定句的构成（Frajzyngier，2012：§8.19.4）多样，包括动词形态变化、否定标志（一个或多个、具体的位置）和语序。一般疑问句（Frajzyngier，2012：§8.19.5）都可以通过语调表达，但不同语言中一般疑问句的语调并不完全相同；其他手段包括疑问句标志（位置多样）、语序和特殊结构（特别是焦点化结构）。特殊疑问句（Frajzyngier，2012：§8.19.6）在某些语言中跟肯定陈述句或一般疑问句结构相似，而在其他语言中则颇为不同，主要参数涉及特殊疑问词的位置（原位、句首、焦点位置）和是否使用疑问标志。特殊疑问词一般表达［＋人］、［－人］和［方位］等语义特征，而所提问对象的语法关系则通过格标志、介词或语序指明。信息结构是决定句子结构的重要因素。

2.2 尼罗-撒哈拉语系

尼罗-撒哈拉语言都区分名词和动词，在形态、分布和语法范畴的表达上区别明显。

名词表达性（2~3 个）、数（单数、复数、集合数）、格等常见的语法范畴（Goodman & Dimmendaal，2017）。动词表达人称、数、时态、体貌（其中完成体（perfective）/未完成体（imperfective）的对立见于很多语言）、语态（如使役式）等语法范畴（Dimmendaal，2017；Goodman & Dimmendaal，2017）。形容词作为独立的词类并不普遍，在形态上类似于动词或名词，需要具体语言具体分析。除此之外，还有代词、副词等词类基本都存在于尼罗-撒哈拉诸语中。

尼罗-撒哈拉语言中主要的语序（Watters，2000：197-198；Bender，2000；Dimmendaal，2017；Goodman & Dimmendaal，2017）为 SVO、SOV 和 VSO，其他三种语序（即 VOS、OSV 和 OVS）则很少见，而 SOV 似乎最普遍。连动结构普遍存在于尼罗-撒

哈拉语系的语言中(详见下文)。

2.3　尼日尔-刚果语系

尼日尔-刚果语序的语言至少都区分名词和动词两个词类(Creissels，1991)。

在语法层面，Williamson & Blench(2000：12-14，38-41)和 Dimmendaal & Storch (2016)提出了尼日尔-刚果语系语言的两个主要特点。其一，也是最大的特点，为名词类别系统(Williamson & Blench，2000：12-13；Bendor-Samuel，2008；Dimmendaal & Storch，2016)，该现象尤见于 Bantu 诸语。前文已经对其形态进行了深入的分析，不赘。而名词类别系统之所以也可以被归为句法现象，主要是因为在名词、名词依附成分和动词三者之间存在配合关系。其二，尼日尔-刚果语系语言中具有丰富的动词扩展操作，可以借此改变动词的配价，从动词的基本配价派生出被动、使役、双系等不同配价结构，参见前文论述。

尼日尔-刚果语系语言中有 SVO 和 SOV 两类语序的语言(Watters，2000：197-198；Williamson & Blench，2000：39；Dimmendaal & Storch，2016)，前者更常见。与此相关的是，最常见的否定构成方式为动词后的否定语素(Nurse，2008：183)，但也存在动词前的否定语素。而在 Atlantic 诸语和 Benue-Congo 诸语中，有 SVO、SVOX、前置介词、N+修饰语共现的语序关联关系。

Bendor-Samuel(2008)还将动词连动式(verb serialization)归为尼日尔-刚果语系语言的句法特点之一。此类结构尤见于 Kwa 诸语和 Benue-Congo 诸语(Creissels，2000：240)，详见下文分析。

尼日尔-刚果语系各个语族、语支在句法层面基本的类型学特点见表 4-6 ~ 表 4-15 (Williamson & Blench，2000：§2.5)：

(31)　　　　　　　　　　　**表 4-6　Atlantic 诸语类型学特点**

名词类别	复杂系统 通过前缀、后缀和首位辅音转换表达
动词扩展	广泛存在
代词	区别包括式(inclusive)和排除式(exclusive)
语序	SVO、前置介词
名词短语	名词+属格、名词+数词、名词+指示词

（32）　　　　　　　　　　**表 4-7　Ijoid 诸语类型学特点**

名词类别	残余系统
动词扩展	很少
代词	存在可离间式（alienable）和不可离间式（inalienable）的残余,总是有男性和女性的区别,偶有中性
语序	SOV、后置介词
名词短语	属格+名词、主有形式+名词、形容词+名词、数词+名词、指示词+名词、名词+定冠词

（33）　　　　　　　　　　**表 4-8　Benue-Congo 诸语类型学特点**

名词类别	存在复杂系统、简单系统、残余系统和无名词类别四种情况 通过前缀表达
动词扩展	广泛存在
代词	主语、宾语、主有等代词互不相同
语序	SVO、前置介词
名词短语	名词+属格、名词+主有形式、名词+形容词/形容词+名词、名词+数词 名词+指示词、名词+定冠词

（34）　　　　　　　　　　**表 4-9　Dogon 诸语类型学特点**

名词类别	残余系统 无前缀
动词扩展	很少
代词	有一组基础形式,可以派生出其他代词
语序	SOV
名词短语	名词+主有形式、名词+形容词、名词+复数、名词+数词、名词+指示词、名词+定冠词

（35）　　　　　　　　　　**表 4-10　Kru 诸语类型学特点**

名词类别	残余系统 通过后缀和末位元音的变换表达复数
动词扩展	使役式、受益式（benefactive）、被动语态、起始体（inchoative） 工具格、与格、方位格

代词	以[±人]特征为基础
语序	SVO/SOV/后置介词
名词短语	属格+名词、主有形式+名词、名词+形容词、名词+指示词、名词+复数、名词+定冠词

（36） **表 4-11 Kwa 诸语类型学特点**

名词类别	存在复杂系统、简单系统、残余系统三类 通过前缀表达，亦有首位辅音变换
动词扩展	使役式和反身（reflexive）/相互（reciprocal）
代词	主语、宾语、主有等代词互不相同
语序	SVO、后置介词
名词短语	属格+名词、主有形式+名词、名词+形容词、名词+数词、名词+指示词、名词+限定词

（37） **表 4-12 Adamawa-Ubangi 类型学特点**

名词类别	存在简单系统和残余系统两类
动词扩展	少量，主要包括反复体（iterative）、紧连式（intensive）、受益式、使役式
代词	某些形式区分包括式和排除式
语序	SVO/SOV、前置介词
名词短语	名词+属格、名词+形容词、名词+数词、名词+指示词

（38） **表 4-13 Gur 诸语类型学特点**

名词类别	存在复杂系统和简单系统两类 通过后缀表达
动词扩展	广泛存在
语序	SVO/SOV、后置介词
名词短语	属格+名词、主有形式+名词、名词+形容词、名词+数词、名词+指示词

（39） **表 4-14 Kordofanian 诸语类型学特点**

名词类别	存在复杂系统、简单系统和无名词类别三种情况 通过前缀表达

动词扩展	广泛存在
代词	区分包括式和排除式
语序	SVO、前置介词
名词短语	名词+属格、名词+主有形式、名词+形容词、名词+数词、名词+指示词

（40）　　　　　　　　　　**表 4-15　Mande 诸语类型学特点**

名词类别	残余系统 通过后缀和首位辅音转换表达,声调变换标志单复数
动词扩展	不普遍
代词	区别可离间式和不可离间式,以及包括式和排除式
语序	SOV、前置介词/后置介词
名词短语	属格+名词、主有形式+名词、名词+形容词、指示词+名词/名词+指示词、名词+复数

此外,尼日尔-刚果语系中研究最为深入的 Bantu 诸语（是 Benue-Congo 下的一支）特点见表 4-16:

（41）　　　　　　　　　　**表 4-16　Bantu 诸语类型学特点**

名词类别	存在复杂系统、简单系统、残余系统 通过前缀表达
动词扩展	广泛存在
代词	第三人称代词与名词类别进行配合
语序	SVO、前置介词
名词短语	名词+属格、名词+主有形式、名词+形容词、名词+数词、名词+指示词、名词+定冠词

2.4　其他语系和语言

总体而言,原来认为属于柯伊桑语系的这些语言在语法方面的共性则较弱（但并非完全不存在）（Güldemann & Vossen, 2000；Vossen, 2013: 7；Güldemann, 2013a；Traill & Köhler, 2016）,这是证明这些语言同属于柯伊桑语系所面临的最大的难题,也是近来非洲语言学家认为柯伊桑语系本不存在的主要原因。

名词和动词存在于所有的语言中。名词一般都有性/名词类别、数，动词有配价操作、时态、体貌等语法范畴，某些非 Khoe 语言也有连动结构。动词的及物性是重要的语法范畴，如果动词本身不要求宾语(即句子结构为 SV)，那么如果在该动词后有其他成分(宾语或旁语)，则动词需要进行特殊的形态变化或通过连动结构才能引入可以带有宾语的动词。旁语经常由一个通用的功能语类引出，因此该功能语类并不能具体标明该旁语的语义角色或句法角色，而只说明该旁语并不是动词的配价所要求的。此外，很多旁语类的语法关系都是通过名词的并置实现的，而名词并置更可以直接构成复合词。

这些语言的语序一般为 SOV(Khoe 诸语和 Sandawe 诸语)或 SVO，只有坦桑尼亚的 Hadza 语为 VSO。非 Khoe 语言中语序是重要的语法手段，基本语序为 SVO，表达时态-体貌-语态、否定、焦点等的功能语类多出现在主语和动词之间。在名词短语内为中心语-修饰成分的语序。

连动结构很常见，通常是多个动词词根相连，之间甚至都没有任何功能语类。

3. 句法结构个案研究：类型学分析和语言比较

3.1　独立句结构

3.1.1　语序

我们这里所谓的语序①只涉及句子层面(如陈述句、疑问句、否定句等)的现象，而不考虑短语(名词短语、形容词短语等)层面的相关问题。语序的存在是毋庸置疑的，但是确定某种语言的语序却并非易事。研究者至少会面临两个难题：其一，如何处理没有固定语序的语言；其二，如何分析有多于一种固定语序的语言。通常的做法是一方面承认这两个问题的存在，另一方面暂且将其搁置起来。篇幅所限，我们在此也无法进行深入讨论，可参见 Tomlin(1986)，Dryer(2007)，Whaley(1997：Chapter 6)，Velupillai(2012：Chapter 10)，陆丙甫、金立鑫(2015：§5.1.3)等。

3.1.1.1　基本语序

我们遵循现行的研究范式，认为某种语言的基本语序是在该种语言中"中性"的——即

---

①　"语序"，即英语的 word order，其实是一个约定俗成的错误名称，更确切、更专业的说法应该是"成分顺序"(constituent order)，但是后者的使用频率和范围远远没有前者高，所以我们也还是暂且从众。

没有特殊的信息结构（不包含例如主题（topic）、焦点（focus）等结构（参见本章§3.1.5））——句子中词的顺序。此外，我们也遵循一般的研究范式，将讨论局限在只含有名词性主语（特别是专名①）S、动词 V、名词性直接宾语（特别是专名）O 的句子。众所周知，世界上很少有语序极为严格的语言，大部分语言都可以根据不同的原因进行语序调整，而且动词的时态-体貌-语气-语态、论元为名词或代词、是否为主句或从句等因素都可能会影响语序。因此，如果没有特别指出而仅仅是提及"语序"或"句子中的语序"，一般都是专指没有特殊信息结构的、陈述主动语态的简单独立句，且论元为名词（特别是专名）。

Watters（200：194）指出，几乎所有非洲语言都有至少一个基本语序，即相对于动词而言，主语和宾语的位置是相对固定的，这特别明显地表现在肯定陈述句中。而 Creissels（2000：250）和 Creissels 等（2008：127）指出，非洲语言的基本语序相对严格，极少有类似于俄语或拉丁语的自由语序。换言之，除了基本语序之外的其他语序虽然也存在，但一般都需要满足特殊的语义、句法、语用等方面的要求，而且变化程度也相对较小。

就简单陈述独立句而言（Heine，1976、2008；Creissels，1991：413-419；Watters，2000：§8.2.2；Creissels，2000：§9.5；Creissels et al.，2008：§4.8；Zeller，2020），非洲语言中最为常见的三种语序为 SVO、SOV 和 VSO。SVO 语序最为常见，尤见于阿非罗-亚细亚语系、尼日尔-刚果语系和一定数量的尼罗-撒哈拉语系语言中；SOV 语序多见于阿非罗-亚细亚语系的某些语言中（特别是 Semtic、Cushitic 和 Omotic 诸语中），也见于某些尼日尔-刚果语系语言和尼罗-撒哈拉语系语言中，以及除了三大语系之外的其他语言中；而 VSO 语言主要集中在阿非罗-亚细亚语系的 Berber、Chadic 诸语中，以及尼罗-撒哈拉语系的 Estern Sudanic 和 Southern Sudanic 诸语中。此外，Päri 语具有非常特殊的 OVS 语序（Andersen，1988）。

以语序情况最为复杂的阿非罗-亚细亚语系为例。Berber 诸语基本都是 VSO 语序（Kossmann，2012：§2.13.1），例如 Kabyle 语（Naït-Zerrad，2001）：

（42）y-əčč a   wə-qšiš   a-ɣrum
　　　3.阳性.单数-吃.过去时   男孩   面包
　　　"男孩子吃了面包。"

Semitic 诸语则兼具 SVO、VSO 和 SOV 三种语序（Gragg & Hoberman，2012：

---

① 因为专名才是真正意义上的名词。

§ 4.12.1），例如 Hebrew 语（Berman，1978：136）、Arabic 语（Shlonsky，1997：7）和 Amharic 语（Gragg & Hoberman，2012：210）：

（43）david　　　　raa　　　　　et　　　ha　　yeled
　　　（人名）　　　看见.过去时　宾语标志　定冠词　男孩
　　　"David 看见了那个男孩。"

（44）katabat　　　　mona　　　　resaalatan
　　　写.过去时　　（人名）　　　信
　　　"Mona 写了一封信。"

（45）nəguś-u　　　　bet-u-n　　　　　　　särra-w
　　　国王-定冠词　房子-定冠词-宾语标志　建造.过去时.3.阳性.单数-宾格
　　　　　　　　　　　　　　　　　　　　标志.3.阳性.单数
　　　"国王建造了这所房子。"

Chadic 诸语的情况也比较复杂（Frajzyngier & Shay，2012：§ 5.13.3），大部分为 SVO 语序，例如 Mina 语（Frajzyngier et al.，2005：93）：

（46）séy　　　gáw　　　dəɗ　　　gnàz　　　zá
　　　然后　　猎人　　取走　　腿　　　3.单数
　　　"然后,猎人取下了(猎物)的一条腿。"

但在 Hwana 语等 Central Chadic 语言中，SVO 只限于非完成体，而完成体的句子动词在首位，如 Tsuvan 语（Frajzyngier & Shay，2012：283）：

（47）mà　　　　　ʔə́t　　　həda　　　ndé
　　　过去时标志　咬　　　狗　　　人
　　　"狗咬了人。"

当然，在几乎所有的阿非罗-亚细亚语言中都可以在基本语序之外有其他语序，而且在很多情况下很难决定究竟是何种因素导致了非基本语序的存在，例如在 Hebrew 语中也有 VSO 和 OVS 语序（Shlonsky，1997：146）：

(48) ʕacra   ha-mištara harbe   peʕilim

逮捕．过去时．3 阴性．单数 定冠词-警察 很多   活跃分子．复数

"警察抓住了很多活跃分子。"

(49) peʕilim   rabim ʕacra   ha-mištara

活跃分子．复数 很多 逮捕．过去时．3 阴性．单数 定冠词-警察

"警察抓住了很多活跃分子。"

Arabic 各个地域变体之间在语序上的差异也很大，虽然在很多地域变体中都有基本语序，但不同地域变体中的基本语序并非完全相同，而且非基本语序之间也不是完全对应的，例如在摩洛哥、巴勒斯坦和黎巴嫩三种地域变体中都有 SVO、SOV 和 VSO 语序，但绝对不能认为在这三种地域变体的 SVO 是互相对应的（Aoun、Benmamoun & Choueiri，2010：46）：

(50) ʕomar   kla   t-təffaħa 摩洛哥 Arabic SVO

（人名）   吃．过去时．3．阳性．单数 定冠-苹果

"Omar 吃了苹果。"

(51) ʔeħmad   gaabal   mona 巴勒斯坦 Arabic SVO

（人名）   遇见．过去时．3．阳性．单数 （人名）

"Ahmed 遇见了 Mona。"

(52) maya   beesit   mona 黎巴嫩 Arabic SVO

（人名）   亲吻．过去时．3．阴性．单数 （人名）

"Maya 亲吻了 Mona。"

(53) kla   ʕomar   t-təffaħa 摩洛哥 Arabic VSO

吃．过去时．3．阳性．单数 （人名） 定冠-苹果

"Omar 吃了苹果。"

(54) gaabal   eħmad   mona 巴勒斯坦 Arabic VSO

遇见．过去时．3．阳性．单数 （人名） （人名）

"Ahmed 遇见了 Mona。"

(55) beesit   maya   mona 黎巴嫩 Arabic VSO

亲吻．过去时．3．阴性．单数 （人名） （人名）

"Maya 亲吻了 Mona。"

（56）kla t-təffaħa ʕomar 摩洛哥 Arabic VOS

吃 . 过去时 . 3 . 阳性 . 单数 定冠-苹果 （人名）

"Omar 吃了苹果。"

（57）gaabal mona eħmad 巴勒斯坦 Arabic VOS

遇见 . 过去时 . 3 . 阳性 . 单数 （人名） （人名）

"Ahmed 遇见了 Mona。"

（58）beesit mona maya 黎巴嫩 Arabic VOS

亲吻 . 过去时 . 3 . 阴性 . 单数 （人名） （人名）

"Maya 亲吻了 Mona。"

抛开具体的理论而单从数学的排列组合的可能性来看，从 S、V、O 三个成分我们可以得到以下六种语序：SVO、SOV、VSO、VOS、OVS 和 OSV。根据 Dryer（2013h）的类型学统计，以上六种语序在自然语言中都存在，但是其分布却极为不平均。

首先，单纯从六种语序所涉及的语言的数量来看，之前的研究（Hawkins，1983；Tomlin，1986）得出的六种语序的语言的数量的相对关系也是相同的，即 SOV>SVO>VSO>VOS>OVS>OSV。Tomlin（1986）的研究虽然只涉及 402 种语言，但是其方法论值得一提。他并没有简单地以绝对数量计算六种语序的出现频率，而是采用了 χ^2 检验（chi-square test）[①]，结果表明 SOV（180 种语言）和 SVO（168 种语言）、VOS（12）和 OVS（5）在数量上的差别不具有统计学意义，而 SVO、VSO、VOS 三种语序数量差别的 χ^2 检验结果都具有统计学意义。Tomlin 没有找到 OSV 的语言。所以，Tomlin 提出了一个新的排序，即 SOV = SVO>VSO>VOS = OVS>OSV，并提出了三条功能性的原则来解释上面的统计学结果。我们姑且不讨论其提出的功能性解释是否合理，而只考虑其 χ^2 检验的方法论和结果。从方法论角度来看，这种方法的确很新颖，就我们所知 Tomlin 是第一个提出在语序研究上采用该统计学方法的，但是后人的研究却鲜有对其进行继承或发扬，这或许说明这种方法其实具有一定的局限性。Dryer（1989）就指出，Tomlin 的统计中 SVO 语言数量过多可能是由于尼日尔-刚果语系和南岛语系（Austronesian）的语言过多而造成的。就算是Tomlin 的统计结果有效，我们如何对待这个统计结果还是一个问题。在人类语言中，某个结构存在于更多语言中，而另一个结构比较少见，其实原因很多，有时候不能完全从统计学角度加以说明。Perkins（1992：123-124）就指出，在人类语言的研究中，个案之间的独

---

① 简单来说，χ^2 检验用于在总体分布未知的情况下，根据样本的频数分布对总体分布所作的假设检验，主要是检验频数的分布和某个概率分布模型是否一致。参见桂诗春、宁春岩（2006：§11.4.4）。

立性是不存在的，换言之，语言之间都是有着千丝万缕的联系，所以不能够把每一个语言看作完全独立的个体而进行研究。有时只是由于两种语言在地缘上相邻而相互影响才有了共同的结构，这种地域性的同构跟同源语言之间的同构必须区别对待。总之，我们可以看到，一方面各种语序的分布是具有一定的规律的，但另一方面，如何对某种语言的具体语序进行解释，以及如何对不同语序的分布规律进行解释却非常困难。

其次，从语言所在大陆的区域来看，SOV 语见于世界各地，但在欧洲和撒哈拉以南非洲地区则相对较少，其他语序的分布更具地域特色。具体到非洲语言，统计结果见表4-17：

(59)　　　　　　　　　　表 4-17　非洲语言 SOV 语序类型

结构	数量
SOV	52
SVO	215
VSO	22
VOS	0
OVS	1
OSV	0

即 SVO>SOV>VSO>OVS>VOS/OSV。可以看到，非洲语言中六种语序的数量排序跟世界语言的数量序列（SOV>SVO>VSO>VOS>OVS>OSV）不同，其中 SVO 语序更是远远多于其他五种语序——甚至远远高于其他五种语序之和。这主要是由于撒哈拉南部地区基本都是 SVO 语言，且在北非地区也零星存在。SOV 语序只存在于北非地区。VSO 只在两个区域集中存在。如果进一步具体到语系，则统计结果见表4-18。

(60)　　　　　　　　　　表 4-18　非洲语言的语序

语序	阿非罗-亚细亚语系	尼罗-撒哈拉语系	尼日尔-刚果语系	其他语言	总计
SOV	18	16	17	1	52
SVO	31	29	149	3	215
VSO	8	13	0	0	22
VOS	0	0	0	0	0

续表

语序	阿非罗-亚细亚语系	尼罗-撒哈拉语系	尼日尔-刚果语系	其他语言	总计
OVS	0	1	0	0	1
OSV	0	0	0	0	0
总计	57	59	166	4	290

通过分语系统计，我们发现，尼日尔-刚果语系的语言占比过大（166/290），接近60%，即 Comrie(1989：10-12)和 Velupillai(2012：§3.2.2)所强调的系属分类所造成的偏颇（genetic bias），而且尼日尔-刚果语系中 SVO 语序语言在所有 SVO 语序语言中所占的比重也是最大的（149/215），接近70%。就尼日尔-刚果语系而言，SVO 语序语言更是绝对多数（149/166），接近90%。这或许可以解释为何 Dryer 的统计中非洲语言的 SVO 语序语言如此之多。或许可以认为 SVO 语序是尼日尔-刚果语系语言中的主流语序，而不是非洲语言的主流语序。但是，如果将尼日尔-刚果语系的 SVO 语序语言排除出去，虽然阿非罗-亚细亚语系和尼罗-撒哈拉语系中的 SVO 语序语言数量基本相同，不过与这两种语言中的 SOV 语序语言（即 31/18 和 29/16）相比还是具有统计学意义（即 60 种 SVO 语序语言、34种 SOV 语序语言），因而虽然 Dryer 的统计的确有系属偏颇之嫌，但 SVO 语序语言数量高于 SOV 语序语言数量似乎是不争的事实。

再次，就 SOV 语序语言而言，似乎在非洲诸语系中分布较平均，这其实更符合类型学的规律，因为 SOV 语序基本存在于人类语言的各个语系中，而且数量也相对平均，因而才会是人类语言中最常见、分布最广的语序。

最后，就阿非罗-亚细亚语系和尼罗-撒哈拉语系而言，都表现出 SVO>SOV>VSO 语序的数量排序，而这也正是非洲语言总体上六种语序的数量排序。这也进一步证明了 SVO>SOV>VSO 语序的确是非洲语言的地域类型特征。

3.1.1.2　其他情况

除了基本的 S、V、O 三个成分的语序，非洲语言学还特别关注有助动词的结构的语序（Watters，2000：§8.2.2；Creissels，2000：§9.5）①。类型学发现，助动词的位置跟S、V、O 三个成分的语序有着一个关联，即（Dryer，2007：§5.3）

---

① 第 3 章已经说明，非洲语言中的助动词主要表达时态、体貌、语气等语法范畴，但有时也表达类似英语的副词的意义。

（61）OV ↔ V 助动词

      VO ↔助动词 V

非洲语言也基本符合这一类型学相关性，如在尼罗-撒哈拉语系语言中，位于东部的语言基本是 VO 和助动词+V，而北部和西部地区的语言则是 OV 和 V+助动词（Goodman & Dimmendaal，2017）。如果将主语也考虑在内，则情况更为复杂。例如以 SVO 为基本语序的非洲语言如果有助动词，则有［S 助 VO］和［S 助 OV］两种语序，后者主要出现在某些尼罗-撒哈拉语言和尼日尔-刚果语言中。在阿塞俄比亚的 Semitic 语言中，助动词一般都出现在句尾，即［SOV 助］。Creissels（2000：§9.5）和 Creissels 等（2008：128-129）提出了以下分类：

（62）A 类：SVO、SVOX、前置介词、N+修饰语，尤见于尼日尔-刚果语系，但其他语系亦有此类语言；

      B 类：SVO、SVOX/SOVX、后置介词、属格修饰语+N，尤见于西非；

      C 类：VSO、前置介词、N+修饰语，尤见于 Eastern Sudanic 诸语；

      D1 类：SOV、后置介词、修饰语+N；

      D2 类：SOV、后置介词、N+修饰语。

前文已述，非洲语言中的助动词功能多样，其中较为特殊的是可以表达否定，构成否定句，因此这也是一个与基本语序相关的结构，即否定谓语动词的否定句（Creissels，1991：327-331；Mutaka，2000：222-225；Wattes，2000：§8.2.5；Childs，2003：§5.3；Creissels et al.，2008：§4.12.1；Nurse，2008：§5.2），即类型学上通常所谓的"标准否定"（standard negation）（Miestamo，2005；Dahl，2010）。这方面有关语序的研究主要涉及两个问题，即否定语素（否定词缀或否定词）在整个句中（或动词（短语）中）的位置，以及否定句和相应的肯定句的语序差异。

就第一个问题而言，类型学研究发现（Dryer，2007：§7.4），否定语素（词或词缀）的位置在动词前和动词后都存在于人类语言中，并没有绝对的优势语序，只是动词前稍多，尤见于动词位于句首的语言，而在非洲的 VSO 语言中[1]，否定语素似乎更多位于动词前，但不具有统计学意义。总体而言，在非洲语言中，否定的表达经常出现在动词（短语）内部，即表现为动词的词缀，此类否定构成尤见于非洲的黏着语中（Mutaka，2000：224），

---

[1] 根据 Dryer 的统计，非洲没有 VOS 语言。

如 Aghem 语(Anderson, 1979: 118):

(63) ò　　　　kà　　　bó　　　ghâm-fɔ̀
　　3. 单数　否定标志　拍打　　垫子-7
　　"他没有拍打垫子。"

其中表示否定的 kà 依附在动词上。同样,Berber 诸语虽然有很强的屈折特征,但否定也是通过前缀(如 wər-、ur、ul 等)表达的(Kossmann, 2012: 87)。Bantu 诸语中也有此类否定构成方式(Nurse, 2008: §180-181),如 Zulu 语的否定语素-nga-作为前缀出现在主语前缀之后、动词之前,这在 Bantu 语言中是一种比较常见的模式,也见于一定数量的其他尼日尔-刚果语言中,而在非 Bantu 语言的尼日尔-刚果语言中,否定语素也见于主语前缀之前,如 Haya 语(Nurse, 2008: 181)中,否定语素 ti-:

(64) ti-tugura
　　否定标志-我们买
　　"我们不买。"

否定词还可能出现在整个句子之前或之后,尤见于非洲的分析型语言(Mutaka, 2000: 224),但一般也不会改变原来肯定句的语序,如 Kara 语(Boyeldieu, 1987: 90):

(65) jùwà　　　　　　　lɪ̄f　　　　ɔ̀ʔ
　　看见.1. 复数　　　月亮　　　否定标志
　　"我们看不见月亮。"

Chadic 诸语的否定亦通过句末的否定词表达(Frajzyngier & Shay, 2012: §5.29)。值得注意的是,对于独立肯定陈述句为动词在末尾的语言,几乎无法区分在句尾的否定标志是依附于整个句子上还是动词的后缀,如 Duma 语(Nurse, 2008: 182):

(66) mɛyemba　　　　　　vɛ
　　我唱歌　　　　　　　否定标志
　　"我不唱歌。"

尽管如此，此类结构中句子的整体语序没有发生改变。Hausa 语的情况更复杂一些，要使用两个否定语素表达否定，结构为［S 否 VO 否］，但依然还是 SVO 语序（Kraft & Kraft，1973：310）：

（67）yrrainyàa　　　bà　　　tà　　　　　tàfi　　goonaa　　ba
　　　女孩　　　　　否定标志　3. 阴性 . 单数　去　　农场　　　否定标志
　　　"女孩没有去农场。"

Lobala 语的否定也是使用两个否定标志，作为动词词缀依附在动词上（Watters，2000：206）：

（68）te-ba-ik-aka　　　　　　　　　　　tuba
　　　否定标志-3. 复数-否定标志-过去时标志　　唱歌
　　　"他们没有唱歌。"

在有助动词的结构中，否定词缀也可能出现在助动词而不是主动词上，但是也不会涉及语序的变化，如 Igbo 语（Welmers，1973：405）：

（69）ò　　　ná-'ghí　　　　èri　　ń'ri
　　　3. 单数　助动词-否定标志　吃　　食物
　　　"他/她不是在吃东西。"

除了通过词缀、否定词表达否定，还有非洲语言——例如 Cushitic 语言和 Omotic 语言中——是通过特殊的动词变位形式表达否定（Zaborski，2005；Mous，2012：§6.23.8），但此类语言的否定应该看作在动词内部表达的，因而基本也不会涉及整个句子语序的变化。关于否定结构的形态层面的问题，参见第 3 章。此外，时态、体貌、语气、语式、句式等语法范畴的区别都有可能会要求使用不同的否定语素（如 Omotic 诸语（Amha，2012：§7.4.2.5）），但一般不会造成语序的改变，不赘。

　　由于非洲语言中否定的表达经常出现在动词（短语）内部，因此否定谓语动词的否定句一般没有特殊的语序，但在少数非洲语言中，否定句语序与相应的肯定句语序不同，如 Lugbara 语（Crazzolara，1960：92）：

（70）drùsǐ　　　mâ　　　zâ　　　ɲaa　　　rá　　　　　　　　　　　SOV

　　　明天　　　1. 单数　肉　　吃　　　肯定句标志

　　　"我明天吃肉。"

（71）drùsǐ　　　á　　　ɲaa　　　zá　　　kö　　　　　　　　　　SVO 否

　　　明天　　　1. 单数　吃　　肉　　　否定句标志

　　　"我明天不吃肉。"

Krumen 语的情况恰恰相反（Hyman，1975a：125）：

（72）ɔ́　　　　　tè　　　kɔ́　　　　　　　　　　　　　　　　　SVO

　　　3. 阳性 . 单数　买　　米

　　　"他买了米。"

（73）ɔ́　　　　　sé　　　kɔ̀　　　tè　　　　　　　　　　　　　SOV 否

　　　3. 阳性 . 单数　否定标志　米　　买

　　　"他没买米。"

　　此类通过语序变化表达极性的现象在类型学中有所研究，发现通过语序语序变化表达否定的现象主要见于非洲语言，特别是中部非洲。

　　非洲中部集合了几乎所有肯定句与否定句语序不同的情况，其中最多的是肯定句为 VSO 否定句为［否 SVO］、肯定句为 SVO 和 VSO 否定句为［SVO 否］。Miestamo（2005：§3.3.5）将此种现象称为"不对称否定"（asymmetric negation），但是诚如 Dahl（1979）所指出的，如何分析此类否定现象还没有一个很好的框架。此外，某些情况下否定句和肯定句语序不同的根本原因并不是否定本身，而是信息结构的调整，特别是跟焦点化结构（详见下文）相关。Creissels（1991：338）指出，在否定句中，否定——不论其具体的表达形式如何——就是这个句子的焦点所在。因此，否定语素必须出现在焦点位置，同时可能导致句子其他成分的位置改变。例如在匈牙利语中（Miestamo，2005：67），否定语素为 nem，必须要在谓语动词前、紧挨该动词，同时，除了主语之外的其他成分都要置于句尾：

（74）dani　　　fá-ra　　　　　　　mász-ik

　　　（人名）　　树-在上格标志　　　爬-3. 单数

　　　"Dani 爬树。"

（75）dani　　　　　nem　　　　　mász-ik　　　　　　fá-ra

　　（人名）　　　否定标志　　爬-3. 单数　　　　树-在上格标志

　　"Dani 不爬树。"

匈牙利语（Kenesei、Vago & Fenyvesi，1998：§1. 11；Kiss，2002：§4. 2）中紧挨动词之前的位置是缺省的焦点位置，否定语素 nem 被处理为焦点，而且 nem 带有句子重音，也是焦点成分的典型特点之一。所以，匈牙利语中否定句语序的变化其实是更为根本的信息结构组织条件所触发的，而否定仅仅是其中的一种情况而已。更复杂的情况见于巴斯克语（Basque）：其默认的焦点位置也是在谓语动词前、紧挨谓语动词（Hualde & de Urbina，2003：§4. 4）；同样，否定标志也是在谓语动词前（Miestamo，2005：153）：

（76）jon　　　　etorr-i　　　　　　　　　　　d-a

　　（人名）　　来-完成体标志　　　　　　通格标志 . 3-现在时标志

　　"Jon 来过了。"

（77）jon　　　　ez　　　　　d-a　　　　　　　　etorr-i

　　（人名）　　否定标志　　通格标志 . 3-现在时标志　　来-完成体标志

　　"Jon 没来。"

否定标志 ez 的位置或许可以通过焦点结构进行分析，但助动词 da 为何也要置于主动词 etorri 之前则很难解释，除非人为地规定否定标志 ez 必须紧挨助动词。因此，虽然以上分析可以让我们认为 Lugbara 语例（70）、例（71）和 Krumen 语例（72）、例（73）的否定句中的特殊语序也与信息结构的组织条件有关，但目前尚无确切的证据，只能留待以后的研究。

　　此外，还有一些零星的特殊语序现象，例如时态-体貌范畴影响语序、独立句和从句的语序不同、宾语的数量也影响语序等，但这些方面的研究还有待深入。疑问句一般没有特殊的语序（详见下文）。信息结构（主题化和焦点化）是造成语序变化的最重要因素（详见下文）。

3.1.2　连动结构

　　一般认为连动结构的特点为（Welmers，1973：§12. 11；Creissels，1991：323-327、2000：240；Mutaka，2000：227-228；Childs，2003：§5. 5；Aikhenvald，2006；Creissels et al. ，2008：112；Zeller，2020：76-77；Vossen，2020：100-101）：单个谓语由多个动词构成；这些动词之间没有标识依存关系（dependency）的形态标志；可能每个动词都有（一

定程度的)屈折变化,但也可能只有其中一个有屈折变化;这些动词所表达的事件可能在其他语言中是通过一个动词表达的。例如 Yoruba 语中(Creissels et al.,2008:113):

(78) òjó　　　rà　　　ìwé　　　fún　　　ìyá
　　 (人名)　 买　　　书　　　给　　　母亲
　　 "òjó 给母亲买了一本书。"或"òjó 买了一本书给母亲。"

(79) òjó　　　rà-á　　　　　　　fún-un
　　 (人名)　 买-宾语.3.单数　　给-宾语.3.单数
　　 直译:"òjó 给她/他/它买了她/他/它。"

Yoruba 语的例子跟汉语十分相似,甚至可以实现词对词(成分对成分)的完美对应。此类结构在 Kwa 诸语和 Benue-Congo 诸语中十分常见。Chadic 诸语中也普遍存在连动结构,特别是表达方向、路径、方式等意义通常使用连动式,如 Mwaghavul 语(Creissels et al.,2008:113):

(80) wa　　　mu　　　　　　siam　　　n-tulu
　　 回　　　代词.1.复数　　下　　　介词-家
　　 "我们回家了。"

(81) mo　　　　　　taa　　　ɗee　　　n-panksin
　　 代词.3.复数　　落　　　待在　　介词-巴基斯坦
　　 "他们在巴基斯坦待下了。"

如果不考虑语系上的差异,那么以上两个例子也跟汉语"我们回去/回来了"十分类似。同样与汉语类似的是,非洲语言中的连动结构只能有一个否定词(否定的构成参见上节),如 Goemai 语中(Hellwig,2006:95):

(82) mûep　　　doe　　　na　　　noemûat　　　ba
　　 3.复数　　来　　　看见　　青蛙　　　　否定标志
　　 "他们没来看青蛙。"

但是由于只有一个否定标志而有多个动词,因此可能会产生歧义(Hellwig,2006:95):

(83) la   hok   mûaan   ru   d'I   mou

孩子   定指标志   去.单数   进入.单数 那里   否定

"孩子没去那里，也没进去。"或者"孩子去了那里，但是没进去。"

其实汉语的连动结构也可能有类似的歧义：

(84) 李四没来吃饭(，连电话都没打)！（即根本没有来）

(85) 李四没来吃饭(，坐了一会就走了)。（即来过了）

上文给出的连动结构例子基本都是比较典型的连动结构，说明了非洲语言和汉语中连动结构的相似之处，也是类型学上发现的连动结构的普遍特征。而非洲语言中也存在一些比较特殊的连动结构，例如在 Goemai 语中允许有多个相同或不同的体貌标志出现在同一个连动结构中(Hellwig，2006：95)：

(86) mutane   d'e   t'ong   s'arap   yi   t'ong   s'oe

人们   进行体标志 进行体标志 买卖   进行体标志 进行体标志 吃

"人们买来吃。"

s'arap"买卖"和 s'oe"吃"的进行体标志分别为 d'e t'ong 和 yi t'ong。与 Goemai 语类似，Éwé 语连动结构中的多个动词可以有不同的体貌和情态标志，但具体的组合搭配有较严格的限制，同样否定和语气标志只能有一个(Ameka，2006)。非洲语言中连动结构的特点还可以从不同语言中连动结构的语法化程度不同进行分析。首先一类语法化程度较低的情况是连动结构中的某(几)个动词的意义可能会逐渐弱化而或多或少地与其基本意义发生偏离，从而变得更类似于一个助动词，如 Akan 语(Bamgbose，1982：5)：

(87) kofi   yɛɛ   adwuma   maa   amma

（人名） 做.过去时   工作   给   （人名）

"Kofi 给/为 Amma 做了工作。"

可以看到，Akan 语的这个例子和汉语翻译十分类似，其实在汉语中"给"在此类结构中的作用也可以认为是连动结构弱化的结果，即从一个动词弱化为间接宾语或受益者的标志。而如果连动结构进一步语法化，则会产生更明显地"偏离"典型连动结构的情况，导致连动结构中的动词之间的具体语义关系并非可以分析得一清二楚，还如 Akan 语（Bamgbose，1982：5）：

(88) tsoda   bé   lá   egbà

     （人名）   来．过去时   拿   斧子

     "Tsoda 来拿了斧子。"

抑或可以认为 bé lá 与其他连动结构没有区别，就是表达"来＋拿"的意义，类似于汉语的"我来见你"；抑或可以将 bé lá 分析为一个表达目的的助动词，同时兼具表达时态-体貌的功能，类似于汉语的"我们要努力学习来报效祖国"。更极端的情况是，连动结构的若干动词发生融合，从而重新产生一个新的"动词"，例如 Yoruba 语（Bamgbose，1982：5）：

(89) olú   gba   omo   náà   gbo

     （人名）   收到．过去时   孩子   定冠词   听到

     "Olu 相信了孩子。"

这是连动结构词汇化的表现，再如 Khwedam 语（Kilian-Hatz，2006：121）：

(90) mū́ū-a-á́"看见-知道"＞"明白、意识到、承认"

     djéréka-ra-djàó"惩罚-工作"＞"被强迫工作"

     tcxóm-a≠úu"撕-搜集"＞"觅食"

     ≠x'óá-rá-té"出去-站立"＞"去方便"

     n//gé-é-kyaáréku"创造-回来"＞"争吵"

类型学发现（Aikhenvald，2006：§8），连动式普遍存在于东南亚语言和西非语言中，同时形态句法具有分析型特征的语言更容易产生连动结构——这或许可以部分地说明汉语语言和非洲语言中连动结构存在的原因。但这仅仅是趋势而已，例如 Yoruba 语的分析型特性明显弱于汉语。而且连动结构跟语序、句法格局等也没有确定的相关性。Creissels（2000：248）指出，连动结构普遍存在于非洲语言中导致了非洲语言较少使用介词或格标志。这一观点诚然对非洲语言是有效的，但汉语却是反例，因为汉语并没有因为连动结构的存在而限制介词的发展；反之，汉语中某些介词（如伴随者标志"跟"、方位标志"在"、受益者/间接宾语标志"给"等）反而是连动结构中第一个动词语法化的结果。而汉语没有

格标志或许也并不仅仅是连动结构存在造成的。

目前，对于连动结构的类型学研究（如 Aikhenvald & Dixon，2006）基本都是从连动结构的基本特点在不同语言中的异同进行研究的。这方面的研究表明，虽然典型的连动结构需要满足我们上文提出的基本特性，但在不同的语言中——即使是系属关系很近的语言或者方言之内——也存在着不容忽视的差异。

在汉语学界，一般认为连动结构有以下几个特点（李临定，1981；周国光，1985；陈建民，1986；李临定，1986；沈开木，1986；邢欣，1987；高增霞，2006；李亚非，2007；杨永忠，2014；刘丹青，2015）：几个动词共享一个主语做谓语，中间没有语音停顿，也不用关联词语，但不是联合、动补、状中结构；在语义上几个动词关系密切，表达连续的动作，有先有后。这基本与类型学对于连动结构特性的认识是一致的。在普通话和粤语中都存在连动结构，而且绝大部分方面都很相似，但就体貌标志而言有着一些差异（Matthews，2006：78）：

(91) ngo5　　　　　tung4-gwo3　　　　　aa3 paul　　　　　king1-gwo3

　　1. 单数　　　　跟-经历体标志　　　　（人名）　　　　聊天-经历体标志

　　"我跟阿 Paul 聊过了。"

在粤语中，tung4-gwo3"（直译）跟过"带有体貌标志，虽然对应普通话中标志伴随者角色的"跟、与"（或者是"同"），但与普通话中这些标志的不同点在于可以带有体貌标志，而"跟、与、同"则基本不可以：

(92) 我跟/与/同（＊过）李四聊过了。

一方面，从历时演化来看，"跟、与、同"的确可以在古汉语中做动词，在不同的历史时期都可以用于连动结构，但另一方面，在普通话中，"跟、与、同"作为伴随者的标志基本已经完全语法化了，因而认为其是"介词"或"连词"也未尝不可。因此作为"介词"和"连词"不能与体貌标志共同使用是完全在预料之中的。类似的情况还有"在"：

(93) 我在写论文。

"在"在普通话中作为体貌标志也已经完全语法化了，而相应的粤语结构则只是部分地语法化（Matthews，2006：79）：

（94）ngo5　　　　hai2dou6　　　　　zyu2-faan6

　　1. 单数　　　在这里　　　　　做-饭

　　"我正在做饭。"或"我在这里做饭。"

通过连动结构中的某个动词语法化得到时态-体貌-语式的语法标志也见于其他语言，如在
Goemai 语中表达非现实语式的标志 t'ong 源于动词"坐"、结果体标志 lat 源于动词"在"。
尽管如此，似乎无法解释为何 Goemai 语原意为"坐"的动词可以语法化为非现实语式的标
志，但在汉语中却没有。反之，Khwedam 语和汉语都从表达"在"的动词语法中化出了进
行体标志（Kilian-Hatz，2006：116）：

（95）xàmá　　　　thám　　　à　　　　‖ gàráná　　　tɕɛ̀tè

　　3. 阳性 . 单数　信　　　宾语标志　写　　　　　在

　　"他在写信。"

Matthews（2006：85）指出，粤语在某些连动结构的表现上更类似于东南亚的语言，如
泰语（表 4-19）：

（96）

表 4-19　粤语和泰语连动结构比较

结构	粤语	泰语
比较结构	V gwo3 NP	V kwàa NP
'说/想' 补语从句的引导词	说/想 waa6 + 句子	说/想 wâa + 句子
间接宾语引导词"给"	V（NP）bei2 NP	V（NP）hâi NP
表达情态的"得"	V dak1	V dâi

其实普通话中的几个结构相应的表达方法也是连动结构语法化得到的，但在语序上跟粤语
和泰语不同。这应该可以从语序类型学角度进行更好的分析。

　　前文已述，连动结构中的若干个动词都是按照发生的先后顺序排列的。这是逻辑使
然。在非洲语言中还有一种动词结构也涉及多个先后发生的动作，例如 Kpelle 语
（Welmers，1973：364）：

(97) 'tí ɓá mii kú ké tíi kɛ̀ "他们吃了，然后我们工作了。"

　　　参见：'tí ɓá mii "他们吃了。" kú tíi kɛ̀ "我们工作了。"

虽然上例也表达在时间上前后相随的两个动词，但与连动结构相比有着明显的区别：首先，连动结构只能有一个主语，即所有的动词所表达的动作都是一个行为者做出的，而上例中的结构可以有多个不同的主语；其次，连动结构的动词之间一般没有依附标志，其中每个动词可能都有（一定程度的）屈折变化，但也可能只有其中一个有屈折变化，而上例中的每个动词都要有屈折变化，且有依附标志 ké（即 kú ké tíi kɛ̀ 中的第二个语素）。因此，类似上例的结构一般区别于连动结构和其他动词结构，被称为"连续结构（consecutive）"（Zeller，2020：76）。连续结构作为一个动词形式，无法独自表达明确的时间或体貌，而必须要与另一个动词（不论何种时态）连用，仅仅表达在第一个动词之后发生的动作。因此，如果有多个连续结构动词相连，则意味着所表达的动作逐个发生，但具体的时间要参考第一个动词。连续结构见于 Berber 诸语，例如 Tachelhit 语（Stroomer，2001）：

(98) ad　　　nddu　　　　　　ar　　tawrirt-ann　　　　nazzln　　　　gis
　　介词　　去.过去时　　　　直到　小山-远指标志　　　跑.过去时　　在上面
　　"我们将要去那座小山，然后在上面跑步。"

其中的动词形式分别为 nddu 和 nazzln，都是过去时形式，而用于连续结构中则失去了其表达过去时的时态意义，其所具体指涉的时间需要参照整个连续结构的第一个动词的时态。这完全符合上文描述的连续结构的时态表达特点，即连续结构作为一个动词形式，无法独自表达一个明确的时间或体貌，而必须要与另一个动词（不论何种时态）连用，仅仅表达在第一个动词之后发生的动作。此外，连续结构第一个动词除了在命令式和否定句中总是要带有 ad 标志，否则便只能作为连续结构的后续动词出现。

　　虽然在理论上有必要区分连动结构和连续结构，但在实际上的确有非洲语言并不在形式上明确区分二者。例如在 Efik 语中（Welmers，1973：§12.12），连续结构和连动结构其实就无法区分，但是在不同的结构中却也会使用不同的动词形式，见表 4-20、表 4-21：

(99)　　　　　　　　　　　　**表 4-20　连动结构**

首动词形式	连动结构动词形式
命令式/祈愿式	无特殊标志

续表

首动词形式	连动结构动词形式
不定式(带有不定式前缀ńdi-)	带有前缀ń-
现在时、过去式	主语代词(词根声调)+动词词基(词汇声调)
将来时	第一人称前缀为ǹ-,其他人称前缀为ì-
其他情况	主语代词(高调 H)+降阶(参见第 2 章)

（100）　　　　　　　　　**表 4-21　连续结构**

首动词形式	连续结构动词形式
除了命令式/祈愿式和不定式	主语代词(高调 H)+降阶(参见第 2 章),且第二个动词后经常带有动词形式/ỹ̀ŋ/"此外还做"

由此可见,虽然同样的形式都可以用于连动结构和连续结构,但是由于与之搭配的动词的形式不同,因此也还是可以在一定程度上区分连动结构和连续结构。

3.1.3　双系式结构:非洲模式以及对汉语相应结构的启发

非洲语言有着丰富的动词论元结构变化机制(Mutaka,2000:177),可以通过动词的形态变化改变动词的论元结构(Creissels,1991:第十六章),例如常见的被动语态、使役结构等,其中最具非洲语言特色的可能非双系式[①](Creissels,1991:449-450)莫属了。

类型学关于双系式的研究(Polinsky,2013;Creissels,2006:第 25 章;Peterson,2007;Velupillai,2012:§9.2.1.2)一般认为,被称为双系式结构的典型用法是将宾语(直接宾语或间接宾语)这个句法角色指派给一个本来不能做宾语的名词项——如果动词不是双系式形式,则该名词项不能做宾语,更不可能是主语,而只有可能是旁语。在语义角色(semantic role)上,双系式中做宾语的名词性成分不能是受事,而经常为方位/地点、伴随者等旁语角色。换言之,双系式中的宾语论元在语义角色(即典型情况下为受事)和句法关系(即宾语)之间存在错配。成为双系式宾语的名词性成分在形态标志和/或句法行为特征上与普通的宾语基本一致,但需要根据不同的语言具体情况具体分析。此外,动词一般都需要进行特定的形式变化,成为双系式形式,如(Mutaka,2000:180)(表 4-22):

---

① 国内学界对于英语术语 applicative 的翻译都不尽相同,除了"双系式"之外,其他的翻译还有"增元结构"(程杰、温宾利,2008;程杰,2009)、"施用结构"(孙天琦,2009、2019a、2019b;孙天琦、李亚非,2010)等。

（101） 表4-22　动词双系式形式

语言	原动词	双系式形式
Akoose 语	càán"买"	càán-é
Nande 语	ɛri-gul-a"买"	ɛri-gul-ir-a

　　类型学一般将双系式分为强制型双系式和可选型双系式两类。在强制型双系式中，可以出现一个参与者，如果没有双系式派生，则该参与者无论如何也不可能作为旁语出现，而只能使用相对啰嗦的迂回表达法，才能让该参与者出现在句中。可选型双系式能够将一个在没有双系式派生的情况下可以作为旁语出现的项升级为宾语。Setswana 语例（102）是间接宾语转变为直接宾语的双系式，是强制型双系式，而格鲁吉亚语例（102）、例（103）是旁语转变为间接宾语的双系式，是可选型双系式（Creissels，2006. vol 2：74）：

（102）a. Lorato　　　　o　　　　　tlaa　　　　kwal-a　　　　　lokwalo

　　　　1（人名）　主语标志 3：1　将来时标志　写-定式动词标志　11 信

　　　　"Lorato 将要写一封信。"

　　　b. Lorato　　　　o　　　　　tlaa　　　　kwal-el-a

　　　　1（人名）　主语标志 3：1　将来时标志　写-双系式标志-定式动词标志

　　　　Kitso　　　lokwalo

　　　　1（人名）　11 信

　　　　"Lorato 将要给 Kitso 写一封信。"

（103）a. c'eril-s　　　　　　c'ers　　　　　　　　　　ded-isatvis

　　　　信-与格标志　　写 . 现在时 . 主语 3. 单数 . 宾语 . 3　　母亲-受益者标志

　　　　"他给母亲写信。"

　　　b. c'eril-s　　　　　　uc'ers

　　　　信-与格标志　　写 . 双系式 . 现在时 . 主语 3. 单数 . 宾语 . 3. 间接宾语 . 3

　　　　deda-s

　　　　母亲-与格标志

　　　　"他给母亲写信。"

（104）a. k'onvert'-ze　　　　misamart-s　　　　c'ers

　　　　信封-在上格标志　　地址-与格标志　　写 . 现在时 . 主语 3. 单数 . 宾语 . 3

　　　　"他把地址写在信封上。"

b. k'onvert'-s　　　　　misamart-s

信封-与格标志　　　　地址-与格标志

ac'ers

写 . 双系式 . 现在时 . 主语 .3 单数 . 宾语 .3. 间接宾语 .3

"他把地址写在信封上。"

以上三例中升级为宾语成分的语义角色没有任何改变，这是双系式的特点之一，即不改变句中任何成分的语义角色。反之，双系式中可能会有动词形态的变化（如例（102）a 句中 kwala 变为 b 句中 kwalela，例（103）a 句中 c'ers 变为 b 句中 uc'ers，例（104）a 句中 c'ers 变为 b 句中 ac'ers）和/或升级为宾语成分的形态变化（如例（103）a 句 ded-isatvis 变为 b 句中 deda-s，例（104）a 句中 k'onvert'-ze 变为 b 句中 k'onvert'-s）。但在例（102）中，作为双系式宾语的 Kitso 并没有形态标志，因此在 b 句中 Kitso 和原结构中的宾语 lokwalo 在形态上无任何区别，但动词形态毫无疑问可以作为判断双系式的证据。这两种语言双系式结构形态上的差别可以在一定程度上说明这一结构在不同语言中具体的形态（和/或句法）表现可能会有所不同，不能一概而论。但不论语言间的差异有多大，只要是将宾语（直接宾语或间接宾语）这个句法角色指派给一个本来不能做宾语的名词项（即如果动词不是双系式形式，则该名词项不能做宾语，更不可能是主语，而只有可能是旁语），便很有可能是双系式。

双系式结构在非洲语言中有着极其重要的作用（Creissels，2006：§25.5）。一方面，对于强制型双系式而言，其功能在于必须使用双系式派生才能在动词结构中引入事件的某些参与者，因为如果没有双系式派生，这些参与者无论如何也不可能作为旁语出现，而只能使用相对啰嗦的迂回表达法，才能让这些参与者出现在句中。另一方面，可选型双系式则主要为了对其允准出现的宾语进行某些复杂的操作，从而使其可以更为简便地进入某些结构（如焦点化结构、关系从句结构等）；即使不使用双系式或许依然可以使这些成分进入这些结构，但会在表达上比较难以接受。例如在 Wolof 语中，如果不是焦点化结构，则动词结构中表达伴随意义或工具意义的项由前置介词 ak 引入，作为旁语出现。但在该种形式下，与宾语和某些旁语不同，不能通过将动词变成在 Wolof 语中标识动词结构中非主语项做焦点的形式而使得该项成为焦点。因此焦点化结构要求整个动词结构重组，将前置介词 ak 的补语变为双系式动词形式的宾语（Creissels，2006. vol 2：73）。

（105）a. Mu　　　　séy　　　ak　　　doomu　　　nijaayam

主语 .3. 单数　结婚　和,跟　孩子　　　舅舅 .3. 单数

"他跟表姐/表妹结婚了。"

b. Doomu　　　nijaayam　　　　la　　　　　　　　　　　séy-al

孩子　　　舅舅.3.单数　焦点化标志.主语.3.单数　结婚-双系式标志

"他是跟表姐/表妹结的婚。"

双系式的功能还在于可以通过调整在形式上作为主要角色出现的参与者而产生不同的语义
效果。例如双系式可以跟被动语态相结合，从而允准不止一个项做主语，而对于不同的主
语项的选择可以表达说话人不同的视角。例如在 Setswana 语中，ja"吃"的双系式-被动语
态形式为 jelwa(jetswe 是完成体)，是两个配价操作结合的结果，即双系式引入一个表达
受害、受损失的宾语，随后再升级为被动语态的主语(Creissels，2006. vol 2：78)：

（106）a. Kitso　　　o　　　　　　je-tam-w-e

1（人名）主语标志 3：1　吃-双系式标志.完成体-被动语态标志-定式动词标志

dinawa

10 豆子

"Kitso 正在吃他的豆子。"

b. 参见：N₁ jele N₂"N₁吃了 N₂"

+ 双系式 → N₁ jetse N₃ N₂"N₁吃了 N₂，损害了 N₃的利益。"

+ 被动 → N₃ jetswe N₂ ke N₁"N₃被 N₁看到正在吃 N₂。"

例(106)演示了 Setswana 语动词 lwala"生病"的双系式-被动语态形式 lwalelwa 的用法，也
是两个配价操作结合的结果(Creissels，2006. vol 2：78)。

（107）a. Mosadi　　o　　　　　　lwal-el-w-a

1 女人　主语标志 3：1　生病-双系式标志-被动语态标志-定式动词标志

ke　　bana

被　2 孩子们

"女人为孩子们的病所累。"

b. 参见：N₁ lwala "N₁est malade"

+双系式 → N₁ lwalela N₂"N₁病了，且影响到 N₂。"

+被动 → N₂ lwalelwa ke N₁"N₂为 N₁的病所累。"

双系式在非洲语言中的重要性除了以上功能的多样性之外，还表现在对非洲语言的其他结
构产生了影响，例如 Creissels(2000：248)指出，双系式结构普遍存在于非洲语言中，导

致非洲语言较少使用介词或格标志。

类型学对于双系式的研究除了关注双系式的形态、句法特征之外，还特别关注在不同的语言中到底何种旁语可以通过双系式成为宾语，换言之，到底什么语义角色可以成为双系式宾语。根据 Polinsky（2013）的统计，受益者是最容易成为双系式宾语的语义角色，但也有语言禁止受益者成为双系式宾语——例如汉语（孙天琦，2019a：74）。而原动词本身的及物性对于能否转变为双系式并带有双系式宾语基本没有太大的制约作用。此外，从地域上来看，非洲、大洋洲和美洲是双系式结构的主要区域。而根据这一统计，双系式结构似乎从来不见于汉语语法，但我们发现汉语中以"吃食堂"①为代表的一系列结构应该可以分析为双系式结构。

前人针对汉语现象提出双系式分析的主要有王奇（2006），程杰、温宾利（2008），程杰（2009），孙天琦、李亚非（2010），邓昊熙（2014）等②，其中王奇（2006），程杰、温宾

---

① 前人对于"吃食堂"结构的研究基本都没有涉及双系式结构的讨论，只有孙天琦、李亚非（2010）认为这一结构是旁格宾语结构（即"准"双系式），是以汉语、越南语为代表的少数孤立语所特有的语言现象，并且是由汉语特殊的词汇特征——无类型标记所决定的。其他研究主要从句法、语义-语用两个角度对此类结构进行了分析。句法分析主要是在生成语法的理论框架下展开的。张智义、倪传斌（2012）在批判认知语法分析（见下文）的基础上，基于转换生成语法理论中词库的设定和对格理论的重新审视，认为格不仅是形式句法特征，也负责语义匹配的核查。在汉语类不具显性格的语言中，无需由格核查语义匹配，因此同食物存在语义关联的名词可以进入"吃"的结构推导。张嘉玲、余玲丽（2014）从论元结构的角度对动词"吃"进行分析和研究，对其后置名词结构的非常规性做出新的解释，认为类似"吃+NP"的结构是轻动词移位、合并和词汇合并两者并存的。姜兆梓（2015）看到了句法语义上存在错配，通过引入具有介词性质的"有"解释该结构所具有的构式意义和非对称现象形成的缘由，认为该类句式的非对称性是词库、计算系统、完句条件和语用共同作用的结果。张智义（2015）也认识到该结构中的名词性成分不属于典型的受事宾语，而是源于介词省略，语义关联是允准条件。语义-语用的研究多以认知功能语法为框架，其中转喻机制多有提及。王占华（2000）认为名词性成分不是处所宾语、方式宾语，而是受事宾语的转喻形式。任鹰（2000）从作为宾语的名词性成分的语义类型的分析入手，论述了"语法转喻"的形成机制及其对语言运用的影响，认为一种转喻说法一旦形成就应当按照转指物也即"目标物"的性质确定语言成分的语义类型。陆方喆（2010）从语义、认知语法等多重标准对能进入"吃食堂"类短语格式的名词进行检验，认为名词性成分必须是提供服务和饮食的场所，而且必须属于基本层次范畴或者具有广泛的知名度和熟悉度。董粤章（2011）认为"吃食堂"是论元替换现象，由动词的概念潜能和上层构式的允准共同决定，其间包括明晰度调整、突显度变化和显影调节在内的心理观照发挥重要作用。胡勇（2016）直接提出"吃食堂"的构成机制是转喻，其宾语是受事宾语，但"吃食堂"是吃饭的一种方式，其浮现意义是"（在食堂）吃食堂的饭"，宾语的细化主要受到信息结构的制约。此外，李治平（2005）运用三个平面的理论，结合语言的潜显理论和语言象似性理论，分析了此类短语的句法语义特征及此类短语成活的原因。张亚明（2008）从语法、语义及认知的角度，探讨了"吃+处所名词"中的"处所名词"的特征以及使用上的条件限制。王林玉（2014）分析并解释了这一结构的语言内部及外部动因，并对比相关的处所名词进入此类结构的情况进行了探讨。

② 值得注意的是，这些研究中对于术语 applicative 的翻译都不同，如"增元结构"（程杰、温宾利，2008；程杰，2009）、施用结构（孙天琦、李亚非，2010）等。

利（2008），程杰（2009）的研究焦点为以"王冕死了父亲"为代表的领主属宾句，而孙天琦、李亚非（2010），邓昊熙（2014）虽涉及了"吃食堂"结构，但并非是针对该结构的专门研究，故并未深入讨论判断汉语中相关结构为双系式的标准。判断双系式的形式标准这个问题的答案对于以汉语为代表的孤立语尤其重要。胡建华（2010：13）提出，"一旦有人给出涉用格［即双系式中提升为宾语的项带有的"抽象格"］使用的条件和限制，那时你叫它涉用格也好或其他什么名称，就不太重要了，因为反正不管说它是什么格都没有形态上的显性标注可供识别"。换言之，问题在于，如果既没有动词的形态标志也没有名词性成分的格标志，还能否承认在一门语言中存在双系式结构呢？其实这个问题仅仅是困扰汉语研究很久的一个大问题的另一个个案，即在汉语这种（几乎）没有形态标志的语言中，如何进行结构分析。其他个案还包括主语的确定、词类的划分等。双系式主要涉及的是动词配价的变化和名词性成分语法关系的变化，因此我们仅仅将讨论局限于这两方面。在类型学下，分析动词配价的变化和名词性成分语法关系的变化既要考虑形态特征（或编码特征（coding properties））， 也要分析句法结构（或行为特征（behavioral properties））。对于汉语类形态匮乏的语言，行为特征作为判断标准更为重要。我们认为应该循着这一思路，以行为特征为主要依据对汉语的双系式结构进行分析。

从语义角色出发，"食堂"的语义角色明显是方位或地点①，与"在食堂吃"中的"食堂"一样，不是"吃"的（类）受事，因而与"吃饺子"中的"饺子"或"张三打伤了李四"中的"李四"的语义角色是不同的。之前的研究在该点存在争议，某些认为"食堂"是受事，而另外研究则指出并非如此。我们觉得，造成这一混淆的原因或许是将受事和宾语等同视之。根据Dowty（1991）提出的宾语等级序列，受事做宾语最常见，而方位/地点做宾语是比较罕见的。这或许可以解释为何之前的研究将受事等同于宾语。

在句法层面，我们会发现"吃食堂"中的"食堂"与"（张三）打伤了李四"中的典型宾语"李四"有着诸多共同之处，而跟做状语的方位或地点名词不同。第一，与"张三打伤了李四"类似，"吃食堂"所在的句子中不能有其他宾语（包括"把"引出的宾语），但可以有其他状语（包括地点状语）：

（108）＊张三打伤了李四王五。②

---

① 需要注意的是，"食堂"这个名词本身并不限于表达方位或地点。从更严格的意义上来说，"食堂"的所指对象（referent）是一栋建筑，与"中国"（一个国家）、"地球"（一个星体）一样，本身并不是方位词或地点词。其进入句子也不一定就具有方位或地点的语义角色，而完全可以是施事、受事、刺激源、受益者等角色（如"中国施事养育了我，我要报答中国受事，我爱中国刺激源，我要为中国受益者而献身"）。

② 除非"李四王五"是一个并列成分，即"李四和王五"，则该句才合语法。

（109）＊我每天吃食堂饺子。

（110）＊我每天吃饺子食堂。

（111）张三在学校打伤了李四。

（112）我在北京天天吃食堂。

（113）我在北京天天睡宾馆。

这说明，"吃食堂"中"吃"的动词配价已经饱和，宾语位置已经由"食堂"占据了。第二，在语序上，"食堂"和"李四"都在动词后，是汉语宾语的缺省位置（即没有特殊的信息结构，也没有限定性的要求），而如果是旁语（如方位状语），则一般语序为"在+旁语名词+动词"：

（114）我中午在食堂吃,晚上在宾馆睡。

如果没有"在"，作为地点状语的旁语几乎不能出现在主语和动词之间：

（115）我中午＊（在）食堂吃,晚上＊（在）宾馆睡。

第三，"吃食堂"中的名词性成分前不能由"在"引导。这其实可以看作作为形态标志的编码特征的变化，即"食堂"失去了作为旁语的标志"在"，而变为了汉语宾语典型的零标记的情况。第四，"吃食堂"中的名词性成分之后不能有表达方位的词，如"上""下""里"等，这也跟汉语中的方位状语不同：

（116）我中午在食堂里吃,晚上在宾馆里睡。

第五，"吃食堂"可以变为把字句或被字句，而且也需要符合把字句和被字句的结构要求（如不能是光杆动词、名词需要有定等）：

（117）他吃饭不给钱光赊账,硬是把食堂吃＊（垮了）。

（118）他吃饭不给钱光赊账,食堂硬是被他吃＊（垮了）。

第六，"吃食堂"中的名词性成分跟其他的宾语类似，在进入关系从句后都表现为空位：

(119) 我昨天吃_的食堂/饭店特别贵。

(120) 我昨天吃_的饺子/午餐特别贵。

以上六点都说明了"食堂"具有汉语宾语的基本特征。然而，其与典型宾语（如"（张三）打伤了李四"中的"李四"）还是存在着某些不同之处。首先是语义角色上的不同，典型宾语一般为受事，而"食堂"在"吃食堂"中的语义角色依然还是方位或地点。其次，两者的不同还表现在语用角色（pragmatic role）上，即主题化和焦点化。一般而言，受事宾语可以较自由地成为主题或焦点，而"食堂"变为句首主题或"是……的"焦点接受程度较低：

(121) 饺子，我每天中午都吃。

(122) ??／*食堂，我每天中午都吃。

(123) 我今天中午吃的是饺子。

(124) ??／*我今天中午吃的是食堂。

反之，作为地点状语的方位或地点名词，则可以自由地做主题和焦点：

(125) 在食堂，我吃饭从来不赊账。

(126) 我今天中午是在食堂吃的。

"吃食堂"中的"食堂"不是焦点还表现在缺乏问答一致性的特点（question-answer congruence）（Comrie，1989：62-94；Lambrecht，1994：121、297；Hajičová、Partee & Sgall，1998：207；van der Wal，2016），即无论使用"什么"或"在哪里"进行提问，"吃食堂"在答句中都会显得不太自然：

(127) ——你们昨天在哪里吃的？

　　　——（我们昨天）在食堂吃的。／? 吃食堂的。

(128) ——咱们今天吃什么？

　　　——（咱们今天）吃饺子。／? 吃食堂。

这证明，"吃食堂"结构的动因不是信息结构的调整，至少不能将"食堂"等同于焦点。有意思的是，汉语的这种情况恰恰跟 Wolof 语相反。在 Wolof 语中，如果不是焦点化结构，动词结构中表达伴随意义或工具意义的项应由前置介词 ak 引入（见例（129）a 句），作为旁语出现。但在该种形式下，与宾语和某些旁语不同，不能通过将动词变成在 Wolof 语中标识动词结构中的非主语项做焦点的形式而使得该项成为焦点。焦点化要求整个动词结构重组，将前置介词 ak 的补语变为双系式动词形式的宾语（见例（129）b 句）（Creissels，2006. vol 2：73）。

（129）a. mu   séy   ak   doomu   nijaayam

       主语 .3. 单数 结婚   和,跟   孩子   舅舅 .3. 单数

       "他跟表姐/表妹结婚了。"

    b. doomu   nijaayam   la   séy-al

       孩子   舅舅 .3. 单数 焦点化标志 . 主语 .3. 单数   结婚-双系式标志

       "他是跟表姐/表妹结的婚。"

这说明不论是汉语还是 Wolof 语，双系式都不改变成分的语义角色，而是调整成分的句法角色，但是却会影响语用角色的表达。

综上所述，我们证明了"吃食堂"是类型学中所谓的双系式结构，而且是可选型双系式。与类型学在其他语言中发现的双系式结构一样，"吃食堂"也存在语义角色和语法关系的错配。虽然汉语缺乏形态标记（不过"在"的消失其实可以看作形态变化），但在句法层面的行为特征的确表明其应该是宾语。语序作为汉语重要的语法手段，完全可以作为判定双系式结构的依据。Carlson（2000）就单纯以语序为依据，证明苏皮雷语（Supyire）虽然没有专门化的形态标记，但依然应该承认有反被动语态（antipassive）。这一做法是从类型学和语言内部双重论证得到的。汉语双系式结构的论证也应该采取这一思路。

Setswana 语中有类似汉语"吃食堂"的双系式结构，即也是表达地点的旁语转变为双系式宾语（Creissels，2006. vol 2：83）：

（130）a. O   su-l-e   ko   Yuropa

       主语标志 .3:1   死-分词标志-定式动词标志   在   欧洲

       "他死在了欧洲。"

    b. O   sw-ets-e   ko   Yuropa

       主语标志 .3:1   死-双系式标志 . 分词-定式动词标志 在   欧洲

       "他是在欧洲死的。"

（131）a. Lorato   o   tlaa   apay-a   motogo

       1（人名）   主语标志 .3:1   将来时标志   煮-定式动词标志   3 粥

"Lorato 将煮粥。"

b. Lorato   o   tlaa   ape-el-

1（人名）   主语标志.3:1   将来时标志   煮-双系式标志-定式动词标志

motogo   mo   pitseng

3 粥   在……里   9 锅.方位格标志

"Lorato 将在锅里煮粥。"

例(130)、例(131)b 句中，动词都是双系式形式，与 a 句的区别无法用汉语准确表达。根据 Creissels 的分析，之所以在有表达方位成分的情况下必须使用双系式派生，是因为这个表达方位的成分并不真正表达事件发生的场景，而是被处理为该事件发生的要素之一，对于事件的发生起到比"地点/方位"更为积极的作用。在例(130)中，欧洲对于他的死并不是一个单纯的地点，而更类似的原因，即他死在欧洲跟欧洲本身有关系，可能是欧洲的气候或环境(部分地)造成了他的死因。而在例(131)中"锅"也不是煮粥的"地点"（虽然我们可以认为"粥在锅里煮"），而是工具，换言之，没有了锅就煮不了粥，或者是只有用锅煮的粥才美味。如果将这种分析扩展开来，则我们也可以认为"吃食堂""睡旅馆"中的"食堂""旅馆"跟作为地点状语的"(在)食堂"和"(在)旅馆"也有所不同，即"食堂""旅馆"不再是事件发生的场所，而是为"吃"和"睡"提供了一定的有利条件，促成其实现。由此可见，Setswana 语和汉语双系式结构的动因是对于事件所涉及的参与者(广义上的"参与者")的视角的转变，即同一个事件如果表达为双系式，则意味着将一个原来不是事件主要参与者(如方位、工具等)的对象的重要性加以凸显，从而将其视为该事件的主要参与者。需要注意的是，这并不意味着这种"凸显"同时也一定会涉及焦点化操作。虽然焦点化也在一定程度上将某个成分加以强调突出，但焦点化和双系式并没有绝对的对应关系。"焦点化"的强调方式是信息包装(information packaging)的操作，而双系式则是动词配价的操作，两者属于不同层面的操作。① 双系式中对于某个事件参与者的"强调突出"应该类似于被动语态中(类)受事升级为主语(同时伴有(类)施事降级为旁语)的操作，因为两者都涉及对于事件参与者在事件中作用的不同视角：主动凸显施事，被动凸显受事，而双系式则凸显原来是旁语的其他成分。

应该承认，此类结构在汉语中很少，并不具有系统性和能产性。这仅仅是因为双系式在汉语中的语法化程度太低。这并不是汉语的缺陷或不足，因为世界上存在非常多(几乎)没有双系式结构的语言。某种结构在某个语言中能否存在，以及其语法化程度的高低在很

---

① 而且我们前文也举例说明了"吃食堂"中"食堂"作为焦点(和主题)的局限性。

大程度上并没有一定之规,而有很大的偶然性。类似于"吃食堂""睡旅馆"的结构还有"吃小灶""吃大户""跑关系""跑生意""跑/串亲戚""教大学""教中学"等(张华,2018)。其中,"吃+名词"所构成的双系式数量最多。动词"吃"的这种相对"能产性"或许很难从词汇或语法本身进行解释。我们认为,这跟汉民族独特的饮食文化不无关系。如果说"中国人带翅膀的除了飞机、四条腿的除了板凳什么都吃"是一种戏谑的夸张,我们同时也不得不承认,"吃"似乎在汉文化中有着比在其他民族的文化中更重要的地位,因此"吃"在汉语中从一种生理行为逐步扩展到心理感受和感官感知(如"吃惊""吃亏""吃苦""吃香"等)。这或许是动词"吃"作为"典型"双系式动词在语言文化层面的解释。在这些结构中,动词后的名词性成分的语义角色不限于方位/地点,还可能是方式("吃小灶"中的"小灶")、目的(如"跑关系""跑生意"中的"关系"和"生意")。动词也可能发生一定的意义改变(如"跑关系""跑生意"中的"跑"应该理解为"奔波""东奔西跑"的意思,而不是"奔跑"的意思)。"跑/串亲戚"似乎最为特殊,我们觉得"亲戚"依然还是地点意义的语义角色,应该理解为"亲戚的住所","跑/串"则表达"到……串门"的意义。[1] 这些结构中的名词性成分可以通过上文给出的种种测试证明也是宾语,而不是旁语,如:

(132)"把"字句:

张三为了做生意,把关系都跑遍了。

张三为了借钱,把所有的亲戚都跑遍了。

(133)"被"字句

功夫不负有心人,张三的生意终于被他给跑火了。[2]

张三为了治病,三番五次跟所有认识的人借钱,就连亲戚都被他跑烦了。

另一方面,有一些结构虽然表面上与"吃食堂"类似,但却不能分析为双系式结构,如"放桌子上"和"埋树下":

(134)把书放桌子上。

我昨天放桌子上一本书,你看到没有?

(135)把垃圾埋树下吧。

---

① 虽然"跑/串亲戚"可以理解为"拜访亲戚",但是这绝对不意味着"跑/串"的意义是"拜访"。这种误解说明汉语母语者直觉上认为"跑/串亲戚"中的"亲戚"跟"拜访亲戚"中的"亲戚"具有相同的语法关系,都是动词的宾语。

② 如果使用"让"则更好:功夫不负有心人,张三的生意终于让他给跑火了。

我昨天埋树下一包金子,今天发现不见了。

首先,在此类结构中,虽然动词后也是名词性成分,但该名词性成分前可以加入"在",而且有"在"反而更为自然:

(136)把书放在桌子上。
　　　我昨天放在桌子上一本书,你看到没有?
(137)把垃圾埋在树下吧。
　　　我昨天埋在树下一包金子,今天发现不见了。

而"吃食堂"则一般不加"在",加了"在"虽然也可接受,但似乎在信息结构方面与"吃食堂"不尽相同:

(138)？张三每天吃在食堂。
(139)张三每天吃在食堂、睡在旅馆。

例(139)明显好于例(138),或许就是因为"食堂"和"旅馆"可以构成对比焦点,两者相辅相成,如果只有其一则接受程度就会明显降低。

其次,"放桌子上"和"埋树下"一般都要有另一个名词性成分做宾语(如例(136)中的"书"和例(137)中的"垃圾"),即使该名词性成分不出现,一般也会理解为省略,而"吃食堂"等结构前文已述,是绝对不能加入另一个做宾语的名词性成分的。

再次,"放桌子上"和"埋树下"的名词性成分后必须有表示具体方位的"上""下"等,否则,整个结构意义完全不同:

(140)放桌子 ≠ 放桌子上
　　　埋树 ≠ 埋树下

上文已述,"吃食堂"后面是不能有表达方位的"上""下"等成分的。

最后,"放桌子上"和"埋树下"中的名词性成分无法进入"把"字句和"被"字句结构,说明其并不是任何意义上的宾语:

(141)＊把桌子上放了(一本书)。

(142)＊桌子上被放了(一本书)。

(143)＊把树下埋了(垃圾)。

(144)＊树下被埋了(金子)。

以上四点说明，"放桌子上"和"埋树下"中的名词性成分依然还是旁语，是名词性成分前的"在"省略之后的结构。汉语中动词后表达方位、地点的旁语经常可以省略"在"：

(145)我睡(在)床上,你睡(在)地下,好不好?

例(145)中的名词性成分后带有"上"和"下"，也是旁语，跟"放桌子上"和"埋树下"相同。反之，例(145)中的名词性成分"床"和"桌子"都是宾语。

(146)我睡床,你睡桌子。

例(145)和例(146)中的动词+NP虽然同义，但却是两个不同的结构：例(145)为动词+旁语，而例(146)是动词+宾语。"把"字句和"被"字句可以将两者区分开来：

(147)＊我把桌子上睡(塌)了。

(148)我把桌子睡塌了。

(149)＊床上被人睡(过)了。

(150)床被人睡过了。

综上所述，普通话中类似于"吃食堂"的结构的确可以根据相应结构的句法行为特征分析为双系式，但这一结构并非可以扩展到所有类似的结构中去，因而对于汉语中到底哪些结构为双系式还需谨慎对待。另一方面，除了普通话中某些结构可以分析为双系式之外，古汉语中所谓的"名词(性结构)直接做补语和介词短语做补语的交替现象"其实也是双系式。具体而言，在古汉语中，本来是表达处所或对象的语义角色的名词性成分经常直接做宾语，而不使用介词引导：

(151)晋军函陵,秦军汜南。(《左传·僖公三十年》)

(152)能谤讥于市朝,闻寡人之耳者,受下赏。(《战国策·齐策》)

(153)人有卖骏马者,比三旦立市,人莫之知。……臣有骏马欲卖之,比三旦立于市,人

莫与言……(《战国策·燕策》)

(154) 是以一夫倡而天下和,兵破陈涉,地夺诸侯,何嗣之所利?(《盐铁论·结和》)/然
而兵破于陈涉,地夺于刘氏,何也?(《汉书·贾山论》)

杨伯峻(1955：第九章)和廖振佑(2001：第四章第三节)等认为,名词性成分直接做宾语
其实是省略了介词。杨剑桥(2010：第三章1.7节)不同意该观点,认为这种现象在古汉语
中的出现频率很高,应该是一种普遍的语法现象,但也未进一步解释其成因,只是援引了
马建忠《马氏文通》卷四的观点,认为有音节数单偶和行文风格等原因;同时也指出,《左
传》中的类似结构远远少于《史记》,因此或许与语言的历时发展演变亦有关系。如果跟上
文"吃食堂"进行对比,我们不难发现例(151)~例(154)与其十分相似,应该也是双系式
结构,都是将宾语角色赋予了原来不是宾语的名词性成分,而且在形态标志上都是取消了
原来的旁语成分标志(即"在"和"于")。但古今汉语的双系式结构也存在一定的差异。就
语义角色而言,古汉语中此类结构的名词性成分表达处所角色,而不是典型宾语所表达的
受事,这与"吃食堂"类结构完全一样;但古汉语中此类结构的名词性成分还可以表达对象
(如例(152)和例(154))、来源(例(155))或目的(例(156)):

(155) 曰:"闻诸副墨之子,副墨之子闻诸洛诵之孙,洛诵之孙闻之瞻明,瞻明闻之聂许,
聂许闻之需役,需役闻之於讴,於讴闻之玄冥,玄冥闻之参寥,参寥闻之疑始。"
(《庄子·大宗师》)

(156) 仲舒遭汉承秦灭学之后,六经离析,下帷发愤,潜心大业。(《汉书·董仲舒传赞》)

而此三种语义角色不见于普通话中的双系式。就句法层面而言主要有三点区别。首先,与
普通话中的双系式不同,古汉语中双系式可以有两个宾语,如例(155)中"闻之瞻明""闻
之聂许""闻之需役""闻之於讴""闻之玄冥""闻之参寥""闻之疑始"。但是应该看到,此
类名词性成分直接做补语的结构跟动词带双宾语的结构并不完全相同,最明显的区别就是
语序。在真正双宾语类的动词结构中,直接宾语(即题元角色为被给予物的论元)在间接宾
语(即题元角色为接受者的论元)之后:

(157) 若残竖子之类,恶能给若_{间接宾语}金_{直接宾语}?(《吕氏春秋·权勋》)

(158) 公语之_{间接宾语}故_{直接宾语},且告之_{间接宾语}悔_{直接宾语}。(《左传·隐公元年》)

而双系式中真正的宾语在非受事宾语之前,如"闻之_{直接宾语}瞻明_{间接宾语}"。杨剑桥(2010:

179-180）还指出有其他区别，不赘。其次，普通话中的宾语和状语位置不同，即宾语的缺省位置为动词后，状语一般在动词前。而在古汉语中两者都是在动词后。不过，在古汉语中也有极少见的例子，地点状语在动词之前，而且"于"在表达地点的名词之后：

（159）启乃淫溢康乐，野于饮食。（《墨子·非乐上》）

在此类地点状语位于动词前的情况中，从来没有发现"于"的省略。这说明，"于"省略的条件是引导的名词性成分必须在动词后，保证"于"被取消之后，剩下的名词性成分可以位于宾语的缺省位置（即动词后）。再次，在古汉语中直接做补语的名词成分和做状语的介词短语所差的介词一般都是"于"（或作为"之于"的合音的"诸"），而在古汉语中一些真正的动宾结构的宾语之前也会出现"于"（或"於""乎"）：

（160）夫岂惠其民而不惠于其父乎？（《国语·晋语》）
（161）赏于无功，使谗谀以诈伪为贵。（《韩非子·安危》）/夫赏无功，则民偷幸而望于上。（《韩非子·难二》）

此种情况与上文的双系式结构恰恰相反：双系式是通过取消介词"于"将本来不是宾语的成分转化为宾语，而例（160）、例（161）则是通过添加"于"使得原来是宾语的成分在形式上变为了类似于旁语的介词短语。但是综合来看，这都涉及没有介词引导的宾语成分和有介词引导的旁语成分之间的互相交替，而且都涉及同一个标志"于"。这说明在古汉语中此类结构是非常普遍的，是系统的动词配价操作。这是古汉语中双系式与普通话中双系式的另一个不同之处。

　　古汉语中双系式结构的动因，我们认为与前文提出的类型学中双系式和普通话中双系式应该基本相同，即对于事件所涉及参与者（广义上的"参与者"）的视角的转变。同一个事件如果表达为双系式，则意味着将一个原来不是事件主要参与者（如方位、工具等）的对象的重要性加以凸显，从而将其视为该事件的主要参与者。当然，或许风格和历史演化也具有一定的决定性作用。此外，"问"作为动词，其结构的演化比较特殊，是为数不多的双系式导致动词结构彻底发生改变的情况之一。在古汉语中，表达"询问"意义①的"问"结构中只能有一个直接宾语（即表达被询问之事的论元），而表达询问对象的论元需要由"于/於"引出：

---

① "问"尚有其他意义，用法也不同于表达"询问"意义的"问"的结构。

（162）孟懿子问孝。子曰："无违"。樊迟御,子告知曰："孟孙问孝于我,我对曰,无违。"
（《论语·为政》）

根据洪君烈（1958）的统计,《孟子》中使用介词的情况已经大为减少,而到了《世说新语》则几乎绝迹。这一演化可以看作"问"结构中原来的双系式宾语（即由"于"引出的论元）语法化为真正的宾语的结果。双系式结构的这种语法化导致动词结构彻底发生变化的情况在汉语中是很罕见的,相比而言,在普通话中双系式结构词汇化似乎更为多见一些,例如"坐台""站街"等词其实都是"在酒吧台上坐"和"站在街上"等短语通过双系式机制且进一步词汇化而形成的。这似乎更符合汉语整体结构的特点。在形态丰富的语言中,历时演变的结果是所谓的"今天的形态①曾是昨天的句法",而在汉语这种孤立语中,语法化的进一步结果就是词汇化,即"今天的构词法曾是昨天的句法"。

从上文的分析我们可以看出,根据类型学研究对双系式一般的定义,普通话中"吃食堂"等结构和古汉语中做补语的介词短语标志"于"的取消都应该是双系式操作,证明了双系式一直都存在于汉语中,并非是普通话的创新。诚然,普通话和古汉语的双系式之间也存在若干区别,但这些区别并非是双系式操作的直接结果,而是双系式受制于普通话语法和古汉语语法的结果。换言之,普通话中的双系式与古汉语中的双系式不同不能证明前者并非来源于后者,而两者的相同点却恰恰说明两者都是符合类型学所发现的双系式结构的特点,都是双系式。当然,我们也不认为普通话中的双系式就是古汉语中双系式的简单继承,这种观点并不比"被字句"就是古汉语表达被动语态的结构的简单继承更为合理。

在类型学下对于双系式的研究大多针对有动词形态变化标志的语言,至今尚无系统性的类型学研究讨论无形态标志的双系式结构。Lu、Zhang & Bisang（2015：709）指出,汉语的诸多特性——最主要的是孤立语形态和主题突出——是造成分析汉语配价操作的主要困难。然而,我们上文的分析通过一系列行为特征证明了"吃食堂"具有双系式结构的典型特征,为研究孤立语的配价操作提供了一个新思路,即将结构分析的形式证据从单纯的形态标志扩展到句法行为特征,如语序和进入特定句法结构的表现。"吃食堂"等结构跟同义的"在食堂吃"虽然有是否使用"在"作为标记的区别,但更有力的证据则是语序和某些语法结构是否可及（如"把"字句、"被"字句、焦点化、主题化等）。"吃食堂"和"在食堂吃"在

---

① 即 morphology。国内似乎将该句中的 morphology 多译作"词法"。我们为了区别下文中的 lexicology"构词法"而将其译为"形态"。

语序和进入某些语法结构表现出的系统的差异性证明了虽然在汉语中形态标志十分罕见，无法作为判定双系式的标准，但句法行为特征完全可以证明双系式结构在汉语中是存在的。以此类推，对于类型学中其他配价操作(Velupillai，2012)在汉语中是否存在，也可依据语序和句法的行为特征进行论证。我们相信，这一做法可以开阔汉语类型学研究的新视角。

3.1.4　疑问句

人类语言中普遍存在的疑问句结构包括所谓的特殊疑问句和一般/是否疑问句①。总体而言，非洲语言中的这两类疑问句构成方式多样——所涉及的现象包括疑问句标志、语序、动词形态变化等，但句法结构规律性较强，因而相对简单(Watters，2000：§8.2.4)。我们将分别讨论一般疑问句和特殊疑问句。

3.1.4.1　一般疑问句(是否问句)

非洲语言中最常见的一般/是否疑问句的构成方式(Creissels et al.，2008：133)是在句首或句尾带有疑问标志而不改变简单独立句的基本语序(参见本章 3.1.1 节)，例如 Lunda 语(Cloarec-Heiss，1986：464)：

(163)cè gú"他/她到了。"

　　　cè gú à"他/她到了吗?"

Silt'e 语(Gutt, Mussa & Gutt，1997：955)与之类似，在一般疑问句句尾使用 way，但也可以不使用该语素，而仅仅通过上升语调表达一般疑问句。Omotic 诸语也基本如此(Amha，2012：493)。应该说，仅仅通过语调表达一般疑问句在世界语言中非常常见，非洲语言也不例外——再例如 Berber 诸语(Kossmann，2012：90)和 Chadic 诸语(Frajzyngier & Shay，2012：326)就可以仅仅通过语调表达一般疑问句的意义，而且某些非洲语言——例如 Hausa 语——更是要求一般疑问句总是要有特殊的语调，换言之，即使在句尾有一般疑问句语素，依然还是要保持疑问语调(Caron，1991：34)。尽管如此，我们不应该认为所谓的"一般疑问句语调"都是上升语调——诚然，类似于 Limbum 语(Mutaka，2000：220)使用上升语调表达一般疑问句的语言不在少数，然而的确有很多非洲西部的语言(如 Gur

---

① 国内汉语学界还根据汉语的特点提出了其他类型的疑问句结构，例如反问句，但此类结构并非存在于所有人类语言中。

诸语和 Kwa 诸语）使用句尾降调表达疑问，而且亦有少数非洲语言（如 Mande 诸语和 Swahili 语（Welmers，1973：416））在一般疑问句中通常使用跟陈述句同样的语调。

Sheko 语和 Zaysete 语的 Zargulla 方言中虽然一般疑问句的语序也跟肯定陈述句一样，但特殊之处在于，并不是通过在肯定陈述句上加入疑问标志构成一般疑问句，而是在其基础上"做减法"（Amha，2012：495）（表 4-23）：

(164)   表 4-23　Sheko 语一般疑问句

语言	肯定陈述句	一般疑问句
Sheko 语	sook'-á-ke"他在睡觉"	sook'-á"他在睡觉吗?"
Zargulla 方言	ʔésí gutá gákk-ó-tte-s-éne "他将要明天来。"	ʔésí gutá gákk-ó-s-éne "他将要明天来吗?"

此外，Zargulla 方言中的一般疑问句也没有特殊的语调。

类型学对于一般疑问句的构成方式也多有研究（Dryer，2013d），以疑问句标志（即 question particle）构成一般疑问句是类型学上最常见的一般疑问句构成方式，甚至多于其他方式构成疑问句的语言的总和。而且这一方式见于世界各个地区。在其之后两个最常见的手段是语调和动词形态，基本上也分布在全世界各大陆，其中通过语调区别一般疑问句和陈述句的语言主要见于非洲、大洋洲和美洲三个地区。在肯定陈述句基础上"做减法"构成一般疑问句的语言除了上文提及的 Zaysete 方言之外，Dryer（2013d）中涉及的另一门非洲语言是 Dinka 语，此外的两门语言是中亚的卡巴尔达语（Kabardian）和美洲的帕奎那语（Paquina）。非洲语言除了基本符合以上类型学的趋势之外，最值得注意的是，使用动词形态变化构成一般疑问句（参见第 3 章）的语言相对集中在西非地区，南非、北非基本绝迹。个别语系之间在一般疑问句的构成方式上也存在一定的差异，见表 4-24：

(165)   表 4-24　非洲语言疑问句构成方式

构成方式	阿非罗-亚细亚语系	尼罗-撒哈拉语系	尼日尔-刚果语系	其他语言	总计
疑问句标志	34	28	68	6	136
动词形态变化	9	8	3	0	20
疑问句标志+动词形态变化	1	0	0	0	1

构成方式	阿非罗-亚细亚语系	尼罗-撒哈拉语系	尼日尔-刚果语系	其他语言	总计
语序	0	0	0	0	0
取消陈述句助词	1	1	0	0	2
语调	9	8	20	0	37
无差别	0	0	0	0	0
总计	54	45	91	6	196

可以看到，使用疑问句标志构成一般疑问句在非洲语言中也是最为常见的手段，特别是在三大语系之外的语言中这是唯一的手段。有鉴于此，我们有必要进一步讨论一下疑问句标志的位置（Dryer，2013e）。

在统计中所涉及的使用疑问句标志的 440 种语言中，多于一半的语言将疑问句标志置于句尾，1/4 左右的语言将疑问句标志置于句首，1/10 左右的语言将疑问句标志置于句中第二位。类型学发现疑问句标志位置跟语言的基本语序也是有一定的相关性（Dryer，2007：§5.5）：

(166) OV ↔ 疑问句标志在句尾

　　　动词在句首 ↔ 疑问句标志在句首

　　　SVO：疑问句标志句首或句尾

由于人类语言中 OV 语序语言的数量和 SVO 语序语言的数量的总和超过动词在句首的语言和 SVO 语序语言的综合，因此疑问词在句尾是最为常见的情况。具体到非洲语言，疑问句标志位于句尾也是最为常见的情况，甚至远多于其他情况的总和，但这应该并不是因为非洲语言中 OV 语序语言最多。前文已述，在 Dryer（2013e）已经统计的 290 种非洲语言中，只有 53 种是 OV 语序语言。其实由于 SVO 语序语言中疑问句标志可位于句首或句尾，因此非洲语言中疑问句标志位于句尾的情况最为常见，只能是由非洲 SVO 语序语言基本都将疑问词置于句尾所造成的。这或许是非洲语言中使用疑问句标志构成的一般疑问句的地域特色之一。而疑问句标志位于句中第二位和其他位置的情况最为罕见，分别涉及并不相邻的三种语言，因此应该排除语言接触的因素。具体到不同的语系和语言，见表 4-25：

（167）   **表 4-25   各语系疑问句标志位置**

位置	阿非罗-亚细亚语系	尼罗-撒哈拉语系	尼日尔-刚果语系	其他	总计
句首	7	1	9	1	18
句尾	24	24	48	3	99
第二位	0	1	0	2	3
其他位置	1	0	2	0	3
任意两个位置	0	2	6	0	8
总计	32	28	65	6	131

可以看到，疑问句标志位于句尾在各个语系中最为常见，而位于句首基本仅见于阿非罗-亚细亚语系和尼日尔-刚果语系中，但需要区别的是，阿非罗-亚细亚语系中疑问句标志位于句首的情况基本见于动词在句首的语言中——这一类型学相关性是双向的（见例（166）），而尼日尔-刚果语系中疑问句标志位于句首的情况见于 SVO 语序的语言，两者并不存在类型学上稳定的相关性。疑问句标志位于句中第二位是最为罕见的情况之一，仅见于 Lendu语（尼罗-撒哈拉语系）和位于非洲南部的 Ju｜'Hoansi 语和 Khoekhoe 语，这三种语言的基本语序分别是：无固定的基本语序、SVO 和 SOV。这大致反映了疑问句标志位于句中第二位的语言的复杂性，目前尚无令人信服的类型学研究和解释可以对该现象作出说明。我们通过 WALS 的双特征交叉工具得到的结果基本证明了疑问句标志位于句中第二位与语言的基本语序没有直接或必然的相关性。

疑问句标志位于第二位的语言的语序类型（即无固定的基本语序、SVO 和 SOV）的数量差别（即 19：17：8）不具备统计学意义。这一问题还需要留待今后深入研究。

3. 1. 4. 2   特殊疑问句

相比一般疑问句，非洲语言中特殊疑问句的构成方式更为复杂一些（Welmers，1973：Chapter 14；Mutaka，2000：220-221；Creissels et al.，2008：§4. 11. 3. 2；Zeller，2020：§5. 10），不仅会涉及特殊疑问词及其位置，而且还要考虑句子其他部分的语序、动词形态变化和是否使用疑问句标志及其位置，有些非洲语言还有多于一种的疑问句结构。尽管如此，非洲语言中特殊疑问句依然体现了较明显的类型学规律和区域特性。

在很多非洲语言中特殊疑问句在总体上跟简单独立句的基本语序一样，仅仅通过用特殊疑问词替换掉提问的成分即可（即疑问词原位（wh in-situ）结构），基本与汉语类似，例如 Bafut 语（Mutaka，2000：221）：

（168）süù　　　　k＋　　　　　　kó　　　　　　nô/àkə

　　　　（人名）　　过去时标志　　抓住　　　蛇/什么

　　　　"Suu 抓住了蛇。/什么?"

不过也有语言使用特殊的语序，可以根据疑问词的位置分为三类。第一类语言的特殊疑问词类似英语，出现在句首，如标准 Arabic 语①（Ryding，2005：Chapter 17）、Hebrew 语（Glinert，1989：§26.4）等绝大部分 Semitic 语言中（Hetzron，1997；Rubin，2010：§4.9）：

（169）Arabic 语（Aoun、Bennamoun & Choueiri，2010：131）：

　　　　miin/ʔayya　　　mariiD　　　zeerit　　　　　　　　　nada

　　　　谁/哪个　　　　病人　　　看望.过去时.3.单数.阴性　（人名）

　　　　"Nada 看望了谁/哪个病人?"

　　　　ween　　　　rəħto　　　　baʕd　　　　l-ʁada

　　　　哪里　　　去.过去时.2　　在……后　　定冠词-午饭

　　　　"午饭后你去了哪里?"

（170）Hebrew 语（Glinert，1989：273）

　　　　ma　　　　hashavt

　　　　什么　　　想.过去时.2.单数.阳性

　　　　"你想到了什么?"

　　　　im　　　mi　　　at　　　　　nosaat

　　　　跟　　　谁　　　2.单数.阴性　去.单数.阴性

　　　　"你跟谁去?"

尼日尔-刚果语系中某些语言也将疑问词置于特殊疑问句首位，如 Dida 语的某些方言（Koopman，1984：35）。作为三大语系之外的 Hadza 语（Sands，2013：§1.4）的情况更为复杂一些，除了特殊疑问词必须位于句首，还要使用疑问句标志 má，位于整个句子的第一个成分之后②：

---

　　① Arabic 语区域变体中的特殊疑问句结构更为复杂，使用的手段（包括语序）更多，可参见 Aoun、Bennamoun & Choueiri（2010：Chapter 6）的讨论。

　　② 例（171）中 m-djū dā'bà"哪个孩子"是一个成分。

(171) m-djū　　　　dā'bà　　　　má　　　　　kē　　　　　‖ē
　　　谁　　　　　孩子　　　　疑问句标志　　过去时标志　死亡
　　　"哪个孩子死了？"

(172) m-tí　　　　má　　　　　　à　　　　tù　　　　'ḿ
　　　什么　　　疑问句标志　　2单数　想要　　吃
　　　"你想要吃什么？"

(173) kō'lē　　　　má　　　　　　à　　　　ú-a
　　　哪里　　　疑问句标志　　2单数　去-及物标志
　　　"你去哪里？"

同样，Ju‖'hoansi 语（Heine & König，2013：§3.1.7.2）中，特殊疑问句也在句首，后面
跟随疑问句标志 ré①。第二类语言的特殊疑问词出现在动词之后、紧挨动词的位置，此类
语言基本都是 SVO 语序，如尼日尔-刚果语系中的 Aghem 语、Noon 语、Mambila 语等。
Aghem 语更是允许多个特殊疑问词罗列于动词之后（Hyman，2010：97）：

(174) à　　　　　mɔ̀　　　　　　zɨ　　ndúghó　　　kwɔ̀kɔ́　　　zɨ́n
　　　主语标志　过去时标志　吃　谁　　　　什么　　　何时
　　　"谁什么时候吃了什么？"

第三类语言则是将疑问词处理为焦点成分，使用焦点化结构，如上文提及的 Bafut 语②
（Mutaka，2000：221）：

---

① Ju‖'hoansi 语一般疑问句中也必须使用疑问句标志，且同样位于句中第二位。参见前节。
② Bafut 语的焦点成分要出现在 à nɨ 和 mɔ́ 构成的分裂句结构（clefting）之间（详见下文 3.1.5.2 节），
例如（Mutaka，2000：217）：
（i）. sùù　　k ɨ　　　　　fá　　mbà　　　mbó　　　　　bì
　　（人名）过去时标志　给　肉　　　手/间接宾语标志　（人名）
　　"Suu 给了 Bi 一些肉。"
（ii）. 主语焦点：à nɨ sùù mɔ́ à kɨ fá mbà mbó bì "是 Suu 给了 Bi 一些肉。"
　　　宾语焦点：à nɨ mbà mɔ́ sùù kɨ fá mbó bì "Suu 给了他一些肉的人是 Bi。"
　　　间接宾语焦点：à nɨ mbó bì mɔ́ sùù kɨ fá mbà "Suu 给了 Bi 的东西是一些肉。"
　　　动词焦点：à nɨ mfà mɔ́ sùù kɨ fá mbà mbó bì "Suu 的确是给了 Bi 一些肉。"
同样，例(175)中的疑问词 akɔ̀ 也出现在了 à nɨ 和 mɔ́ 之间。

（175）àn╪　　　　　àkə　　　mə　　　　　sùù　　　k╪　　　　kô

分裂句标志　　什么　　分裂句标志　（人名）　过去时标志　抓住

"Suh 抓住了的是什么？"

在例（168）的 Bafut 语例中，特殊疑问词在原位，而在上例中则出现在类似于英语的分裂句焦点结构中。汉语在某种程度上与之类似，在某些特殊疑问句中可以使用"是……的"强调句结构：

（176）谁打我？　　　　　　　　疑问词原位

（177）是谁打的我？　　　　　　焦点化特殊疑问句（是……的）

以上两个特殊疑问句在汉语中基本同义，使用的场合也基本相同，给汉语母语者的感觉只是第二句更为强调打人者，这其实正是焦点化带来的结果。但汉语的疑问词原位的特殊疑问句并非总是可以转化为焦点化特殊疑问句，例如：

（178）谁想见我？

（179）＊是谁想见的我？

（180）？？是谁想见我的？

似乎动词的及物性和时态-体貌-语气等多方面因素会制约汉语焦点化特殊疑问句结构的使用，而 Bafut 语似乎没有这方面的限制，在使用焦点化特殊疑问句结构上更为自由。类似 Bafut 语的非洲语言不在少数，即兼具焦点化特殊疑问句结构和疑问词原位的特殊疑问句结构，再如 Akan 语①（Mutaka，2000：220）：

---

① Akan 语的焦点结构同时使用焦点标记和特殊的位置（Mutaka，2000：215）：

（i）．me　　　na　　　mebaa　　　　　　　ha　　　nnera　　　　　　　　　主语焦点
　　　1. 单数　焦点标志　来 . 1. 单数 . 过去时　这里　昨天
　　　"昨天来过这里的是我。"

（ii）．kwame　na　　kofi　huu　　　　no　　　　　wɔ　　　fie　　hɔ　宾语焦点
　　　（人名）　焦点标志　（人名）看见 . 过去时　3. 单数 . 阳性　方位格标志　房子　方位格标志
　　　"Kofi 在房子里看见的是 Kwame。"

焦点成分带有焦点标记 na，同时必须出现在句首，详见下文 3.1.5.2 节。

（181）疑问词原位

kofi kɔɔ   he

（人名） 去 . 过去时 哪里

"Kofi 去了哪里？"

（182）疑问词做焦点

ɛhe na   kofi   kɔɔe

哪里 焦点标志 （人名）去 . 过去时

"Kofi 去了哪里？"

Bagirmi 语（Jacob，2010：124、125）：

（183）疑问词原位

boukar ndugo ɗíi gee tɛprɛ kasko ná   wà

（人名） 买 . 完成体 什么 标志词 昨天 市场 定指标志 疑问句标志

"Boukar 昨天在市场买了什么？"

（184）疑问词做焦点

ɗíi ɗáŋ   boukar ndugo tɛprɛ kasko ná   wà

什么 焦点标志 （人名）买 . 完成体 昨天 市场 定指标志 疑问句标志

"Boukar 昨天在市场买的是什么？"

这两种语言与 Bafut 语虽然都可以将疑问词处理为焦点，但 Bafut 语使用的是分裂句结构，而 Akan 语和 Bagirmi 语则是将作为焦点的疑问词置于句首。在后两种语言中疑问词如果在原位，则不能带有焦点标志，整个句子也不是焦点化结构；而如果疑问词在句首，则必须带有焦点标志（即 na 和 ɗáŋ），整个句子也是焦点化结构。同样，对于这两种不同结构的特殊疑问句的回答也具有不同的信息结构：回答例（182）和例（184）的问题需要使用焦点化结构，而回答例（181）和例（183）的问题则不需要使用带有焦点标志的结构。两种语言的不同之处在于，Bagirmi 语的这两种特殊疑问句都带有疑问句标志 wà，而 Akan 语的特殊疑问句没有疑问句标志。再如 Iraqw 语（Mous，1993：238、287）：

（185）疑问词原位：

hée kúung   u   axwées   a   heemá

男人 2 . 阳性 . 单数 宾语标志 说话 . 3 . 阳性 系词 谁

"跟你说话的男人是谁?"

(186) 疑问词做焦点:

laarí	m-a	'ay-áan
今天	什么-焦点标志	吃-1.复数

"咱们今天吃的是什么?"

作为焦点的疑问词带有焦点标志,但没有置于句首,且疑问句也没有疑问句标志。又如 Tupuri 语(Ruelland,2000:154):

(187) 疑问词原位:

wɔ̀sɛ̀	rè	nǎy	6àarà	lā
谁	吃	肉	属格标志.3.复数.疑问句标志	

"谁吃了他们的肉?"

(188) 疑问词做焦点:

rè	nǎy	6àarà	wɔ̀sɛ̀	lā
吃	肉	属格标志.3.复数	谁	疑问句标志

"是谁吃了他们的肉?"

在例(188)中,疑问词位于句末的焦点位置(参见本章 3.1.5.2 节),但没有任何焦点标志,且整个句子带有疑问句标志 lā。① 以上几种语言虽然都可以将疑问词处理为焦点而使用焦点化结构,但具体的结构不尽相同,这取决于具体语言的焦点化结构,如 Bafut 语的分裂句、Akan 语和 Bagirmi 语是句首焦点且带有焦点标志、Tupuri 语是句尾焦点而无焦点标志、Iraqw 语是句中焦点且带有焦点标志。上文提及的 Aghem 语疑问词在动词之后、紧挨动词,其实也可以认为是该语言中焦点的位置,因此也可以认为 Aghem 语的疑问词也是焦点位置,但 Aghem 语只有这一种疑问句结构。

综上所述,非洲语言特殊疑问句从句法结构(特别是特殊疑问词的位置)来看比较复杂,但依然表现出了较强的规律性,可以从发生学角度或区域分布、语言接触进行分析和解释。此外,上文的语例中多有非洲语言要求在特殊疑问句中使用疑问句标志,例如 Hadza 语、Ju|'hoansi 语、Bagirmi 语和 Tupuri 语中,特殊疑问句就都带有特殊疑问句标

---

① 即疑问句标志 lā 虽然看似在句末,但其实并不影响焦点的位置。或者说,焦点成分位置的安排不考虑疑问句标志的位置。

志，而且与用于一般疑问句中的疑问句标志形式相同、位置也相同。类似的现象还见于某些 Chadic 语言中，特殊疑问句也需要使用疑问句标志，如 Lele 语（Frajzyngier & Shay，2012：326）：

（189）me　　　　è　　　　mína　　　gà
　　　2. 阴性　　　去　　　哪里　　　疑问句标志
　　　"你去哪里？"

类似 gà 的疑问句标志也用于一般疑问句，因此不能认为 gà 在上例中类似汉语的"呢"："呢"一般不能单独用于是否问句（例如"＊你来呢？"），而且也不是必须用于特殊疑问句。除此之外，还有非洲语言在特殊疑问句中使用独特的动词形态变化。此类语言基本是上节提及的在一般疑问句中使用特殊动词变化的语言，且在这两类疑问句中的动词形态都是一样的，不赘。非洲语言特殊疑问句结构的一个特殊之处在于对主语提问的特殊疑问句和对其他成分提问的特殊疑问句结构不同（Creissels et al.，2008：134），例如在 Setswana 语中只能对主语提问，若要对其他成分提问，则必须要通过变换句子结构将相应成分变为主语才可以。很多 Chadic 语言也有类似的限制。这些语言都有较复杂的动词配价操作手段（参见第 3 章 3.2.1 节），因而几乎总是可以将非主语的成分转变成主语，保证特殊疑问句可以对句中的任何成分进行提问，但这在非洲之外的其他语言中很罕见。

　　类型学对于特殊疑问句的研究主要关注特殊疑问词的位置，最基本的区分便是疑问词原位语言（如汉语、Bafut 语等）和疑问词句首（如英语、Semitic 诸语、Dida 语等）。Dryer（2013f）的统计是将语言区分为疑问词首位和疑问词非首位两种情况，发现疑问词首位语言数量远远少于疑问词非首位的情况，而且非洲语言尤为如此。疑问词居首位的语言主要集中在东非和北非。Dryer（2007：§3.2）提出以下蕴含共性：

（190）VSO→ 疑问词前置

但是我们发现，非洲的 VSO 语序语言中，8 种是疑问词首位（3 种阿非罗-亚细亚语言、2 种尼罗-撒哈拉语言），而 8 种（都是尼罗-撒哈拉语言）不是疑问词首位，还有 1 种尼罗-撒哈拉语言两种结构皆可。Dryer 提出的蕴含共性并不适用于非洲语言。这是非洲语言的另一个地域特色。

3.1.5　信息结构

句子除了可以表达句式、语式，还能表达信息结构。关于信息结构的系统性语言学研究最早可以追溯到布拉格学派，后特别经由 Halliday（韩礼德）发展而逐渐为学界所重视。"信息结构"这一术语似乎就是 Halliday（1967）提出的①。时至今日，有关信息结构的研究可谓数不胜数，我们的研究虽然只局限于非洲语言，但也不可能面面俱到，所以在此只限于讨论主题（结构）（topic（alisation））和焦点（结构）（focus/focalisation），而且也只讨论这两个结构中最为重要、与汉语关系最为密切的方面。

信息结构一般是指信息表达的方式，即交流双方根据自己的心智状态，结合说话的场合、上下文，通过语言的词汇、语法结构来遣词造句表达信息单元（Lambrecht，1994：5）；或者说，信息结构是说话人通过何种方式使得听话人能够分辨、理解说话人所要表达的信息成分之间的显著度（Krifka & Musan，2012：1）。由此可见，信息结构本身是无法孤立存在的，而其只是在某个特定的场合下句法结构和信息价值之间的联系（de Haan，2012：110、113），换言之，语法结构相同、使用的词汇相同但是信息结构不同的句子，表达的意义是一样的，但是传达的信息价值是不同的。例如法语：

（191）Jean　　　aime　　　　　　　　　　Marie.
（人名）　爱.直陈式.现在时.3.单数　（人名）
"Jean 爱 Marie。"

（192）Marie，　　　Jean　　　l'　　　　　　　　aime.
（人名）　　　（人名）　直接宾语.3.单数　爱.直陈式.现在时.3.单数
"Marie，Jean 爱她。"

（193）c'est　　　Jean　　　qui　　　aime　　　　　　　　　Marie.
分裂句标志　（人名）　分裂句标志　爱.直陈式.现在时.3.单数　（人名）
"是 Jean 爱 Marie。"

以上三个句子所表达的都是同一件事（即一个叫 Jean 的人爱一个叫 Marie 的人），所以意义相同。但是其所传达的信息的重点不同，所以出现的场合就不同：作为例（194）的回答，

---

①　除了 Halliday 提出的"信息结构"，Chafe（1976）提出了 information packaging 这一术语，其实跟信息结构大同小异，但是却鲜有人使用，Foley（2007）是其中之一，但是其用法似乎比 Chafe 的要宽泛。另参见 Lambrecht（1994：2）的相关讨论。

只有例（191）/（195）是合适的：

(194) Qui　　Jean　　　　aime　　　　　　　　　　　　　　　-t-　　　　il?

　　　谁　　（人名）　　爱.直陈式.现在时.3.单数　　插入形式　3.阳性.单数

　　　"Jean 爱谁？"

(195) Jean aime Marie.（＝例（191））

(196) ＊Marie，Jean l'aime.（＝例（192））

(197) ＊C'est Jean qui aime Marie.（＝例（193））

例（192）/例（196）和例（193）/例（197）也可以提供相同的信息，但是由于着眼点不同而显得很奇怪。法语如此，汉语的译文也如此。而针对例（198）的回答，例（191）/例（199）或例（193）/例（201）都可以：

(198) Qui　　aime　　　　　　　　　　　　　　　Marie？

　　　谁　　爱.直陈式.现在时.3.单数　　（人名）

　　　"谁爱 Marie？"

(199) Jean aime Marie.（＝例（191））

(200) ＊Marie，Jean l'aime.（＝例（192））

(201) C'est Jean qui aime Marie.（＝例（193））

反之，例（192）/例（200）则显得很奇怪。法语如此，汉语亦如此。从上面的例子可以看出，人们在语言交流过程中，信息链环环相扣。一方面，会有之前已经谈及的信息，即旧信息（old information）或已知信息（known/given information）；与此同时，也总是会加入之前没有谈及的信息，即新信息（new information）或未知信息（unknown information）。这两类信息参差交错，才能保证语言交流的顺利进行。Gundel、Hedberg & Zacharski (1993)，Lambrecht（1994：§3.4），Krifka & Musan（2012）等指出，"新"和"旧"是相对的，一起构成了一个连续统，所以认为"新""旧"两个概念可以简单概括所有信息的状态是过于简单的。在此基础上，Krifka & Musan（2012：22）对旧信息提出了更严密的定义：

(202) 表达式 α 的特征 X 是旧/已知信息特征，如果 X 表明 α 的外延（denotation）是否出现在共同话语背景中,以及/或者其在最近的共同话语背景中的显著程度。[①]

Lambrecht(1994：50)的说明更加通俗易懂：旧信息就是交流时说话人认为听话人听到一个句子之后所能想到的一切,而新信息就是加在旧信息之上的信息。

　　跟这两类信息紧密相关的是信息结构所涉及的基本概念：主题[②]、焦点、述题(comment)[③]。这些概念虽然广泛使用,但在不同的理论框架中往往不尽相同,有时甚至相去甚远(Vallduví,1992：28-43；Hawkins,1994：111-112),但大多数研究都认为这些概念不能等同于语义角色或语法关系,而应该属于一类新的范畴,即语用角色(pragmatic role)(Sornicola,2006：767-770；Creissels,2006：§28.1.2)。很多研究将新信息等同于焦点,旧信息等同于主题(例如 de Haan,2012；Wagner,2012)。如果我们承认新旧信息是相对的,那么我们也必须重新审视焦点、主题跟新旧信息的对应关系。虽然我们可以在某种程度上认为典型的焦点一般都不是新信息,而典型的主题一般都是已知的,但是我们究竟在何种程度上可以如此表述其实并不是一个简单的问题,而且远远超出了本书的主题(参见 Lambrecht(1994),Likhacheva-Philippe(2010),Krifka & Musan(2012：§3),Stevens(2014)等的讨论)。我们不否认新、旧信息的主题和焦点之间存在千丝万缕的联系,同时也对单纯地根据新、旧信息来定义主题和焦点的做法采取保留态度。

　　有关焦点和主题的定义不可谓不多(Blasco-Dulbecco,1999：§1.3.2.4.1；Miller,2006：511-512；Sornicola,2006：767),但我们在此不可能对所有的定义一一加以讨论。我们采纳 Krifka & Musan(2012：7,28)对于焦点和主题的定义：

(203)焦点指明跟语言表达式的解释相关的可供选择的语言表达式的存在。[④]

(204)主题成分是实体或实体的集合,以其为参考,在述题中表达的信息需要储存在共同话语背景中。[⑤]

---

　　① 原文为：A feature X of an expression α is a givenness feature if X indicates whether the denotation of α is present in the common ground or not,and/or indicates the degree to which it is present(its saliency)in the immediate common ground。

　　② 布拉格学派提出的主位(theme)跟"主题"大同小异,但几乎逐渐为被后者所完全取代。可参见 Gómez-González(2000)的详细讨论。此外,theme 也被用作一类论旨角色的标签,请勿混淆。

　　③ 布拉格学派提出的述位(rheme)跟述题大同小异,几乎完全被后者取代。

　　④ 原文为：Focus indicates the presence of alternatives that are relevant for the interpretation of linguistic expressions。

　　⑤ 原文为：The topic constituent identifies the entity or set of entities under which the information expressed in the comment constituent should be stored in the common ground content。

需要注意的是，以上定义和分类并不能让我们准确无误地在某个语言、某个句子里识别焦点、主题，并确定其类型。以上定义和分类最多只能让我们承认焦点、主题等语用角色的存在是毋庸置疑的，而且其作用是不容忽视的。诚如 Tomlin（1994：150）所说，对于语用角色，至今还没有在理论层面令人满意的定义和可以信赖的识别手段。我们在此无法对这一问题进行深入的讨论（可参见 Butler，2003：§2.2.2.1），只能一方面承认这一缺陷，另一方面采纳绝大多数研究所采纳的通行策略，即承认语用角色的存在，通过之前的研究已经确认的语用角色所具有的语义、句法、语用特点来识别法语中的语用角色。值得庆幸的是，对于非洲语言语用角色的研究已经取得了一些成果，学者们也达成了一些基本的共识，这可以保证我们研究的合理性和真实性。下文对焦点和主题的讨论将主要集中在句法层面，因为其一，焦点和主题的分类标准存在争议，得到的类型种类繁多。造成这种局面的一个主要原因就是信息结构问题本身的复杂性，既涉及语音/音系、语法，也涉及语义、语用。我们的研究不可能在短短的几十页内就把这一复杂问题分析透彻，所以只能集中在一个方面，即句法。其二，焦点和主题之所以分类如此复杂，就是因为标准不统一，既有句法的，也有语义的，还有语用的。有时同一个研究之内就采纳不同的标准进行分类，所以反而会造成混淆。我们既然无法对所有的分类进行讨论，那么就只能退而求其次，只采纳一条标准（即句法），至少可以保证分类的一致性。其三，跟很多语言现象一样，形式（即句法层面的表达方式）和内容（即语义和语用的含义）并不是一一对应的，一个形式可以表达多种意义，而一种意义可能有多个表达形式。

3.1.5.1 主题结构

我们前文对主题的定义是：主题成分是实体或实体的集合，以其为参考，在述题中表达的信息需要储存在共同话语背景中。由此可见，跟主题密切相关的是述题，两者经常互相参照加以定义。最常见、最通俗的方式就是认为主题是句子中述题所涉及、相关的那一部分，而述题是涉及相关主题的那一部分（Reinhart，1981）。

我们前文也说到了主题经常跟旧信息/给定信息/背景信息相关，主要是因为旧信息/给定信息/背景信息在交流的场合或上下文中是可及的、激活的。换言之，不可及或未激活的新信息一般很难做主题。当然，这也是一个程度的问题，而不是绝对的（Lambrecht，1994：§4.4.2）。我们认为不能将旧信息（或已知信息）作为定义主题的主要依据（Schlobinski & Schütze-Coburn，1992；De Cat，2007：§3.1.3；Creissels，2006：111），这种做法会使得主题的范畴过于狭隘，遮蔽了主题的其他特性（De Cat，2007：§3.1）。

前文已述，主题属于信息结构的概念，是语用角色，而不是语义角色或语法关系。主

语属于语法关系的概念，所以主题不等于主语(Lambrecht，1994：118、131-150；张今 &
张克定，1997：32；Creissels，2006：112-113)。虽然在很多情况下，句子的主题也是主
语，但是将两者区分开来会消除很多不必要的麻烦和误解。① 总体而言，主语的特点更多
表现在语法层面，即基本总是跟语法结构相关；而主题虽然也具有语法特性，但是其更显
著的特点是表现在语用、篇章等层面。具体而言，类型学研究(Caron，2000：19-27；
Givón，2001：Chapter 16；Creissels，2006：§28.2；Feuillet，2006：608-621；Puglielli &
Frascarelli，2011：§6.5.3；Frajzyngier，2012：§8.27)发现的人类语言中主题所具有的
诸多方面的特性主要包括以下几点。

　　第一，主题一般有特殊的音段和超音段特征(Dik，1997：456-457；韩巍峰，2013：
§3.1)，例如在 Iraqw 语和 Somali 语中，位于句首的主题和随后的句子部分之间有一个停
顿；Emai-Luleha-Ora 语的主题之后有一个声高特征(Schaefer & Egbokhare，2010：262)；
Dagara 语也是通过停顿和/或语调变化标志主题(Delplanque，2000：75)；而在 Hebrew 语
中，作为主题的前置宾语一般带有升降调，而其他成分做主题的声调特征不明显(Glinert，
1989：415)。

　　第二，名词性的主题经常是特指(specific)或类指(generic)(Blasco-Dulbecco，1999：
73；Caron，2000：§2.2,)。在形式上，表达特指的名词性主题一般都只能用定冠词、指
示限定词或主有限定词标识，而不能用不定冠词，如法语：

(205) Le/Ce/Son/ * Un

　　　定冠词．阳性．单数/指示词．阳性．单数/主有限定冠词．阳性．单数/不定冠
　　　词．阳性．单数

　　　garçon　　　　　　　　je　　　　　　　le

　　　男孩．阳性．单数　主语．1．单数　直接宾语．3．阳性．单数

　　　connais.

　　　认识．直陈式．现在时．1．单数

　　　"那个/他的/ * 一个男孩子(或儿子)，我认识他。"

　　表达类指的名词性主题可以通过不定冠词或定冠词标识(Vogeleer & Tasmowski，

---

　　① 　主题不等于主语的观点在语言学研究中真正确立是相当晚近的事，尽管在较早的语言学研究中
有学者曾经零星地建议过(Weil，1844；von der Gabelentz，1869)。Ammann(1928)提出了后来为布拉格学
派所大力发展的主位和述位(参见 372 页脚注②、③)。"主题"(以及"述题")这(两)个术语似乎最早出
现于 Hockett(1958)。

2005），例如（Rowlett，2007：176；Tellier & Valois，2006：182）：

（206）Une   voiture,   （ça,）
   不定冠词．阴性．单数 汽车．阴性．单数 代词．3．单数
   ce/ ＊elle   n'
   代词．3．单数/主语．3．阴性．单数 否定标志
   est   pas   donné(＊e).
   系词．直陈式．现在时．3．单数 否定标志 给．过去分词．阳性．单数(阴性)
   "一辆汽车,这可不便宜。"

（207）Les   voitures,   （ça,）   ce
   定冠词．复数 汽车．阴性．复数 代词．3．单数 代词．3．单数
   n'   est
   否定标志   系词．直陈式．现在时．3．单数
   pas   donné(＊e).
   否定标志 给．过去分词．阳性．单数(阴性)
   "汽车可不便宜。"

以上两个例子的意义只有细微的差别——汉语的释义亦如此。例(206)中的 une voiture"一辆汽车"在句中不能使用人称代词 elle 来复指，而只能使用指示代词 ce，而且也可以用 ça 来二度复指。在这种用法中，ce 和 ça 都具有标识主题的功能。une voiture 还可以换为 les voitures，而句子的意义基本不变，可见 une voiture 和 les voitures 都是表达类指义的限定词短语。在非洲有定冠词的语言中，这一限制比较明显，例如在 Pero 语中，宾语主题置于句首，必须带有限定词(Frajzyngier & Shay，2012：331)：

（208）dámbàŋ mè   bèeɗów-ì yíi-ji   cò ɓélòw tì
   某宗教仪式 指示词 四-定指标志 做-惯常体标志 次 二   介词
   cékkì cénè ɗok
   在……里 年 一
   "这四个 dámbàŋ 的仪式,一年里要做两次。"

同样的限制也见于 Emai-Luleha-Ora 语(Schaefer & Egbokhare，2010：275)：

（209）ólì　　　　ònwìmè　　ó　　　　　　gbé　ólí　　　ákhè　á

　　　定指标志　农民　　3. 阳性 . 单数　弄破　定指标志　罐子　状态变化标志

　　　"这个农民呢，他弄破了罐子。"

（210）* ònwìmè　　ó　　　　　　gbé　　ólí　　　ákhè　　　á

　　　农民　　　　3. 阳性 . 单数　弄破　定指标志　罐子　　状态变化标志

　　　"一个农民呢，他弄破了罐子。"

第三，主题一般在句首的位置①（Dik，1997a：§3. 2. 3；Creissels，2006：118；Klein，2012；韩巍峰，2013：§3. 1；Zeller，2020：77），例如上文的 Pero 语例，以及 Cushitic 诸语（Mous，2012：420）、Berber 诸语等（Kossmann，2012：92；Frajzyngier，2012：619）：

（211）puta　　ʔuruur-e

　　　鬣狗人　风-阴性标志

　　　ʔí-ʔʔerak-i　　　　　　　　　　　　　　　　　　　　　　Ale 语（Tosco，2010：320）

　　　特指标志-送来-完成体标志. 3. 阳性

　　　"鬣狗人呢，他送来了风。"

（212）θəlt　　iyyam　　nəttaθ　　　　t-tɣima　　　　ðin　　　Riffian Berber 语

　　　三　　　天　　　3. 阴性 . 单数　3. 阴性 . 单数-待在　那里

　　　"三天，她呢，待在那里。"

在 Berber 诸语中，常见的情况是，如果是非主语成分做主题，则语序需要调整为：主题—动词—主语—宾语（Frajzyngier，2012：619）。而在 Arabic 语中，名词性宾语几乎不能直接置于句首做主题，但其他成分则没有此限制，如（Gragg & Hoberman，2012：215）：

---

①　需要注意的是，我们反对将主题简单等同于句首位置的成分，也反对单纯地以句首位置来定义主题（例如将主题化（topicalisation）和（左）离位（（left-）dislocation）作为同义词使用）。Chafe（1976）指出，在英语里有两种不同的前置成分，区别在于后面的句子中是否有一个复指成分（通常是复指代词）。如果有复指代词，那么前置成分就是主题，如（i）；如果没有复指代词，那么前置成分则是对比焦点（focus of contrast／contrastive focus），如（ii）：

（i）The play，John saw it yesterday.

（ii）The play，John saw yesterday.

(213) aṭṭabiːbatu   al-ʔamriːkiyyatu   laː   yabduː   ʕalaː
定冠词-医生   定冠词-美国的   否定标志   出现   在

waɟhi-haː   ʔayyu   taʕbiːrin
脸-3. 阴性 . 单数   任何   表情

"这个美国医生，她脸上没有任何表情。"

waɟhi-haː的后缀-haː与主题同指，是复指代词性后缀，也可以在一定程度上指明句子的主题成分。

第四，一个句子可以有多于一个的主题（Caron，2000：§ 2.1.1；Creissels，2006：117），如上文例（212）中的 θəlt iyyam"三天"和 nəttaθ"她"都可以是主题，那么整个句子就是双主题结构。有时多个主题的相互位置可以变化，基本上不影响语义——θəlt iyyam"三天"和 nəttaθ"她"即如此。反之，在某些情况下，多个主题的顺序也不是完全自由的，例如 Frascarelli & Hinterhölzel（2007：89）提出了主题序列，即

(214) Aboutness-shift topic（AST）>constrastive topic（CT）>familiar topic（FT）

Aboutness-shift 是新提出的主题，contrastive 是对比性的主题，familiar 一般是用代词表达的主题，我们发现非洲语言似乎也必须遵循该序列，如 Mina 语（Frajzyngier & Shay，2012：332）：

(215) à   ɓá   wà   ɓə   tɔ́   ngúlə   lwá   à   n
3. 单数   说   但是   母牛   属格标志   公的   乳房   3. 单数   介词

kɔ́   dà   wə   wà   á   tìkì
不定式标志   取   牛奶   指示词   谓语标志   哪里

"他说：'公牛呢，说到乳房，牛奶从哪里来？'"

第五，很多语言具有语法化了的主题标记（topicalizer）（Creissels，2006：118），例如日语的 wa（Tsujimura，1996：134）：

(216) ano   uti-wa   ooki-i
指示词   房子-主题标志   大的-非过去时标志

"那所房子呢，很大。"

Hai‖om 语的 ǂAkhoe 方言中也有主题标志 ge（Widlok，2013：§3.2.3.2.1）：

（217）‖Êi　　　！asa　　　ge　　　Ħhâba　hâ　　　　i　　　　ge
　　　指示词　地方　　主题标志需要　过去时标志　助动词　陈述句标志
　　　"这个地方，我们要。"

虽然英语、汉语等语言没有类似的语法化了的主体标志，不过某些词、短语（如 as for、concerning）可以引出主题，所以可以认为是没有完全语法化的、引导主题的小词（particle）。与此类似，Arabic 语虽然也没有完全语法化了的主题标记，但可以使用 ʔinna、ʕamma：...fa 等标志明确主题成分（Gragg & Hoberman，2012：215）：

（218）ʔinna　　　　　ha：ðа　　al-ʔixfa：q-a　　　　mutawaqqaʕ-un
　　　主题引导标志　指示词　定冠词-失败-宾格标志　期望.被动-主格标志
　　　"说到这次的失利，是意料之中的。"

（219）ʕamma：　　　muntiɟ-u：　　　aθ-θaqa：fati　fa　　huwa
　　　主题引导标志　生产者-主格标志.复数　定冠词-文化　连词　3.阳性.单数
　　　la：　　　yasmaʕu　　　　isma-hum
　　　否定标志　听到　　　　　名字-3.复数.阳性
　　　"说到文化的生产者，他没听过。"

Amharic 语有一个语法化程度更高的主题标志后缀-ss（Gragg & Hoberman，2012：217）。而 Sandawe 语中表达"也"意义的词缀也可以用来引出主题（Eaton，2010：13）：

（220）mantcha-gki　　urisã　　mãlhe　　mantcha
　　　食物-主题标志　很　　　选择　　吃
　　　"说到食物，她只吃她喜欢吃的。"

综上所述，非洲语言中的主题结构总体上与类型学的发现基本吻合，区域性的特殊之处较少。当然，这不意味着所有非洲语言都具有以上列举的所有特征。对于具体非洲语言的个别的、深入的描写会揭示出更多语言内部的特殊性以及跨语言之间的差异性，但类似的工作是无法在我们的研究中深入开展的。

此外，在汉语等东亚语言中有一类不见于西方语言的特殊的主题结构，即所谓的"悬垂主题"，又叫"汉语式的主题"（Chinese-style topic），后一个标签似乎最早出现在 Chafe（1976）的研究中。虽然 Chafe 没有给出明确的定义，但是却通过例子说明何类主题是汉语式的主题（Chafe，1976：50）：

(221)［那些树木］_{主题}，树身大。

(222)［那个人］_{主题}，洋名 George Zhang。

Chafe 认为，这些句子的特点是主题把主要的主谓关系（如例（221）中的"树身大"和例（222）中的"洋名 George Zhang"）限定在一定的范围内（如例（221）中的"那些树木"和例（222）中的"那个人"），而且为主要的主谓关系确定了一个空间、时间框架。随后针对汉语悬垂主题的研究（Shi，2000；Pan & Hu，2002、2008；Hu & Pan，2009；Wu，2016），一般都把悬垂主题定义为不是被谓语或动词所选择或次范畴化，而且在述题中不跟任何句法位置相关的主题。Shi(2000)给出了汉语中的六类悬垂主题：

(223)［他们］_{主题}，我看你，你看我。

　　［他们］_{主题}，大鱼吃小鱼。

(224)［他们］_{主题}，谁都不来。

(225)［那场火］_{主题}，幸亏消防队来得快。

(226)［这件事情］_{主题}，你不能光麻烦一个人。

(227)［那种豆子］_{主题}，一斤三十块钱。

(228)［物价］_{主题}，纽约最贵。

在这些句子中，句首的成分跟谓语或动词都没有次范畴化的关系，而且也不在述题中占据任何句法位置，所以是典型的悬垂主题。当然，可能还有其他类型的悬垂主题，例如：

(229)［水果（呢）］_{主题}，苹果我天天吃。

类型学上对于此类主题结构的关注和研究很少，但我们发现 Chadic 语言中有类似此类的主题结构，如 Mina 语（Frajzyngier & Shay，2012：332）：

(230) mbígìn　　　wàcín　　wàl-yíi　　　í　　ndí　　　ng-àn　　　cícélém
　　　 某宗教仪式 指示词 女人-复数标志 3. 复数惯常体标志 弄断-复数标志 柴火

　　　 á　　　　　n　　　báy　　　　　kə　　　tár　　ván
　　　 谓语标志　 介词　 木头　　　　 不定式标志 祈祷 雨水

　　"mbígìŋ 仪式呢,女人们为酋长弄断木头来求雨。"

很明显, mbígìŋ 作为主题并不是后面句子的任何成分, 至多可认为与后面的句子在语义上形成了等价的关系, 即 mbígìŋ 仪式 = 女人们为酋长弄断木头来求雨的仪式。关于悬垂主题, 在非洲语言中还需要更深入的研究。

3.1.5.2　焦点结构

　　我们前文把焦点定义为指明跟语言表达式的解释相关的、可供选择的语言表达式的存在的成分。这个定义的关键词是"可供选择的"(alternatives), 而摒弃了其他某些定义(Halliday, 1967: 204; Dik, 1997: 326)经常采纳的关键词, 例如"强调"(highlighting)、"重要性"(importance)等。诚如 Krifka & Musan(2012: 17-18)所言, 虽然这些关键词让人在感性上觉得很有道理, 很容易理解, 但其实却经不起理性的推敲, 因为我们还是不清楚何为"强调"、何为"重要"。换言之, 用"强调"或"重要"来定义焦点其实只是用模糊的语言解释模糊的语言, 根本就不是科学意义上的定义。

　　焦点经常跟"新信息"或"前景(foregrounded)信息"有关的观点也值得推敲。首先, 前文已述, 信息的新、旧是一个连续统, 而不是两个绝对的离散式的概念, 所以如何区分新、旧信息并不如理想中那么简单。其次, 就算可以从理论上为新、旧做出一个完美的定义, 同时提出切实可行的操作手段, 我们也还是要承认, "焦点""新信息"和"前景信息"三个概念并不完全等同。特别是在实际语言交流中, 焦点并不总等同于新信息, 而新信息也不总是焦点。Krifka & Musan 给出的以"可供选择的"为关键词的焦点定义可以避免上面的问题。焦点之所以给人以强调或特别重要的感觉, 就是因为焦点只是众多可供选择中被选中的那一个, 所以自然就应该是强调的那一个, 或者说, 最重要的那一个。[①] 同样, 焦点一般是新信息, 但这不是焦点的本质属性, 所以也不能用作定义。

　　焦点在语用上经常体现出问答一致性的特点(Comrie, 1989: 62-94; Lambrecht, 1994: 121、297; Rooth, 1996: 271; Hajičová、Partee & Sgall, 1998: 207; Kadmon, 2001: 253; Kroeger, 2004: 162; Creissels, 2006. vol. 2: 120; van der Wal, 2016), 即在答句中对应于疑问句的提问成分的就是焦点, 如(Lambrecht, 1994: 223):

---

　　① 也就是说, 焦点并不因为是众多个可供选择中需要强调、最重要的那个才被选中, 而是因为其被选中, 所以才给人以需要强调、最重要的感觉。这种论证可能会给人一种"到底是鸡生蛋还是蛋生鸡"的感觉, 但其实从认知的角度来讲, Krifka & Musan 的出发点才更合理。

（231）What happened?

My car broke down.

如果没有特殊的语调，"My car broke down"这个答句在焦点结构上具有歧义：焦点可以是整个句子或者仅仅是谓语部分。英语的句法结构无法区分这两种焦点，而法语则一般使用不同的结构来区分句子焦点（sentence-focus）和谓语焦点（predicate-focus）：

（232）谓语焦点：

（Ma	voiture）	elle
主有限定冠词.3.阴性.单数	汽车.阴性.单数	主语代词.3.阴性.单数

est	en panne
系词.直陈式.现在时.3.单数	有故障的

直译："（我的车）它坏了。"

（233）句子焦点：

J'	ai	ma
主语代词.1.单数	有.直陈式.现在时.1.单数	主有限定冠词.3.阴性.单数

voiture	qui	est	en panne
汽车.阴性.单数	关系词	系词.直陈式.现在时.3.单数	有故障的

直译："我有我的坏了的车。"

除了例（232）和例（233）所演示的谓语焦点和句子焦点之外，Lambrecht（1994：§5.2.1）还提出了论元焦点（argument-focus）：

（234）英语：

I heard hyour motocycle broke down?

My car broke down.

（235）法语：

C'est	ma	voiture	qui
分裂句标志	主有限定冠词.3.阴性.单数	汽车.阴性.单数	关系词

est	en panne.
系词.直陈式.现在时.3.单数	有故障的

"是我的汽车坏了。"/"坏了的是我的汽车。"

我们看到，这三种焦点结构基本都是以疑问句的回答方式来定义的，英语总是使用同样的句子结构来表达这三类焦点，但声调可以起到一定的区别作用；而法语中的这三类焦点结构通常是通过不同的结构来表达的：谓语焦点主要依靠语调，论元焦点使用 c'est…que/qui 的分裂句结构(类似于英语的 it is…that)，而句子焦点是通过 avoir…qui/que 来表达。由此可见，法语和英语在结构表达上其实应该属于不同的两类语言。非洲语言也基本可以分为这两类，但并非完全对应于英语和法语的区别。标准 Arabic 语更类似于英语，主要通过声调表达以上三类焦点结构(Aoun、Benmamoun & Choueiri，2010：§8.3)，而没有专门表达焦点的语法结构；而同属 Semitic 语言的 Hebrew 语则更类似于法语，可以通过语序、分裂句结构等表达不同类型的焦点(Glinert，1989：§37.6-10)；Kabyle 语也使用不同的结构表达以上三类焦点(Mettouchi & Fleisch，2010：§3.3)：谓语焦点和论元焦点通过分裂句结构，而句子焦点则通过 VS 语序表达，这也是中性的句子的一般性语序。Daasanach 语则与以上语言都不同，通过使用不同的焦点标志来表达以上三类不同的焦点，因而很难确定究竟类似于英语还是法语(Mous，2012：402)：

(236) 谓语焦点结构：焦点标志 ^{h}a

| 'ár | ^{h}a | ^{h}í | d'iyyime |

公牛　焦点标志　3. 动词标志　发出噪声. 未完成体

"公牛在闹腾(而不是在干别的)。"

(237) 论元焦点结构：焦点标志后缀 -ru

'ár-ru　　kufi

公牛-焦点标志　死亡. 完成体

"是公牛死了。"

(238) 句子焦点结构：零标记(即无特殊焦点标志)

'ár　　^{h}é　　kufi

公牛　3. 单数　死亡. 完成体体

"公牛死了。"

跟主题一样，焦点也是语用层面的概念，而不是单纯的句法概念，但同时也必须承认，焦点在语音/音系、形态、句法层面能够具有特殊的形式标记(Lambrecht，1994：224-225；Van Valin & LaPolla，1997：210-214；Caron，2000：27-33；Drubig & Schaffar，2001；Givón，2001：Chapter 15；Beyssade et al.，2004；Feuillet，2006：621-635；Nurse，

2008：§5.3；Zimmermann & Onea，2011；Puglielli & Frascarelli，2011：§6.4.1；Frajzyngier，2012：§8.26）。

在语音/音系层面，重音（Dik，1997：457-461；Creissels，2006：121；de Haan，2012：111）似乎是标记焦点最常用的手段，但是在非洲语言中似乎并不是最常见的手段（Watters，2000：214；Creissels et al.，2008：137），特别是在某些非洲语言（如 Bagirmi 语（Jacob，2010：136-137）和某些 Atlantic 语言（Robert，2010：256））中，焦点结构没有任何特殊的韵律结构。不过在某些 Bantu 语言中，动词后的补语如果是焦点，则会导致动词本身有特殊的声调（而不是语调），如 Duala 语和 Basa 语（Nurse，2008：204）（表4-26）：

（239）

表4-26　Duala 语和 Basa 语焦点结构

语言	无焦点句	动词后宾语为焦点
Duala 语	bító bá-manda"女人们买。"	bító bá-mandá mabato"女人们买的是衣服。"
Basa 语	a bí nuŋul"他卖了。"	a bí nuŋúl bísɛl"他卖了的篮子。"

此类现象仅仅是初次发现，还有待深入研究，而且 Hyman（1999）也指出，至今还没有发现确切的证据证明某个非洲语言用声调标志焦点，但有鉴于非洲语言中声调的多功能性，也不能完全否定声调在焦点化结构中的作用。而 Good（2010）更明确地指出，在 Naki 语中，动词后的焦点会影响动词的声调（Good，2010：46）：

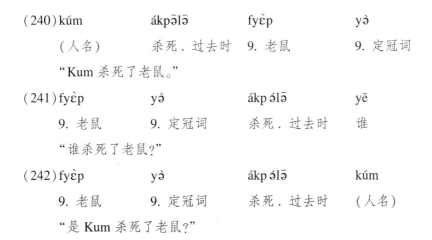

（240）kúm　　　　ákpə̄lə̄　　　fyɛ̀p　　　　yə̀

　　　（人名）　　杀死.过去时　9.老鼠　　9.定冠词

　　　"Kum 杀死了老鼠。"

（241）fyɛ̀p　　　　yə̀　　　　　ákp ə́lə̄　　　yē

　　　9.老鼠　　　9.定冠词　　杀死.过去时　谁

　　　"谁杀死了老鼠？"

（242）fyɛ̀p　　　　yə̀　　　　　ákp ə́lə̄　　　kúm

　　　9.老鼠　　　9.定冠词　　杀死.过去时　（人名）

　　　"是 Kum 杀死了老鼠？"

例（240）为没有特殊信息结构的句子，例（241）为一个特殊疑问句，其中特殊疑问词 yē 位于动词后的焦点位置，同样也是例（240）中主语 kúm 所占据的位置。除了这两个词的位置说明这两个句子中有焦点之外，例(241)中的动词形式 ákpɔ́lɔ̄也和例(240)中的 ákpɔ̄lɔ̄声调不同。这说明声调的确在焦点化结构中有一定的作用，但 Hyman(1999)的观点也并非完全错误，因为 Naki 语并非仅用声调标志焦点。总之，非洲语言中焦点结构声调和语调的问题还需要进一步深入研究。

在形态层面，某些非洲语言有语法化的焦点标记(focaliser)(Creissels，1991：335-339、2006：§28.3.4; Dik，1997：335-338; de Haan，2012：111; Zeller，2020：78)，如前文已经提及的 Daasanach 语。再如 Bambara 语中的-de(Creissels，2006 vol.2.：135)：

(243) Seku   ye   buru   tigɛ   muru   la
　　　(人名)   完成体标志   面包   切   刀子   介词
　　　"Seku 用刀子把面包切了。"

(244) Seku-de ye buru tigɛ muru la.
　　　"是 Seku 用刀子把面包切了。"

(245) Seku ye buru-de tigɛ muru la.
　　　"Seku 用刀子切了的面包。"

(246) Seku ye buru tigɛ muru-de la.
　　　"Seku 是用刀子把面包切了。"

例(243)不带有任何特殊的信息结构，而例(244)~例(246)跟例(243)同义，但带有焦点成分，焦点分别是 Seku-de、buru-de 和 muru-de，都带有焦点标记-de。此种手段在非洲语言中较为常见，还有‖Gana 语中的 kí(Nakagawa，2013：§3.2.6.8.3)。焦点标志并非只见于非洲语言，但非洲语言中的焦点标志与世界其他语言中的焦点标志相比有以下几个特殊之处。首先，焦点标志的数量。类型学发现，在同一门语言中有多个焦点标志是比较罕见的情况，而在非洲语言中却比较常见，如上文的 Daasanach 语有两个焦点标志分别标识谓语焦点和论元焦点。再如 Banda-Bambari 语主语焦点标志为 kə̀，其他成分焦点标志是 dɔ́(Cloarec-Heiss，2000：47)。同样，Gur 诸语中也有多个焦点标志(Schwarz，2010：299-300)：

(247) Konni 语   ǹ   súgúrí   -! wó   ɲ̀ntɨ́tɨ̀

(248) Buli 语   mí   súgúrí   ká   gàttā.

(249) Dagbani 语   ń   páɣí   -! lá   nnèɛ́mà

(250) Farefare 语	ǹ	pèè	lá	! fútú	là
	1. 单数	洗	焦点标志	衣服	定指标志

"我洗了衣服。"

(251) Konni 语	ǹ	súgú! r	-é	m ꜜŋ

(252) Buli 语	máà	sūgūrī	kámā.

(253) Dagbani 语	ń	páɣí	-! rí	mì

(254) Farefare 语	ǹ	pèè	-rì	mɛ́
	1. 单数	洗	未完成体标志	焦点标志

"我正在洗。"

例(247)~例(250)的焦点标志指明焦点毫无疑问是谓语(即动词+宾语)(即"我做了的事情是洗了衣服");而例(251)~例(254)的焦点标志则会产生歧义,因为焦点可以是动词本身(即"我在洗(东西),而不是在吃(东西)、看(东西)"等)或整个谓语部分(即"我现在正在做的事情是洗"),但是这几个句子由于没有宾语成分,因而这一歧义的可能性被中和了。此外,在有名词类别系统的非洲语言中,也有可能存在若干个焦点标志,与作为焦点的名词性成分在名词类别上进行配合,如 Tuki 语(Biloa,1992:79):

(255) abongo	odzu	a-ma-kos-en-a		agee
(人名)	焦点标志	主语-过去时标志-买-双系式标志-定式动词标志		妻子
waa	yendze	idzo		
他的	房子	昨天		

"是 Abongo 昨天给他的妻子买了一所房子。"

(256) yendze	aye	abongo	a-a-ma-kos-en-a
房子	焦点标志	(人名)	主语-过去时标志-买-双系式标志-定式动词标志
agee	waa	idzo	
妻子	他的	昨天	

"Abongo 昨天是给他的妻子买了一所房子。"

(257) idzo	owu	abongo	a-a-ma-kos-en-a
昨天	焦点标志	(人名)	主语-过去时标志-买-双系式标志-定式动词标志
agee	waa	yendze	
妻子	他的	房子	

"Abongo 是昨天给他的妻子买了一所房子。"

由此可见，不同非洲语言中多个焦点标志共存的动因是多样的，形态、句法、语义等因素都可能发挥作用。

其次，非洲语言中存在专门用于标识谓语焦点的焦点标志，如上文 Daasanach 语的ʰa，以及 Gur 诸语中的谓语焦点标志。再如 Aghem 语，虽然只有一个焦点标志位于焦点成分之后，但也可以用于谓语动词的焦点化结构（Watters，1979：167）：

（258）fú　　　kí　　　mɔ̌　　　　nyìŋ　　nó　　　　á　　　kíʼ-bé

　　　老鼠　　3. 单数　过去时标志　跑　　焦点标志　在　　7-有围栏的场地

　　　"老鼠是跑(不是其他方法)进场地的。"

世界语言中能够将谓语进行专门焦点化操作的语言实属少数，英语、汉语等语言都几乎无法使用常见的焦点化结构（即"it is...that"和"是……的"）进行这一操作，而基本只能通过语调来指明谓语做焦点：

（259）Tom plays football everyday. → ＊ It is plays that Tom football everyday.

（260）张三每天吃一个苹果。→＊ 张三每天是吃的一个苹果。? 张三每天是吃一个苹果的。

需要注意的是，即使焦点标志总是出现在动词/谓语上，也有可能不是谓语焦点化标志，例如 Ejagham 语的情况乍看之下与 Aghem 语类似，即焦点标志都出现在动词上（Watters，1981）：

（261）à-nàm-éʼʼ　　　　　　　　　　bì-yù

　　　3 完成体标志 . 3. 单数-买-焦点标志　8-地瓜

　　　"她买了地瓜(而不是别的)。"

实际上，Ejagham 语的焦点标志 éʼʼ 只能依附在动词上，而不管句中的焦点是什么成分。换言之，éʼʼ 只说明句中存在焦点，而不能具体指明何为焦点。所以，应该将 Ejagham 语的焦点结构分析为焦点标记是通过动词层面的形式变化表达的。此种分析的证据之一便是在焦点结构中同时使用两个焦点标志的非洲语言，如 Vute 语（Thwing & Watters，1987：103）：

（262）mvèin   yi   ɓwáb-na-á   ŋgé   cene   ʔá

首领   过去时标志   买-间接宾语标志-焦点标志   3. 单数   鸡   焦点标志

"首领给他买了一只鸡(而不是别的)。"

焦点标志-á 依附在动词上，在默认情况下表明句子中存在焦点，而 ʔá 才具体指明到底句子中哪个成分为焦点。因此，Vute 语的焦点结构其实总是同时使用多于一个的焦点标志。① 与 Ejagham 语和 Vute 语中动词总带有焦点标志相类似的情况是通过动词的形态变化表达焦点化，例如 Atlantic 诸语普遍使用动词本身的形式变化表达不同的焦点（Robert，2010），而且可能会跟时态、体貌、语气等语法范畴杂糅在一起形成复杂的多元系统，如 Fulah 语（Robert，2010：236）（表4-27）：

（263）   表 4-27   Fulah 语焦点表达

时态	焦点	主动	中动	被动
完成体	动词焦点	Ø/-u	-i	-a
	论元焦点	-i	-ii	-aa
	无焦点	-ii	-iima	-aama
未完成体	动词焦点	-a	-oo	-ee
	论元焦点	-ata	-otoo/-oto	-etee/-ete
	无焦点	-at	-oto	-ete

同样，Bidyogo 语也是使用系统的动词形态变化表达焦点，例如（Segerer，2000：272）（表4-28）：

（264）   表 4-28   "来"的焦点

类别	完成体		未完成体	
	普通形式	焦点形式	普通形式	焦点形式
1. 单数	ɲáda	ɛ́nda	ɲída	ída

---

① 需要注意的是，Vute 语不同于 Daasanach 语、Banda-Bambari 语和 Gur 诸语等语言，虽然这些语言都有若干个焦点标志，但 Vute 语要求这些焦点标志同时出现在一个句子中，而 Daasanach 语、Banda-Bambari 语和 Gur 诸语中的这些焦点标志不能同时出现在一个句子中，而是根据不同的形态、句法、语义要求选择使用——换言之，其分布是互补的。

续表

类别	完成体		未完成体	
	普通形式	焦点形式	普通形式	焦点形式
2 单数	máda	ánda	mída	ámida
3 单数	ɔ́da	ɔndá	úda	udá
1 复数	táda	átinda	tída	átida
2 复数	náda	áninda	nída	ánida
3. 复数	yáda	yandá	yáda	yadá

Karon 语的焦点标记系统更是混合了动词变化和焦点标志：动词焦点通过动词词根的重叠型表达，而论元焦点则通过动词后缀表达（Robert，2010：242）：

(265) kodie　　　　a　　　　　　li-aː-li　　　　　uli…
　　　（人名）　　3.阳性.单数　吃-完成体标志-吃　米
　　　"Kodie 的确吃了米。"

(266) kodie　　　　a　　　　　　li-ɛ　　　　　　uli…
　　　（人名）　　3.阳性.单数　吃.完成体　　　米
　　　"Kodie 吃的是米。"

再次，焦点标志的位置。上文例子中焦点标志的位置是多样的，可位于焦点成分之后（如 Bambara 语中的-de、Daasanach 语的-ru），也可能在焦点成分之前（如 Daasanach 语的谓语焦点标志ʰa，以及 Wandala 语（Frajzyngier & Shay，2012：329））。这种区别可以从语法化的角度进行一定程度的解释，即不同来源的焦点标志由于语法化程度不同而在句中的位置也不同。如 Mwaghavul 语使用系词 a 置于焦点成分之前标记焦点（Frajzyngier & Shay，2012：328），可以认为是焦点的标志，但由于其语法化程度较低，在很大程度上还保留了系词的特点，因而位于焦点成分之前——这十分类似于汉语的"是"，既是系词（如"我是学生"），又是位于焦点成分之前的焦点化标志（如"是我打的李四。"）。

　　最后，焦点标志与其他句式的关系。前文讨论特殊疑问句时已经提及，某些非洲语言可以将特殊疑问词处理为焦点成分，从而要求使用焦点标志（以及其他焦点化结构），如 Bagirmi 语（Jacob，2010：124、125）：

(267) 疑问词原位

boukar	ndugo	ɗíi	gee	tɛprɛ	kasko	ná	wà
（人名）	买.完成体	什么	标志词	昨天	市场	定指标志	疑问句标志

"Boukar 昨天在市场买了什么？"

(268) 疑问词做焦点

ɗíi	ɗáŋ	boukar	ndugo	tɛprɛ	kasko	ná	wà
什么	焦点标志	（人名）	买.完成体	昨天	市场	定指标志	疑问句标志

"Boukar 昨天在市场买的是什么？"

ɗáŋ 必须用于标志主语焦点和位于句首的非主语疑问词，而其他结构则有不同的焦点表达方式，通常没有特殊的标志。

在句法层面，世界上很多语言使用特定的焦点位置、特殊的语序或结构表达焦点（Dik，1997：§3.2.3；Kidwai，1999；Creissels，2006：121）。例如匈牙利语（Kenesei、Vago & Fenyvesi，1998：§1.11；Kiss，2002：§4.2）和巴斯克语（Hualde & de Urbina，2003：§4.4）中，紧挨动词之前的位置是缺省的焦点位置。Mina 语中的宾语焦点也是置于动词前，而其缺省的非焦点位置则在动词后（Frajzyngier & Shay，2012b：329）。反之，在喀麦隆和尼日利亚交界处的一些语言却将动词后、紧挨动词的位置处理为焦点位置。句首也可以是焦点的默认位置，例如在 Korana 语中，主语前的句首位置即是默认的焦点位置（Haacke，2013c：§3.2.2.2）：

(269)

! xo-b-i	r	na	ǂae
烟斗-主格标志	1.单数	现在时标志.进行体标志	抽烟

"我抽的是烟斗。"

(270)

ǂae	r	na	! xo-b-i
抽烟	1.单数	现在时标志.进行体标志	烟斗-主格标志

"我是在抽烟斗。"

Akan 语中句首也是默认的焦点位置，焦点还必须带有焦点标志 na（Mutaka，2000：215）：

(271)

me	na	mebaa	ha	nnera
1.单数	焦点标志	来.1.单数.过去时	这里	昨天

"昨天来过这里的是我。"

(272) kwame   na   kofi   huu   no   wɔ

（人名）   焦点标志 （人名） 看见．过去时 3．阳性．单数方位格标志

fie   hɔ

房子   方位格标志

"Kofi 在房子里看见的是 Kwame。"

上文提及的 Tuki 语也是将焦点成分置于句首，同时使用焦点标志的一个例子（Biloa，1992：79）：

(273) abongo   odzu   a-ma-kos-en-a

（人名）   焦点标志 主语-过去时标志-买-双系式标志-定式动词标志

agee   waa   yendzeidzo

妻子   他的   房子昨天

"是 Abongo 昨天给他的妻子买了一所房子。"

(274) yendze   aye   abongo   a-a-ma-kos-en-a

房子   焦点标志 （人名） 主语-过去时标志-买-双系式标志-定式动词标志

agee   waa   idzo

妻子   他的   昨天

"Abongo 昨天是给他的妻子买了一所房子。"

(275) idzo   owu   abongo   a-a-ma-kos-en-a

昨天   焦点标志 （人名） 主语-过去时标志-买-双系式标志-定式动词标志

agee   waa   yendze

妻子   他的   房子

"Abongo 是昨天给他的妻子买了一所房子。"

Mambila 语则与以上三种语言相反，其焦点总是在句尾，这导致有焦点的句子跟一般的句子在语序上会有所不同（Perrin，1994）：

(276) mè   ŋgeé   naâ   cɔ̀gɔ̀   léílé

1．单数 买   过去时标志 布料   昨天

"我昨天买了布。"

(277) mè   léílé   ŋgeé   naâ   cɔ̀gɔ̀

1．单数 昨天   买   过去时标志 布料

"我昨天买的是布。"

（278）mè   cɔ̀gɔ̀   ŋgeé   naâ   léílé

　　1. 单数　布料　　买　　　过去时标志　昨天

"我是昨天买的布。"

（279）mè   naâ   cɔ̀gɔ̀   ŋge

　　1. 单数　过去时标志　布料　买

"我的确买了布的。"

由于焦点永远要出现在句末，原来应该出现在句末的成分就只能让位于句末的焦点而出现在动词之前。而如果动词为焦点，则语序变化为动词在句尾，其他成分都在其之前。由此可见，焦点成分如果固定出现在句中的某个位置，有可能会连带地导致句子整个语序发生变化。再如 Tupuri 语，正常语序为 SVO，但焦点也是位于句尾，同时带有焦点标志 dìŋ，由此导致主语焦点结构的语序是（X）VS（Ruelland，2000：150）：

（280）wɔ̄   dè   pṵy   tí   dárgè   dìŋ   táktíbáy

　　去　介词　豺狼　介词　狩猎　焦点标志　蝙蝠

"是蝙蝠去狩猎豺狼。"

其实，使用特殊的语序表达焦点也是非洲语言常用的手段，如 Male 语、Wolaytta 语等 Omotic 语言的基本语序为 SOV（Frajzyngier，2012：618），但如果主语为焦点，则要使用 OSV 语序（Amha，2012：488）；Turkana 语的基本语序为 VSO，但如果名词性主语或名词性宾语为焦点，则分别调整为 SVO 和 OVS 语序（Dimmendaal，1983：256），不过这种语序调整也可以认为是 Male 语、Wolaytta 语和 Turkana 语类似于匈牙利语和巴斯克语，都将动词前、紧挨动词的位置处理为焦点的位置。除了语序，焦点还可以通过特殊的句法结构来表达（Dik，1997：Chapters 13、14；Creissels，2006：§28.3.3；de Haan，2012：113），例如英语的分裂句结构（"it is... that"），这也是非洲语言中极为常见的焦点表达手段（Watters，2000：216；Creissels et al.，2008：137；Zeller，2020：77），例如 Bafut 语中焦点成分要出现在 à nɨ 和 mɔ́ 构成的"分裂句结构"之间（Mutaka，2000：217）：

（281）sùù   kɨ   fá   mbà   mbó   bì

　　（人名）　过去时标志　给　肉　手/间接宾语标志　（人名）

"Suu 给了 Bi 一些肉。"

(282) 主语焦点：à nɬ sùù mɔ́ à① kɨ fá mbà mbó bì　"是 Suu 给了 Bi 一些肉。"

　　　宾语焦点：à nɬ mbà mɔ́ sùù kɨ fá mbó bì　"Suu 给了一些肉的人是 Bi。"

　　　间接宾语焦点：à nɬ mbó bì mɔ́ sùù kɨ fá mbà　"Suu 给了 Bi 的东西是一些肉。"

　　　动词焦点：à nɬ mfà② mɔ́ sùù kɨ fá mbà mbó bì　"Suu 的确是给了 Bi 一些肉。"

在 Berber 诸语中，焦点化基本总是通过以下分裂句结构表达的(Kossmann，2012：93)：

(283) 非动词谓语-焦点成分-分裂成分-关系从句

例如 Riffian Berber 语(Kossmann，2000：158)：

(284) ð　　　　　nəčč　　ay　　　　kið-əç　　　　　　dyusin
　　　分裂句标志　1. 单数　分裂句标志　与-2. 阳性 . 单数　来
　　　"是我跟你来的。"

即 ð 和 ay 构成分裂句结构，焦点成分在两者之间。此外，以上结构与英语分裂句的另一个相同点是，dyusin"来"这个动词形式只能用于关系从句中，如英语相应的结构中 came 也出现在关系从句结构中：

(285) It was me that came with you.

某些 Berber 语言中还有分裂句的变体形式，如 Kabyle 语(Mettouchi & Fleisch，2010：208)：

(286) d　　　　　aɣrum　　i　　　　n-ečč a
　　　分裂句标志　面包　　分裂句标志　主语 . 1. 单数-吃 . 完成体
　　　"我们吃的是面包。"

(287) tlata　　　　yergazen　i　　　　n-ezrạ
　　　三　　　　　人 . 复数　分裂句标志　主语 . 1. 单数-看见 . 完成体

---

① 　à 为主语人称标志。

② 　mfá 是 fá 的非定式形式(之一)。

　　"我们看见的是三个人。"

例(287)中的分裂句跟例(286)相比，只有 i 标志，而没有 d 标志，这有些类似于汉语的"是……的"结构在某些情况下也可以省略"的"：

　　(288) 李四(是)昨天/骑车来的。

需要注意的是，Berber 诸语中基本只能将名词成分处理为焦点，而其他成分(如介词短语、分句等)不能进入焦点，这跟英语是不同的，因为英语允许名词性成分和介词短语充当焦点：

　　(289) It is about Mary that I would like to talk with you.
　　(290) It is Mary that I would like to talk about with you.

只有类似于例(290)的句子在 Berber 诸语中才是合法的。相反，在法语中，类似于例(289)的句子才是更常见的焦点表达方式：

　　(291) C'　　est　　avec　　Marie　　que　　je　　travaille.
　　　　　It　　is　　with　　Mary　　that　　I　　work.

Amharic 语的分裂句虽然在结构上也是通过关系从句构成的，但跟以上的例子语序恰好相反，即关系从句部分在句首，而焦点则置于句尾(Gragg & Hoberman，2012：220)：

　　(292) yämm-i-mäṭa-w　　　　　　　　　　　bä-mäkina　　n-äw
　　　　　关系词-3. 阳性 . 单数-来 . 现在时 . 定指　在-车　　　系词-3. 阳性 . 单数
　　　　　"我是坐车过来。"

使用分裂句表达焦点的还有 Cushitic 诸语(Mous，2012：418)和某些 Chadic 语言(Frajzyngier，2012：613)，总体上都是类似于英语和 Riffian Berber 语通过关系从句结构引出焦点之外的句子部分。

　　综上所述，以上的焦点结构形式表现在类型学上十分常见，可以说任何一种自然语言都会使用其中的一种或几种形式标记，但诚如 Zimmermann & Onea(2011：1658)指出，以上形式标记并不一定只用于焦点结构，也可能会出现在其他句法结构中。这一方面说明，形式标记和焦点结构之间并没有完美的一一对应关系，因此，以上形式标记只能作为识别和确定焦点结构的参考手段，而远远不能保证万无一失。另一方面，这意味着焦点结构与其他结构会有一定的联系：上文给出的例子基本都是肯定陈述句，而在非洲语言中，焦点还跟否定表达和疑问句结构有着明显的结构类似性。前文已述，在非洲语言中，焦点结构也用于某些特殊疑问句的构成（Zeller，2020：79）。一方面，有些语言将疑问词处理为焦点成分，因而占据焦点的位置，例如本节上文提及的 Akan 语和 Bafut 语（Mutaka，2000：220、221）：

(293) ɛhe　　　　na　　　　kofi　　　　kɔɔe
　　　哪里　　焦点标志　（人名）　去．过去时
　　　"Kofi 去了哪里？"

(294) à nɨ　　　　àkə　　　mə　　　　sùù　　　kɨ　　　kô
　　　分裂句标志　什么　分裂句标志　（人名）　过去时　抓住
　　　"Suh 抓住了的是什么？"

再如 Iraqw 语（Mous，1993：238、287）：

(295) hée　　　kúung　　　　　　u　　　axwées　　　　　a　　heemá
　　　男人　2．阳性．单数　宾语标志　说话．3．阳性　系词　谁
　　　直译："跟你说话的男人是谁？"

(296) laarí　　　　m-a　　　　　'ay-áan
　　　今天　　什么-焦点标志　吃-1 复数
　　　直译："咱们今天吃的是什么？"

例(295)中没有使用焦点结构，而例(296)中则是在疑问词上带有焦点标志-a，换言之，Iraqw 语中特殊疑问句并非必须要使用焦点结构。而在 Ejagham 语中，特殊疑问句则必须使用焦点结构的动词形式（Watters，2010：363）：

(297) bagh ɛ́　　ɛ́-n ɛ̂　　　a-nam-ɛ́ʼ´　　　　　　　bi-yu
　　　哪个　5-人　完成体标志．3-买-焦点标志　8-芋头
　　　"是谁买了芋头？"

（298）n-tɛm　　　ow-ǎ　　　　　a-yim-í′ˊ　　　　　　　　jěn　　na　　bi-yu

　　　1-朋友　　1-属格标志 . 2　完成体标志 . 3-做-焦点标志 什么　　介词　8-芋头

　　　"你的朋友用芋头干什么？"

（299）baghέ　　　ɛ-nɛ̂　　a-yim-í′ˊ　　　　　　jěn　　na　　bi-yu

　　　哪个　　　　5-人　　完成体标志 . 3-做-焦点标志　什么　　介词　8-芋头

　　　"谁用芋头做了什么？"

Creissels（1991：338）指出，在否定句中，否定——不论其具体的表达形式——就是这个句子的焦点所在。根据我们前文对焦点所下的定义，焦点结构需要涉及"可供选择的语言表达式"，而相对否定而言，肯定语气就是这个可供选择的语言表达式，因而否定本身与焦点有联系并不奇怪，所以在某些语言中否定句也涉及焦点的表达，同时影响到句子的结构——特别是动词/谓语部分。例如在 Soninke 语（Creissels，1991：338）中，动词的声调类型分为 H、HL、HLH、LHL 和 LH 五种，而在否定句中（带有否定语素 ma 和 nta），动词都只带有低调 L。换言之，否定句中的动词不能带有高调，因为就其信息结构的地位而言，已经将焦点让位给了否定语素，这种"让位"（或者或"中和"）在形态上的表现就是声调的单一化。类似的例子还有 Ososo 语（Creissels，1991：339）。

3.2　从句结构：以名词前关系从句结构为例

3.2.1　关系从句的定义

前人的很多研究只是默认关系从句这个结构的存在而没有对其进行严格的定义，这对于关系从句的跨语言类型学研究是一大障碍，因此我们首先就要确定何为关系从句。换言之，就是要对我们的研究对象进行严格的确定。之前的一些就非洲语言的研究正是由于对于关系从句的定义不清，要么将一些本来是关系从句的结构排除在外，要么将一些本来不是关系从句的结构误认为是关系从句。

de Vries（2002：14）和 Grosu（2002：145）分别对关系从句进行了较严格的定义：

（300）a. A relative clause is subordinated.

　　　b. A relative clause is connected to surrounding material by a pivot constituent.

（301）a. A relative clause is subordinated.

　　　b. A relative clause includes, at some level of semantic representation, a variable that ultimately gets bound in some way by an element of the matrix.

根据这两个定义，我们将关系从句定义如下：

（302）a. 关系从句是一个从句（subordinate clause）；

　　　 b. 在关系从句和主句之间存在一个语义支点（semantic pivot）。

de Vries 的定义更加中立，更适合于类型学研究，而 Grosu 的定义则使用"变量"（"variable"）和"约束"（"bound"）等概念，更具理论导向性。相比而言，我们的定义在类型学上和理论的导向性上不太明显，因此更接近 de Vries 的定义。尽管如此，无论是在我们的定义中还是在他们的定义中，两个概念都是必不可少的，即从属（subordination）和语义支点。

　　关于从属关系，de Vries 和 Grosu 在例（300）a 句和例（301）a 句中进行了明确的表述。但是，他们都没有进一步说明何为"从属"。根据 Creissels（2006. vol. 2：189）的观点，从属关系的要点是一个句子结构是另一个句子结构的成分。同样，Feuillet（2006：479）也谈到"功能依存"（"dépendence fonctionnelle"）。我们认为，最重要的是，从属关系并不一定意味着"内嵌"（embedding）。关于"从句"的最重要的特点是从句的作用类似于一个依存于主句的成分的角色。这种句法上的非独立性/依存性可以表现在若干个方面，例如话语类型（utterance act）受限、语序的相对严格化和特殊的动词形式等（参见 Lehmann，1988；Creissels，2006. vol. 2：189-190；Feuillet，2006：481-485 等）。例如，在法语中，一个独立句可以分为四种话语类型，即陈述句（例（303））、疑问句（例（304））、祈使句（例（305））和感叹句（例（306））：

（303）Le　　　　garçon　　　est　　　　　　　sage.

　　　 定冠词　　男孩　　　系词 . 直陈式　乖巧的、听话的

　　　 "这个男孩子真听话。"

（304）Le　　　　garçon　　　est　　　　　-il　　　　　　sage？

　　　 定冠词　　男孩子　　　系词 . 直陈式　3. 阳性 . 单数　乖巧的、听话的

　　　 "这个男孩子听话吗？"

（305）Sois　　　　　　sage！

　　　 系词 . 命令式　乖巧的、听话的

　　　 "听话！别闹！"

（306）Comme　　　le　　　garçon　　　est　　　　　　sage！

　　　 连词　　　定冠词　男孩　　　系词 . 直陈式　乖巧的、听话的

"这个男孩子真听话啊！"

在这四个句子中，话语类型是通过语序（例（303）vs 例（304））、动词屈折变化（例（303）vs 例（305））、使用连词（如例（306））（以及语调（如例（304）））等多种手段进行表达和区分的。然而，在一个从句中，以上这些手段并非都可以使用，而且以上四类话语类型并非都存在，例如：

（307）Je   connais   le   garçon   qui   est   sage.
主语.1.单数   认识.直陈式 定冠词 男孩   关系词 系词.直陈式 乖巧的、听话的
"我认识那个听话的男孩。"

（308）*Je   connais   le   garçon   qui   [est   -il
主语.1.单数 认识.直陈式定冠词男孩   关系词 系词.直陈式3.阳性.单数
sage]
乖巧的、听话的
*"我认识那个[他听话吗]的男孩子。"

（309）*Je   connais   le   garçon   qui   [sois
主语.1.单数 认识.直陈式定冠词男孩   关系词 系词.命令式
sage]
乖巧的、听话的
*"我认识那个[你不要闹了]的男孩。"

（310）*Je   connais   le   garçon   qui   [comme il
主语.1.单数   认识.直陈式 定冠词 男孩   关系词 连词   3.阳性.单数
est   sage]
系词.直陈式   乖巧的、听话的
*"我认识那个[他真听话啊]的男孩。"

由此可见，关系从句的话语类型受限是由于其句法层面的依存性。至于语序的严格化和特殊的动词形式这两个特点，在某些语言中表现得尤为明显。例如在巴斯克语中，关系从句中必须严格遵守动词在末位的限制（Oyharçabal，2003：766）：

（311）Altubek   kontutan   hartu ez   zuen   oinarrizko
（人名）.施格 考虑.方位格   采取 否定标志 助动词.标句词 基本的

partiketa　　　batekin　　　egin　　　dut　　　topo
区分　　　　　定冠词.随格做　　助动词　遇到
"我遇到了一个 Altube 没有考虑在内的基本的区分。"

而在独立句中，虽然 SOV 是最常见的中性语序，但其他语序也是可以的，特别是出于信息结构的要求调整语序的情况并不罕见(Ortiz de Urbina，2003：448)：

(312)［Ene　　　aitak]　　　［amari]　　　［gona　gorria]　　　［ekarri　dio]
　　　属格.1.单数 父亲.施格　母亲.与格　裙子 红色的.定指　带来　助动词
　　　"我的父亲给母亲带来的一条红裙子"

此句中用[ ]圈定的四个成分可以任意互换位置，一共产生 24 种语序(即 4×3×2×1＝24)，得到的句子都是合法的。再如在土耳其语中，名词前的关系从句必须使用所谓的分词形式(Göksel & Kerslake，2005：438、441、442、443)：

(313) oyuncak-lar-ın-ı　　　　　　　　　　kır-an　　　(küçük) kız
　　　玩具-复数标志-领属着标志.3.单数-宾格标志 弄坏-分词标志 年幼的　女孩
　　　"弄坏了玩具的(小)女孩"

(314) her gün okul-da　　　　gör-düg-üm　　　　　　kız
　　　每　天　学校-方位格标志　看到-分词标志-领属者标志.1.单数　女孩
　　　"我每天在学校见到的那个女孩"

(315) anne-si-yle　　　　tanış-acağ-ım　　　　　　kız
　　　母亲-领属者标志.3.单数.-随格标志　见面-分词标志-领属者标志.1.单数　女孩
　　　"我要去见她的母亲的那个女孩"

(316) kitap　　　imzala-n-an　　　　　　yer
　　　书　　　签名-过去时标志-分词标志　地方
　　　"签书处"

(317) Turhan-ın　　　et-i　　　kes-eceğ-i　　　　　　bıçak
　　　(人名)-属格标志　肉-宾格标志　切-分词标志-领属者标志.3.单数　刀子
　　　"Turhan 切肉的刀子"

以上几个例子中的动词都是分词形式，分别带有分词后缀-an、-düg-、-acağ-、-ɑn、-eceğ-。

以最后一句为例，与该关系从句相对应的独立句（即"Turhan 用刀切肉"）为例（318），其中 Kesecek"切"为定式动词形式：

(318) Turhan eti bıçakla kesecek

以上巴斯克语和土耳其语的例子说明，（关系）从句中语序和动词形式都与独立句是不同的。这些可以作为判断这两种语言（以及其他类似的语言）中从句结构的依据。需要注意的是，不同语言的形态句法特点不同，因此可能会造成某些判断标准无法用于某些语言。以汉语为例，动词形态这一标准肯定无效，因为汉语作为孤立语，没有动词形态变化。但是，话语类型受限和语序的严格化这两种现象在汉语的从句中是有所体现的（唐正大，2008）。首先，疑问句和祈使句是不能进入关系从句的：

(319) a. 我认识的那个人

　　　b. * 我认识吗的那个人

(320) a. 把那本书给我！

　　　b. 把给我的那本书

其次，语序的自由度大大降低：

(321) a. 昨天的作业，我已经交给老师了。

　　　b. * /?? 昨天的作业我已经交给了的那个老师

综上所述，从属关系是定义关系从句的必要属性，是关系从句的句法属性。

至于第二个属性，即语义支点，自从关系从句的早期研究以来，就一直被认为是其必不可少的性质，例如 Keenan & Comrie（1977：63-64）和 Creissels（2006. vol. 2：205-206）都有类似的表述：

(322) ... an RP [i. e. relative proposition]... specifies a set of objects（perhaps a one-member set）in two steps：a larger set is specified, called the domain of relativization, and then restricted to some subset of which a certain sentence, the restricting sentence, is true.

(323)... le référent du constituant nominal［i. e. le terme relativisé］appartient à un ensemble caractérisé par une conjonction de propriétés... ou si on préfère à l'intersection de deux ensembles...

应该说语义支点是指"指称依存"(referential dependency),也就是说,在语义上,有一个元素既在主句中又在关系从句中被解释。该元素在文献中通常称为"名词中心语"(head noun)。例如:

(324)I still remember the man that I met yesterday.

其中,主句 I still remember 和从句 that I met yesterday 之间的语义支点是两个命题唯一的共同参照物,即 the man 的所指对象。由此,我们可以说关系从句 that I met yesterday 的中心语是 the man。换句话说,关系从句是一个开放的、非完整的命题;在逻辑上,是一个由句子派生而来的谓项,是一个属性或性质,可以表征为:

(325)$\lambda x[x\backslash P]$, i. e. 是 x,x 具有性质 P,同时 x 是一个变量

如果 x 没有被约束,是自由的,则例(325)表达的是一个属性或性质,换言之,是一个开放的、非完整的命题。例如 that I met yesterday,可以根据例(325)表征为:

(326)$\lambda x[x\backslash \text{I met yesterday}]$

如果关系从句与先行词通过语义支点相连,则变量 x 被约束,即

(327)$\lambda x[\text{man'}(x)\wedge \text{met}(I', x)]$

再以汉语为例:

(328)警察抓住了偷车的贼
　　　$\{x\mid$警察抓住了 x & x 偷车$\}$
　　　$\{x\mid$警察抓住了 x$\}\cap\{x\mid x$偷车$\}$

这可以解释为何以下句子是不符合语义的：

（329）#the clever boy who is stupid

根据上文的分析，关系从句表达一个属性、性质，该属性、性质是语义支点（即名词短语 clever boy）所表达的客体的属性、性质的一部分；但是在这些属性中有"clever"，这与关系从句所表达的"stupid"的属性相矛盾①。恰恰是这两个相互矛盾的属性才造成了语义解释无法顺利进行。应该注意的是，一个属性，或关系从句，可以具有各种功能：在例（329）中，关系从句用于在语义支点所指涉的客体中选择一个客体，即"stupid"所表达的属性是次要属性，并不一定专属于语义支点所指涉的客体"boy"：一个男孩本质上无所谓是否聪明，但在上下文中，作为对话对象的男孩是聪明的。而在所谓的非限定性（non-restrictive）关系从句中，关系从句所表达的属性则是先行词的本质属性，如：

（330）#the clever boy, who is stupid

关系从句 who is stupid 是 the clever boy 的本质属性，而不是次要属性，不过由于例（330）中 clever 和 stupid 依然还是互相矛盾的——不论是本质属性还是次要属性，两个都是矛盾的，因此例（330）依然无法顺利解释。解决以上矛盾的方法（之一）是将两个属性明确地区分为永久（individual-level）属性和临时（stage-level）属性，如：

（331）the clever boy（, ）who is being stupid

即 clever 是永久属性，而 stupid 是临时属性。换言之，这个男孩"聪明一世，糊涂一时"这是完全可能的，因此可以得到合理的语义阐释。

综上所述，我们通过"从属"和"语义支点"对关系从句进行了定义。如果一个结构是关系从句，那么必然要满足这两个条件。然而，我们发现，某些结构也满足以上两个条件，但是却并不应该是关系从句，如英语中：

（332）I did not meet Mary, because she was not at home.

---

① 确切地说，类似于 clever 和 stupid 的反义词并非互相矛盾，而是互补关系，即两者的交集为空集。这种更精确的表述同样可以说明为何例（329）无法进行合理的语义阐释。

这句话的确也满足以上两个条件。首先，because she was not at home 是从句，从属于主句 I did not meet Mary。根据 Cristofaro（2003）和 Creissels（2006：§31.4）等类型学研究，一般认为，从句分为补语从句（completive）、关系从句和状语从句（adverbial）三类，而 because she was not at home 就是第三类状语从句中的一种。根据上文提出的判定从句的标准，我们发现 because she was not at home 也的确可以满足（其中的某些标准），如话语类型的制约：

> （333）＊I did not meet Mary, because was she not at home?

> （334）＊ I did not meet Mary, because be at home!

以及语序变化受限：

> （335）?? ／＊I did not meet Mary, because at home she was not.

这些都说明 because 所引导的句子是一个从句。其次，I did not meet Mary 和 because she was not at home 之间也存在语义支点，即主句中的 Mary 和从句中的 she[1]。根据前文对"语义支点"的定义，"语义支点"是"指称依存"，而 Mary 和 she 之间毫无疑问存在指称依存[2]。特别需要注意的是，不可默认为语义依存只能存在于名词性成分和关系（代）词之间（即存在于两类特殊的词类之间），但我们给出的指称依存的定义丝毫没有这一限制条件。指称依存只是一种语义关系，而不涉及这种语义关系具体的表现形式。换言之，指称依存可以存在于名词-名词、代词-代词、名词-代词等各种词类之间。因此，例（332）中主句和从句之间的确存在指称依存关系。

　　由此可见，例（332）的确满足关系从句定义的两个条件，即从属和语义支点。但是这并不意味着我们只能将例（332）类的句子也归为关系从句。其实我们上文给出的关系从句的定义所包含的两个条件仅仅是定义关系从句的必要条件，而不是充分条件。前文所提出的观点是，如果一个结构是关系从句，那么必然要满足这两个条件，反之则不然：

---

　　① 我们暂且认为在这句话中两者必须同指（coreferential），虽然也可以不同指，但不同指会造成句子的语义可接受度大为降低。

　　② 我们在此只关注是否存在指称依存，而暂且不考虑指称依存的具体表现形式。在英语中，关系从句和主句之间指称依存在形式上可能跟其他类型的从句与主句之间的指称依存的具体形式不同，但在有的语言中则可能会完全相同，详见下文论述。

(336) 从属+语义支点 ← 关系从句

(337) * 从属+语义支点 → 关系从句

因此，认为满足了从属和语义支点这两个条件就必然是关系从句，这是错误的。这种错误观点才导致了上文将例(332)类状语从句误认为可能是关系从句。对于英语等研究较深入、有比较成熟的语法传统的语言而言，关系从句的存在是不争的事实。但是，对于那些尚未描写或研究较少的语言而言，如何确定(类似于)关系从句的结构的确是个问题，且并不是一个简单的问题，例如汉语中：

(338) 昨天来的那个人(今天又来了)

(339) 我教过的学生(都非常优秀)

(340) 张三唱歌的声音(很优美)

(341) 他睡觉的姿势(很难受)

如果前两句还可以参照英语的(翻译和结构)，认为是关系从句，而后两句则似乎不满足"语义支点"这个条件①。但的确有研究将两者都归为一个大类②(参见完权(2018)和Matsumoto、Comrie & Sells(2017)等)，而且这也更加符合汉语母语者的语感。这些问题说明，若要在一门语言中确立关系从句，必须要考虑到这门语言的特殊性。或者说，我们可以默认关系从句是一个普世的结构，具有类型学上跨语言的共性，但这并不意味着关系从句在个别语言中没有特性。如果类型学上的跨语言共性是关系从句的必要条件，那么在个别语言中的特性就是关系从句的充分条件。只有从这两方面考虑(即跨语言的共性和个别语言的特性)，我们才能得到定义关系从句的充要条件。以英语为例，从属和语义支点这两个共性毫无疑问是定义英语关系从句的必要条件，而英语关系从句还需要满足一系列充分条件，例如关系从句的位置(在先行词后)、关系从句的引导成分(即所谓的关系代词和标句词(complementizer)，以及在一些情况下的零成分③)、关系从句内的空位(gapping)等(详见下文)。这些充分条件和两个必要条件相结合，便可以毫无疑义地确定英语的关系从句结构了：

---

① 除非提出更为抽象的"语义支点"(指称从属)。

② 不过给出的名称(或标签)不同。

③ 如 the boy I know 和 the boy learning Chinese。

(342)在英语中,关系从句是一个从句,在关系从句和主句之间存在一个语义支点,关系
从句在先行词之后、有特定的引导成分、在关系从句中有空位等。

根据例(342),我们就可以毫无疑义地将类似于例(332)的结构排除在关系从句结构之外
了。尽管如此,我们依然还是会发现如下句子存在一些问题:

(343)the fact that she does not want to confess

这个句子有两种解读:其一,关系从句类的解读,意义为"她不想承认的事实",如果用
which 取代 that,则只能有这一种解读:

(344)the fact which she does not want to confess

其二,补语从句类的解读,意义为"她不想承认/忏悔",即 the fact = she does not want to
confess。这种有歧义的结构——姑且不论歧义是在句法结构层面还是在语义阐释层面——
似乎对上文给出的关系从句的充要条件定义法提出了难题。其实这仅仅是一个误解。我们
上文提出的关系从句的充要条件定义旨在从各种结构中判定哪些结构是关系从句、哪些结
构不是关系从句,而并不意味着由此判定的关系从句结构一定只能是关系从句结构。换言
之,根据充要条件定义法判定的关系从句一定是关系从句,但不一定只能是关系从句。即
使其可以是其他结构,但同时一定也是关系从句结构。出现这种情况的原因并不是我们提
出的充要条件定义存在缺陷,而是由于在自然语言中形式结构的多重功能性,这是自然语
言的一个本质特点,即同一个形式(或结构)具有多个功能(或意义)。反之,同一个结构
仅仅对应于一个功能则是很少见的情况。例如英语中的定冠词、动词时态,汉语中的语气
助词等,都具有多重功能,可以表达诸多意义。这是语言经济性的原因之一,但同时也造
成了语言中的歧义。与此相关的另一个现象是结构和功能上的错位(mismatch),如:

(345)I was in Paris during the years when the "flower children" thrived.

其中 the years when the "flower children" thrived 虽然在结构上应该是一个关系从句,但其
功能却类似于一个时间状语从句。这一观点其实似是而非。首先,作为时间状语的应该是
during the years when the "flower children" thrived,即[介词+名词短语]构成的介词短语。
此类介词短语在英语中做时间状语是十分常见的,例如 in spring 和 on Monday。因此,认

为是关系从句做时间状语其实有误。

其次，虽然做时间状语的是 during the years when the "flower children" thrived，但关系从句 when the "flower children" thrived 似乎才是语义阐释的关键，即如果删去 during the years 而只保留关系从句，整个句子还是可以得到合理的理解。但是，不容忽视的是，新的句子结构跟例(345)有所不同：

(346) I was in Paris ~~during the years~~ when the "flower children" thrived.

此时，when the "flower children" thrived 不再是一个关系从句，而是一个真正意义上的时间状语从句。认为作为关系从句的 when the "flower children" thrived 完全等同于作为时间状语从句的 when the "flower children" thrived 这种观点是绝对错误的。虽然两者在意义上相同或类似，但在句法结构上有着根本的不同。换言之，作为关系从句的 when the "flower children" thrived 满足关系从句定义的充要条件，而作为状语从句的 when the "flower children" thrived 则不满足。例如，在英语中 when 可以是关系从句的引导词，而 while 则不可以，但两者都可以引导时间状语从句，即

(347) I was in Paris during the years when/ *while the "flower children" thrived.

(348) I was in Paris when/while the "flower children" thrived.

这一区别说明了作为关系从句的 when the "flower children" thrived 在结构上比作为时间状语从句的 when the "flower children" thrived 的限制更多。

再次，作为时间状语从句的 when the "flower children" thrived 没有位置上的限制，而作为关系从句的 when the "flower children" thrived 则一定要在先行词 years 之后，即

(349) When the "flower children" thrived, I was in Paris.

(350) *When the "flower children" thrived, I was in Paris during the years. ①

这也说明了两者并不等同。综合以上两点，我们可以看到，作为状语从句的 when the "flower children" thrived 并不是从 during the years when/ *while the "flower children" thrived 删除掉 during the years 派生而来的。两者是不同的结构，具有不同的形态句法特点。

---

① 更确切地说,该句的意义和例(349)的意义不同。

最后，虽然两者的结构不同、语法特点不同，但两者的确意义接近，这是不可否认的。但问题是，认为意义接近或相同的成分或句子就一定在功能或结构上也相同则是错误的。虽然我们可以找出很多例子证明意义接近或相同的成分在功能或结构上相同，但也存在同样多的反例。以上已经证明了作为状语从句的 when the "flower children" thrived 和作为关系从句的 when the "flower children" thrived 的不同。因此，认为关系从句一定就只能作为修饰语、定语，其实是将关系从句这个结构的功能简单化了，错误地将形式和功能进行了一对一的对应。前文已述，在自然语言中，同一个形式(或结构)经常具有多个功能(或意义)。这不仅造成了某些结构的歧义(如例(343))，同时也造成了结构和功能/意义的错位。这种错位还表现在非限定性关系从句中：

(351) Mary, who got up too late this morning, did not catch the first bus.

在结构上，who got up too late this morning 是一个关系从句，因为其满足前文提出的英语关系从句充要条件的定义。但是，这个关系从句并不是修饰或限定 Mary 这个先行词的(详见下文分析)，而是更类似于一个原因状语从句，为主句事件的发生提供一个背景，即

(352) Mary, because she got up too late this morning, did not catch the first bus.

这是符合英语母语者的语感的。例(352)符合关系从句定义的必要条件(即从属和语义支点)，但不满足英语关系从句定义的充分条件。这也可以部分地解释，为何例(351)和例(352)在意义和功能上类似，但在结构上是不同的。

此外，我们也不能排除关系从句和其他类型的从句(特别是状语从句)系统地存在歧义的可能性。某些研究者认为，在此种情况下该语言没有关系从句结构。Creissels(2006：§37.2)进行了专门的论述，认为这种情况是某些语言中关系从句结构专门化程度较低所造成的。以澳大利亚的瓦尔皮里语(Walpiri)为例，某些学者认为该语言没有专门用于关系从句结构的句法结构，而关系从句结构的典型意义仅仅是一种语义效果，是由在某些条件下具有更一般性意义的从句结构所表达的，例如：

(353) Ngarrkangku   ka   marlu   luwarni
　　　男人．施格   助动词   袋鼠   射击

　　　kuja   ka   marna   ngarni
　　　关联词   助动词   草   吃

    1. "男人射击袋鼠,袋鼠在吃草"
    2. "男人射击正在吃草的袋鼠"

瓦尔皮里语的情况与上文讨论的歧义情况(如例(353)中的歧义)是不同的,因为瓦尔皮里语中类似例(353)的情况是无法通过改写为其他结构排除歧义的,这也是为何某些研究者认为瓦尔皮里语中没有关系从句结构。其实既然例(353)类的句子总是有状语从句和关系从句两种解读,不论认为哪一种语义解读相应的句法结构不存在都暗示了两种语义解读所对应的两种结构有主次之分。认为关系从句不存在就是默认了状语从句结构为主,而关系从句结构为次,但是这种主次之分并无任何依据。我们也可以(主观地)认为在瓦尔皮里语中没有状语从句,而只有关系从句,后者可以在一定的语境下被理解为表达了其他语言中状语从句的意义。或许后一种观点看似更为突兀,但 Matsumoto et al. (2017) 等表明,在一定数量的亚洲语言中,名词前的修饰性结构(noun-modifying clause construction)其实可以表达很多语义关系,其中就包括西方语言中所谓的状语从句的语义,例如:

(354) 我读的书
(355) 我读书的时候

例(354)毫无疑问是关系从句结构(宾语关系从句),但例(355)其实在句法结构上也是关系从句——至少根据我们前文所下的定义是毫无争议的。不能因为例(355)对应于英语的 when I read,而认为由于其在意义上等于(英语的)时间状语,便在句法结构上不能是关系从句。这也是我们前文讨论的关系从句结构在功能和意义上的错位。瓦尔皮里语与其他语言的不同之处在于,瓦尔皮里语中这种错位是系统性的、无法排除的。不过这并不能作为绝对的证据,说明瓦尔皮里语没有关系从句。Creissels 也认为,如果只是笼统地说某个语言有关系从句或没有关系从句是毫无意义的。语言间的差别表现在关系从句表达形式中所涉及的句法结构的专门化程度不同。此外,传统上关系从句结构的研究只限于那些只能用于表达关系从句的结构,因此便默认为歧义的存在是不正常的,同时也使得研究者忽视了在某些语言中虽然有专门用于表达关系从句的结构,但还有一些其他结构表达更一般意义上的从属,因此在某些条件下可以被理解为表达了关系从句类的逻辑操作。所谓的"没有关系从句的语言"或许更应该被认为是没有专门用于表达关系从句的结构的语言的极端情况。这些语言虽然有关系从句的表达机制,但总是通过更一般性的从属结构来表达关系从句,因此需要在某些条件下才能被理解为表达了关系从句。

    综上所述,我们提出了关系从句的充要条件定义,即

（356）关系从句定义的必要条件：

　　　　a. 关系从句是一个从句；

　　　　b. 在关系从句和主句之间存在一个语义支点。

而关系从句的充分条件则要参考具体语言中关系从句的形态语法特点才能够确定。这一定义法可以解决之前关于关系从句研究的几个重要争议点，即关系从句跨语言的描写和分析、关系从句结构跟其他从句结构的区分、关系从句形式和功能的错配。

3.2.2　关系从句类型学

上文已述，在具体语言中识别或确定关系从句结构需要考虑定义所要求的充分条件和必要条件。前文已经深入讨论了关系从句定义的必要条件，而对于定义关系从句的充分条件，则只是指出需要参考具体语言中关系从句的形态句法特点才能够确定。本节将从类型学方面进一步明确这些"形态句法特点"的类型。本节所提出的形态句法特点分为句法、语义和标记手段三个方面。需要特别注意的是，这些形态句法特点是在研究分析了相当数量的语言的关系从句结构的基础上提出的，因此很可能无法在一种语言中找到所有的形态句法特点，而只可能在一门语言中找到这些形态句法的某几个而已，而且具体是哪些形态句法特点也要视具体的语言而定，无法进行先验的推断。

3.2.2.1　句法类型

我们此处所谓的句法类型主要是根据关系从句从属于主句的方式提出的。正如前文论证的那样，从属关系并不等同于内嵌，因为内嵌意味着一个句子完全包含另一个句子，而从属的要点则是一个句子结构是另一个句子结构的成分。因此，在理论上应该有两种类型的关系从句，即内嵌型关系从句和非内嵌型（或悬置型）关系从句：

（357）

在世界语言中，两种类型的关系从句的确都存在。非内嵌型的关系从句并不包含在主句内，因此可以位于主句的左侧或右侧。例如，印地语有两种类型的关系从句（Srivastav,

1991：642）：

（358）jo　　laRkii　　khaRii　　hai　　vo　　lambii　　hai.
　　　　关系词　女孩　　站立　　　助动词　指示词　高的　　系词
　　　　"站在那里的小女孩个子高。"

（359）vo　　laRkii　　lambii　　hai　　jo　　khaRii　　hai.
　　　　指示词　女孩　　高的　　系词　　关系词　站立　　助动词
　　　　"站在那里的小女孩个子高。"

例（358）为左侧悬置型（correlative）关系从句，而例（359）是右侧悬置型（extraposed/adjoined）关系从句。详情可参见 Downing（1978）、Creissels（2006：§ 34. 3）、Andrews（2007），不赘。内嵌型关系从句则需要出现在主句之内，即依附在名词中心语之上。根据其与名词中心语的位置关系，可以有名词前（prenominal/head-final）关系从句、名词后（postnominal/head-initial）关系从句和内名词（circumnominal/head-internal/internally-headed）关系从句，例如在拉萨藏语中就有这三类内嵌型关系从句（Mazaudon，1978：402）：

（360）pēemɛ̀　　khīi　　pɛ　　thep　the　　ṅeē　　yin
　　　　（人名）. 施格带来. 分词　属格标志 书　定冠词. 通格 1. 单数. 属格 系词
　　　　"Peema 带来的书是我的。"

（361）thep　　pēemɛ̀　　khīi-　　pa　　the　　ṅeē　　yin
　　　　书. 通格 （人名）. 施格 带来. 分词 通格标志 定冠词. 通格 1. 单数. 属格 系词
　　　　"Peema 带来的书是我的。"

（362）pēemɛ̀　　thep　　khīi-　　pa　　the　　ṅeē　　yin
　　　　（人名）. 施格　书. 通格　带来. 分词 属格标志 定冠词. 通格 1. 单数. 属格 系词
　　　　"Peema 带来的书是我的。"

例（360）为名词前关系从句，例（361）为名词后关系从句，例（362）为内名词关系从句。

　　综上所述，根据关系从句是否内嵌以及关系从句和名词中心语的位置关系，我们可以得到以下关系从句句法类型：

（363）

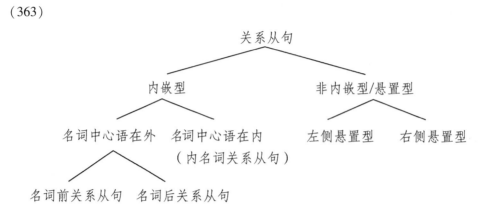

我们提出的句法类型模式参考了其他作者提出的分类（Downing，1978；Mallinson & Blake，
1981：§5.2；Keenan，1985；Lehmann，1986、2003；Comrie，1989：Chapter 7；Dik，
1997. vol.2：Chapter 3；Whaley，1997：261-262；Fabb，1999；Alexiadou et al.，2000：
§3.1；Song，2001：Chapter 4；Kroeger，2004：§7.2、2005：§12.5；de Vries，2001、
2002、2005；Creissels，2006：32-34 章；Andrews，2007）。当然，我们并不认为我们提出
的句法类型优于其他作者的分类，而仅仅将其作为诸多可能分类中的一种。以上提出的五种
类型的关系从句确实是关系从句，因为其满足关系从句的充要条件定义。前文已经通过汉语
等语言进行过证明，不赘。从统计结果来看，以上五种类型关系从句在世界语言中的分布极
不均衡，名词后关系从句在世界语言中出现得最多，总数超过了其他四类关系从句语言的
总和。这种情况至今尚无合理的解释。名词前关系从句虽然远远少于名词后关系从句，但
也远远多于其他三类关系从句(的总和)。从地域分布来看，名词后关系从句基本分布于世
界各地，只是在东亚地区略少，因为这是名词前关系从句分布最为集中的地区。

就非洲语言而言，关系从句类型多样，例如有名词后关系从句（Kanuri 语（Creissels，
2006：§33.1））：

（364）kâm　　　［báli　　　íshin］-d ɔ́
　　　　人　　　　明天　　　来 . 主语 .3. 单数-定指标志
　　　　"明天要来的那个人"

（365）kâm　　　［kasúwu-lan　　　rúmma］-d ɔ́
　　　　人　　　　市场-方位格标志　　看到 . 主语 .2. 单数-定指标志
　　　　"你在市场看到的那个人"

（366）kâm　　　［shí-ro　　　　　　goro　　　yík ɔ́na］-d ɔ́
　　　　人　　　　代词 .3. 单数-与格标志　可口可乐　给 . 主语 .1. 单数-定指标志

"我给他一瓶可乐的那个人"

(367) féro   [awá-nzə   kasúwu-lan   rúmma]-dɔ́

女孩   父亲-3. 单数   市场-方位格标志   看到 . 主语 . 2. 单数-定指标志

"你在市场看到了她父亲的那个女孩"

(368) alkálam   [shí-lan   wotíya   ádə   ruwongîn]-dɔ́

笔   代词 . 3. 单数-工具格标志   信   指示词   写 . 主语 . 1. 单数-定指标志

"我就要用来写这封信的那支笔"

名词前关系从句(Sidamo 语(Kawachi，2007：627、628、618、662、634、665、666、638-640、683))：

(369) hiikk'-am-ø-ino   t'arap'eessá

损坏-被动语态标志-3. 阳性 . 单数-现在时标志 . 完成标志 . 3   桌子 . 宾格

"坏了的桌子"

(370) bulé   bat'-ø-anno   manč-í-ra

（人名）. 宾格   喜欢-3. 阳性 . 单数-未完成体标志 . 3   人-属格标志-与格标志

"喜欢 Bule 的人"

(371) bule   bat-t'-anno   manč-i

（人名）   爱-3. 阴性 . 单数-未完成体标志 . 3   人-主格标志

"Bule 爱的男人"

(372) lat'o   gan-t-ino-nsa   ooso

（人名）   打 . 3. 阴性 . 单数-现在时标志 . 完成体标志 . 3-3. 复数 孩子 . 复数

"Lat'o 打了的孩子们"

(373) bule   sagalé

（人名）. 主格   食物 . 宾格

u-i-t-ino   manč-i

给-插入形式-3. 阴性 . 单数-现在时标志 . 完成体标志 . 3   人-主格标志

"Bule 给他食物的男人"

(374) bule   min-í-si-ra

（人名）   房子-属格标志-领属者标志-3. 阳性 . 单数-向格标志

mar-t-ino   manč-i

去-3. 阴性 . 单数-现在时标志 . 完成体标志 . 3   人-主格标志

"Bule 去过他的家的男人"

（375）rodo(-si)

兄弟姐妹(-领属者标志．3．阳性．单数)

dag-g-ino   manč-í-nni

来-3．阴性．单数-现在时标志．完成体标志．3　人-属格标志．阳性-夺格标志

"从他的姐姐来了的那个人那里"

（376）bule   sagalé   beetto-si-ra

（人名）食物．宾格　孩子．属格．阴性-领属者标志．3．阳性．单数-与格标志

u-i-t-ino

给-插入形式-3．阴性．单数-现在时标志．完成体标志．3

manč-í-ra

人-属格标志．阳性-夺格标志

"给 Bule 给了他的女儿食物的那个男人"

（377）ise   hee-ɗ-anno   k'ark'ar-í-ra

主格．3．阴性．单数 住-3．阴性．单数-未完体标志．3 村子-属格标志-与格标志

"她住的村子"

（378）isi   dunčankawote   ha'r-ø-anno

主格．3．阳性．单数　总是   去-3．阳性．单数-未完体标志．3

farš-ú   miné

酒-属格标志　房子．宾格标志

"他总去的酒吧"

（379）ise   hakk'ičč ó   mur-t-anno   meesané

主格．3．阴性．单数 树．宾格　砍-3．阴性．单数-未完体标志．3 斧子．宾格

"她砍树的斧子"

（380）lat'o   seed-d-anno   manč-í

（人名）   高-3．阴性．单数-未完体标志．3 人-属格标志

"Lat'o 比他高的人"

以及非内嵌型/悬置型关系从句(Bambara 语(Creissels，1991：462-464，2006：§34.3))：

（381）[muso   min   ye   fulakɛ   ka   misi

女人．定指 关系词 完成体标志．肯定 富拉人．定指 属格标志 母牛．定指

ye   tu   kɔnɔ]ᵢ   oᵢ   bɛ   min?

看到   树林．定指   在……里   指示词   系词   哪里

"在树林里看到了那个富拉人的母牛的那个女人在哪里？"

（382）[muso　　ye　　　　　　 fulakɛ　　　min　 ka　　misi

女人．定指　完成体标志．肯定　富拉人．定指　关系词　属格标志　母牛．定指

ye　　 tu　　　 kɔnɔ]ᵢ　 oᵢ　　bɛ　　min？

看到　树林．定指　在……里　指示词　系词　哪里

"女人在树林里看到了他的母牛的那个富拉人在哪里？"

（383）[muso　　ye　　　　　　 fulakɛ　　　ka　　misi　　　min

女人．定指　完成体标志．肯定　富拉人．定指　属格标志　母牛．定指　关系词

ye　　 tu　　　 kɔnɔ]ᵢ　 oᵢ　　bɛ　　min？

看到　树林．定指　在……里　指示词　系词　哪里

"女人在树林里看到的富拉人的母牛在哪里？"

（384）[muso　　ye　　　　　　 fulakɛ　　　ka　　misi　　　ye

女人．定指　完成体标志．肯定　富拉人．定指　属格标志　母牛．定指　看到

tu　　　 min　　kɔnɔ]ᵢ　 oᵢ　　bɛ　　min？

树林．定指　关系词　在……里　指示词　系词　哪里

"女人看到了富拉人的母牛的那片树林在哪里？"

名词中心语在内的关系从句在非洲尚未发现（Creissels，2000：265；Kuteva & Comrie，2005：213）。

Creissels（1991：457，2000：256）、Creissels et al.（2008：140）和 Zeller（2020）指出，非洲语言中最为常见的关系从句类似是名词后关系从句，这完全符合类型学的总体规律。名词前关系从句只存在于阿非罗-亚细亚语系的某些 Semtic 和 Cushitic 语言中，见表4-29：

（385）　　　　　　　　　表4-29　非洲语言中名词关系从句

从句类型	阿非罗-亚细亚语系	尼罗-撒哈拉语系	尼日尔-刚果语系	其他	总计
名词后关系从句	48	53	87	2	190
名词前关系从句	5	0	1	1	7
左侧悬置型关系从句	0	0	4	0	4
总计	53	53	92	3	201

非洲语言关系从句最显著的特点在于跟其他很多结构在形式上类似或有联系（Watters，

2000：227），例如用于特殊疑问句(尤见于尼日尔-刚果语言和 Chadic 语言中（Hyman &
Watters，1984））、间接疑问句，甚至是补语从句和某些状语从句，例如 Hausa 语和
Swahili 语(Watters，2000：223)：

（386）yara-n　　　　　　　sun　　　ga　　　sarki　　（lokaci-n）　　　da

孩子 . 复数-定冠词　3. 复数　看见　国王　（时间-定冠词）　关系词

suka　　　shiga　　　birni

3. 复数　进入　　城市

"孩子们进入城市的时候看见了国王。"

（387）baba　a-na-po-pika　　　　　　　　　　　chakula　　kuna　　pilipili

父亲　1. 阳性 . 单数-现在时标志-关系词-做饭　食物　　　辣椒　　很多

"父亲做饭的时候，有很多辣椒。"

可以看到，以上两例与汉语的对应结构十分类似，都是通过关系从句结构表达时间状语成
分，只是汉语的关系从句在中心语之前，而这两个例子中关系从句在中心语之后。其实此
种结构也多见于非洲的名词前关系从句语言中(详见下文)。

关系从句的位置跟名词短语内其他修饰、限定成分的位置也有一定的关系，例如名词
前关系从句的语言也倾向于将其他名词修饰或限定成分置于名词之前，汉语、日语、土耳
其语等就是典型的例子。但是这方面的研究在非洲语言中还很少，似乎只有 Tosco(1994)
对十余种 Cushitic 语言进行了统计，见表 4-30：

（388）　　　　　　　　　　　　**表 4-30　Cushitic 语言统计**

语言	Adj, N	Gen, N	N, Poss	Dem, N	Num, N	Rel, N
Hadiyya 语	Adj N	Gen N	Poss+N	Dem N	Num N	Rel N
Kambaata 语	Adj N	Gen N	Poss N、N+Poss	Dem N	Num N	Rel N
Sidamo 语	Adj N	Gen N	N+Poss	Dem N	Num N	Rel N
Gedeo 语	Adj N	Gen N	Poss N	Dem N	Num N	Rel N
Burji 语	Adj N	Gen N	Poss N	Dem N	Num N	Rel N
Afar 语	Adj N	Gen N	Poss N	Dem N	Num N	Rel N
Dullay 语	N Adj	N Gen	N+Poss	N Dem	N Num	N Rel

续表

语言	Adj, N	Gen, N	N, Poss	Dem, N	Num, N	Rel, N
Konso 语	N Adj	N Gen	N Poss	N Dem	N Num	N Rel
Oromo 语	N Adj	N Gen	N Poss	N Dem	N Num	N Rel
Somali 语	N Adj	N Gen、Gen N+Poss	N+Poss	N Dem	N Num	N Rel
Arbore 语	N Adj	N Gen	N Poss	N Dem	N Num	N Rel
Bayso 语	Adj N	N Gen	N Poss	Dem N	N Num	N Rel
Dhaasanac 语	N Adj	N Gen	N+Poss	N+Dem	N Num	N Rel

可以看到，如果以关系从句为标准，非洲语言也比较符合类型学趋势，即名词前关系从句的语言基本将其他修饰或限定成分置于名词之前，而名词后关系从句的语言也是将其他修饰或限定成分置于名词之后。只有领属者标志 Poss（而不是属格 Gen）例外稍多。

3.2.2.2 语义类型

在语义层面，之前的诸多研究（Mallinson & Blake，1981：§5.5；Keenan，1985：168-169；Dik，1997. vol. 2：§2.4；Whaley，1997：260-261；Alexiadou et al.，2000：§3.7；Givón，2001：§14.2、§14.3.6；de Vries，2001、2002：181-196；Lehmann，2003；Kroeger，2004：§7.2.1、2005：§12.5.1）都将关系从句分为了限定性（restrictive）关系从句和非限定性（non-restrictive）关系从句。

在逻辑-语义层面，限定性关系从句限制、缩小名词中心语指涉对象的外延。换言之，带有限定性关系从句的名词中心语是没有限定性关系从句的名词中心语的子集：

（389）the tigers that I saw

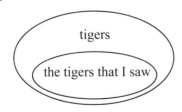

这种语义关系也可以表现为，带有限定性关系从句的名词中心语的集合是限定性关系从句指涉对象的集合和名词中心语指涉对象的集合的交集：

（390）the tigers that I saw

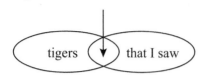

而非限定性关系从句则没有类似的限制、缩小的效果，一个名词不论是否有非限定性关系从句，其指涉对象的外延都不会发生变化，即两者的交集依然还是原来的集合：

（391）the tigers，which I saw

这两类关系从句在某些语言中（例如英语）至少是存在的，在形态句法层面有一系列区别。第一，在名词中心语的选择上，两类关系从句是不同的，例如法语中：

（392）Je   n'   aime   rien/personne（＊,）

1. 单数 . 主语 否定标志 爱 . 直陈式 . 现在时 . 1. 单数   否定代词

qui   lui   plaise.

关系词   3. 单数 . 间接宾语   使……喜欢 . 虚拟式 . 现在时 . 3. 单数

"我不喜欢他/她/它不喜欢的东西/人。"

（393）Je   suis   content   pour

1. 单数 . 主语 系词 . 直陈式 . 现在 . 1. 单数   高兴的 . 阳性   为了 . 介词

elle/Marie ＊（,）

3. 阴性 . 单数/（人名）

qui   a   réussi   le

关系词 助动词 . 直陈式 . 现在时 . 3. 单数   成功 . 过去分词 定冠 . 阳性 . 单数

concours.

考试 . 阳性 . 单数

"我为她/Marie 感到高兴,她通过了考试。"

直译:"我为通过了考试的她感到高兴。"

（394）Connais　　　　　　　　　　　　　　-tu

认识．直陈式．现在．2. 单数　　2. 单数．主语

le／un　　　　　　　　　　　　　　　　　Paris

定冠词．阳性．单数／不定冠词．阳性．单数　　巴黎

（＊,）qui　me　　　　　　　　　fait　　　　　　　　　　rêver?

关系词　　1. 单数．间接宾语 使得．直陈式．现在时．3. 单数 做梦．不定式

"你知道有那个／一个令我心驰神往的巴黎吗？"

（395）Connais　　　　　　　　　　　　　-tu　　　Paris ＊（,）　qui

认识．直陈式．现在．2. 单数　2. 单数．主语 巴黎　　　　关系词

me　　　　　　　　fait　　　　　　　　　　rêver?

1. 单数．间接宾语　使得．直陈式．现在时．3. 单数　做梦．不定式

"你知道让我心驰神往的巴黎吗？"

（396）J'　　　　　　ai　　　　　　　　　　un

1. 单数．主语 有．直陈式．现在时．1. 单数　不定冠词．阳性．单数

livre（＊,）　　　　qui　　　parle

书．阳性．单数　关系词　　讨论．直陈式／虚拟式．现在时．3. 单数

de　　　　la　　　　　　littérature　　　　　française.

介词　　　定冠．阴性．单数　　文学．阴性．单数　　法国的．阴性．单数

"我有一本讨论法国文学的书。"

（397）J'　　　　　　ai　　　　　　　　　　ce

1. 单数．主语 有．直陈式．现在时．1. 单数　指示词．阳性．单数

livre（,）　　　　　　qui　　　parle　　　　　　　　de

书．阳性．单数　关系词　　讨论．直陈式．现在时．3. 单数　介词

la　　　　　　littérature　　　　française.

定冠．阴性．单数 文学．阴性．单数　　法国的．阴性．单数

"我有这本书,是讨论法国文学的。"

总体而言，限定性关系从句要求不能出现<e>类型的名词中心语，而非限定性关系从句则可以允许<e, t>和<e>类型的名词中心语，而且还可以有其他成分作为先行词，而不一定是"名词性"的中心语：

（398）Put the book on the shelf, which will be easier for me to find it.

（399）Put the book on the shelf, where it will be easier for me to find it.

第二，非限定性关系从句可以不紧挨名词中心语，而且可能会允许同时有多个名词中心语，如法语：

（400）Jean$_i$　　　est　　　　　　　　　　　　　　　revenu

（人名）　　助动词.直陈式.现在时.3.单数　　回来.过去分词.阳性.单数

avec　　　　Marie$_j$,　qui$_{i/j/i+j}$　　　avai(en)t

与.介词（人名）关系词　　　有.未完成过去是.3.单数/复

l'　　　　　　　　　air　　　　　　déçu(e)/(s).

定冠词.阳性.单数　样子.阳性.单数　失望的.阳性.单数/阴性.单数/复.阳性

该句根据名词中心语的不同，有三种解读，即

（401）Jean 为名词中心语（即 Jean$_i$ = qui$_i$）:Jean 跟 Marie 回来了,他似乎有点失望。

　　　　Marie 为名词中心语（即 Marie$_j$ = qui$_j$）:Jean 跟 Marie 回来了,她似乎有点失望。

　　　　Jean 和 Marie 为名词中心语（即 Jean$_i$ + Marie$_j$ = qui$_{i+j}$）:Jean 跟 Marie 回来了,两个人似乎都有点失望。

第三，非限定性关系从句可能会使用特殊的关系词，如英语中 that 从来不能用于非限定性关系从句中：

（402）Do you know this writer, who(m)/＊that/＊Ø Tom criticizes so?

（403）Do you know the writer who(m)/that/Ø Tom criticizes so?

类似现象也见于某些斯拉夫语言中（Gołąb & Friedman，1972）。

　　第四，在某些非限定性关系从句中可以允许除了陈述句之外的其他类型的句类，如法语：

（404）Il　　　　　　　　　n'　　　est　　　　　　　　　　　pas

　　　　3.阳性.单数.主语 否定标志　系词.直陈式.现在时.3.单数　否定标志

sûr　　　　　　　qu'　　　il　　　　　　　　　vienne

确定的.阳性.单数　标句词　3.阳性.单数.主语　来.虚拟式.现在时.3.单数

à l'heure,	auquel	cas	voulez
准时	介词+关系词	情况	想要.直陈式.现在时.2.复数

-vous	l'	attendre?
2.复数.主语	3.单数.直接宾语	等待.不定式

"他能不能准时来还不一定,你们要不要等他?"

(405) Il   n'   est   pas

3.阳性.单数.主语	否定标志	系词.直陈式.现在时.3.单数	否定标志

sûr	qu'	il	vienne
确定的.阳性.单数	标句词	3.阳性.单数.主语	来.虚拟式.现在时.3.单数

à l'heure,	auquel	cas	ne	l'	attendez
准时	介词+关系词	情况	否定标志	3.单数.宾语	等待.命令式.2.复数

pas!

否定标志

"他能不能准时来还不一定,你们不要等他!"

例(404)、例(405)两个例子中出现了一般疑问句和祈使句,这并不是因为非限定性关系从句不是从句,而是因为非限定性关系从句作为从句跟限定性关系从句作为从句的特征并非完全一样。这正是本节所要证明的观点。此外,例(404)、例(405)类的非限定性关系从句使用的频率很低,并不是最常见的非限定性关系从句。

前文已述,关系从句作为从句的表现之一就是话语类型受限,陈述句、疑问句、祈使句和感叹句四类话语类型并非都可以,例如:

(406) Je   connais   le   garçon   qui   est

主语.1.单数	认识.直陈式	定冠词	男孩	关系词	系词.直陈式

sage.

乖巧的、听话的

"我认识那个听话的男孩。"

(407) *Je   connais   le   garçon   qui   [est

主语.1.单数	认识.直陈式	定冠词	男孩	关系词	系词.直陈式

-il   sage]

3.阳性.单数	乖巧的、听话的

*"我认识那个[他听话吗]的男孩子。"

（408）*Je　　　　connais　　le　　garçon　　qui　［sois　　　　sage ］
主语.1.单数 认识.直陈式 定冠词 男孩　　关系词 系词.命令式 乖巧的、听话的
*"我认识那个[你不要闹了]的男孩。"

（409）*Je　　　　connais　　le　　garçon　　qui　［comme il
主语.1.单数 认识.直陈式 定冠词 男孩　　关系词 连词　　3.阳性.单数
est　　　　　　sage ］
系词.直陈式　乖巧的、听话的
*"我认识那个[他真听话啊]的男孩。"

第五，限定性关系从句可以叠加（stacking）或并列，但非限定性关系从句不能叠加只能并列：

（410）*The lion, which was five weeks old, which was fed twice a day, ate only fillet of salmon.

（411）The tiger that I saw（and）that I wanted to buy was five weeks old.

（412）The lion, which was five weeks old and which was fed twice a day, ate only fillet of salmon.

而且两类关系从句不能并列，而只能以固定的顺序出现，即限定性关系从句要比非限定性关系从句距离名词中心语更近：

（413）The lion which was five weeks old,（*and）which was fed twice a day, ate only fillet of salmon.

除了以上五点特征，在不同的语言中，两类关系从句可能还会表现出不同的特征，甚至有可能在某些语言中两类关系从句没有明显的不同。就非洲语言而言，Watters（2000：225）指出，非洲语言在形式上一般无法区分非限定性关系从句和限定性关系从句，而且很多非洲语言只有限定性关系从句，因为所谓的非限定性关系从句一般是通过同位语结构表达的，但是我们发现也的确有非洲语言可以在形式上明确区分两类关系从句，如Amharic 语：

（414）yä-näggäraňň　　　　　　　　　　　　　Desta
关系词-说.完成体.主语.3.单数.宾语.1.单数　（人名）

"把这件事告诉我的 Desta"（限定性关系从句或非限定性关系从句）

(415) yeh/ya   yä-näggärann   Desta

指示词   关系词-说.完成体.主语.3.单数.宾语.1.单数   （人名）

"把这件事告诉我的那个 Desta"（限定性关系从句）

(416) * yä-näggärann-u   Desta

关系词-说.完成体.主语.3.单数.宾语.1.单数-定指标志 （人名）

可以看到，Amharic 语与汉语有些类似，即在中心语是专有名词的情况下，如果中心语有限定词(且只能是指示词，而不能是定冠词)，则关系从句只能为限定性关系从句，而光杆的专有名词中心语一般有歧义，但一般理解为非限定性关系从句，类似于人称代词作中心语的关系从句：

(417) yä-näggäräňň   essu

标句词-说.完成体.主语.3.单数.宾语.1.单数 代词.3.阳性.单数

直译："把这件事告诉我的他"

关于非洲语言关系从句的语义研究很少，这方面的工作还有待展开。

最近的某些研究指出，在逻辑-语义层面还应该区分另一类关系从句，即最大化(maximalizing)关系从句(Carlson，1977；Grosu & Landman，1998；Grosu，2002)。此类关系从句具有前两类关系从句所没有的语义特性和形态句法层面的表现。在语义层面，此类关系从句类似于限定性关系从句，能够对名词中心语所指对象的外延进行限制，但与之不同的是，这种限制针对的是外延的数量，例如(Grosu，2002：151)：

(418) It will take us the rest of our lives to drink the champagne that they spilled that evening.

(419) It will take us the rest of our lives to drink the champagne that there was on the floor after last night's party.

在以上两个例子中，名词中心语 champagne 的所指对象都不存在了，因为被浪费了或被洒到了地板上，因此无论如何也不可能需要我们用余生才能喝掉。这说明，如果关系从句是对名词中心语的所指对象的外延直接进行限制，那么以上两个例子是违背逻辑的。但是，如果关系从句针对的是名词中心语的数量，则完全符合逻辑：不论昨晚被浪费了多少香槟，也不论有多少香槟被洒到了地板上，我们总是可能得到相同数量的香槟，但是这些香槟肯定不会是那些被浪费或被洒掉的香槟。如果将两个句子进行形式化的表征，则会更加清楚。以例(419)为例：

(420) MAX[λd. there was[d champagne]on the floor]

其不同于 the champagne that was on the floor 的语义表征：

(421) λx[(x\champagne) & (x\on the floor)]

换言之，例(419)的名词中心语要在关系从句内进行语义解释，而 Lambda 算子 λ 则约束一个程度变量，最大化效果作用于这个 CP：

(422)

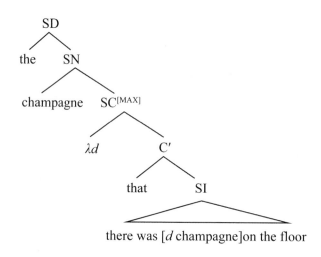

Grosu(2002：147)认为，以上语义属性可以总结为：

(423) a. The entire construction may have definite or universal, but not existential, force.

　　 b. The relative clauses do not stack with intersective import.

在形态句法层面，最大化关系从句(在英语中)的特点如下。第一，名词中心语的限定词只能为定冠词或全称量词，如：

（424）（all）the（three），every，＊some，＊few，＊a lot of books that there is/are on
the table

这其实是例（423）a 句的具体示例（"definite or universal，but not existential，force"）。

第二，在英语中，最大化关系从句只能由 that 引导，而不能出现 wh-系列的关系代词：

（425）Every man（that）/＊who（m）there was on the life-raft died.

（426）Every dog（that）/＊which there was on the life-raft died.

第三，最大化关系从句也不能叠加（Grosu，2002：150）：

（427）The only students there were at today's party（ ＊that there had also been at
yesterday's concert）were John and Mary.

这一特点其实具体说明了例（423）b 句。此类关系从句在非洲语言中是否存在还存疑。

综上所述，在语义层面应该区分三类关系从句，即限定性关系从句、非限定性关系从句和最大化关系从句。Grosu（2002）对这三类关系从句进行了统一的分析，即

（428）非限定性关系从句:［REL］

限定性关系从句:［REL］+［PRED］

最大化关系从句:［REL］+［PRED］+［DEF］

特征［REL］大致对应前文我们提出的语义支点，因此是三类关系从句共有的特征，也是非限定性关系从句唯一具有的特征；［PRED］允准两个集合产生交集，即名词中心语的指涉对象构成的集合和关系从句的指涉所构成的集合，该交集不能为空，否则无法进行语义阐释，如：

（429）#the boy who is a girl

［REL］和［PRED］两个特征足以定义限定性关系从句。而最大化关系从句在此基础上还需要第三个特征［DEF］，旨在将以上产生的交集转变为单元素集合（singleton set），由此便产生了例（423）b 句的语义效果。

de Vries(2002：29)将关系从句的句法类型和语义类型进行了交叉对比，得到以下结果，见表4-31：

（430）

表 4-31 关系从句的句法类型和语义类型

句法类型	语义类型		
	非限定性关系从句	限定性关系从句	最大化关系从句
名词后关系从句	＋	＋	＋
名词前关系从句	－	＋	＋
内名词关系从句	－	＋	＋
左/右侧悬置型关系从句	－	－	＋
自由关系从句①	－	－	＋

可以看到，名词后关系从句在语义上可以为限定性、非限定性和最大化三类语义，名词前关系从句和内名词关系从句则不能为非限定性，而左/右侧悬置型关系从句则只能为最大化关系从句。

3.2.2.3 关系从句化手段的类型

我们此处所谓的关系从句化的手段是关系从句结构与独立句(和其他类型的从句)相比所具有的独特的形式表达，特别是跟前文提出的句法类型和语义类型相关的形式表达。之前的研究也多有讨论(Keenan, 1985；Lehmann, 1986、2003；Comrie, 1989：§7.2.3、2006；Whaley, 1997：261-262；Fabb, 1999；Givón, 2001：§14.3；Song, 2001：§4.3；de Vries, 2001；Kroeger, 2004：§7.2.2、2005a：§12.5.-§12.5.4；Feuillet, 2006：489；Andrews, 2007)，但系统性不强，而且对于关系从句化的手段与关系从句句法-语义的关系也没有建立有效的类型学相关性。

在理论上，关系从句的标记可以表现在关系从句内和关系从句外。由于关系从句是从句，因此可以假设，其可能带有与独立句不同的特殊标记。在类型学上，从属标志通常会出现在主句和从句之间，因此我们可以预期在关系从句的边界处能够找到这种外部标志。另一方面，关系从句的语义支点是关系从句与其他类型的从句之间的重要区别，而语义支点通常(即使并非总是如此)建立在关系从句内的某个项和主句内的某个项之间，因此可以预见到，语义支点也可能通过专门的形式标记得以表达，而且这也许最常出现在关系从句

---

① 即没有显性名词中心语的关系从句，如英语中"I go[where you go]"或汉语的"[你说的]都对"。

内部。由此，我们也希望找到关系从句的内部标记手段。综上所述，我们认为在理论上关系从句的标记有两大类，即外部标记和内部标记。

3.2.2.3.1　外部标记手段

关系从句的外部标记手段为关系代词、联结词、标句词和零标志，最常见的情况是出现在关系从句和名词中心语之间，即关系从句的左侧边缘或右侧边缘。

关系代词是欧洲语言/印欧语言中很常见的一类关系词，其基本特点是具有基于配合机制的形态变化，即关系代词的形态格与名词中心语在关系从句中的语法关系所决定的形态格是同一的，例如英语的 who、whom[①] 和 whose：

（431）the boy who saw me yesterday

（432）the boy whom I saw yesterday

（433）the boy whose father saw me yesterday

英语的关系代词也表明其与[±人]这个特征相关，因为以上 who 和 whom 必须只能用于名词中心语为人的情况，如果是指涉非人的所指对象的名词中心语，则要求使用 which。而 which 则不能表现出名词中心语在关系从句中的语法关系，因此 which 并不是真正意义上的关系代词。非洲语言中几乎不存在关系代词，但在 Daba 语中，ama（及其变体）用于主语关系从句（即中心语先行词在关系从句中为主语），lay 用于其他类型的关系从句（Frajzyngier & Shay，2012：340-341），因此在一定程度上可以看作关系代词：

（434）galmay　　　　ma　　　　nja. tu　　　　mbluk
　　　 我 的 兄弟　　关系词　　离开　　　　旅行
　　　 "我的去旅行的兄弟"

（435）hiddi　　　lay　　　kat　　　ŋgo　　　dəm
　　　 人　　　关系词　　1. 单数　　完成体标志　　见到
　　　 "我见到的那个人"

与关系代词一样具有形式变化的另一类关系词是联结词（linker）（Creissels，1991：

---

　　① 虽然这两个关系代词在英语的使用日渐减少，但毫无疑问并没有完全从英语中消失，特别是在先行词为人的非限定性关系从句中依然还是必须使用 who 和 whom：

　　（ⅰ）I know Mary, who/ * that works with Tom.

　　（ⅱ）I know Mary, whom/ * that Tom loves so much.

459-460、2006：§33.3.4），但联结词不能指明名词中心语在关系从句中的位置，换言之，其形式变化的决定因素不是名词中心语在关系从句中的语法关系，而是名词中心语在主句中的语法关系或名词中心语的语义特征（如性、名词类别、数等）。在 Akkadian 语中就存在与名词中心语在主句中的语法关系相关的联结词（Deutscher，2001：407）：

(436) eql-am   ša   KÁ...
      田地-宾格标志 联接词.宾格.阳性.单数   大门
      nītiq-u   lišqi'ū
      走过.过去时.1.复数-从属标志   浇水.道义情态.3.复数
      "他们应该给我们从门旁边走过时经过的田地浇水"

(437) in   šant-im   šališt-im   šāti   Enlil
      在.介词   年-属格标志   第三的-属格标志   联结词.属格.阴性.单数   （人名）
      šarrūt-am   iddin-u-šum
      亲属关系-宾格标志   给.过去时.3.阳性.单数-从属标志-与格标志.3.阳性.单数
      "在 Enlil 跟他认亲的第三年"

Arabic 语（Nichols，1984：534；Comrie，2006：139-141）中也有类似的联结词，与先行词进行性和数的配合。而 Setswana 语（Creissels，1991：459-450）中的联结词则与名词中心语的名词类别进行配合（Creissels，2006. vol. 2：212）：

(438) monna   yo   Leburu   le   mo   rekiseditse-ng   dikgomo
      1 男人   1 联结词   5 南非荷兰人   主语3:5   宾语3:1   卖.完成体-关系词   8/10 母牛
      "那个南非荷兰人卖给他母牛的那个男人"

此类关系词似乎尤见于非洲语言，特别是在具有名词类别系统或性系统的非洲语言中，例如上文列举的 Setswana 语。Setswana 语中的连接词在形式上与指示限定词有明显的相似之处，在历时上或许上溯到指示限定词，是后者在关系从句结构中语法化的结果。

　　第三类标志为标句词。标句词一般没有形态变化，因此不能指明名词中心语在关系从句中的语法关系，例如英语的 that 是一个典型的标句词，而且其不仅可以出现在关系从句之中，还可以用于其他类型的从句，特别是补语从句：

(439) the news that Mary left yesterday

(440) I do not know that Mary left yesterday.

一种语言中可能有多个标句词，用于不同类型的从句中。如巴斯克语中-ela 用于补语从句（Artiagoitia，2003：635），而在关系从句中则使用-(e) n（Oyharçabal，2003：764），而且后者也用于表达领有关系，这与汉语的"的"十分类似。由此可见，标句词唯一的作用似乎就是标明从句和名词中心语或主语的界限，因此作为关系从句标志的标句词经常位于名词中心语和关系从句之间，如英语的 that 和汉语的"的"。标句词是非洲语言中最为常见的关系词（Creissels et al. ，2008：142），如 Hausa 语中的 dà（Mutaka，2000：212）：

(441) mutumìn　　　dà　　　yaa　　　zo　　　yaa　　　ba　　　nì　　　kudi
　　　男人．定指　标句词　时态标志　来　　时态标志　给　　1. 单数　钱
　　　"来过的那个男人给了我钱。"

(442) ragôn　　　dà　　　zân　　　kashè　　à　　sallàh　　yaa　　　tsinkè
　　　山羊．定指　标句词　时态标志　杀死　　在　（人名）　时态标志　挣脱
　　　"杀死了 Sallah 的山羊挣脱了。"

(443) kujerâr　　　dà　　　ka　　　zaunà　àkântà　　tanàa　　　da　　dòti
　　　椅子．定指　标句词　时态标志　坐　　头．3. 单数　时态体貌标志　有　肮脏
　　　"你正在坐的那把椅子很脏。"

除了标明关系从句和名词中心语的界限之外，标句词的确可以表达一些其他语义-语法信息，如 Amharic 语中 yä-用于过去时态、yä-mm-（或变体 ə-mm-）用于非过去时态（Hudson，1997：482）：

(444) kä-gurage　　　　　yä-tä-gäňňä　　　　　　　　　　　　　hawlt
　　　在．介词-（地名）　标句词-否定标志-找到．完成体．宾语．3. 单数　雕像
　　　"在 Gurage 找到的一尊雕像"

(445) səlä-tarik　　　yamm-i-nägər　　　mäşəhaf
　　　关于-历史　　标句词-3. 单数-讲述　书
　　　"一本讲历史的书"

Bafut 语的情况则比较特殊，因为在关系从句中，联结词与标句词同现，在世界语言中是很少见的情况（Mutaka，2000：212）：

(446) nɨŋɔɔ̀   nyá   nìî   mɔ́   sùù   kɨ   wàâ   ní

芭蕉   定冠词   联结词   标句词   （人名）   过去时标志   砍   3. 单数

bàŋ   mə

成熟   体貌标志

"Suu 种的芭蕉已经成熟了。"

(447) mbú   yá   yìî   mɔ̂   kɨ   kwôá   ywì   ìnəmɔ́

书   定冠词   联结词   标句词   过去时标志   给   2. 单数 . 主语 撕

"我给你的那本小书被撕了。"

nɨŋɔ̀ɔ̀ "芭蕉" 和 mbú "书" 分属不同的名词类别，因此定冠词和联结词的形式都要与其配合，即 nɨŋɔ̀ɔ̀ nyá nìî 和 mbú yá yìî。nyá nìî 和 yá yìî 的首位辅音都是配合标志（参见第 3章）。如果此类结构进一步语法化，则会出现类似于 Swahili 语的情况①，即关系词由两部分组成：第一部分是形式不变的 amba；而第二部分则是要与先行词进行名词类别配合的配合标志（Mutaka，2000：237），见表 4-32。

---

① Swahili 语关系从句还有另外两种结构。其一为（Mutaka，2000：214）：

（i）. mtu   a-li-ye-mw-ona

　　男人   3. 单数-过去时-关系词-看见

　　"看见了狮子的那个男人"

（ii）. vitu   a-livyo-vi-weka   sanduku-ni   juma

　　东西   3. 单数 . 阳性-过去时-关系词-3. 复数-放   树干-方位格标志   （人名）

　　"Juma 放在树干里的东西"

在此类结构中名词中心语先行词和关系从句之间没有关系词，但在关系从句内的动词结构中有一个标志关系从句结构的配合标志，即-ye-和-vi-。

其二为（Mutaka，2000：214）：

（iii）. wanafunzi   wa-soma-o

　　学生 . 复数   3. 复数-学习-关系词

　　"学习的学生"

（iv）. sentensi   zi-fuata-zo

　　句子 . 复数   3. 复数-跟随-关系词

　　"后面的句子"

在此类结构中，动词为非定式（即没有任何时态-体貌-语气等标志，只有人称配合标志），而且在其后有用于关系从句的配合标志-o 和-zo。

此两类结构应该归为下文所讨论的内部标记的一种。

（448）   表 4-32 Swahili 语的关系词

名词中心语先行词的名词类别	关系词中的配合标志
1	-ye
2	-o
3	-o
4	-yo
5	-lo
6	-yo
7	-cho
8	-vyo
9	-yo
10	-zo
11	-o
14	-o
15	-ko
16	-po
17	-ko
18	-mo

例如（Mutaka，2000：213）：

（449）mtu   amba-ye   a-li-mw-ona   simba

男人   关系词   3. 阳性 . 单数-过去时标志-3. 阳性 . 单数-看见   狮子

a-na-ogopa   sana

3. 阳性 . 单数-现在时标志-害怕   很

"看见了狮子的那个男人很害怕。"

（450）vitu   amba-vyo   juma   a-li-weka

东西 . 复数 关系词   （人名）   3. 阳性 . 单数-过去时标志-放

sanduku-ni   vi-me-pot-ez-w-a

树干-方位格标志   3. 复数-完成体标志-丢失-使役标志-被动标志

"Juma 放在树干里的东西不见了。"

虽然在形态上我们可以将 Swahili 语的关系词分为两部分，但与 Bafut 语的情况相比，amba-ye 和 amba-vyo 整体上都处理为一个联结词为宜，而不能处理为 Bafut 语的两个关系词。

最后一种标志为零标志，顾名思义，即在关系从句的任何位置都没有从属标志，因此，关系从句直接与名词中心语相连，如在日语中：

（451）ki-ta　　　　　　　gakusei
　　　　来-过去时标志　　学生
　　　　"来过的学生"

此种情况在非洲语言中也较常见（Creissels，1991：460），例如 Kanuri 语（Creissels et al.，2008：142）：

（452）kâm　　kasúwu-lan　　　　rúmma-dɔ́
　　　　人　　市场-方位格标志　　看见.过去时.主语.2.单数-定冠词
　　　　"你在市场上看见的那个人"

前文已述，Arabic 语中有联结词标记，但如果中心语先行词为非定指，则不能使用联结词，而只能使用零标志（Gragg & Hoberman，2012：218）：

（453）ziyaːratun　　tastaʁriqu　　　ʔusbuːʕan
　　　　参观　　　　持续　　　　　星期
　　　　"持续了一周的一次参观"

除了以上四类外部标记，非洲语言中还有一类非常特殊、似乎只见于非洲语言的关系从句标记手段，即声调标记。这在整体上可以看作非洲语言利用声调作为形态标志的一个特例（参见第 2 章和第 3 章）。例如在 Igbo 语的名词后关系从句中，名词中心语先行词最后一个声调必为降阶型高调，同时影响了关系从句中的动词形式的声调，也一律变为降阶型高调，即（Welmers，1973：427）

（454）ŋwáànyí̖ byárá　"来过的那个女人"
　　　　参见：ŋwáànyì̖ byàrà　"一个女人来过了。"

（455）ŋwáànyí₁ hápúɽú₁ "出去了的那个女人"

参见：ŋwáànyì₁ hápùɽù₁ "一个女人出去了。"

由于作为关系从句的标志的特殊声调位于先行词上，而不是关系从句内的某个成分上，因此 Igbo 语的声调标志也应该归类为外部标记手段。

3.2.2.3.2　内部标记手段

关系从句内部标记手段主要包括动词性标记和名词性标记。

动词标志涵盖所有具有特殊动词形式的关系从句。此处的"特殊"应该理解为"不同于独立句/主句"。以英语为例，定式动词关系从句中的动词形式与独立主句中的动词形式无异：

（456）I know.

（457）the man（that）I know

但是英语有分词式的关系从句，其动词形式是不能单独出现在独立主句中作为谓语的：

（458）the man reading a book over there

（459）the man wounded by Tom

（460）The man ＊（is）reading a book over there

（461）The man ＊（was）wounded by Tom

例（458）~例（461）这四个例子便是使用了特殊动词形式的关系从句。此类使用分词式——现在分词或过去分词的关系从句，尤见于欧洲（特别是印欧语系）语言中，而且在欧洲（特别是印欧语系）语言中一般仅仅局限于主语。从更广的范围来看，如果将"特殊动词形式"不局限于分词形式，那么很多人类语言中都存在使用"特殊动词形式"的关系从句，Givón（2001：§14.3.2.9）和 Comrie（2003、2006）是这方面为数不多的专门研究。Comrie（2003、2006）特别提及了亚洲和美洲的某些语言，包括土耳其语、藏语、克丘亚语（Quechua）、马库什语（Macushi）等。总体而言，这些语言中的关系从句中的动词形式都与主句/独立句中的动词形式的形态变化不同，且还会根据特定的句法、语义条件有多种变化形式。坎贝拉语（Kambera）是比较简单的二元对立系统，即主语和主语内的所有者如果进入关系从句，动词带有前缀 ma-，而其他成分进入关系从句则带有前缀 pa-（Comrie，

2003：8）：

(462) ku-ita-yana　　　　　　　　　　　na　　tau　na　　ma-pàpu

　　　1. 单数 . 主语-看到-3. 单数 . 宾语　定冠词　人　定冠词　关系化标志 .

　　　　　　　　　watar

　　　主语-采摘　玉米

　　　"我看到了那个摘玉米的人"

(463) ita-nggu-nya　　　　　　　　　　na　　tau　　na　　定冠词

　　　看到-1. 单数 . 属格-3. 单数 . 与格　定冠词　人　　定冠词

　　　na-meti　　　　　　　　　　kuru uma-nya

　　　关系化标志 . 主语-死妻子-领属者 标志 . 3. 单数

　　　"我见到了妻子死了的那个人"

(464) na　　njara　na　　pa-kei

　　　定冠词　马　　定冠词　关系从句化标志 . 宾格-买

　　　memang-na-nya

　　　立刻-3. 单数 . 属格-3. 单数 . 与格

　　　"他立刻就买给她的那匹马"

(465) na　　huru　　na　　pa-nga-wà-nggu　　　　　　　　　　　uhu

　　　定冠词　勺　　定冠词　关系从句化标志 . 宾格-吃-用-1. 单数 . 属格 米

　　　"我用来吃米的勺子"

(466) na　　uma　　na　　pa-beli-nggu

　　　定冠词　房子　定冠词　关系从句化标志 . 宾格-回去-1. 单数 . 属格

　　　"我回去的房子"

乌拉利纳语（Urarina）也是使用两个标志，-i 用于通格，而-era 用于作格（Olawsky，2006：320-323）。哈卡俫语（Hakha Lai）更为复杂一些，使用三个后缀，即-mii 用于通格（absolutive）关系从句、-tuu 用于作格（ergative）、-naak 用于工具格和方位格（Peterson，2003：421-423）。土耳其语和克丘亚语则代表另一类常见的动词标记手段，不仅要考虑名词中心语在关系从句中的语法关系，而且还要参考关系从句中动词的体貌。尽管这两种语言系属不同、地理分布很远，而且也没有任何接触，但却惊人地相似。总体而言，两种语言都区分主语和非主语的关系从句——在这点上有些类似于上文刚刚提及的坎贝拉语；但与坎贝拉语不同的是，对于非主语关系从句还要区分完成体和未完成体。每种情况下动词

都带有不同的后缀，即（表4-33）

（467）　　　　　　　表4-33　土耳其语和克丘亚语动词标记手段

类别		克丘亚语（Lefebvre & Muysken，1988）	土耳其语（Kornfilt，1997）
主语		-q	-(y)An
非主语	完成体	-sqa	-DIK
	未完成体	-na	-(y)AcAK

克丘亚语的语例（Lefebvre & Muysken，1988：166-167）：

（468）hamu-sha-q　　　　　　　　　　runa

　　　　来-现在分词标志-名物化标志　人

　　　　"正在过来的人"

（469）riku-sqa-y　　　　　　　　　　warma

　　　　看到-名物化标志-1.单数.主语　姑娘

　　　　"我见过的姑娘"

（470）paqarin　　rima-na-yki　　　　　　　　runa

　　　　明天　　说话-名物化标志-2.单数.主语　人

　　　　"你明天要去跟他讲话的人"

土耳其语的语例（Rose，1999：45、53，以及个人调查笔记）：

（471）büronun üzerinde　　bulunan　　　kitabı　　　al.

　　　　在书桌上　　　　　位于.名物化　书.宾格　拿走

　　　　"拿走在书桌上的那本书！"

（472）bana　　　　　　vereceğim　　　　　kitabı

　　　　1.单数.方位格　给.名物化.2.单数　书.宾格

　　　　"你将要给我的书"

（473）on-un　　Haşan-ın　　　　kitab-ın-ı

　　　　3.单数-属　（人名）-属格标志　书-领属者标志.3.单数-宾格标志

　　　　ver-diğ-i　　　　　　　kişi

给-分词标志-领属者标志.3.单数　　人

"他把 Haşan 的书给了他的那个人"

非洲语言中还有其他类型的动词标记手段(Frajzyngier，2012：§8.25.5)，不都见于其他语言中，主要可分为三类，即时态-体貌-语气缩减类、极性(polarity)导向类和位置导向类。第一大类类似于上文英语中的分词类关系从句，即关系从句的动词形式跟独立主句的动词形式相比，所表达的时态-体貌-语气较少，如 Dizin 语(Beachy，2005：125、129)：

(474) dɑdu　　　　tamɨɾ-s-dɑ-z/-jn

孩子　　　　　学习-使役标志-关系词-阳性标志/阴性标志

"使得孩子学习的人"(即教师)

(475) ɑːj　　　gɑb-i-z

水　　　　创造-插入形式-阳性标志

"造水的人"

以上两例中的动词形式类似于欧洲语言中的不定式，没有时态-体貌等标志。Dizin 语也有定式动词的关系从句，在时态-体貌-语气上的表达更丰富和完整，如(Beachy，2005：127、129、131)：

(476) bolɨm-ki-d-ɑ

被破坏的-完成体标志-关系词-定冠词

"已经被破坏了的那个"

(477) at　　　jɛt-i-k　　　　　　　　　　　nogɨm-dɑ-d-ɑ

现在时　　2.单数-插入形式-工具格标志　　谈话-未完成体标志-关系词-定冠词

"正在跟你说话的那个"

(478) eds-k'ɑŋk　　　　　mɛt͡ʃ-i-n-j-ki　　　　　　　　　　jɑːb

艾滋病-工具格标志　　感染-插入形式-过去时标志-完成体标志　　人

"被艾滋病感染了的那个人"

(479) i-kot-n-dɛ-ki　　　　　　　　　　　　　jɑːb-e-n

3.阴性.单数-等待-过去时标志-未完成体标志-完成体标志　人-定冠词-阳性

直译："被等待的那个女士"

这些动词的变化完全与独立主句中的动词形式变化一样（Beachy，2005：§3.8.3.2）。第二大类为极性导向类，可细分为三个亚类。亚类一以 Qimant 语为代表，只在肯定关系从句中使用有别于肯定独立主句的动词形式（Appleyard，1975：337-339）；亚类二以 Afar 语为代表，只在否定关系从句中使用有别于否定独立主句的动词形式，如：

（480）否定独立主句：ma-（Bliese，1981：84）

soo'l-e　　　　　　'w-aa-m

站立-不定式标志　　否定标志-完成体标志.1.单数-主格标志

'ma-fa'd-a

否定标志-想要-完成体标志.1.单数

"我不想站着。"

（481）否定关系从句：waa（非宾格（inaccusative））/wee（宾格（accusative））（Simeone-Senelle，2008：5）

（a）úrru-l　　　　　　　　　　tú　　baahé

孩子.复数-方位格标志　　单位　带来

wayta　　　　　　　　　　　　　　　　　lee

助动词.否定.非宾格动词形式.3.阴性.单数　　水

"对孩子们一无是处的水"

（b）biyaakitaksugé-wee　　　　　　　　　　　idaltí

生病.分词-否定.宾格动词形式.3.阳性.单数　老人

"没有生病的那个老人"

亚类三以 Kambaata 语为代表，即关系从句中的动词形式总是有别于独立主句的动词形式，而且肯定和否定也不相同（Treis，2008：166）：

（482）独立主句：重音总在动词的非末位音节

adab-óo　　　　　　　dagújj-o.

男孩-主格标志.阳性　　跑-完成体标志.3.阳性

"男孩子跑了。"

（483）肯定关系从句：重音总在关系从句动词的末位音节①

---

① 特殊声调位于关系从句的动词上，因此与前文 Igbo 语的情况不同（例（454）、例（455）），后者的特殊声调位于先行词上。

dagujj-ó   adab-áa

跑-完成体标志.3.阳性 男孩-宾格标志.阳性

"跑了的男孩"

  第三大类为位置导向类，类似于上文的土耳其语和克丘亚语，主要根据名词中心语在关系从句中做主语或不做主语选用不同的动词形式，不赘。

  名词性标记手段主要表现在名词中心语在关系从句中的表征，可分为完全保留、复指代词和空位。完全保留型标记手段见于左/右侧悬置型关系从句和内名词关系从句，即名词中心语出现在关系从句内，可以但不一定占据其在独立主句中的缺省位置。例如在 Bambara 语（Creissels，2006. vol. 2：249）和藏语中（Mazaudon，1978：402）：

(484) muso min ye   fulakε ka   misi

   女人.定指 关系词 完成体标志.肯定 富拉人.定指 属格标志 母牛.定指

   ye tu   kɔnɔ   o   bε   min

   看到 树林.定指 在……里 指示词 系词 哪里

   "在树林里看到富拉人的母牛的那个女人在哪里？"

(485) pēemὲ   thep khīi-pa   the   ṅeē   yin

   （人名）.施格 书.通格 带着-分词.通格 定冠词.通格1.单数.属格 系词

   "Peema 带着的书是我的。"

例（484）为悬置型关系从句、例（485）为中心语在内型关系从句，是使用完全保留型标记手段最多的关系从句类型。复指代词是第二类名词性标记手段，在关系从句中使用一个代词性成分与名词中心语同指，如汉语：

(486) 我送给她$_i$/ * 他/ * 它一份特殊的生日礼物的那个姑娘$_i$

Hebrew 语则使用一个代词词缀而不是类似于汉语的独立的代词形式（Givón，2001. vol. 2：186）：

(487) ha-isha she-Yoav   natan

   定冠词-女人 关系词-（人名） 给.过去时标志.3.阳性.单数

l-a	et-ha-sefer
与格标志-3. 阴性 . 单数	宾标志-定冠词-书

"Yoav 给她这本的那个女人"

需要注意的是，此类词缀有时可能依附在动词上，但并不是动词形式变化的一部分。换言之，复指代词标记手段不同于特殊动词形式的标记手段。带有复指代词的关系从句可以与一个独立的主句形式完全相同，即可以用作一个独立主句，如：

(488) Yoav natan l-a et-ha-sefer

"Yoav 给了她这本书。"

还需注意的是复指代词的判断问题。Comrie(1981)有详细的论述，核心观点是，如果一个代词形式既必须出现在独立主句中，又必须出现在关系从句中，则该形式不是复指代词。换言之，当且仅当某代词形式仅仅必须在关系从句中使用时才是复指代词，即复指代词的使用是关系从句化的"直接后果"。以 Hausa 语为例(Comrie，1981：220)：

(489) dōkìn   dà   *(yā)   mutù
      马   关系词   3. 单数   死 . 过去时
      "死了的马"

(490) dōk ì *(yā) mutù
      "马死了。"

yā 作为代词形式，既必须出现在独立主句中，又必须出现在关系从句中，因此与关系从句结构本身并没有必然的联系，故不应是复指代词。与之相比，汉语例(491)中的"她"则是关系从句化造成的结果，因为在独立主句中是不能出现"她"的：

(491) 我送给(* 她$_i$) 那个姑娘$_i$ 一份特殊的生日礼物。

类似的情况还有 Kpelle 语(Comrie，1981：222、223)：

(492) m̀ɔ̄ lɔŋ   ŋá   ǹyà-ī
      米 . 定指   1. 单数 . 主语 买 . 过去时 . 3. 宾语-指示词
      "我买的米"

(493) *（ŋá）m̄ɔ̄ lɔŋ yà

"我买了米。"

Keenan & Comrie(1977)最早意识到复指代词的使用跟名词中心语在关系从句中的语法关系有一定的联系，总的趋势为，复指代词多用于旁语，而较少见于主语和宾语，汉语基本是这样的，即主语和宾语关系从句一般不能使用复指代词，而间接宾语(见上文例(485))进入关系从句则多使用复指代词。复指代词在非洲语言的关系从句结构中非常常见(Creissels，1991：457-459)。最后一类名词性标记手段是空位(或称"语缺")，似乎最为常见，尤见于欧洲(特别是印欧语系)诸语言中，例如英语的关系从句结构总是系统性地使用该手段，名词中心语对应于关系从句中的位置总是留空，例如：

(494) the man that/who_saw me yesterday

(495) the man（that/who/whom）I met_yesterday

(496) the man（that）I spoke to_yesterday

(497) the park where I met the man_

根据 Keenan & Comrie(1977)提出的可及性等级序列(Accessibility Hierarchy)(详见下文)，空位最常用于主语关系从句，而旁语关系从句则相对较少。虽然有类似于英语的语言(几乎)总是使用空位，但也有很多语言仅仅在主语(和宾语)等论元位置使用空位，而在旁语位置使用上文提及的其他三个名词标记手段——特别是复指代词，例如 Amharic 语只有主语关系从句使用空位(Leslau，1995：102)：

(498) yä-mä ṭṭ a-w　　　　　　　säwəyye　　wändəmme　　näw
　　　关系词-来. 完成体标志-定冠词　男人　　我的兄弟　　系词
　　　"来过的那个男人是我的兄弟。"

其他位置都要使用复指代词(Leslau，1995：105、99、104；Hudson，1997：482；Leslau，1995：100)

(499) yä-mättahut　　　　　　　　　　säwəyye　　wändəmme　näw
　　　关系词-打. 主语. 1. 单数. 宾语. 3. 阳性. 单数 男人　　我的兄弟　系词
　　　"我打过的那个男人是我的兄弟。"

（500）yä-ṣafhullät　　　　　　　　　　　säwəyye　wändəmme　näw

关系词-写.主语.1.单数.宾语.3.阳性.单数　男人　　我的兄弟　系词

"我给他写信的那个男人是我的兄弟。"

（501）wändəmmočč u　əzzih　　yä-näbbäru-t　　　　　　　ləğ　tamari　näw

他的兄弟.复数 这里　关系词-系词.完成体-定冠词　男孩　学生　系词

"他的兄弟们在这里的那个男孩子是学生。"

（502）wäräqät　yä-ṣafhullät　　　　　　　　　　　säwəyye

信　　关系词-写.主语.1.单数.宾语.3.阳性.单数　男人

wändəmme　　　näw

我的兄弟　　　系词

"我为他写信的那个男人是我的兄弟。"

（503）ya　　　yä-tä-wälläd-ku-bb-ät　　　　　　　　　　　　　bet　näw

指示词　关系词-完成体标志-出生-主语.1.单数-介词-3.单数　房子　系词

"那就是我出生的房子。"

（504）yä-hedkubbät　　　　　　　　　　　　　　babur　qärfaffa　näw

关系词-乘坐.完成体.主语.1.单数.宾语.3.单数.火车　慢的　　系词

"我坐的火车很慢。"

（505）säwəyye-w　　raq(q)bəlo　wä-däqomäbbät

男人.定冠词　远处　　　　介-站立.完成体.主语.3.阳性.单数.宾语.3.单数.

səfra　　　hedku

地方　　　去.主语.完成体.1.单数

"我去了那个男人站得很远的地方。"

（506）yä-därräskubbät　　　　　　　　　　　　säat　zäṭäňň säat näbbär

关系词-到达.完成体.主语.1.单数.宾语.3.单数 时间 九　　钟点 系词

"我到达的时候是九点。"

其实主语使用空位是非洲语言关系从句中非常常见的情况。这也完全符合可及性等级序列（详见下文）所总结的类型学规律。

除了上文讨论的空位之外，还有另外两类的空位。第一类为寄生空位（或"寄生语缺"）（parasitic gap），如（Haegeman，1994：473）：

（507）Poirot is a man whom you distrust_空位 when you meet_寄生空位.

此类空位其实与上文讨论的空位不同，因为寄生空位是可以通过补入一个词（名词或代词）或短语（名词性短语）填充的，如：

（508）Poirot is a man whom you distrust when you meet HIM.

但是关系从句中的空位则不可以填充，否则会造成关系从句不合语法：

（509）Poirot is a man whom you distrust（＊him）

这一区别主要是由于关系从句中的空位是关系从句操作的后果，而寄生空位则与关系从句结构没有必然的联系，参见 Culicover（2001）的综述。第二类空位我们称为扩展空位，即名词中心语并不对应于关系从句中的一个名词性成分，而是一个比名词性成分更大、更复杂的结构。换言之，关系从句中的空位不等于名词中心语，例如汉语：

（510）我（＊在）读高中的那所学校
（511）我＊（在）那所学校读高中

以上两个例子中就"在"是否一定要出现而言是截然相反的，由此可见，关系从句中的空位其实不等于名词中心语"（那所）学校"，而是"在（那所）学校"。①

3.2.2.3.3　关系从句化手段类型的总结

综上所述，我们将关系从句的标记手段分为外部标记和内部标记，即

（512）外部标记：关系代词、联结词、标句词、零标志；
　　　　内部标记：特殊动词形式、完全保留、复指代词、空位。

以上总结的八种标记手段应该理解为典型情况下的标记手段，换言之，有可能存在无法明

---

① 当然，也可以不承认在此类关系从句中有空位，因为"我读高中"也完全可以是一个独立的句子。但如果否认"我读高中"中没有空位，也就否认了例（510）和例（511）之间的关系。

确归入以上八类的标记手段，如阿布哈兹语（abkhaz）的关系从句的标记情况（Creissels，2006. vol. 2：243）：

(513) a-xàc'a   yə-y-ba-(kʷa-)z   à-ħʷsa
定冠词-男人 关系词-3. 单数 . 主语-看到-(复数-) 名物化标志 定冠-女人 . 复数
"男人看到的那些女人们"

(514) a-šʷqʷə   zə-y-tà-z   a-pħʷəs
定冠词-书 关系词-3. 单数 . 主语-给-名物化标志 定冠词-女人
"他给了一本书的那个女人"

(515) zə-da   w-aa-z   a-wayʷə
关系词-介词 2. 单数 . 主语-来-名物化标志   定冠词-男人
"你没有跟他来的那个男人"

(516) zə-kʷ'ət'ə   meràbyə-ʒá-z   a-pħʷəs
关系词-母鸡   （人名）   3. 单数 . 主语-偷窃-名物化标志定冠词-女人
"Merab 偷了鸡的女人"

yə 和 zə 这两个语素是问题的关键。首先可以看到，yə 用于通格（即不及物动词唯一的论元和及物动词的（类）受事论元）关系从句，而 zə 则是用于其他所有类型的关系从句。Hewitt（1979）和 Chirikba（2003）将这两个语素标记为"who""whom""which"，但并未进一步明确说明其是否为关系代词。诚然，yə 和 zə 在一定程度上可以指出名词中心语在关系从句中的语法关系，但另一方面，这两个语素的位置又非常特殊（Hewitt，1987：201）：

(517) a-š°q°'ə   zə-y-tà-z
定冠词-书 . 3. 单数 关系词-3. 阳性 . 单数-给-非定式动词标志
a-pħʷəs   də-z-dər-wayt'
定冠词-女人 3. 阴性 . 单数 . 宾语-1. 单数 . 主语-认识-时态体貌标志
"我认识他给了这本书的那个女人。"

可以看出，yə 和 zə 不是位于关系从句的边缘，而是与代词性人称标志的位置相同，因此在这一点上又类似于复指代词。然而，这两个语素又从来不出现在独立主句中用作代词性人称标志，因此又与常见的复指代词不尽相同。综合考虑，这两个语素的分类似乎需要进一步分析，目前来看似乎兼具关系代词和复指代词的某些特性。

Figuig Berber 语的情况也很特殊。如果进入关系从句的角色是介词宾语，则除了在所有类型的关系从句中都需要使用的特殊动词形式（即所谓的"分词式"）之外，还需要将介词置于关系从句的首位，而在关系从句和名词中心语先行词之间没有任何关系词，即（Kossmann，1997：220、221）：

(518) tiddart   dəg   immut
      房子   在……里   死亡 . 3. 阳性 . 单数
      "他死在里面的那所房子"

(519) tamdint   zzəg   ddusix
      城镇   从   出去 . 1. 单数
      "我来的城镇"

一方面，immut 和 ddusix 两个动词形式只能用于关系从句中；另一方面，dəg 和 zzəg 两个介词都出现在关系从句的首位，而在非关系从句结构中则没有任何限制条件要求介词一定出现在句首。由此我们可以看到，Figuig Berber 是通过特殊动词形式和特殊语序两个手段标志关系从句的。

我们认为，关系从句化的手段是关系从句结构语法和语义之间的媒介，换言之，这些手段是关系从句结构实现语义支点的句法手段。前文已述，关系从句定义的语义-句法属性不足以成为定义关系从句的必要条件。为了区别关系从句和其他类型的从句，需要找到关系从句的特有属性，而关系从句化的手段恰恰就是专属于关系从句的特有属性。例如，在英语中，关系代词、标句词以及空位这三个关系从句化的手段将关系从句与其他类型的从句区分开来。而我们之所以在关系从句的定义中没有涉及关系从句化的手段，是因为这些手段其实有赖于所讨论的具体的关系从句结构的语法和语义特性，关系从句的语义和句法界面是通过关系从句化的手段得以连接和实现的。此外，在定义中加入关系从句化的手段其实是多余的，因为只要是关系从句，肯定会有一定的表现形式。在关系从句的定义中加入关系从句手段的条件其实只是赘言而已。

尽管如此，在研究关系从句的结构时不提及关系从句化的手段却是不当的，因为这些手段充当语法和语义之间的媒介。而且这些手段的分布并非完全随机，而是一些手段相互排斥，其他手段却又相互关联。例如，零标志作为外部标记手段，可以跟全部四种内部标记手段共现：

(520) 零标志+特殊动词形式：Figuig Berber 语（Kossmann，1997：160）

twašunt　　　　yiwyən①　　　　argaz

姑娘　　　　　带来　　　　　　男人

"嫁给那个男人的女孩"

(521) 零标志+完全保留：日语 (Kitagawa, 2005: 1245)

Naomi-ga　　　　　Ken-ga　　　　　naku　no-o　　　　　nagusameta

(人名)-主格标志 (人名)-主格标志 哭泣 属格标志-宾格标志 安慰.过去时

"Naomi 安慰了一直在哭的 Ken"

(522) 零标志+复指代词：Kpelle 语 (Comrie, 1981: 222)：

m̄ɔ̄ lɔŋ　　　　ŋá　　　　　ǹyà-ī

米.定指　　1.单数.主语 买.过去时.3.宾语-指示词

"我买的米"

(523) 零标志+空位：英语

the book I read yesterday

同样，空位也能够与全部四类外部标记手段共现：

(524) 空位+关系代词：英语

the man to whom I talked to yesterday

(525) 空位+联结词：Akkadian 语 (Deutscher, 2001: 407)

eql-am　　　　　ša　　　　　　　　　　KÁ...

田地-宾格标志　联接词.宾格.阳性.单数　大门

nītiq-u　　　　　　　　　lišqi'ū

走过.过去时.1.复数-从属标志　浇水.道义情态.3.复数

"他们应该给我们从门旁边走过时经过的田地浇水。"

(526) 空位+标句词/零标志：英语

the man（that）I talked to yesterday

(527) 标句词+空位+特殊动词形式：!Xóõ 语 (Honken, 2013b: §3.4.12.3)

kx'u　ǀna　u　　　m-cu-'a　　　　　　　　　ki

罐子　标句词　2.单数 关系从句动词形式标志-给-完成体标志 介词

---

① 该动词形式带有词缀 y-...ən，只能用于关系从句中。此类动词形式传统称为"分词式"，但是跟我们熟知的印欧语言中的"分词"几乎没有共同之处。

gya''m-si

孩子-指示词

"你给了孩子的那个罐子"

关系代词和复指代词似乎就互相排斥。

我们还可以从关系从句化的手段和关系从句的句法/语义类型之间的关系来考察关系从句化的手段的分布。根据 Grosu & Landman(1998)的研究，名词后关系从句可以为全部三种语义类型，而且也使用全部八种关系从句化手段。而关系从句的其他句法类型则似乎在语义层面和关系从句化手段方面要受限得多。例如内名词关系从句注定不能采用空位，而名词前关系从句也没有发现采用关系代词的情况。关于这方面的研究还很不够，有待进一步开展。

3.2.3　可及性等级序列(Accessibility Hierarchy)

除了以上提出的关于关系从句的三个类型学分类，可及性等级序列也是关系从句类型学研究中一个重要组成部分。最早的、最常引用的版本是 Keenan & Comrie(1977：66)提出的：

(528)SU>DO>IO>OBL>GEN>O 标句词

Here ">" means "is more accessible than"; SU stands for "subject", DO for "direct object", IO for "indirect object", OBL for "major oblique case NP"(we intend here NPs that express arguments of the main predicate, ...rather than ones having a more adverbial function...), GEN stands for "genitive"(or"possessor") NP... and O 标句词 stands for "object of 标句词 arison"...

在此之后，还有其他学者提出其他版本，其中我们必须提到的是 Lehmann(1986、2003)，其核心思想是没有一个等级序列可以同时充分考虑到与名词相关的参数(即名词的依附成分，如属格成分和某些旁语成分)和与动词相关的参数(即动词的依附成分，如主语、宾语等)，因此最好将单一的等级序列分解为若干子等级序列，旨在区分仅依存于动词的成分和附加到名词的成分。随后有研究通过分析复杂结构中论元的可及性证明了这种细化等级序列做法的合理性(Cole et al.，1977)。

此外，还有另一种表示可及性等级序列的简单方法，即只将主语、直接宾语和间接宾语处理为三个独立的位置，而其他所有位置都处理为旁语，例如(Croft，1990：109)：

（529）subject < direct object < indirect object < oblique

If an NP on the accessibility hierarchy is accessible to relativisation in a language, then all NPs higher on the hierarchy are also accessible to relativisation.

必须指出的是，可及性等级序列的这一版本更适用于主宾格句法格局走向的语言，而不一定适用于作通格句法走向的语言（例如迪尔巴尔语（Dyirbal）（Dixon，1972、1994））。在主宾走向语言中，主语、宾语的划分是成立的，而在作通走向的语言中，通格和作格的区分并不对应于主语和宾语的区分。此外，还存在不区分直接宾语和间接宾语的语言，而是区分主宾语（primary object）和副宾语（secondary object）（Creissels，2006：§17.4.2）——这在非洲语言中尤其常见（参见第3章）。这种区别主要表现在双及物动词（如英语的give）的结构中论元的组织结构上。在我们较为熟悉的、区分直接宾语和间接宾语的语言中，代表被给予物的论元跟一般的及物动词中（类）受事的论元在句法形态上类似，而接受者则与两者不同，如英语：

（530）Mary burnt a book.

（531）Mary gave a book to Tom.

book 就是所谓的直接宾语，在英语中不能有介词引入，而 Tom 则是间接宾语，其可以（但在某些结构中并非必须）有介词引导。与英语不同，在 Setswana 语中，动词 fa"给"的结构是 N1 fa N2 N3 "N1 把 N3 给 N2"，而 N2 接受者和 N3 被给予物并没有格标志或介词使用上的不同，此外两者都可以通过依附在动词上的同样的词缀得以表达，这些词缀也用于典型动作类动词的受事，即接受者=（类）受事=主宾语、被给予物=次宾语。

为了避免以上诸多问题，我们认为更为稳妥的一种方法是不使用主语、直接宾语、间接宾语、作格、通格、主宾语、次宾语等标签或分类，而直接检查语法角色（syntactic role），即 A（及物结构（类）施事论元）、U（不及物结构中唯一的论元）、P（及物结构中（类）受事论元）、T（双及物结构中表达被给予物的论元）和 D（双及物结构中表达接受者的论元）。这一做法固然有些"啰嗦"，但却是最为中性的处理方法。诚然，对于那些确定无疑有主语、直接宾语、间接宾语等句法关系的语言（如英语），我们完全可以不采用这一"啰嗦"的做法，而采取上文例（528）、例（529）提出的等级序列，但对于那些描写较少、结构复杂的语言，采用这种"啰嗦"的做法则不失为一种稳妥的权宜之计。就非洲语言而言，施通格句法格局语言极少，因而使用诸语、宾语基本没有问题；但是直接宾语和间接宾语则有一定的问题，因为一些非洲语言将两者等同处理，如上文提及的 Setswana 语中并没有绝对的证据可以区分直接宾语和间接宾语。Setswana 语并非孤例，还有其他非洲语言与之类似。

总体而言，Creissels（2000：256）指出，非洲语言中只有主语和宾语能够进入关系从句的情况十分普遍，其他成分如果要进入关系从句，就需要通过论元转换机制（如被动语态、双系式（见上文）等）将其升级为主语或宾语，然后再构成关系从句。这种方法看似多此一举，但有鉴于非洲语言的论元转化机制十分丰富且使用频率很高，因而就非洲语言而言并不是一种不经济的手段。因此，观察非洲语言中主语进入关系从句的情况对于了解非洲语言中关系从句结构的整体情况就比在其他语言中更为重要。如果主语就使用复指代词，那么抑或只有主语能够进入关系从句，抑或除了主语之外的角色进入关系从句也要使用复指代词。后一种情况见于 Babungo 语（Schaub，1985：34）：

(532) ma　　yè　　　　　　wa ntia　fán　nwɔ́　si　　　sàn　　gho
　　　1. 单数 看见. 完成体 人　指示词 关系词 3. 单数 过去时标志 打. 完成体 2. 单数
　　　"我看见了那个打了你的人。"

前文已经强调，如果一个代词形式既必须出现在独立主句中，又必须出现在关系从句中，则该形式不是复指代词。换言之，当且仅当某代词形式仅仅必须在关系从句中使用时才是复指代词。Babungo 语对应于上例中关系从句的独立句，就没有代词 nwɔ́（Schaub，1985：23）：

(533) làmbí　　　sàn　　　　　！ŋwɔ́
　　　（人名）　　打. 完成体　　3 单数
　　　"Lambi 打了他。"

Comrie & Kuteva（2013a）统计了主语进入关系从句的标记手段。就全世界范围而言，主语关系从句使用空位是最普遍的情况，远远多于其他标记手段；而使用代词却是最少见的情况。具体到非洲语言，3 种尼日尔-刚果语言使用完全保留手段、4 种尼日尔-刚果语言使用复指代词，其他语言都使用空位，因此，非洲语言主语进入关系从句的手段基本与类型学的发现类似。

Comrie & Kuteva（2013b）统计了旁语进入关系从句的标记手段，有些出乎意料的是，旁语进入关系从句最为常见的标记手段为空位，这和主语进入关系从句的情况竟然一样。但第二常见的标记手段是复指代词，与主语进入关系从句的情况有很大不同，因为复指代词是主语进入关系从句最少使用的标记手段。此外，还有 10 种语言不允许旁语进入关系从句，而没有语言不允许主语进入关系从句。再来看非洲的情况，有两种语言不允许旁语进入关系从句，而且没有语言使用关系代词和完全保留这两个标记手段。使用除此之外的两种标记手段(即空位和复指代词)的语言的数量基本不相上下，因此与世界语言中的情况不尽相同。

3.2.4 非洲语言名词前关系从句类型学研究

名词前关系从句语言最全面的样本是 Dryer(2013g)统计得到的，见表4-34、表4-35。

(534)   表 4-34   地域分布①

大陆	语言(共 117 种)
亚洲(共 84 种语言)	Abkhaz，Achang，Adi（Galo），Ainu，Akha，Amis，Apatani，Athpariya，Bai，Balti，Bashkort，Burmese，Burushaski，Byangsi，Camling，Cantonese，Chantyal，Chechen，Chepang，Chin（Siyin），Chuvash，Daur，Digaro-Mishmi，Dimasa，Evenki，Gurung，Hakka，Hani，Ho，Hunzib，Ingush，Japanese，Jingpho，Kabardian，Kalmyk-Oirat，Karachay-Balkar，Karakalpak，Khaling，Khalkha，Kham，Khowar，Kolami，Korean，Korku，Koya，Kuvi，Lahu，Lambadi，Lezgi，Limbu，Maldivian，Mandarin，Mangghuer，Mansi，Marathi，Meitei，Mising，Mru，Mundari，Naga（Mao），Nar Phu，Newar（Dolakha），Newar（Kathmandu），Nocte（Naga），Pumi，Purik，Qiang，Rawang，Sikkimese，Tamang，Tamil，Tatar，Telugu，Thulung，Tibetan（Modern Literary），Tsova-Tush，Turkish，Turkmen，Ubykh，Uyghur，Uzbek，Wayu，Yakut，Yukaghir（Kolyma）
欧洲(共 1 种语言)	Basque
非洲(共 9 种语言)	Afar，Amharic，Chaha，Gamo，Ijo （Kolokuma），Khoekhoe，Qimant，Tigré，Zaysete
大洋洲(共 14 种语言)	Alamblak，Ambulas，Asmat，Awa，Awtuw，Hanga Hundi，Hua，Kapriman，Kobon，Kwoma，Rumu，Una，Yagaria，Yale（Kosarek）
北美洲(共 3 种语言)	Cherokee，Maidu（Northeast），Tlingit
南美洲(共 6 种语言)	Hupdë，Quechua（Huallaga），Quechua（Imbabura），Tsafiki，Tucano，Witoto（Murui）

---

① 为了节省篇幅，我们在以下几个表格中只提供所有语言的英文名称，并且根据 Ethnologue 所提供的英文名称进行了统一和调整。

(535)　　　　　　　　　　表 4-35　语言系属分类

语系(共 29 个)	语言(共 117 种语言)
Sino-Tibetan (共 42 种语言)	Achang, Adi（Galo）, Akha, Apatani, Athpariya, Bai, Balti, Burmese, Byangsi, Camling, Cantonese, Chantyal, Chepang, Chin（Siyin）, Digaro-Mishmi, Dimasa, Gurung, Hakka, Hani, Jingpho, Khaling, Kham, Lahu, Limbu, Mandarin, Meitei, Mising, Mru, Naga（Mao）, Nar Phu, Newar（Dolakha）, Newar（Kathmandu）, Nocte（Naga）, Pumi, Purik, Qiang, Rawang, Sikkimese,Tamang, Thulung, Tibetan（Modern Literary）, Wayu
Altaic(共 15 种语言)	Bashkort, Chuvash, Daur, Evenki, Kalmyk-Oirat, Karachay-Balkar, Karakalpak, Khalkha, Mangghuer, Tatar, Turkish, Turkmen, Uyghur, Uzbek, Yakut
Afro-Asiatic (共 7 种语言)	Afar, Amharic, Chaha, Gamo, Qimant, Tigré, Zaysete
Trans-New Guinea (共 7 种语言)	Asmat, Awa, Hua, Kobon, Una, Yagaria, Yale（Kosarek）
Sepik(共 6 种语言)	Alamblak, Ambulas, Awtuw, Hanga Hundi, Kapriman, Kwoma
Dravidian(共 5 种语言)	Kolami, Koya, Kuvi, Telugu, Tamil
Nakh-Daghestanian (共 5 种语言)	Chechen, Hunzib, Ingush, Lezgi, Tsova-Tush
Indo-European (共 4 种语言)	Khowar, Lambadi, Maldivian, Marathi
Austro-Asiatic (共 3 种语言)	Ho, Korku, Mundari
Northwest Caucasian (共 3 种语言)	Abkhaz, Kabardian, Ubykh
Quechuan (共 2 种语言)	Quechua（Imbabura）, Quechua（Huallaga）
Ainu	Ainu
Austronesian	Amis
Barbacoan	Tsafiki
Basque	Basque

续表

语系(共 29 个)	语言(共 117 种语言)
Burushaski	Burushaski
Huitotoan	Witoto（Murui）
Iroquoian	Cherokee
Japanese	Japanese
Khoisan	Khoekhoe
Korean	Korean
Na-Dene	Tlingit
Niger-Congo	Ijo（Kolokuma）
Penutian	Maidu（Northeast）
Tucanoan	Tucano
Turama-Kikorian	Rumu
Uralic	Mansi
Vaupés-Japurá	Hupdë
Yukaghir	Yukaghir（Kolyma）

Dryer（2013g）虽然涉及百余种语言，但绝对不是所有的名词前关系从句语言，我们还发现了以下语言也是以名词前关系从句为主要的关系从句结构类型，特别是包括 20 种非洲语言，远远多于 Dryer 的统计中所涉及的非洲语言，见表 4-36。

（536）　　　　　　　　　表 4-36　名词前关系从句语言

语系(共 16 个)	语言(共 72 种)①
Sino-Tibetan （共 16 种语言）	Ao（Mongsen）、Bantawa、Belhare、Dhimal、Drung、Garo、Jiarong（Caodeng）、Lisu、Minnan、Naga（Lotha）、Nyeshangte、Pumi、Sherpa、Tibetan（Kyirong）、Tibetan（Lhasa）、Tshangla
Altaic （共 9 种语言）	Azerbaijani、Buriat、Even、Karachay-Balkar、Karaim（Berta, 1998）、Kazakh、Kirghiz、Nogai、Khakas
Nakh-Daghestanian （共 7 种语言）	Akhvakh、Dargwa、Dido、Ghodoberi、Khvarshi、Kryts、Tsakhur

① 为节省篇幅，我们在本表中只给出了非洲语言的参考文献，其他语言参考文献从略，可参见 Wu（2012）。所有语言名称都以 Ethnologue 为准。

续表

语系(共 16 个)	语言(共 72 种)①
Afro-Asiatic (共 20 种语言)	Afar（Bliese, 1981；Simeone-Senelle, 2008）、Alaba-K'abeena（Schneider-Blume, 2007）、Argobba（Leslau, 1959；Wetter, 2010）、Baiso（Hayward, 1978、1979）、Bedawiyet（Appleyard, 2007a；Musa et al., 2007；Wedekind et al., 2008）、Bilen（Appleyard, 2007b）、Dime（Seyoum, 2008）、Dirasha（Abire, 2006）、Dizin（Beachy, 2005）、Harari（Wagner, 1997）、Koorete（Woldemariam, 2004：§3.3.2.6）、Inor（Chamora & Hetzron, 2000：§2.1.5.2.1）、Kambaata（Treis, 2008）、Male（Amha, 2001）、Saho（Tosco, 2003：90）、Sidamo（Anbessa, 2000；Kazuhiro, 2007：§5.4）、Silt'e（Siraj, 2003）、Tigrigna（Palmer, 1962；Mason, 1996：§38；Kogan, 1997；Overfelt, 2009）、Wolaytta（Hayward, 1993；Lamberti & Sottile, 1997；Wakasa, 2008）、Xamtanga（Appleyard, 1987）
Austro-Asiatic (共 4 种语言)	Gata'、Gadaba、Kharia、Parenga
Dravidian (共 2 种语言)	Kannada、Malayalam
Quechua (共 2 种语言)	Quechua（Conchucos）、Quechua（Cuzco）
Indo-European (共 2 种语言)	Sinhala、Takestani
Nilo-Saharan	Ngiti（Rijkhoff, 2002：195、241、300；Kutsch Lojenga, 1994）
Austronesian	Tsou
Kartvelian	Laz（Arhavi）
Uralic	Mari
Sepik	Manambu
Torricelli	Bukiyip
Trans New Guinea	Oksapmin
Yukaghir	Yukaghir（Tundra）
无系属(共 2 种语言)	Gilyak、Urarina

综合以上统计结果，我们目前有近 200 种名词前关系从句语言，其中非洲语言有 30 种左右，虽然从地域角度而言数量上远远低于亚洲地区，但非洲语言的名词前关系从句在

类型学上自有其独特之处。

前人针对关系从句的类型学研究就名词前关系从句总结出了如下特点：

(537) 外部标记：没有关系代词和联结词，有标句词和零标志；标句词通常位于名词前关系从句和名词中心语之间；标句词可能也是属格标志，但从来不是表达"说"或"想"意义的动词的补语从句的标句词。

内部标记：特殊动词形式（特别是非定式形式或名物化形式）和空位是常见的手段，复指代词比较少见；存在扩展空位。

可及性等级序列：能够进入名词前关系从句的语法角色较之其他类型的从句较少。

语序相关性：名词前关系从句 → OV。

我们将逐一对以上这些类型学特征进行讨论。

3.2.4.1 外部标记类型

首先，就外部标记而言（Schwartz，1971：144；Downing，1978：392、396；Keenan，1985：149；Dik，1997：46；Song，2001：220、232；de Vries，2001：235、240、2005：147；Kroeger，2005：238；Creissels，2006：239、242；Andrews，2007：208、218、222），首先，名词前关系从句没有可以指明名词中心语在关系从句中的语法关系的关系代词而言，这跟我们的发现也是一致的；就非洲的名词前关系从句，我们的确也没有发现明确的关系代词。其实就所有类型的关系从句而言，关系代词基本只见于欧洲语言之中，而在其他地区很少见。但是我们上文也提到了阿布哈兹语的情况，其两个关系词 yə和 zə的地位有些类似于关系代词，因为 yə用于通格（即不及物动词唯一的论元和及物动词的（类）受事论元）关系从句，而 zə则是用于其他所有类型的关系从句。Hewitt（1979）和 Chirikba（2003）将这两个语素标记为"who""whom""which"，但并未进一步明确说明其是否为关系代词。不可否认，yə和 zə的确在一定程度上可以指出名词中心语在关系从句中的语法关系。卡巴尔达语（Kabardian）也跟阿布哈兹语有些类似，即 yə用于通格关系从句，-z-用于其他关系从句（Colarusso，1992：189、191-193）。此外，在某些藏缅语言中，名词中心语在关系从句中的语法关系也会要求使用特定的关系从句化标志，即通常所谓的"名物化标志"（nominalizer）。如傈僳语（Lisu）中，/su^{44}/用于主语关系从句、/ʂɿ^{21}/用于宾语关系从句、/gu^{33}/用于方位格的关系从句、/du^{33}/用于工具格关系从句、/tʰɛ^{21}/用于时间意义的关系从句，而/mɑ^{44}/是最一般的关系词（Bradley，2003：229）；在拉萨藏语中，mkhan 用于施事角色的关系从句（例（538）），sa 用于方位格和与格关系从句（例（539）），yag 用于受事和工具的非完成体关系从句(例(540)),而 pa 用于施事之外的角色的完成体关系从句(例(541))(DeLancey,2003:276):

(538) mog-mog zhim-po bzo-mkhan bu-mo de
  饺子 美味的 烹饪-名物化标志 姑娘 指示词
  "做美味饺子的那个姑娘"

(539) mo-s mog-mog bzo-sa-'i za-khang
  3. 单阳-施格标志 饺子 烹饪-名物化标志-属格标志 饭店
  "她做饺子的饭店"

(540) mo-s bzo-yag-gi   mog-mog
  3. 单阳-施格标志 烹饪-名物化标志-属格标志 饺子
  "她做的饺子"

(541) mo-s bzos-pa-'i   mog-mog
  3. 单阳-施格标志 烹饪. 过去时-名物化标志-属格标志 饺子
  "她做过的饺子"

此类关系词是否可以归入关系代词还很难确定。需要注意的是,"名物化标志"这个标签仅仅说明此类标志可以将非名词性成分(特别是动词)转变为名词(性成分)——英语的后缀-ing 在一定程度上也有这种功能。因此,名物化标志是从功能角度对这些关系词进行分类的,而关系代词则是从形态角度而言的。名物化标志和关系代词都可以用于关系从句中,但名物化标志也可以见于其他类型的结构中。因此,不能认为名物化标志和关系代词是完全独立、毫不相干的两类功能性成分。拉萨藏语的例子还表明,关系从句的体貌范畴也在一定程度上影响关系从句化标志的使用:yag 用于非完成体关系从句(例(540)),pa 用于完成体关系从句(例(541))。非洲语言中也有此类情况,例如在 Sebat Bet Gurage 语的 Chala 方言中,jə-用于完成体关系从句,而未完成体则没有任何关系词(Rose,2007:420):

(542) jə-č ən-əč   gərəd
  关系词-来. 完成体-3. 阴性. 单数 女孩子
  "来过了的那个女孩"

(543) ti-č ən   gərəd
  3. 阴性. 单数-来. 未完成体 女孩子

"（经常）来的那个女孩"

Wolaytta 语的情况更为复杂，因为一方面名词前关系从句动词的体貌是决定性因素，但另一方面还需要参考名词中心语在名词前关系从句中的语法关系，即（Wakasa，2008：840）（表 4-37）：

（544）

表 4-37 Wolaytta 语语法

时态	主语	非主语
未完成体	-iya	-iyo
完成体	-(id)a	-(id)o

例如（Wakasa，2008：844、845、848、849）：

（545）hagáá　　　7oott-íya　　　　　　　　　　　　　　bitán-iya

指示词　　做-关系从句动词形式标志 . 未完成体 . 主语　　男人-阳性 . 单数

"做这个的男人"

（546）tam-áa-ni　　　　　　　　　gaMM-ída

火-旁格 . 阳性 . 单数-在 . 介词　　待在-关系从句动词形式标志 . 完成体 . 主语

bash-ée

圆形平底铁锅-主格 . 阳性 . 单数

"火上的圆形平底铁锅"

（547）beett-á　　　　　　　　　　　　　　　b-áá

被看到-关系从句动词形式标志 . 完成体 . 主语　　东西-阳性 . 单数

"被看见的东西"

（548）7í　　　　　7úy-iyo　　　　　　　　　　　　　　　7ééss-aa

3. 阳性 . 单数　　喝-关系从句动词形式标志 . 未完成体 . 非主语　　蜂蜜酒-阳性 . 单数

"他喝的蜂蜜酒"

（549）Táání　　　maTááp-aa　　　7imm-ído

1. 单数　　书-阳性 . 单数　　给-关系从句动词形式标志 . 完成体-非主语

bitán-iya

男人-阳性 . 单数

"我给了他这本书的男人"

Wolaytta 语中的关系词类似于上文的阿布哈兹语和某些藏缅语言的关系词，可以在一定程度上表明名词中心语在名词前关系从句中的语法关系，类似于关系代词。

其次，之前的研究认为联结词也不见于名词前关系从句(Creissels, 2006: 240)。但是我们发现，一定数量的非洲语言的名词前关系从句中的确存在联结词。前文已述，联结词也有形式变化，但决定因素不是名词中心语在关系从句中的语法关系，而是名词中心语在主句中的语法关系或名词中心语的语义特征(如性、名词类别、数等)，例如在 Dime 语中，有三个联结词-(u)b[＋阳性、＋单数]、-(i)nd[＋阴性、＋单数]和-(i)d[＋复数](Seyoum, 2008: 154、155、156):

(550) tááy　　ʔád-déé-b-is-im

　　　现在　　来-未完成体标志-联结词．阳性．单数-定冠词-宾格标志

　　　gošt-ís-im　　　　　　nú　　　　　　　yéf-déé-n

　　　男人-定冠词-宾格标志 3．阳性．单数．主语　看见-未完成体标志-3

　　　"他看着正在过来的男人。"

(551) dər-ím　　　　wúdúr-in　　　　šin-i-nd

　　　山羊-宾格标志　女孩-与格标志　买-完成体标志-联结词．阴性．单数

　　　ʔámz-is　　　　láχt'-i-n

　　　女人-定冠词　　死亡-完成体标志-3

　　　"给一个女孩买了一只山羊的女人死了。"

(552) dər-is-ím　　　　　　wúdúr-is-i　　　　　nšin-i-d

　　　山羊-定冠词-宾格标志　女孩-定冠词-与格标志 买-完成体标志-联结词．复数

　　　ʔámz-af-is　　　　láχt'-i-n

　　　女人-复数标志-定冠词　死亡-完成体标志-3

　　　"给女孩买了一只山羊的女人们死了。"

Haro 语只有两个联结词，-sa 为阳性、-na 为阴性，不区分单复数(Woldemariam, 2004: §3.3.2.6)。Creissels(1991: 459-460)和 Creissels et al. (2008: 142)认为，联结词之所以存在于非洲语言的名词前关系从句中，仅仅是因为其是非洲语言关系从句大趋势中的一个例子而已，因为非洲语言中名词后关系从句也使用类似的联结词。前文以 Arabic 为例，此外还有 Harar Oromo 语(Owens, 1985; Baye, 1987)，以及 Setswana 语(Creissels,

2006. vol. 2：212；Creissels et al.，2008：121）：

（553）monna　　yo　　　Leburu　　　le　　　　mo　　　rekiseditse-ng　　dikgomo

1 男人　1 联结词　5 南非荷兰人　主语3:5　宾语3:1　卖.完成体-关系词　8/10 母牛

"那个南非荷兰人卖给他母牛的那个男人"

（554）dìp ódì　　tsé　　　　　dí ǹ　　　tsʰótsé　　　　dìqʰól ó

8/10 山羊　8/10 联结词　8/10 黑色的　8/10 联结词　　8/10 大的

tsé　　　　　kí-dì-rékílè-ŋ́

8/10 联结词　主语.1.单数-8/10 宾语.3-买-过去时-关系从句动词形式标志

"我买的那只大黑山羊"

yo 和 tsé 分别标明了先行词的名词类别，Setswana 语的名词类别十分丰富，因而还有其他联结词。Creissels（1991：460）和 Mutaka（2000：12）认为，联结词的存在和名词类别系统是相关的，后者是前者的基础，是名词及其修饰或限定成分根据名词类别系统进行配合的现象之一。这可以解释为何联结词几乎只见于非洲语言的名词前关系从句中。

另一类出现在名词前关系从句中的关系词是没有形式变化的标句词，如汉语的"的"：

（555）昨天来过的那个人

"的"在关系从句中是标句词，但其本身也是领属标志（即所谓的"属格标志"），类似的现象也见于巴斯克语（Oyharçabal，2003：764）：

（556）Pellok　　　　ekarri　　　du-en　　　　dirua　　　galdu　　　　dut.

（人名）.施格　带来　　助动词-标句词　钱.定指　丢失.过去时　助动词

"我把 Pello 带来的钱弄丢了。"

（557）领属结构（King，1994:357）:neskar-en kotxea"女孩的汽车"

非洲语言有 Gorum 语（Anderson & Rau，2008：389、416）和 Amharic 语的名词前关系从句中使用标句词，同时也是属格标志：

（558）mam-nu　　　　　　miam

2. 单数-属格标志　　血液

"你的血"

(559) e-nɔʔd　　　　　tiŋ-ey　　　laʔ-r-ey-nu　　　　　　　　　　lɔk
　　　宾格标志-3. 单数　射击-3. 复数　助动词-过去时标志-3. 复数-标句词　人
　　　"射击她的那些人"

(560) yä-tämari　　　　mäṣhaf
　　　属格标志-学生　数
　　　"一个学生的书"

(561) yeh／ya　　　yä-säbbärä-w　　　　　　　　　　　　　　　säw
　　　指示词　标句词-弄坏. 完成体. 主语. 3. 单数-宾语. 3. 单数/定冠词　男人
　　　"弄坏了(某样东西)的男人"

语言中语素的多义性、多功能性是语言的基本特征之一,因此没有任何理由认为标句词只能是标句词,或用于关系从句中的标句词只能用于关系从句。标句词在非洲语言的名词前关系从句中也很常见,具体而言至少可以分为两个小类。第一小类包括 Harari 语、Tigré 语和 Tigrigna 语等,因为标句词的位置会受到关系从句动词所表达的时态-体貌-语气的影响。在 Tigré 语中,如果是简单时态,则标句词在动词之前;而如果是复合时态,则由于有助动词,标句词需要出现在助动词和主动词之间(Palmer,1961:24、25):

(562) 'äb　　la　　wädäya　　　　　　　　　　　　　häram
　　　父亲　标句词　做. 过去时. 主语. 3. 单数. 宾语. 3. 单数　罪恶
　　　"父亲犯下的罪"

(563) la　　šäfättit　　wäddəwo　　　　　　　　　　　　la
　　　定冠词　索马里匪徒　做. 分词. 主语. 3. 复数. 宾语. 3. 单数　标句词
　　　'äläw　　　　　　　　ämäṣ
　　　助动词. 主语. 3. 复数　罪恶
　　　"索马里匪徒当时犯下的罪"

在 Tigrign 语中,标句词 zə-(及其变体 zi-/zä-/'ə(Palmer,1962:36))的位置也很特殊:如果没有助动词则位于唯一的动词之前;如果有助动词但动词不是动名词(gerundive)形式,则标句词还是位于助动词和主动词之前;而如果有助动词且主动词是动名词形式,则标句词位于主动词之前(Overfelt,2009:47;Palmer,1962:37;Overfelt,2009:53):

(564) ʔɨti   zi-rəʔak'əwo

指示词.阳性.单数   标句词-看见.完成体.主语.1.单数.宾语.3.阳性.单数

səbʔaj

男人.阳性.单数

"我看见了的男人"

(565) 'ətom   'ab'u   zi-ḥarsu

指示词.复数   那里   标句词-种地.主语.3.复数

zə-näbäru   säb'at

标句词-助动词.主语.3.复数   男人.复数

"当时在那里种地的男人们"

(566) ʔɨta   ʔɨti   səbʔaj   sənuj

指示词.阴性.单数 指示词.阳性.单数   男人.阳性.单数   星期一

tsɨḥifuwa

写.动名词.主语.宾格标志.3.阳性.单数.3.阴性.单数

zi-nəbərə   dəbdabe

标句词-助动词.主语.3.阳性.单数   信.阴性.单数

"男人在星期一写的信"

在 Harari 语中（Wagner，1997：503），标句词 z(i)-在过去时肯定、过去时否定和非过去时否定的动词之前，除此之外则在主动词和助动词之间。以上这些非洲语言明显不同于类型学所发现的标句词位置的一般性趋势，因为名词前关系从句中的标句词一般在关系从句之后、名词中心语之前（即关系从句和名词中心语之间），例如上文所给出的大部分例子中的标句词——非洲语言和其他地区的语言皆如此。这是符合标句词的基本特性的，因为标句词没有形态变化，其功能是标识其所在的句子为从句（关系从句或其他类型的从句），因此最优的位置莫过于关系从句和名词中心语的交界处，即标句词的一侧为关系从句，另一侧为中心语。这在很大程度上可以为编码和解码带来一定的便利条件。而 Harari 语、Tigré语和 Tigrigna 语却是例外，不过在世界其他地区的名词前关系从句中也有类似的例外，如在拉孜语（Laz）中，标句词 na 从不在关系从句和名词中心语之间。具体而言，如果关系从句只由一个动词构成，则 na 依附在该动词之前；如果在动词之前只有一个成分，则依附在该成分之后，如例（567）；如果有多个成分，则可以依附在某一个或所有这些成分之后，见例（568）~例（571）（Lacroix，2009：750、751、753）：

（567）mo-p-t-i-şkul　　　　　　　　na-p'-or-om　　　　　bozo

动词前缀-1-来-过去时标志-介词　　标句词-1-爱-时态标志　女孩

b-dzi-i

1-看见-过去时标志

"我来的时候,看到了我爱的女孩。"

（568）ma-na　　　　　e-p-ç'op-i　　　　　　　　kitabi　si

代词.1-标句词　动词前缀-1-买-过去时标志　书　　代词.2

me-k-ç-ae

动词前缀-2-给-将来时.1/2.单数

"我将给你我买的书。"

（569）ordzo-s　　　　　mundi-na　　　var

椅子-与格标志　介词-标句词　　否定标志

ets'-u-zd-im-u-t'u　　　　　　Memet'i

动词前缀-3.配价标志-起来-配价　标志-时态标志-未完成体标志.3.单数(人名)

"从来不从椅子上站起来的 Mehmet"

（570）ordzo-s-na　　　　　　mundi　　var

椅子-与格标志-标句词　　介词　　否定标志

ets'-u-zd-im-u-t'u　　　　　　　　　　　　　Memet'i

动词前缀-3.配价标志-起来-配价标志-时态标志-未完成体标志.3.单数　(人名)

"从来不从椅子上站起来的 Mehmet"

（571）si　　　　　re-yi-ya,　　　　　　　ma-na　　　　k'ama-na

代词.2.单数　系词-疑问词-时态标志　代词.1.单数-标句词　匕首-标句词

go-m-o-xun-i　　　　　　　　bere?

动词前缀-1-配价标志-推-过去时标志　孩子

"你就是那个用匕首刺我的孩子吗?"

　　第二小类语言包括 Amharic 语和 Argobba 语等, 需要根据名词前关系从句中动词的时态-体貌-语气使用不同的标句词, 有些类似于上文提及的 Gurage 语的 Chala 方言。在 Amharic 语中, yä-用于完成体的关系从句、yä-mm-/ə-mm-用于非完成体(Hudson, 1997: 482):

（572）kä-gurage　　　yä-tä-gäňňä　　　　　　　　hawlt

在-(地名)　　　标句词-被动语态标志-找到.完成体　塑像

"在 Gurage 找到的一尊塑像"

(573) sälä-tarik   yamm-i-nägər   mäşəhaf

关于-历史   标句词-主语.3.单数-讲述   书

"一本关于历史的书"

Argobba 语也与此类似(Leslau，1959；Hudson，1997；Wetter，2010)，不赘。

Keenan(1985：160)曾指出，用于名词前关系从句中的标句词不能用于意为"说"或"想"动词的补语从句的标句词。这一结论就非洲语言而言是成立的，但却有拉孜语这个反例(Lacroix，2009：724、752)：

(574) ma   mut-na   var   b-iv-are

代词.1.单数   某物-标句词 否定标志   1-成为-将来时.1/2.单数

zop'on-t'i

说-未完成体标志

"你说过我将一事无成。"

(575) miti-s   var   u-çk-i-n,   he

某人-与格标志 否定标志   3.配价标志-想、知道-时态标志-3.单数 指示词

bere-k-na   hamtepe   v-u

孩子-施格标志-标句词 指示词.复数   做-过去时标志.3.单数

"没有知道/想到这个孩子做了那些事。"

拉孜语的名词前关系从句还有一些很独特的特性，但其不是非洲语言，我们在此不再讨论。

最后，名词前关系从句可以没有任何关系词，这也是非常常见的情况，在亚洲(如日语、阿尔泰(Altaic)诸语、达罗毗荼(Dravidian)诸语)、欧洲(如乌拉尔(Uralic)诸语)、美洲(如克丘亚语)都很常见，在非洲语言中亦如此，例如有 Male 语(Amha，2001：160、161)：

(576) ʔííní   ziginó   mukk-é   ʔatsi

人.主格标志.阳性.单数   昨天   来-完成体标志 人.阳性

zag-é-ne

看见-完成体标志-肯定陈述句标志

"他看见了昨天来过的人。"

（577）gárci　　ʔas-á　　　　keezz-á　　　　　miná　　haissó

老的　　人-主格标志　讲述-未完成体标志　　老的　　话语

"老人们讲的故事"

（578）na-att-óm　　　　　　　miná　haissó keezz-andá

孩子-复数标志-与格标志　　老的　话语　讲述-将来时.未完成体标志

naʔʔ-élló

孩子-阴性标志

"将要给孩子们讲故事的女孩"

（579）miná　　haissó　na-att-ó-m　　　　keezz-uwá

老的　　话语　孩子-复数标志-与格标志　讲述-未完成体标志.否定

gabáró-ntsí

农民-定指标志.复数.主格

"不给孩子们讲故事的农民们"

（580）miná　　haissó　　na-att-ó-m　　　　keezz-ibá

老的　　话语　　孩子-复数标志-与格标志　讲述-完成体标志.否定

gabáró-ntsí

农民-定指标志.复数.主格

"没给孩子们讲故事的农民们"

类似的非洲语言还有 Afar 语（Simeone-Senelle，2008）、Alaba-K'abeena 语（Schneider-Blum，2007：§4.6.1）、Dizi 语（Beachy，2005：§3.8.10.2）和 Sidamo 语（Kazuhiro，2007：§5.4）等。

综上所述，在非洲语言的名词前关系从句中存在标句词、联结词、零形式三类外部标记，而没有确凿无疑的证据可以证明存在关系代词。这些基本与类型学对于名词前关系从句的发现是一致的，但非洲语言中也有一些特殊之处，例如联结词的大量存在——不仅仅在名词前关系从句中，也在其他类型关系从句、标句词位于关系从句之内等。此外，类型学还发现，在同一个语言中，名词前关系从句可以根据不同的条件(如体貌、时态等)使用不同类型的外部标记，如马南卜语（Manambu）使用零标志和标句词（Aikhenvald，2008：470、477）：

（581）væra-d-ə　　　　　　　　　　　du-ad

过来-主语.3.阳性.单数.过去时-标句词　男人-3.主格标志.阳性.单数

"正在朝我们走过来的男人"

(582) Apatəp-aːm   yi-du   wudiya   Yuanab

（地名)-方位格标志   去-男人   指示词.复数 (地名)

kwa-na-di

待在-主动语态.焦点-体貌标志.3.复数

"去过 Apatəp 的男人就在 Yuanab 这里。"

第一个例子中动词为定式形式，带有标句词-ə；第二个例子中，动词为非定式，没有关系词。标句词和零标记的这种分布规律反映了关系从句结构——而不仅仅是名词前关系从句结构——的类型学共性，英语亦如此：

(583) the man that ran towards us

(584) the man running towards us

然而，非洲的 Male 语却恰好与这个类型学共性相反：如果动词为非定式（不带有体貌表示和句子的语气标志，且不能有主语)，则需要使用-ó 或-oná(Amha, 2001：167、168)：

(585) ʔííní   waatsi gets-ó   ʔoti   táá-m

3.主格标志.阳性.单数 水   保存-关系词 罐子 1.单数-与格标志

ʔing-é-ne

给-完成体标志-肯定陈述句标志

"他给了我一个可以放水的罐子。"

(586) múʔ-óna   múʔʔ-á   k'ára-ke

吃-关系词   食物-主格标志 好的-系词.肯定陈述句标志

"吃的食物不错。"

而如果关系从句是定式动词，则没有关系词(Amha, 2001：160)：

(587) ʔííní   ziginó mukk-é   ʔatsi

人.主格标志.阳性.单数 昨天 来-完成体标志 人.阳性

zag-é-ne

看到-完成体标志-肯定陈述句标志

　　　　"他看见了昨天来过的人。"

参见相对应的独立句(Amha, 2001: 160):

　　(588) Ɂatsí　　　　ziginó　　　mukk-é-ne
　　　　　人·阳性　　　　昨天　　　来-完成体标志-肯定陈述句标志
　　　　"这个人昨天来过了。"

Amha(2001: §8.1.2)指出, Male 语中的非定式关系从句经常表达被动或工具的意义,
而且名词中心语经常是不定指的。名词中心语的定指性很可能也在一定程度上决定了
Male 语中非定式关系从句是否可以有关系词, 因为名词中心语是否定指在某些语言中的
确能够决定是否有关系词, 例如 Arabic 语(Gragg & Hoberman, 2012: 218):

　　(589) ziya:ratun　　tastaɣriqu　　Ɂusbu:ʕan
　　　　　参观　　　　　持续　　　　星期
　　　　"持续了一周的一次参观"

此外, 汉语中也有类似的现象:

　　(590) 昨天来过的人今天可以在家里休息。
　　(591) 昨天来过_那人今天又来了。

　　名词中心语的定指性和关系从句中是否有关系词之间的相关性还有待进一步考察。

3.2.4.2　内部标记类型

　　就内部标记而言, 名词前关系从句和名词后关系从句一样, 经常将名词中心语在关系
从句中的位置以空位标识(Downing, 1978: 392、396; Keenan, 1985: 154; Song, 2001:
217; de Vries, 2002: 33; Kroeger, 2004: 180、2005: 238; Andrews, 2007: 209), 前
文给出的名词前关系从句基本都是如此, 不再举例。而且前文也提及了某些语言(包括非
洲语言)从不使用空位——即使是主语也使用复指代词, 但我们没有在名词前关系从句语
言(包括非洲语言)中发现此类情况, 即名词前关系从句至少对主语进入关系从句的情况而
言总是使用空位。

除了一般性的空位之外，名词前关系从句中还常见前文所谓的"扩展空位"，即名词中心语并不对应于关系从句中的一个名词性成分，而是一个比名词性成分更大、更复杂的结构。换言之，关系从句中的空位不等于名词中心语，例如汉语：

(592)我(＊在)读高中的那所学校

(593)我 ＊(在)那所学校读高中

再如阿赫瓦赫语(Akhvakh)(Creissels，2009a：127)：

(594) de-de   ruša   b-u q̄'-ida   ʕãžite

     1. 单数-施格标志   树   中性标志-砍-未完成体标志 . 分词   斧子

     "我正在砍树的斧子"

鄂温克语(Evenki)(Nedjalkov，1997：40)：

(595) Asi   ulle-ve   mine-d'eri-n   purta   emer

     女人   肉-宾格标志 . 定指标志 切-分词标志-领属者标志 .3. 单数者 刀   锋利的

     bi-si-n.

     系词-现在时标志-3. 单数

     "女人正在切肉的刀很锋利。"

卡姆语(Kham)(Watters，2002：207)：

(596) apa-e   zihm   o-jəi-wo   po:

     父亲-施格标志   房子   3. 单数-制作-名物化标志 地方

     "父亲盖房子的地方"

以及克丘亚语孔丘科斯方言(Conchucos Quechua)(Courtney，2006：323)：

(597) maqa-nqa-yki   qeru-ta   rika-rqa

     打击-时态体貌语气标志-2. 单数 棍子-宾格标志   看见-过去时标志 .1. 单数

     "我看见了你打(人)的棍子。"

非洲的语言有 Male 语(Amha, 2001: 163):

> (598) nééní　　　　　waas'-ó　　　kis's'-é　　　　　ʔótt-éll-á
> 　　　 2. 单数 . 主格　水　　　　　抽取-完成体标志　　罐子-阴性-主格标志
> 　　　 háík'k'-é-ne
> 　　　 死亡-完成体标志-肯定陈述句标志
> 　　　 "你打水的罐子坏了。"

和 Wolaytta 语(Wakasa, 2008: 850、851):

> (599) táání　　　　bairat-íyo　　　　　　　　7ish-áa
> 　　　 1. 单数　　年长的-未完成体标志 . 非主语　兄弟 . 阳性 . 单数
> 　　　 直译:"我比他年纪大的兄弟"
> (600) táání　　7ash-úwa　　　　 muT-ído　　　　　　 mashsh-áa
> 　　　 1. 单数　肉 . 阳性 . 单数　切碎-完成体标志 . 非主语　刀子 . 阳性 . 单数
> 　　　 7ep-á
> 　　　 拿-命令式 . 2. 单数
> 　　　 "拿走我切碎肉的刀子!"

可以看到,此类结构中的名词中心语总是在关系从句中充当旁语的角色,即等于一个介词性成分(或带有旁格标志的名词性成分)。对于旁语成分进入关系从句的情况,类型学趋势是使用复指代词(Keenan & Comrie, 1977),除非关系从句的外部标志是关系代词——因为关系代词本身就可以带有格标志或与介词构成一个成分,如英语:

> (601) the person with whom I worked
> (602) the person whose father worked with me

前文已述,名词前关系从句从来不使用关系代词,而且,名词前关系从句使用复指代词的情况远低于其他类型的关系从句(详见下文)。这便造成了旁语类的名词前关系从句"强制性"地使用空位,但是可能会造成相关的介词或格标志只能被流落(stranded)于关系从句之内,不过的确有此类名词前关系从句,如卡纳达语(Kannada)(Sridhar, 1990: 50)和巴斯克语(Oyharçabal, 2003: 780):

（603）hinde　　　　　　　go：Daun　　iruva　　　　　　　　　aŋgaDi
在……后．介词　房子　　　系词．非过去时．分词　商店
"后面有一所房子的商店"

（604）Hainbeste　aldiz　　　　kontra　　aritu　nintz-en　　　arerioek
很多　　　次数．工具格　反对．介词　行动　助动词-标句词　敌人．复数．施格
lagundu　　ninduten
帮助　　　助动词
"我跟他斗争了这么多次的敌人帮助了我。"

此类语言实属少数，因为介词流落（preposition stranding）是很罕见的现象，van Riemsdijk（1978）的类型学研究只发现了日耳曼诸语中存在此现象。因此，介词流落在大部分名词前关系从句结构中也是不允许的。由此，我们可以得到以下结论：如果名词前关系从句没有关系代词、不使用复指代词且不允许介词流落，则旁语角色进入名词前关系从句只能表现为扩展空位。三个条件缺一不可。以汉语为例，汉语的名词前关系从句没有关系代词，也不允许介词流落，但在某些情况下可以使用复指代词：

（605）我跟他一起工作的那个人
（606）我在那里上班的那个工厂

而如果没有复指代词，则只能出现扩展空位：

（607）我上班的那个工厂

由此可见，名词前关系从句中的扩展空位并非跟名词前关系从句直接相关，而是语言中其他制约或结构的副现象。

还有一类可以认为没有任何内部标志的名词前关系从句，即 Matsumoto（1997）、Comrie（1998a、b）、Matsumoto et al.（2017）等所谓的"名词修饰从句结构"（noun-modifying clause construction，简称 NMCC）如：

（608）ai-ka　　　　　　wun　　un　　soli　　（韩语）
孩子-主格标志　哭　　关系词　声音

"小孩哭的声音"

（609）akatyan-ga　　　　　naku　　　koe　　（日语）

　　　孩子-主格标志　　　哭　　　声音

　　　"小孩哭的声音"

（610）小孩哭的声音

所谓的名词修饰从句结构涵盖一切具有修饰功能的分句/句子和名词构成的结构，大致可以分为以下几类（Matsumoto et al.，2017：5）：

（611）论元类（Ar（gument）NMCC）

　　　旁语类（Ad（junct）NMCC）

　　　扩展类　　　　　　　　　｛框架型（F（rame）NMCC）

　　　（Ex（tended）NMCCs）　内容型（C（ontent）NMCC）

　　　　　　　　　　　　　　　关系型/感知型（R（elational）/P（erceptional noun）NMCC）

以汉语为例：

（612）论元类：我认识_的人

（613）旁语类：我工作的地方

（614）框架型：李四打人的原因

（615）内容型：李四打人的消息

（616）关系型/感知型：李四唱歌的声音

可以看到，所谓的论元类对应于传统所谓的最典型的关系从句，而旁语类和框架型则是我们上文所谓的扩展空位关系从句，内容型是传统所谓的同位语从句，而关系型/感知型则是比较难以进行明确定义的。以上分类与朱德熙（1983）的"自指"和"转指"二分法有不谋而合之处，可以看作这一二分法的进一步细化。Matsumoto 等（2017）主要研究了亚欧语言，包括日语、韩语、阿伊努语（Ainu）、涅涅茨语（Nenets）、马拉地语（Marathi）、汉语、那赫-达吉斯坦（Nakh-Daghestanian）诸语和突厥（Turkic）诸语等，虽然这些语言的名词修饰从句结构之间存在一定的差异，但基本符合例（611）的大框架，因此 Matsumoto 等（2017）认为，这是欧亚语言名词前关系从句的结构特征和地域特征。然而，我们发现，此类结构不仅仅出现于亚洲语言中，也见于世界其他地区的名词前关系从句语言中，如胡普达语

（Hupdë）（Epps，2008：829）和克丘亚语的瓦拉加方言（Huallaga Quechua）（Weber，1983：66）：

（617）ʔăn   hɨd   yamhidɔʔ-gɔ́p-ɔp   mǽy

1. 单数 . 宾语 3. 复数 唱歌-服务-标句词   费用

"给我唱歌和为我服务的费用"

（618）kanasta churarayka-q   rukay-ta

篮子 放 . 被动语态-名物化标志 地方/次序-宾格标志

apakun

拿 . 现在时 . 3. 阳性 . 单数

"他占了方篮子的地方/次序"

以及欧洲的马利（Mari）语（Matsumura，1983：462）：

（619）alakö-n   omsa-m   č ot   peraltə-me   jük

某人-属格标志 门-宾格标志 大力地 敲-分词标志 声音

"某人大力敲门的声音"

（620）avam-ən   kol žaritlə-me puš-əžə-m   šižən

我的母亲-属格标志 鱼 烤-分词标志 气味-领属者标志-宾格标志 注意 . 分词

"闻到了我母亲烤鱼的气味"

有此类结构的非洲语言有 Kambaata 语：

论元类（Treis，2008：166、177）：

（621）dagujj-ó   adab-áa

跑-完成体标志 . 3. 阳性 男孩-宾格标志 . 阳性

"跑步的男孩"

（622）loodáam   xa'mm-ée

（人名）. 主格 . 阳性 问-完成体标志 . 3. 阳性 . 关系从句动词形式

meent-íchch-ut

女人-单数-主格标志 . 阴性

"loodáam 问过的女人"

（623）harruuchch-ú-'

　　驴．单数-宾格标志．阳性-领属者标志．1．单数者

　　argishsh-oon-sí

　　借出-完成体标志．1．单数-关系从句动词形式．宾语．3．阳性关系从句动词形式

　　mánch-u

　　人．单数-主格标志．阳性

　　"我借给他驴的人"

旁语类（Treis，2008：179、181、180）：

（624）gízz-u

　　钱-主格标志．阳性

　　mogga'-amm-o-sé

　　偷-被动语态标志-完成体标志．3．阳性-关系从句动词形式．宾语．3．阴性

　　mesel-éeta

　　女孩-宾格标志．阴性

　　直译："有人从她那里偷了钱的女孩"

（625）chár-it　　　　　　　　　　qeg-ú-s

　　牛椋鸟-主格标志．阴性　　血液-宾格标志．阳性-领属者标志．3．阳性

　　ag-góo　　　　　　　　　　　　　　　　　lál-u

　　喝-完成体标志．3．阴性．关系从句动词形式　小牛-主格标志．阳性

　　"被牛椋鸟喝了血的小牛"

（626）cíi'-at　　　　　　　　gassim-á　　　　　　　　gassim-á

　　鸟．复数-主格标志．阴性　早上-宾格标志．阳性　早上-宾格标志．阳性

　　wod-dáa　　　　　　　　　　　　　　　háqq-u

　　啼叫-未完成体标志．3．阴性．关系从句动词形式　树-主格标志．阳性

　　"鸟儿每天早上啼叫的树"

（627）bux-íchch-u　　　　　　　　　　it-anó

　　穷人-单数标志-主格标志．阳性　吃-未完成体标志．3．阳性．关系从句动词形式

　　bar-í

　　日子-宾格标志．阳性

　　"穷人有饭吃的日子"

框架型（Treis，2008：176）：

（628）fiish-úta   mut-is-íi

　　幼苗-宾格标志．阴性   发芽-时态标志-阳性．与格

　　ass-eennó   qoorim-áta

　　做-未完成体标志．3．礼貌形式．关系从句动词形式　技术-宾格标志．阴性

　　"幼苗发芽的技术"

内容型（Treis，2008：182）：

（629）maté   am-á-s

　　一次   母亲-宾格标志．阴性-领属者标志．3．阳性

　　xuud-anó-na

　　看见-未完成体标志．3．阳性．关系从句动词形式-从句标志

　　daqq-am-anó   tass-óo

　　找到-过去时标志-未完成体标志．3．阳性．关系从句动词形式　希望-主格标志．阳性

　　"再次找到和见到他母亲的希望"

（630）关系型/感知型

　　cíi'-at   wod-dáa

　　鸟．复数-主格标志．阴性　啼叫-未完成体标志．3．阴性．关系从句动词形式

　　sad-í

　　声音-阳性．属格

　　"鸟叫的声音"

Male 语（Amha，2001）、Sheko 语（Hellenthal，2010）和 Wolaytta 语（Wakasa，2008）也很可能具有此类结构。

　　对于此类结构的合法性条件还有待深入了解。一方面，语用-语义的作用不容忽视，例如汉语中"＊李四不唱歌的声音"不合法或许可以认为是语义-语用因素造成的，因为"不唱歌"不能有声音。但是，"李四不唱歌的声音比他唱歌的声音好听多了"却明显好很多。或许可以认为是句子后半部"他唱歌的声音"跟前半部对比从而使得前半部合法——换言之，句子中合法的部分可以使得不合法的部分变得合法，但这显然是不正确的：

（631）＊李四咬被狗。

（632）＊李四咬被狗比张三被狗咬伤势严重。

"李四咬被狗"并没有因为"张三被狗咬"合法而变得合法。Kuno（1974）提出了"相关性条件"（aboutness condition），认为此类结构中的修饰语从句需要跟名词中心语相关。但是，具体何为"相关"却着实难以明确。Sohn（1994）等认为，此类结构合法性条件语法作用大于语义和语用，因为这些结构都是通过省略操作演化而原来的，例如"唱歌的声音"其实是"唱歌发出的声音"、"烤肉的味道"是"烤肉发出的味道"等。但是这种分析也并不能解释所有的问题，例如"李四一年没打扫房间的臭味"就很难"还原为""李四一年没打扫房间发出的臭味"，因为这种"臭味"不是李四发出的，而是整个"房间"以及房间内的东西造成的——如果非要进行"还原"也是十分勉强的。我们的确发现以上五类名词修饰从句结构在句法层面存在一定的差异，以名词中心语（即名词修饰从句结构所修饰的名词性成分）的省略为例，论元类的表现和其他四类明显不同：

（633）论元类:书呢,我读过的_不少,可以没有你读过的_多。

（634）旁语类:? 单位呢,我工作过的_都不太满意。

（635）框架型:? /＊李四打人的原因我了解,可是你打人的_我不了解。

（636）内容型:? /＊李四打人的消息我听说了,可是你打人的_我不知道。

（637）关系型/感知型:? /＊李四唱歌的声音我喜欢,可是你唱歌的_我不喜欢。

可以看到，论元类的从句中心语可以承前省略，不影响句子的可接受程度，而其他四类则比较一致地"抵制"名词中心语的承前省略，可接受程度明显降低。这或许并不仅仅是语义的原因，因为例（633）～例（637）中第二个分句中省略的名词性成分依然可以很好地从前一个分句中找回，不影响语义理解，因此还需要去寻找句法层面的解释。

名词前关系从句中发现的第二类内部标志是复指代词。需要注意的是，如果一个代词形式既必须出现在独立主句中，又必须出现在关系从句中，则该形式不是复指代词。当且仅当某代词形式仅仅必须在关系从句中使用时才是复指代词，即复指代词的使用是关系从句化的"直接后果"。前文已述，我们没有发现在主语名词前关系从句中也要使用复指代词的语言，这是符合类型学趋势的。但是，跟之前的研究（Keenan，1985：148-149；Lehmann，1986：675、2003：461；Dik，1997. vol.2：46；Song，2001：218、232；Vries，2001：235、240，2002：50，2005：147；Kroeger，2005：238；Creissels，2006. vol.2：239、242）的观点不同，名词前关系从句对于复指代词并没有特别排斥。除了汉语普通话之外，粤语也在很多位置使用复指代词(Matthews & Yip，1994：110-111)：

（638）ngóh　　　　　　sīk　　　ge　　　yàhn
　　　代词.1.单数　认识　标句词　人
　　　"我认识的人"

（639）ngóh　　　　　sung　fā　béi　kéuihdeih　　　ge　　　behngyàhn
　　　代词.1.单数　送　花　给　代词.3.复数　标句词　病人
　　　"我送花给他们的病人"

（640）(kéuihdeih)　　　　　tìuh　kwàhn　hóu　dyún　　ge　　　sailouh-léui
　　　代词.3.单数.属格　量词　裙子　很　短的　标句词　小女孩
　　　"裙子很短的小女孩"

（641）ngóh　　　　　tùhng　kéhuihdeih　　kīnggái　ge　　　hohksāang
　　　代词.1.单数　跟　　代词.3.复数　聊天　标句词　学生
　　　"我跟他们聊天的学生"

（642）ngóh　　　　　jaahn　chin　dō　gwo　　kéuihdeih　　　ge　　　yàhn
　　　代词.1.单数　赚　钱　多　比　代词.3.复数　标句词　人
　　　"我比他们赚钱多的人"

高加索(Caucasian)诸语的名词前关系从句也较多使用复指代词。如车臣(Chechen)语(Komen，2006：1，2007：2，2006：2、1)：

（643）(Shiena)　　　　　i　　stag　sielxana　ginchu　　Muusas
　　　3.单数.反身　指示词　男人　昨天　　看见.分词　(人名).施格 3.
　　　cynga　　　　　　cwa　　duosh　aelliera
　　　阳性.单数.向格　一　　词　　说.过去时
　　　直译："昨天见过了这个人的 Musa 跟他说了什么。"

（644）Shiena　　　Kilaaba　　dika　laatta　　della　　volu
　　　3.单数.反身 (人名).施格　好的　土地.施格　给.过去时　助动词.分词
　　　stag　　　　　as　　　　　　dwaatettira
　　　人.施格　1.单数.施格　拒绝.过去时
　　　"我拒绝了 Kilaaba 给了他一块好地的人。"

（645）（Shiena）　　majra　vella　　　jolu　　　　zuda　maarie　jaxara
　　　3. 单数 . 反身　丈夫　死亡 . 过去时　助动词 . 分词　女人　婚姻　去 . 过去时
　　　"丈夫死了的那个女人又结婚了。"

（646）（Shiena）　　chuohw　dika　oilanash　jolu　　　　　duog
　　　3. 单数 . 反身　在……里　好的　思想　　助动词 . 分词　心
　　　直译："里面有好思想的一颗心"

车臣语的特殊之处在于，只有夺格才必须要求使用复指代词，而其他位置（包括主语）则没有必要一定使用复指代词。还有其他语言零星地使用复指代词，如羌（Qiang）语中受益者使用复指代词（LaPolla & Huang，2003：224）：

（647）qa　　　the：tɕ　　　　ləɤz　de-le-m　　　　　　　　　　le：
　　　1. 单数　3. 单数 . 属格　书　　方向性前缀-给-名物化标志　定指标志
　　　"我给他一本书的人"

布鲁夏斯基语（Burushaski）中只有介词 yar 要求复指代词（Tiffou & Patry，1995：358）：

（648）Ja　　　técum　　　　　　　　yar　　　hurúṭum　　　ha
　　　1. 单数　3. 阴性 . 单数 . 夺格　在……前　居住 . 名物化　房子 . 施格
　　　šuá　　　duá.
　　　漂亮的　系词 . 3. 单数
　　　"我住的房子前面的那所房子很漂亮。"

以及韩语中起点/来源语义角色要求复指代词（Sohn，2001：312）：

（649）wuli　　ka　　　keki　eyse　chwulpalhay　se　　　hak. kyo-lo
　　　1. 复数　主格标志　那里　从　出发　　　和 . 连词　学校-向格
　　　ka-n　　　ku　　pyengwen
　　　去-关系词　指示词　医院
　　　"我从那里出发去学校的医院。"

　　非洲语言的名词前关系从句也有普遍使用复指代词的情况，如 Amharic 语（Leslau，1995：102、105、99、104；Hudson，1997：482）：

（650）yä-mättahut   säwəyye   wändəmme   näw

       关系词-打.主语.1.单数.宾语.3.阳性.单数   男人   我的兄弟   系词

       "我打过的那个男人是我的兄弟。"

（651）yä-ṣafhullät   säwəyye   wändəmme   näw

       关系词-写.主语.1.单数.宾语.3.阳性.单数   男人   我的兄弟   系词

       "我给他写信的那个男人是我的兄弟。"

（652）wändəmmočč u   əzzih   yä-näbbäru-t   ləǧ   tamri   näw

       他的兄弟.复数   这里   关系词-系词.完成体-定冠词   男孩   学生   系词

       "他的兄弟们在这里的那个男孩子是学生。"

（653）wäräqät yä-ṣafhullät   säwəyye   wändəmme näw

       信   关系词-写.主语.1.单数.宾语.3.阳性.单数   男人   我的兄弟   系词

       "我为他写信的那个男人是我的兄弟。"

（654）ya   yä-tä-wälläd-ku-bb-ät   bet   näw

       指示词   关系词-完成体标志-出生-主语.1.单数-介词-3.单数   房子   系词

       "那就是我出生的房子。"

     Amharic 语的特殊之处在于，复指代词是以代词性人称标志的词缀形式出现的，而且从宾语开始都必须要使用此类复制代词——类似的语言还有 Silt'e 语（Rawda，2003：Chapter 3）。Kambaata 语从间接宾语开始使用复指代词（即主语和直接宾语不使用）（Treis，2008：177、179、181）：

（655）loodáam   xa'mm-ée

       （人名）.主格.阳性   问-完成体标志.3.阳性.关系从句动词形式

       meent-íchch-ut

       女人-单数-主格标志.阴性

       "Loodáam 问过的女人"

（656）harruuchch-ú-'

       驴.单数-宾格标志.阳性-领属者标志.1.单数者

       argishsh-oon-sí

       借出-完成体标志.1.单数-关系从句动词形式.宾语.3.阳性

       mánch-u

       人.单数-主格标志.阳性

"我借给他驴的人"

(657) gízz-u

钱-主格标志．阳性

mogga'-amm-o-sé

偷-被动语态标志-完成体标志．3．阳性-关系从句动词形式．宾语．3．阴性

mesel-éeta

女孩-宾格标志．阴性

直译："有人从她那里偷了钱的女孩。"

(658) chár-it　　　　　　　　　qeg-ú-s

牛椋鸟-主格标志．阴性　　血液-宾格标志．阳性-领属者标志．3．阳性

ag-góo　　　　　　　　　　　　　　　　lál-u

喝-完成体标志．3．阴性．关系从句动词形式　小牛-主格标志．阳性

"被牛椋鸟喝了血的小牛"

类似的语言还有 Tigrigna 语（Palmer，1962）和 Afar 语（Simeone-Senelle，2008）。Sidamo 语比较特殊，因为有生性这个语义特征会影响复指代词的使用（Kazuhiro，2007：§5.4）：如果名词中心语是有生的，则宾语和领属者可以使用复指代词词缀，旁语必须使用复指代词词缀（Kazuhiro，2007：671、645、672、676）：

(659) bule

（人名）．主格．阴性

la'-'-ino(-si)　　　　　　　　　　　　　　　　　　mančo

看见-3．阴性．单数-现在时标志．完成体标志-3．阳性．单数　人

"Bule 看见了的人"

(660) rodo(-se)　　　　　　　　　　　　　dangurá

小孩子．主格．阴性-领属者标志．3．阴性．单数　（人名）．宾格

gan-t-into　　　　　　　　　　mančo

打-3．阴性．单数-现在时标志．完成体标志．3　　人

"他的孩子打了 Dangura 的人"

(661) lat'o　　　　　　dikko

（人名）．主格．阴性　市场

ha-ɗ-ino-si　　　　　　　　　　　　　　　　mančo

去-3．阴性．单数-现在时标志．完成体标志．3-3．阳性．单数　人

"Lat'o 为了他去市场的人"

(662) bule   isí-ra   mat'aafá

（人名）. 主格 . 阴性 3. 阳性 . 单数 . 属格-与格标志 书 . 宾格

hir-t-ino   manč o

买-3. 阴性 . 单数-现在时标志 . 完成体标志 人

"Bule 给他买书的人"或"Bule 从他那里买书的人"

如果是无生意义的名词中心语，则绝对不能使用复指代词，而只使用空位（Kazuhiro，2007：631、660、640、641）：

(663) ise   hiikk'-i-t-ino

3. 主格 . 阴性 . 单数 弄坏-插入形式-3. 阴性 . 单数-现在时标志 . 完成体标志 . 3

t'arap'eessá

桌子 . 宾格

"她弄坏了的桌子"

(664) bule   lekká

（人名）. 主格 . 阴性 腿 . 旁格

hikk'-i-t-ino   t'arap'eessá

弄坏-插入形式-3. 阴性 . 单数-现在时标志 . 完成体标志 . 3 桌子 . 宾格

"Bule 弄坏了腿的桌子"

(665) ise   e'-'-ino   min

3. 主格 . 阴性 . 单数 进入-3. 阴性 . 单数-现在时标志 . 完成体标志 . 3 房子

"她进去了的房子"

(666) isi   kubb-ø-ino

3. 主格 . 阳性 . 单数 跳-3. 阳性 . 单数-现在时标志 . 完成体标志 . 3

hakk'ičč ó

树 . 属格 . 阴性

"他从那里跳下来的树"

就非洲语言总体而言，各种类型的关系从句中复指代词的使用都是比较常见的现象，因此非洲语言名词前关系从句中的复指代词似乎的确比其他地区的名词前关系从句更多地使用复指代词，这或许是非洲语言地域性特征强于类型学趋势的又一个表现。

　　第三类内部标志为特殊动词形式。前文已述，此处的"特殊"应该理解为"不同于独立句/主句"，而不一定局限于所谓的"动词不定式形式"或"动词名物化形式"。之前的研究（Downing，1978：392；Mallinson & Blake，1981：298；Keenan，1985：160；Lehmann，1986：672、2003：461；Dik，1997. vol. 2：55-58；Song，2001：233；Vries，2001：235、2002：39；Creissels，2006. vol. 2：239；Andrews，2007：208）反复指出，名词前关系从句中"动词不定式形式"或"动词名物化形式"很常见。其实对于不同的语言，由于形态结构和研究传统的不同，同样被称为"不定式"或"名物化"的动词形式可能在形态形式、句法功能等方面存在很大差异（Haspelmath，1999），因而，我们在此不过分纠结这些动词形式的构成和差异，而只强调其"不同于独立句/主句"这一个特点。就名词前关系从句而言，汉藏语系、阿尔泰语系是以特殊动词形式而闻名的。在汉藏语系语言中，名词前关系从句除了动词有特殊形式，论元还可能有特殊的格标志，如阿迪伽罗（Adi（Galo））语（Post，2011）和阿帕塔尼（Apatani）语（Abraham，1985：131）：

（667）hɨgɨ　　　　　ŋó-kə　　　　　　dó-há　　　　　（jaràa）　　　əə

指示词　　1. 单数-属格标志　　吃-名物化标志　（物品）　　系词 . 未完成体

"这就是我要吃的（东西）。"

（668）ṅo　　　sɨ-mi-ka　　　　　　　paṅɨbo　　　myu　　　mi

1. 单数　小牛-宾格标志-属格标志　切 . 名物化　男人　　宾格标志

kapato

看见 . 过去时

"我看到了杀了小牛的人。"

（669）Kago-ka　　　　　　tunɨ　　　　　myu

（人名）-属格标志　　　踢 . 名物化　　人

"Kago 踢了的人"

　　以上三例中，论元（主语或宾语）都带有属格标志，与独立句中相应论元的格标志是不同的。阿尔泰语系中的突厥语言除了具有前文已经讨论过的、见于土耳其语中的这类非定式动词关系从句（即主语属格+非定式动词+所有者标志）之外，还有其他三类使用特殊动词形式和格标志的名词前关系从句，即

（670）主语主格或属格+非定式动词+领属者标志：阿塞拜疆语（Azerbaijani）（Schönig，1998：258）

men　　　　　　　　　yazajaɣ-ïm　　　　　　　　　　mektub

代词 . 1. 单数 . 主格　　写 . 分词-领属者标志 . 1. 单数者　　信

"我将要写的信"

(671) 主语和非定式动词都无格标志：乌兹别克语(Uzbek)(Kornfilt,2005:515)

men	qil-gan	isloh
代词.1.单数	做-分词标志	改革

"我做了的改革"

(672) 主语属格+名词中心语+领属者标志：乌兹别克语(Kornfilt,2005:516)

men-iŋ	gapir-gan	gap-im
1.单数-属格标志	说-分词标志	词-领属者标志.1.单数者

"我说的话"

综合来看，突厥诸语中名词前关系从句的格标志主要涉及两个参数，即①关系从句的主语格标志[±属格]和②关系从句非定式动词或名词中心语的格标志[±领属者标志]，理论上可以有数种可能性。再如喀尔喀(Khalkha)语中唯一的标志是主语的属格标志(Svantesson,2003：172)：

(673) | oxin-ï | öms-dög | gutal |
|---|---|---|
| 女孩-属格标志 | 穿-分词标志 | 靴子.复数 |

"女孩经常穿的靴子"

(674) | oxin-ï | nom | ögö-x | xün |
|---|---|---|---|
| 女孩-属格标志 | 书 | 给-分词标志 | 男人 |

"女孩给了他一本书的男人"

而在鄂温(Even)语中，唯一的标志则是关系从句内非定式动词的领属者标志(Malchukov,1995：34)：

(675) | etiken | maa-č a-n | | bujun |
|---|---|---|---|
| 老人 | 杀死-完成体标志.分词-领属者标志.3.单数者 | | 麋鹿 |

"老人杀死的麋鹿"

非洲语言中名词前关系从句使用的特殊动词形式又不同于以上语言(Frajzyngier,2012：§8.25.5)，几乎不见于非洲之外的其他语言中，主要可分为三个大类，即时态-体貌-语气缩减类、极性导向类和位置导向类。第一大类类似于英语中的分词类关系从句，

即关系从句的动词形式跟独立主句的动词形式相比，所表达的时态-体貌-语气较少，如
Dizin 语（Beachy，2005：125、129）：

（676）dadu　　　　　tamɨr-s-dɑ-z/-jn
　　　　孩子　　　　　学习-使役标志-关系词-阳性/阴性
　　　　"使得孩子学习的人"（即教师）

（677）ɑːj　　　　　gɑb-i-z
　　　　水　　　　　创造-插入形式-阳性
　　　　"造水的人"

这两个例子中的动词类似于欧洲语言中的不定式，缺少人称、时态、体貌、语气等动词基
本语法范畴的表达。Dizin 语还有定式动词构成的关系从句，在时态-体貌-语气上的表达更
丰富、更完整，如（Beachy，2005：127、129、131）：

（678）bolɨm-ki-d-ɑ
　　　　被破坏的-完成体标志-关系词-定冠词
　　　　"已经被破坏了的那个"

（679）ɑt　　jɛt-i-k　　　　　　　　　　　nogɨm-dɑ-d-ɑ
　　　　现在　2. 单数-插入形式-工具格标志　谈话-未完成体标志-关系词-定冠词
　　　　"正在跟你说话的那个"

（680）eds-k'aŋk　　　　　　mɛʧ͡-i-n-j-ki　　　　　　　　　　ja:b
　　　　艾滋病-工具格标志　感染-插入形式-过去标志-完成体标志　人
　　　　"被艾滋病感染了的那个人"

（681）i-kot-n-dɛ-ki　　　　　　　　　　　　　　　ja:b-e-n
　　　　3. 阴性. 单数-等待-过去时标志-未完成体标志-完成体标志　人-定冠词-阳性标志
　　　　"被等待的那个女士"

这几个例子中的动词变化完全与独立主句中的动词形式变化一样（Beachy，2005：
§3.8.3.2）。Haro 语更为特殊一些，名词前关系从句的动词为非定式形式，但语气标志
-é-却依然保留（Woldemariam，2004：104）：

(682) zine　　　　　　yood-e-na-t-o

　　昨天　　　　　来-肯定句标志-联结词．阴性-定指标志．阴性

　　"昨天来过的女人"

这在类型学上是比较罕见的，因为通常的情况恰好相反：例如韩语的独立句带有语气标志
（Sohn，1999：§9.2.1），而关系从句则没有语气标志，取而代之的是标志-（u）n（Sohn，
1999：§9.4.3）。第二大类为极性导向类，又可细分为三个亚类。亚类一以 Qimant 语为
代表，只在肯定关系从句中使用有别于肯定独立主句的动词形式（Appleyard，1975：337-
339）；亚类二以 Afar 语为代表，只在否定关系从句中使用有别于否定独立主句的动词形
式，如：

(683) 否定独立主句:ma-（Bliese,1981:84）

　　soo'l-e　　　　　　　'w-aa-m

　　站立-不定式标志　否定-完成体标志．1．单数-主格标志

　　'ma-fa'd-a

　　否定标志-想要-完成体标志．1．单数

　　"我不想站着"

(684) 否定关系从句:waa（非宾格（inaccusative））/wee（宾格（accusative））（Simeone-
　　Senelle,2008:5）

　　(a) úrru-l　　　　　tú　baahé　wayta　　　　　　　　　　　lee

　　　孩子．复数-介词　单位　带来　否定．非宾格动词形式．3．阴性．单数　水

　　　"对孩子们一无是处的水"

　　(b) biyaakitaksugé-wee　　　　　　　　　　　　　idaltí

　　　生病．分词-否定．宾格动词形式．3．阳性．单数　老人

　　　"没有生病的那个老人"

亚类三以 Kambaata 语为代表，即关系从句中的动词形式总是有别于独立主句的动词
形式，而且肯定和否定也不相同：

(685) 独立主句:重音总在动词的非末位音节（Treis,2008:166）

adab-óo　　　　　　　dagújj-o.

男孩-阳性．主格　　跑-完成体标志．3. 阳性

"男孩子跑了"

(686) 肯定关系从句：重音总在动词的末位音节 (Treis, 2008：166)

dagujj-ó　　　　　　　adab-áa

跑-完成体标志．3. 阳性　男孩-宾格标志．阳性

"跑了的男孩"

前文已述，通过动词形式变化表达极性是非洲语言中较常见的现象，而在主句和从句中使用不同的肯定、否定动词形式仅仅是这一现象的一个更复杂的情况而已，并不仅仅存在于名词前关系从句中。例如在 Efik 语中，名词后关系从句肯定动词形式带有后缀-de、否定形式则带有特殊的人称标志，因而两者也是不同的 (Welmers, 1973：432-434)。反之，除了非洲的名词前关系从句之外，我们没有发现其他地区的名词前关系从句有类似现象，这又是非洲语言地域性特征的表现。第三个大类，即位置导向类，类似于上文讨论过的土耳其语和克丘亚语，主要根据名词中心语在关系从句中做主语或不做主语选用不同的动词形式。例如在 Qimant 语和 Xamtanga 语中，名词前关系从句中的动词形式就要根据名词中心语在关系从句中是否是主语而不同，见表 4-38、表 4-39：

(687) **表 4-38　Qimant 语** (Appleyard, 1975：337-339)

类别	主语		非主语	
	肯定	否定	肯定	否定
1. 单数	只有阳性标志	与独立句中动词形式相同	有性和数标志，以及可以带有-ər，但没有人称标志	与独立句中动词形式相同
2 单数				
3 单数	有性和数标志，但没有人称标志		有性、数和人称标志	
1 复数	没有性标志		有性和数标志，以及可以带有-ər，但没有人称标志	
2 复数				
3. 复数	有性和数标志，但没有人称标志		有性、数和人称标志	

(688)　　　　　表 4-39　**Xamtanga 语**(Appleyard,1975:337-339)

类别	主语		非主语	
	肯定	否定	肯定	否定
1. 单数	没有时态-体貌标志，只有人称和数标志	基本与独立句中动词形式相同，但缺少-im 标志	没有时态-体貌标志，但有人称和性标志	基本与独立句中动词形式相同，但缺少-im 标志
2 单数				
3 单数	没有时态-体貌标志，只有性标志			
1 复数	没有时态-体貌标志，只有人称和数标志			
2 复数				
3. 复数	没有时态-体貌标志，只有性标志			

另参见 Bedawiyet 语(Appleyard，2007a：474；Wedekink et al.，2008：§455-§484) 和 Bilen 语(Appleyard，2007b：§3.6.2)。除了名词前关系从句，非洲语言中其他类型的关系从句亦有根据主语、非主语的区别使用不同的动词形式，以 Bantu 诸语尤甚，即通常所谓的直接(direct) 关系从句和间接(indirect) 关系从句(Doke，1954；Zeller，2004；Henderson，2007；Letsholo，2009；Downing et al.，2010)，前者用于主语关系从句，后者用于非主语关系从句，不赘。

综上所述，非洲语言中名词前关系从句的确类似于其他地区很多语言中的名词前关系从句，使用不同于独立句或主句的动词形式，虽然具体的触发因素(如进入关系从句的句法角色、极性对比) 和具体的表现形式(如词缀、声调) 不同，但总体上是符合类型学所发现总结的名词前关系从句中的动词形式的一般性规律。然而上文的分析固然的确可以证明名词前关系从句更多地使用特殊的动词形式，但却是片面的。如果我们把名词前关系从句的特殊动词形式和其他从句中的动词形式相比较，同时把名词前关系从句的特殊动词形式和其他类型的关系从句中的动词形式进行比较，就会发现，名词前关系从句更多地使用特殊的动词形式仅仅是因为这些语言在从句结构中普遍地使用特殊的动词形式；同样，在有特殊动词形式的名词后关系从句语言中，其他类型的从句也要求使用特殊动词形式。综合以上两点，我们可以看到，名词前关系从句和使用特殊动词形式之间没有必然的联系，换言之，特殊动词形式并不是名词前关系从句的本质特征。前文已经对汉藏语系和阿尔泰语系的语言有所讨论。再以汉藏语系的藏缅语言为例，这些语言有着丰富的非定式形式(Herring，1991；DeLancey，2002、2011；Noonan，2008；Post，2008；Watters，2008；

Genetti，2011），虽然语言之间的形态差异较大，但在功能上，这些非定式形式分别用于名词性/补语从句、形容词性/关系从句和副词性/状语从句。这种三分法是常见的非定式动词的功能类型，但动词的具体形式不一定与功能完美对应。比如在尼瓦尔（Newar）语中，带有-i 后缀的不定式形式用于补语和状语从句、带有后缀-gu/-ku/-u/-a/-e 的名物化形式用于定语和补语从句（Genetti，2007：419、472、396）：

（689）doli　　bu　　　　　nichi　d ̃ālāŋ-an　　　　cõ-i

多丽　戴．名物化　整天　斋戒-分词标志　　待着-不定式标志

mal-a

必须-3．单数．过去时

"戴着多丽的(人)一定是在斋戒。"

（690）nichi　　ju-i-ho　　　　　　　　isi　　　　　mā　sit-a

日子　系词-不定式标志-当……时　1．复数．属格　母亲　死亡-过去时标志．3．单数

"天亮的时候,母亲死了。"

（691）jaba　　　jin　　　　　　u　　jāŋal　hal-gu　　　　　　tār-agi

当……时　1．单数．施格　指示词　鸟　　叫出来-名物化标志　听到-1．单数

"当我听到这只鸟叫出来的时候"

再如阿尔泰语系的语言，一般将非定式动词形式分为两类，分别用于名词性/补语从句、形容词性/关系从句和副词性/状语从句，但具体语言中何种形式用于何种从句、实现何种功能则需要具体情况具体分析。例如作为通古斯（Tungusic）语言的鄂温克语的从动词（converb）形式只用于状语从句（Nedjalkov，1997：43）：

（692）d'u-la-vi　　　　　　　　　　eme-mi　　　ulle-ve

房子-离格标志-领属者标志．反身　来-从动词标志　肉-宾格标志．定指标志

dev-d'enge-s.

吃-将来时标志-2．单数

"你来家里的时候吃肉。"

而分词式却有全部以上三种功能（Nedjalkov，1997：24、34、43）：

（693）Alagumni　　duku-d'ari-va-n

老师　　　写-分词标志-宾格标志．定指-领属者标志．3．单数者

iche-0-m

看见-非将来时标志-1. 单数

"我看着正在写字的老师。"

(694) bi   duku-na-duk-in   dukuvun-duk

1. 单数 写-分词标志-通格标志-领属者标志. 3. 单数者   书-通格标志

kete-ve   sa:cha-v

多-宾格标志. 定指   知道-过去时标志-1. 单数

"我从他写的书里学到了很多。"

(695) so:t   deru-che   bi-ne-di-vi

很   感到疲劳-分词标志   系词-分词标志-工具格标志-领属者标志. 反身

nungan   a:sin-mu-d'acha-n.

3. 阳性. 单数   入睡-体貌标志-未完成体标志-3. 单数

"他想睡觉，因为他很累。"

另参见鄂温语（Malchukov，1995：§3. 7. 7-§3. 7. 8、§4. 2；Chapter 8）。同属阿尔泰语系的突厥诸语（Johanson，1998：46-47、60-64）和蒙古（Mongolic）诸语（Janhunen，2003：21-22、25-26；Rybatzki，2003：382-383）也大同小异，都是使用两类不同形式的动词用于三类从句，表达三个功能，即形式区分少于功能类型的区分。而达罗毗荼诸语与此相反，一般有四个所谓的非定式动词形式，即分词式、不定式、副动词（supine/gerund）和动名词（Andronov，2003：249-266；Krishnamurti，2003：§7. 7-§7. 9、§9. 3），分别用于名词性/补语从句、形容词性/关系从句和副词性/状语从句。以卡纳达语为例，带有后缀-al 和-udu 的非定式用于名词性和副词性从句、带有-a 的用于全部三类从句，而带有-i/-u的仅用于副词性从句（Sridhar，1990：43、49、69、71、72、73）：

(696) madhura   bomba:yige   ho:galu   nira:karisidaLu.

（人名）   孟买. 与格   去. 不定式   拒绝. 过去时. 3. 阴性. 单数

"Madhura 拒绝去孟买。"

(697) subbi   aŋgavikalarige   vya:ya:ma   kalisalu:/kalisalikke   dina:

（人名）   残疾人. 与格   练习   教. 不定式/教. 不定式. 与格   每天

basavanaguDige   ho:gutta:Le.

（地名）. 与格   去. 非过去时. 3. 单数. 阴性

"Subbi 每天去 Basavanagudi 教残疾人做运动。"

(698) ra:manige   i:juvudakke   baruvudilla.

（人名）. 与格   游泳. 非过去时. 动名词. 与格   来. 非过去时. 动名词. 否定

"Rama 不会游泳。"

(699) praka:S   jarmanige   enjiniyaring   o:duvudakka:gi

（人名）   德国．与格   工程学   学习．动名词．与格

ho:gidda:ne

去．非过去时．完成体．3．阳性．单数

"Prakash 去了德国学习工程学。"

(700) madhu   ca:Di   he:Li   na:Nige   e:Tu

（人名）   抱怨   说．过去时．分词   （人名）．与格   打

bi:Luvante   ma:dida.

落下．非过去时．分词．标句词   使得．过去时．3．阳性．单数

"Madhu 告发了 Nani，使得 Nani 挨了一顿打。"

(701) maguvannu   kaccida   na:yi

孩子．宾格   咬．过去时．分词   狗

"咬了孩子的狗"

(702) mu:rti   ba:gilu   tegeyuvaSTaralli   jana   nuggiye:

（人名）   门   打开．非过去时．分词   人   冲．过去时．分词．强调

biTTaru.

离开．过去时．3．复数

"Murti 正要开门的时候，人们冲了进来。"

(703) a:ka:s'ada   kaDe   no:Dutta: naDedare

天空．旁格   朝着   看见．现在时．进行体   走．过去时．条件式

guNDiyalli   bi:Lutti:ya.

沟渠．方位格   落下．非过去时．2．单数

"你如果走路看天就会掉到沟里"

那赫-达吉斯坦诸语也与达罗毗荼诸语类似，动词的形式区别多于功能类型。以列兹基（Lezgi）语为例，各类从句都要求使用不同的特殊动词形式。Haspelmath（1993：§9.9、Chapters，19-21）将这些动词形式分为四类，即名动词（masdar）①、分词形式、不定式形式

---

① 该术语源于阿拉伯语语法，国内的阿拉伯语学界一般译作"词根"，但跟国内英语语言学界和前文所谓的"词根"（root、stem）不尽相同。因此，如果将该术语按照国内阿拉伯语的习惯译作"词根"很有可能会造成相当大的误会。有鉴于此，我们才避免了"词根"这个习惯性的译法，而提出"名动词"，希望可以表达"类似名词的动词，但是跟动词不同"的意义。感谢与吴建明、朱斌、张泓玮三位专家探讨该问题。

和从动词形式。在功能上，四种形式都可以有名词性功能（Haspelmath，1993：359、361、365）：

（704）Ajal-ar   ǫ̆uǧ wa-z   bašlamiš-na.

孩子-复数标志 玩-不定式标志 开始-过去时标志

"孩子们开始玩起来。"

（705）Ada   ǧil-e   awa-j   gazet

3. 阳性 . 单数 . 施格 手-向内格标志 在……里 . 动词-分词标志 报纸

k'el-un   aᵓqwazar-na.

读-名动词标志 停-过去时标志

"他停下了不再读手里的报纸了。"

（706）Ada-z   zun   č pi-z

3. 阳性 . 单数-与格标志 1. 单数 . 通格 自己 . 复数-与格标志

klig-zawa-j-di   aku-na.

看-未完成体标志-分词标志-名物化标志 看到-过去时标志

"他看到我正在看他们。"

（707）Nabisat. a-z ruša ktab k'el-na   k'an-zawa.

（人名）-与格标志 女孩 . 施格 书 读-从动词标志 . 过去时 想要-未完成体标志

"Nabisat 想要她的女儿看书。"

只有分词形式具有形容词性功能（即用于关系从句中）（Haspelmath，1993：340）：

（708）Qʰfe-j   jac žanawur-ri req'-e

走开-分词标志 . 过去时 牛 狼-施格标志 . 复数 路-向内格标志

kuk'war-na.

撕裂-过去时标志

"离群的牛被路上的狼杀死了。"

（709）Pač ah. di-n xazina č ünüx-aj   uǧ ri-jar č un   ja.

国王-属格标志 宝藏 偷-分词标志 . 过去时 小偷-复数标志 1. 复数 . 通格 系词

"我们是偷了国王的财宝的贼。"

而副词性/状语从句中则使用从动词形式（Haspelmath，1993：157）：

（710）Maxsud. a-z　　　ɋaraǧ-na　　　　　　　　č ül. di-z　　　fi-z

（人名）-与格标志 起床-从动词标志．过去时 田地-与格标志 去-不定式标志

k'an-zawa-j

想要-未完成体标志-过去时标志

"Maxsud 想要起来去田里"

另参见戈多贝蒂语（Ghodoberi）（Dobrushina & Tatevosov，1996：106-107）。综上所述，使用特殊动词形式的名词前关系从句的语言其实不仅仅在名词前关系从句中使用特殊的动词形式，而是在所有或大部分从句结构中都使用特殊的动词形式，换言之，此类语言其实是一贯地使用动词特殊形式来作为从句的标志手段（之一）。综观非洲语言，名词前关系从句中的动词形式也是跟从句结构中动词形式的一般性规律是一致的。前文已述，非洲语言中关系从句动词形式可以分为三类。第一类如 Dizin 语，关系从句中的动词所表达的时态-体貌-语气少于独立主句动词的时态-体貌-语气，这也是该语言中状语从句的普遍情况（Beachy，2005：121）：

（711）jɛsus-k'aŋk?　　ŋ3-gab　　al-kɨst　　　　　　na-a3

上帝-工具格标志　1. 单数-一起 待在-时间状语从句标志 否定标志-3. 阳性．单数

ziŋg　　　hot-i-ti

问题　　　出现-将来时标志-否定标志

"我们和上帝在一起的时候,就不会有问题。"

状语从句中的动词形式只有后缀-kɨst，否定通过独立的语素 na 表示，且 na 带有人称标志-a，而相应的主句中的动词要带有时态后缀-i 以及否定后缀 ti。第二类如 Afar 语，否定关系从句中使用有别于否定独立主句的动词形式，状语从句亦如此（Bliese，1981：37）：

（712）bar'te　　' wa-a-m-al

学　　否定标志-未完成体标志-名物化标志-条件从句标志

a-a'dag-uk　　　　　　　' ma-yyu

未完成体标志-知道-分词式标志　否定标志-1. 单数

"如果我没学过就不会知道了。"

（713）bar'te　　wa-nni-' to　　　　　　a-' kam-uk

工作　　否定标志-条件从句标志-2. 单数　未完成体标志-吃-分词式标志

'm-antu

否定标志-2. 单数

"你如果不工作就没有吃的。"

在以上两个例子中，条件从句的否定是通过也用于否定关系从句的否定标志' wa/wa 表达的，而对应的主句中的否定则都是通过'm(a)+人称后缀的方式表达的，且条件从句需要根据所表达的条件从句的现实性（realis）或非现实性（irrealis）使用不同的条件状语从句标志（-al 或-nni-）。第三类以 Kambaata 语为代表，关系从句中的动词形式总是有别于独立主句的动词形式，而且肯定和否定也不相同。Kambaata 语的关系从句动词形式也用于状语从句和补语从句（Treis，2008：198）

（714）ku   bóor-u

指示词. 主格. 阳性   牛-主格标志. 阳性

reh-ée-da

死亡-完成体标志.3. 阳性. 从句形式-条件从句标志

wol-ú   hir-íi   gízz-u

其他的-宾格标志. 阳性   买-与格标志. 中性   钱-主格标志. 阳性

yóo-nne-ba'a

系词-1. 复数. 宾语-否定标志

"如果这头牛死了,我们就没有钱再买一头了。"

（715）ta   ichch-áta

指示词. 宾格. 阴性   食物-宾格标志. 阴性

xoophph-úmb-o-dda   zákk-o

完成-1. 单数. 否定-阳性. 旁语-条件从句标志   后-阳性. 旁语

∥górr-u   af-áno-'e

饥饿-主语. 阳性   抓住-未完成体标志.3. 阳性-宾语.1. 单数

"如果我吃不完这份食物,我之后会饿的。"

第一个例子中主句否定标志为 ba'a，而在第二个例子中否定标志为-úmb-。其实 Kambaata 语的状语从句在结构上基本都可以分析为一个名词前关系从句加上一个意义相关的名词（如"时候""地方""方式""原因"等）或词缀（如表达条件意义的后缀-(d)da 等）构成，再如（Treis，2008：190、192）

(716) ti   maxáaf-f-at

指示词.主格.阴性   书-主格标志.阴性.复数

afuu'll-itáa-b-a

坐-关系从句动词形式标志未完成体.3.阴性.-名物化标志-宾格标志.阳性

"放书的地方"

(717) án   wall-oommí

1.单数.主语   来-关系从句动词形式标志.完成体.1.单数.

j-áata

时间-宾格标志.阴性

"我来的时候"

这可以解释为 Kambaata 语中所谓的状语从句与关系从句同构。Kambaata 语的补语从句结构如下(Treis,2008:201):

(718) beré   duraam-íta   waal-ú-s

昨天   (地名)-宾格标志.阴性   来-宾格标志.阳性-3.阳性.领属者标志

maccoocc-éemm

听到-完成体标志.1.单数

"我听说他昨天去了 Duuraam。"

(719) oonn-áta   mar-eenúmb-o-gg-a

葬礼-宾格标志.阴性   去-3.敬称.否定-阳性.旁语-从句

kul-éemma-'e

标志-阳性.旁语告诉-3.敬称.完成体-1.单数.宾语

"他/她告诉我他/她不会去葬礼。"

在肯定补语从句中,动词为不定式形式,没有人称、时态、体貌、语气等标志,而带有宾格和领属者标志;在否定补语从句中,动词带有否定标志-eenúmb-,从中可以识别出-úmb-这个否定标志。

综上所述,不难发现,使用特殊动词形式的名词前关系从句——不论是否为非洲语言——其实是三类特殊动词形式的从句(名词性/补语从句、形容词性/关系从句和副词性/状语从句)之一,因而片面强调名词前关系从句动词形式的特殊性在某种程度上是错误的,更无法解释为何名词前关系从句会有这种现象。换言之,名词前关系从句本身并非必然是名词化或非定式的,这仅仅是由于这些语言中的从句都要求使用特殊的动词形式;既然关系从句是一类从句，因此也必然会使用特殊的动词形式。我们可以通过以下蕴含共性表示：

(720) 特殊动词形式的名词前关系从句 → 特殊动词形式的从句结构

类似的表述也见于 Whaley(1997：265)：

(721) In general, if a language tends toward using nonfinite verbs for other embedded structures (such as adverbials and 标句词 lements) then there is [sic.] sufficient grounds to consider constructions such as [participle modifying clause] as a relative clause.

根据这一思路，应该也存在其他类型的关系从句使用特殊动词形式，当然前提是该语言总是在从句结构中使用特殊动词形式，伍特(Ute)语便是此类语言(Givón，2001. vol. 2：27)：

(722) yoghvʉch   'u   ta'wach-i   'uwáy
丛林狼. 主格   定冠词. 主格   男人-属格标志 定冠词. 属格
pakha-pʉga-na
杀死-过去时标志-主格标志
"那个男人杀死的那只丛林狼"

伍特语是 Givón (2001vol. 2：§11.7，2009：Chapter 5) 所谓的极端名物化型语言("extreme nominalizing (embedding) languages")之一，其他语言包括藏缅语言、突厥语言和克丘亚语诸方言，都是我们上文已经分析过的语言。因此，虽然名词前关系从句中特殊动词形式是常见的情况，但其实仅仅是从句结构中使用特殊动词形式的一个特例而已，如果只强调前者而忽视后者则是犯了"只见树木，不见森林"的错误。

总之，名词前关系从句的内部标记有空位(包括所谓的"扩展空位")、复指代词和特殊动词形式三类，既有类型学的共性(例如存在所谓的"名词修饰从句结构")，又有非洲语言自身的独特之处(特别是名词前关系从句内特殊动词形式的三种模式)。这些特殊之处不仅不见于汉语语言，而且在世界其他地区语言的名词前关系从句中也是十分罕见的。

3.2.4.3 名词前关系从句的可及性等级序列

前文讨论过的可及性等级序列为：

（723）SU>DO>IO>OBL>GEN>OCOMP

之前的类型学研究（Downing，1978：396；Lehmann，1986：672；Dik，1997. vol. 2：56-57；Song，2001：213、232）发现，可以进入名词前关系从句的句法关系要少于其他类型的关系从句。例如在匈牙利语（Kenesei、Vago & Fenyvesi，1998：§1.1.2.3）和芬兰语（Sulkala & Karjalainen，1992：§1.1.2.3）中，名词前关系从句只能用于主语，而名词后关系从句则可以用于几乎可及性等级序列所涉及的所有语法关系。这种情况只能说明，如果一门语言中有多个关系从句结构，则名词前关系从句可能会比其他类型的关系从句在句法关系上有更多的限制。不过，这一说法也不尽然，因为还要参考到底是哪两种关系从句结构共存于同一门语言中。Creissels（2006：§34.2）认为，名词中心语在关系从句内的内嵌型关系从句多用于位于关系从句结构的可及性等级序列顶端的句法角色进入关系从句的情况，这也意味着名词中心语在关系从句内的内嵌型关系从句或许并不比名词前关系从句可以允许更多语法关系进入关系从句结构。

就我们所研究的名词前关系从句而言，阿美（Amis）语（Wu，2003）和邹（Tsou）语（Zeitoun，2005：273）是最为特殊的，只有主语能够进入名词前关系从句，但这其实是南岛语系诸语的普遍特性（Keenan & Comrie，1977；Comrie，2003）。另一门可及性较少的语言是乌拉利纳（Urarina）语，只有通格和施格论元可以进入关系从句（Olawsky，2006：322、326）：

（724）kʉ　　　nii　　　ajrinia　　　lauhʉ-i
　　　 那里　　 指示词　　 外面　　　 坐-名物化标志
　　　 "坐在外面的那个"

（725）kiitça　　　kwaaʉna-ʉr-i
　　　 1. 单数　　 创造-复数标志-名物化标志
　　　 "我创造的那些"

（726）katça　　　ki-ʉr-era　　　　　bakaʉa-kʉrʉ
　　　 人　　　 吃-复数标志-名物化标志　　 印第安人-复数标志
　　　 "吃人的印第安人"

其他语言也有零星位置不能进入关系从句，如鄂温克语中的领属者（Nedjalkov，1997：42）、戈多贝蒂语中的介词宾语（Tatevosov，1996：215）、阿拉木巴拉克（Alamblak）语中的伴随者和比较结构中的比较对象(Bruce，1984：106)等。

　　就非洲语言而言，几乎所有在等级序列中的角色——至少主语、宾语、旁语、属格成分都可以进入名词前关系从句，例如 Kambaata 语(Treis，2008)：

（727）dagujj-ó　　　　　　　　　　　　　　　adab-áa

　　　跑-完成体标志 . 3. 阳性 . 关系从句动词形式　　男孩-宾格标志 . 阳性

　　　"跑了的男孩"

（728）cíil-at　　　　　　it-tumb-úta

　　　女婴-主格标志 . 阴性　　吃-关系从句动词形式标志 . 3. 阴性 . 否定-宾格标志 . 阴性

　　　ichch-áta

　　　食物-宾格标志 . 阴性

　　　"女婴不吃的东西"

（729）harruuchch-ú-u'

　　　驴子 . 单数-宾格标志 . 阳性-领属者标志 . 1. 单数者

　　　argishshi-oon-sí

　　　借出-完成体标志 . 1. 单数-3. 阳性 . 宾语 . 关系从句动词形式

　　　mánch-u

　　　人 . 单数-主格标志 . 阳性

　　　"我把驴子借给他的人"

（730）beet-u-se

　　　儿子-主格标志 . 阳性-领属者标志 . 3. 阴性

　　　reh-úmb-u-se

　　　死-关系从句动词形式标志 . 3. 阳性 . 否定-主格标志 . 阴性-3. 阴性 . 宾语

　　　mánch-ut

　　　人 . 单数-主格标志 . 阴性

　　　"儿子没死的女人"

（731）gízz-u

　　　钱-主格标志 . 阳性

　　　mogga'-amm-o-sé

　　　偷-被动语态标志-完成体标志 . 3. 阳性-3. 阴性 . 宾语 . 关系从句动词形式

　　　mesel-ééta

　　　女孩-宾格标志 . 阴性

"被偷了钱的女孩"

（732）cíi'-at　　　　　　yoo-ba'í　　　　　　　　　　　　haqq-á

鸟-主格标志．阴性　系词．3-关系从句动词形式标志．否定　树-宾格标志．阳性

"没鸟的树"

（733）ti　　　　　　　maxáaf-f-at

指示词．主格．阴性　书-主格标志．阴性．复数

afuu'll-itáa-b-a

坐-关系从句动词形式标志．未完体．3．阴性-名物化标志-宾格标志．阳性

"放书的地方"

（734）bux-íchch-u　　　　　　it-anó

穷人-主格标志．阳性．单数　吃-关系从句动词形式标志．未完成体．3．阳性

bar-í

日子-宾格标志．阳性

"穷人有东西吃的那天"

Silt'e 语（Siraj，2008）：

（735）yä-i ň-ä-i　　　　　　　　　　　　miiš

关系词-睡觉．过去时-3．阳性．单数-定指标志　　　男人

"睡过觉的男人"

（736）bu čo　　　　yä-näkäs-ä-i　　　　　　　　　č'uulo

狗　　　　　关系词-咬-3．阳性．单数-定指标志　　男孩

"狗咬了的男孩"

（737）aman　　　dinät　　yä-wab-ä-et　　　　　　　　mšt

（人名）　　钱　　关系词-买-3．阳性．单数-3．阴性．单数 女人

"Aman 给了她钱的女人"

（738）aman　　　kta　byä-wäkäb-ä-y　　　　　　　　miiš

（人名）　　书　关系词-买-3．阳性．单数-3．阳性．单数　男人

"Aman 从他那里买了书的男人"

（739）gaar-kä　　　　　　yä-färäs-ä-b-i　　　　　　　　　miiš

房子-3．阴性．单数 关系词-倒下-3．阳性．单数-介词-定指标志　男人

"房子倒了的男人"

（740）amanl　　　　　bas　　　yä-wäkäb-ä-n-et　　　　　　　　　　　　　　　　gärä ǧä

（人名）　　布料　　关系词-买-3. 阳性. 单数-介词-3. 阴性. 单数　女孩

"阿曼给她买布料的女孩"

Wolaytta 语（Wakasa，2008）：

（741）y-iida　　　　　　　　bitan-iya

来-时态体貌标志　　　男人-通格标志. 阳性. 单数

"来过的男人"

（742）7i　　　　　　　　　　　　　7uy-iyo7eess-aa

3. 阳性. 单数喝-时态体貌标志　蜂蜜酒-通格标志. 阳性. 单数

"他喝的蜂蜜酒"

（743）zin-o　　　　　taani　　　maTaap-aa　　　　　　　7imm-ido

昨天-通格标志　1. 单数　书-通格标志. 阳性. 单数　给-时态体貌标志

bitan-iya

男人-通格标志. 阳性. 单数

"我昨天给他一本书的那个男人"

（744）maTaa-aa　　　　　　　garT-ido　　　　　bitan-iya

书-通格标志. 阳性. 单数　借-时态体貌标志　男人-通格标志. 阳性. 单数

"我借来书的男人"

（745）keett-ai　　　　　　　　git-a　　　　　gid-iyo

房子-主格标志. 阳性. 单数　大的-通格标志　成为-时态体貌标志

bitan-iya

男人-通格标志. 阳性. 单数

"房子大的男人"

（746）taani　　　　bodditt-ee-ni　　　　shaaCC-ido

1. 单数　（地名）-旁格标志-在　度过-时态体貌标志

balg-uwa

雨季-通格标志. 阳性. 单数

"我在博迪提度过的雨季"

（747）taani　　　y-iido　　　　　biitt-a

1. 单数　来-时态体貌标志　国家-通格标志

"我来自的国家"

(748) taani　　　bairat-iyo　　　　　　　7ish-aa

1. 单数　　老于-时态体貌标志　　　兄弟-通格标志．阳性．单数

"我比他年纪大的兄弟"

(749) taani　　　7ash-uwa　　　　　　　muT-ido　　　mashsh-aa

1. 单数　肉-通格标志．阳性．单数　切-时态体貌标志　刀-通格标志．阳性．单数

"我切肉的刀子"

(750) haatt-ai　　　　　　　　kiTT-ido　　　gishsh-a-u

水-主格标志．阳性．单数　涨-时态体貌标志　原因-旁格标志．阳性．单数-由于

"由于水涨的原因"

Sidamo 语(Kawachi，2007)：

(751) bulé　　　　　bat'-ø-anno　　　　　　　　　manč-í-ra

（人名）．宾格　喜欢-3.阳性．单数-未完成体标志．3 人-领属者标志-与格标志

"喜欢 Bule 的人"

(752) bule　　　bat-t'anno　　　　　　　　　manč-i

（人名）　爱-3.阴性．单数-未完成体标志．3　人-主格标志

"Bule 爱的男人"

(753) bule　　　　sagalé　　　u-i-t-ino

（人名）．主格　食物．宾格　给-插入形式-3.阴性．单数-现在时标志．完成体标志．3

manč-i

人-主格标志

"Bule 给他食物的男人"

(754) bule　　　　　　min-í-si-ra

（人名）　　　　房子-属格标志-领属者标志．3.阳性．单数-向格标志

mar-t-ino　　　　　　　　　manč-i

去-3.阴性．单数-现在时标志．完成体标志．3　人-主格标志

"Bule 去过他的家的男人"

(755) bule　　sagalé　　beetto-si-ra

（人名）食物．宾格 孩子．属格．阴性-领属者标志．3.阳性．单数-与格标志

u-i-t-ino

给-插入形式-3.阴性．单数-现在时标志．完成体标志．3

manč-í-ra

人-领属者标志 . 阳性-夺格标志

"Bule 给了他的女儿食物的那个男人"

(756) ise　　　　　　　　 hee-ɗ-anno

　　　 3. 阴性 . 单数 . 主格　　 住-3. 阴性 . 单数-未完成体标志 . 3

k'ark'ar-í-ra

村子-领属者标志-与格标志

"她住的村子"

(757) ise　　　　　　　 hakk'ič čó　mur-t-anno　　　　　　　　　　meesané

　　　 3. 阳性 . 单数 . 主格 树 . 宾格　 砍-3. 阴性 . 单数-未完成体标志 . 3　 斧子 . 宾格

　　　 "她砍树的斧子"

(758) lat'o　　　 seed-d-anno　　　　　　　　　　 manč-í

　　　 （人名）　 高-3. 阴性 . 单数-未完成体标志 . 3　　 人-领属者标志

　　　 "Lat'o 比他高的人"

　　由此可见，非洲语言中的名词前关系从句并不能证明可进入名词前关系从句的语法角色较少。对于一种语言而言，如果只有一类关系从句，且没有丰富的动词配价手段保证可以使得任何语义角色的论元都成为主语或宾语，那么限制进入关系从句的论元角色会造成诸多不利。而且，有鉴于关系从句和疑问句结构、主题结构以及焦点结构等在句法、语义层面的相关性和类似之处，可以进入这些结构的论元角色如果没有特殊的限制，那么进入关系从句的论元角色一般也比较自由。非洲语言关系从句的类型学基本都证明了以上分析的正确性。

3. 2. 4. 4　名词前关系从句 vs OV 语序

　　类型学研究发现（Downing，1978：392；Mallinson & Blake，1981：273；Keenan，1985：144；de Vries，2002：36；Kroeger，2005：232；Creissels，2006. vol. 2：239；Andrews，2007：209；Dryer，2007：97），名词前关系从句和宾语/动词之间的语序关系为：

　　(759) 名词前关系从句 → OV①

----

① 　须知 Greenberg(1963a)并没有明确提出过这一蕴含共性,但可以从其蕴含共性 3、4、24 推导出来。最早提出这一蕴含共性的是 Vennemann(1972)和 Lehmann(1973)等。

汉语普通话是众所周知的例外，但我们发现还有更多例外：

(760) SVO：粤语（Matthews & Yip，1994：§4.1，6.4，2001）；闽南语（Chen，2008）；白语（Comrie，2008；Dryer，2013g）；布依语（Bukiyip）（Conrad & Wogiga，1991：80-87）；Karaim（Berta，1998）。

(761) 动词首位：阿美语（Comrie，2008；Dryer，2013g）；邹语（Zeitoun，2005：265、271、273）。

就非洲语言而言，所有的埃塞俄比亚语言区的阿非罗-亚细亚语系中的名词前关系从句都出现在 OV 语序语言中。而唯一有名词前关系从句的尼罗-撒哈拉语言 Ngiti 语则是 SVO 语序（Rijkhoff，2002：195、241、300；Kutsch Lojenga，1994），似乎是非洲唯一的例外。因此，SVO 语序语言中名词前关系从句的存在还需要深入研究，希望可以提出一个原则性的统一解释。

4. 结论

句法研究这一部分所占篇幅几乎是前两部分之和，这一方面是因为句法结构所涉及的语言现象包括音系和形态结构的部分内容——例如非洲语言的声调可以区分词类、表达语法范畴，而且非洲语言中的屈折现象丰富、形态和句法总和构成了语法；另一方面还因为句法现象的丰富性和复杂性，而这决定了我们在此无法对非洲语言所涉及的所有句法现象都进行同等详细的描写和分析——这项工作似乎只在某些针对个别非洲语言（如 Arabic 语、Hebrew 语、Amharic 语等）的语法研究中得以展开，而大部分非洲语言的整个语法体系面貌还有待发掘，甚至有的非洲语言濒临或已经灭绝消失也没有留下些微记载。我们所进行的句法研究也仅仅是有选择性地、挂一漏万地挑选了某些句法现象进行比较深入的讨论。进行选择的标准固然有主观的因素，但我们基本坚持了以下三条原则：第一，最能体现非洲语言句法结构特色的；第二，类型学研究特别关注的；第三，与汉语研究有特别关系的。希望这三个标准可以在一定程度上作为我们的辩护理由，可以说明我们所进行的筛选的苦衷所在。

总论部分讨论了词类和语法范畴。词类的划分一致都是类型学的关注焦点，而且也是汉语学界的一个老大难问题，因此对于这一问题的讨论具有双重的价值。非洲语言的词类划分总体上符合类型学的发现，特别是名词、动词这两个词类的区分基本不存在异议，而形容词的跨语言差异则较大，这也符合类型学的总体趋势。非洲语言中最具特色的词类莫过于象声词。这是非洲语言中非常特殊的一个词类，具有类型学上的罕见性和明显的地域性特征，例如可以成为动词的依附成分——在这方面类似于方式副词；抑或与（特定的）动词组合成为一个完整的结构，类似于同源宾语。因此，对于象声词的分析最能体现非洲语言词类划分的特色。同样，我们在第二部分对于语法范畴的讨论中也着重突出了非洲语言中所特有的一些语法范畴，例如 Chadic 语言中的 affectedness 范畴、"主语视角"等。由于语法范畴部分所涉及的内容在第 3 章形态部分已经有所讨论，因此所占篇幅较少。

第 2 节的语系分论从整体上对三大语系的语言和其他语系的语言进行了综合性的介绍，主旨在于突出不同语言的特性和共性，基本包括了后文将要讨论的结构（如语序、动词配价操作、信息结构、从句类型等）。因此，本节可以视作第 1 节和第 3 节的过渡，而本节所提及的在不同语系中句法结构的具体分析详见第 3 节。

第 3 节的个案分析分为两个部分，即独立句结构和从句结构，这基本上是遵循了句法研究的范式。在独立句结构部分，我们讨论了语序、连动结构、双系式结构、疑问句、主题结构和焦点结构这六个句法现象，取舍的依据便是前文的三条原则：能否体现非洲语言的句法结构特色、是否为类型学研究特别关注，以及是否与汉语研究特别相关。

语序研究历来是句法研究——不仅是类型学，也是其他理论框架研究的重点，而且现代类型学的肇始之作也是 Greenberg 关于语序的研究。我们关于语序的讨论遵循类型学和句法研究的惯例，仅仅关注没有特殊的信息结构，只含有名词性主语（特别是专名）S、动词 V、名词性直接宾语（特别是专名）O 的主动语态肯定陈述简单独立句。总体而言，几乎所有的非洲语言都有一个基本的语序，即相对于动词而言，主语和宾语的位置是相对固定的，且比较严格，最常见的三种语序为 SVO、SOV 和 VSO，自由语序的语言较少。类型学上发现的六种语序的相对数量关系为 SOV>SVO>VSO>VOS>OVS>OSV，而在非洲语言中则为 SVO>SOV>VSO>OVS>VOS/OSV，且 SVO 语序更是远远多于其他五种语序——甚至远远高于其他五种语序之和——这很明显地体现了非洲语言的特殊之处。不过，也应该看到，SVO 语序是尼日尔-刚果语系语言中的主流语序，而 SOV 语序似乎在非洲诸语系中分布较均衡，这其实更符合类型学的规律。除了基本的 S、V、O 三个成分的语序，非洲语言学还特别关注有助动词的结构的语序，因为很多非洲语言中有无助动词的句子语序会发生变化。另一个与基本语序相关的结构是否定谓语动词的否定句中否定词的位置以及整个语序的调整：否定词可以出现在句首、句中、句尾，抑或有多个否定词同现；而少数非洲语言则会在肯定句和否定句中使用不同的语序（SOV 和 SVO 否、SVO 和 SOV 否）。应该说，非洲语言中的语序既有简单的一面（例如基本不存在例如拉丁语或俄语之类"自由语序"的语言），又有独特的复杂之处，不仅不见于汉语，而且在世界其他语言中也是比较罕见的，因此具有特殊的类型学价值。

　　连动结构是非洲语言中非常常见的句法现象，也是汉语语言（普通话和方言）中关注颇多的结构，而中非语言中连动结构的对比研究似乎少之又少。总体而言，中非语言中的连动结构基本符合类型学所发现的连动结构的基本特点，即单个谓语由多个动词构成；这些动词之间没有形态上标识依存关系的标志；这些动词可能每个都有（一定程度的）屈折变化，但也可能只有其中一个有屈折变化；在语义上，这些动词所表达的事件可能在其他语言中是通过一个动词表达的。因而，中非语言中的连动结构甚至可以实现词对词（成分对成分）的完美对译。在非洲语言中，连动结构中的某（几）个动词的意义可能会逐渐弱化而或多或少地与其基本意义发生偏离，从而变得更类似于一个助动词；而如果连动结构进一步语法化，则产生看似"脱离"典型连动结构的情况，动词间的具体关系无法分析清楚，更极端的情况是动词发生融合从而重新产生了一个新的"动词"。这些情况是由非洲语言的音系和形态特征所决定的，因此不见于汉语语言也并不奇怪。连动结构的分析可以说明中非语言之间存在明显的共同之处，而这些共同之处又由于中非语言语法结构其他方面的不同而呈现出了不容忽视的特性。

　　与连动结构类似，双系式结构也见于很多非洲语言之中，是非洲语言丰富的动词论元结构变化机制中最具特色的。双系式结构的典型用法是将宾语（直接宾语或间接宾语）这个句法角色指派给一个本来不能做宾语的名词项，即如果动词不是双系式形式，则该名词项不能做宾语，更不可能是主语，而只有可能是旁语。在语义角色上，双系式中做宾语的名词性成分不能是受事，而经常为方位/地点、伴随者等旁语角色。换言之，双系式中的宾语论元在语义角色（即典型情况下为受事）和句法关系（即宾语）之间存在错配。双系式在非洲语言中的重要性表现在两方面：其一，对于事件的某些参与者，如果没有双系式派生则无论如何也不可能作为旁语出现，因此是双系式允准了这些参与者进入句子结构；其二，对其允准出现的宾语进行某些复杂的操作，从而使其可以更简便地进入某些结构（如焦点化、关系从句化等），虽然不使用双系式，依然可以使得这些成分进入这些结构，但会在结构上比较难以接受。此外，双系式的功能还在于可以通过调整在形式上作为主要角色出现的参与者从而产生不同的语义效果。之前关于双系式的类型学研究基本都认为汉语没有此类结构，而我们发现汉语中以"吃食堂"为代表的一系列结构似乎的确可以分析为双系式结构，即将"食堂"这个旁语转变为句法层面的宾语。我们通过一系列的证据证明，"食堂"虽然是方位或地点的语义角色，但在句法层面，语序、把字句、被字句、关系从句等结构中的表现都可以证明其是宾语无疑。除了普通话中以上的结构可以分析为双系式，上古汉语中所谓的"名词（性结构）直接做补语和介词短语做补语的交替现象"其实也是双系式。而普通话和古汉语双系式结构的动因与类型学所总结的双系式应该基本相同，即对于事件所涉及的参与者(广义上的"参与者")的视角的转变：同一个事件如果表达为双系式，则意味着将一个原来不是事件主要参与者(如方位、工具等)的对象的重要性加以凸显，从而将其视为该事件的主要参与者。在类型学下对于双系式的研究大多针对有动词形态变化标志的语言，至今尚无讨论无形态标志的双系式结构。而我们的发现应该可以证明这一结构的确存在于汉语(普通话和古汉语)中。更为重要的是，我们对汉语双系式的分析通过一系列行为特征证明了"吃食堂"具有双系式结构的典型特征，为研究孤立语的配价操作提供了一个新思路，即将结构分析的形式证据从单纯的形态标志扩展到句法行为特征，如语序和进入特定句法结构的表现。以此类推，对于类型学中其他配价操作在汉语中是否存在，也可依据语序和句法行为特征进行论证。

另一个既是类型学研究的关注热点又能充分体现非洲语言特性的句法结构是疑问句。非洲语言中最常见的一般/是否疑问句的构成方式是在句首或句尾使用疑问句标志，而不改变简单肯定独立句的基本语序，即类似于汉语的"吗"或法语的"est-ce que"用于一般疑问句的情况。而西非地区常见的使用动词形态变化构成一般疑问句的语言则是非洲语言的地域性特点，是语言类型学中比较罕见的一般疑问句的构成方式。非洲语言中特殊疑问句最为常见的构成方式是通过将特殊疑问词替换掉提问的成分，即所谓的疑问词原位结构。在使用特殊语序的非洲语言中，特殊疑问词出现在句首位置、动词之后紧挨动词的位置或焦点位置是比较常见的情况。在非洲 VSO 语序语言中，8 种是疑问词首位(包含 3 种阿非罗-亚细亚语言、2 种尼罗-撒哈拉语言)，而 8 种(都是尼罗-撒哈拉语言)不是疑问词首位，还有一种尼罗-撒哈拉语言两种结构皆可，因此证明了 Dryer 提出的蕴含共性"VSO → 疑问词前置"并不适用于非洲语言。非洲语言特殊疑问句结构的另一个特殊之处在于对主语提问的特殊疑问句和对其他成分提问的特殊疑问句结构不同。

"信息结构"一般是指信息表达的方式，即交流双方根据自己的心智状态，结合说话的场合、上下文，通过语言的词汇、语法结构来遣词造句表达信息单元。信息结构的研究主要涉及焦点和主题这两个语用角色。焦点指明跟语言表达式的解释相关的可供选择的语言表达式的存在。主题成分是实体或实体的集合，以其为参考，在述题中表达的信息需要储存在共同话语背景中。总体而言，非洲语言的主题化结构和焦点化结构与类型学的发现基本一致，差异性不大。就主题结构而言，非洲语言的主题一般有特殊的音段和超音段特征，经常是特指或类指的，一般在句首的位置，有多于一个的主题，存在语法化了的主题标记，而且还存在所谓的"悬垂主题"。就焦点结构而言，重音在非洲语言中似乎并不是最常见的手段；某些语言有语法化的焦点标记，而且可能多于一个(取决于焦点成分的词类、语法关系、名词类别等)；某些非洲语言的焦点在句中总是占据某个特殊的位置(如动词前紧挨动词、句首位置等)；亦有语言使用特殊的语序或类似于分裂句的结构。此外，非洲语言中焦点还跟否定表达和疑问句结构有着密切的联系。总体而言，非洲语言中的焦点结构比主题结构更具有地域性特色。

本章最后一部分以关系从句结构为代表考察了非洲语言的从句结构，特别是对于名词前关系从句着墨颇多。关系从句结构历来是类型学中从句研究的重点和焦点，而名词前关系从句因为其特殊的语法语义特征而备受关注——例如汉语的名词前关系从句便是如此。而非洲的名词前关系从句又与类型学上发现的其他地区的名词前关系从句有着明显的不同之处，因此对于非洲语言名词前关系从句的研究既能体现非洲语言的句法结构特色，又是类型学研究特别关注的结构，还与汉语研究有特别的关系，可谓一举三得。首先，我们为了保证可以从类型学角度对非洲语言中的关系从句进行研究，对这一结构进行了严格的定义，通过充要条件法提出如果一个结构是关系从句，那么必然要满足"从属"和"语义支点"这两个条件。其次，我们还证明了个别语言中的特性是关系从句的充分条件。两者结合才能保证对关系从句结构类型学研究的合法性和合理性。随后，我们就关系从句从三个不同的角度提出了类型学上的分类：句法分类将关系从句分为名词前关系从句、名词后关系从句、名词中心语在内的关系从句、左侧悬置型关系从句和右侧悬置型关系从句，非洲语言只有名词前关系从句、名词后关系从句和非内嵌型/悬置型关系从句；语义类型学将关系从句分为限定性关系从句、非限定性关系从句和最大化关系从句；关系从句化手段的类型包括关系代词、联结词、标句词和零标志这四个外部标记手段以及特殊动词形式、完全保留、复指代词和空位这四个内部标记手段。其中联结词和特殊动词形式具有比较鲜明的非洲特色。联结词与关系代词一样具有形式变化，但不能指明名词中心语在关系从句中的位置，换言之，其形式变化的决定因素不是名词中心语在关系从句中的语法关系，而是名词中心语在主句中的语法关系或名词中心语的语义特征（如性、名词类别、数等）。非洲语言关系从句中的动词标记手段主要可分为三类，即时态-体貌-语气缩减类、极性导向类和位置导向类，特别是极性导向类，几乎不见于非洲之外的其他语言。关系从句化的手段是关系从句结构语法和语义之间的媒介，换言之，这些手段是关系从句结构实现语义支点的句法手段，因此在研究关系从句的结构时不提及关系从句化的手段是不当的。而且这些手段的分布并非完全随机，而是一些手段相互排斥、其他手段却又相互关联。关系从句化手段还与可及性等级序列所涉及的语法角色相关，而非洲语言中只有主语和宾语能够进入关系从句的情况十分普遍，其他成分如果要进入关系从句就需要通过论元转换机制（如被动语态、双系式（见上文）等）将其升级为主语或宾语然后再构成关系从句。

就名词前关系从句而言，我们将掌握的 30 余种非洲语言和其他近 200 种语言进行了对比分析，在前人总结的关于名词前关系从句类型学规律的基础上提出了新的观点。就外部标记而言，我们发现了非洲语言名词前关系从句使用联结词、标句词和零标志，而联结词只见于非洲语言的名词前关系从句，标句词的位置也不同于其他地区的名词前关系从句，会受到关系从句动词所表达的时态-体貌-语气的影响。就内部标记而言，非洲语言名词前关系从句经常将名词中心语在关系从句中的位置以空位标识——至少对主语进入关系从句的情况而言总是使用空位。除了一般性的空位之外，还有所谓的"扩展空位"和"名词修饰从句结构"。之前的研究对于这两类结构的关注只局限于亚洲语言，而我们则将这两个问题的研究领域扩展到了非洲语言。非洲语言的名词前关系从句也有普遍使用复指代词的情况，这也是与之前的类型学发现不尽相同之处。非洲语言名词前关系从句最为特殊之处莫过于特殊动词形式的使用，是非洲语言关系从句结构中特殊动词形式的一例，因此也分为时态-体貌-语气缩减类、极性导向类和位置导向类这三大类别。时态-体貌-语气缩减类和位置导向类也见于其他语言的名词前关系从句中，而极性导向类则是非洲名词前关系从句的特异之处，更可以细分为三个亚类，即只在肯定关系从句中使用有别于肯定独立主句的动词形式、只在否定关系从句中使用有别于否定独立主句的动词形式、关系从句中的动词形式总是有别于独立主句的动词形式且肯定和否定也不相同这三种情况。但是我们同时也指出，仅仅强调名词前关系从句使用特殊的动词形式是片面的，而应该把名词前关系从句的特殊动词形式和其他从句中的动词形式相比较，同时把名词前关系从句的特殊动词形式和其他类型的关系从句中的动词形式进行比较，由此便可以发现名词前关系从句更多地使用特殊的动词形式仅仅是因为这些语言在从句结构中普遍地使用特殊的动词形式。同样，在有特殊动词形式的名词后关系从句语言中，其他类型的从句也要求使用特殊动词形式。因此，之前的类型学研究并未对这一现象进行合理的整体性概括。类似的问题也见于之前的研究对名词前关系从句在可及性等级序列方面的表现，非洲语言名词前关系从句可以允准可及性等级序列上的绝大部分语法角色进入关系从句——至少主语、宾语、旁语、属格成分都可以进入名词前关系从句。更确切的表述应该是，如果一门语言中存在多个关系从句结构，则名词前关系从句可能会比其他类型的关系从句在句法关系上有更多的限制——当然还要参考到底是哪两种关系从句结构共存于同一门语言中。最后，我们还发现 Ngiti 语类似于汉语，兼有 SVO 语序和名词前关系从句。

上文的分析诚然涉及非洲语言诸多的句法结构，而且这些结构要么最能体现非洲语言的句法结构特色，要么是类型学研究特别关注的现象，还可能与汉语研究有特别的关系，但我们不得不承认还有很多句法现象并未涉及。篇幅所限，我们只能将这些没有提及的句法现象留待以后进行研究了。

第 5 章 结 论

作为非洲语言的类型学研究，以上几章远远不能涵盖非洲语言在语音-音系、形态、句法等方面的所有现象，况且我们基本只讨论了非洲语言结构的共时研究，而几乎没有涉及历时重构，而后者也是非洲语言学研究的一个重要领域。非洲语言学研究在语音/音系、形态、句法、词汇、语用等方面的发展极为不均衡，语音/音系和形态的研究最为深入，句法次之，词汇较少，而语用几乎为零，这也决定了我们的研究只能关注语音/音系、形态、句法三方面。此外，由于我们的研究是针对母语为汉语的中国学者，因此难免会特别关注与汉语和汉语方言相关的语言现象。这些或许可以作为本书所涉及的语言现象在取舍上的"借口"。

由于是非洲语言类型学研究，我们在开篇分别介绍了非洲语言和非洲语言学，并深入讨论了类型学的一些重要问题。非洲语言数量众多，据不完全统计，非洲语言有 2000 种以上，大约占据了全世界自然语言数量的 1/4，大部分属于阿非罗-亚细亚语系、尼罗-撒哈拉语系和尼日尔-刚果语系，其他语言位于非洲南部，一直到 21 世纪初期都归在柯伊桑语系名下，但近几年来学界对于柯伊桑语系的存在提出了诸多质疑，目前学界倾向于认为柯伊桑语系并不成立。阿非罗-亚细亚语系有 300 多种语言，包括 Arabic 语，Amharic 语、Hausa 语、Oromo 语、Somali 语等。尼罗-撒哈拉语系有 80 种左右的语言，包括 Kanuri 语等语言。尼日尔-刚果语系有 1500 种左右的语言，主要有 Bambara 语、Swahili 语、Yoruba 语、Zulu 语、Wolof 语，以及数量众多的 Bantu 诸语。阿非罗-亚细亚语系或许是所有非洲语言中研究历史最悠久、研究最为深入的语系，很多语言有自己的研究传统，例如 Arabic 语、Hebrew 语等 Semitic 语言。现代语言学意义上的非洲语言学研究是从 19 世纪开始的，从个别语言的描写到非洲语言的系数分类，到之后与不同理论流派的融合互动，非洲语言学已经成为当代语言学不可或缺的一个重要领域。国际上的非洲语言研究成绩斐然，主要在以下几方面取得了令世人瞩目的成就：

(1)语音/音系：倒吸气音、协同发音的辅音、声调、舌根元音和谐、鼻音化、自主音段表征、CV 音系学、非系连音系学、特征理论；

502

形态学:名词类别、动词结构(动词扩展和曲折变化)、体时式(TAM);

句法:连动式、信息结构、话语指代、主语性、配合现象、论元的非对称现象、语法
　　关系;

语言习得:声调习得、名词类别习得;

历史比较语言学:语言发生学分类、类型学、声调起源、语法化、拟构;

语言接触:皮钦语、克里奥耳语、语言接触与融合、语码转换、语言迁徙与消亡;

语言意识形态:语言政策与计划、语言态度、扫盲与教育。

同时每年都有数量众多的关于非洲语言研究的论文、期刊、专著发表,并有专门的国
际会议召开,这是来自全世界各地的非洲语言学学者学术交流的盛会,但是我国学者却屈
指可数。这的确可以反映我国在非洲语言方面的研究与国际研究的巨大差距。目前国内对
于非洲语言基本以语言教学为主,无论是语言描写还是理论性的本体研究都几乎为零,研
究人员少,研究机构更少。

相比非洲语言学的国内弱势局面,类型学研究在我国可谓方兴未艾,特别是近年来取
得了很快的发展。学术界普遍认为现代类型学的奠基人是格林伯格(Greenberg),但学术
界对于何为类型学尚且存在一些争议,不过比较一致的观点是,类型学是针对语言中结构
类型的分类研究,或者更确切地说,是根据结构特征对语言进行非发生学的、与语言系属
关系无关的分类研究。在方法论上,主要有"问题驱动"的研究方法和"语料驱动"的研究
方法,但我们则论证了还有一种可能性就是"穷尽式"的类型学研究,即

(2) i. 确定所要研究的结构,搜集具有该结构的所有语言;

　　ii. 整理和描写样本,找出所研究的结构在所有这些语言中的特点;

　　(iii. 比较该结构和类似结构的同异);

　　v. 寻求动因,进行解释。

从根本上来说,这种方法依然还是"问题驱动"的。但与一般意义上的"问题驱动"的
类型学研究不同,"穷尽式"的类型学研究没有语料采样的问题,或者说,"穷尽式"的类
型学研究的语料是事先就确定了的、是给定的,无需再进行人为的筛选和圈定。"穷尽式"
的类型学研究的前提就是所涉及的语言数量要很少,理想化的情况下可能只有十几种或几
十种,最多也需要控制在 500 种以内,而我们在第 4 章句法部分讨论的名词前关系从句结
构可以看作这一研究范式的一个尝试。我们还强调,类型学研究并不应局限于功能主义或
形式主义。诚然,很多学者之所以认为类型学和形式主义(特别是生成语法)难以相容,或

许在很大程度上是因为"类型学也不像形式学派采用演绎法或一套程序化的操作方法，它更多地倾向于采用科学归纳法。这一做法最明显的体现或许莫过于前文屡次提及的"蕴含共性"。

蕴含共性自 Greenberg（1963）提出以来，已经成为类型学研究的一个重要工具，但一直都面临一个很大的难题，即如何处理例外。大部分蕴含共性都是概率性的，即存在例外。这些例外给类型学家造成了相当大的困扰。如何处理这些例外无非有两种方法，即解释和消除。解释在于说明这些例外的存在有自身的原因，需要用特殊的机制（历时或共时的）加以解释。类型学家基本都是沿着这一思路处理概率性蕴含共性中的例外的。我们则从另一个角度对蕴含共性的例外进行了分析，即概率性的蕴含共性既然是概率性的，那么跟科学中所有涉及概率统计的现象一样，必然存在例外，因此无需提出特殊的解释。换言之，例外本身就是概率性蕴含概率的一部分。我们发现存在一个悖论，即语言学规律/共性符合统计规律，但是统计规律不适用于语言学规律/共性。语言学中的定律、规律和物理学以及其他自然科学中的定律、规则有着本质上的差异。这或许可以解释为何语言学规律/共性符合统计规律，但并不意味着相应的统计规律适用于语言学，更不意味着可以对语言学规律/共性进行解释。因而，对于语言学规律和统计规律之间的关系还需要更深入的探讨。循着这一思路，我们进一步分析了传递律在蕴含共性中的应用。通过传递律的分析和讨论，我们认为有理由对一般性推理规则在类型学（以及总体而言的语言学）中的作用持谨慎的保留态度。这在很大程度上是由于语言学的特殊性，即其与真正意义上的自然科学和真正意义上的人文科学之间的"暧昧"关系，特别是与具体的语法范畴和语法结构之间的关系，需要进行个案式的分析，而不能笼统地一概而论。

语法范畴和语法结构作为跨语言比较的对象并不是给定的、先理论性概念。语法范畴在跨语言比较中的重要性不言而喻，但也存在相当大的争议，至少涉及两点。其一，语法范畴的确定是否需要形式证据；其二，语法范畴和语法意义之间的关系。两个问题互相纠缠更加深了分析的难度。这种循环论证的局面似乎是无法摆脱的。我们尝试通过现象学的悬置和还原的方法对这一问题进行分析，考察了"语法范畴"和"语法意义"这两个外在事物究竟是如何在语言学家的意识中产生的。我们发现，两者在发生学层面的确是同时出现、彼此依赖的，但并非是循环论证/定义的关系。发生学层面的同时出现、彼此依赖着重的是过程的考察，是动态的，而循环论证/定义则更关注静态的结果。换言之，如果先验地认定"语法范畴"和"语法意义"必然是客观存在的，然后再对其进行定义，那么永远都无法逃出循环论证/定义的困局。但是如果从发生学角度对这两个概念/实体进行现象学的悬置和心理学还原，考察其从无到有的过程，就很容易跳出循环论证/定义的怪圈。语法结构在跨语言比较中的争议似乎较小，至少与跨语言比较中语法范畴的争议点不尽相同。我们认为，跨语言比较中涉及的语法结构方面的争议主要是某种语法结构是否存在于某个语言中。在逻辑上，对于任何事物、概念、范畴、结构的定义无非是从外延或内涵进行的。类型学跨语言比较的概念、范畴、结构显然无法从外延进行定义，而只能从内涵入手。就语言类型学研究而言，最理想、最完美的定义是"当且仅当有如下属性 P 才是结构C"，换言之，只要有如下属性 P 就是结构 C，而且只有结构 C 才有如下属性 P。就目前而言，能够达到这一定义结构或概念，即使存在也是很少的。我们提出了一个更具有实际操作性的方案，即作为必要条件的定义（"只有结构 C 才有如下属性 P"）可用于跨语言比较，其所涉及的属性 P 是相关结构在人类语言中的共性；而作为充分条件的定义（"只要有如下属性 P 就是结构 C"）则用于某种特定语言的描写或分析，其所涉及的属性 P 是相关结构在该语言中的特性。我们通过关系从句结构的定义对这一方案进行了演示，证明了这一做法的基本可行性。

这些理论色彩很浓的讨论并非毫无意义，因为类型学并非是一门单纯的实证科学，而是具有很强的理论性。如果不将一些重要的概念和方法论问题处理清楚，必然会影响随后的实证研究。本书涉及的语言数量众多——当然这是类型学研究的共性，而这些语言又由于描写和分析程度不一而无法进行等同的利用，加之我们的研究还涉及非洲语言和汉语语言的对比分析，这更加需要我们在分析具体的语言现象之前厘清基本的概念和方法论——例如我们在前文对于汉语和非洲语言中双系式结构的对比研究以及名词前关系从句的研究都证明了我们这一做法的合理性和必要性。而具体到非洲语言的类型学比较分析，最理想和最常见的方法是分语系讨论与分结构讨论相结合，这也是我们前文几个章节从语音-音系、形态、句法等方面分别讨论的原因所在。

阿非罗-亚细亚语系辅音系统最大的特点为存在一系列咽（化）音（pharyngeal（ized））和声门（化）音（glottal（ized）），其中最为常见的咽音是咽擦音（fricative）（[ħ]和/或[ʕ]）、声门音为[ʔ]和[h]，同时 Chadic、Berber 和 Cushitic 诸语中存在声门化的外挤气音。很多语言除了清音和浊音之外，还有一套所谓的强势音（emphatic），其具体的语音表现可能是小舌化（uvularized）、咽音化、腭化（velarized）或外挤气音等。与丰富且复杂的辅音系统相比，阿非罗-亚细亚语系的语言元音系统都相对贫乏且简单，一般在 2~7 个元音。元音和谐现象见于 Berber、Cushitic、Semitic、Chadic 诸语中，但具体的语音效果和触发机制不同。就韵律特征而言，很多阿非罗-亚细亚语系的语言（如 Cushitic 诸语和 Omotic 诸语）为重音型声调语言，即并非每个音节都有声调。而在 Chadic 诸语中存在声调，大多为双调系统（即高调 H 和低调 L），载调单位 TBU 为音节，因此不属于重音型声调。声调的作用体现在词汇和语法两个方面，即区别不同的词汇和表达语法范畴（例如体貌、语式、语法关系等）。音节结构多样，包括 CV、CVC、CVV、CVVC、CCVC、CCVCC 等。阿非罗-

亚细亚诸语具有典型的根与式结构，某些语言还会在根与式的基础上使用词缀，此外还有元音延长、元音缩减、辅音延长、重叠、声调变化等形态手段。名词一般有性范畴，分为阳性和阴性，阴性多通过后缀表达；也有数的范畴，一般为单数和复数，双数也存在于某些语言中，双数和复数基本都是通过加后缀、元音插入、辅音重复等手段构成的。名词的性和数两个范畴之间一般不会相互影响。与名词相关的词类（如代词、限定词等）也都会表达相应的性和数，即所谓的配合现象。格标志存在于某些语言中，但不普遍，特殊之处在于某些语言中主格为标记形式，而宾格没有标记。名词和依附于名词的名词性修饰成分之间有特殊的形式变化，即所谓的构造形。很多阿非罗-亚细亚语言的动词具有区别于其他词类的音系、形态特征，但在不同语言中的表现不同。动词的屈折和派生变化的手段包括比较常见的叠音、重叠、加词缀等，表达多种语法范畴。形容词作为独立的词类只存在于少数阿非罗-亚细亚语言中，且数量有限。此外，在阿非罗-亚细亚语系中还可以根据形态（和语义）普遍独立出代词、介词和副词等词类。象声词具有很特殊的形态-语法特性。阿非罗-亚细亚语系语言都是主宾格局语言，但在不同的语言中主语和宾语都有可能有或者没有格标志，即主语和宾语都无标记、都有标记、仅主语有标记和仅宾语有标记。阿非罗-亚细亚语系语言的语序有 VSO、SOV 和 SVO。否定句的构成多样，包括动词形态变化、否定标志（一个或多个、具体的位置）和语序。一般疑问句都可以通过语调表达，但不同语言中一般疑问句的语调并不完全相同；其他手段包括疑问句标志（位置多样）、语序和特殊结构（特别是焦点化结构）。特殊疑问句在某些语言中跟肯定陈述句或一般疑问句结构相似，而在其他语言中则颇为不同，主要的参数涉及特殊疑问词的位置（原位、句首、焦点位置）和是否使用疑问标志。特殊疑问词一般表达[＋人]、[－人]和[方位]等语义特征，而所提问对象的语法关系则通过格标志、介词或语序指明。信息结构是决定句子结构的重要因素。

尼罗-撒哈拉语言中常见的元音系统是五元音系统及其变体，存在元音和谐现象，即在最典型的情况下，词内的全部元音共享某些特征，特别是 ART（Advanced Tongue Root）特征。在某些尼罗-撒哈拉语系的语言中有一类特殊的"气声"（breathy）元音。辅音系统具有较好的对称性，发音部位和发音方法的匹配度也较高。大部分尼罗-撒哈拉语系的语言具有声调，但是声调系统的复杂程度不一。名词的性（一般为 2~3 个）范畴不广泛，不同的语言通过派生或屈折手段标识不同的性。数的形态变化复杂，分为单数屈折变化、复数屈折变化和单复数都有屈折变化三种情况。形态格存在于某些尼罗、语气等语法范畴。形容词在形态上类似于名词或动词，只有很少语言在形态上可以独立区分出形容词这个词类。除此之外，具有形态变化的词类还有代词、指示词等。尼罗-撒哈拉语言中主要的语序为 SVO、SOV 和 VSO，其他三种语序（即 VOS、OSV 和 OVS）则很少见，而 SOV 语序似乎最普遍。连动结构普遍存在于尼罗-撒哈拉语系的语言中。

尼日尔-刚果语系中典型的对称型元音系统一般由一个央、低元音和同等数量的前、不圆唇和后、圆唇元音组成，数量为 5、7、9 不等，音长一般不构成音系区别特征，鼻化元音也常见于西尼日尔-刚果语系的语言。尼日尔-刚果语系语言的另一个特点是元音和谐，最常见的共享特征为 ART 特征，在某些 Bantu 语言中还有以舌位高低和是否圆唇为基础的元音和谐。就辅音而言，最常见的发音部位为唇音、齿音、齿龈音、硬腭音、软腭音和唇软腭音，爆发音总是有清浊之分，内爆音浊音居多，唇音化（labialization）、腭音化（palatalization）常见。协同发音的辅音常见于撒哈拉以南的尼日尔-刚果语言中。绝大部分尼日尔-刚果语系的语言都是声调语，声调的数量从两个到五个不等，基本都是平调，其中 Bantu 诸语的声调研究应该是所有非洲语言中研究最深入的，基本特点为：只有一个（底层的）高音 H 莫拉和一个无调莫拉，而且只有高调 H 在音系系统中才是活跃的；动词词根为高调和无调的对比，其具有语法功能的声调由形态分配；名词词根可以为高调 H 和无调莫拉之间的区别；词缀上的声调具有词汇功能。名词类别系统是尼日尔-刚果语系语言最大的特点之一，一般是名词依靠词缀（通常为前缀）区分为若干个亚类，同时会在名词及其所支配的成分（如形容词）之间有配合关系。名词类别系统不仅分类标准多样（语义、形态、句法），而且具体的类别数量更大，最多可达到 30 个。语义在一定程度上可以认为是分类标准，其中最常见的语义特征为：人、非人、有生物、非生物。由于名词类别系统的存在，数范畴在这些语言中的表达也是十分复杂的。数范畴（一般为单数和复数）在名词类别中有着特殊的作用，一般无法单独分离出表达数范畴的语素，而是同一个名词的单数和复数归为两个不同的名词类别。尼日尔-刚果语言中主语和宾语基本没有形态格。在动词形态方面，大部分尼日尔-刚果语言具有比较鲜明的黏着型特点，具有较明显的跨语言共性。形容词类在尼日尔-刚果语言中通常是一个封闭的词类系统，非派生的基础形容词很少，一般不超过 10 个。其他具有形态变化的词类包括代词、限定词等，基本跟动词和/或形容词的形态变化类似，特别是以配合为表现形式的名词类别的表达是一大特色。尼日尔-刚果语系语言中有 SVO 和 SOV 两类语序的语言，前者更常见。与此相关的是，最常见的否定构成方式为动词后的否定语素，但也存在动词前的否定语素。动词连动式也是尼日尔-刚果语系语言的句法特点之一。

除了以上三大语系语言之外的其他语言之间的共性有限。在语音-语系方面，倒吸气音的存在是这些语言在全世界语言中的独特之处，主要包括双唇音［⊙］、齿音［ǀ］、齿龈音［!］、腭音［ǂ］和边音［ǁ］。在元音方面，大多数语言是五元音系统，同时鼻音化很常见，声门化、气声和咽音化也较常见。声调也是重要的区别特征，存在于所有的语言中，TBU 是元音或鼻辅音。在形态方面，Khoe 诸语形态较丰富，而其他语言则更偏向于分析型形态。语序一般为 SOV（Khoe 诸语和 Sandawe 诸语）或 SVO，只有坦桑尼亚的 Hadza 语为 VSO 语序。非 Khoe 语言中语序是重要的语法手段，基本语序为 SVO，表达时态-体貌-语态、否定、焦点等的功能语类多出现在主语和动词之间。在名词短语内为中心语-修饰成分的语序。连动结构很常见。

　　当然，我们的研究并没有仅仅局限于对于非洲语言共性的总结和特性的关注，而是将非洲语言放在类型学和跨语言比较的更大框架下进行考量。前一个方面的研究散见于以上几个章节各处，但最突出的例子则是在句法研究部分针对关系从句的讨论。前人的很多研究只是默认关系从句这个结构的存在而没有对其进行严格的定义，这对于关系从句的跨语言类型学研究是一大障碍。这一问题如果从更广、更高的角度来看其实还是语言共性和特性之争。类型学之所以成立便是由于人类语言的共性，但随着越来越多的语言得以描写、越来越深入的分析得以展开，语言间的差异日益明显。所以如何在语言差异性的基础上进行类型学研究是类型学家们必须面对的问题。其实这一问题也表现在其他理论框架中，例如生成语法从管约论到最简方案的转向其实在一定程度上也是描写充分性（descriptive adequacy）和解释充分性（explanatory adequacy）之间的张力造成的（Chomsky，2000、2004）：描写充分性强调个别语言的特性，因此会导致纷繁复杂的规则系统；而解释充分性强调人类语言的共性，要求语言结构除了个别的、边缘性的差异必须是统一的，因此两者在某种意义上是不可调和的。具体而言，类型学研究所涉及的跨语言比较范畴或概念需要合适的定义，特别是需要范畴或概念的定义具有可操作性。在逻辑上，对于任何事物、概念、范畴的定义无非是从外延或内涵进行定义。类型学的概念或范畴显然无法从外延进行定义，而只能从内涵入手。内涵反映了事物本质属性的总和。因此，就语言类型学研究而言，最理想、最完美的定义是"当且仅当有如下属性 P 才是结构 C"，换言之，只要有如下属性 P 就是结构 C，而且只有结构 C 才有如下属性 P。就目前而言，能够达到这一定义要求的类型学范畴或概念即使存在也是很少的。而大部分范畴或概念则尚需完善，但完善的具体方向由于研究者的观点不同则难免存在争议。我们的做法是放松一下对于类型学概念或范畴的充要条件定义的要求，提出作为必要条件的定义（"只有结构 C 才有如下属性 P"）可用于跨语言比较，其所涉及的属性 P 是相关概念或范畴在人类语言中的共性；而作为充分条件的定义（"只要有如下属性 P 就是结构 C"）则用于某种特定语言的描写或分析，其所涉及的属性 P 是相关概念或范畴在该语言中的特性。这意味着，第一，必要条件的定义所涉及的属性 P 和充分条件的定义所涉及的属性 P 不一定是（或者很可能不是）同样的属性；第二，必要条件的定义要以逻辑语义为基础，因为这是人类语言最核心的部分，而充分条件的定义则需要参照具体语言的形态句法形式，因为不同语言在形式上的差别是最为显著的。这一较弱版本的充要条件定义法的可行性，我们通过关系从句的定义进行了演示，将"从属"和"语义支点"确定为关系从句的必要条件，而具体语言内关系从句的特性是充分条件。以英语为例，从属和语义支点这两个共性毫无疑问是定义英语关系从句的必要条件，而英语关系从句还需要满足一系列充分条件，例如关系从句的位置(在先行词后)、关系从句的引导成分(即所谓的关系代词和标句词(complementizer)，以及在一些情况下的零成分①)、关系从句内的空位(gapping)等。这些充分条件和两个必要条件相结合，便可以毫无疑义地确定英语的关系从句结构了。

　　就跨语言比较而言，我们在语音(特别是声调)和句法方面着墨颇多，由于汉语孤立语的形态类型和非洲语言黏着语的形态类型差别较大，因此形态方面的跨语言比较不多。我们对于汉语双系式的分析可谓是跨语言中比较最突出的例子。非洲语言有着丰富的动词论元结构变化机制，其中最具非洲语言特色的可能就是双系式，而汉语学界虽然也有研究涉及双系式，但基本认为该结构不存在于汉语中。类型学对于双系式的研究一般认为，被称为双系式结构的典型用法是将宾语(直接宾语或间接宾语)这个句法角色指派给一个本来不能做宾语的名词项——如果动词不是双系式形式，则该名词项不能做宾语，更不可能是主语，而只有可能是旁语。非洲语言由于有着丰富的形态变化，因此动词形态和/或名词形态可以作为证据证明双系式操作的存在。而汉语由于(几乎)没有形态变化，因此如何确定双系式(及其他的语法结构)便需要另辟蹊径。有鉴于此，我们将句法行为特征作为主要的依据，证明双系式结构的确存在于汉语中。我们的分析不仅通过一系列行为特征证明了"吃食堂"具有双系式结构的普遍特征，而且还为研究孤立语的配价操作提供了一个新思路，即将结构分析的形式证据从单纯的形态标志扩展到句法行为特征，特别是语序和进入特定句法结构的表现。"吃食堂"等结构跟同义的"在食堂吃"虽然有是否使用"在"作为标记的区别，但更有力的证据则是语序和某些语法结构是否可及(如"把"字句、"被"字句、焦点化、主题化等)。"吃食堂"和"在食堂吃"在语序和进入某些语法结构表现出的系统的差异性证明了虽然在汉语中形态标志十分罕见，无法作为判定双系式的标准，但句法行为特征完全可以证明双系式结构在汉语中是存在的。以此类推，对于类型学中其他配价操作在汉语中是否存在，也可依据语序和句法行为特征进行论证。再进一步推而广之，不论是语法结构还是语法范畴，只要是已经有了一定程度的语法化或范畴化，虽然可能不以形态形式表现，但至少应该在语义句法层面表现出一定的一致性。在这种意义上进行研究便可以扩展传统意义上的语法结构或语法范畴的内涵，而认为语法结构或语法范畴并不一定表现在形态上，还可以依据句法语义层面上表现出的一致性进行判定和分析，这应该是进行类型学比较的又一可靠方法，即注重结构和范畴的功能及其多样的表现形式，而不仅仅局

---

① 如 the boy I know 和 the boy learning Chinese。

限于表层的形态特征。我们相信，这一做法可以作为汉语类型学研究的新视角进一步深入开展下去。

应该说，以上类型学和跨语言比较研究基本都没有涉及专门的理论，或者说是理论中性的。诚然，绝对的"中性"是很难、甚至是根本无法达到的。但是在类型学框架①下的研究的确是一种追求理论中性化的趋势。如我们在总论部分所引用的 Creissels（2006：§0.2.3）的观点："一方面基于目前对于语言所积累的知识，另一方面根据人类认知的工作原理，语言学家能够为语言研究做出贡献的最好的方式莫过于发展对天赋论观点采取中立态度的理论。"Dixon（2010）的类型学专著以"basic"为题，也绝对是有意为之。Creissels 和 Dixon 的观点之所以能够称为"中性"或"basic"，我们的理解是，他们的类型学研究的方法论和成果可以纳入（几乎）任何理论框架，或者说，他们是最接近描写语法或参考语法的类型学研究，而且他们也毫不掩饰可以将自己的类型学框架作为语言描写的框架（Creissels，2006：§0.1）："本书不是一部句法类型学的系统性入门书籍，而是在类型学视角下对语言的句法描写经常会处理的问题进行纵览，……本书每一章讨论的问题都可作为描写语法的一个章节的研究对象……"有学者或许认为这一目标过于低端而嗤之以鼻，因为语言研究的根本目的不是描写而是解释——我们姑且放下到底何为"描写"、何为"解释"的争论，认为这两者至少在某种程度上是可以加以区别并分别独立实现的，但是只要稍微进行过田野调查的语言学家都会承认，理论分析的很多争议其实都是源于语言描写的不足甚至是失误或错误。这不仅对于那些描写较少、认识不足的语言而言是这样的，甚至对于类似于英语、法语、汉语等有着丰富的历时和共时语料的语言而言也是难以避免的。我们在此姑且不去分析造成这一困境的原因，但我们至少可以努力避免误入歧途。就非洲语言而言，我们在上文已经反复强调，非洲语言数量众多，而描写程度不一，即使是一门语言之内的不同层面（语音-音系、形态、句法、语义、语用等）也呈现出参差不齐的局面。有鉴于此，我们在本书中放弃了高深的理论分析，转而采取一种所谓的"较低"的姿态，仅仅将目标局限在为非洲语言在整体结构上提供一个纵览。即使如此，我们也只能在众多的语言现象和结构中选取一些最具有代表性或与汉语研究关系最为密切的结构与现象进行讨论。这一选择固然是人为的，但也的确取决于我们目前所掌握的材料的广度和深度。对于那些没有涉及的语言现象和语言结构，我们只能遗憾地套用学界的窠臼之词——"留待以后研究"。

除了一些具体的语言现象和语言结构需要留待今后研究，我们今后还应该进一步深化

---

① 我们在此避免使用"理论"，而是使用"框架"，否则就会与我们刚刚说的"基本都没有涉及专门的理论"互相矛盾了。

所谓的理论分析。大部分从事类型学研究的学者似乎都默认类型学本质上是功能主义的，Croft(2003: 2)的表述颇具代表性：

> [T]ypology in this sense [i. e. linguistic structure should be explained primarily in terms of linguistic function] is often called the (functional-) typological approach, and will be called so here. More precisely, we may characterize this definition of typology as functional-typological explanation.

而相反的声音——形式类型学(formal typology)或生成类型学(Generative typology)虽然并非不存在，但却几乎为学界故意所忽视，而我们认为这是今后类型学理论化的一个重要方向，而且也的确有学者在进行这方面的研究。

Newmayer(2005)是该方向上较早的且影响较大的研究，书名的副标题为 *A generative perspective on linguistic typology*，但书中花了较大篇幅批判功能主义的语言观，其实这也无可厚非，诚如我们在总论部分所说，很多类型学研究者都默认为类型学本质上是功能主义的。如果将功能主义和形式主义进行对比，进而将两者处理为类型学研究的两种不同的方法，那么 Newmayer 在 1.4 节的论述基本可以认为是学界的普遍观点：功能主义更关注表层("at face value")的类型学规律，提出以语言使用者为基础("user-based")的解释；而形式主义则从普遍语法(Universal Grammar，UG)出发探索人类语言中可预期的规律和趋势。可以说，普遍语法是生成语法类型学研究的核心所在。就生成语法的历史来看，虽然类型学的相关问题(或者说关于语言共性和特性的研究)并非从最开始就存在——例如在最初的二三十年间生成语法几乎没有任何明显的或刻意的类型学追求(第 30 页)，但在 20 世纪 80 年代左右开始有越来越多的生成语法研究关注到类型学，特别是对于 Greenberg 的类型学研究论文的引用逐渐增加。当时对于类型学上发现的语言共性和特性的解释主要是通过表层结构(surface structure)和深层结构(deep structure)进行的。理论工具的更新，特别是从表层结构、深层结构升级为原则、参数，不仅扩展了生成语法的类型学视野，而且还提升了对于具体现象的解释能力。但问题也随之而来，由于无法对原则进行理论层面的限制、对参数无法进行实证性的证明，生成语法的管约论模型逐渐为最简方案的模型所替代，对于语言共性和特性的解释也从参数确定调整为功能语类的特征组成和核查。Newmayer 所谓的生成类型学与一般意义上的生成语法有着微妙但不可忽视的差别，主要有以下三点(第 73 页)：无参数化的普遍语法原则、受此类原则限制的具体语言所特有的规则，以及可以解释类型学差异的语法之外的原则。有鉴于此，Newmayer 在 3.3 节进一步提出类型学与语法理论是不相关的，或者说，任何一种语法理论都不能直接或间接地对类型学规律进行编码，而且一种语法理论是否忠实地反映类型学规律也不能作为衡量这门理论的标准。由此，普遍语法固然可以预测哪种语言是可能的（"possible"），但不能预测哪种语言是或然的（"probable"）。或者说，类型学的规律隶属于语言运用（performance），而不是普遍语法。这一结论无疑把类型学推向了功能主义。然而，Newmayer 在最后两章中又从不同的角度质疑了功能主义对于语言现象的解释，虽然行文中列举了很多类型学所发现的规律，但似乎并没有从正面对类型学和生成语法的关系进行进一步的说明。我们的理解是，Newmayer 认为，普遍语法在根本上与类型学所发现的语言共性无关，因此不能单纯用普遍语法或生成语法的理论工具对类型学的发现进行解释或进行类型学意义上的语言共性的预测；而功能主义的解释出于多种原因又站不住脚，因此也不能作为类型学发现的合理解释。由此一来，类型学就处于一个比较尴尬的境地。不过，这倒是间接证明了Creissels（2006：§0.2.3）所提出的第三条路，即"既非生成，亦非功能"（参见总论 2.1 节相关讨论）。

Baker（2009）更为明确地提出了"形式生成类型学"（Formal Generative Typology）这一分析路径，同时承认这并不是一个全新的框架或理论，而是生成语法和类型学的交融。Baker 提出的形式生成类型学研究的核心问题主要包括：人类语言中的什么属性是名副其实的普世的、同时是仅仅属于人类语言的？人类语言中的什么属性不是普世的，而是属于特定的某种语言的？人类语言的多样性中哪些方面是系统性的、本质上是属于语法本身的？而哪些是随机的、特异性的、在本质上是与词汇有关的？以上三个问题的答案对于人类思维认知（其中包括语言）的性质和起源到底有何意义？以上四个问题既是生成语法所关心的，也是类型学所关注的。与最简方案（Minimalist Program）相比，形式生成类型学并不在意减少作为理论基础的假设——这正是最简方案的做法，而是在基础假设数量不变的前提下对于尽可能多的可观察到的语言现象进行分析。而生成语法和一般意义上的类型学之所以存在误解（也令这两种理论之外的学者产生误解）主要是由于对于 universal（ity）这一核心术语的不同认识和定义。对于乔姆斯基而言，Universal Grammar 并不是属于某种语言的具体语法，而是存在于人脑中的、与生俱来的、使得语言习得成为可能的生理基础，因而对于任何一个人类个体，只要是生理和心理健全，那么就必然会具备这一生理基础，即Universal Grammar。由此，Greenberg 等类型学意义上的 universal① 应该与 Universal Grammar 存在联系，而不应该是互相排斥的。或者说，对于语料的整理和搜集（即获得universal 的过程），形式生成类型学采纳的是类型学的方法论，而对于语言现象的解释，则是通过生成语法的 Universal Grammar。但是，形式生成类型学与一般意义上的类型学的

---

① 关于类型学上 universal（语言共性）的讨论，参见第 1 章第 2 节相关讨论。

最大区别莫过于理论的抽象程度，因为类型学关注的主要是语言可观察到的、具有操作性的特征。这一理论取向和实践方法使得功能主义类型学带有一种实证经验主义（positivistic empiricism）的色彩，认为理论可以从语料中产生，而不是将理论强加于语料进行分析。这至少可以避免生成语法为世人所诟病的倒因为果、无法证伪等方面的问题。而类型学也由于所研究的语言越来越多、所研究的现象越来越广，因而越来越深刻地认识到绝对共性几乎不存在，所以也开始引入统计学方法对语言共性进行更为合理的分析和解释。然而，Baker 认为，很多类型学家过于停留在表面化的语言共性，而对于所涉及的结构并没有很好地了解，以至于忽略了某些重要的因素，从而导致所得到的类型学分析并不可靠；而生成语法学者则过于相信抽象的 Universal Grammar，甚至以其抽象性为借口而回避对其的证明——充其量只是援引几种学界经常引用的语言（特别是印欧语系语言）作为证据，但是这并不具有类型学上的价值（即样本受到系属分类、分布区域、语言类型、文献局限、文化因素等造成了偏颇（"genetic bias" "areal bias" "typological bias" "bibliographical bias" "cultural bias"）（Comrie，1989：10-12；Velupillai，2012：§ 3.2.2））。综合生成语法和类型学以往研究的不足，Baker 提出了一种新的方法，即所谓的"中庸之道"（The Middle Way）。具体而言，以 10~20 种没有系属、区域、文化等方面联系的语言组成样本，进行生成语法式的深入剖析。作者以莫霍克（Mohawk）为例，演示了表面看似与英语截然不同的现象其实仅仅是表象，而深入分析之后便可以发现在更深层次上莫霍克和英语是基本相同的。总之，Baker 提出的形式生成类型学在很大程度上还处于萌芽状态，接受这一研究范式的学者很少，今后发展如何还未可知，但我们觉得这的确是一套可行的研究方案。

Polinsky（2010）在讨论形式语法和类型学在研究目标、方法论等方面分歧①的基础上，肯定地提出双方如果抛弃门户之见而互相取长补短将会使双方和语言学研究本身受益颇深，但遗憾的是，双方至今的交流还很少，而且对于对方的研究存在误解。作者提出了两种可资借鉴的方案试图融合形式语法和类型学。其一，存在系属关系的语言之间的比较研究，例如罗曼语族语言之间的对比研究、日耳曼语言之间的比较研究，以及我们在本书中所涉及的非洲四大语族之间的比较研究。如果循着这一思路，那么本书中很多有关非洲语言共性的类型学结论完全可以结合形式语法——特别是生成语法——进一步理论化。例如我们在句法部分着墨颇多的名词前关系从句结构虽然从内部标记、外部标记、可及性等级序列等多方面建立了类型学模型，但还有一个更深次的问题几乎没有涉及，即为何在这些语言中存在名词前关系从句？据我们所知，似乎也没有类型学研究对于这一问题给出过合

---

① 由此可见，Polinsky 也默认了类型学和形式语法的基本对立，但这一点我们之前已经多有论述，其实并非必然如此。

理的解释。限于篇幅，我们无法在本书中深入讨论这一问题，但我们相信，如果结合生成语法的相关理论研究，特别是 Kayne（1994）和 Cinque（2010）有关短语结构和关系从句生成的分析，是完全可以为以上这个问题带来令人耳目一新的解释的。其二，Polinsky 认为，大范围的以语料为基础的类型学研究是不可或缺的。这与上文提及的 Baker 的观点不谋而合，但是 Polinsky 并没有更加具体地指出其所谓的"大范围"（"large-scale"）到底应该如何操作。我们觉得，Baker 提出的方案是可取的，即以 10~20 种没有系属、区域、文化等方面联系的语言组成样本。而另一种可行的方案是我们在总论部分提出的"穷尽式"的类型学方案，其前提是所涉及的语言数量要很少，理想化的情况下可能只有十几种或几十种，由此可见，与 Baker 提出的 10~20 种语言构成样本的设想也相去不远。当然，Polinsky 以上的两个提议在具体操作上还有很多的技术性细节需要处理，作者没有讨论，而我们在此也不可能深入分析，这只能留待今后的研究去完成了。

　　类型学作为当代语言学的重要流派，为语言学的发展做出了巨大贡献；而对于非洲语言而言，或许可以毫不夸张地说，如果没有类型学研究，或许也没有今天的非洲语言研究的硕果累累。从 Greenberg 到今天很多非洲语言的大家，很多同时也进行类型学研究。在一定程度上，非洲语言学其实就是非洲语言类型学。这在本书之前的各个章节中都有充分的体现，因为本书也是关于非洲语言类型学的研究。尽管如此，非洲语言和类型学发展至今，除了语言描写还有很多工作要做，另一个方面就是理论化。而后一方面，诚如我们前文所述，完全可以结合形式语法的理论加以完成，而且完全有可能为形式语法带来新的视角和发展。

参 考 文 献

［1］Abdul-Karim K. Aspects of the Phonology of Lebanese Arabic［D］. Illinois：University of Illinois at Urbana-Champaign，1979.

［2］Abire W-T. Aspects of Diraytata Morphology and Syntax：a Lexical-functional Grammar Approach［D］. Trondheim：University of Trondheim，2006.

［3］Abraham P. Apatani Grammar［M］. Mysore：Central Institute of Indian Languages，1985.

［4］Abraham R. The Grammar of Tiv［M］. Kaduna：Nigerian Political Service，1934.

［5］Abu-Chacra F. Arabic：an Essential Grammar［M］. London & New York：Routledge，2007.

［6］Aikhenvald A，Dixon R M W（eds.）. Serial Verb Constructions：a Cross-linguistic Typology［M］. Oxford：Oxford University Press，2006.

［7］Aikhenvald A. Serial Verb Constructions in Typological Perspective［M］. In Aikhenvald A & Dixon R M W（eds.）. Serial Verb Constructions：a Cross-linguistic Typology. Oxford：Oxford University Press，2006：1-68.

［8］Aikhenvald A. The Manambu Language of East Sepik, Papua New Guinea［M］. Oxford：Oxford University Press，2008.

［9］Alexiadou A，Law P，Meinunger A，Wilder C. Introduction［M］. In Alexiadou A，Law P，Meinunger A，Wilder C（eds.）. The Syntax of Relative Clauses. Amsterdam/Philadelphia：John Benjamins，2000：1-51.

［10］Allan K. Hierarchies and the Choice of Left Conjuncts（with Particular Attention to English）［J］. Journal of Linguistics，1987，23（1）：51-77.

［11］Ameka F. Ewe Serial Verb Constructions in Their Grammatical Context［M］. In Aikhenvald A，Dixon R M W（eds.）. Serial Verb Constructions：a Cross-linguistic Typology. Oxford：Oxford University Press，2006：124-143.

［12］Amha A. The Maale Language［D］. The Netherlands：Research School CNWS，Leiden University，2001.

［13］Amha A. Omotic［M］. In Frajzyngier Zygmunt，Shay Erin（eds.）. The Afroasiatic Languages. Cambridge: Cambridge University Press, 2012: 423-504.

[14] Ammann H. Die menschliche Rede 2 [M]. Der Satz. Darmstadt: Wiss Buch Ge Sell Schaft, 1928.

[15] Anbessa T. A Grammar of Sidaama[D]. Jerusalem: The Hebrew University, 2000.

[16] Andersen T. The Phonemic System of Agar Dinka[J]. Journal of African Languages and Linguistics, 1987, 9(1): 1-27.

[17] Andersen T. Ergativity in Päri, a Nilotic Language[J]. Lingua, 1988(75): 289-324.

[18] Anderson G, F Rau. Gorum[M]. In Anderson G D S (eds.). The Monda Languages. London & New York: Routledge, 2008: 381-433.

[19] Anderson S. Verb Structure [M]. In Hyman L (eds.). Aghem Grammatical Structure. Southern California Occasional Papers in Linguistics 7. Los Angeles: University of Southern California, 1979: 73-136.

[20] Anderson S. Typological Distinctions in Word Formation[M]. In Shopen T(eds.). Language Typology and Syntactic Description 3: Grammatical Categories and the Lexicon. Cambridge: Cambridge University Press, 1985: 3-56.

[21] Andrews A. Relative Clauses[M]. In Shopen T(eds.). Language Typology and Syntactic Description 2: Complex Constructions. Cambridge: Cambridge University Press, 2007: 206-236.

[22] Andronov M. A Comparative Grammar of the Dravidian Languages[M]. München: Lincom Europa, 2003.

[23] Anward J. Parts of Speech[M]. In Haspelmath M, Oesterreicher E, Raible W(eds.). Language Typology and Language Universals 1. Berlin & New York: Mouton de Gruyter, 2001: 726-735.

[24] Anward J, Moravcsik E, Stassen L. Parts of Speech: a Challenge for Typology[M]. Linguistic Typology, 1997: 1-2, 167-183.

[25] Anyanwu R-J. Fundamentals of Phonetics, Phonology and Tonology, with Specific African Sound Patterns[M]. Frankfurt am Main: Peter Lang, 2008.

[26] Aoun J, Benmamoun E, Choueiri L. The Syntax of Arabic[M]. Cambridge: Cambridge University Press, 2010.

[27] Appleyard D. A Descriptive Outline of Kemant[J]. Bulletin of the School of Oriental and African Studies, 1975, 38(2): 316-350.

[28] Appleyard D. A Grammatical Sketch of Khamtanga[J]. Bulletin of the School of Oriental

and African Studies，1987，50（3）：470-507.

[29] Appleyard D. Beja Morphology [M]. In Kaye A（eds.）. Morphologies of Asia and Africa 1. Winoan Lake，Ind.：Eisenbrauns，2007：447-479.

[30] Appleyard D. Belin Morphology [M]. In Kaye A（eds.）. Morphologies of Asia and Africa 1. Winoan Lake，Ind.：Eisenbrauns，2007：481-504.

[31] Archangeli D，Pulleyblank D. Yoruba Vowel Harmony [J]. Linguistic Inquiry，1989 （20）：173-217.

[32] Archangeli D，Pulleyblank D. Harmony [M]. In P de Lacy（eds.）. The Cambridge Handbook of Phonology. Cambridge：Cambridge University Press，2007：353-378.

[33] Artiagoitia X. Complementation（Noun Clauses）[M]. In Hualde J，Ortiz de Urbina J （eds.）. A Grammar of Basque. Berlin & New York：Mouton de Gruyter，2003：634-709.

[34] Ashhy M，Maidment J. Introducing Phonetic Science [M]. Cambridge：Cambridge University Press，2005.

[35] Awobuluyi O. Essentials of Yoruba Grammar [M]. Oxford：Oxford University Press，1978.

[36] Badejo B. Backdrop declination in Kanuri [M]. In Rottland R，Franz（eds.）. Actes du Cinquième Colloque de Linguistique Nilo-Saharienne/Proceedings of the Fifth Nilo-Saharan Linguistics Colloquium（Nice，24-29 août 1992）. Köln：Rüdiger Köppe，1995：71-82.

[37] Baerman M，Brown D. Case Syncretism [S/OL]. In Dryer M，Haspelmath M（eds.）. The World Atlas of Language Structures Online. Leipzig：Max Planck Institute for Evolutionary Anthropology.（Available online at http：//wals. info/chapter/28，Accessed on 2019-08-17.）

[38] Baker M. Incorporation：a Theory of Grammatical Function Changing [M]. Chicago：University of Chicago Press，1988.

[39] Baker M. Formal Generative Typology [M]. In Heine B，Narrog H（eds.）. The Oxford Handbook of Linguistic Analysis. Oxford：Oxford University Press，2009：285-312.

[40] Bamgbose A. A grammar of Yoruba [M]. Cambridge：Cambridge University Press，1966.

[41] Bamgbose A. Issues in the Analysis of Serial Verbal Constructions [M]. Journal of West African Languages，1982，12（2）：3-21.

［42］Batibo H. Language Decline and Death in Africa: Causes, Consequences and Challenges［M］. Clevedon, Buffalo, Toronto: Multilingual Matters LTD, 2005.

［43］Beach D. The Science of Tonetics and Its Application to Bantu Languages［J］. Bantu Studies, 1924(2): 75-106.

［44］Beachy M. An Overview of Central Dizin Phonology and Morphology［M］. Unpublished Manuscript. Texas: The University of Texas, 2005.

［45］Beckman J. Positional Faithfulness, Positional Neutralisation and Shona Vowel Harmony ［J］. Phonology, 1997, 14(1): 1-46.

［46］Bender L. The Nilo-Saharan Languages: a Comparative Essay［M］. München: Lincom Europa, 1996.

［47］Bender L. Nilo-Saharn Phonology［M］. In Kaye A(eds.). Phonologies of Asia and Africa (including the Caucasus). Winona Lake: Eisenbraunsm, 1997: 815-838.

［48］Bender L. Nilo-Sahran ［M］. In Heine, Nurse (eds.). African Languages: an Introduction. Cambridge: Cambridge University Press, 2000: 43-73.

［49］Bender L. Northeast Africa, a Case Study in Genetic and Areal Linguistics［M］. Annual Publication in African Linguistics 1, 2003: 23-46.

［50］Bendor-Samuel J. Niger-Congo Languages ［ S/OL ］. Encyclopædia Britannica On-line. Encyclopedia Britannica, inc. Access Date: November 27, (2018). https: //www. britannica. com/topic/Niger-Congo-languages.

［51］Bendor-Samuel J, Rhonda L Hartell (eds.). The Niger-Congo Languages—a Classification and Description of Africa's Largest Language Family［M］. Lanham, Mary-land: University Press of America, 1989.

［52］Berman R. Modern Hebrew Structure［M］. Tel-Aviv: University Publishing Projects, Ltd, 1978.

［53］Berman R. Modern Hebrew［M］. In Hetzron R(eds.). The Semitic languages. London & New York: Routledge, 1997: 312-333.

［54］Berry J, Greenberg J (eds.). Linguistics in Sub-Saharan Africa ［M］. The Hague: Mouton, 1971.

［55］Berta Árpád. Tatar and Bashkir［M］. In Johanson Lars, Csató Éva Á(eds.). The Turkic Languages. London & New York: Routledge, 1998: 283-300.

［56］Beyer K. Morphology［M］. In Vossen R, Dimmendaal G(eds.), The Oxford Handbook of African Languages. Oxford: Oxford University Press, 2020: 48-65.

［57］Beyssade C, Delais-Roussarie E, Doetjes J, Marandin J, Rialland A. Prosody and Infor-
mation in French ［ M ］. In F Corblin, H de Swart (eds.). Handbook of French
Semantics. Stanford: CSLI Publications, 2004: 477-500.

［58］Bhat D N S. The Prominence of Tense, Aspect and Mood (Studies in Language Compa-
nion Series)［M］. Amsterdam/Philadelphia: John Benjamins, 1999.

［59］Bickel B, Nichols J. Fusion of Selected Inflectional Formatives［S/OL］. In Dryer M,
Haspelmath M (eds.). The World Atlas of Language Structures Online. Leipzig: Max
Planck Institute for Evolutionary Anthropology. (Available online at http: //wals. info/
chapter/20, Accessed on 2019-04-22.)

［60］Bickel B, Nichols J. Inflectional Synthesis of the Verb［S/OL］. In Dryer M, Haspelmath
M(eds.). The World Atlas of Language Structures Online. Leipzig: Max Planck Institute
for Evolutionary Anthropology. (Available online at http: //wals. info/chapter/22,
Accessed on 2019-04-22.)

［61］Biloa E. The Syntax of Operator Constructions in Tuki［D］. Los Angeles: University of
Southern California, 1992.

［62］Bisang W. Linguistic Areas, Language Contact and Typology: Some Implications from the
Case of Ethiopia as a Linguistic Area［M］. In Matras Y, McMahon A, Vincent N(eds.).
Linguistic Areas: Convergence in Historical and Typological Perspective. Hampshire: Pal-
grave MacMillan, 2006: 75-98.

［63］Bisang W. Word Classes［M］. In Song J-J (eds.). The Oxford Handbook of Linguistic
Typology. Oxford: Oxford University Press, 2011: 280-302.

［64］Blake B. A Kalkatungu Grammar［M］. Canberra: Australian National University, 1979.

［65］Blake B. Case［M］. Cambridge: Cambridge University Press, 2004.

［66］Blanchon J. Semantic/Pragmatic Considerations on the Tonology of the Kongo Noun
Phrase: a Diachronic Hypothesis［M］. In L Hyman, C Kisseberth (eds.). Theoretical
Aspects of Bantu Tone. Stanford, CA: Center for the Study of Language and Information,
1998: 1-32.

［67］Blasco-Dulbecco M. Les Dislocations en Français Contemporain Étude Syntaxique［M］.
Paris: Honoré Champion Editeur, 1999.

［68］Bleek W. A Comparative Grammar of South African Languages［M］. London: Trübner &
Co., 1862.

［69］Blench R. Tebul Ure, a Language of the Dogon Group in Northern Mali and Its Affinities. Unpublished Manuscript. Kay Williamson Educational Foundation, 2012a.

[70] Blench R. Yanda, a Language of the Dogon Group in Northern Mali and Its Affinities. Unpublished Manuscript. Kay Williamson Educational Foundation, 2012.

[71] Bliese L. A Generative Grammar of Afar[D]. Dallas: The Summer Institute of Linguistics and the University of Texas at Arlington, 1981.

[72] Bodomo A. The Structure of Dagaare[M]. Stanford: CSLI Publications, 1997.

[73] Boeckx C J Fodor, L Glertman, L Rizzi. Round Table: Language Universals: Yesterday, Today and Tomorrow[M]. In Piattelli-Palmarini M, Uriagereka J, Salaburu P(eds.). Of Minds and Language: a Dialogue with Noam Chomsky in the Basque Country. Oxford: Oxford University Press, 2009: 195-220.

[74] Bolozky S. Israeli Hebrew Phonology[M]. In Kaye A(eds.). Phonologies of Asia and Africa (including the Caucasus). Winona Lake: Eisenbrauns, 1997: 287-312.

[75] Boyeldieu P. Les Langues Fer (《kara》) et Yulu Du Nord Centrafricain Esquisses Descriptives et Lexiques[M]. Paris: Geuthner, 1987.

[76] Bradley D. Lisu [M]. In Thurgood G, LaPolla R (eds.). The Sino-Tibetan Languages. London & New York: Routledge, 2003: 222-235.

[77] Brauner S. A Grammatical Sketch of Shona: Including Historical Notes [M]. Köln: Rüdiger Koppe, 1995.

[78] Bresnan J. African Languages and Syntactic Theories[J]. Studies in the Linguistic Sciences, 1990(20): 35-48.

[79] Brown K, Miller J(eds.). Concise Encyclopedia of Grammatical Categories[M]. Amsterdam: Elsevier, 1999.

[80] Bruce L. The Alamblak Language of Papua New Guinea (East Sepik)[D]. Canberra: Australian National University, 1984.

[81] Brugman J. Segments, Tones and Distribution in Khoekhoe Prosody[D]. Ithaca: Cornell University, 2009.

[82] Buba B, Owens J. Glavda Morphology[M]. In Kaye A(eds.). Morphologies of Asia and Africa 1. Winoan Lake, Ind.: Eisenbrauns, 2007: 641-675.

[83] Butler C. Structure and Function: a Guide to Three Major Structural-functional Theories. Part 2: from Clause to Discourse and Beyond[M]. Amsterdam/Philadelphia: John Benjamins, 2003.

[84] Byamshengo E. An Examination of the Segmental Phonology of Naya[M]. Master Disser-

tation. University of Dares Salaam, 1975.

［85］Bynon-Polak L. A Shi Grammar: Surface Structures and Generative Phonology of a Bantu Language［M］. Tervuren: Musée Royal de l'Afrique Centrale, 1975.

［86］Cahill M. Aspects of the Morphology and Phonology of Konni［D］. Columbus: Ohio State University, 1999.

［87］Camara M. Parlons Malinké［M］. Paris: L'Harmattan, 1999.

［88］Canepari L. A Handbook of Phonetics［M］. München: Lincom Europa, 2005.

［89］Canonici N. Imisindo YesiZulu: An Introduction to Zulu Phonology ［D］. Natal: University of Natal, 1996.

［90］Carlson G. Amount Relatives［J］. Language, 1977, 53(3): 520-542.

［91］Carlson R. A Grammar of Supyire［M］. Berlin & New York: Mouton de Gruyter, 1994.

［92］Carlson R. Event-views and Transitivity in the Supyire Verbal System［J］. Gur Papers, 2000(5): 39-58.

［93］Caron B. Le Haoussa de l'Ader［M］. Berlin: Dietrich Reimer, 1991.

［94］Caron B. Assertion et Préconstruit: Topicalisation et Focalisation Dans Les Langues Afric-aines ［M］. In Caron B (eds.). Topicalisation et Focalisation Dans Les Langues Africaines. Louvain-Paris: Peeters, 2000: 7-43.

［95］Caron B. Depressor Consonants［M］. In Geji M Pette, R Mendes. Special World Congress of African Linguistics 6. Exploring the African Language Connection in the Americas. São Paulo, Brésil. Humanitas, São Paulo (Brésil), 2009: 129-138.

［96］Casali R. ATR Harmony in African Languages［J］. Language and Linguistics Compass, 2008(2): 496-549.

［97］Cassimjee F, C Kisseberth. Optimal Domains Theory and Bantu Tonology: a Case Study from Isixhosa and Shingazidja［M］. In L Hyman, C Kisseberth (eds.). Theoretical Aspects of Bantu Tone. Stanford: Center for the Study of Language and Information, 1998: 33-132.

［98］Cassimjee F, C Kisseberth. Tonal Variation Across Emakhuwa Dialects［M］. In Kaji Shigeki(eds.). Proceedings of the Symposium Cross-Linguistic Studies of Tonal Phenom-ena, Tonogenesis, Typology, and Related Topics (Dec 10-12, 1998; Takinogawa City Hall, Tokyo). Tokyo: Institute for the Study of Languages and Cultures of Asia and Africa (ILCAA), Tokyo Institute of Foreign Studies, 1999: 261-288.

［99］Cerulli E. La lingua Caffina［M］. Roma: Istituto per l'Oriente, 1951.

[100] Chafe W. Givenness, Contrastiveness, Definiteness, Subjects, Topics and Point of View[M]. In C N Li(eds.). Subject and Topic. New York: Academic Press, 1976: 27-55.

[101] Chamora B, R Hetzron. Inor[M]. München: Lincom Europa, 2000.

[102] Chen M. Tone Sandhi: Patterns Across Chinese Dialects[M]. Cambridge: Cambridge University Press, 2000.

[103] Chen W-R. Relative Clauses in Hui'an Dialect[M]. In Chan M, Kang H(eds.). 20th North American Conference on Chinese Linguistics (NACCL-20). Columbus, Ohio: the Ohio State University, 2008: 567-582.

[104] Childs G. A Grammar of Kisi: A Southern Atlantic Language[M]. Berlin & New York: Mouton de Gruyter, 1995.

[105] Childs G. An Introduction to African Languages[M]. Amsterdam/Philadelphia: John Benjamins Publishing Company, 2003.

[106] Chirikba V. Abkhaz[M]. München: Lincom Europa, 2003.

[107] Chomsky N. New Horizons in the Study of Language and Mind[M]. Cambridge: Cambridge University Press, 2000.

[108] Chomsky N. Beyond Explanatory Adequacy[M]. In Belletti A(eds.). Structures and Beyond: the Cartography of Syntactic Structures. Oxford: Oxford University Press, 2004: 104-131.

[109] Chomsky N. Three Factors in Language Design[J]. Linguistic Inquiry, 2005, 36(1): 1-22.

[110] Christiansen-Bolli R. A Grammar of Tadaksahak, a Northern Songhay Lanugage of Mali[D]. Leiden: Leiden University, 2010.

[111] Chung S, A Timberlake. Tense, Aspect, and Mood[M]. In Shopen T(eds.). Language Typology and Syntactic Description 3: Grammatical Categories and the Lexicon. Cambridge: Cambridge University Press, 1985: 202-258.

[112] Cinque G. The Syntax of Relative Clauses: a Unified Analysis[M]. Cambridge: Cambridge University Press, 2020.

[113] Clark M. The Tonal System of Igbo[M]. Dordrecht: Foris, 1990.

[114] Claughton J. The Tonology of Xhosa[D]. Rhodes: Rhodes University, 1992.

[115] Clements G, Goldsmith J. Autosegmental Studies in Bantu Tonology[M]. Dordrecth: Foris, 1984.

[116]Clements G, Keyser S. CV Phonology: a Generative Theory of the Syllable[M]. Cambridge, Massachusetts: MIT Press, 1983.

[117]Clements G, Rialland A. Africa as a Phonological Area[M]. In Heine, Nurse(eds.). A Linguistic Geography of Africa. Cambridge: Cambridge University Press, 2008: 36-85.

[118]Clements G. Vowel Height Assimilation in Bantu Languages[M]. In Hubbard K(eds.). Proceedings of the Special Session on African Language Structures. Berkeley: BLS, 1991: 25-64.

[119]Clements G. Phonology[M]. In Heine, Nurse(eds.). African Languages: an Introduction. Cambridge: Cambridge University Press, 2000: 123-60.

[120]Cloarec-Heiss F. Dynamique et Équilibre D'une Syntaxe: Le Banda-linda de Centrafrique [M]. Paris: Société d'Études Linguistiques et Anthropologiques de France, 1986.

[121]Cloarec-Heiss F. Focalisation et Topicalisation en Banda-linda[M]. In Caron B(eds.). Topicalisation et Focalisation Dans Les Langues Africaines. Louvain-Paris: Peeters, 2000: 45-72.

[122]Coffin E, Bolozky S. A Reference Grammar of Modern Hebrew[M]. Cambridge: Cambridge University Press, 2005.

[123]Cohen M. Traité de Langue Amharique (Abyssinie) [M]. Paris: Institut D'ethnologie, 1936.

[124]Colarusso J. A Grammar of the Kabardian Language [M]. Calgary: University of Calgary Press, 1992.

[125]Cole D. An Introduction to Tswana Grammar[M]. London: Longmans Green, 1955.

[126]Cole P, W Harbert, S Sridhar, S Hashimoto, C Nelson, D Smietana. Noun Phrase Accessibility and Island Constraints[M]. In Cole P, Sadock J(eds.). Grammatical Relations. Syntax and Semantics 8. New York: Academic Press, 1977: 27-46.

[127]Comrie B, Kuteva T. Relativization on Subjects [M]. In Dryer M, Haspelmath M (eds.). The World Atlas of Language Structures Online. Leipzig: Max Planck Institute for Evolutionary Anthropology, 2013. (Available online at http: //wals. info/chapter/ 122, Accessed on 2020-03-04.)

[128]Comrie B, Kuteva T. Relativization on Obliques[S/OL]. In Dryer M, Haspelmath M (eds.). The World Atlas of Language Structures Online. Leipzig: Max Planck Institute for Evolutionary Anthropology, 2013. (Available online at http: //wals. info/chapter/

123, Accessed on 2020-03-04.).

[129] Comrie B, P M Vogel (eds.). Approaches to the Typology of Word Classes [M]. Berlin & New York: Mouton de Gruyter, 2000.

[130] Comrie B. Aspect[M]. Cambridge: Cambridge University Press, 1976.

[131] Comrie B. The Formation of Relative Clause[M]. In Lloyd B, Gay J(eds.). Universals of Human Thought: Some African Evidence. Cambridge: Cambridge University Press, 1981: 215-233.

[132] Comrie B. Tense[M]. Cambridge: Cambridge University Press, 1985.

[133] Comrie B. Language Universals and Linguistic Typology [M]. Oxford: Blackwell, 1989.

[134] Comrie B. Attributive Clauses in Asian Languages: Towards an Areal Typology[M]. In Boeder W, Schroeder C, Wagner K H, Wildgen W(eds.). Sprache in Raum und Zeit: in Memoriam Johannes Bechert, Band 2. Tühingen: Gunter Narr, 1998: 51-60.

[135] Comrie B. Rethinking the Typology of Relative Clauses[J]. Language Design, 1998, 1 (1): 59-86.

[136] Comrie B. The Verb-marking Relative Clause Strategy[J]. Linguistik Indonesia, 2003, 21(1): 1-18.

[137] Comrie B. Syntactic Typology[M]. In Mairal Ricardo, Gil Juana(eds.). Linguistic Universals. Cambridge: Cambridge University Press, 2006: 130-154.

[138] Comrie B. Prenominal Relative Clauses in Verb-object Languages[J]. Language and Linguistics, 2008, 9(4): 723-733.

[139] Connell B, R Hayward, J Ashkaba. Observations on Kunama Tone (Barka Dialect)[J]. Studies in African Linguistics, 2000, 29(1): 1-41.

[140] Conrad R J, K Wogiga. An Outline of Bukiyip Grammar[D]. Canberra: Australian National University, 1991.

[141] Contini-Morava E. Swahili Phonology[M]. In Kaye A, Daniels P(eds.). Phonologies of Asia and Africa. Winona Lake, Indiana: Eisenbrauns, 1997: 841-860.

[142] Cope A. Zulu Phonology, Tonology and Tonal Grammar [D]. University of Natal, 1966.

[143] Corbett G. Gender[M]. Cambridge: Cambridge University Press, 1991.

[144] Corbett G. Number[M]. Cambridge: Cambridge University Press, 2000.

[145] Corbett G. Number of Genders[S/OL]. In Dryer M, Haspelmath M(eds.). The World

Atlas of Language Structures Online. Leipzig：Max Planck Institute for Evolutionary Anthropology. (Available Online at http：//wals. info/chapter/30, Accessed on 2019-08-15.)

[146]Corbett G. Systems of Gender Assignment[M]. In Dryer M, Haspelmath M(eds.). The World Atlas of Language Structures Online. Leipzig：Max Planck Institute for Evolutionary Anthropology, 2013. (Available Online at http：//wals. info/chapter/32, Accessed on 2019-08-15.)

[147]Corbett G. Sex-based and Non-sex-based Gender Systems [S/OL]. In Dryer M, Haspelmath M (eds.). The World Atlas of Language Structures Online. Leipzig：Max Planck Institute for Evolutionary Anthropology, 2013. (Available Online at http：// wals. info/chapter/31, Accessed on 2019-08-15.)

[148]Coupez A. La Tonalité du Protobantou. Unpublished Manuscript. Tervuren：Musée Royal de 1'Afrique Centrale, 1980.

[149]Courtenay K. On the Nature of the Bambara Tone System[J]. Studies in African Linguistics, 1974, 5(3)：303-323.

[150]Courtney E H. Adult and Child Production of Quechua Relative Clauses[J]. First Language, 2006, 26(3)：317-338.

[151]Crane T. Beyond Time：Temporal and Extra-temporal Functions of Tense and Aspect Marking in Totela, a Bantu Language of Zambia[D]. Berkeley, CA：University of California, 2011.

[152]Crass J, R Meyer. Ethiopia[M]. In Bernd Heine, Derek Nurse (eds.). A Linguistic Geography of Africa. Cambridge：Cambridge University Press, 2008：228-249.

[153]Crazzolara J P. A Study of the Logbara (Mádi) Language[M]. Oxford：Oxford University Press, 1960.

[154]Creider C, J Denny. The Semantics of Noun Classes in Proto-Bantu[M]. In R Herbert (eds.). Patterns in Language, Culture, and Society：Sub-Saharan Africa (Proceedings of the Symposium on African Language, Culture, and Society). Columbus, OH：Ohio State University, 1975：142-163.

[155]Creissels D G Dimmendaal, Z Frajzyngier, C König. Africa as a Morphosyntactic Area[M]. In Heine B, Nurse D(eds.). A Linguistic Geography of Africa. Cambridge：Cambridge University Press, 2008：86-150.

[156] Creissels D. African Language Structures [M]. Berkeley：University of California

Press, 1973.

[157] Creissels D. Description des Langues Négro-africaines et Théorie Syntaxique [M]. Grenoble: Editions Littéraires et Linguistiques de l'Université de Grenoble, 1991.

[158] Creissels D. Aperçu Sur les Structures Phonologiques des Langues Négro-africaines[M]. Grenoble: ELLUG, Université Stendhal, 1994.

[159] Creissels D. Expansion and Retraction of High Tone Domains in Setswana[M]. In L Hyman, C Kisseberth(eds.). Theoretical Aspects of Bantu Tone. Stanford, CA: Center for the Study of Language and Information, 1998: 133-194.

[160] Creissels D. Typology[M]. In Heine Bemd, Nurse Derek(eds.). African Languages: an Introduction. Cambridge: Cambridge University Press, 2000: 231-258.

[161] Creissels D. Syntaxe Générale: une Introduction Typologique [M]. Paris: Hermès, 2006.

[162] Creissels D. Participles and Finiteness: The Case of Akhvakh[J]. Linguistic Discovery, 2009, 7(1): 106-130.

[163] Creissels D. Le Malinké de Kita[M]. Cologne: Rüdiger Köppe, 2009.

[164] Cristofaro S. Subordination[M]. Oxford: Oxford University Press, 2003.

[165] Croft W. Typology and Universals[M]. Cambridge: Cambridge University Press, 1990.

[166] Croft W. Syntactic Categories and Grammatical Relation: the Cognitive Organization of Information[M]. Chicago and London: The University of Chicago Press, 1991.

[167] Croft W. Typology and Universals[M]. Cambridge: Cambridge University Press, 2003.

[168] Culicover P. Parasitic Gaps: A History[M]. In P Culicover, P Postal (eds.). Parasitic Gaps. Cambridge, MA: The MIT Press, 2001: 3-68.

[169] Cyffer N. Kanuri Morphology[M]. In Kaye A(eds.). Morphologies of Asia and Africa. Winona Lake, Indiana: Ensenbrauns, 2007: 1089-1027.

[170] Dahl Ö, Velupillai V. The Past Tense[S/OL]. In Dryer M, Haspelmath M(eds.). The World Atlas of Language Structures Online. Leipzig: Max Planck Institute for Evolutionary Anthropology. (Available Online at http://wals.info/chapter/66, Accessed on 2019-08-18.)

[171] Dahl Ö, Velupillai V. The Future Tense[S/OL]. In Dryer M, Haspelmath M(eds.). The World Atlas of Language Structures Online. Leipzig: Max Planck Institute for Evolutionary Anthropology. (Available Online at http://wals.info/chapter/67, Accessed on 2019-08-18.)

[172] Dahl Ö, Velupillai V. Perfective/Imperfective Aspect [S/OL]. In Dryer M, Haspelmath M (eds.). The World Atlas of Language Structures Online. Leipzig: Max Planck Institute for Evolutionary Anthropology. (Available Online at http://wals.info/chapter/65, Accessed on 2019-08-19.)

[173] Dahl Ö, Velupillai V. The Perfect [S/OL]. In Dryer M, Haspelmath M (eds.). The World Atlas of Language Structures Online. Leipzig: Max Planck Institute for Evolutionary Anthropology. (Available Online at http://wals.info/chapter/68, Accessed on 2019-08-19.)

[174] Dahl Ö. Typology of Sentence Negation [J]. Linguistics, 1979(17): 79-106.

[175] Dahl Ö. Tense and Aspect Systems [M]. Oxford: Basil Blackwell, 1985.

[176] Dahl Ö. Typology of Negation [M]. In Horn L (eds.). The Expression of Negation. Berlin & New York: Mouton de Gruyter, 2010: 9-38.

[177] Davies John. Kobon (Lingua Descriptive Series 3) [M]. Amsterdam: North Holland, 1981.

[178] De Cat C. French Dislocation: Interpretation, Syntax, Acquisition [M]. Oxford: Oxford University Press, 2007.

[179] de Haan S. Speech Acts [M]. In A Baker, K Hengeveld (eds.). Linguistics. Oxford: Wiley-Blackwell, 2012: 103-119.

[180] de Vries M. Patterns of Relative Clauses [J]. Linguistics in Netherlands, 2001(18): 231-243.

[181] de Vries M. The Syntax of Relativization [D]. Amsterdan: University of Amsterdam, 2002.

[182] de Vries M. The Fall and Rise of Universals on Relativization [J]. Journal of Universal Language, 2005, 6(1): 125-157.

[183] DeLancey S. Nominalization and Relativization in Bodic [M]. In Chew Patrick (eds.). Proceedings of the Twenty-eighth Annual Meeting of the Berkeley Linguistic Society, Special Session on Tibeto-Burman and Southeast Asian Linguistics, in Honor of Prof. James A. Matisoff. Berkeley: Berkeley Linguistic Society, 2002: 55-72.

[184] DeLancey S. Lhasa Tibetan [M]. In Thurgood G, LaPolla R (eds.). The Sino-Tibetan Languages. London & New York: Routledge, 2003: 270-288.

[185] Delancey S. Finite Structures from Clausal Nominalization in Tibeto-Burman [M]. In Yap Foong Ha Grunow-Hårsta Karen, Wrona Janick (eds.). Nominalization in Asian

Languages: Diachronic and Typological Perspectives. Amsterdam/Philadelphia: John Benjamins, 2011: 343-360.

[186] Delplanque A. La Place du Contexte Dans Théorie de l'énoncé: Topicalisation et Focalisation en Dagara[M]. In Caron Bernard (eds.). Topicalisation et Focalisation Dans les Langues Africaines. Louvain-Paris: Peeters, 2000: 73-113.

[187] Demolin D. The Phonetics and Phonology of Glottalized Consonants in Lendu[M]. In B Connell, A Arvaniti (eds.). Phonology and Phonetic Evidence: Papers in Laboratory Phonology 4. Cambridge: Cambridge University Press, 1995.

[188] Deutscher G. The Rise and Fall of a Rogue Relative Construction[J]. Studies in Language, 2001, 25(3): 405-422.

[189] Diagne P. Grammaire de Wolof Moderne[M]. Présence Africaine, Paris, France, 1971.

[190] Diamond J. Guns, Germs, and Steel: The Fates of Human Societies[M]. New York/London: W. W. Norton & Co, 1997.

[191] Dickens P. A Concise Grammar of Ju | 'hoan With a Jul'hoan-English Glossary and a Subject Index[M]. Köln: Rüdiger Köppe Verlag, 2005.

[192] Dik S. The Theory of Functional Grammar [M]. Berlin & New York: Mouton de Gruyter, 1997.

[193] Dimmendaal G, A Storch. Niger-Congo: A Brief State of the Art[G/OL] (2016-11-11). [2018-11-27]. Oxford Handbooks Online. Oxford: Oxford University Press. http://www. oxfordhandbooks. com/view/10. 1093/oxfordhb/9780(1999)35345. 001. 0001/oxfordhb-9780(1999)35345-e-3.

[194] Dimmendaal G. The Turkana Language[M]. Dordrecht: Foris, 1983.

[195] Dimmendaal G. Morphology[M]. In B Heine, D Nurse (eds.). African Languages: an Introduction. Cambridge: Cambridge University Press, 2000: 161-193.

[196] Dimmendaal G. Historical Linguistics and the Comparative Study of African Languages [M]. Amsterdam/Philadelphia: John Benjamins Publishing Company, 2011.

[197] Dimmendaal G. Nilo-Saharan Languages [M]. Encyclopædia Britannica Online. Encyclopædia Britannica, inc, 2017. Access Date: November 27, (2018). https://www. britannica. com/topic/Nilo-Saharan-languages.

[198] Dimmendaal G. Nilo-Saharan and Its Limits[M]. In Vossen R, Dimmendaal G(eds.), The Oxford Handbook of African Languages. Oxford: Oxford University Press, 2020: 364-382.

［199］Dimmendaal G, R Vossen. Introduction［M］. In Vossen R, Dimmendaal G(eds.), The Oxford Handbook of African Languages. Oxford: Oxford University Press, 2020: 3-10.

［200］Diouf J-L. Grammaire du Wolof Contemporain［M］. Karthala, Paris, France, 2003.

［201］Dixon R M W. The Dyirbal Language of North Queensland［M］. Cambridge: Cambridge University Press, 1972.

［202］Dixon R M W. Ergativity［M］. Cambridge: Cambridge University Press, 1994.

［203］Dixon R M W. Adjective Classes in Typological Perspective［M］. In Dixon R M W, Aikhenvald Alexandra Y(eds.). Adjective Classes: a Cross-linguistic Typology. Oxford: Oxford University Press, 2004: 1-49.

［204］Dixon R M W. Basic Linguistic Theory［M］. Oxford: Oxford University Press, 2010.

［205］Dobrushina N, S Tatevosov. Usage of Verbal Forms［M］. In Kibrik Alexandr E, Tatevosov Sergej G, Eulenberg Alexander (eds.). Godoberi. München: Lincom Europa, 1996: 91-107.

［206］Doke C. The Southern Bantu Languages［M］. Oxford: Oxford University Press, 1954.

［207］Doke C. Textbook of Zulu Grammar［M］. Cape Town: Maskew Miller Longman, 1992.

［208］Doke C. The Phonetics of the Zulu Language［M］. München: Lincom Europa, 2012.

［209］Dominique C. L'arabe Marocain［M］. Louvain-Paris: Peeters, 1993.

［210］Downing B. Some Universals of Relative Clause Structure［M］. In Greenberg Joseph H, Ferguson Charles A, Moravcsik Edith A (eds.). Universals of Human Language. Stanford: Stanford University Press, 1978: 375-418.

［211］Downing L. Problems in Jita Tonology［D］. Illinois: University of Illinois at Urbana-Champaign, 1990.

［212］Downing L J. The Emergence of the Marked: Tone in Some African Reduplicative Systems［M］. In B Hurch (eds.). Studies on Reduplication. Berlin & New York: Mouton de Gruyter, 2005: 89-133.

［213］Downing L, A Rialland, C Patin, K Riedel. Introduction［M］. In Downing Laura Rialland Annie Beltzung Jean-Marc Manus Sophie Patin Cédric, Riedel Kristina (eds.). Papers from the Workshop on Bantu Relative Clauses, 2010.

［214］Dowty D. Thematic Proto-roles and Argument Selection［J］. Language, 1991(67): 547-619.

［215］Dramé M. Parlons Mandinka［M］. Paris: L'Harmattan, 2003.

［216］Drubig H, Schaffar W. Focus Constructions［M］. In M Haspelmath, E König, W Oesterreicher (eds.). Language Typology and Language Universals/Sprachtypologie und Sprachliche Universalien/La Typologie des Langues et les Universaux Linguistiques: an International Handbook/Ein Internationales Handbuch/Manuel International. Berlin & New York: Mouton de Gruyter, 2001: 1079-1104.

[217] Dryer M. Large Linguistic Areas and Language Sampling [J]. Studies in Language, 1989(13): 257-292.

[218] Dryer M. SOV Language and the OV: VO Typology[J]. Journal of Linguistics, 1991, 27(2): 443-482.

[219] Dryer M. Word Order [M]. In Shopen T (eds.). Language Typology and Syntactic Description. Cambridge: Cambridge University Press, 2007: 61-131.

[220] Dryer M. Coding of Nominal Plurality[S/OL]. In Dryer M, Haspelmath M(eds.). The World Atlas of Language Structures Online. Leipzig: Max Planck Institute for Evolutionary Anthropology. (Available Online at http://wals.info/chapter/33, Accessed on 2019-08-07.)

[221] Dryer M. Definite Articles [S/OL]. In Dryer M, Haspelmath M (eds.). The World Atlas of Language Structures Online. Leipzig: Max Planck Institute for Evolutionary Anthropology. (Available Online at http://wals.info/chapter/37, Accessed on 2019-08-18.)

[222] Dryer M. Position of Tense-Aspect Affixes[S/OL]. In Dryer M, Haspelmath M(eds.). The World Atlas of Language Structures Online. Leipzig: Max Planck Institute for Evolutionary Anthropology. (Available Online at http://wals.info/chapter/69, Accessed on 2019-08-19.)

[223] Dryer M. Polar Questions[S/OL]. In Dryer M, Haspelmath M(eds.). The World Atlas of Language Structures Online. Leipzig: Max Planck Institute for Evolutionary Anthropology. (Available Online at http://wals.info/chapter/116, Accessed on 2020-01-30.)

[224] Dryer M. Position of Polar Question Particles [S/OL]. In Dryer M, Haspelmath M (eds.). The World Atlas of Language Structures Online. Leipzig: Max Planck Institute for Evolutionary Anthropology. (Available Online at http://wals.info/chapter/92, Accessed on 2020-01-30.)

[225] Dryer M. Position of Interrogative Phrases in Content Questions[S/OL]. In Dryer M, Haspelmath M (eds.). The World Atlas of Language Structures Online. Leipzig: Max Planck Institute for Evolutionary Anthropology. (Available Online at http://wals.info/

chapter/93, Accessed on 2020-01-30.)

[226] Dryer M. Order of Relative Clause and Noun [S/OL]. In Dryer M, Haspelmath M (eds.). The World Atlas of Language Structures Online. Leipzig: Max Planck Institute for Evolutionary Anthropology. (Available Online at http://wals.info/chapter/90, Accessed on 2020-02-08.)

[227] Dryer M. Order of Subject, Object and Verb [S/OL]. In Dryer M, Haspelmath M (eds.). The World Atlas of Language Structures Online. Leipzig: Max Planck Institute for Evolutionary Anthropology. (Available Online at http://wals.info/chapter/81, Accessed on 2020-02-29.)

[228] Dumestre G. Grammaire Fondamentale du Bambara[M]. Paris: Karthala, 2003.

[229] Easterday S. Highly Complex Syllable Structure: a Typological and Diachronic Study [M]. Berlin Language Science Press, 2019.

[230] Ekkehard Wolff H. Afro-Asiatic Languages [S/OL]. Encyclopædia Britannica Online. Encyclopædia Britannica, inc. Access Date: November 27, (2018). https://www.britannica.com/topic/Afro-Asiatic-languages#ref278108.

[231] Ekkehard Wolff H(eds.). A History of African Linguistics[M]. Cambridge: Cambridge University Press, 2019.

[232] Eme C, Uba E. A Contrastive Study of the Phonology of Igbo and Yoruba[J]. UJAH: Unizik Journal of Arts and Humanities, 2016, 17(1): 65-84.

[233] Emeneau M. India as a Linguistic Area[J]. Language, 1956, 32 (1): 3-16.

[234] Epps P. A grammar of Hup[M]. Berlin & New York: Mouton de Gruyter, 2008.

[235] Ernest A-M. Introduction to Moroccan Arabic[D]. Michigan: University of Michigan, 1982.

[236] Etsio E. Parlon Lingaga[M]. Paris: L'Harmattan, 2003.

[237] Evans N. A-quantifiers and Scope in Mayali[M]. In Emmon Bach, Eloise Jelenek, Angelika Kratzer, Barbara Partee (eds.). Quantification in Natural Languages I (Studies in Linguisticsand Philosophy 54). Dordrecht: Kluwer, 1995: 207-270.

[238] Evans N. Word Classes in the World's Languages[M]. In Booij G, C Lehmann, J Mugdan (eds.). Morphologie/Morphology: Ein Internationales Handbuch zur Flexion und Wortbildung/An International Handbook on Inflection and Word-formation. Berlin & New York: Mouton de Gruyter, 2000.

[239] Fabb N. Relative Clauses[M]. In Brown K, Miller J(eds.). Concise Encyclopedia of

Grammatical Categories. Oxford: Elsevier, 1999: 319-324.

[240]Fardon R, Furniss G(eds.). African Languages, Development and the State[M]. London & New York: Routledge, 1994.

[241]Ferguson C. The Ethiopian Language Area[J]. The Journal of Ethiopian Studies, 1970, 8(2): 67-80.

[242]Ferguson C. The Ethiopian Language Area[M]. In M Lionel Bender, J Donald Bowen, R L Cooper, C A(eds.). Ferguson Language in Ethiopia. Oxford: Oxford University Press, 1976: 63-76.

[243]Feuillet J. Introduction à la Typologie Linguistique [M]. Paris: Honoré Champion, 2006.

[244]Fiedler I, A Schwartz. Information Structure Marking in Sandawe Texts[M]. In Fiedler I, Schwartz A(eds.). The Expression of Information Structure: a Documentation of Tis Diversity Across Africa. Amsterdam/Philadelphia: John Benjamins Publishing Company, 2010: 1-34.

[245]Filip H. Lexical Aspect[M]. In Binnick R I(eds.). The Oxford Handbook of Tense and Aspect. Oxford: Oxford University Press, 2012.

[246]Foley W. The Papuan Languages of New Guinea [M]. Cambridge: Cambridge University Press, 1986.

[247]Foley W. A Typology of Information Packaging in the Clause[M]. In T Shopen(eds.). Language Typology and Syntactic Description: Clause Structure (2nd eds.). Cambridge: Cambridge University Press, 2007: 362-446.

[248]Fortune George. Elements of Shona[M]. London: Longman, 1967.

[249]Frajzyngier Z, Johnston E, Edwards A. A Grammar of Mina[M]. Berlin & New York: Mouton de Gruyter, 2005.

[250]Frajzyngier Z, Shay E. Introduction[M]. In Frajzyngier Zygmunt, Shay Erin (eds.). The Afroasiatic Languages. Cambridge: Cambridge University Press, 2012: 1-17.

[251]Frajzyngier Z, Shay E. Chadic[M]. In Frajzyngier Z, Shay E(eds.). The Afroasiatic Languages. Cambridge: Cambridge University Press, 2012: 236-341.

[252]Frajzyngier Z. A Grammar of Lele [M]. Stanford Monogaphs in African Linguistics. Stanford: CSLI, 2001.

[253] Frajzyngier Z. Typological Outline of the Afroasiatic Phylum [M]. In Frajzyngier Z, Shay E (eds.). The Afroasiatic Languages. Cambridge: Cambridge University Press,

2012：505-624.

[254] Frascarelli M, Hinterhölzel R. Types of Topics in German and Italian [M]. In K Schwabe, S Winkler (eds.). On Information Structure, Meaning and Form. Amsterdam：John Benjamins, 2007：87-116.

[255] Fromkin V (eds.). Tone, a Linguistic Survey [M]. New York/San Francisco/London：Academic Press, 1978.

[256] Gamble D, L Salmon, M Baldeh. Firdu-Fula Grammar (Gambian Dialect), San Francisco：Department of Anthropology [M]. San Francisco：San Francisco State University, 1993.

[257] Genetti C. A Grammar of Dolakha Newar [M]. Berlin & New York：Mouton de Gruyter, 2007.

[258] Genetti C. Nominalization in Tibeto-Burman Languages of the Himalayan Area：A Typological Perspective [M]. In Yap Foong Ha, Grunow-Hårsta Karen, Wrona Janick (eds.). Nominalization in Asian Languages：Diachronic and Typological Perspectives. Amsterdam/Philadelphia：John Benjamins, 2011：163-194.

[259] Gerhardt L. Reflections on the History of African Language Classification [M]. In Vossen R, Dimmendaal G (eds.). The Oxford Handbook of African Languages. Oxford：Oxford University Press, 2020：125-136.

[260] Gil D. Distributive Numerals [S/OL]. In Dryer M, Haspelmath M (eds.) The World Atlas of Language Structures Online. Leipzig：Max Planck Institute for Evolutionary Anthropology. (Available Online at http：//wals. info/chapter/54, Accessed on 2019-08-21.)

[261] Givón T. Syntax：An Introduction [M]. Amsterdam/Philadelphi：John Benjamins, 2001.

[262] Glinert L. The Gramma Rof Modern Hebrew [M]. Cambridge：Cambridge University Press, 1989.

[263] Göksel A, C Kerslake. Turkish：A Comprehensive Grammar [M]. London & New York：Routledge, 2005.

[264] Gołąb Z, V Friedman. The Relative Clause in Slavic [M]. In Peranteau Paul M, Levi Judith N, Phares Gloria C (eds.). The Chicago Which Hunt. Papers from the Relative Clause Festival. Chicago：Chicago Linguistic Society, 1972：30-46.

[265] Goldsmith J. Autosegmental Phonology [M]. Cambridge, MA：Massachusetts Institute of Technology Dissertation, 1976.

［266］Goldsmith J. An Overview of Autosegmental Phonology［J］. Linguistic Analysis, 1976
　　　（2）: 23-68.

［267］Gómez-González M. The Theme-topic Interface: Evidence from English［M］. Amster-
　　　dam/Philadelphia: John Benjamins, 2000.

［268］Good J. Topic and Focus Fields in Naki［M］. In Fiedler I, Schwartz A（eds.）. The Ex-
　　　pression of Information Structure: a Documentation of Tis Diversity Across
　　　Africa. Amsterdam/Philadelphia: John Benjamins Publishing Company, 2010: 35-68.

［269］Good J. Niger-Congo, with a Special Focus on Benue-Congo［M］. In Vossen R, Dim-
　　　mendaal G（eds.）. The Oxford Handbook of African Languages. Oxford: Oxford Univer-
　　　sity Press, 2020: 139-160.

［270］Goodman M, G Dimmendaal. Nilo-Saharan Languages. Encyclopædia Britannica［DB/
　　　OL］. https: //www. britannica. com/topic/Nilo-Saharan-languages.

［271］Gordon M. Phonological Typology［M］. Oxford: Oxford University Press, 2016.

［272］Graffi G. The Pioneers of Linguistic Typology: from Gabelentz to Greenberg［M］. In
　　　Song J J（eds.）. The Oxford Handbook of Linguistic Typology. Oxford: Oxford Univer-
　　　sity Press, 2011: 25-42.

［273］Gragg G, R Hoberman. Semitic［M］. In Frajzyngier Z, Shay E（eds.）. The Afroasiatic
　　　Languages. Cambridge: Cambridge University Press, 2012: 145-235.

［274］Green C. Prosodic Phonology in Bamana（Bambara）: Syllable Complexity, Metrical
　　　Structure and Tone［D］. Bloomington: Indiana University, 2010.

［275］Greenberg J. The Classification of African Languages［J］. American Anthropologist,
　　　1948（50）: 24-30.

［276］Greenberg J. The Languages of Africa［M］. Bloomington: Indiana University Press,
　　　1955、1963、1966、1970.

［277］Greenberg J. Africa as a Linguistic Area［M］. In William Bascom, Melville Herskovitz
　　　（eds.）. Continuity and Change in African Cultures. Chicago: Chicago University Press,
　　　1959: 15-27.

［278］Greenberg J. A Quantitative Approach to the Morphological Typology of Language［J］.
　　　International Journal of American Linguistics, 1960, 26（3）: 178-194.

［279］Greenberg J. Some Universals of Grammar with Particular Reference to the Order of
　　　Meaningful Elements［M］. In Greenberg J H（eds.）. Universals of Language.
　　　Cambridge, Massachusetts: MIT Press, 1963: 58-90.

［280］Greenberg J. Niger-Congo Noun Class Markers：Prefixes, Suffixes, Both or Neither［J］. Studies in African Linguistics, 1977(7)：97-104.

［281］Greenberg J. How Does a Language Acquire Gender Markers？［M］. In Joseph H Greenberg, Charles A Ferguson, Edith A Moravcsik (eds.). Universals of Human Language. Stanford：Stanford University Press, 1978：47-82.

［282］Grosu A, F Landman. Strange Relatives of the Third Kind［J］. Natural Language Semantics, 1998(6)：125-170.

［283］Grosu A. Strange Relatives at the Interface of Two Millenia［J］. Glot International, 2002, 6(6)：145-167.

［284］Güldemann T, Vossen R. Khoisan［M］. In Heine, Nurse(eds.). African Languages：an Introduction. Cambridge：Cambridge University Press, 2000：99-122.

［285］Güldemann T. Typology［M］. In Vossen R(eds.). The Khoesan Languages. London & New York：Routledge, 2013：25-37.

［286］Güldemann T. Taa (East！Xoon Dialect)［M］. In Vossen R(eds.). The Khoesan Languages. London & New York：Routledge, 2013：75-83.

［287］Gundel J, Hedberg N, Zacharski R. Cognitive Status and the Form of Referring Expressions in Discourse［J］. Language, 1993(69)：274-307.

［288］Gussenhoven C. The Phonology of Tone and Intonation［M］. Cambridge：Cambridge University Press, 2004.

［289］Guthrie M. The Classification of the Bantu Languages［M］. Oxford：Oxford University Press, 1948.

［290］Gutt E H Mussa, E Gut. Silt'e-Amharic-English Dictionary (With a Concise Grammar)［M］. Addis Ababa：Addis Ababa University Press, 1997.

［291］Haacke W. Namibian Khoekhoe and！Gora［M］. In Vossen R(eds.). The Khoesan Languages. London & New York：Routledge, 2013：51-56.

［292］Haacke W. Namibian Khoekhoe［M］. In Vossen R (eds.). The Khoesan Languages. London & New York：Routledge, 2013：96-97.

［293］Haacke W.！Gora［M］. In Vossen R(eds.). The Khoesan Languages. London & New York：Routledge, 2013：340-347.

［294］Haegeman L. Introduction to Government and Binding Theory (2nd eds.)［M］. Oxford：Blackwell, 1994.

［295］Hajek H. On Doubly Articulated Labial-velar Stops and Nasals in Tibeto-Burman［J］.

Linguistics of the Tibeto-Burman Area, 2006(29): 127-135.

[296] Haji č ová E, Partee B, Sgall P. Topic-focus Articulation, Tripartite Structures, and Semantic Content[M]. Dordrecht: Kluwer, 1998.

[297] Halle M, A Marantz. Distributed Morphology and the Pieces of Inflection[M]. In K Hale, S Keyser(eds.). The View from Building 20. Cambridge, Massachusetts: The MIT Press, 1993: 111-176.

[298] Halliday M A K. Intonation and Grammar in British English[M]. The Hague: Mouton, 1967.

[299] Hantgan A. Dogon Languages and Linguistics: a Comprehensive Annotated Bibliography [G]. Unpublished Manuscript, 2007.

[300] Haspelmath M. A Grammar of Lezgian[M]. Berlin & New York: Mouton de Gruyter, 1993.

[301] Haspelmath M. Converb[M]. In Brown Keith, Miller Jim(eds.). Concise Encyclopedia of Grammatical Categories. New York: Elsevier, 1999: 110-115.

[302] Haspelmath M. Comparative Concepts and Descriptive Categories in Crosslinguistic Studies[J]. Language, 2010(86): 663-687.

[303] Haspelmath M. The Interplay Between Comparative Concepts and Descriptive Categories (Reply to Newmeyer)[J]. Language, 2010(86): 696-699.

[304] Haspelmath M. Occurrence of Nominal Plurality[S/OL]. In Dryer M, Haspelmath M (eds.) The World Atlas of Language Structures Online. Leipzig: Max Planck Institute for Evolutionary Anthropology. (Available Online at http://wals.info/chapter/34, Accessed on 2019-08-12.)

[305] Hawkins J. Word Order Universals[M]. New York: Academic Press, 1983.

[306] Hawkins J. A Performance Theory of Order and Constituency[M]. Cambridge: Cambridge University Press, 1994.

[307] Hayward R. Bayso Revisited: Some Preliminary Linguistic Observations 2[G]. Bulletin of the School of Oriental and African Studies 1. University of London, 1979: 101-132.

[308] Hayward R. The Wolaytta Language[M]. Heidelberg: Carl Winter, 1993.

[309] Hayward R. Afroasiatic[M]. In Heine, Nurse(eds.). African Languages: an Introduction. Cambridge: Cambridge University Press, 2000: 74-98.

[310] Hayward R J. Omotic: the 'Empty Quarter' of Afroasiatic Linguistics[M]. In Lecarme J (eds.). Research in Afroasiatic Grammar 2. Amsterdam/Philadelphia: John Benjamins

Publishing Company, 2003: 241-262.

[311] Hayward Richard. Bayso Revisited: Some Preliminary Linguistic Observations 1 [J]. Bulletin of the School of Oriental and African Studies, 1978, 41(3): 539-570.

[312] Heath J. Moroccan Arabic Phonology [M]. In A Kaye (eds.). Phonologies of Asia and Africa (Including the Caucasus). Winona Lake: Eisenbrauns, 1997: 205-218.

[313] Heath J. A Grammar of Dogon of Tabi-Sarynyere (Toro Tegu) Tabi Dialect [G]. Unpublished Manuscript. University of Michigan, 2008.

[314] Heath J. A Grammar of Najamba Dogon (Bondu-So) [G]. Unpublished Manuscript. University of Michigan, 2009.

[315] Heath J. A Grammar of Dogon of Beni (Ben Tey) [G]. Unpublished Manuscript. University of Michigan, 2010.

[316] Heath J. A grammar of Bunoge (Dogon, Mali) [G]. Unpublished Manuscript. Language Description Heritage Library, 2017.

[317] Heine B, König C. Northern Khoesan: ! Xun [M]. In Vossen R (eds.). The Khoesan Languages. London & New York: Routledge, 2013: 293-325.

[318] Heine B, Nurse D (eds.). African Languages: an Introduction [M]. Cambridge: Cambridge University Press, 2000.

[319] Heine B, Nurse D. Introduction [M]. In B Heine, D Nurse (eds.). African Languages: an Introduction. Cambridge: Cambridge University Press, 2000: 1-10.

[320] Heine B, Nurse D (eds.). A Linguistic Geography of Africa [M]. Cambridge: Cambridge University Press, 2008.

[321] Heine B. Language Typology and Convergence Areas in Africa [J]. Linguistics, 1975 (144): 27-47.

[322] Heine B. A Typology of African Languages Based on the Order of Meaningful Elements [M]. Berlin: Dietrich Reimer, 1976.

[323] Heine B. Africa as a Linguistic Area [M]. In K Brown, S Ogilvie (eds.). Concise Encyclopedia of Languages of the World. Amsterdam: Elsevier, 2008: 3-7.

[324] Hellwig B. Serial Verb Construction in Goemai [M]. In Aikhenvald Alexandra Y, Dixon R M W (eds.). Serial Verb Constructions: A Cross-Linguistic Typology. Oxford: Oxford University Press, 2006: 88-107.

[325] Henderson B. The Syntax of Agreement in Bantu Relatives [M]. In Frederick Hoyt Nikki Seifert Alexandra Teodorescu, Jessica White (eds.). Texas Linguistics Society 9: Mor-

phosyntax of Underrepresented Languages, 2007: 167-184.

[326]Henderson B. African Languages and Syntactic Theory: Impacts and Directions[M]. In Bokamba Eyamba Shosted R, Ayalew Bezza (eds.). Selected Proceedings of the 40th Annual Conference on African Linguistics: African Languages and Linguistics Today. Somerville, MA: Cascadilla Proceedings Project, 2011: 1-25.

[327]Hengeveld K. Linguistic Typology[M]. In Mairal Ricardo, Gil Juana(eds.). Linguistic Universals. Cambridge: Cambridge University Press, 2006: 46-66.

[328] Herbert Robert K. Language Universals, Markedness Theory, and Natural Phonetic Processes[M]. Berlin & New York: Mouton de Gruyter, 1986.

[329]Herring Susan C. Nominalization, Relativization, and Attribution in Lotha, Angami, and Burmese[J]. Linguistics of the Tibeto-Burman Area, 1991, 14(1): 55-72.

[330]Hetzron R(eds.). The Semitic Languages[M]. London & New York: Routledge, 1997.

[331]Hewitt B. The Relative Clause in Abkhaz (Abžui dialect)[J]. Lingua, 1979(47): 151-188.

[332]Hewitt B. The Typology of Subordination in Georgian and Abkhaz[M]. Berlin & New York: Mouton de Gruyter, 1987.

[333]Hoberman R. Current Issues in Semitic Phonology[M]. In Goldsmith J(eds.). The Handbook of Phonological Theory. Cambridge, Massachusetts: Blackwell, 2006: 839-847.

[334]Hock H. Principles of Historical Linguistics (Second Revised and Updated Edition)[M]. Berlin & New York: Mouton de Gruyter, 2001.

[335]Hockett C. A Course in Modern Linguistics[M]. New York: McMillan, 1958.

[336]Holes Clive. Modern Arabic Structures, Functions and Varieties[M]. Washington, D. C. : Georgetown University Press, 2004.

[337]Hombert J-M. Consonant Types, Vowel Quality and Tone[M]. In V Fromkin(eds.). Tone: A Linguistic Survey. New York: Academic Press, 1978: 77-111.

[338]Honken H. Genetic Relationships: an Overview of the Evidence[M]. In Vossen R (eds.). The Khoesan Languages. London & New York: Routledge, 2013: 13-24.

[339]Honken H. Eastern ǂHoan[M]. In Vossen R(eds.). The Khoesan Languages. London & New York: Routledge, 2013: 249-261.

[340]Honken H. Khoisan[M]. In Vossen R, Dimmendaal G(eds.). The Oxford Handbook of African Languages. Oxford: Oxford University Press, 2020: 419-427.

［341］Hu J-h, Pan H-h. Decomposing the Aboutness Condition for Chinese Topic Constructions［J］. The Linguistic Review, 2009(26): 371-384.

［342］Hualde J, Ortiz de Urbina J. A Grammar of Basque［M］. Berlin & New York: Mouton de Gruyter, 2003.

［343］Hudson G. Amharic and Argobba［M］. In Hetzron R (eds.). The Semitic Languages. London & New York: Routledge, 1997.

［344］Huehnergard J. Grammar of Akkadian［M］. Harvard: Eisenbrauns, 2011.

［345］Hutchison J. Major Constituent Case Marking in Kanuri［M］. In Gerrit J Dimmendaal (eds.). Current Approaches to African Linguistics 3. Leiden: Foris Publications, 1986: 191-208.

［346］Hyman L, Kisseberth C (eds.). Theoretical Aspects of Bantu Tone［M］. Stanford: Center for the Study of Language and Information, 1998.

［347］Hyman L, R Schuh. Universals of Tone Rules: Evidence from West Africa［J］. Linguistic Inquiry, 1974, 5(1): 81-115.

［348］Hyman L, R Schuh. Universals of Tone Rules: Evidence from West Africa［J］. Linguistic Inquiry, 1974(5): 81-115.

［349］Hyman L. Consonant Types & Tone［M］. Los Angeles: University of Southern California Department of Linguistics, 1973.

［350］Hyman L. The Interaction Between Focus and Tone in Bantu［M］. In G Rebuschi, L Tuller(eds.). The Grammar of Focus. Amsterdam: John Benjamins, 1999: 151-177.

［351］Hyman L. Privative Tone in Bantu［M］. In Shigeki Kaji(eds.). Cross-linguistic Studies of Tonal Phenomena. Tokyo: Institute for the Study of Languages and Cultures, 2001: 237-257.

［352］Hyman L. Segmental Phonology［M］. In D Nurse, G Philipson(eds.). The Bantu Languages. London & New York: Routlege, 2003: 42-58.

［353］Hyman L. Focus Marking in Aghem: Syntax or Semantics［M］. In Fiedler I, Schwartz A (eds.). The Expression of Information Structure: a Documentation of Tis Diversity Across Africa. Amsterdam/Philadelphia: John Benjamins Publishing Company, 2010: 95-116.

［354］Hyman L. On the Change from SOV to SVO: Evidence from Niger-Congo［M］. Li, 1975: 113-162.

［355］Iggesen O. Number of Cases［S/OL］. In Dryer M, Haspelmath M(eds.). The World

Atlas of Language Structures Online. Leipzig: Max Planck Institute for Evolutionary Anthropology. (Available Online at http://wals.info/chapter/49, Accessed on 2019-08-17.)

[356] Ikekeonwu C. Intonation and Focus: a Reanalysis of Downdrift and Downstep in Igbo[J]. Working Papers, 1993(40): 95-113.

[357] Innes G. An Introduction to Grebo[D]. London: School of Oriental and African Studies, University of London, 1966.

[358] Jacob P. On the Obligatoriness of Focus Marking: Evidence form Tar B'arma[M]. In Fiedler I, Schwartz A(eds.). The Expression of Information Structure: a Documentation of Tis Diversity Across Africa. Amsterdam/Philadelphia: John Benjamins Publishing Company, 2010: 117-144.

[359] Janhunen J(eds.). The Mongolic Languages[M]. London & New York: Routledge, 2003.

[360] Johanson L. The Structure of Turkic[M]. In Johanson Lars, Csató Éva Á(eds.). The Turkic Languages. London & New York: Routledge, 1998: 30-66.

[361] Ka Omar. Wolof Phonology and Morphology[M]. Lanham, MD, New York, and London: University Press of America, 1994.

[362] Kadmon N. Formal Pragmatics[M]. Oxford: Blackwell, 2001.

[363] Kandybowicz J, H Torrence (eds.). Africás Endangered Languages[M]. Oxford: Oxford University Press, 2017.

[364] Karlik J. A Manjako Grammar with Special Reference to the Nominal Group, Department of Phonetics and Linguistics, School of Oriental and African Studies[D]. London: University of London, 1972.

[365] Kawachi K. A Grammar of Sidaama (Sidamo), a Cushitic language of Ethiopia[D]. Buffalo: The State University of New York, 2007.

[366] Kaye A, J Rosenhouse. Arabic Dialects and Maltese[M]. In Hetzron R(eds.). The Semitic Languages. London & New York: Routledge, 1997: 263-311.

[367] Kaye A. Arabic Phonology[M]. In A Kaye(eds.). Phonologies of Asia and Africa (including the Caucasus). Winona Lake: Eisenbrauns, 1997: 187-204.

[368] Kaye A (eds.). Morphologies of Asia and Africa[M]. Winona Lake, Indiana: Eisenbrauns, 2007.

[369] Kaye A. Arabic Morphology[M]. In Kaye A(eds.). Morphologies of Asia and Afri-

ca. Winoan Lake, Ind. : Eisenbrauns, 2007: 211-248.

[370] Kayne R. The Antisymmetry of Syntax [M]. Cambridge, Massachusetts: The MIT Press, 1994.

[371] Kazuhiro K. A Grammar of Sidaama (Sidamo), a Cushitic language of Ethiopia [D]. Buffalo: the State University of New York, 2007.

[372] Keenan E, B Comrie. Noun Phrase Accessibility and Universal Grammar [J]. Linguistic Inquiry, 1977, 8(1): 63-99.

[373] Keenan E. Relative Clauses [M]. In Shopen Timothy (eds.). Language Typology and Syntactic Description. Vol. II: Complex Constructions [M]. Cambridge: Cambridge University Press, 1985: 141-170.

[374] Kenesei I R Vago, A Fenyvesi. Hungarian [M]. London & New York: Routledge, 1998.

[375] Kenstowicz M. Phonology and Phonetics [M]. In Vossen R, Dimmendaal G(eds.). The Oxford Handbook of African Languages. Oxford: Oxford University Press, 2020: 13-29.

[376] Khumalo J. Zulu Tonology [D]. Johannesburg: University of the Witwatersrand, 1981.

[377] Kidwai A. Word Order and Focus Positions in Universal Grammar [M]. In G Rebuschi, L Tuller (eds.). The Grammar of Focus. Amsterdam/Philadelphia: John Benjamins, 1999: 213-244.

[378] Kilian-Hatz C. Serial Verb Construction in Khwe (Central-Khoisan) [M]. In Aikhenvald Alexandra Y, Dixon R M W(eds.). Serial Verb Constructions: A Cross-Linguistic Typology. Oxford: Oxford University Press, 2006: 108-123.

[379] King A. The Basque Language: A Practical Introduction [M]. Reno/Las Vegas/Londres: University of Nevada Press, 1994.

[380] Kiss K. The Syntax of Hungarian [M]. Cambridge: Cambridge University Press, 2002.

[381] Kisseberth C, Odden D. Tone [M]. In D Nurse, G Philipson(eds.). The Bantu Languages. London & New York: Routlege, 2003: 59-180.

[382] Kisseberth C. Metrical Structure in Zigula Tonology [M]. In Derek Gowlett(eds.). African Linguistic Contributions. Pretoria: Via Afrika, 1992: 227-259.

[383] Kitagawa C. Typological Variations of Head-internal Relatives in Japanese [J]. Lingua, 2005(115): 1243-1276.

[384] Klein W. The Information Structure of French [M]. In M Krifka, R Musan(eds.). The Expression of Information Structure. Berlin & New York: Mouton de Gruyter, 2012:

95-126.

[385] Kogan L. Tigrinya[M]. In Hetzron R(eds.). The Semitic Languages. London & New York: Routlege, 1997: 424-445.

[386] Komen E. The Relative Clause in Chechen[G]. Unpublished Manuscript, 2006.

[387] Komen E. Relative Clauses in Chechen[G]. Unpublished Manuscript, 2007.

[388] König C. The Marked-nominative Languages of Eastern Africa[M]. In Heine Bernd, Nurse Derek(eds.). A Linguistic Geography of Africa. Cambridge: Cambridge University Press, 2008: 251-271.

[389] König C. Case in Africa[M]. Oxford: Oxford University Press, 2008.

[390] Koopman H. The Syntax of Verbs[M]. Dordrecht: Foris, 1984.

[391] Kornfilt J. Turkish[M]. London & New York: Routledge, 1997.

[392] Kornfilt J. Agreement and Its Placement in Turkic Nonsubject Relative Clauses[M]. In Cinque Guglielmo, Kayne Richard S(eds.). The Oxford Handbook of Comparative Syntax. Oxford: Oxford University Press, 2005: 513-541.

[393] Kossmann M. Grammaire du Parler Berbere de Figuig (Maroc Oriental)[M]. Louvain-Paris: Peeters, 1997.

[394] Kossmann M. Esquisse Grammaticale Du Rifain Oriental[M]. (Publ. de la Société des Etudes Linguistiques et Anthropologiques de France, 387). Louvain-Paris: Peeters, 2000.

[395] Kossmann M. Berber Morphology[M]. In Kaye A(eds.). Morphologies of Asia and Africa. Volume 1. Winoan Lake, Ind.: Eisenbrauns, 2007: 429-446.

[396] Kossmann M. Berber[M]. In Frajzyngier Z, Shay E(eds.). The Afroasiatic Languages. Cambridge: Cambridge University Press, 2012: 18-101.

[397] Kraft C, Kraft M. Introductory Hausa[M]. Berkeley: University of California Press, 1973.

[398] Krifka M, Musan R. Information Structure: Overview and Linguistic Issues[M]. In M Krifka, R Musan(eds.). The Expression of Information Structure. Berlin & New York: Mouton de Gruyter, 2012: 1-44.

[399] Krishnamurti B. The Dravidian Languages[M]. Cambridge: Cambridge University Press, 2003.

[400] Kroeger P. Analyzing Syntax: a Lexical-functional Approach[M]. Cambridge: Cambridge University Press, 2004.

[401] Kroeger P. Analyzing Grammar: an Introduction[M]. Cambridge: Cambridge University Press, 2005.

[402] Kuno S. The Position of Relative Clauses and Conjunctions[J]. Linguistic Inquiry, 1974, 5(1): 117-136.

[403] Kuteva T, B Comrie. The Typology of Relative Clause Formation in African Languages[M]. In Voeltz F K Erhard (eds.). Studies in African Linguistic Typology. Amsterdam/Philadelphia: John Benjamins Publishing Company, 2005.

[404] Kutsch Lojenga C. Ngiti: A Central-Sudanic Language of Zaire[M]. Cologne: Rüdiger Koppe, 1994.

[405] Lacroix R. Description du Dialecte Laze D'Arhavi (Caucasique du Sud, Turquie)[D]. Grammaire et Texte. Doctorate, Université Lumière Lyon II, 2009.

[406] Ladefoged P, Johnson K. A Course in Phonetics[M]. Boston: Wadsworth, 2011.

[407] Ladefoged P, Maddieson I. The Sounds of the World's Languages[M]. Oxford: Blackwell Publishing, 1996.

[408] Ladefoged P, Maddieson I. The Sounds of the World's Languages[M]. Oxford: Blackwell Publishing, 2007.

[409] Ladefoged P, K Williamson, B Elugbe, A Uwulaka. The Stops of Owerri Igbo[J]. Studies in African Linguistics Supplement, 1976(6): 147-63.

[410] Lafkioui M. Dialectology and Linguistic Geography[M]. In Vossen R, Dimmendaal G (eds.). The Oxford Handbook of African Languages. Oxford: Oxford University Press, 2020: 104-124.

[411] Lamberti M, Sottile R. Wolaytta Language[M]. Cologne: Rüdiger Koppe, 1997.

[412] Lambrecht K. Information Structure and Sentence form: a Theory of Topic, Focus and the Mental Representation of Discourse Referents [M]. Cambridge: Cambridge University Press, 1994.

[413] Laniran Y, Clements G. Downstep and High Rising: Interacting Factors in Yoruba Tone Production[J]. Journal of Phonetics, 2003(31): 203-50.

[414] LaPolla R. Qiang[M]. In Thurgood G, LaPolla R (eds.). The Sino-Tibetan Languages. London & New York: Routledge, 2003: 573-587.

[415] Laughlin F. Is There an Adjective Class in Wolof? [M]. In Dixon R M W, Aikhenvald Alexandra Y (eds.). Adjective Classes: a Cross-linguistic Typology. Oxford: Oxford University Press, 2004: 242-262.

[416]Laver J. Principles of Phonetics[M]. Cambridge: Cambridge University Press, 1994.

[417]Lefebvre C, P Muysken. Mixed Categories: Nominalizations in Quechua [M]. Dordrecht/Bonston/London: Kluwer, 1988.

[418]Lehmann C. On the Typology of Relative Clauses[J]. Linguistics, 1986(24): 663-680.

[419]Lehmann C. Towards a Typology of Clause Linkage[M]. In Haiman J, Thompson Laurence C(eds.). Clause Combining in Grammar and Discourse. Amsterdam/Philadelphia: John Benjamins, 1988: 181-225.

[420]Lehmann C. Relative Clauses[M]. In Frawley W(eds.). International Encyclopedia of Linguistics. Oxford: Oxford University Press, 2003: 460-461.

[421]Lehmann W. A Structural Principle of Language and Its Implications[J]. Language, 1973, 49(1): 47-66.

[422]Lemaréchal A. Les Parties du Discours, Syntaxe et Sémantique[M]. Paris: Presses Universitaires de France, 1989.

[423]Leslau W. Documents Tigrigna, Grammaire et Textes[M]. Paris: Klincksieck, 1941.

[424]Leslau W. The Influence of Cushitic on the Semitic Languages of Gurage: a Problem of Substratum[J]. Word, 1945, 1(1): 59-82.

[425]Leslau W. A Preliminary Description of Argobba[J]. Annales d'Ethiopie, 1959(3): 251-273.

[426]Leslau W. Reference Grammar of Amharic[M]. Wiesbaden: Harrassowitz, 1995.

[427]Leslau W. Amharic Phonology[M]. In A Kaye(eds.). Phonologies of Asia and Africa (Including the Caucasus). Winona Lake: Eisenbrauns, 1997: 399-429.

[428]Leslau W. Introductory Grammar of Amharic [M]. Wiesbaden: Harrassowitz Verlag, 2000.

[429]Letsholo Rose. The "Forgotten" Structure of Ikalanga Relatives[J]. Studies in African Linguistics, 2009, 38(2): 131-154.

[430]Li C N, Thompson S A. Mandarin Chinese: A Functional Reference Grammar[J]. Berkeley: University of California Press, 1981.

[431]Likhacheva-Philippe L. Problème de la Notion de Topique[J]. La Linguistique, 2012 (46): 127-144.

[432]Lipiński E. Semitic Languages: Outline of a Comparative Grammar[M]. Louvain-Paris: Peeters, 2001.

[433]Lu B-F, Zhang G-H, Bisang W. Valency Classes in Mandarin[M]. In A Malchukov, B

Comrie (eds.). Valency Classes in the World's Langugaes. Volume 1. Introducing the Framework, and Cases Studies from Africa and Eurasia. Berlin & New York: Mouton de Gruyter, 2015: 709-764.

[434] Maddieson I. Pattens of Sounds[M]. Cambridge: Cambridge University Press, 1984.

[435] Maddieson I. The Sounds of the Bantu Languages[M]. In D Nurse, G Philipson(eds.). The Bantu Languages. London & New York: Routlege, 2003: 15-41.

[436] Maddieson I. Consonant Inventories[S/OL]. In Dryer M, Haspelmath M(eds.). The World Atlas of Language Structures Online. Leipzig: Max Planck Institute for Evolutionary Anthropology. (Available Online at http: //wals. info/chapter/1, Accessed on 2019-01-08.)

[437] Maddieson I. Glottalized Consonants[S/OL]. In Dryer M, Haspelmath M(eds.) The World Atlas of Language Structures Online. Leipzig: Max Planck Institute for Evolutionary Anthropology. (Available Online at http: //wals. info/chapter/7, Accessed on 2018-11-07.)

[438] Maddieson I. Presence of Uncommon Consonants[S/OL]. In Dryer M, Haspelmath M (eds.). The World Atlas of Language Structures Online. Leipzig: Max Planck Institute for Evolutionary Anthropology. (Available Online at http: //wals. info/chapter/19, Accessed on 2018-11-07.)

[439] Maddieson I. Vowel Quality Inventories[S/OL]. In Dryer M, Haspelmath M(eds.) The World Atlas of Language Structures Online. Leipzig: Max Planck Institute for Evolutionary Anthropology. (Available Online at http: //wals. info/chapter/2, Accessed on 2019-01-08.)

[440] Maddieson I. Tone[S/OL]. In Dryer M, Haspelmath M(eds.). The World Atlas of Language Structures Online. Leipzig: Max Planck Institute for Evolutionary Anthropology. (Available Online at http: //wals. info/chapter/13, Accessed on 2019-01-08.)

[441] Maddieson I. Syllable Structure[S/OL]. In Dryer M, Haspelmath M(eds.). The World Atlas of Language Structures Online. Leipzig: Max Planck Institute for Evolutionary Anthropology. (Available Online at http: //wals. info/chapter/12, Accessed on 2019-01-08.)

[442] Maduka O. Size and Shape Ideophones in Nembe: a Phonosemantic Analysis[J]. Studies in African Linguistics, 1988(19): 93-114.

[443] Maiga I. Parlons Bambara[M]. Paris: L'Harmattan, 2001.

［444］Makki E. The Lebanese Dialect of Arabic: Southern Region ［D］. Georgetown University, 1983.

［445］Malchukov A. Even［M］. München: Lincom Europa, 1995.

［446］Mallinson G, B Blake. Language Typology: Cross-lingusitic Studies in Syntax［M］. Amsterdam, New York, Oxford: North-Holland Publishing Company, 1981.

［447］Malou J. Dinka Vowel System［M］. Summer Institute of Linguistics and the University of Texas at Arlington Publications in Linguistics, 1988.

［448］Maniacky Jacky. Tonologie du Ngangela: variété de Menongue (Angola)［D］. InalcoJ Paris, 2002.

［449］Marantz A. On the Nature of Grammatical Relations［M］. Cambridge, Massachusetts: MIT Press, 1984.

［450］Masica C. The Definition of Linguistic Area: Methods, Pitfalls and Possibilities (with Special Reference to the Validity of South Asia as a Linguistic area)［M］. In Singh R (eds.). The Yearbook of South Asian Languages and Linguistics. London: Sage Publications, 2001: 205-268.

［451］Mason J. Tigrinya Grammar［M］. Trenton: Red See Press, 1996.

［452］Matsumoto Y. Noun-Modifying Constructions in Japanese: A Frame Semantic Approach［M］. Amsterdam/Philadelphia: John Benjamins, 1997.

［453］Matsumoto Y, B Comrie, P Sells(eds.). Noun-modifying Clause Constructions in Languages of Eurasia［M］. Amsterdam/Philadelphia: John Benjamins Publishing Company, 2017.

［454］Matsumura K. Mari (Cheremis) "pseudo-relatives"［G］. Proceedings of the 13th International Congress of Linguistics. Tokyo, 1983.

［455］Matthews S, V Yip. Cantonese: A Comprehensive Grammar［M］. London & New York: Routledge, 1994.

［456］Matthews S, V Yip. Aspects of Contemporary Cantonese Grammar: the Structure and Stratification of Relative Clauses［M］. In Chappelle Hilary (eds.). Sinitic Grammar: Synchronic and Diachronic Perspectives. Oxford: Oxford University Press, 2001: 266-281.

［457］Matthews S. On Serial Verb Constructions in Cantonese［M］. In Aikhenvald Alexandra Y, Dixon R M W (eds.). Serial Verb Constructions: A Cross-Linguistic Typology. Oxford: Oxford University Press, 2006: 69-87.

[458] Mawadza A. Beginner's Shona[M]. New York: Hippocrene Books, 2003.

[459] Mazaudon M. La Formation des Propositions Relatives en Tibétain[J]. Bulletin de la Linguistique de Paris, 1978, 73(1): 401-414.

[460] McCarthy J. Formal Problems in Semitic Phonology and Morphology[M]. Doctoral Dissertation. Cambridge, Massachusetts: MIT press, 1979.

[461] McCarthy J. A Prosodic Theory of Nonconcatenative Morphology [J]. Linguistic Inquiry, 1981(12): 373-418.

[462] Mchombo S. Contributions of African Languages to Generative Grammar[M]. In Robert K Herbert (eds.). African Linguistics at the Crossroads, Papers from Kwaluseni 1st World Congress of African Linguistics, Swaziland. Köln: Rüdiger Koppe, 1997: 179-206.

[463] McPherson L. A Grammar of Tommo So[G]. Unpublished Manuscript. UCLA, 2011.

[464] McPherson L. Replacive Grammatical Tone in the Dogon Languages[D]. Los Angeles: University of California, 2014.

[465] Medjo P. Étude Sur la Phonologie du Parler Fang de Medouneu[J]. Pholia, 1993(8): 141-180.

[466] Meeuwis M. Lingala[M]. München: Lincom Europa, 1998.

[467] Meinhof C. Introduction to the Phonology of the Bantu Languages, Translation by N. J. Van Warmelo, 1932[M]. Berlin: Dietrich Reimer, 1899.

[468] Meinhof C. Introduction to the Phonology of the Bantu Languages. Translated and Revised by N J Van Warmelo[M]. Berlin: Dietrich Reimer, 1932.

[469] Mékina É-N. Description du Fang-nzaman, Langue Bantoue du Gabon: Phonologie et Classes Nominales[D]. Université de Lorraine, 2012.

[470] Mettouchi A, A Fleish. Topic-focus Articulation in Taqbaylit and Tashelhit Berber[M]. In Fiedler I, Schwartz A(eds.). The Expression of Information Structure: a Documentation of tis Diversity Across Africa. Amsterdam/Philadelphia: John Benjamins Publishing Company, 2010: 193-232.

[471] Miestamo M. Standard Negation: the Negation of Declarative Verbal Main Clauses in a Typological Perspective[M]. Berlin & New York: Mouton de Gruyter, 2005.

[472] Miller A. Northern Khoesan [M]. In Vossen R (eds.). The Khoesan Languages. London & New York: Routledge, 2013: 45-50.

[473] Miller A. Northern Khoesan [M]. In Vossen R (eds.). The Khoesan Languages.

London & New York: Routledge, 2013: 92-96.

[474] Miller A. Southern Khoesan: !Xóõ[M]. In Vossen R(eds.). The Khoesan Languages. London & New York: Routledge, 2013: 104-105.

[475] Miller C, L Gilley. Evidence for Ergativity in Shilluk[J]. Journal of African Languages and Linguistics, 2001, 22(1): 33-68.

[476] Miller J. Focus [M]. In K Brown (eds.). Encyclopedia of Language and Linguistics. Amsterdam: Elsevier, 2006: 511-518.

[477] Moreton E. Underphonologisation and Modularity Bias[M]. ROA, 2006: 830.

[478] Mous M. A Grammar of Iraqw[M]. (Kuschitische Sprachstudien, 9.) Hamburg: Helmut Buske Verlag, 1993.

[479] Mous M. Cushitic[M]. In Zygmunt Frajzyngier, Erin Shay (eds.). The Afroasiatic Languages. Cambridge: Cambrige University Press, 2012: 342-422.

[480] Musa A C Wedekind, K Wedekind. A Learner's Grammar of Beja (East Sudan)[M]. Köln: Rüdiger Köppe Verlag, 2007.

[481] Mustafawi E. Arabic Phonology[M]. In E Benmamoun, R Bassiouney (eds.). The Routledge Handbook of Arabic Linguistics. London & New York: Routledge, 2018.

[482] Mutaka N. An Introduction to African Linguistics [M]. München: Lincom Europa, 2000.

[483] Mve J. Aspects of the Phonology of Fáŋ[D]. Yaoundé: University of Yaoundé, 2013.

[484] Myers S. Tone and the Structure of Words in Shona[D]. Massachusetts: University of Massachusetts, 1987.

[485] Naït-Zerrad K. Grammaire Moderne du Kabyle[M]. París: Editions Karthala, 2001.

[486] Nakagawa H. ǀGana Subgroup: ǀGui[M]. In Vossen R(eds.). The Khoesan Languages. London & New York: Routledge, 2013: 394-401.

[487] Nedjalkov I. Evenki[M]. London & New York: Routledge, 1997.

[488] Newman P. Contour Tones as Phonemic Primes in Grebo[M]. In K Bogers, H van der Hulst, M Mous (eds.). The Phonological Representation of Suprasegmentals. Dordrecht: Foris, 1986: 175-193.

[489] Newman P. Hausa Tonology: Complexities in an Easy Tone Language[M]. In J Goldsmith(eds.). The Handbook of Phonological Theory. Oxford: Blackwell, 1995.

[490] Newman P. Hausa Phonology[M]. In A Kaye(eds.). Phonologies of Asia and Africa (including the Caucasus). Winona Lake: Eisenbrauns, 1997: 537-553.

［491］Newman P. The Hausa Language：An Encyclopedic Reference Grammar［M］. New Haven, CT：Yale University Press, 2000.

［492］Newman P. Hausa［M］. In Kaye A(eds.). Morphologies of Asia and Africa. Volume 1. Winoan Lake, Ind. ：Eisenbrauns, 2007：677-711.

［493］Newmeyer F. Possible and Probable Languages：a Generative Perspective on Linguistic Typology［M］. Oxford：Oxford University Press, 2005.

［494］Ngom F. Wolof［M］. Verlag LINCOM, Munich, Germany, 2003.

［495］Nichols J. Another Typology of Relatives［M］. Proceedings of the 10th Annual Meeting of the Berkeley Linguistics Society. Berkeley：Berkeley Linguistic Society, 1984：524-541.

［496］Nichols J. Linguistic Diversity in Space and Time［M］. Chicago：University of Chicago Press, 1992.

［497］Nolue Emenanjo E. Elements of Modern Igbo Grammar：a Descriptive Approach［M］. Ibadan：University Press Limited, 1987.

［498］Noonan M. Nominalizations in Bodic Languages［M］. In López-Couso María José, Seoane Elena (eds.). Rethinking Grammaticalization：New Perspectives for the Twenty-first Century. Amsterdam：John Benjamins, 2008.

［499］Nurse D, P Gérard (eds.). The Bantu Languages［M］. London & New York：Routledge, 2003.

［500］Nurse D. Tense and Aspect in Bantu［M］. Oxford：Oxford University Press, 2008.

［501］Odden D. Patterns of Reduplication in Kikerewe［J］. OSU Working Papers in Linguistics, 1996(48)：111-149.

［502］Odden D. Tone：African Languages［M］. In Goldsmith J(eds.). The Handbook of Phonological Theory. Cambridge, Massachusetts：Blackwell, 2006：444-475.

［503］Odden D. Bantu Phonology［EB/OL］. Oxford Handbooks Online. Ed. Retrieved 14 Nov. 2018, from http：//www. oxfordhandbooks. com/view/10. 1093/oxfordhb/9780 (1999)35345. 001. 0001/oxfordhb-9780(1999)35345-e-59.

［504］Odden D. Tone［M］. In Vossen R, Dimmendaal G(eds.). The Oxford Handbook of African Languages. Oxford：Oxford University Press, 2020：30-47.

［505］Ogunbowale P. The Essentials of the Yoruba Language［M］. London：University of London Press Ltd, 1970.

［506］Olawsky K. A Grammar of Urarina［M］. Berlin & New York：Mouton de Gruyter,

2006.

[507]Omondi L. The Major Syntactic Structures of Dholuo[M]. Berlin: Dietrich Reimer, 1982.

[508]Onziga Y, Gilley L. Phonology of Kakuwa (Kakwa)[J]. Occasional Papers in the Study of Sudanese Languages, 2012(10): 1-16.

[509]Oosthuysen J C. The Grammar of IsiXhosa[M]. Sun Press, 2016.

[510]Ortiz de Urbina J. Word Order[M]. In Hualde José Ignacio, Ortiz de Urbina Jon(eds.). A Grammar of Basque. Berlin & New York: Mouton de Gruyter, 2003: 448-459.

[511]Oumarou Yaro B. Eléments de Description du Zarma[D]. Grenoble: University of Grenoble, 1993.

[512]Overfelt J. The Syntax of Relative Clause Constructions in Tigrinya[D]. West Lafayette, IN Purdue University, 2009.

[513]Owens J. A Grammar of Harar Oromo (Northeastern Ethiopia)[M]. Hamburg: Buske, 1985.

[514]Oyharçabal B. Relatives[M]. In Hualde José Ignacio, Urbina Jon Ortiz de(eds.). A Grammar of Basque. Berlin & New York: Mouton de Gruyter, 2003: 762-822.

[515]Palmer F. Relative Clauses in Tigre[J]. Word, 1961(17): 23-33.

[516]Palmer F. Relative Clauses in Tigrinya[J]. Journal of Semitic Studies, 1962(7): 36-43.

[517]Palmer F. Mood and Modality[M]. Cambridge: Cambridge University Press, 1986.

[518]Pan H-h, Hu J-h. Representing Topic-comment Structures in Chinese[M]. In I-H Lee, Y-B Kim, K-S Choi, M-h Lee(eds.). Proceedings of the 16th Pacific Asia Conference on Language, Information and Computation. Seoul: The Korean Society for Language and Information, 2002: 382-390.

[519]Pan H-h, Hu J-h. A Semantic/Pragmatic Interface Account of (Dangling) Topics in Mandarin Chinese[J]. Journal of Pragmatics, 2008(40): 1966-1981.

[520]Pat-El N. The Semitic Languages: a Typological Perspective[M]. In J Huehnergard, N a Pat-El(eds.). The Semitic Languages. London & New York: Routledge, 2019: 80-92.

[521]Paul W. Adjectival Modification in Mandarin Chinese and Related Issues [J]. Linguistics, 2005, 43(3): 757-793.

[522]Paul W. Zhu Dexi's Two Classes of Adjectives Revisited[M]. In C Anderl, H Eifiring (eds.). Studies in Chinese Language and Linguistics. Oslo: Hermes Publishing, 2006: 303-315.

［523］Paul W. Adjectives in Mandarin Chinese: The Rehabilitation of a Much Ostracized Category［M］. In P C Hofherr, O Matushansky (eds.). Adjectives: Formal Analysis in Syntax and Semantics. Amsterdam/Philadelphia: John Benjamins Publishing Company, 2010: 115-151.

［524］Perkins R. Deixis, Grammar and Culture［M］. Amsterdam: John Benjamins, 1992.

［525］Perrin M. Rheme and Focus in Mambila［M］. In S H Levinsohn (eds.). Discourse Features of Ten Languages of West-Central Africa. Dallas: Summer Institute of Linguistics and the University of Texas at Arlington, 1994: 231-241.

［526］Peterson D. Hakha Lai［M］. In Thurgood Graham, LaPolla Randy J(eds.). The Sino-Tibetan Languages. London & New York: Routledge, 2003: 409-426.

［527］Peterson D. Applicative Constructions［M］. Oxford: Oxford University Press, 2007.

［528］Plungian V. Dogon［M］. München: Lincom Europa, 1995.

［529］Polinsky M. Linguistic Typology and Formal Grammar［M］. In Song J J(eds.). The Oxford Handbook of Linguistic Typology. Oxford: Oxford University Press, 2010: 650-665.

［530］Polinsky M. Applicative Constructions［S/OL］. In Dryer M, Haspelmath M(eds.). The World Atlas of Language Structures Online. Leipzig: Max Planck Institute for Evolutionary Anthropology. (Available Online at http: //wals. info/chapter/109, Accessed on 2020-01-30.)

［531］Pongweni A. The Phonetics and Phonology of the Karanga Dialect of Shona as Spoken in the Midlands Region of Rhodesia［D］. London: SOAS University of London, 1977.

［532］Porkhomovsky V. Afro-Asiatic Overview［M］. In Vossen R, Dimmendaal G(eds.). The Oxford Handbook of African Languages. Oxford: Oxford University Press, 2020: 269-280.

［533］Post M. Nominalization-based Constructions in Tibeto-Burman: Synchronic and Diachronic Perspectives［M］. Presented at the TB Nominalization, Nijmegen, 2008.

［534］Post M. Nominalization and Nominalization-based Constructions in Galo［M］. In Yap Foong Ha Grunow-Hårsta Karen, Wrona Janick(eds.). Nominalization in Asian Languages: Diachronic and Typological Perspectives. Amsterdam/Philadelphia: John Benjamins, 2011: 255-288.

［535］Postel G. De Originihus Seu de Hebraicae Linguae et Gentis Antiquitate Deque Variarum Linguarun Affinitate Liber［M］. Paris, 1538.

[536] Poulos G, Bosch S. Zulu[M]. München: Lincom Europa, 1997.

[537] Przezkziecki M. Vowel Harmony and Coarticulation in Three Dialects of Yoruba: Phonetic Determining Phonology[D]. New York: Cornell University, 2005.

[538] Puglielli A, Frascarelli M. Linguistic Analysis: from Data to Theory[M]. Berlin & New York: Mouton de Gruyter, 2011.

[539] Puglielli A. Somali Phonology[M]. In Kaye A, Daniels P(eds.). Phonologies of Asia and Africa. Winona Lake, Indiana: Eisenbrauns, 1997: 521-536.

[540] Pulleyblank D. Tone in Lexical Phonology[M]. Dordrecht: Reidel, 1986.

[541] Pullum G. Linguistic Categories [M]. In Brown K, Miller J (eds.). Concise Encyclopedia of Grammatical Categories. Oxford: Elsevier, 1999: 66-70.

[542] Ramat P. The (early) History of Linguistic Typology[M]. In Song J J(eds.). The Oxford Handbook of Linguistic Typology. Oxford: Oxford University Press, 2011: 9-24.

[543] Rapold C. Towards a Grammar of Benchnon[M]. Universiteit Leiden, 2006.

[544] Rauh G. Syntactic Categories: Their Identification and Description in Linguistics Theories[M]. Oxford: Oxford University Press, 2010.

[545] Reetz H, Jongman A. Phonetics: Transcription, Production, Acoustics and Perception [M]. Malden: Wiley-Blackwell, 2009.

[546] Reinhart T. Pragmatics and Linguistics: an Analysis of Sentence Topics[M]. Philosophica, 1981(27): 53-94.

[547] Remijsen B, C Manyang. Luanyjang Dinka[J]. Journal of International Phonetic Association, 2009, 39(1): 113-24.

[548] Rialland A, Badjimé M. Réanalyse des Tons du Bambara: des Tons du Noms à l'organisation Générale du Système[J]. Studies in African Linguistics, 1989, 20(1): 1-28.

[549] Richardson K. Case and Aspect in Slavic[M]. Oxford: Oxford University Press, 2007.

[550] Rijkhoff J. The Noun Phrase[M]. Oxford: Oxford University Press, 2002.

[551] Ringen C. Vowel Harmony in Igbo and Diola-Fogny[J]. Studies in African Linguistics, 1979, 10(3): 247-59.

[552] Robert S. Focus in Atlantic Languages[M]. In Fiedler I, Schwartz A(eds.). The Expression of Information Structure: a Documentation of Its Diversity Across Africa. Amsterdam/Philadelphia: John Benjamins Publishing Company, 2010: 233-260.

[553] Roberts J. Amele[M]. London: Croom Helm, 1987.

［554］Roberts I. Parameter Hierarchies and Universal Grammar ［M］. Oxford：Oxford University Press，2019.

［555］Roettger T. Tonal Placement in Tashlhiyt. How an Intonation System Accommodates to Adverse Phonological Environments［M］. Berlin：Language Science Press，2017.

［556］Rooth M. Focus［M］. In S Lappin（eds.）. The Handbook of Contemporary Semantic Theory. London：Blackwell，1996：271-297.

［557］Rose F. La Relativisation en Turc［D］. Lyon：Université Lumière Lyon II，1999.

［558］Rose S. Chaha（Gurage）Morphology［M］. In Alan Kaye（eds.）. Morphologies of Asia and Africa. Winona Lake，IN Eisenbraums，2007：403-427.

［559］Rose S，R Walker. Harmony Systems［M］. In John Goldmsith Alan Yu，Jason Riggle （eds.）. Handbook of Phonological Theory（2nd eds.）. Cambridge，MA：Blackwell，2011：240-290.

［560］Rosén H. Contemporary Hebrew［M］. The Hague，Paris：Mouton，1977.

［561］Rowlands C. Yoruba［M］. New York：Hodder and Stoughton，1969.

［562］Rowlett P. The Syntax of French［M］. Cambridge：Cambridge University Press，2007.

［563］Rubin A. A Brief Introduction to the Semitic Languages ［M］. Piscataway，NJ：Gorgias，2010.

［564］Rubino C. Reduplication：Form，Function and Distribution［M］. In Hurch，Bernhard （eds.）. Studies in Reduplication. Berlin & New York：Mouton de Gruyter，2005：11-30.

［565］Rubino C. Reduplication［S/OL］. In Dryer M，Haspelmath M（eds.）. The World Atlas of Language Structures Online. Leipzig：Max Planck Institute for Evolutionary Anthropology. （Available Online at http：//wals. info/chapter/27，Accessed on 2019-08-21.）

［566］Ruelland S. Topicalisation et Focalisation en Tupuri［M］. In Caron Bernard（eds.）. Topicalisation et Focalisation Dans les Langues Africaines. Louvain-Paris：Peeters，2000：135-160.

［567］Rybatzki Volker. Intra-Mongolic Taxonomy ［M］. In Janhunen Juha（eds.）. The Mongolic Languages. London & New York：Routledge，2003：364-390.

［568］Ryding K. A Reference Grammar of Modern Standard Arabic［M］. Cambridge：Cambridge University Press，2005.

［569］Saeed J. Somali Morphology［M］. In Kaye A （eds.）. Morphologies of Asia and Africa. Volume 1. Winoan Lake，Ind.：Eisenbrauns，2007.

[570] Sag I, T Wasow. Syntactic Theory: a Formal Introduction[M]. Stanford: CSLI, 1999.

[571] Sands B. Some of the Acoustic Characteristics of Xhosa Clicks[G]. 118th Meeting of the Acoustical Society of America. St. Louis, Mo, 1989.

[572] Sands B. Hadza. In Vossen R (eds.). The Khoesan Languages[M]. London & New York: Routledge, 2013: 265-274.

[573] Sapir E. Language: An Introduction to the Study of Speech[M]. New York: Harcourt, Brace and Company, 1921.

[574] Sapir J. A Grammar of Diola-Fogny: A Language Spoken in the Basse-Casamance Region of Senegal[M]. Cambridge: Cambridge University Press, 1965.

[575] Sasse H-J. Case in Cushitic, Semitic and Berber[M]. In James Bynon (eds.). Current Progress in Afroasiatic Linguistics. Amsterdam, Philadelphia: John Benjamins, 1984: 111-126.

[576] Scaraffiotti Z. Parlons Xhosa Afrique du Sud[M]. Paris: L'Harmattan, 2011.

[577] Schachter P, Timothy Shopen. Parts-of-speech Systems[M]. In Shopen Timothy(eds.). Language Typology and Syntactic Description: Clause Structure. Cambridge: Cambridge University Press, 2007: 1-60.

[578] Schachter P. Parts-of-speech Systems[M]. In Shopen T(eds.). Language Typology and Syntactic Description. Vol. 1: Clause Structure. Cambridge: Cambridge University Press, 1985: 3-61.

[579] Schadeberg T. Zwei Areale Sprachmerkmale im Ostsudan, unter Besonderer Berücksichtigung des Nera-bena[M]. In H G Mukarovsky(eds.). Leo Reinisch: Werk und Erbe. Vienna: Österreichische Akademie der Wissenschaften, 1987: 213-229.

[580] Schaefer R, F Egbokhare. Topic and Focus Construction Asymmetry[M]. In Fiedler I, Schwartz A(eds.). The Expression of Information Structure: a Documentation of its Diversity Across Africa. Amsterdam/Philadelphia: John Benjamins Publishing Company, 2010: 261-286.

[581] Schaub W. Babungo[M]. (Croom Helm Descriptive Grammars.) London: Croom Helm, 1985.

[582] Schlobinski P, Schütze-Coburn S. On the Topic of Topic and Topic Continuity[J]. Linguistics, 1992(30): 89-121.

[583] Schneider-Blume G. A Grammar of Alaaba. A Highland East Cushitic Language of Ethiopia[M]. Cologne: Rüdiger Köppe, 2007.

［584］Schönig C. Azerbaijanian［M］. In Johanson Lars, Csató Éva Á(eds.). The Turkic Languages. London & New York: Routledge, 1998: 248-260.

［585］Schrock T. A Grammar of Ik (Icé-tód)［M］. Leiden: Universiteit Leiden, 2014.

［586］Schrock T. The Ik Language: Dictionary and Grammar Sketch［M］. Berlin: Language Science Press, 2017.

［587］Schuh R, Yalwa L Hausa. Handbook of the International Phonetic Association［M］. Cambridge: Cambridge University Press, 1999: 90-95.

［588］Schwartz A. General Aspects of Relative Clause Formation［J］. Working Papers in Language Universals, 1971(6): 139-171.

［589］Schwarz A. Verb-and-predication Focus Markers in Gur［M］. In Fiedler I, Schwartz A (eds.). The Expression of Information Structure: a Documentation of its Diversity Across Africa. Amsterdam/Philadelphia: John Benjamins Publishing Company, 2010: 287-314.

［590］Schwarzwald O. Modern Hebrew［M］. München: Lincom Europa, 2001.

［591］Segerer G. La Focalisation en Bijogo［M］. In Caron Bernard(eds.). Topicalisation et Focalisation Dans les Langues Africaines. Louvain-Paris: Peeters, 2000: 269-288.

［592］Seyoum M. A Grammar of Dime［M］. Utrecht: LOT, 2008.

［593］Shay E. A Grammar of East Dangla: the Simple Sentence［M］. Ann Arbor: UMI, 1999.

［594］Shi D-x. Topic and Topic-comment Constructions in Mandarin Chinese［J］. Language, 2000(76): 383-408.

［595］Shlonsky U. Clause Structure and Word Order in Hebrew and Arabic: an Essay in Comparative Semitic Syntax［M］. Oxford: Oxford University Press, 1997.

［596］Simeone-Senelle M-C. Les Relatives en Afar［G］. Unpublished Manuscript. Paris: Université Paris-Diderot-Paris VII, 2008.

［597］Simons G, Fennig C(eds.). Ethnologue: Languages of Africa and Europe［G］. Summer Institute of Linguistics 2008. Academic Publications, 2018.

［598］Sirajm R. Relativization in Silt'i［D］. Addis Ababa: Addis Ababa University, 2003.

［599］Smirnova M. The Hausa Language［M］. London, Boston, Melbournem Henley: Routlege & Kegan Paul, 1982.

［600］Smith C. The Parameter of Aspect (2nd eds.)［M］. Dordrecht: Kluwer Academic Publishers, 1997.

[601] Smith-Stark T. The Plurality Split[M]. In Michael W La Galy, Robert A Fox, Anthony Bruck (eds.). Papers from the Tenth Regional Meeting, Chicago Linguistic Society. Chicago: Chicago Linguistic Society, 1974: 657-671.

[602] Sohn H-M. Korean: A Descriptive Grammar [M]. London & New York: Routledge, 1994.

[603] Song J. Linguistic Typology: Morphology and Syntax [M]. Harlow: Pearson Education, 2001.

[604] Sornicola R. Topic and Comment[M]. In K Brown(eds.). Encyclopedia of Language and Linguistics. Amsterdam: Elsevier, 2006: 766-774.

[605] Soutsane K. Syllabication and Phonological Rule Application in Tashlhiyt Berber[D]. Durham: Durham University, 2008.

[606] Sridhar S. Kannada[M]. London & New York: Routledge, 1990.

[607] Srivastav V. The Syntax and Semantics of Correlatives[J]. Natural Language and Linguistic Theory, 1991, 9(4): 637-686.

[608] Stassen L. Predicative Adjectives[S/OL]. In Dryer M, Haspelmath M (eds.). The World Atlas of Language Structures Online. Leipzig: Max Planck Institute for Evolutionary Anthropology. (Available Online at http://wals.info/chapter/118, Accessed on 2019-08-19.)

[609] Stevens J. Against a Unified Analysis of Givenness and Focus[M]. In R Santana-Labarge (eds.). Proceedings of the 31st West Coast Conference on Formal Linguistics. Somerville, MA: Cascadilla Proceedings Project, 2014: 438-446.

[610] Stevick E(eds.). Shona: Basic Course[M]. Washington: Foreign Service Institute, 1965.

[611] Stroomer H. Textes Berbères des Guedmioua et Goundafa (Haut-Atlas Maroc)[M]. Aix-en-Provence: Edisud, 2001.

[612] Sulkala H, M Karjalainen. Finnish[M]. London & New York: Routledge, 1992.

[613] Svantesson J-O. Khalkha [M]. In Janhunen Juha (eds.). The Mongolic Languages. London & New York: Routledge, 2003: 154-176.

[614] Tatevosov S. Relative Clauses[M]. In Tatevosov Sergej G, Eulenberg Alexander(eds.). Godoberi. München: Lincom Europa, 1996: 210-217.

[615] Tellier C, Valois D. Constructions Méconnues du Français[M]. Montréal: Les Presses de l'Université de Montréal, 2006.

［616］Téné D. Hebrew Linguistic Tradition［M］. In Koerner E F K, Asher R E（eds.）. Concise History of the Language Sciences. Boston：Elsevier Science, 1995：21-28.

［617］Thach S, D Dwyer. Kpelle：A Reference Handbook of Phonetics, Grammar, Lexicon and Learning Procedures［M］. Peace Corps, 1981.

［618］The International Phonetic Association. Handbook of the International Phonetic Association［M］. Cambridge：Cambridge University Press, 1999.

［619］Thomas E. Engenni［M］. In Bendor-Samuel J（eds.）. Studies in Nigerian Languages 4. Ten Nigerian Tone Systems. Kano, Nigeria：Ahmadu Bello University, 1974：5-12.

［620］Thomas-Vilakazi K. Coproduction and Coarticulation in IsiZulu Clicks［D］. Los Angeles：UCLA.

［621］Thomas-Vilakazi K. Coproduction and Coarticulation in IsiZulu Clicks：Aerodynamic and Electropalatographic Evidence［M］. In Carstens, Parkinson（eds.）. Advances in African Linguistis. Eritred：Africa World Press Inc., 2000：265-280.

［622］Thwing R, Watters J. Focus in Vute［J］. Journal of African Languages and Linguistics, 1987, 9（2）：95-121.

［623］Tiffou E, R Patry. La Relative en Bourouchaski du Yasin［J］. Bulletin de la Linguistique de Paris, 1995, 90（1）：335-390.

［624］Tomlin R. Basic Word Order：Functional Principles［M］. Croom Helm：London, 1986.

［625］Tomlin R. Functional Grammars, Pedagogical Grammars, and Communicative Language Teaching［M］. In E Odlin（eds.）. Perspectives on Pedagogical Grammar. Cambridge：Cambridge University Press, 1994：140-178.

［626］Tosco M. On case Marking in the Ethiopian Language Area（with Special Reference to the Subject Marking in East Cushitic）［M］. In V Brugnatelli（eds.）. Sem, Cam, Iafet Attidella 7a Giornata di Studi Camito-Semitica e Indeuropei. Milano：Centro Studi Camito-semitici, 1994：225-244.

［627］Tosco M. Cushitic and Omotic Overview［M］. In Lionel Bender, David Appleyard, Gábor Takács（eds.）. Afrasian：Selected Comparative/Historical Papers in Memory of Igor M. Diakonoff. München：Lincom Europa, 2003：87-92.

［628］Tosco M. Why Contrast Matters：Information Structure in Gawwada（East Cushitic）［M］. InFiedler I, Schwartz A（eds.）. The Expression of Information Structure：a Documentation of its Diversity Across Africa. Amsterdam/Philadelphia：John Benjamins Publishing Company, 2010：315-348.

［629］Traill A, Köhler O. Khoisan Languages［EB/OL］. Encyclopædia Britannica Online. Encyclopædia Britannica, inc. Access Date：December 15,（2018）. https：// www. britannica. com/topic/Khoisan-languages.

［630］Traill A. Phonetics and Phonological Studies of！Xoo Bushman［M］. Hamburg：Helmut Buske Verlag, 1985.

［631］Traill A. A！Xóõ Dictionary［M］.（Quellen zur Khoisan-Forschung, vol. 9）Köln：Rüdiger Köppe, 1994.

［632］Trask R. Parts of Speech［M］. In Brown K, Miller J（eds. ）. Concise Encyclopedia of Grammatical Categories. Oxford：Elsevier, 1999：278-284.

［633］Treis Y. Relativization in Kambaata（Cushitic）［M］. In Frajzyngier Zygmunt, Shay Erin （eds. ）. Interaction of Morphology and Syntax：Case Studies in Afroasiatic. Amsterdam/ Philadelphia：John Benjamins Publishing Company, 2008：161-206.

［634］Tsujimura N. An Introduction to Japanese Linguistics［M］. Oxford：Blackwell, 1996.

［635］Vallduví E. The Informational Component［M］. New York：Garland, 1992.

［636］van der Hulst H, Van de Weijer J. Vowel Harmony［M］. In John A Goldsmith（eds. ）. The Handbook of Phonological Theory. Cambridge, MA：Blackwell, 1995：495-534.

［637］van der Hulst H, Van de Weijer J. Vowel Harmony［M］. In Goldsmith J（eds. ）. The Handbook of Phonological Theory. Cambridge, Massachusetts：Blackwell, 2006：495-534.

［638］van der Hulst H. Phonological Typology［M］. In Aikhenvald Alexandra Y, Dixon R M W（eds. ）. The Cambridge Handbook of Linguistic Typology. Cambridge：Cambridge University Press, 2017：39-77.

［639］van der Stouwe C. A Phonetic and Phonological Report on the Xhosa Language［G］. Unpublished Manuscript, 2009.

［640］van der Wal J. Diagonising Focus［J］. Studies in Language, 2016（40）：259-301.

［641］van Riemsdijk H. A Case Study in Syntactic Markedness［M］. Lisse：The Peter de Ridder Press, 1978.

［642］Van Valin R, Jr, LaPolla R. Syntax：Structure, Meaning and Function［M］. Cambridge：Cambridge University Press, 1997.

［643］Velupillai V. An Introduction to Linguistic Typology［M］. Amsterdam/Philadelphia：John Benjamins, 2012.

［644］Vennemann T. Analogy in Generative Grammar, the Origin of Word Order［M］. In Heilmann Luigi（eds.）. Proceeding of the Eleventh International Conference of Linguists（2 vol.）. Bologna：Il Mulino，1972：79-83.

［645］Versteegh K. The Arabic Linguistic Tradition［M］. London ＆ New York：Routledge，1997.

［646］Visser H. Naro［M］. In Vossen R（eds.）. The Khoesan Languages. London ＆ New York：Routledge，2013：60-64.

［647］Visser H. Naro［M］. In Vossen R（eds.）. The Khoesan Languages. London ＆ New York：Routledge，2013：98-99.

［648］Visser H. Naro［M］. In Vossen R（eds.）. The Khoesan Languages. London ＆ New York：Routledge，2013：179-207.

［649］Vogeleer S，Tasmowski L. Les N，un N et des N en Lecture Générique［J］. Travaux de Linguistique，2005（50）：53-78.

［650］Vollmann R. Reduplication in Tibetan［J］. Grazer Linguistische Studien，2009（71）：115-134.

［651］von der Gabelentz G. Ideen zu Einer Vergleichenden Syntax［J］. Zeitschrift für Völkerpsychologie und Sprachwissenschaft，1869（6）：376-384.

［652］von Schlözer L. Repertoire für Biblische und Morgenländische［M］. Literatur VIII：r6I，1781.

［653］Vossen R，M Schladt. Kxoe Subgroup［M］. In Vossen R（eds.）. The Khoesan Languages. London ＆ New York：Routledge，2013：165-179.

［654］Vossen R. Introduction［M］. In Vossen R（eds.）. The Khoesan Languages. London ＆ New York：Routledge，2013：1-12.

［655］Vossen R. Gana［M］. In Vossen R（eds.）. The Khoesan Languages. London ＆ New York：Routledge，2013：207-215.

［656］Vossen R. African Language Types［M］. In Vossen R，Dimmendaal G（eds.）. The Oxford Handbook of African Languages. Oxford：Oxford University Press，2020：91-103.

［657］Wagner E. Harari［M］. In Hetzron R（eds.）. The Semitic Languages. London ＆ New York：Routledge，1997：486-508.

［658］Wagner M. Focus and Givenness：a Unified Approach［M］. In I Kucerova，A Neeleman（eds.）. Information Structure：Contrasts and Positions. Cambridge：Cambridge University Press，2012.

［659］Wakasa M. A Descriptive Study of the Modern Wolaytta Language［D］. Tokyo：The

University of Tokyo, 2008.

[660] Walters J. A Grammar Sketch of Dazaga[D]. Dallas: Graduate Institute of Applied Linguistics, 2015.

[661] Walters J. A grammar of Dazaga[M]. Leiden & Boston: Brill, 2016.

[662] Ward I. The Phonetic and Tonal Structure of Efik[M]. Cambridge: Heffer, 1933.

[663] Ward I. An Introduction to the Ibo Language[M]. Cambridge: Heffer, 1936.

[664] Ward I. An Introduction to the Yoruba Language [M]. Cambridge: W Heffer & Sons, 1952.

[665] Watson J. The Phonology and Morphology of Arabic[M]. Oxford: Oxford University Press, 2002.

[666] Watters D. A Grammar of Kham[M]. Cambridge: Cambridge University Press, 2002.

[667] Watters D. Nominalization in the Kiranti and Central Himalayish Languages of Nepal[J]. Linguistics of the Tibeto-Burman Area, 2008, 31(1): 1-43.

[668] Watters J. Syntax[M]. In Heine Bemd, Nurse Derek(eds.). African Languages: an Introduction. Cambridge: Cambridge University Press, 2000: 194-230.

[669] Watters J. Focus and the Ejagham Verb System[M]. In Fiedler I, Schwartz A(eds.). The Expression of Information Structure: a Documentation of Its Diversity Across Africa. Amsterdam/Philadelphia: John Benjamins Publishing Company, 2010: 349-375.

[670] Wedekind K, Wedekind C, Musa A. Beja Pedagogical Grammar[G]. Unpublished Manuscript, 2008. Cologne University, Institut fuer Afrikanistik. http: //www. afrikanistik-online. de/archiv/2008/1283.

[671] Weil H. De l'ordre des Mots Dans Les Langues Anciennes Comparées Aux Langues Modernes[M]. Paris: Didier Édition, 1844.

[672] Welmers W. Notes on the Structure of Saho[J]. Word, 1952(8): 145-163, 236-251.

[673] Welmers W. Efik[M]. University of lbadan, Institute of African Studies, Occasional Publication No. 11, 1968.

[674] Welmers W. African Language Structures [M]. Berkeley: University of California Press, 1973.

[675] Wetter A. The Relative Clause in Argobba and its Functions[M]. Talking Given at Seminar Für Afrikawissenschaften, Humboldt-Universität zu Berlin, 2010.

[676] Whaley L. Introduction to Typology: The Unity and Diversity of Language [M]. London: SAGE Publications, 1997.

[677] Widlok T. Hai ‖ om[M]. In Vossen R(eds.). The Khoesan Languages. London & New York: Routledge, 2013: 347-356.

[678] Williamson K, Blench R. Niger-Congo [M]. In Heine, Nurse (eds.). African Languages: an Introduction. Cambridge: Cambridge University Press, 2000: 11-42.

[679] Williamson K. A Grammar of the Kolokuma Dialect of Ijo[M]. Cambridge: Cambridge University Press, 1965.

[680] Williamson K. Niger-Congo Overview[M]. In John Bendor-Samuel(eds.). The Niger-Congo Languages. Lanham, MD: University Press of America, 1989: 3-45.

[681] Woldemariam H. A Grammar of Haro with Comparative Notes on the Ometo Linguistic Group[D]. Addis Ababa: Addis Ababa University, 2004.

[682] Wu J. Clausal Modifiers in Amis[J]. Concentric: Studies in English Literature and Linguistics, 2003, 29(2): 59-81.

[683] Wu T. Prenominal Relative Clauses in Ethiopian Languages[J]. Studies in African Linguistics, 2012, 41(2): 213-252.

[684] Wu T. Chinese-style Topics as Indexicality[J]. International Journal of Chinese Linguistics, 2016, 3(2): 201-244.

[685] Yimam B. Relative Clauses in Oromo[J]. Journal of Ethiopian Studies, 1987(20): 60-74.

[686] Yip M. Tone[M]. Cambridge: Cambridge University Press, 2002.

[687] Yip M. Tone in East Asian Languages[M]. In Goldsmith J(eds.). The Handbook of Phonological Theory. Cambridge, Massachusetts: Blackwell, 2006: 476-494.

[688] Yip M. Tone. In De Lacy P(eds.). The Cambridge Handbook of Phonology[M]. Cambridge: Cambridge University Press, 2007: 229-252.

[689] Zaborski A. Ethiopian Language Subareas [M]. In Stanislaw Pilaszewicz, Eugeniusz Rzewuski(eds.). Unwritten Testimonies of the African Past. Warszaw: Wydawnictwa Uniwesytetu Warszawskiego, 1991: 123-134.

[690] Zaborski A. Ethiopian Language Macroarea [J]. Sprawozdania z Posiedzeń Komisji Naukowych. Oddziału PAN w Krakowie, 2003, 45(2): 60-64.

[691] Zaborski A. Negative Conjugations in Cushitic[M]. In L Kogan N Koslova, S Loesov, S Tishchensko (eds.). Memoriae Igor M. Diakonoff; Babel und Bibel 2: Annual of Ancient Near Eastern, Old Testament, and Semitic Studies. Orientalia et Classica, Papers of the Institute of Oriental and Classical Studies 8. Winona Lake, Ind.: Eisenbrauns,

2005：687-698.

[692] Zaborski A. Language Subareas in Ethiopia Reconsidered [J]. Journal Lingua Posna-
niensis, 2010, 52(2)：99-110.

[693] Zec D. The Syllable [M]. In De Lacy P (eds.). The Cambridge Handbook of
Phonology. Cambridge：Cambridge University Press, 2007：161-194.

[694] Zeitoun E. Tsou[M]. In Adelaar Alexander, Himmelmann Nikolaus P(eds.). The Aus-
tronesian Languages of Asia and Madagascar. London & New York：Routledge, 2005：
259-290.

[695] Zeller J. Relative Clause Formation in the Bantu Languages of South Africa [J]. In
Southern African Linguistics and Applied Language Studies, 2004, 22(1&2)：75-93.

[696] Zeller J. Syntax [M]. In Vossen R, Dimmendaal G (eds.). The Oxford Handbook of
African Languages. Oxford：Oxford University Press, 2020：66-87.

[697] Zimmermann M, Onea E. Focus Marking and Focus Interpretation [J]. Lingua, 2011
(121)：1651-1670.

[698] Zwiep I. Hebrew Linguistic Tradition[M]. In Brown Keith(eds.). Encyclopedia of Lan-
guage and Linguistics. Boston：Elsevier Science, 2006：256-259.

[699] 包智明，侍建国，许德宝. 生成音系学理论及其应用[M]. 北京：中国社会科学出版
社，1997.

[700] 陈建民. 现代汉语句型论[M]. 北京：语文出版社，1986.

[701] 陈晓红，张荣根. 英汉汉英语言学词汇手册[M]. 上海：上海外语教育出版社，2010.

[702] 陈玉洁，de Sousa H，王健，倪星星，李旭平，陈伟蓉，Chappell H. 莱比锡标注系统及
其在汉语语法研究中的应用[J]. 方言，2014.

[703] 陈玉洁，王健，金立鑫. 田野调查和描写[M]. 见陆丙甫，金立鑫(编). 语言类型学
教程. 北京：北京大学出版社，2015：283-324.

[704] 陈中耀. 新编阿拉伯语语法[M]. 上海：上海外语教育出版社，2000.

[705] 陈忠敏. 汉语方言连读变调研究综述[J]. 语文研究，1993，(2)：63-66.

[706] 程杰，温宾利. 对汉语两类非核心论元的 APPL 结构分析——兼论英汉 APPL 结构之
差异[J]. 四川外语学院学报，2008(2)：82-87.

[707] 程杰. 虚介词假设与增元结构——论不及物动词后非核心论元的句法属性[J]. 现代
外语，2009，32(1)：23-32，108.

[708] 程汝祥. 简明豪萨语语法[J]. 北京：外语教学与研究出版社，1997.

[709] 大辞海编辑委员会. 大辞海(语言学卷)[M]. 上海：上海辞书出版社，2013.

[710]戴维·克里斯特尔(著),沈家煊(译).现代语言学词典[M].北京:商务印书馆,2002.

[711]戴炜华.新编英汉语言学词典[M].上海:上海外语教育出版社,2007.

[712]邓昊熙.试析论元增容与施用结构——从汉语动词后非核心成分的允准与施用结构的差异说起[J].语言教学与研究,2014(6):54-64.

[713]董粤章.构式、域矩阵与心理观照——认知语法视角下的"吃食堂"[J].外国语(上海外国语大学学报),2011,34(3):2-12.

[714]端木三.音位分析的多解论和最佳答案[J].语言科学,2019,18(2):113-131.

[715]范继淹.形名组合间"的"字的语法作用[J].中国语文,1958(5):213-217.

[716]高增霞.现代汉语连动式的语法化视角[M].北京:中国档案出版社,2006.

[717]桂诗春,宁春岩.语言学方法论[M].北京:外语教学与研究出版社,2006.

[718]郭锦桴.综合语音学[M].福州:福建人民出版社,1993.

[719]哈杜默德布斯曼(著),陈慧瑛(译).语言学词典[M].北京:商务印书馆,2007.

[720]韩巍峰.语序类型学:主题与主题标记结构[M].上海:上海外语教育出版社,2013.

[721]洪堡特(著),姚小平(译).论人类语言结构的差异及其对人类精神发展的影响[M].北京:商务印书馆,1999.

[722]洪君烈.依据语法鉴定古籍的一个例子[M].见"汉语论丛",北京:中华书局,1958:161-174.

[723]胡建华.论元的分布与选择——语法中的显著性和局部性[J].中国语文,2010(1):3-20,95.

[724]胡勇."吃食堂"的认知功能分析[J].世界汉语教学,2016,30(3):342-355.

[725]姜兆梓."吃食堂"及其相关句式中的非对称性[J].现代外语,2015,38(1):15-25,145.

[726]金立鑫.语法意义和语法形式简论[J].汉语学习,1993(2):27-29.

[727]金立鑫.论语法形式和语法意义的表现形式[J].外国语(上海外国语学院学报),1993(6):48-50,77,82.

[728]金立鑫,谢昆,王晓华,杜家俊.完整体与阶段体的类型学内涵与外延[J].当代语言学,2020,22(4):529-551.

[729]景代洪.谈语言学的学科性质[J].西华师范大学学报:哲学社会科学版,1987(1):101-108.

[730]劳允栋.英汉语言学词典[M].北京:商务印书馆,2005.

[731]李临定.连动句[J].语文研究,1981.

[732]李临定. 现代汉语句型[M]. 北京：商务印书馆，1986.

[733]李如龙. 论汉语方言的语流音变[M]. 厦门大学学报（哲学社会科学版），2002（6）：43-50，61.

[734]李亚非. 论连动式中的语序-时序对应[J]. 语言科学，2007.

[735]李玉才，戴卫平. 乔姆斯基的语言学是自然科学刍议[J]. 广西社会科学，2008（5）：166-169.

[736]李治平."吃食堂"类短语成活的多维分析[J]. 云南师范大学学报，2005（1）：44-47.

[737]廖振佑. 古代汉语特殊语法[M]. 乌鲁木齐：内蒙古人民出版社，2001.

[738]林焘，王理嘉. 语音学教程[M]. 北京：北京大学出版社，1992.

[739]林焘. 20 世纪中国学术大典（语言学）[M]. 福州：福建教育出版社，2002.

[740]刘丹青. 汉语关系从句标记类型初探[J]. 中国语文，2005（1）：3-15.

[741]刘丹青. 汉语及亲邻语言连动式的句法地位和显赫度[J]. 民族语文，2015.

[742]刘丹青. 语言类型学[M]. 上海：中西书局，2017.

[743]陆丙甫，金立鑫. 语言类型学教程[M]. 北京：北京大学出版社，2015.

[744]陆方喆."吃食堂"类短语成活条件再讨论[J]. 宁波大学学报（人文科学版），2010，23（2）：60-63.

[745]罗常培，王均. 普通语音学纲要（修订本）[M]. 北京：商务印书馆，2004.

[746]罗常培. 汉语音韵学导论[M]. 北京：中华书局，1956.

[747]吕叔湘，饶长溶. 试论非谓形容词[J]. 中国语文，1981（2）：81-85.

[748]潘文国. 语言学是人学[J]. 白城师范学院学报，2006（1）：7-10.

[749]任鹰."吃食堂"与语法转喻[J]. 中国社会科学院研究生院学报，2000（3）：59-67，80.

[750]萨丕尔（著），陆卓元（译）. 语言论[M]. 北京：商务印书馆，1985.

[751]沈开木. 连动及其归属[J]. 汉语学习，1986.

[752]宋益丹. 浙江仙居吴语浊内爆音的语音学考察[J]. 方言，2014（2）：118-125.

[753]孙天琦，李亚非. 汉语非核心论元允准结构初探[J]. 中国语文，2010（1）：21-33.

[754]孙天琦. 谈汉语中旁格成分作宾语现象[J]. 汉语学习，2009（3）：70-77.

[755]孙天琦. 试析汉语的旁格成分作宾语现象与施用结构——兼议零形素施用标记的设立标准[J]. 当代语言学，2019，21（1）：68-82.

[756]孙天琦. 现代汉语非核心论元实现模式及允准机制研究[M]. 上海：中西书局，2019.

[757]唐正大. 汉语主句现象进入关系从句初探[J]. 语法研究和探索，2008（14）：194-216.

[758]完权. 说"的"和"的"字结构[M]. 上海：学林出版社，2018.

[759]汪堂家. 现象学的悬置与还原[J]. 学术月刊, 1993(7): 7-12, 31.

[760]王德春, 许宝华. 大辞海语言学卷(修订版)[M]. 上海: 上海辞书出版社, 2003.

[761]王林玉. 也谈"吃食堂"结构[J]. 现代语文(语言研究版), 2014 (1): 71-73.

[762]王奇. "领主属宾句"的语义特点与句法结构[J]. 现代外语, 2006(3): 230-238, 328.

[763]王占华. "吃食堂"的认知考察[J]. 语言教学与研究, 2000(2): 58-64.

[764]梶茂树, 徐微洁. 非洲的语言与社会[J]. 非洲研究, 2016(2): 192-211.

[765]吴建明, 金立鑫. 语言类型学的相关性研究[J]. 外语教学与研究, 2017.

[766]谢昆. 俄语名词体貌范畴的形态语义描写[J]. 俄语语言文学研究, 2011(33): 15-22.

[767]邢欣. 简述连动式的结构特点及分析[J]. 新疆大学学报(哲学社会科学版), 1987.

[768]徐向群. 希伯来语语法[M]. 北京: 北京大学出版社, 2006.

[769]徐越. 吴语语音研究综述[J]. 杭州师范学院学报(社会科学版), 2003(6): 60-64.

[770]杨伯峻. 文言语法[M]. 北京: 北京大众出版社, 1955.

[771]杨剑桥. 古汉语语法讲义[M]. 上海: 复旦大学出版社, 2010.

[772]杨永忠. 连动结构类型的参数分析[J]. 当代外语研究, 2014.

[773]语言学名词审定委员会. 语言学名词[M]. 北京: 商务印书馆, 2011.

[774]张华. "吃+N"构式探讨[J]. 语言研究, 2018, 38(3): 49-54.

[775]张家骅. 张家骅集[M]. 哈尔滨: 黑龙江大学出版社, 2011.

[776]张嘉玲, 余玲丽. 动词"吃"论元结构的非常规性研究——以"吃食堂"为例[J]. 现代语文(语言研究版), 2014(12): 48-50.

[777]张今, 张克定. 英汉语信息结构对比研究[M]. 郑州: 河南大学出版社, 1997.

[778]张瑾. 当代语言学研究的自然科学精神[J]. 陕西科技大学学报, 2006, 24(6): 153-156.

[779]张岚. 连续变调在语言中的规律研究[J]. 赤峰学院学报(汉文哲学社会科学版), 2017, 38(9): 104-106.

[780]张培智. 斯瓦希里语语法[M]. 北京: 外语教学与研究出版社, 1990.

[781]张亚明. 对"吃+食堂"的分析[J]. 现代语文(语言研究版), 2008(8): 50-51.

[782]张智义, 倪传斌. "吃食堂"认知语法研究的反思[J]. 云南师范大学学报(对外汉语教学与研究版), 2012, 10(2): 44-50.

[783]张智义. 句法演进和语用视域下的汉语非标准题元研究——以"吃食堂"为例[J]. 语言学研究, 2015(2): 95-106.

[784]赵忠德, 马秋武 (编著). 西方音系学理论与流派[M]. 北京: 商务印书馆, 2011.

[785] 赵忠德. 英汉汉英语言学词汇手册[M]. 沈阳：辽宁教育出版社，2004.

[786] 周国光. 现代汉语里几种特殊的连动句式[J]. 安徽师大学报（哲学社会科学版），1985.

[787] 朱德熙. 现代汉语形容词研究：形容词的性质范畴和状态范畴[M]. 北京：北京大学中国语言文学系，1956.

[788] 朱德熙. 自指和转指[J]. 方言，1983（1）：16-31.

[789] 朱德熙. 定语和状语的区分与体词和谓词的对立[J]. 语言学论丛，1984（13）：5-14.

[790] 朱德熙. 从方言和历史看状态形容词[J]. 方言，1993（2）：193-197.

[791] 朱晓农. 声调起因于发声[J]. 复旦语言研究集刊，2009（6）：1-29.

[792] 朱晓农. 重塑语音学[J]. 中国语言学集刊，2010，4（1）：1-22.

[793] 朱晓农. 声调类型学大要——对调型的研究[J]. 方言，2014（3）：193-205.

语 言 索 引